# 시베리아 지역연구: 공간에 대한 인식과 가치

이영형 지음

도서출판 엠 - 애드

2008년 정부(교육과학기술부)의 재원으로
한국학술진흥재단의 지원을 받아 수행된 연구임
[KRF-2008-358-B00002]

## 책머리에

시베리아(Siberia)는 러시아 전체 영토의 ⅔를 차지한다. 시베리아는 20세기 까지 얼어붙은 동태의 땅이었고, 반정부 행위자를 처벌하는 유배지였고, 러시아의 중앙정부에 필요한 각종 자원을 충당하는 착취의 대상이었다. 시베리아 지역의 북쪽은 북극해(서쪽부터 카라海·랍테프海·동시베리아海·추코트海)와 경계를 이루고 있으며, 남쪽으로는 카자흐스탄·몽골·중국·북한과 국경을 이루고 있다. 시베리아의 자연 환경은 남부지역의 일부를 제외한 대부분의 지역이 냉혹한 대륙성 기후의 영향을 받아 겨울이 길며 기온이 영하로 내려가는 날이 1년의 절반 이상을 차지한다.

미국과 유럽 등 세계 여러 나라에서는 시베리아를 우랄산맥 동쪽 사면(斜面)에서 태평양에 이르는 아시아의 광활한 북부지역을 일컫는다. 우랄산맥의 동쪽에서부터 캄차카 반도(Kamchatka peninsula), 그리고 태평양(베링海·오호츠크海·동해)까지 연결된다. 러시아는 시베리아 공간을 행정적으로 서시베리아와 동시베리아, 그리고 극동지역으로 구분하고 있다. 2000년에 시행된 러시아의 광역권 행정구역에 의하면, 시베리아는 우랄연방지구의 일부(튜멘州, 한티-만시自治區, 야말-네네츠自治區), 시베리아 연방지구, 극동 연방지구를 포함한다. 우랄산맥부터 오비강[(Ob R.; 러시아어 명칭으로는 옵(Обь)강]을 지나 예니세이강(Enisei R.) 지역을 서시베리아라 부르며, 예니세이 강부터 레나 강(Lena R.) 사이를 동시베리아라 한다. 그리고 레나 강 동쪽부터 태평양에 이르는 영토와 사할린의 쿠릴열도를 포함하여 극동지역이라 부르고 있다.

시베리아 지역에 대한 인식이 변화되고 있다. 지난 20세기까지 버림받은 땅으로 인식되었지만, 21세기를 전후하면서 국제정치 환경의 변화와 동일 지역에 매장된 에너지 자원의 활용 가능성, 그리고 지구 온난화 현상으로 인한 북극해 개발 가능성 증대 등으로 인해 시베리아의 중요성이 높아지고 있다. 러시아 중앙정부는 시베리아/극동지역 개발정책과 함께, 동일 지역을 동북아 경제권에 편입시키려 노력하고 있다. 이러한 현실과 함께 시베리아 공간에 대한 지역연구 필요성이 증대되고 있다.

지정학적 의미 변화를 진단하는 차원에서 시베리아 지역연구 필요성이 제기된다. 21세기 국제관계에서 아시아 지역의 중요성이 증대되고 있으며, 중국의 성장 잠재력과 북한의 정치 행위 변수가 시베리아에 직접적으로 연결되고 있다. 이러한 과정 속에서 시베리아 지역의 지정학적 의미가 변화되고 있다. 푸틴(V.V.Putin)과 메드베제프(D.A.Medvedev) 정부의 시베리아/극동지역 개발 노력 역시 동일 지역에 대한 정치 및 경제적 안보환경 구축 차원에서 이루어지고 있다. 시베리아 및 극동지역에 대한 개발 행위 및 그 결과는 동일 지역의 하단부에서 국경을 접하고 있는 한반도에 많은 영향을 미치고 있다.

자원지대의 활용 차원에서 시베리아/극동지역에 대한 연구 필요성이 증대된다. 시베리아 지역은 에너지 자원(석유와 가스 등)을 비롯하여, 다양한 광물자원이 매장되어 있다. 시베리아에는 산림 및 수산자원이 풍부할 뿐만 아니라, 풍부한 어장이 형성되고 있다. 그리고 시베리아 남부지역은 목축업을 포함한 거대한 농업자원 보고지역이다. 북극해의 미개발된 화석연료(특히, 석유와 가스) 역시 시베리아와 연결된다. 따라서 시베리아/극동지역에 대한 중국과 일본의 관심이 지대하다. 한국의 경제안보 차원에서 시베리아에 매장된 다양한 자원에 접근할 수 있는 실용연구가 필요해 보인다.

한민족의 생활권 확보 차원에서 시베리아/극동지역에 대한 연구 필요성이 제기된다. 통일 한반도를 준비하는 과정에서 러시아 극동지역에 <한민족 생활공간>을 확보할 필요성이 제기된다. 생활권 확보를 위한 방법으로 남북한 주민과 시베리아 및 극동지역에 거주하고 있는 고려인들이 함께하는 경제 및 문화 협력 사업을 생각해 볼 필요가 있다. 시베리아 및 극동지역에서 한민족이 함께 살아갈 수 있는 <한민족 생활권> 건설은 한반도 통일 과정과 그 이후의 국가발전에도 유용한 자원이 될 것이다. 이러한 관점에서 시베리아 및 극동지역 연구가 필요해 보인다.

본 글은 4장으로 구성되며, 시베리아의 과거와 현재, 그리고 미래의 모습을 담고 있다. 제1장에서는 러시아의 동진과 시베리아 개발정책이 내부 식민지 형태로 이루어졌음을 밝힌다. 제2장에서는 연구 공간에 해당되는 러시아연방의 시베리아 및 극동지역 공간을 이해하는 차원에서 준비되었다. 시베리아 및 극동 연방지구의 행정 주체를 개괄하면서, 동일 공간의 가능성과 문제점을 해부한다. 제3장에서는 시베리아 및 극동지역에서 추진되고 있는 개발 정책을 정리한다. 제4장에서는 시베리아의 역동성 관점에서 주변 국가(중국, 일본, 그리고 한반도 2개의 정부)와 시베리아 공간이 관계되고 있는 협력과 갈등의 문제를 분석한다.

제1장 <러시아의 동진과 시베리아 개발정책. 소외된 개발과 내부 식민지>은 2개의 절로 구성된다. 제정러시아의 동진정책과 시베리아 개발의 문제, 그리고 소비에트 러시아의 시베리아 개발 정책과 내부 식민지형 개발의 문제를 다룬다. 제1절에서는 제정러시아의 시베리아 진출 과정을 분석하고, 시베리아 진출 전략 및 원인을 해석한다. 그리고 시베리아 횡단철도의 부설과 그 목적을 정리한다. 제2절에서는 소비에트 러시아의 시베리아 개발정책이 내부 식민지 형태로 이루어졌음을 밝힌다. 1917년 10월 혁명 전후시기부터 브레즈네프 시기에 이르는 기간 동안의 시베리아 개발이 내부 식민지 형태로 이루어졌음을 지적하고, 고르바쵸프가 새로운 시각에서 시베리아를 바

라보는 모습을 정리한다.

　　제2장 <러시아연방 시베리아 및 극동지역 공간의 이해>은 4개의 절로 구성된다. 제1절에서는 시베리아 및 극동 연방지구를 정리한다. 개별 연방지구의 일반 상황과 정치엘리트, 그리고 자원 및 산업 일반을 정리한다. 그리고 <별첨>에서 시베리아 및 극동연방지구에 소속된 개별 주체의 일반 개황을 도표로 정리한다. 제2절에서는 시베리아·극동지역의 인구 감소 현황 및 원인을 분석하고, 제3절에서는 극동연방지구의 행정 주체를 연구하는 작업의 일환으로 사할린州을 설명한다. 그리고 제4절에서는 시베리아 지역에서 나타나고 있는 지방자치의 한 형태인 «시베리아 합의»를 분석한다. «시베리아 합의»가 내부 식민지 형태로 개발된 지난날의 모습을 청산하고, 시베리아 환경에 맞는 독자적인 개발 정책을 지향하면서 결성되었기 때문에 중앙과 시베리아의 관계를 규정하는 차원에서도 중요한 의미를 지니기 때문이다.

　　제3장 <시베리아 및 극동지역 개발 정책>은 4개의 절로 구성된다. 제1절에서 시베리아 및 극동지역에서 추진되고 있는 다양한 형태의 개발 상황을 정리하고, 제2절에서는 <블라디보스톡 APEC-2012>를 준비하는 과정과 블라디보스톡市를 아·태 경제 협력센터로 육성하려는 중앙정부의 개발 노력을 정리한다. 제3절에서는 러시아의 에너지 정책이 아·태로 이동되고 있는 모습을 정리하면서, 시베리아/극동지역 공간의 위상 변화를 진단한다. ESPO 송유관이 러시아 극동지역으로 연결되고 있는 모습, 그리고 ESPO 송유관의 종착점인 연해주가 변화되는 모습을 정리한다. 제4절에서는 에너지 정책의 관점에서 개발되고 있는 야말-네네츠(Yamal-Nenets) 자치구를 방문한다. 북극 지역에 있는 야말-네네츠 자치구가 개발되는 모습과 북극해 영유권 분쟁에 관련된 문제를 다룬다.

　　제4장 <시베리아의 역동성: 주변 국가와의 협력과 갈등>에서는 주변국과 시베리아의 관계를 분석한다. 제1절에서는 중국의 시베리아 진출과 갈등 구조를 분석한다. 중국의 시베리아 경제 진출과 러시아의 고민, 중국 노동자의 시베리아 진출에 대한 러시아의 의식구조 문제를 집중 분석한다. 제2절에서는 일본의 시베리아 진출과 갈등 구조 문제를 다룬다. 일본과 시베리아의 경제관계를 분석하고, 쿠릴열도(Kuril'skie Ostrova)에 대한 소유와 반환의 지정전략 문제를 다룬다. 제3절에서는 북한의 시베리

아 및 극동지역 진출과 협력 행태를 분석한다. 시베리아 공간에서 이루어지는 북한·러시아간 정치 및 경제관계, 그리고 북한 노동자의 러시아 극동지역 경제 진출 현황을 분석한다. 제4절에서는 한국의 러시아 극동 진출이 기대와 실망을 되풀이 하고 있음을 밝힌다. 한국·러시아 정상회담 및 지자체 협력과 시베리아 변수를 도표로 정리하고, 한국과 시베리아/극동지역의 협력관계가 기대와 실망의 역사로 이루어졌음을 밝힌다. 그리고 러시아 극동지역의 교역 구조에서 한국이 차지하는 위치와 한국 기업체의 러시아 극동지역 진출 현황을 정리한다.

본 글은 한국연구재단의 지원에 의해 이루어졌고, 국제지역연구의 일환으로 준비되었다. 그리고 <한민족 공동체 건설>을 넘어 통일 한반도의 대륙 진출로 개척 차원에서 러시아의 극동지역을 활용했으면 하는 바람으로 준비되었다.

끝으로, 이 책의 출판을 기꺼이 맡아 주신 도서출판 <엠-애드>의 임선실 부장님과 이승한 과장님, 그리고 편집과 교정 작업에 수고를 해 주신 편집부 관계자 여러분에게 깊은 감사를 드린다.

2013년 7월
이 영 형

# 목 차

책머리에 · *3*
목　　차 · *9*

## 제1장. 러시아의 농진과 시베리아 개발정책. 소외된 개발과 내부 식민지 · *21*

### 제1절. 제정러시아의 동진정책과 시베리아 개발 · *22*
1. 들어가는 말 · *22*
2. 제정러시아의 시베리아 진출 · *24*
　1) 16세기의 영토팽창과 시베리아 · *24*
　2) 17세기의 시베리아 진출 · *27*
　3) 18~19세기의 시베리아 진출 · *30*
3. 시베리아 진출 전략 및 원인 분석 · *33*
　1) 거점화 팽창전략 · *34*
　2) 시베리아 진출의 원인. 내부 식민지 개척 · *36*
4. 시베리아 횡단철도의 부설과 그 목적 · *39*
5. 끝맺는 말 · *40*

제2절. 소비에트 러시아의 시베리아 개발정책과 내부 식민지 · 46
1. 들어가는 말 · 46
2. 1917년 10월 혁명 전후시기의 시베리아 · 47
   1) 10월 혁명 직전의 시베리아 · 47
   2) 10월 혁명 직후의 시베리아 · 48
3. 내부 식민지로 개발되는 시베리아 · 50
   1) 스탈린(1924~1953) 시기의 시베리아 · 50
   2) 흐루쇼프 및 브레즈네프 시기의 시베리아 · 60
4. 고르바쵸프(1985~1991)와 시베리아 개발의 신사고 · 67
   1) 블라디보스톡 선언 · 67
   2) 크라스노야르스크 선언 · 68
5. 끝맺는 말 · 70

## 제2장. 러시아연방 시베리아 및 극동지역 공간의 이해 · 75

제1절. 시베리아 및 극동 연방지구 개황 · 76
1. 들어가는 말 · 76
2. 시베리아 연방지구 개황 · 78
   1) 시베리아 연방지구 일반 · 78
   2) 시베리아 연방지구의 정치엘리트 · 82
   3) 시베리아 연방지구의 자원 및 산업 일반 · 84
   4) 노보시비르스크州와 이르쿠츠크州의 자원구조 · 90
   5) 시베리아 경제공간의 구획과 국제화 · 92

3. 극동 연방지구 개황 · *94*

    1) 극동 연방지구 일반 · *94*

    2) 극동 연방지구의 정치엘리트 · *96*

    3) 극동 연방지구의 자원 및 산업 일반 · *99*

    4) 극동지역의 주요 항만 · *105*

4. 끝맺는 말 · *107*

[별첨 1] (도표로 보는)시베리아 및 극동 연방지구 개별 주체 개황 · *110*

제2절. 시베리아·극동지역의 인구감소 현황 및 원인 분석 · *131*

1. 들어가는 말 · *131*
2. 시베리아 및 극동연방지구의 인구감소 현황 · *132*

    1) 시베리아 연방지구의 인구감소 현황 · *132*

    2) 극동 연방지구의 인구감소 현황 · *137*

3. 출산율 저하와 인구감소 · *139*

    1) 시베리아 연방지구의 출산율 저하와 인구감소 · *139*

    2) 극동 연방지구의 출산율 저하와 인구감소 · *140*

4. 노동 이민과 인구감소 · *141*

    1) 국제 노동 이민과 러시아의 인구변화 · *141*

    2) 러시아 국내의 다른 지역으로 노동이주 현황 · *143*

5. 러시아의 인구감소가 시베리아·극동지역에 주는 의미 · *145*

    1) 국가안보에 위협 · *145*

    2) 극동지역 개발 필요성과 인구 유입 정책 · *146*

6. 끝맺는 말 · *148*

[별첨 1] 시베리아 연방지구 소속 개별 주체별 인구의 자연 증감 현상 · *150*
[별첨 2] 극동 연방지구 소속 개별 주체별 인구의 자연 증감 현황 · *154*
[별첨 3] 년도 별(2001~2007) 및 연방지구 단위별 국내 이주 현황 · *156*
[별첨 4] 시베리아와 극동 연방지구, 그리고 우랄 연방지구의 인구 및 민족 구성 · *160*

제3절. 극동지역 행정주체 연구. 사할린州의 경제지리 구조를 중심으로 · *167*
1. 들어가는 말 · *167*
2. 분석 대상 및 방법 · *169*
  1) 분석 대상. 극동연방지구의 사할린州 · *169*
  2) 분석 방법. 경제지리학과 지경학(geoeconomics) · *170*
3. 사할린州 자원생산의 경제지리 구조 · *171*
  1) 생산지수와 자원경제 · *171*
  2) 생산의 경제지리 구조 · *176*
4. 사할린州 무역의 경제지리 구조 · *179*
  1) 대외경제관계 현황 · *179*
  2) 무역의 경제지리 구조 · *182*
5. 끝맺는 말 · *184*

제4절 시베리아 지역의 지방자치를 위한 선택: «시베리아 합의»를 중심으로 · *189*
1. 들어가는 말 · *189*
2. 러시아연방 자치민족의 지방자치 욕구와 시베리아 · *191*
  1) 러시아연방 자치민족의 민족성 대두와 중앙정부의 대응 · *191*
  2) 시베리아 자치민족의 자치권 · *194*

3. 지역연합체 «시베리아 합의»의 결성과 정비 · *197*
   1) «시베리아 합의»의 결성 및 발전 · *197*
   2) «시베리아 합의»의 지배 엘리트 · *201*
4. 지역연합체 «시베리아 합의»의 의미 · *203*
   1) 지방자치를 위한 토대 · *203*
   2) 정치지리 및 경제적 의미 · *207*
5. 끝맺는 말 · *210*

## 제3장. 시베리아 및 극동지역 개발 정책 · *215*

제1절. 시베리아 및 극동지역 개발 구상과 주요 개발 프로젝트 · *216*
1. 들어가는 말 · *216*
2. 동부러시아 개발 구상 · *218*
   1) 이샤예프(V.Ishaev) 하바롭스크 주지사의 메시지 · *218*
   2) 시베리아·극동지역 개발정책 방향 · *220*
3. 시베리아 및 극동지역의 주요 개발 프로젝트 · *222*
   1) 극동 및 자바이칼(Far East and Zabaikal)지역 개발 프로그램 · *222*
   2) 동시베리아-태평양(ESPO, East Siberia Pacific Ocean) 송유관 프로젝트 · *226*
   3) 철도 및 교통 전략 프로젝트 · *227*
4. 푸틴 대통령의 시베리아 및 극동지역 방문과 지역 개발 전망 · *230*
5. 끝맺는 말 · *231*

제2절. «블라디보스톡 APEC-2012»와 지역 개발 · *236*
1. 들어가는 말 · *236*

2. 개발을 위한 법적 및 제도적 장치 마련 · *238*

   1) APEC-2012 준비사업관련 특별법 제정 · *238*

   2) 극동연방지구 대통령전권대표 교체 · *239*

   3) 바사르긴(Basargin) 지역개발부 장관의 블라디보스톡 방문 · *240*

   4) 스테파신(S.Stepashin) 감사원장의 연해주 방문과 APEC 준비사업 점검 · *241*

3. APEC 준비사업과 지역개발 현장 · *242*

   1) 중앙정부의 개발 의지와 개발사업 개황 · *242*

   2) 주요 개발 사업 Report · *244*

4. 연해주 개발과 극동지역 인구 변화 전망 · *250*

5. 끝맺는 말 · *252*


제3절. 에너지 정책과 시베리아의 위상 변화 · *255*

1. 들어가는 말 · *255*

2. 러시아의 자원민족주의와 에너지 의존의 경제 구조 · *257*

   1) 자원민족주의 대두 · *257*

   2) 에너지 자원 의존의 경제 구조 · *259*

3. 러시아의 에너지 정책, 노선 방향과 추진 전략 · *261*

   1) «에너지 전략 2020»과 추진 경과 · *261*

   2) «에너지 전략 2030»과 추진 전망 · *265*

4. 러시아의 에너지정책과 동부러시아의 위상 · *269*

   1) 동부러시아의 에너지 자원 현황 · *269*

   2) ESPO 송유관과 동부러시아의 위상 변화 · *271*

   3) 연해주의 위상 변화 · *273*

5. 끝맺는 말 · *275*

제4절. 야말-네네츠(Yamal-Nenets) 자치구의 개발과 지역 원주민의 고뇌 · 281
1. 들어가는 말 · 281
2. 야말-네네츠 자치구(Yamal-Nenets Autonomous Okrug) 개황 · 282
　1) 야말-네네츠 자치구의 지리환경 · 282
　2) 지역 원주민 네네츠(Nenets)의 삶 · 286
　3) 지역 경제의 질적 변화 · 289
3. 야말-네네츠 지역의 자원 개발 현장 · 295
　1) 밤의 공화국으로 변하는 나딤(Надым)市 · 295
　2) 가조비키(газовики)와 네프챠니키(нефтяники) · 296
　3) 초대형 에너지 기업의 개발 경쟁 · 298

# 제4장. 시베리아의 역동성: 주변 국가와의 협력과 갈등 · 313

제1절. 중국의 시베리아 진출. 협력과 갈등 · 314
제1항. 중국의 시베리아 경제 진출과 러시아의 고민 · 315
1. 들어가는 말 · 315
2. 러시아와 중국의 경제협력 요인 · 317
　1) 노동력 수급의 문제 · 317
　2) 경제구조의 상호보완성 문제 · 319
3. 러시아 극동지역의 경제 구조와 중국의 진출 · 321
　1) 러시아 극동지역의 경제 및 무역 구조 · 321
　2) 러시아 극동지역과 중국의 교역 규모 및 형태 · 328

4. 중국의 러시아 극동지역 경제 진출에 대한 러시아의 고민 · *335*

    1) 중국의 시장 독점 · *335*

    2) 중국의 자원 독점 · *337*

5. 끝맺는 말 · *341*


제2항. 중국 노동자의 시베리아 진출에 대한 러시아의 의식구조 · *346*

1. 들어가는 말 · *346*

2. 러시아 극동지역으로의 중국인 진출 · *347*

    1) 중국인 유인 변수. 인적자원의 불균형과 생존 공간의 모색 · *348*

    2) 중국인 노동자 진출 현황 · *351*

3. 중국의 러시아 진출에 대한 러시아 국민들의 인식 · *355*

    1) 여론조사에서 나타난 러시아 국민들의 인식 · *355*

    2) 러시아 국민들의 세부 영역별 인식 · *359*

4. 러시아의 의식구조에서 나타난 현상적 속성 · *362*

    1) 중국인 이주자의 수용 또는 관용 · *362*

    2) 중국인 이주자에 대한 경계 · *363*

5. 끝맺는 말 · *365*


제2절. 일본의 시베리아 진출. 협력과 갈등 · *369*

제1항. 일본과 시베리아의 경제관계 · *370*

1. 들어가는 말 · *370*

2. 일본의 시베리아 경제 진출 약사. 냉전기의 시베리아 진출 · *371*

3. 일본의 러시아 극동지역 경제 진출 행태 · *373*

    1) 2000년 이후, 극동지역 투자 환경 및 진출 현황 · *373*

    2) 협력 프로젝트와 일본의 참여 · *378*

4. 러시아 극동지역과 일본의 경제 관계 · *382*
　　1) 무역 현황 · *382*
　　2) 에너지 자원 확보 전략 · *384*
5. 아베 수상의 러시아 방문과 양국간 경제협력 전망 · *388*

제2항. 일본과 러시아의 지정전략과 쿠릴열도(Kuril'skie Ostrova) · *392*
1. 들어가는 말 · *392*
2. 일본의 지정전략과 사할린, 그리고 대동아 전쟁 · *394*
　　1) 일본의 지정전략과 사할린의 운명 · *394*
　　2) 대동아공영권(Greater East Asia Co-prosperity Sphere)과 대동아 전쟁 · *397*
3. 러시아의 지정전략과 쿠릴열도 · *402*
　　1) 소련의 對일전 참전과 쿠릴열도 · *402*
　　2) 쿠릴열도와 사할린의 장악 · *404*
4. 쿠릴열도를 둘러싼 소유와 반환의 정치 협상과 개입·확산 지정학 · *405*
　　1) 소유와 반환의 정치협상 · *405*
　　2) 쿠릴열도와 개입·확산 지정학 · *412*
5. 끝맺는 말 · *414*

제3절. 북한의 시베리아 및 극동지역 진출과 협력 행태 · *418*
제1항. 북한·러시아간 정치 및 경제관계와 시베리아의 의미 변화 · *419*
1. 들어가는 말 · *419*
2. 2000~2002, 2011년 북·러 정상회담과 러시아 극동지역의 의미 · *420*
　　1) 2000~2002년 정상회담과 러시아 극동지역의 의미 · *421*
　　2) 2011년의 정상회담과 러시아 극동지역의 의미 · *427*

3. 북·러 경제관계와 러시아 극동지역 · *431*
　　1) 북·러 교역 및 투자 실태 · *431*
　　2) 북·러 경제협력과 러시아 극동지역 · *434*
4. 러시아 동부지역과 북·러 관계, 그리고 한반도 · *437*
　　1) 『로동신문』으로 보는 시베리아 및 극동지역과 북한 · *437*
　　2) 남·북·러 3자 협력 사업을 통한 시베리아 및 극동지역 개발 · *440*
5. 끝맺는 말 · *445*


제2항. 북한 노동자의 러시아 극동지역 경제 진출 현황 · *450*
1. 들어가는 말 · *450*
2. 북한 노동자의 러시아 극동지역 유입과 북·러간 경제협력 · *451*
　　1) 중국 노동자 유입에 따르는 안보위협과 북한 노동자의 선호 · *451*
　　2) 북한 노동자 유입을 위한 법적 장치 마련 · *455*
3. 러시아 극동지역 주요 도시별 북한 노동자 진출 현황 · *461*
　　1) 연해주의 북한 노동자 실태 · *461*
　　2) 아무르주의 북한 노동자 현황 · *465*
　　3) 하바롭스크주의 북한 노동자 실태 · *467*
4. 북한 노동자 실태와 한국의 선택: 결론에 대신해서 · *469*


제4절. 한국의 러시아 극동지역 진출. 기대와 실망, 그리고 도전의 역사 · *472*
제1항. (도표로 보는)한국·러시아 정상회담 및 지자체 협력과 시베리아 변수 · *473*
1. 정상회담과 공동선언, 시베리아·극동지역에서의 경제협력 · *473*
2. 한국·러시아 지자체 협력 현황 · *478*

제2항. 한국과 시베리아/극동지역의 협력. 기대와 실망, 그리고 도전의 역사 · *479*

1. 들어가는 말 · *479*
2. 자원개발 과정에서의 기대와 실망, 그리고 도전의 역사 · *480*
    1) 산림자원 확보를 위한 노력과 실망, 그리고 도전 · *480*
    2) 에너지 자원 확보를 위한 기대와 실망, 그리고 도전 · *484*
3. 연해주의 나호트카(Находка) 한·러 공단 건설 사업. 기대와 실망 · *492*
    1) 나호트카 한·러 공단 설립을 위한 노력 · *492*
    2) 공단 건설 사업의 좌절 · *494*
4. 끝맺는 말 · *496*

제3항. 한국과 러시아 극동지역의 경제협력 · *499*

1. 들어가는 말 · *499*
2. 한·러시아 경제관계와 상호 보완성 경제구조 · *500*
    1) 경제관계 동향 · *500*
    2) 2012년 한·러 교역 현황 · *502*
3. 2012년 러시아 극동지역의 교역 현황과 한국의 위치 · *505*
    1) 러시아 극동지역의 2012년 교역 현황 · *505*
    2) 러시아 극동지역 교역 구조에서 한국의 위치 · *507*
4. 한국 기업체의 러시아 극동지역 진출 현황 · *509*
    1) 진출 기업체 개황 · *510*
    2) 주요 진출 기업체의 활동 · *513*
5. 한국 기업체의 러시아 극동진출 활성화 전략: 결론에 대신해서 · *521*

# 제1장. 러시아의 동진과 시베리아 개발정책. 소외된 개발과 내부 식민지

러시아가 광대한 시베리아 지역에 눈을 돌린 시기는 16세기 후반이었다. 처음에는 모피를 얻기 위한 사냥터로, 다음은 농사와 교역을 위한 터전으로, 마지막으로는 자원개발을 위한 처녀지로 인식되었다.

17세기 시베리아 진출은 사냥꾼을 비롯한 개척민들이 터놓은 길을 상인들이 드나들고, 그 뒤 민병대와 기업가들이 드나들면서 이루어졌다. 제정러시아의 시베리아 식민화 과정은 경제인의 개인적 욕구에 의해 시작되었고, 중앙정부가 사후 승인하는 성격을 지니면서 전개되었다.

시베리아 개발정책은 중앙정부의 필요성에 기초되었다. 제정러시아에서 소련으로 이어지는 지난 시절의 시베리아는 버림받은 공간이었다. 유럽러시아에 필요한 자원착취 무대였으며, 유럽러시아에서 발생되고 있는 각종 정치범을 격리 수용하는 유형(流刑)지에 불과했다.

## 제1절. 제정러시아의 동진정책과 시베리아 개발

### 1. 들어가는 말

시베리아(Siberia)[1]는 한 번 가면 영원히 돌아오지 못할 것 같은 얼어붙은 동토의 땅으로 인식되었다. 현재 러시아가 확보하고 있는 시베리아는 세계 육지 면적의 10%이며, 아시아 대륙의 약25%를 차지하는 광대한 지역이다. 시베리아란 아시아 대륙 북부의 우랄산맥 동쪽 사면에서 동쪽의 태평양 연안의 하천 분수령까지를 포함하는 북아시아 지역의 광대한 공간을 일컫는다.

광활한 시베리아 공간을 장악하기 위한 러시아의 노력은 오랜 역사를 거슬러 올라간다. 러시아가 시베리아에 눈을 돌린 것은 모피를 얻기 위한 사냥터로, 다음은 농사와 교역을 위한 터전으로, 마지막으로는 광대한 자원 개발을 위한 처녀지로 인식되면서 구체화되었다.[2] 유럽의 러시아가 16세기부터 시베리아 공간으로 팽창정책을 시작했고, 20세기 초반까지 계속되었다. 광활한 시베리아 지역은 러시아로 하여금 세계에서 가장 넓은 영토를 갖는 국가로 변화시켰다.

---

[1] 시베리아(Siberia)에 대한 어원학적 개념은 다양하다. 시베리아의 어원에 대한 학설은 ① 토볼스크 지역에 위치한 이르티슈(Irtysh)강 중류 지역에 거주하고 있었던 몽골족에 기원을 두고 있는 고대 부족의 명칭에서 유래한다는 학설; ② 쿠춤 칸(Kuchum Khan)이 지배하고 있던 도시 명칭 '시비르'에서 기원한다는 학설; ③ 러시아인들이 '이스케르'의 고대 도시 이름을 '시비르'라고 불렀다는 설; ④ 동슬라브인(러시아, 우크라이나, 벨라루스인)들이 북부지역에 거주하는 사람들을 세비에르(Sievier) 혹은 세베르(север, 러시아어로 북부를 의미)라고 불렀다는 학설; ⑤ 시비르의 용어가 몽골어의 슈베르(Schwer) 혹은 슈바르(Schwar)에 기원을 두었다는 학설. 즉 시비르는 몽골 기마군의 진입이 어려운 지역을 뜻한다. А.П.Окладников, *Открытия Сибири* (Москва, 1979) 참조.
[2] 박태성, "러시아의 시베리아 식민화 과정," 『국제지역연구』 제7권 제2호(2003.12), p. 140.

러시아의 팽창정책은 16세기까지 모스크바를 중심으로 북서부 지역으로 추진되었다. 그리고 16세기부터 시베리아 공간으로 향한 팽창정책이 시작되어, 17세기 말에는 현재의 우랄 및 시베리아 연방지구의 내부 공간을 거의 점령하게 된다. 결

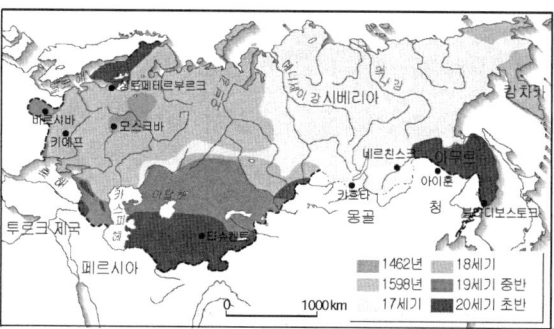
러시아의 영토 확장(20세기 초까지)

국, 16세기 중반부터 17세기 말에 이르는 기간 동안 러시아는 3만5천㎢의 면적을 확장했다.3) 이러한 영토 확장 규모는 광활한 시베리아 및 극동지역을 복속시킴으로써 가능했다. 러시아의 팽창정책은 계속되어 20세기 초반까지 유럽과 중앙아시아 그리고 극동지역의 변두리 공간을 획득하여, 현재의 러시아 영토와 카자흐스탄 및 우즈베키스탄 영토의 일부까지 점령했다.

시베리아로 향한 러시아의 팽창정책을 자극한 주요 요인은 모피류 획득과 이를 통한 국부 증진이었다. 시베리아의 여우와 수달, 그리고 곰 등의 모피는 서부러시아는 물론 유럽에서도 상당한 인기를 누리던 상품이었다. 이를 얻기 위한 사냥꾼들의 시베리아 진출은 자연스러운 현상이었다. 여기에 로마노프 왕조의 봉건적 영토 확장의 꿈이 결합되면서 시베리아로의 확장이 자연스럽게 이루어졌다.4)

러시아의 시베리아 진출 전략은 거점화 팽창전략으로 구체화되었고, 팽창정책의 원인은 모스크바 등 유럽 러시아 지역에서 필요로 하는 자원 획득 차원의 내부 식민지 개척이었다. 러시아의 시베리아 개척 및 개발 정책은 중앙 정부에 필요한 자원 착취를 중심으로 이루어졌고, 광활한 시베리아 공간을 효율적으로 관리할 수 있는 방안을 모색하는 차원에서 몇몇 도시를 중심으로 추진되었다. 20세기를 전후한 시기까지 시베리아 지역은 기후 및 자연의 악조건으로 인해 군사전략적인 중요성 외에 거의 버려진 땅으로 인식되었다. 그러나 오늘의 시간에 가까워질수록 그 중요성이 증대되고 있다.

본 글은 제정러시아가 시베리아로 팽창을 기획한 이유를 설명하면서, 시베리아로 팽창정책을 추진하는 과정과 그 행태를 다룬다. 샹트-페테르부르크 및 모스크바를 중

---

3) Richard Pipes, *Russia under the Old Regime* (New York, 1974), p. 83.
4) 홍웅호, "러시아의 연해주 진출과 개발의 역사," 『시베리아 극동연구』 제4호(2008), p. 6.

심으로 하는 유럽 러시아 공간의 개발에 필요한 각종 자원을 확보하기 위한 식민지 개발 정책 차원에서 추진되었음을 밝힌다. 본 글의 전개 순서는 우선적으로 제정러시아의 시베리아 진출과정을 설명하고, 이에 더해서 시베리아 진출전략 및 원인을 분석한다. 그리고 시베리아횡단철도의 부설과 그 목적을 설명하면서 논의를 마치는 것으로 한다.

## 2. 제정러시아의 시베리아 진출

### 1) 16세기의 영토팽창과 시베리아

러시아는 유럽지역에서 영토 확장 정책을 추진해 왔다.[5] 이반 IV세(Ivan IV; 재위 1533-84)는 서부지역으로의 진출이 어렵게 되면서 동부로의 진출에 관심을 갖기 시작했다. 이반 IV세는 몽골의 잔재를 소탕할 목적으로 카잔 칸국(Kazan Khanate)과 아스트라한 칸국(Astrakhān Khanate)의 토벌에 나섰다. 이반의 군대는 1552년 카잔(Kazan)으로 진출했고, 1554년에 아스트라한(Astrakhān)에 입성하면서 동일 지역을 자신의 영토로 병합했다. 볼가(Bolga)강 중하류에 위치한 이들 도시 국가를 정복한 후, 시비르 칸국(Sibir Khanate)으로 토벌 방향을 돌렸다. 여기서부터 정부군의 직접

---

5) 주변의 하천망을 따라 영토를 확장시켜나갔다. 1478년 노브고로트 공국(公國)을, 1485년 칼리닌 공국, 1489년 뱌트카, 1521년 랴잔을 각각 정복했다. 이러한 팽창에 힘입어 1533년 모스크바 공국의 영토는 모스크바를 중심으로 북·서쪽의 발트 해까지, 북쪽의 북극해 연안, 동쪽의 우랄 접경지대까지 확대되었다. 특히, 이반 IV세(재임기간: 1533-1584)는 1552년에 볼가 강 중류에 위치한 카잔 칸국(Kazan Khanate)을 점령하고, 1554년에는 볼가 강 하구의 아스트라한 칸국(Astrakhān Khanate)도 병합했다. 러시아는 카스피 해에 진입할 수 있는 출구를 마련했다. 남쪽으로 영토를 팽창시킨 이반 IV세는 북쪽의 발트 해로 진출하고 있었으나, 폴란드·리투아니아·스웨덴·덴마크 등이 연합하여 러시아 군대의 북진을 차단하고 있었다. 이영형, 『러시아 국가성격의 이해』 (서울: 엠애드, 2001), pp. 51-52 참조. 이반 IV세는 발트 해 상에 있는 리보니아(Livonia)와의 경제교류 중요성을 인식하여 리보니아 영토내의 항구 확보를 위해 군사력을 동원했다. 그러나 리보니아가 독일 군주의 영향력 하에 있었으며, 또한 발트 해가 폴란드와 스웨덴에 의해 전통적으로 장악된 상태였기 때문에 힘겨운 싸움이 될 수밖에 없었다. 이반 IV는 리가(Riga)와 레발(Reval) 항을 획득하기 위해 전쟁을 벌였으나, 폴란드·스웨덴 연합군에 의해 좌절되었다. 그러나 이 전쟁의 결과로 규모는 작지만, 네르바(Nerva) 항을 획득함에 따라 경제교류에 도움을 받게 되었다. http://www.chosun.ac.kr/(검색일, 2004년 5월 30일). 표트르 대제(재위 1689-1725) 역시 서쪽으로 영토를 계속 확장해나갔다. 그 결과 현재의 러시아 서부영토 대부분을 지배하는 최초의 러시아 황제가 되었다. 1703년 네바 강(Neva River, 러시아의 북서쪽 상트페테르부르크州를 흐르는 강이며, 발트 해의 핀란드 만으로 이어짐) 하구 부근에 상트-페테르부르크를 건설한 뒤, 1713년 제국의 수도를 모스크바에서 이곳으로 옮겼다. 표트르의 슬라브 확대주의는 발트 연안의 리보니아(Livonia), 인그리아(Ingria), 카레리아(Karelia) 병합에 성공했으며, 카스피 해 연안의 석유 매장지인 바쿠(Baku)와 제르벤트(Derbent)를 포함하는 서해안을 장악할 수 있었다. 그리고 예카테리나 II세(1762-1796) 시기에 터키와의 전쟁을 통해 크림반도에 이르는 영토를 정복할 수 있었다.

적인 개입이 중단된 채 사적 용병인 카작(Cossack)6) 무리들에 의해 우랄산맥 이동으로의 본격적인 진출이 시작되었다.7) 우랄산맥 이동으로의 본격적인 진출이 이루어진 시기는 1581년이었다.

러시아의 시베리아 정복사업은 노브고로트(Novgorod)8)지역 상인인 스트로가노프(Grigory Stroganov)의 사업적 목적과 러시아 정부의 학정과 빈곤으로부터 벗어나 남부 국경 밖의 초원지대에서 약탈 행위를 일삼아온 소위 자유인으로 호칭된 카작(Cossack) 무리의 참여 속에서 이루어졌다. 당시 러시아 정부는 토지 및 자원개발 특권을 사업가들에게 제공하고, 보통 20~30년간 면세조치를 통해 영토 확장 효과를 얻고 있었다. 이러한 시책에 부응하여 1558년 스트로가노프(Stroganov)는 모스크바 동부의 카마(Kama)강9) 유역에 있는 토지를 20년간 면세조건으로 확보했다.10)

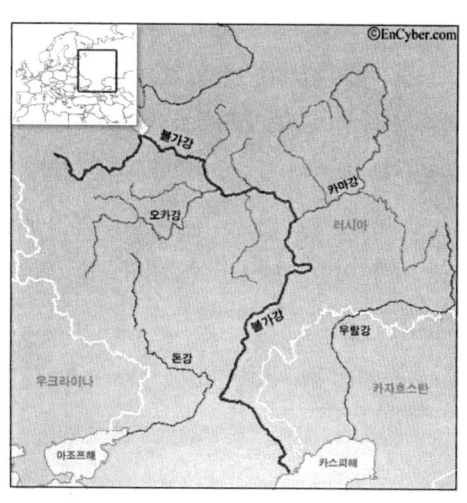

스트로가노프(G.Stroganov)는 1558년에 변경 지역에서 독자적으로 대규모 식민 사업을 준비하고 있었다. 스트로가노프는 우랄산맥과 접해 있는 페름(Perm)11) 지역에 많은 초원과 밀림이 있지만 미경작 상태에 있음을 알았다. 그리고 러시아 황제에게 이 지역에 대한 식민사업 특권을 신청했다. 이반 Ⅳ세는 이를 허락하면서 세금과 부역을 면하는 특전도 부여했다. 당시 러시아는 시베리아의 영지 관리를 스트로가노프 가문에 위임한 상태였

http://doopedia.co.kr/

---

6) 15세기에 카작(Cossack, 러시아어: Казак)이라는 명칭은 러시아의 유럽지역 변방에 있는 드네프르(Днепр) 지역에서 형성된 반(半)독립집단인 타타르족을 가리켰으며, 15세기 말에는 농노 신분에서 벗어나기 위해 폴란드・리투아니아・모스크바 공국에서 드네프르・돈 지방으로 달아나 자유롭고 반자치적인 성격의 군사조직을 만든 농민들에게도 적용되었다. 16세기에는 돈・그레벤(카프카스 지방)・야이크(우랄 강 중류)・볼가・드네프르・자포로제 등에 6개의 주요 카작 집단이 있었다. 러시아는 이러한 카작을 국경수비대로 이용했으며, 영토 확장을 위한 전위대로 이용했다. http://enc.daum.net/(검색일, 2009년 3월 15일).
7) 당시 이반 Ⅳ세는 서구 제국과의 경제 및 문화적 연계의 필요성에서 발트 해 진출을 시도했다. 리보니아(Livonia)를 점령하는 데 성공했으나, 폴란드와 스웨덴이 강력히 저항함에 따라 25년간 이들 국가들과 전쟁을 벌였다. 이로 인해 시베리아 진출에 정부군을 투입할 여력이 없었다. 김수희, "러시아의 시베리아 개발사," 『외국문화연구』(광주: 조선대학교, 1998), 제21집(1998), p. 261.
8) 노브고로트(Novgorod)는 러시아의 북서부에 위치해 있다.
9) 카마 강(Kama R.)은 우랄산맥 중앙 서쪽 경사면에서 시작하여 남으로 흘러 페름을 거쳐 볼가 강 중류 좌안으로 흘러든다.
10) Walther Kirchner(ed.), *Russian History* (New York: Harper Perennial, 1991), p. 52.
11) 현재 볼가연방지구에 속해 있는 <페름 크라이>의 중심 도시이다.

고, 스트로가노프는 자신이 개척한 식민지를 자발적으로 황실 령에 귀속시켰다.

몽골의 지배12)를 받아 왔던 러시아는 스트로가노프(G.Stroganov)의 사적 용병을 이용하여 동방 진출을 시작했다. 동진하는 러시아 세력과 원주민의 충돌을 막기 위해서 러시아 정부는 돈 강(Don R.)과 볼가 강(Volga R.) 유역에서 약탈행위를 하며 지내던 카작(Kazak)이라는 무장조직을 활용했다.13) 당시 모스크바 정부의 특별한 양해 조치 아래 시베리아 지방과 모피무역에 종사하던 스트로가노프(Stroganov)는 이러한 카작(Kazak)을 독자적인 민병대로 활용했고, 그 조직의 두목이었던 예르막(T.Yermak)을 원정 대장으로 했다.

스트로가노프(Stroganov) 가문에 고용된 예르막(T.Yermak)이 1582년 우랄산맥 부근을 흐르는 시비르(Sibir) 강을 건너 시비르 칸국(Sibir Khanate)14)의 쿠춤 칸(Kuchum Khan)을 격파했다.15) 예르막(T.Yermak)은 시비르 칸국의 점령을 처음부터 의도하지는 않았지만 현지인들 보다 우수한 무기로 무장한 카작 부대는 예상외의 전과를 획득했다.16) 모피류를 징발해서 후퇴한다는 계획을 철회하고, 1582년 10월 시비르 칸국의 수도를 점령했다. 예르막(T.Yermak)은 스트로가노프(Stroganov) 가문과 모스크바에 이 소식을 전하면서 차르에게 시베리아산 흑담비와 새로운 점령지를 바쳤다. 이에 이반 뇌제는 예르막(T.Yermak)에게 자신의 모피 코트와 갑옷을 보내기도 했다.17)

1583년경에 대부분의 시베리아가 러시아 영토에 편입되었다.18) 1583년 후반부에

---

12) 러시아는 13세기 초 칭기스 칸(Chinggis Khan)이 이끄는 몽골군에 패배된 뒤 240년(1240~1480)간 지배를 받았다.
13) 예르막 티모페예비치(Yermak Timofeyevich)가 동일 조직을 지도하고 있었다.
14) 시비르 칸국(Sibir Khanate)은 15세기부터 16세기말까지 서시베리아에 있던 투르크계 국가였다. 1440년대에 킵차크 칸국(Kipchak Khanate)이 분열되면서 성립된 칸국 중 하나[그 밖에 카잔 칸국(Kazan Khanate), 아스트라한 칸국(Astrakhān Khanate), 크림 칸국(Krym Khanate) 등]였다. 카자흐스탄과 서시베리아를 북쪽으로 흐르다가 옵강의 좌안(左岸)에 유입되는 이르티시(Irtysh) 강가의 이스케르(Isker, 또는 카실리크 Kashlik, 지금의 토볼스크 부근)를 수도로 정했다. 그러나 16세기 후반에 동방으로 진출하고 있던 러시아 제국과 충돌했고, 1582년에 예르막의 카작 부대가 수도를 점령했다. 그 후에도 마지막 군주 쿠춤 칸(Kuchum Khan)이 계속 저항했지만, 러시아의 공격이 계속 되어 1598년에 멸망했다. 튜멘이나 토볼스크 등 서시베리아에 있는 대부분의 도시가 시비르 칸국 시대에 건설되었다.
15) 김동동, "'타타르의 멍에'를 벗어던진 러시아의 동방 진출," 『주간조선』 1976호(2007.10.22.). 이러한 공적으로 이전의 죄를 용서받고, 시비르 공(公)에 봉해졌다. 후에 시비르 칸 쿠춤의 습격을 받아 도주하다 이르티시(Irtysh) 강에서 익사했다.
16) 시비르 칸국(Sibir Khanate)의 현지인들은 뼈로 된 화살과 활로 무장했지만, 카작인이 구식 소총이긴 했지만 총을 가진 만큼 쉽게 진격할 수 있었다. J.L.Wieczynski ed. *The Modern Encyclopedia of Russian and Soviet History*. Vol.10 (Academic International Pr., 1979), p. 225.
17) Wieczynski(1979), p. 225.
18) Melvin C. Wren & Taylor Stults, *The Course of Russian History* (Prospect Heights, IL: Waveland Press, 1994), p. 103; 장덕준, "러시아 연방제의 성격 고찰: 기원 및 형성과정을 중심으로," 『國際政治論叢』 제43집 4호(2003), p. 333에서 재인용.

서 1585년 가을에 이르기는 기간동안 러시아군과 도주한 원주민 조직 간에 전쟁이 계속되었다. 러시아는 1583년 11월 볼호프스키(С.Д.Болховский) 군사령관이 이끄는 1개 부대와 1585년 가을에 만수로프(И.Мансуров) 사령관이 통제하는 지원군을 파견했다. 이들 부대는 1586년 여름에 철수했다. 원정군이 철수하자, 시비르(Sibir) 칸국(汗國)은 다시 시베리아 타타르의 세력 하에 놓이게 되었다. 이와 함께 새로운 요새가 구축되기 시작했다.19) 1584년 예르막(T.Yermak)이 익사한 뒤, 그의 후임자들에 의해 교역 및 정착사업이 계속되었다.

1584년에 사망한 이반 IV세를 이은 표도르(I.Feodor, 재위 1584-1598)는 병약하고 어리석어 국가정책을 제대로 수행할 수 없었고, 군주로서의 권한 역시 미약했다.20) 따라서 그의 측근들을 중심으로 구성된 위원회가 실권을 장악하였다. 위원회는 표도르의 처남이며 이반 IV세의 비밀경찰 두목이었던 가두노프(B.Godunov)를 섭정으로 내세웠다. 이러한 정치변동 속에서도 시베리아로 향한 진출은 계속되었다. 정부로부터 파견된 시베리아 원정대는 화기를 사용하면서 시베리아의 풍부한 하천망을 따라 신속하게 동진했다.

### 2) 17세기의 시베리아 진출

17세기 들어 탐험가에 의해 시베리아 개척이 시작되었다. 초기의 개인 탐험에서 정부에 의해 조직된 파견 탐험대에 의해 시베리아의 지리와 천연자원에 대한 조사가 시작되었다. 그리고 옵(Ob)강 연안지방을 식민화하기 위해 원정대가 파견되었다. 이들 원정대는 1604년 옵(Ob)강 지류를 거슬러 올라가 톰스크市를 건설하였고, 1618년 쿠즈네츠 요새를 건설했다. 탐험과 함께, 토볼스크(Tobolsk, 1587)·톰스크(Tomsk, 1604)·크라스노야르

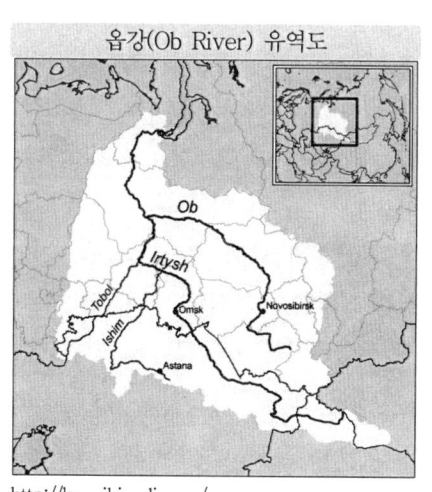

옵강(Ob River) 유역도

http://ko.wikipedia.org/

---

19) 1586년에는 타타르족이 거주하던 지역에 튜멘이란 도시가 세워졌고, 이듬해에는 시비르 칸국의 수도인 토볼스크가 건립되었다; М.Н.Тихомиров ред., *История СССР. Том II* (Москва: Издательство Наука, 1966), p. 340.
20) 표도르는 1598년 후계자 없이 사망했다.

스크(Krasnoyarsk, 1628)・야쿠츠크(Yakutsk, 1632) 등 여타 지역을 관리하기 시작하면서 은(銀)을 비롯한 광산을 개발하기에 이르렀다. 그곳으로 유형수를 보내어 노역을 담당하도록 했다.

러시아는 1648년에 태평양과 연결되는 오호츠크 해까지 나아갔다.21) 1644년에 아무르(Amur)강과 북극의 콜리마 강(Kolyma River)22) 하구에 도달했고, 1648년에는 오호츠크(Okhotsk)와 베링해(Bering Sea)에 도달했다. 1651년에는 이르쿠츠크(Irkutsk), 1697년에는 캄차트카(Kamchatka)에 도달했다.23) 시비르 강을 넘어선 뒤 오호츠크 해에 도달할 때까지 60~70년 동안 매년 한 해도 거르지 않고 한반도 크기의 영토를 하나씩 확보했다.

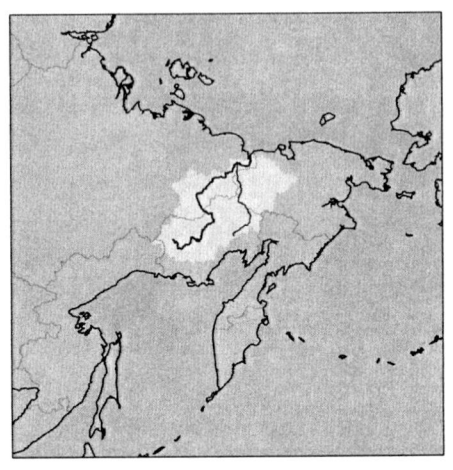

콜리마 강(Kolyma River)

탐험가이자 기업가인 하바로프(E. habarov)는 당국의 허가를 받아 1649년과 1651년 2차례에 걸쳐 아무르 강 원정에 나섰다. 2차 원정에서 원주민의 저항을 물리치고 알바진(Albazin)을 점령하였으며, 제야(Zeya)강24) 하구를 비롯한 주요 지점에 마을이 들어설 수 있는 토대를 구축했다. 이와 함께 책자를 통해 극동지역 지리 상황을 소개했다. 그의 활발한 활동은 극동지역이 모스크바에 편입되는 데

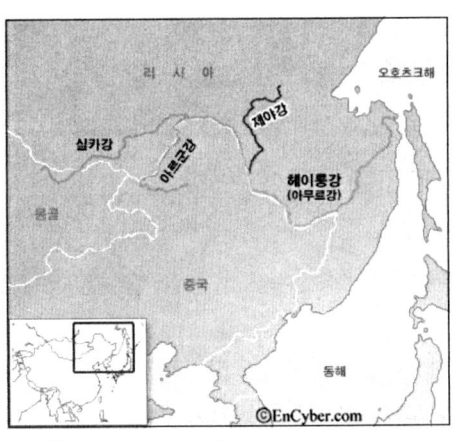

http://www.google.co.kr/

결정적인 영향을 미쳤다. 그러나 그의 행위가 기업가로서 사적이익을 목적으로 한 것이기 때문에 국가적 사업과는 별개의 문제로 이해해야 한다.

---

21) 장덕준, "러시아 연방제의 성격 고찰: 기원 및 형성과정을 중심으로," 『國際政治論叢』 제43집 4호(2003), p. 333.
22) 콜리마 강(Kolyma River)은 북동 시베리아에 위치해 있으며, 사하공화국, 축치 자치구, 마가단 주를 흐른다.
23) D.M.Sturley, *A short history of Russia* (New York: Harper & Row, 1964), p. 51.
24) 제야강(Zeya R.)은 아무르 강의 남쪽으로 흐르는 강이다.

하바로프(E.Khabarov)의 탐험 이후, 예니세이 강에서부터 시베리아 남부, 즉 아무르 강(Amur River) 지방으로의 진출이 보다 왕성해졌다. 이 길을 통해 사냥꾼과 장사꾼들이 개인적인 이익을 위해 빈번히 드나들었고, 이 지방의 풍부한 광물자원과 농산물은 많은 이의 관심을 끌기에 충분했다. 청과 국경을 접하고 있던 이 지역은 양국 국경수비대로 하여금 빈번하게 충돌하도록 했다. 알렉세이 황제가 중국으로 사절단을 보내는 등 적극적인 외교정책을 추진했지만 원만한 해결점을 찾지는 못했다. 아무르 강 연안을 둘러싼 러시아와 청간의 잦은 전투와 장기간의 힘겨루기가 계속되었다.

1689년 8월 러시아 동부지역 치타州에 있는 도시인 네르친스크(Nerchinsk)에서 청나라와 네르친스크 조약(Treaty of Nerchinsk)을 체결하면서,25) 더 이상의 동진(東進)이 아무르강 이북에서 저지되었다.26) 청나라는 양국간 분쟁지역이었던 아무르 강의 주요

유역을 자국 영토로 확인하였고, 러시아는 시베리아 식민 활동의 진전과 더불어 원정 탐험 결과로 점령한 아무르 강 상류 지역을 확보하였다. 러시아는 이 조약으로 인해 스타노보이 산맥 이북으로 물러났으며 아무르 강의 교역로는 물론 알바진(Albazin) 요새 지역도 청에게 넘겨줘야 했다.

결국, 지난 100여 년간의 동진 정책이 꾸준히 진행되었다. 1652년 바이칼 호 지역을 합병한 뒤, 1689년 네르친스크 조약(Treaty of Nerchinsk)을 체결하면서 스타노보이 산맥 이북의 모든 공간을 러시아의 영토로 인정받게 되었다. 남쪽의 중앙아시아·몽골 접경지대까지, 동쪽으로는 연해주와 캄차카 반도(Kamchatka peninsula)27)

---

25) 네르친스크 조약(Treaty of Nerchinsk)은 1689년에 러시아와 청나라 사이에 맺어진 평화조약이다. 흑룡강(아무르 강) 유역에서 러시아의 전초기지를 철수시켜 러시아의 동방 진출을 저지했다. 이 조약에 의해 러시아는 오호츠크 해와 극동 시장으로 쉽게 접근할 수 있는 통로를 잃었지만, 트란스바이칼리아(바이칼 호 동부지역)에 대한 영유권을 확보했고, 러시아 무역상들은 베이징(北京)으로 들어갈 수 있는 권한을 확보했다. 두 나라의 국경은 스타노보이 산맥과 아르군 강(Argun River)을 따라 설정되었다. 네르친스크 조약은 러시아와 중국관계의 토대를 이루었다. 한국브리태니커회사, 『브리태니커 세계대백과사전, T. 3』 (서울: 1994), p. 606; П.Т.Яковлева, Первый Русско-Китайский договор 1689 года (Москва, 1958); 임현수, "바이칼 이동지역에서 러시아의 영토팽창에 기여한 까자끄의 역할," 『사회과학연구』 제15집 (1997). 배재대 사회과학연구소, pp. 322-325 참조.
26) 네르친스크 조약은 러·청 양국의 국경 설정과 교역조건에 관한 내용을 담은 단순한 문서가 아니라, 21세기까지 직접적인 영향을 미치고 있는 중앙유라시아의 분할을 알리는 신호탄이라고 할 수 있다. 김호동, "중앙유라시아 역사 기행. 네르친스크에서 만난 청제국과 러시아," 『주간조선』, 1977호(2007.10.29.)

를 제외한 전 지역을 통치하게 되었다. 네르친스크조약으로 러시아가 아무르 강 남부 지역과 만주지역으로 진출하는 데 실패했지만, 베링 해협과 태평양으로의 진출로를 확보할 수 있는 성과를 거두었다. 네르친스크 조약은 그로부터 약30년 후인 1727년 캬흐타(Kyakhta) 조약에 의해 보완되었다.

### 3) 18~19세기의 시베리아 진출

18세기 중엽까지 실시된 탐사 작업은 시베리아 및 극동의 변경뿐만 아니라 부근 해역까지 확장되었다. 특히, 1716년 표트르 I가 시베리아 전문가인 독일인 메세르슈미트(Д.Г.Мессершмидт)를 페테르부르크로 초청하여 시베리아 탐사에 나서도록 했다. 그의 주요 임무는 시베리아의 자연 및 인문 지리학적 환경을 조사하는 것이었다. 그는 시베리아 여러 지역과 바이칼 호수 등을 답사했고, 아무르 강 유역에서 만주 서부지방을 조사하는 등 많은 학술적 업적을 남겼다. 그리고 1719년에 시작된 지리 탐사는 아메리카와 아시아가 연결되어 있는가를 조사하는 것이었지만, 캄차카와 쿠릴열도의 위치를 확인하는 데 그쳤다.28)

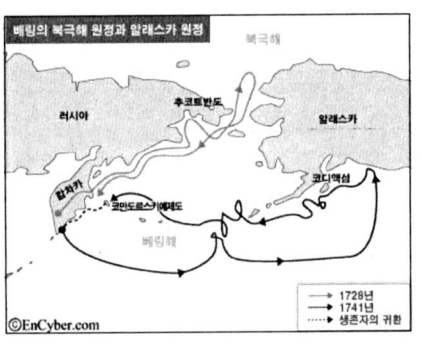

러시아인들은 18세기 초에 캄차카 반도를 손에 넣고 해협 탐험을 계속했다. 캄차카 반도를 지나 북미로 나아가기 위한 중요한 탐험 계획이 1725년에 수립되었다. 러시아 정부에서 근무하던 덴마크인 비투스 베링(Vitus J.Bering)29)을 대장으로 하는 탐험대가 1728년 오호츠크를 출발해 아시아 대륙 북쪽 끝

---

27) 러시아인에 의한 캄차카 탐험은 1725~1730년, 1733~1743년의 대탐험이 유명하다. 1860년 이후에는 러시아 외에 미국의 모피회사 등이 이곳에 상륙했다. 그리고 1905년의 러·일 전쟁 후에는 일본이 연안의 어업권과 육상의 수산 가공 부지를 차지하면서 연간 1만 명 이상의 계절노동자가 캄차카 어장에서 일하였다. http://www.google.co.kr/(검색일: 2012년 4월 16일).

28) А.П.Окладников и др, *История Сибири с древней ших времен до наших дней*. Т. 2. (Ленинград: Изд. Наука, 1968), cc. 162-163.

29) 덴마크 출생인 베링(V.J.Bering, 1681~1741.12.19)은 표트르 I세를 알게 되어 러시아 해군에 근무하였다. 아시아(시베리아)와 아메리카가 육지로 연결되었는지를 조사하기 위해 1725~1730년 제1회 캄차카 탐험을 실시했다. 1728년 7월 13일 대원 44명과 함께 북위 67°18", 서경 167°지점까지 가서 두 대륙 사이에 해협이 존재함을 확인하였다(뒷날 그의 이름을 따서 베링해협이라 함). 그리고 1733~1743년 제2차 캄차카 탐험대를 조직하여 1741년 북아메리카 해안과 알류샨 열도 일부를 발견하였다. 돌아오는 길에 캄차카반도 부근 코만도르 제도 아바차섬(베링섬)에서 난파하여(11월 초) 그 섬에서 사망했다. http://www.google.co.kr/(검색일: 2012년 4월 15일)

에 도착하면서 아시아와 북미 대륙이 바다를 사이에 두고 있다는 사실을 확인했다. 나중에 '베링 해'라 불리는 이 해협을 확인했다. 그리고 페도로프(I.Fedorov)가 탐험대를 이끌고 북미대륙으로 향하여 1732년 알래스카의 프린스 웨일즈 곶에 도착하여 자료를 수집했다. 이는 러시아 인이 최초로 북미대륙에 도착한 사례이다.30)

1733년에 또 다른 대규모 학술 탐험대가 조직되었다. 베링(V.Bering)이 대장으로 임명되었다. 이 탐험대는 아시아와 아메리카 대륙간의 지리적 관계에 대한 실지조사를 위한 해양탐험과 시베리아의 상세한 학술조사를 위한 육상탐험이란 두 가지 임무를 부여받았다. 이 탐험대는 하나의 육상 탐험대와 여섯 분대의 해상 탐험대로 이루어졌다. 육상 탐험대는 러시아 공간이 된 시베리아 현지연구 및 학술조사를 병행하면서 바이칼에서 동쪽으로 오호츠크까지 가는 최단거리의 육로를 개척하는 것이었고, 해상 탐험대는 캄차카 연안으로부터 동남쪽으로 새로운 땅을 발견하고 아시아와 아메리카 사이의 해협과 아메리카 대륙으로의 해로를 개척하는 데 그 임무가 있었다. 유럽에서 태평양으로 이어지는 북방 해로의 가능성을 타진하기 위한 목적이 깔려 있었던 것이다.31) 러시아는 계속적으로 동진하여 1741년부터 베링 해를 지나 알래스카와 북미 서부지역까지 진출했다.32) 러시아는 베링해협 탐험 후 알래스카로 건너가서 그곳을 장악했다.

외국인 학자들 주축으로 행해진 이 조사는 시베리아의 역사와 현지 조사에 커다란 기여를 했으며, 그의 업적들이 높이 평가되었다. 특히 역사 지리학자인 독일인 뮬러(G.F.Muller)는 러시아 아카데미 회원으로서 시베리아에 약 10년간 체류하면서 광대한 저서를 남겼다. 그가 쓴 『시베리아 역사』는 시베리아의 지형은 물론 종교, 언어를 총망라하고 있으며, 차후 중앙정부의 시베리아 지역 개발을 위한 기초 자료로 활용되었다.33) 이러한 업적들은 비록 외국인의 도움으로 조사된 연구 보고서이지만, 제정 러시아의 對시베리아 관심이 정복 차원에서 문화 사업으로 확대되었음을 알 수 있도록 한다. 아울러 보다 효율적인 관리를 위한 통치제도 마련에 관심을 기울이도록 했다.34)

---

30) В.В.Вартольд, *Истории изучения Востока в Европе и России* (Ленинград: 1915), p. 212, 215.
31) А.С.Зуев, *Сибирь Вехи истории* (Новосибирск: Инфолио пресс, 1998), cc. 160-161.
32) 러시아인의 알래스카와 북미서부 진출에 대해서는 다음의 책을 참조. А. Д. Дридзо; Р. В. Кинжалов, *Русская Америка. По личным впечатлениям миссионеров, землепроходцев, моряаков, исследователей и других очевидцев* (Москва: Мысль, 1994).
33) С.М.Соловьев, *История России с древней ших времен в пятнадцати книгах ХⅡ* (Москва: Изд-во социально-экономической литературы, 1964), c. 264.
34) 박태성(2003), pp. 152-153.

••••••••••

러시아의 극동지역에 대한 영향력 확장은 아무르 강 연안의 장악과 밀접하게 관계되었다. 동시베리아 총독을 지내고 있던 무라비예프(N.Muravyov)[35]와 탐사대를 이끈 네벨스코이(G.I.Nevelskoy) 중위가 1850년에 아무르 하류 부근의 니콜라예프스크(Nikolayevsk) 지역에 초소를 설치하고 아무르 연안을 러시아령으로 선포했다. 그리고 1853년에는 사할린에 러시아 전투 초소를 세우고 이 섬을 러시아에 합병한다고 선언했다.[36] 이와 함께, 니콜라이 I세가 1854년에 아무르 연안과 캄차카를 외국의 침략으로부터 방위하기 위해 군대를 파견할 것을 명령했다.[37] 이러한 과정을 거치면서 1856년에 최초로 지방 행정구역인 프리모르스카야 주(Primorskaya Oblast)를 창설했다.[38] 1858년 4월에 아이훈 조약[39]을 체결하면서 러시아가 아무르 강 유역을 경략하게 되었다.

1850년에 니콜라예프스크-나-아무레 지역을, 1853년 사할린을, 그리고 1859년에 블라디보스톡(Vladivostok)을 정복했다. 1860년 아무르강 횡단과 더불어 블라디보스톡에 항구와 해군기지를 건설하기에 이르렀다.[40] 1860년에 베이징 조약으로 우수리 강 동쪽의 연해주를 차지했다. 러시아는 연해주의 남쪽에 블라디보스톡 해군 항을 만들어 극동의 중심기지로 삼았다. 제2차 아편전쟁[41]을 종결짓는 1860년의 베이징

---

[35] 니콜라이 무라비예프-아무르스키(Nikolay Nikolayevich Muravyov-Amursky)는 동(東)시베리아 총독(재임 1847~1861)이었다. 무라비예프는 네벨스코이(Nevelskoi)의 협력으로 헤이룽 강(아무르 강) 하구(河口)에 니콜라예프스크를 건설했다. 아이훈 조약을 체결하여 헤이룽 강 이북의 영유(領有)를 승인받았다. 그 공(功)으로 아무르스키 백작이 되었다. http://en.wikipedia.org/wiki/Nikolay_Muravyov-Amursky(검색일: 2013년 5월 25일).
[36] 1806년에 러시아의 해군이 사할린 합병을 선포하고 약간의 해병들을 수비대로 상륙시켰다.
[37] Е.М.Жуков, *Международные отношения на Дальнем Востоке в период 1870-1945 гг.* (Москва: 1953); 홍웅호(2008) 참조.
[38] 당시 프리모르스카야州의 주도는 니콜라예프스크-나-아무레(Nikolayevsk-on-Amur)였다.
[39] 1858년 4월 16일 아이훈 조약을 체결했다. 아이훈 조약이란 아이훈 강으로부터 아무르 강에 이르는 좌안을 러시아령으로 하고, 그 우안 우수리 강에 이르기까지를 청나라 령으로 하는 전문 5개조의 조약문이다. 이 조약으로 러시아는 아무르 강 유역을 경략하게 되었다. 홍웅호(2008), p. 10.
[40] Belasco Milton Joy, *Soviet Russia* (New York: Cambridge Book Company, Inc., 1968), p. 59.
[41] 제1차 아편전쟁(1840~1842년)은 청나라의 아편단속을 빌미로 영국이 1840년에 일으킨 전쟁이다. 19세기 청나라와 영국의 무역은 불공정한 무역이었다. 17세기 중국에서 들어온 홍차(Black Tea)는 영국 상류층뿐만 아니라 일반 서민으로부터도 사랑을 받았다. 이에 반해, 영국산 면제품들은 청나라에서 별로 인기가 없었다. 이때 영국 상인들이 생각해낸 무역적자 해소 방법이 아편무역이었다. 육체노동에 종사하는 중국의 하층민들 사이에서 아편이 인기를 끌었고, 청나라는 아편단속을 시작했다. 청나라의 아편단속에 반발한 영국이 무역항을 확대한다는 명분을 내세워 전쟁을 일으켰다. 전쟁은 1842년에 영국의 승리로 종결되었고, 영국 측은 홍콩의 할양, 광둥 이외 다섯 항구를 추가 개항하도록 하는 성과를 얻었다. 제2차 아편전쟁(1856~1860, 일명 애로호 전쟁)은 제1차 아편전쟁 이후 청나라의 개방에 기대에 못 미치자 영국이 1856년에 아일랜드, 프랑스와 함께 청나라를 공격하여 발생된 전쟁이다. 영국의 주력 상품은 면이었는데, 중국에서 생산되는 면포가 충분한 경쟁력을 가지고 있었다. 게다가 제1차 아편전쟁으로 청나라의 일부지역에서 대영 항쟁이 전개되었다. 이에 영국은 중국인 소유의 영국 해적선 애로호를 빌미로 한 애로호 사건을 일으켰다. 영국과 프랑스 연합군은 광저우를 침략했고, 러시아군도 청나라 영토로 진격했다. 연합군은 톈진을 점령하여 톈진조약을 맺었다. 톈진조약은 청나라가 영국과 프랑스에게 배상금을 지급하고 개항 항구를 확

조약(Treaty of Peking)42)에서 시베리아가 러시아령이라는 것이 확인되었다. 알렉산드르 II세(재위 1855-81)는 제국의 영토를 중앙아시아까지 확장시켰다. 1865년부터 1876년까지의 시기에 중앙아시아의 대표적인 3개의 봉건국가 코칸트(Kokand), 부하라(Bukhara), 그리고 히바(Khiva)를 정복했다. 코칸트 칸국(汗國)의 타쉬켄트가 러시아 영토로 귀속된 것은 이때였다.43) 그리고 1880년대에는 투르크멘까지 병합할 수 있었다.

결국, 16세기 모스크바에서 시작된 시베리아 공간으로의 팽창정책은 19세기 말까지 계속되어 중앙아시아와 극동지역까지 확보하면서 완성되었다. 남쪽으로 카프카스와 아랄 해까지, 동쪽으로는 블라디보스톡과 베링 해를 건너 켈리포니아까지 세력을 확장시켰다. 그러나 1867년에 러시아가 알래스카와 그 부속도서를 720만 달러에 미국 정부에 팔면서 아메리카 대륙에서 철수했다. 한편, 1860년에는 베이징 조약으로 우수리 강 동쪽의 연해주를 차지했다. 1875년에는 일본과 조약을 맺어 사할린을 차지하는 대신 쿠릴열도를 일본에 넘게 주었다. 이로써 러시아의 극동 영토가 완성되었다.44)

## 3. 시베리아 진출전략 및 원인 분석

러시아는 1580년대 초반 우랄산맥을 넘어 동진하면서 시베리아 정복에 나섰다. 러시아의 시베리아 정복은 상인 세력과 카작 세력, 그리고 정부가 함께 하면서 가능했다. 면세특권 부여와 함께 식민정책으로 영토 확장 효과를 노린 러시아 정부, 자원 개발과 교역으로 사업적 수익을 얻으려는 상인 세력의 투자, 그리고 변방지대에서 배회하며 자유를 누렸던 호전적인 카작 세력의 안정적인 생활터전 확보를 위한 노력 등

---

대하며 아편무역을 합법화하는 등의 내용을 담고 있다. 영국군과 프랑스군은 텐진조약 체결 후에도 청나라의 후속 조치가 미진하자 진격을 계속해 1859년에 수도 베이징 근처까지 이르렀다. 1860년 베이징 함락 후 청나라가 영국, 프랑스, 러시아와 베이징 조약을 맺으면서 전쟁은 종결되었다. http://ko.wikipedia.org/ (검색일: 2010년 2월 9일)

42) 베이징조약(北京條約)은 1860년 10월 18일에 청나라가 영국, 프랑스, 러시아와 체결한 조약이다. 1860년 10월 18일, 제2차 아편 전쟁이 절정에 이른 이때, 영국과 프랑스 연합군은 베이징의 자금성에 입성하였다. 청나라의 패배로 조약을 체결하게 된다. 러시아도 교전 당사자는 아니지만, 조약을 중재했다는 명목으로 조약에 참여했다. 조약은 1860년 10월 24일 마무리되었다. 조약은 각각 중국-영국, 중국-프랑스, 중국-러시아 조약 형식으로 맺어졌다. 이 조약으로 러시아는 외만주를 차지하고 여기에 현재의 연해 크라이의 기원이 되는 우수리스크 크라이를 설치했다. http://ko.wikipedia.org/(검색일: 2010년 2월 9일)

43) 1868년에 부하라 칸국이 러시아의 보호국이 되었다. 1873년에는 히바 칸국도 같은 운명에 처해졌고, 1876년에는 코칸트 칸국이 러시아에 합병되었다. 러시아는 계속해서 투르크멘 지방의 정복에 나서 1884년 서투르케스탄까지 장악했다. 이무열, 『러시아사 100장면』(서울: 가람기획, 1998), pp. 204-5.

44) 이영형, 『러시아 국가성격의 이해』(서울: 엠애드, 2001), p. 75.

··········

이 결합되면서 가능했다.

1) 거점화 팽창전략

러시아는 시베리아의 광대한 미개척 지역을 복속하면서 17세기 중반에 오호츠크 해(Sea of Okhotsk)까지 진출하게 된다. 러시아의 영토 확장정책이 급속도로 이룩된 주요한 원동력은 점령지역을 관리하고, 변경지역의 안전을 확보하며, 경비를 강화하기 위한 근거지를 잘 구축한 데 있었다. 러시아는 하천 유역의 주요 지역에 성채를 쌓고, 경비를 강화함으로써 또 다른 지역으로 진출하기 위한 교도보로 삼았다.45) 거점 지역의 선택은 시베리아의 3대 하천인 옵강(Обь; Ob River), 예니세이 강(Yenisei River), 레나 강(Lena River) 등과 같은 하천과 바다 교통로를 확보함으로써 신속한 물자소송과 식량보급을 가능하게 하는 데 있었다.

거점 지역을 통한 동부로의 진출은 우랄지역에 있는 옵강 유역의 토볼스크(Tobolsk)를 점령하여 요새화시키고, 이를 토대로 남부지역으로의 팽창이 이루어졌다. 그리고 시베리아 동부의 예니세이 강(Yenisei River) 유역에 있는 예니세이스크(Eniseysk)와 톰스크(Tomsk)를 각각 1600년과 1604년에 정복하면서 이를 거점으로 하여 남부로의 진출[쿠즈네츠크(Kuznetsk, 1618), 크라스노야르스크(Krasnoyarsk, 1628), 키렌스크(Kirensk, 1630), 이르쿠츠크(Irkutsk, 1632), 옴스크(Omsk, 1716)]이 가능하도록 했다. 특히, 키렌스크(Kirensk)46)는 시베리아 개척 사업에 있어서 중요한 기지 역할을 담당했다.

러시아의 레나 강(Lena River)47) 유역 진출은 주로 내륙의 하천과 항로를 통해 이루어졌다. 사냥꾼들은 레나 강을 따라 바다로 나가 해로를 통해 동진하여 야나 강(Yana River)48) 어구에 이르러 강을 거슬러 올라감으로써 새로운 지역을 개척했다. 17세기 중반에 태평양 연안의 오호츠크 해(Sea of Okhotsk)까지 이르러 러시아 인은 단시일 내에 미개한 요충지를 식민화 하였다.49)

---

45) 심헌용, "러시아 동진의 군사적 성격과 통치구조. 16세기 후반 - 18세기 전반," 『中蘇研究』 제27권 2호 (2003), pp. 154-155.
46) 1630년에 신설된 키렌스크(Kirensk)는 레나 강과 키렌가 강이 합류하는 지점에 위치해 있으며, 현재의 이르쿠츠크州 중부에 위치한 도시이다.
47) 레나(Лена) 강은 동시베리아를 흐르는 강이다.
48) 야나(Яна) 강은 사하공화국에 위치한 강이다.
49) 박태성(2003), pp. 147-148.

시베리아 진출, 팽창거점 전략도

레나 강 지방으로의 진출 도중 현지인과의 관계가 원활하지 못하자, 정부는 시베리아 경영 방식을 바꾸었다. 새로운 점령지에 대한 관리를 목적으로 1637년 모스크바에 시베리아 국(Siberian Department)을 신설했고, 후속 조치로 다양한 행정단위 기관들이 시베리아에 개설되었다.50) 1640년 레나 강변에 이 지역의 행정조직을 담당하게 될 야쿠츠크 청(廳)이 개설되었고,51) 1670년에는 시베리아 행정 기관들을 중앙에서 체계적으로 관리할 목적으로 토볼스크(Tobolsk)에 행정 센터가 개설되었다.

야쿠츠크 청의 개설과 더불어 시베리아 동부에 대한 탐험과 탐사작업이 계속되었다. 야쿠츠크의 군인들은 레나 강을 내려가 북빙양 연안을 따라 동북쪽으로 나아가면서 알라제야 강(Alazeya River)을 발견하였고,52) 1643년경에는 콜리마(Kolyma) 강에 이르러 이 유역을 답사함과 동시에 지배권을 확립했다.53) 콜리마 강으로의 해로 개척은 북빙양 해안을 따라 동쪽으로의 탐험을 가능케 했다. 1643년 초대 야쿠츠크

---

50) 김수희(1998), p. 264.
51) 중앙정부 주도하의 청 개설은 중요한 의미를 지니고 있다. 첫째, 시베리아의 정복 영역이 우랄 산맥부터 동쪽의 오호츠크 해안까지 확장되어 그 지배권이 시베리아 전역에 퍼짐에 따라 통일된 정책 실행이 요청되었다. 둘째, 비계획적으로 이루어진 식민사업의 결과가 국가 권력에 의해 관장되고, 향후 시베리아 경영에 대한 관-민의 동향이 국가 방침에 따라 조정될 수 있음을 의미했다.
52) 알라제야(Алазея)강은 사하 공화국의 북동부를 흐르는 강이다.
53) 콜리마(Kolyma) 강은 시베리아 동북부 콜리마 산맥에서 시작하여 동시베리아 해로 흘러드는 강이다. 하구의 콜리마는 유형지로 유명하다. http://krdic.naver.com/detail.nhn?docid=38764400(검색일: 2013년 5월 26일).

··········

사령관인 포야르코프(V.Poyarkov)는 레나 강에서부터 아무르 강으로 통하는 길을 탐험하라는 명을 받고 스타노보이 산맥(Stanovoy Mountains)[54]을 넘어 아무르 강 지류인 제야(Zeya) 강[55])에 도달했다. 이들은 아무르 강을 내려가 오호츠크 해에 이른 다음 야쿠츠크로 귀환했다. 그리고 1648년에는 콜리마 강 하구에서 동쪽으로 항해를 시도하여 블라디보스톡에 도달하였으며 베링해 해안까지 나아갔다.[56]

상기와 같은 방식으로 레나강 유역의 야쿠츠크(1632)[네르친스크(1654)]와 극동의 오호츠크(1649)를 전략 거점으로 하여 상하[캄차트카(1740), 사할린(1853), 블라디보스톡(1860)]로 팽창전략을 추진하는 모습을 보였다. 이러한 거점구축 전략과 근대식 무기인 화기(火器)를 사용하면서 미개한 지역 원주민들을 보다 쉽게 굴복시키면서 우랄산맥을 넘어 극동지역까지 진출하게 되었다. 이러한 개척 과정은 60여년에 불과했다.[57] 물론 시베리아로의 진출과정에서 청나라와의 갈등 관계가 있기는 했지만, 러시아의 동진팽창 전략은 큰 무리 없이 진행되었다.

2) 시베리아 진출의 원인. 내부 식민지 개척

이반 IV세(재위 1533-1584) 시기에 러시아가 우랄산맥 이동으로 본격적인 진출을 시작하게 된 배경에는 여러 가지 요인이 있겠지만 경제적인 요인이 중요한 위치를 차지한다. 러시아의 시베리아 진출 목적은 첫째로 동양으로부터 초원지대를 경유하여 러시아에 침입해 온 이민족의 외침을 예방하기 위함이고, 둘째로는 상업적인 교역의 필요성에 기초된다. 이미 노브고로트(Novgorod) 상인들이 12세기부터 중국을 여행했으며, 그 후 중국의 직물류, 비단, 금, 은과 러시아의 짐승가죽, 모피, 식품간의 교역을 통해 상당한 수익을 올릴 수 있었기 때문이다. 19세기 말에 가서는 중국에서 재배된 홍차를 수입하여 유럽으로 재수출함으로써 얻을 수 있는 수익성이 시베리아횡단철도 부설의 타당성을 높여 주었다. 셋째는 부동항 확보책의 일환으로 극동지역 진출을 시도했다고 볼 수 있다. 발트해 지역으로의 진출 시도는 폴란드, 스웨덴, 덴마크의 강력한 저항에 직면했고, 흑해로의 접근은 터키의 저항과 아울러 영국, 프랑스의 터키

---

54) 스타노보이 산맥(Становой хребет)은 러시아 극동의 남동부에 위치한 산맥이다. 오호츠크 해와 레나 강, 아무르 강에 접해 있다. 중국과 러시아 사이에 조인된 네르친스크 조약으로 이 산맥은 러시아의 영토로 편입되었고 중국과 접하게 되었다.
55) 제야(Zeya)강은 아무르 강의 남쪽으로 흐르는 강이다. 스타노보이 산맥에서 발원한다.
56) 박태성(2003), p. 148.
57) 심헌용(2003) 참조.

후원으로 좌절당했다. 시베리아 및 극동지역 진출은 태평양으로 나아가는 길목이었다. 넷째로는 시베리아 지역에서 채굴 가능한 희귀금속 및 자원개발 필요성이다.58)

　러시아 영토로 병합되기 시작하면서부터 시베리아는 러시아 중앙정부에 의해 조직된 착취의 대상이 되었다. 토착민에 대한 정부의 입장은 처음부터 국고의 이익에 국한되었다. 모스크바 정부는 군주 또는 토지 소유자로 자처하면서 모피류로 현물세(ясак)를 납부케 할 목적으로 지방 주민을 관리해 왔다. 중앙정부는 가능한 한 원주민의 전통적인 토지 이용 형태를 침해하지 않으려 했고, 토지 문제로 토착민과 식민주의자간에 충돌을 허용하지 않았다.59)

　러시아의 시베리아 정복은 자원 공급처로 활용 가능한 식민지를 개척하려는 사업의 일환으로 추진된 것으로 보인다. 국가 경제를 활성화할 목적으로 시베리아 및 극동지역의 인적 및 물적 자원을 착취하는 내부 식민지로 개척할 목적에서 팽창정책이 추진된 것으로 보인다. 러시아가 모피·산림·농수산물 및 광물자원을 채취하고 교역상품을 획득하기 위한 움직임은 예르막(Т.Ермак)이 우랄산맥을 넘기 이전부터 시작되었다. 유럽과의 교역에서 우위를 점할 수 있는 주요 수출상품을 시베리아에서 얻어 왔던 것이다.60)

　러시아가 우랄 산맥 동쪽에 눈을 돌린 것은 15세기 후반이었다. 처음에는 모피를 얻기 위한 사냥터로, 다음은 농사와 교역을 위한 터전으로, 마지막으로는 자원 개발을 위한 처녀지로 시베리아가 관심의 대상이 되었다. 시베리아 정복은 중앙정부의 강력한 지도하에 이루어진 것이 아니라, 개인차원의 자생적인 움직임에서 시작되었다. 러시아의 시베리아 식민화 과정은 아래로부터의 움직임에 대한 중앙정부의 사후 승인적 성격을 띠었다. 17세기 시베리아 진출은 사냥꾼 무리를 비롯한 개척민들이 터놓은 길을 상인들이 드나들고, 그 뒤 민병대와 기업가들이 진출하면서 풍부한 자원을 활용하는 형태로 이루어졌다. 중앙정부는 제일 마지막에 나타나 전리품을 수거하기만 하면 되었던 것이다. 중앙정부는 불모지 시베리아를 개척하는데 선두에 나서지 않았지만, 전리품을 사후 관리하는 데는 철저했다. 광대한 영역에 행정조직을 정비하면서 사회질서를 확보하려 했다. 특히 18세기 초부터 사형의 제한과 함께 유형이 강화되면서 시베리아 유형이 빈번해지고 그 시설도 확대되었다.61)

---

58) 김수희(1998), p. 261.
59) 박태성, "제정러시아의 시베리아 변경정책," 『한국 시베리아연구』 제11집 07-1호 (2007), p. 64.
60) 심헌용(2003), p. 153.
61) 박태성(2003), p. 141, 148.

러시아의 시베리아 원정과 식민지 개척의 초기단계에는 주로 모피나 수산물 등 1차 산물에 집중되어 있었다. 그러나 소금・금・비철금속 매장지역에 대한 개발이 이루어지면서 시베리아 지역은 자원공급지로서의 성격이 뚜렷해 졌으며 농산물과 공산물 가공지로 발전해 갔다. 18세기에 표트르 대제(재위 1689-1725)는 국토 활용의 효율성을 목적으로 과학아카데미를 설립했으며, 이 연구기관이 담당하는 내용에 시베리아의 자연 및 인문지리 상황이 포함되어 있었다. 시베리아 지도 제작, 주민분포 상황 파악, 식물 및 동물의 생활을 밝히는 과제가 그것이다. 연구조사 사업은 1750년을 전후한 시기에 천연자원에 대한 조사를 포함했다.62) 그리고 러시아와 중국의 교역 및 외교 문제를 정상화하기 위해 1727년에 체결된 캬흐타(Kyakhta) 조약에 기초하여, 중국 상품의 대유럽 무역을 담당하는 데 시베리아 및 극동지역이 활용되었다.63)

　　18세기 초・중엽부터 우랄산맥 일대에 철강과 군수공업시설이 들어서기 시작했고, 시베리아의 철・석탄・목재 등 풍부한 자원이 활용되기 시작했다. 러시아의 시베리아 개척은 식민지적 수탈을 전제로 한 식민지 경영의 전형적인 모습을 보인다. 러시아의 상인들이 유통과정에서 폭리를 취했으며, 식민지역 시베리아에서 생산된 천연자원과 이를 가공한 생산제품 간의 가격 격차는 엄청났다. 이러한 현상은 시장과 유통을 소수의 러시아계 상인들이 장악하고 있는 데에서 비롯된 것으로서 이들의 착취적 개발은 대다수 시베리아 현지 주민들의 이해와는 관계없이 진행되었다.64)

　　결국, 시베리아는 모스크바를 중심으로 하는 중앙정부의 필요성에 기초된 식민지 개발 대상지로 인식되었다. 1840년대에 이르쿠츠크 지방의 보다이보(Bodaybo) 금광에서 금이 채굴되기 시작했고, 19세기 초에는 예니세이 강변의 세베로-예니세이스크(Severo-Yeniseysk)와 유즈노-예니세이스크(Yuzhno-Yeniseysk)에서 금광이 개발되었고, 1911년 이후에는 아르체모프스크(Artemovsk)에서 금광이 개발되었다. 그리고 1890년대에 시베리아횡단철도가 부설됨에 따라 열차 운행에 필요한 연료 공급을 목적으로 쿠즈네츠크(Kuznetsk) 유역에서 양질의 석탄과 체렘호보(Cheremkhovo) 유역의 역청탄이 개발되기 시작했다.65)

---

62) 18세기 중엽에 치타(Chita) 지역에서 은-연-아연 광산 개발이 번창하였다.
63) Walther Kirchner(ed.), *Russian History* (New York: Harper Perennial, 1991), p. 54-55, 122.
64) Н.М.Ядринцев, *Сибирь как колония в географическом этнографическом и историческом отношении* (С-Петербург: Издание И.М.Сибирякова, 1892), с. 401.
65) Shabad Theodore, *Basic Industrial Resource of the USSR* (Columbia University Press, 1969), pp. 245-266.

## 4. 시베리아 횡단철도의 부설과 그 목적

러시아는 1858년과 1860년 청나라와 맺은 아이훈 조약과 북경조약으로 인해 시베리아를 넘어 극동지역으로 진출할 수 있게 되었다. 러시아는 1860년에 블라디보스톡을 항구도시로 건설하였고, 1872년에는 태평양 함대의 전초기기로 삼았다. 이와 함께 태평양에 부동항을 개척하고, 시베리아 지역을 관통하는 철도를 부설하려 했다. 1886년 알렉산드르 III세는 시베리아횡단철도(TSR, Trans-Siberian Railway) 건설계획에 착수한다는 칙령을 공표했다. 그동안 정부가 시베리아 지역에 대해 아무런 일을 하지 않고 방치해 둔 현실을 직시하면서 철도 부설을 통한 시베리아 개발에 관심을 표명하기 시작했다.

TSR 부설은 지역 개발에 대한 중앙 정부의 의지를 보여준다. TSR 사업은 당시 재무장관에 취임한 비테(S.Witte)가 주도했다. TSR은 1850년대 극동지방의 군사전략적 가치의 증대, 식민 사업의 필요성, 對중국 무역 등을 목적으로 계획되었다. 무역로를 확보하여 아시아와 유럽을 연결한다는 것이었다. 당시 비테(S.Witte)는 황제에게 이 사업의 필요성에 대해 다음과 같이 주장했다. 시베리아산 소맥을 동서로 수출하는데 기여할 수 있고, 철도를 이용해 신속하고 다량의 중국차를 국내 수요 충족뿐만 아니라 유럽 경유 무역으로 높은 수익 효과를 얻을 수 있으며,66) 식량과 이민수송을 촉진하는 효과를 얻을 수 있으며, 러시아산 직물과 광물의 중국 수출, 만주와 한국에 대한 영국 침투 저지, 미국과의 교역개발 등을 지적했다.67)

1887년 6월 18일 페테르부르크에서 시베리아횡단철도의 부설 필요성을 논의하기 위한 고위 당국자 회의가 개최되었다. 이 회의에 교통대신, 재무대신, 정부조정관, 육군대신, 해군대신, 참모총장 등이 참여했다. 회의에 참여한 고위급 인사들을 보면 철도 부설의 의미를 짐작하도록 한다. 군사적이며 경제적인 이유가 주된 동기인 것으로 보인다. 이 회의에서 '... ... 전략적인 면을 고려할 때, 유럽령 러시아와 아시아를 연결하는 신속한 운송기관의 필요성이 해가 갈수록 절박해지고 있다'고 했다.68) 다음 날 차르는 상기 회의 결정을 승인했고, 시베리아횡단철도 부설을 위한 측량을 실시하도록 교통대신에게 명령했다.69) TSR건설을 위해 1887년 현지조사에 착수했고, 1891~1892

---
66) 당시 영국 상선에 의해 인도산 홍차가 유럽에 수출되면서 상당한 수익효과를 얻고 있었다.
67) Hugh Seton-Watson, *The Decline of Imperial Russia 1855-1914* (New York: Frederick A. Praeger, 1952), pp. 200-201.
68) А.Н.Куломзин(ред.), *Сибирская железная дорога в её прошлом и настоящем* (С.Петербург: 1903), с. 72.
69) Б.Б.Глинский, *Пролог Русско-Японской войны* (Петроград: 1916), с. 5.

년에 공사가 진행되어 1897년 부분 개통되었다. 우랄산맥 동부의 첼랴빈스크에서 블라디보스톡까지 연결하는 약7,400㎞ 공사는 1905년에 완공되었다. 모스크바와 블라디보스톡을 잇는 전체 길이는 9,300㎞에 달한다.70) 모스크바에서 출발해 블라디보스톡까지 6박 7일을 달리며 60개 정도의 역에서 정차한다.71)

TSR 부설 공사는 1891년 첼랴빈스크(Chelyabinsk)와 블라디보스톡에서 동시에 시작되었다. 1894-1903년 사이에 정부에서 시행한 토지 제공과 대여금 혜택 조치 등에 힘입어 대대적인 이민 현상이 나타났다. 이 기간 중 시베리아로 이주한 사람의 수는 년 평균 11만 5천명에 달했다.72) 1903년 첼랴빈스크에서 블라디보스톡에 이르는 철도가 완공되었고, 최종 완성은 착공 25년 만인 1916년에 이루어졌다. 이 철도의 등장과 함께 시베리아 개발이 보다 탄력을 받게 되었다. 철로를 따라 인구 유입이 촉진돼 철로 주변을 중심으로 대도시가 등장했고, 대학, 도서관, 극장 등이 들어서 문화적 대변혁을 가져왔다. 그러나 시베리아 및 극동지역에 대한 본격적인 개발 및 공간 이용은 1917년 혁명 이후라고 볼 수 있다.

## 5. 끝맺는 말

러시아는 1580년대 초반 우랄산맥을 넘어 동진하면서 시베리아 정복에 나섰다. 러시아의 시베리아 병합은 시대별로 차이를 보인다. 16세기 후반 스트로가노프家와 예르막(T.Yermak)에 의해 추진된 시베리아로의 팽창은 개인적인 목적에서 이루어졌으며, 당시에 중앙정부는 큰 관심을 갖지 않았다. 모스크바는 사후관리 차원에서 시베리아를 접수했다. 17세기에 우랄 및 시베리아 연방지구의 내부 공간을 거의 점령하게 되었다. 그리고 시베리아의 광대한 미개척 지역을 복속하면서, 17세기 중반에 이르러 태평양(오호츠크 해)까지 진출하게 된다. 러시아의 시베리아 정복은 자원공급처로 활용 가능한 식민지 개척사업의 일환으로 인식되어진다. 즉, 자원 공급지로서의 '내부 식민지' 개척이 중요한 요인으로 작용한 것으로 보인다. 러시아의 서부지역을 국제정

---

70) TSR은 핀란드의 헬싱키까지 연결된다.
71) 출발역과 종착역의 시차는 7시간이다. TSR은 모스크바에서 우랄산맥의 예카테린부르크를 거쳐 옴스크, 노보시비르스크, 이르쿠츠크로 이어지며, 바이칼 호수를 남으로 끼고 중국 북부를 지나 아시아 대륙 동쪽의 끝 블라디보스톡에 도달한다. TSR이 지나는 주요 도시는 모스크바-야로슬라블-페름-예카테린부르크-옴스크-노보시비르스크-크라스노야르스크-이르쿠츠크-울란우데-하바롭스크-블라디보스톡 등이다.
72) A.A.Kornikov, *Krest'yanskaya Reforma* (St.Petersburg, 1905), pp. 250-251; Fainsod Merle, *How Russia is Ruled* (Harvard University Press, 1970), p. 16.

치경제 관계의 중심지로 하면서, 시베리아 및 극동지역의 인적 및 물적 자원을 착취하기 위한 내부 식민지화 전략의 일환으로 추진된 것으로 보인다.

시베리아가 러시아 영토에 병합되는 과정에서 중앙정부의 팽창정책은 계획적인 것이 아니었다. 편입된 식민지에 대해서도 미온적인 행정조치와 가혹한 징세를 부과함으로써 현지인과의 대립을 증폭시켰다. 중앙에서 파견된 지방관들은 경제적인 가치와 개인적인 이익 추구에 관심을 집중시켰고, 지역 주민들의 입장은 전혀 고려되지 않았다. 중앙행정기구의 미비함이나 사후조치로 실행된 시베리아 통치 제도가 그 기능을 제대로 수행하지 못했다. 러시아의 시베리아 식민화 과정은 아래로부터의 움직임에 대해 중앙정부가 사후 승인하는 그러한 모습으로 전개되었고, 최소한 18세기 초까지는 전혀 체계적이지도 않았다.

러시아의 시베리아 개척은 식민지적 수탈을 전제로 한 식민지 경영의 전형적인 모습을 보여준다. 모스크바의 착취적 개발은 대다수의 시베리아 현지 주민들의 이해와는 관계없이 진행되었다. 시베리아 지역이 러시아 땅에 병합되면서부터 중앙정부에 의해 조직화된 착취 대상이 되었다. 17세기에 만들어진 시베리아 청은 중앙행정 기구로서 절대군주제 확립에 기여한 바가 크다. 18세기의 지방행정 기구는 지방의 원주민을 다스리는 데 그 목적이 있었다. 18세기 초·중엽부터 우랄산맥 일대에 철강과 군수공업시설이 들어서기 시작했고, 산업화에 필요한 각종 자원의 상당부분을 시베리아에서 공급받았다. 결국 16세기말 러시아 역사에서 시베리아가 처음 등장한 이래, 동일의 공간은 오랫동안 유럽 러시아의 정치범 및 잡범 등을 격리 유배시키는 소외된 땅으로, 그리고 자원수탈의 식민지 공간으로 인식되어 왔다.

표트르 대제(재위 1689-1725)의 통치가 시작되면서 시베리아에 대한 조사 및 학술 탐사가 보다 조직적이며 체계적으로 진행되었다. 팽창된 영토에 대한 단순 관리 차원에서 경제 및 문화 연구 차원으로까지 그 범위가 확대되었다. 임시방편적인 통치기구도 지방 행정기구의 재편과 더불어 체계화되었고, 파견되는 지방관에게 전권을 부여하는 대신 지역관리 및 개발에 따르는 책임까지 부과했다. 상기와 같이 시베리아 연구 및 관리가 보다 체계적이기는 했지만, 19세기 초반기까지 중앙정부는 시베리아 지역 통치의 보편적인 모델을 마련하지 못했다. 이 지역에 대한 정부의 관심은 내부 식민지로 밖에 인식되지 않았다.

19세기 초 스페란스키(M.M.Speransky)의 시베리아 개혁은 현지 상황을 고려한 시베리아 정책이었다.[73] 현지인의 입장에서 추진되고 시베리아의 지역성을 고려한 통치제도 개혁은 새로운 변화를 가져 왔다. 즉 이전까지의 시베리아 통치가 중앙정부의 입장에서 무력을 동원한 예속적 지배였다면, 1822년 이후는 현지의 사정을 고려한 경제적 및 문화적 개발이 다소 추진되었다. 그러면서도 정부시책의 성격에 따라 주민의 부담이 가중되기도 하고, 식민적 압박 요인으로 작용하기도 했다. 시베리아 지역의 사회경제적 상황이 변화되면서, 모피나 차 무역의 중요성이 떨어지고 금 채굴이 발달하기 시작했다. 이와 함께 많은 이주민들과 유형자들이 몰려들었다. 이러한 현상이 지역주의와 충돌하게 되면서 중앙정부는 새로운 시베리아 정책을 준비해야 했다.

19세기 중반에 러시아 제국이 시베리아 전영토를 지배하였고, 광산개발과 더불어 시베리아 개발을 위해 강제적인 이주 정책이 추진되었다. 시베리아는 사상범의 유형지(流刑地)로 널리 인식되기 시작했다. 1891년에 TSR 건설 공사가 첼랴빈스크와 블라디보스톡에서 동시에 진행되었으며, 1903년에 완공되었다. 철도가 통과하는 도시를 중심으로 인구 유입이 가속화되었다. 철도 개통으로 많은 슬라브인들이 극동지역으로 이주하기 시작했다. 또한 1905년 스톨리핀의 농업개혁 이후 토지가 부족한 슬라브인들은 새로운 토지를 받기 위해 극동지역으로 이주하면서 정착했다. 그 결과 인간이 거의 거주하지 않았던 극동지역에서 러시아인이 다수를 차지하게 되었다. 1907년 한 해 동안 7만 6,337명의 슬라브인들이 극동지역으로 이주해왔다. 이때부터 러시아는 극동지역의 경제적 중요성에 더 많은 관심을 갖기 시작했다. 러시아는 식민지 개발차원에서 이 지역의 전통적인 모피산업 이외에 광산과 농·수산업의 수탈을 자행했다. 20세기 초에 러시아에서 자본주의가 싹트면서 러시아 자본가의 극동진출이 보다 활성화 되었다. 이러한 과정에서 기업가와 대지주들은 그들의 이윤추구를 위해 값싼 중국인과 칸국의 노동력을 활용했고, 철도 부설 과정에서도 마찬가지였다.

결국, 러시아의 시베리아 정책은 제국의 안정과 발전에 중요한 요인이었음에도 불구하고 제대로 실행되지 못했다. 영토의 병합과정에서 행정체계 구축을 위한 법적 토대가 마련되었음에도 불구하고, 중앙정부는 제도의 근대화 과정을 가속화시키지 못했다. 유럽러시아 인들이 자신들의 생계와 돈벌이를 위해서 시베리아 지역의 산업발달에 상당한 기여를 했지만,74) 시베리아 원주민의 시각에서 볼 때 시베리아 지역이 중앙정부의 필요성에 따라 식민화되어진 그러한 현실은 부정할 수 없게 되었다.

---

73) 스페란스키(M.M.Speransky)는 1819년부터 1821년까지 시베리아 총독을 지내면서 중요한 행정 개혁을 단행했다.
74) 농업, 목축, 사냥, 어업 영역에 근대적인 기구와 기술을 접목하여 생산성을 높였고, 원주민보다 발달한 서구의 선진문화를 이식시켰으며, 종족간의 혼혈도 받아들여 사회적인 융합도 이루어지기 시작했다.

## 참고 문헌

김수희, "러시아의 시베리아 개발사," 『외국문화연구』 (광주: 조선대학교), 제21집(1998).
김호동, "'타타르의 멍에'를 벗어던진 러시아의 동방 진출," 『주간조선』 1976호(2007.10.22.).
김호동, "중앙유라시아 역사 기행(21). 네르친스크에서 만난 청제국과 러시아," 『주간조선』, 1977호(2007.10.29.).
박태성, "러시아의 시베리아 식민화 과정," 『국제지역연구』 제7권 제2호(2003.12).
박태성, "제정러시아의 시베리아 변경정책," 『한국 시베리아연구』 제11집 07-1호(2007).
심헌용, "러시아 동진의 군사적 성격과 통치구조. 16세기 후반 - 18세기 전반," 『中蘇研究』 제27권 2호(2003).
이무열, 『러시아사 100장면』 (서울: 가람기획, 1998).
이영형, 『러시아 국가성격의 이해』 (서울: 엠애드, 2001).
임현수, "바이깔 이동지역에서 러시아의 영토팽창에 기여한 까자끄의 역할," 『사회과학연구』 제15집(1997). 배재대 사회과학연구소.
장덕준, "러시아 연방제의 성격 고찰: 기원 및 형성과정을 중심으로," 『國際政治論叢』 제43집 4호(2003).
홍웅호, "러시아의 연해주 진출과 개발의 역사," 『시베리아 극동연구』 제4호(2008).
한국브리태니커회사, 『브리태니커 세계대백과사전, T. 3』 (서울: 1994).
B.M.Joy, *Soviet Russia* (New York: Cambridge Book Company, Inc., 1968).
W.Kirchner(ed.), *Russian History* (New York: Harper Perennial, 1991).
F.Merle, *How Russia is Ruled* (Harvard University Press, 1970).
R.Pipes, *Russia under the Old Regime* (New York, 1974).
H.Seton-Watson, *The Decline of Imperial Russia 1855-1914* (New York: Frederick A. Praeger, 1952).
D.M.Sturley, *A short history of Russia* (New York: Harper & Row, 1964), p. 51.
S.Theodore, *Basic Industrial Resource of the USSR* (Columbia University Press, 1969).
J.L.Wieczynski ed, *The Modern Encyclopedia of Russian and Soviet History*. Vol.10 (Academic International Pr., 1979).
M.C.Wren & T.Stults, *The Course of Russian History* (Prospect Heights, IL: Waveland Press, 1994).
В.В.Вартольд, *Истории изучения Востока в Европе и России* (Ленинград: 1915).
Б.Б.Глинский, *Пролог Русско-Японской войны* (Петроград: 1916).
А.Д.Дридзо; Р.В.Кинжалов, *Русская Америка. По личным впечатлениям миссионеров, землепроходцев, моряаков, исследователей и других очевидцев* (Москва: Мысль, 1994).
Е.М.Жуков, *Международные отношения на Дальнем Востоке в период 1870-1945 г*

г. (Москва: 1953).

А.С.Зуев, *Сибирь Вехи истории* (Новосибирск: Инфолио пресс, 1998).

А.Н.Куломзин (ред.), *Сибирская железная дорога в её прошлом и настоящем* (С.Петербург: 1903).

А.П.Окладников и др, *История Сибири с древнейших времен до наших дней*. Т. 2 (Ленинград: Изд. Наука, 1968).

А.П.Окладников, *Открытия Сибири* (Москва, 1979).

С.М.Соловьев, *История России с древнейших времен в пятнадцати книгах* ⅩⅡ (Москва: Изд-во социально-экономической литературы, 1964).

М.Н.Тихомиров ред., *История СССР. Том II* (Москва: Издательство Наука, 1966).

Н.М.Ядринцев, *Сибирь как колония в географическом этнографическом и историческом отношений* (С-Петербург: Издание И.М.Сибирякова, 1892).

П.Т.Яковлева, *Первый Русско-Китайский договор 1689 года* (Москва, 1958).

http://doopedia.co.kr/

http://enc.daum.net/(검색일, 2009년 3월 15일).

http://en.wikipedia.org/wiki/Nikolay_Muravyov-Amursky(검색일: 2013년 5월 25일).

http://ko.wikipedia.org/(검색일: 2010년 2월 9일).

http://krdic.naver.com/detail.nhn?docid=38764400(검색일: 2013년 5월 26일).

http://weekly1.chosun.com/

http://www.chosun.ac.kr/(검색일: 2004년 5월 30일).

http://www.google.co.kr/(검색일: 2012년 4월 16일).

## 제2절. 소비에트 러시아의 시베리아 개발정책과 내부 식민지

### 1. 들어가는 말

1917년 혁명과 함께 소비에트 체제가 들어선 이후에도, 제정 러시아 시기의 시베리아 개발정책과 유사한 모습으로 추진되었다. 스탈린 집권기로 접어들면서, 소비에트 체제가 확립되어졌다. 이와 함께 시베리아 지역에 대한 중앙정부의 개발 정책은 유럽 러시아에 필요한 각종 자원을 착취하는 형태로 추진되었다. 소비에트 러시아의 시베리아 개발정책은 스탈린 시기에 보가 강력하게 추진되었다. 스탈린이 자신의 체제를 안정화시키는 과정에서 분출된 반대세력(분파주의)을 추방시키는 지역으로, 그리고 농업국가에서 공업국가로 발전시키기 위한 자원의 착취무대로 시베리아가 활용되었다. 특히, 현재의 우랄연방지구와 서시베리아 지역에 대한 착취 현상이 강하게 나타났다. 동일 지역에 에너지 및 광물자원이 풍부하게 매장되어 있음에 기인한다.

소련[1]은 러시아를 중심으로 결합된 연합체였고, 시베리아는 러시아 영토에 포함되어 있었다. 따라서 소비에트 시기의 시베리아는 소련에 의해 개발되었다. 소련의 정치 및 경제 상황에 따라 시베리아에 대한 인식이 달랐다. 소련이 해체되는 1991년

---

[1] 1922년 12월에 발표된 "소비에트 사회주의 공화국 연방의 형성에 관한 선언"에 이어 1922년 12월 30일 러시아연방, 우크라이나, 벨라루시, 카프카스 연방(그루지야, 아제르바이잔, 아르메니아) 등 4개 사회주의 공화국의 동의하에 26개 조항의 "소비에트 사회주의 공화국 연방의 형성에 관한 조약"이 서명되었다. 그리고 1923년 7월 6일 소비에트 사회주의 공화국 연방 헌법이 제정되었고, 1924년 1월 31일 제2차 소비에트 대회에서 추인을 받아 시행되었다. 이때부터 소비에트 사회주의 공화국 연방(이하: 소련)이 해체되는 1991년 말까지 러시아는 소련의 이름으로 국제무대에서 활동했다. 소련의 구성 주체들 중에서 러시아연방이 중심이었고, 시베리아 역시 러시아연방의 영토에 포함되어 있었다.

12월까지 시베리아는 유럽에 무게 중심을 두고 있던 소련의 성장/발전에 필요한 각종 에너지를 제공해 주는 소외된 지역이었다. 소련의 정치 및 경제상황이 어려울수록 시베리아 공간에 대한 착취 정도가 심해졌다. 소련의 경제상황이 어려울수록 시베리아에 대한 관심이 증대되었고, 반대로 경제 상황이 호전될수록 시베리아로부터 멀어지는 모습을 보였다. 시베리아에 관심을 가질수록 소련의 경제상황이 어려웠음을 의미하고, 시베리아를 떠날 경우 경제상황이 안정화되었음을 의미한다.

러시아의 시베리아는 소련의 정치 및 경제 상황에 상당한 영향을 미쳤다. 시베리아 공간이 러시아, 더 나아가 소련의 경제 발전에 많은 영향을 미쳐왔음을 의미하기도 한다. 따라서 본 글은 소련 체제가 유지되는 기간 동안 시베리아 공간이 소련에 주는 경제적 의미를 진단하고, 이러한 과정에서 시베리아 공간이 어떠한 모습으로 개발되어 왔는지를 사적으로 분석하기로 한다.

## 2. 1917년 10월 혁명 전후시기의 시베리아

### 1) 10월 혁명 직전의 시베리아

레닌을 비롯한 러시아의 공산주의 사상가들은 후진 농업국가인 러시아에 사회주의 사상을 전파하기 시작했다. 그러한 과정에서 레닌은 차르(tsar)[2] 정부에 체포되어 1897년에서 1900년 2월까지 시베리아에서 유형(流刑)[3] 생활을 했다. 뿐만 아니라, 1898년에 트로츠키(L.Trotskii) 역시 체포되어 시베리아에서 유형 생활을 했다. 카메네프(L.B.Kamenev) 역시 제1차 대전 초반기에 체포되었고, '레닌과 무관하며, 볼셰비키 역시 아니다'라고 강변하면서 사형을 면하고 시베리아로 보내어 졌다.

1906년 4월에 현재의 국회격인 두마(Duma)[4]가 개원되었지만, 황제는 7월에 두마를 해산하고 스톨핀(P.A.Stolypin)을 새로운 수상으로 임명하여 질서회복을 구가하였다. 스톨핀은 강압적인 수단을 동원하여 질서를 회복하기 위해 노력함과 동시에, 제2차 두마를 소집하기 위한 선거를 실시하였다. 관권의 개입에도 불구하고, 반정부 당

---

[2] 차르(tsar)란 1917년 혁명 때까지 러시아 황제의 관습적인 칭호로 사용되었다.
[3] 유형(流刑)은 죄인을 먼 곳으로 보내 그곳에 거주하게 하는 형벌을 일컫는다. 유배(流配)라고도 한다.
[4] 두마(дума)는 러시아의 의회(議會)를 일컫는다. 1905년 10월 선언(宣言)에 의해 개설(開設)이 약속되었고, 다음 해 4월에 개회(開會)하였다. 1917년 2월 혁명까지 4회에 걸쳐 대의원들이 선출되었다.

파의 승리로 두마가 구성되었다. 두마와 정부의 협력이 불가능하였기 때문에, 1907년 3월 개원된 2차 두마도 개원 3개월 만에 강제 해산되었다. 해산의 이유는 반역 행위를 이유로 사회민주당 출신의원 65명의 면책특권을 폐지하라는 정부의 요구를 두마가 거절하였기 때문이다. 두마의 해산과 함께 스톨핀은 65명 전원을 체포하여 시베리아로 유형을 보냈다.

1917년 2월에 사회주의 혁명이 발발했다. 러시아의 마지막 황제인 니콜라이 II세(재위: 1894-1917)는 2월 혁명으로 퇴위한 뒤 시베리아 지역의 예카테린부르크(Ekaterinburg) 지역에 구금되었다.5) 니콜라이 II세가 혁명으로 퇴위되면서 300여 년간 제정러시아를 통치해 온 로마노프 왕조가 막을 내렸다.6) 그리고 차르(tsar)와 그 가족은 10월 혁명 뒤 시베리아로 보내졌고, 적군(赤軍·혁명군)과 백군(白軍·반혁명군)의 내전이 격화되던 1918년 7월 예카테린부르크에서 가족들과 함께 총살되었다.

상기와 같이 소비에트 체제가 들어서는 과도기 상황에서 차르 정부에 의해 체포된 공산당원들이 시베리아로 보내졌고, 2월 혁명 이후의 새로운 사회가 시작되는 시기에는 러시아의 마지막 황제가 시베리아로 보내졌다. 이러한 사실은 당시에 시베리아가 유럽 중심의 러시아에 주는 의미를 짐작하게 한다. 정적과 사상적 반대파들을 숙청하는 유형지로 인식되었다. 시베리아는 정적들을 추방함으로써 자신의 징지직 기반을 공고화하려는 권력 엘리트 집단들의 정치적 욕망에 의해 버림받은 유형지(流刑地)에 불과했다.

2) 10월 혁명 직후의 시베리아

1917년 10월 혁명 직후, 소비에트 러시아의 경제 상황은 매우 어려웠다. 어려운 경제상황을 극복하는 과정에서 시베리아에 대한 관심이 증대되었다. 혁명 직후 사회주의 경제체제를 구축하기 위해 1918-1921년 초까지 <전시공산주의>(戰時共産主義)7) 경제정책을 추진했다.8) 사회주의 개혁 작업인 전시공산주의 체제하에서 공업의

---

5) 니콜라이 II세가 1917년 3월 15일 퇴위를 선언하고 감금되었다.
6) 자세한 내용은 다음을 참조. 이영형, 『러시아 국가 성격의 이해』 (서울: 엠애드, 2001)의 제4장 4절 <절대 군주제 국가의 몰락> 참조.
7) 10월 혁명 이후인 1918~1920까지 실시된 <전시공산주의> 정책이란 러시아에 대한 강대국의 간섭 전쟁과 국내 전에 대항하기 위해 정치·경제·문화에 걸쳐 취한 프롤레타리아 독재의 비상 경제정책이다.
8) 모든 기업을 국유화시키고 농민을 수탈하는 과정에서 각종 혼란이 만연했다. 1921년 초에 공업 생산은 동

과도한 국유화 정책은 생산력 저하로 나타났고, 농민으로부터의 식량 징발은 농민들의 불만을 증대시켰다. 따라서 레닌은 1921년 3월의 제10차 당 대회에서 <전시공산주의> 정책을 포기하고 현물 세제를 도입, 잉여곡물의 판매를 허용하는 새로운 경제정책인 <신경제정책(네프)>9)을 도입했다. 자본주의 경제정책을 일부 도입한 신경제정책은 노동자와 농민들의 생산 활동을 자극할 목적에서 실시되었다. 생산력 증대를 통해 어려운 경제상황을 해결하려는 임시방편적인 경제정책이었다.

시베리아 농촌의 사회주의 개혁 정책은 후진된 생산기반 속에서 시행되었다. 레닌은 시베리아를 다음과 같이 보고 있다. "(시베리아: 필자)에 광활한 공간이 펼쳐져 있으며, 이 공간에는 수십 개의 거대한 문화 국가들이 충분히 들어설 수 있을 것이다. 거대한 공간은 원시적인 관습과 야만성이 지배하고 있다. 시베리아의 시골길은 문화, 자본, 산업, 도시와의 물질적 관계로부터 분리되어 있다."10) 레닌이 바라본 당시의 시베리아 상은 지역의 낙후성 정도를 짐작하게 한다. 따라서 농촌에서의 사회주의 개혁은 적극적인 농기계 보급으로 시작되었다. 당시의 농촌이 목재로 만든 원시적 경작용 쟁기와 써레11)에 의해 관리되고 있었기 때문이었.

1917년 혁명 이후, 레닌에 의해 시베리아의 농촌 환경을 개선하려는 움직임이 감지되기 시작했다. 시베리아 농촌에서의 사회주의 개혁은 매우 어려운 상황이었다. 혁명 이후에 농지를 국유화하는 과정에서 농촌의 반발이 계속되었다. 그리고 1922년 시베리아 지역의 파종 면적은 1913년 수준의 절반 이하로 떨어졌고, 가축 보유수도 동년 기준 약1/4 이하의 수준을 보였다. 1917-1924년간 시베리아에는 72대의 외제 트랙터가 있었다. 이중 25%는 빈농이 보유했고, 58%는 중류층이 보유하고 있었다. 그리고 1924년 시베리아에 425개의 농기계 임대소가 만들어졌으며, 이곳으로부터 낮은 가격으로 농기계 임대가 시작되었다.12) 1917년 혁명 직후의 시베리아 개발은 광활한 농촌 공간을 활용하여 심각한 식량난을 해결하려는 목적에서 시작되었다.

---

일 체제가 수립되기 이전의 12%, 철과 주철 생산은 2.5%에 불과했다. Н.Верт, *История советского государства. 1900-1991* (М.: Прогресс-Академия, 1994), с. 151. 식료품 공급은 절대적으로 부족했다. 이러한 상황은 농촌보다 도시에서 더욱 심했다. 동년 2월에 페테르부르크에서는 64개의 대규모 공장만이 가동되고 있었다. 노동자들은 거리를 배회했고, 그 일부는 식료품을 구하기 위해 고향 농촌으로 향했다. 이러한 현상으로 인해 1921년까지 노동자의 절반을, 특히 페테르부르크에서는 노동자의 2/3를 상실했다. См.: *Там же*, с. 153.

9) 신경제정책이란 사경제와 공경제가 공존하였던 1921-28년의 소비에트 경제 체제를 말한다.
10) В.И.Ленин. *Полн. собр. соч.*, т. *43*, с. 228.
11) 갈아놓은 논바닥의 흙덩이를 부수거나 바닥을 판판하게 고르는 데 사용되는 농기구이다.
12) 金洙喜, "러시아의 시베리아 개발사," 『外國文化硏究』, 제21집(1998), p. 270 참조.

## 3. 내부 식민지로 개발되는 시베리아

소련의 개발정책 과정에서 시베리아에 대한 착취 정도가 더욱 심해졌다. 소련의 유럽지역에 비해 상대적으로 사회경제 발전수준이 낙후되어 있었지만, 시베리아 지역은 풍부한 천연자원과 경제발전의 거대한 잠재력을 지니고 있었다. 시베리아의 농업 관련 입지조건은 농지의 광활함이며, 시베리아의 밭과 목초지가 완만한 평원에 조성되어 있다는 점이다. 1928년부터 시작된 경제개발 5개년 계획은 광활한 시베리아 공간에 국영농장 제도를 도입하여 농업을 발전된 기타 경제부문과 대등한 수준으로 발전시키는 것이었다.

### 1) 스탈린(1924~1953) 시기의 시베리아

스탈린 시기의 시베리아 개발은 2가지 차원의 식민지 공간으로 이용되었다. 스탈린 자신의 1인 독재체제를 구축하는 과정에서 활용되는 정치적 의미의 시베리아, 어려운 경제상황을 극복하는 과정에서 착취 대상지로 전락한 시베리아가 그것이다. 그러나 분명한 것은 스탈린 시기에 시베리아 개발정책이 가장 왕성하게 추진되었다는 점이다.

#### (1) 권력투쟁과 시베리아

1922년을 전후한 시기, 레닌의 와병기간 동안 Post-레닌의 자리를 놓고 권력투쟁이 발생했다. 1924년 초에 레닌이 사망하면서, 스탈린·트로츠키·지노비예프·카메네프·부하린 등이 권력투쟁의 중심에 서 있었다. 당시의 시베리아는 권력투쟁 과정에서 패배한 정치인들을 추방시키는 공간으로 활용되었다. 1927년 12월의 제15차 당 대회는 트로츠키를 당에서 제명시킬 것에 관한 중앙위원회와 중앙통제위원회의 결의를 승인했고, 카메네프(Каменев), 라덱(Радек), 포타포프(Потапов), 프레오브라젠스키(Преображенский), 므지바니(Мдивани) 등을 비롯해서 75명의 트로츠키 그룹의 적극적 활동가, 사프로노프(Сапронов)의 지도 아래 있던 민주 집중제 그룹의 회원 23명이 당으로부터 제명되었다.[13]

---

13) *История КПСС* (Москва: государственное издательство политической литературы, 1970), с. 359; Рой Медведев, *О сталине и сталинизме* (Москва: прогресс, 1990), с. 150; Дмитрий Волкогонов, *Триумф и трагедия: политический портрет И.В.Сталина* (Москва: новости, 1990), с.

권력투쟁 과정에서 패배한 지노비예프와 카메네프는 모스크바에서 수백 마일밖에 있는 칼루가(Kалугa)로 추방되었다.14) 정치국은 트로츠키와 30명의 주된 지지자들을 모스크바에서 추방하기로 결정했다. 이와 더불어 트로츠키 지지자들의 변절이 잇달았다.15) 트로츠키의 유형지는 시베리아 남부지역에 있는 카자흐스탄의 구(舊)수도인 알마티(Almaty)로 철도선에서 멀리 떨어져 있었다. 그는 이곳에서 국외로 추방될 때까지 1년간 머무르면서 시베리아에 산재해 있는 반대파 멤버와 편지를 교환했다. 또한, 모스크바에 있는 자신의 지지자들로부터 비밀 보고를 받으면서 정치적 항의서를 대량으로 제출했다.16)

스탈린은 자신의 정적을 제거함과 동시에 군부에 대한 숙청작업에 들어갔다. 사상적으로 회색성향을 지닌 군인에 대한 재판이 비공개적으로 진행되었다. 1937-8년 중에 숙청된 적군간부는 최고 군사회의 멤버의 75%, 원수 5명 중 3명, 군사령관 15명 중 13명, 군단장급 85명 중에 62명, 사단장급 195명 중에 110명, 여단장급 406명 중에 220명이나 되었다. 또한, 대령 이상의 고급장교 65%와 하부 관료의 10%(총2만여명)가 체포되었다. 체포된 고급장교 6,000명 가운데 1,500명은 처형되었고, 나머지는 감옥이나 시베리아의 강제노동수용소로 보내어졌다.17)

결국, 레닌의 후계자로 자리한 스탈린은 자신의 1인 체제 기반을 구축하는 과정에서 자신의 정적을 시베리아로 추방시켜 왔다. 스탈린은 자신의 동료를 비롯하여 회색성향의 당원들이 잠재적인 정적으로 재부상하는 현상을 차단하기 위해서 모스크바에서 멀리 떨어진 시베리아로 추방시켰다. 우랄산맥 이동의 시베리아 지역은 모스크바로부터 멀리 떨어져 있으며, 모스크바를 비롯한 주요 대도시와의 직접적인 접촉이 이려한 지리환경을 지니고 있었다. 따라서 스탈린 시기에 광활한 시베리아 공간은 정치적 패배자들을 분산하여 추방시킬 수 있는 버림받은 공간으로 인식되었다.

---

247.
14) 칼루가(Kалугa)는 러시아 칼루가州의 주도(州都)이며, 모스크바 남서쪽 170km 지점의 오카江 상류 연안에 있다.
15) Ф.Д.Волков, *Взлёт и падение сталина* (М.: издательства Спектр, 1992), с. 74.
16) 트로츠키가 알마티에 있는 동안 800통 이상의 편지를 발송하였고, 1000통 이상의 편지와 700회 이상의 전보를 받는 등 적극적인 反스탈린 운동을 벌였다. Дмитрий Волкогонов, *Там же*, с. 258. 트로츠키가 비록 러시아의 한쪽 구석에 고립되어 있었지만, 스탈린에게는 여전히 반대 의견의 중심으로 인식되고 있었다. 그의 도전은 조직적인 것이었다. 따라서 스탈린은 1929년 1월의 정치국 결정에 따라, 그를 프린키포섬으로 추방했다. 그 후 1933년에 프랑스를 거쳐 노르웨이로 피난을 했지만, 3년 뒤에 추방당하게 되었다. 그때 멕시코에서 그의 입국을 허가 하였고, 그곳에 정착하였다. 그러나 소련 비밀경찰에 의하여 암살당했다.
17) 崔崇, 『蘇聯邦 七十年史』 (서울: 슬라브연구사, 1990), p, 141.

・・・・・・・・・・

(2) 경제 활성화 조치와 시베리아

① 집단농장과 시베리아

스탈린 시기, 시베리아 농촌에 트랙터 보급이 계속되면서 개발 사업이 시작되었다. 그리고 농기계 임대소를 확대 운영하는 정책이 계속되었다. 1926년을 전후하면서 시베리아 농업은 회복되기 시작했다. 파종 면적은 1913년에 비해 12% 증가했고, 가축의 수는 1916년 수준을 14%나 초과했다. 아울러 농산품 총량은 혁명 전 수준의 20%를 초과했다.[18] 이와 함께 1927년 12월에 열린 15차 당 대회는 농촌집단화 결정을 채택했다. 집단화는 10월 혁명과 같은 의미의 혁명적 대변혁으로 간주되었다.[19] 집단화 정책은 농촌에서 사회주의 토대 강화를 의미했다.[20] 아래의 도표에서 보는 바와 같이, 당시(1926-1927년) 농촌의 사회구성 비율은 동요하는 계급인 중농이 62.7%를 차지하고 있었다. 따라서 중농을 집단농장으로 유입하는 길이 농촌에서의 집단화를 위한 열쇠이며, 사회주의 경제구조의 토대를 구축하는 첩경이었다.

<표 1> 농촌 인구의 사회 구성(1924-1927년)

| 인구 구분 | 자영 농가 수: 천가구(비율) | | |
|---|---|---|---|
| | 1924-1925 | 1925-1926 | 1926-1927 |
| 프롤레타리아 | 2,184(9.7) | 2,454(10.9) | 2,560(11.3) |
| 빈 농 | 5,803(25.9) | 5,317(23.7) | 5,037(22.1) |
| 중 농 | 13,678(61.1) | 13,822(61.7) | 14,280(62.7) |
| 부 농 | 728(3.3) | 816(3.7) | 896(3.9) |
| 전 체 | 22,393(100) | 22,409(100) | 22,773(100) |

Джузеппе Боффа, *История советского союза* (Москва: Международные отношения, 1990), с. 232 재인용.

집단화 계획이 수립되고 있던 시기(1927년 말부터 28년 초)에 소비에트 권력은 심각한 식량부족 문제에 직면해 있었다. 따라서 스탈린은 곡물징수를 위해 당 지도자들을 주요 농촌 지역으로 파견했다. 스탈린은 1928년 1월 15일 시베리아로 향했다.[21] 그는 시베리아의 주요 도시를 시찰하면서 3주간 체류했다. 그는 일부 중농과

---

[18] С.Е.Ильющок и А.Е.Романов, *Управление развитием продовольственной базы сибири* (Новосибирск: Изд-во 〈наука〉 сибирское отделение, 1987), с. 12.
[19] *История В К П(б): Краткий Курс* (Москва: ОГИЗ государственное издательство политической литературы, 1990), с. 291.
[20] Ф.Д.Волков, *Взлёт и падение сталина* (Москва : издательства Спектр 1, 1992), с. 78.

부농들이 저장해 둔 곡물을 보고 <전시공산주의> 정책 하에서 실시되었던 그러한 강압적인 방식이 필요하다는 인식을 가지게 되었다.22) 곡물 징수를 위한 스탈린의 강압적인 정책이 계속되는 동안 부유한 농민들의 저항은 계속되었다.

 1928-29년에 부농들은 파종의 량을 감축했고 사료와 식료품의 부족으로 인해 가축의 수효가 급격하게 줄어들기 시작했다. 도시에서 식료품이 부족하여 1929년 2월에 식량배급제가 도입되었으며, 공장에서는 노동자들에 대한 생산증진 압력이 가중되었다. 노동자들은 공장마다 태업과 불량품 생산으로 대응했다. 이와 함께, 농산품의 가격 인상이 뒤따랐으며 경제 전반에 걸친 물가 인상과 투기 현상이 나타났다. 이러한 시기인 1929년 4월에 스탈린은 '부농들이 성장하고 있으며 소비에트 정부의 정책을 침해하고 있다'고 했다. 그럼에도 불구하고, 당과 정부 기관은 적을 인식하지 못하거나 그들과 싸우는 대신에 그들에게 순응했기 때문에 곡물 조달의 어려움이 발생하고 있음을 스탈린은 강력하게 질책했다. 스탈린은 새로운 형태의 농촌발전을 강조했고, 그 방법으로 집단농장인 콜호즈(kolkhoz)와 국영농장인 소프호즈(sovkhoz) 제도를 역설했다.

> 농업을 재정비하기 위해서는 분산된 개인적 농민경영을 대규모 농장, 집단농장으로 통합시켜야 한다. 우리는 집단농장에 기초해서 농업을 건설해야 하며, 집단농장을 확대시켜야 하며, 낡은 국영농장과 새로운 국영농장을 발전시켜야 하며, … 노동을 집단화하도록 돕는 기계와 트랙터 시스템을 발전시켜야 한다. 한마디로, 우리는 소규모 개인적 농민 경영을 점차 대규모 집단생산으로 전환해야 한다.23)

 1929년 4월의 제16차 당 대회에서 "콜호즈(kolkhoz) 농민은 소비에트 권력의 견고한 발판이 된다."24)고 강조했다. 이와 함께, 당 지도부는 집단화를 위해 완벽한 독재의 필요성을 절감했다. 1929년 6월에 전체 농가의 겨우 4% 미만이 집단화되었다.

---

21) 스탈린은 농촌 실정에 대해서 잘 알지 못했다. 그는 1928년 1월 곡물 징수 차 시베리아에 한번 갔었을 뿐, 그 때부터 자신의 모든 삶 기간 동안 한 번도 농촌을 방문하지 않았다. 그는 당시 "부농들을 보십시오. 그들은 식량을 저장할 장소가 부족해서 처마 밑에 쌓아 두고 있으며, 헛간과 창고에 보관하고 있습니다. 모든 부농들은 각각 5만-6만 푸드씩의 잉여분을 가지고 있습니다."라고 지역당원들과의 회합에게 연설했다. 그는 또한 "국가 공정 가격으로 모든 잉여분의 식량을 부농들로부터 공출한다. 만약에 이들이 이를 거부할 경우, 형법 제107조의 책임을 그들에게 부과하고 법을 집행한다. 그리고 그들로 부터 몰수한 잉여분의 25%를 일부 중동 및 빈농에게 분배한다."라는 강한 입장을 밝혔다. Дмитрий Волкогонов, *Триумф и трагедия: политический портрет И.В.Сталина* (Москва: новости, 1990), c. 290, 293.
22) Роберт Такер, *Сталин путь к власти 1878-1929* (М.: прогресс, 1991), c. 368.
23) И.Сталин, *Вопросы ленинизма* (М.: госполитиздат, 1953.), c. 261.
24) *КПСС в резолюциях и решениях*, т. 4, c. 449, 458.

그러나 단지 3개월(1929년 7월-9월) 동안에 콜호즈(kolkhoz)로 약1백만 명이, 그리고 그해의 나머지 3개월 동안에 약2백40만 명의 농민이 합류되었다. 이와 함께, 1929년 11월 개최된 중앙위원회 총회에서 "대중의 콜호즈 운동은 우리나라의 사회주의 건설 과업에 있어 새로운 역사적 단계를 의미한다."25)고 했다. 소규모 경영에서 대규모 기계제 농업으로 대중을 이동시키는 작업은 농촌경제에 있어 하나의 대변혁이었다. 1억 2천만 주민 중 1억이 희생되었다. 그 중에는 8백50만 빈농, 1천5백만 중농, 1백만 부농, 2천4백50만 명의 자영농업인구가 포함되었다.26)

1927-1929년 기간 중 부농의 수는 61.3%에서 20.7%로 축소되었고, 식량 생산에서 부농이 차지하고 있던 몫도 18.1%에서 14.2%로 감소되었다. 그 후 1930년 1월 당 중앙위 정치국의 집단화 지역에서의 부농박멸 조치에 관한 지시에 의거 시베리아 지역당위원회는 모든 부농을 박멸하도록 지시하면서 집단화 문제를 해결했다. 1929-1933년간 시베리아 국영농장(소프호즈)의 노동자와 사무원 수가 9천 명에서 20만 9천 명으로 늘어났다. 그리고 1만 2천 8백 명의 노동자와 사무원이 기계 및 트랙터 보급소에서 일했다. 이와 함께 농업고등학교와 기술학교를 대폭 확충했다.27)

1929년 말 국영농장인 소프호즈와 집단농장인 콜호즈에서는 4억 푸드(pud)28)의 식량을 생산했으며, 1억3천만 푸드를 국가에 판매했다. 스탈린은 지속적인 집단화와 함께 계급으로써의 부농박멸 정책을 추진했다. 테러 수단에 의한 농민층 탄압은 피할 수 없었다. 이는 1929년 12월 27일 부농계급의 타파를 요구한 스탈린의 연설 직후에 시작되었다. 수개월 동안 경찰력과 콤소몰(Комсомол)29)의 지원을 필두로 당은 총력을 기울여 농민층을 급속히 집단농장으로 재편성했고, 테러를 행사하여 부농의 소유지를 몰수하는 작업이 강행되었다. 1930년 7월 초에 약8만6천개에 달하는 콜호즈가 형성되었으며, 거의 1/4에 해당하는 6백만 농민들이 콜호즈 대열에 참여했다.30) 그리고 1930년 여름까지 40-50%의 순수 농민들이 콜호즈에 편입되었다.

스탈린은 "콜호즈 속으로 이렇게 많이 유입되는 것은 … … 계급으로써의 부농박

---

25) *КПСС в резолюциях и решениях т. 4* (Москва: государственное издательство политической литературы, 1970), с. 323.
26) Ф.Д.Волков(1992), с. 78.
27) С.Е.Ильюшок и А.Е.Романов(1987), с. 13.
28) 푸드(pud)란 러시아에서 쓰는 무게의 단위이며, 1푸드는 약16.38kg에 해당한다.
29) 공산주의 청년동맹(Коммунисти́ческий сою́з молодёжи)인 콤소몰(Комсомол)은 소련공산당의 지도하에 청년들에게 공산주의 교육을 실시하고 당과 국가기관에 참여시키는 것을 목적으로 한 공산당원 양성 단체이다.
30) *История КПСС* (Москва: государственное издательство политической литературы, 1954), с. 384.

멸의 과제가 이미 무르익었거나 무르익고 있다는 것을 의미한다."31)고 했다. 농촌의 집단화 조치와 함께 농촌 경제의 사회주의적 토대는 확립되었고, 자본주의적 요소의 재생과 농민 분화를 위한 토대는 사라졌다. 제2차 경제개발 5개년(1933-1937) 기간 동안에 농촌집단화는 더욱 조직적이고 체계적으로 추진되었다. 따라서 1937년 말에 전체 농촌의 93%인 1천8백5천만 농가가 참가하였으며 콜호즈는 24만 3천7백여 개를 헤아리게 되었다. 그리고 파종 면적은 전체 농경의 99.1%에 달했다. 이러한 결과는 공동생산에 토대를 둔 단일의 사회주의 체제를 의미했다.32)

<표 2> 집단화 추이

|  | 콜호즈 참가 농가 수(백만) | 집단화 비율(%) | 전체 농가(백만) |
| --- | --- | --- | --- |
| 1929 | 1.0 | 3.9 | 25.6 |
| 1930 | 6.0 | 13.6 | 25.4 |
| 1931 | 13.0 | 52.7 | 24.7 |
| 1932 | 14.9 | 61.5 | 24.2 |
| 1933 | 15.2 | 65.0 | 23.2 |
| 1934 | 15.7 | 71.4 | 22.0 |
| 1935 | 17.3 | 83.2 | 20.8 |
| 1936 | 18.4 | 90.5 | 20.3 |
| 1937 | 18.5 | 93.0 | 19.9 |

ЦГАОР СССР, Ф. 1562, оп. 82, д. 271, л. 130.

1930년대 중후반기 시베리아에서 협동농장(kolkhoz)과 국영농장(sovkhoz)이 농산물의 주된 생산자로 변모되었다. 이들 농장은 1938년 5만8천 대의 트랙터와 2만 4천 대의 콤바인, 그리고 같은 수의 트럭을 보유하게 되었다. 제2차 5개년 계획 말기에 시베리아 집단농장의 경작지는 1913년 수준에 비해 1.6배 증가함으로써 농기계 및 기술 보급에 선도적 역할을 했다. 이러한 결과는 1936년 12월 서시베리아 및 남서지역에서의 수확 증대 조치에 관한 당 중앙위 결의로 인해 경작지 확보 노력과 관계수로 시설이 대대적으로 이루어졌기 때문이다. 이러한 결의로 1940년에 시베리아

---

31) *История всесоюзной коммунистической партии(большевиков)* (М.: издательство ЦК ВКП(6) "правда", 1938), c. 285.
32) Ли Йын-Хен, *Некотрые особенности опыта социалистических преобразований в СССР (критический анализ)* (Москва: МГУ, 1995), cc. 104-105.

에서는 531개의 국영농장과 2만3천개 이상의 집단농장이 존재하게 되었다. 1940년 한해에 시베리아는 트랙터 4,490대와 콤바인 3,150대를 보급 받았다. 아울러 기계-트랙터 보급소는 1937년에 731개소에서 1940년에 937로 증가했다. 이러한 결과로 트랙터 총보유수는 11만6천8백대, 그리고 콤바인은 3만7천3백대가 되었다.33)

상기와 같은 결과로 인해 시베리아 지역이 국가의 주요 식량 및 원료기지로 전환되어 1940년에 밀의 약15%, 육류 13% 이상, 우유 11% 이상을 생산하게 되었다. 그 이후 4년간의 전쟁기간 동안 시베리아는 농업부문에서 노동능력 보유자 1백만 명을 잃었고, 트럭은 거의 사라지고, 트랙터의 총보유대수가 2만대로 축소되었다. 더욱이 기계 및 용구들이 거의 모두 상실되는 상황에 놓이게 되었다. 이로서 1945년 곡물생산량은 1940년 수준의 47%에 지나지 않았다.34)

1950년을 전후한 시기에 스탈린은 시베리아 농업발전을 위한 강력한 정책을 주문했다. 1947년 2월 당중앙위원회는 1947~1949년 기간 중에 농산물 생산수준을 전쟁 이전 수준으로 끌어올리기로 결정하고, 집단농장의 운영체계 강화, 기계 취급자 양성, 종자 증식, 밭 경작의 질 개선, 윤작제 회복 등과 같은 다양한 농촌 개혁 정책을 강행할 방침을 세웠다. 이러한 결과 1950년 시베리아 지역의 농업기술설비는 전쟁 직전의 수준을 넘어섰고, 농업기술사업소와 농기계 수리소가 다양한 지역에서 문을 열었다. 중앙정부의 강력한 정책 외지에 따라, 1951년의 곡물생산량은 1940년 수준의 21%를 초과했고, 감자생산은 거의 2배, 축산물 생산량은 70% 증가했다.

결국, 스탈린 시기의 시베리아 농업정책은 국가발전 정책의 핵심 사업으로 인식되었다. 스탈린은 부농·정치범과 사상범·일부 민족 집단들을 시베리아와 극동지역으로 강제이주 혹은 추방시키면서 강제적 노동력 배분 정책을 추진했다.35) 광활한 시베리아 공간을 효율적으로 관리할 목적에서, 그리고 공업 발전에 필요한 잉여농산물의 착취를 위한 정책차원에서 추진되었다. 국가의 서부지역에 필요한 각종 자원을 착

---

33) С.Е.Ильюшюк и А.Е.Романов(1987), c. 15.
34) 위의 글, c. 16.
35) 스탈린은 1936년에 소련의 유럽지역에 거주하고 있던 5만 여명의 유대인을 비로비잔[Birobidzhan,비로비잔(Birobidzhan)은 <유대인 자치주>의 중심지이다. 하바롭스크에서 서쪽으로 약175㎞ 떨어져 있으며 시베리아철도를 끼고 있다. 비로비잔(Birobidzhan)은 1931년까지 시베리아철도의 작은 역에 불과했다. 그러나 1932년에 市로 격상하는 결정이 이루어지고, 1934년 유대인 자치주(自治州)가 설립되면서 행정 중심지가 되었다. 자세한 내용은 다음을 참조 http://www.eao.ru/(검색일: 2013년 5월 1일)] 지역으로 강제 이주시켰다. 1936년에 5만여 명에 달하는 소련 유럽지역의 유대인들을 하바롭스크 크라이 내 비로비잔 지역으로 강제 이주시켰고, 1937년에 극동지역의 한인들을 중앙아시아로 강제 이주시켰다. 그리고 전쟁이 발발하자 볼가지역의 독일인들을 서시베리아로 강제 이주시켰으며, 독일군에게 호의적이었던 체첸 인들도 중앙아시아와 시베리아로 강제 이주시켰다. 한종만·성원용, 『21세기 러시아의 시베리아·극동지역 개발 전략에 관한 연구』(서울: 대외경제정책연구원, 2001). p. 26.

취하는 형태로 시베리아 지역에 대한 개발정책이 강행되었다.

② 시베리아의 자원개발과 공단 건설

1928년에 신경제정책을 중단하고, 제1차 경제개발 5개년 계획(1928-1932)에 의한 고속의 산업화 및 중공업 우선정책이 강조되었다. 시베리아의 개발은 5개년 계획에 포함되어 추진되었다. 스탈린은 농촌적인 러시아를 근대적 공업 강국으로 변화시켜, 자본주의 열강과 대등하게 맞설 수 있게 하는 정책에 에너지를 결집시켰다. 스탈린은 "5개년 계획의 주요 목적이 사회주의의 토대인 공업뿐만 아니라, 농업·수송을 개조하고, 군비 등을 확장할 능력을 가질 수 있는 산업화를 형성하는 것"36)이라고 했다.

모스크바와 고리키에 대규모 자동차 공장, 우랄과 서시비리에 대규모 금속공업 도시가 건설되어야 했고, 볼가 강 주변의 스탈린그라드에 대규모 트렉트 공장이 건설되어야 했다. 이러한 공단 건설 과정은 영하 40도에 이르는 혹한 속에서도 강행되었다.37) 제1차 경제개발 5개년 계획은 성공적으로 완수되었다. 5개년 계획의 첫해(1928-29)에 공업생산이 20% 증가했다. 다음해에는 32%의 증가를 목표로 정책이 강행되었다. 이 수치는 계획안의 그것 보다 절반이상 초과된 계획 목표였다.38) 그리고 5개년 계획의 목표는 이미 4년 만에 96.4%를 달성했다. 특히, 중공업 분야에 있어서는 이 기간에 이미 108%를, 그리고 경공업 생산품은 187%를 초과 달성했다.39) 산업화 과정에서 공업 분야가 가장 발전되고 있었다.

급속한 공업화 결과, 공업산출이 국민경제의 총산출에서 첫 번째 지위에 올랐다. 이러한 현실에 직면하여, 스탈린은 "우리나라가 명백히 그리고 마침내 공업국이 되었다는 것을 의미한다."40)고 했다. 제1차 5개년 계획 동안, 노동자(농민 포함)들을 우랄지방과 여타 지역에 강철단지와 공장 건설을 위해서, 그리고 벌목을 위해 우랄 지방이나 시베리아 지역으로 강제 이주시키면서 개발정책을 강행한 결과였다.

---

36) *История всесоюзной коммунистической партии(большевиков)* (Москва: издательство ЦК ВКП (б), 1938), с. 283.
37) Д.Боффа, *История советского союза* (Москва: Международные отношения, 1990), с. 334.
38) *История СССР*. т.8 (Москва: государственное издательство политической литературы, 1962), с с. 473-474.
39) Анри Барьбс, *Сталин* (Москва: гослитиздат, 1937), с. 254. 259.
40) *Там же*, с, 311.

<표 3> 국민경제의 총생산에서 공업의 비중(%)

|  | 1913 | 1929 | 1930 | 1931 | 1932 | 1933 |
|---|---|---|---|---|---|---|
| 공업(소규모 공업 제외) | 42.1 | 54.5 | 61.6 | 66.7 | 70.7 | 70.4 |
| 농업 | 57.9 | 45.5 | 38.4 | 33.3 | 29.3 | 29.6 |
| 합계 | 100 | 100 | 100 | 100 | 100 | 100 |

И.Сталин, "Отчётный доклад XVII съезду партии" Соч. т, 13, с, 310.

제1차 5개년 계획 기간 중에 다양한 공장이 건설 및 가동되기 시작했다. 서시베리아에 위치한 쿠즈네츠크(Kuznetsk) 유역의 석탄을 이용하여 코크스화학공업이 육성되었다. 그리고 코크스를 바탕으로 1930년 벨로보(Belovo)[41])에 아연정련소가 준공되었고, 1932년에는 노보쿠즈네츠크(Novokuznetsk)[42])에 종합 철강공업이 가동되기 시작했다. 1930년 제16차 당 대회 결의에 기초해서 노보쿠즈네츠크에서 제철공업이 육성되었다. 노보쿠즈네츠크의 제철소는 1940년에 1백50만 톤의 강철생산 실적을 올렸다. 이에 필요한 원광 약3백만 톤 중의 1/5정도는 고르나야 쇼리야(Gornaya Shoriya) 광산으로부터 공급되었고, 그 밖의 원광은 노보쿠즈네츠크에서 남쪽으로 45마일 떨어져 있는 데미르타우(Temirtau) 지역으로부터 공급받았다.[43])

쿠즈바스(Kuzbass)로 명명되어지는 쿠즈네츠크 석탄분지(Kuznetsk Coal Basin)는 러시아 케메로보州에 있는 러시아에서 2번째로 많은 양의 석탄을 생산하는 탄전이다.[44]) Kuzbass는 제1차 5개년 기간 동안(1828~32) 대규모 개발이 시작되었고,

---

[41]) 케메로보州의 벨로보(Belovo)市는 쿠즈네츠크 분지의 중요한 산업중심지 중 하나이다. 1930년에 市가 되었으며, 주요 산업은 채탄·비철야금(아연)·건설자재 등이다. 130만 kW의 출력을 가진 대형 화력발전소와 동시베리아의 농축된 원광을 사용하는 아연공장이 가동되고 있다. http://terms.naver.com/(검색일: 2013년 3월 31일).

[42]) 노보쿠즈네츠크(Novokuznetsk)는 서(西)시베리아의 케메로보州에 있는 도시이다. 노보쿠즈네츠크는 1618년 톰 강에 접한 요새로 건설되어 쿠즈네츠크로 명명되었다. 그리고 1931년에는 노보쿠즈네츠크로 개칭되고, 다음해인 1932년에는 스탈린스크로 고쳐졌지만, 1961년에 노보쿠즈네츠크로 또 다시 개칭되었다. 1930년대 스탈린의 정책에 따라 급속히 발전하여 중요한 공업도시가 되었다. 제1차 5개년 계획 기간에 발전되기 시작했다. 채탄업 외에 쿠즈네크 야금 콤비나트·코크스 화학공장·서시베리아 제철소 등이 있으며, 철강·알루미늄·건설용 기기·건설자재·식품공업도 발달되었다. http://ko.wikipedia.org/(검색일: 2013년 3월 31일).

[43]) Shabed Theodore, *Basic Industrial Resources of the USSR* (Columbia University Press, 1969), pp. 234-239; 金洙喜(1998), p. 276~277.

[44]) 러시아의 또 다른 큰 탄전은 도네츠 분지 탄전이다. 도네츠 석탄분지(Donets Coal Basin, Donbass라고도 함)는 소련 최대의 석탄 탄전이었다. 우크라이나의 보로실로브그라드와 도네츠크州, 그리고 인접한 러시아의 로스토프州에 걸쳐 있다. 1880년대와 1890년대에 개발이 촉진되어 1913년에 이르러서는 러시아 석탄 총생산량의 87%가 이곳에서 생산되었다. 이 지역에는 100여 곳이 넘는 탄광촌이 있다. 그동안 가장 두꺼운 광층들과 지표면에 가까운 광층들은 모두 채굴되었고 지금은 깊은 곳에서 작업을 한다. 갈탄을 캐기 위해서 지하 600m까지 들어가야 하고 양질의 역청탄과 무연탄을 캐기 위해서는 1,770m까지 들어가야 한다.

그 이후에도 지속적인 개발이 이루어졌다. 탄전의 발달은 중공업의 성장과 더불어 이루어졌다. 제2차 세계대전 이전에 우랄-쿠즈네츠크 분지 콤비나트(제철 및 제강 공장)가 건설되었다. 그 이후, 거대한 제철 및 제강 공장이 우랄지방의 마그니토고르스크(Magnitogorsk)와 쿠즈네츠크 분지의 스탈린스크(지금의 노보쿠즈네츠크)에 건설되었다.[45]

제2차 5개년 계획(1933-37)이 실시되는 시기부터 시베리아는 스탈린의 부국강병(富國强兵)화 정책에 적극적으로 이용되었다. 시베리아 지역에 다양한 중화학 공업과 군수산업이 건설되기 시작했다. 1933년 일본과의 전쟁을 대비해 콤소몰[46] 회원을 동원해 콤소몰스크-나-아무레(Komsomol'sk na Amure)市[47]를 건설했고, 이 도시는 철강, 제지공업, 석유화학, 조선업과 방위산업의 중심지가 되었다.[48] 그리고 제3차 5개년계획(1938-1941) 기간에 중공업과 군수산업이 시베리아 지역에서 집중 육성되었다. 제2차 세계대전이 발발한 1939년 이후, 소련이 시베리아 지역으로 공업시설을 이전하면서 중공업 및 군수산업이 빠른 속도로 발전했다. 이와 함께, 동일 지역의 도시화가 빠르게 진행되었다. 쿠즈네츠크 지역의 석탄자원이 중공업과 군수산업을 유치하도록 했고, 질소비료 공장 등 화학 공업이 케메로보(Kemerovo)市 등 인접 지역에 건설되었다.

결국, 산업화 정책이 추진되는 기간 동안 시베리아 지역에서의 강제노동은 중앙정부에 필요한 각종 지하 및 천연자원 채굴에 초점이 맞추어져 있었다. 그리고 각종 산업단지를 건설하는 데 있었다. 특히, 마가단(Magadan)[49]의 북부 지역에 위치한 콜리마(Колыма) 계곡의 금광개발은 강제노동의 전형적 예이다.[50] 스탈린 시기, 시베리아·극동지역에 있는 강제수용소는 열악한 자연환경과 혹독한 강제노동으로 인해

---

그러나 평균광산깊이는 345~390m이다. 소련 지역에서 가장 거대한 철·강철의 단일생산지였으며, 국제적으로 중요한 야금 및 중공업 단지 중 하나이다.
45) http://preview.britannica.co.kr/bol/topic.asp?mtt_id=92000(검색일: 2013년 4월 3일).
46) 콤소몰은 '청소년동맹'으로 만14세부터 29세의 청소년 공산당 조직을 의미한다. 스탈린은 사회주의 건설이라는 슬로건을 내걸면서 콤소몰 회원들에게 자발적 혹은 준 강제적으로 시베리아와 극동지역에서 사회간접자본 시설과 중공업 건설을 독려했다.
47) 콤소몰스크-나-아무레(Komsomol'sk na Amure)는 하바롭스크 크라이에 위치한 도시이다. 아무르 강에 면해있다.
48) G.Melvyn Howe, *The Soviet Union. A Geographical Survey*. 2th Edition (New York: John Wiley & Sons, 1986), p. 416.
49) 마가단(Magadan)은 러시아의 극동연방지구 북부 오호츠크海에 위치하고 있다. 겨울이면 기온이 영하 40도까지 내려가 바다가 얼어(연안은 2~3m, 바다 안쪽은 1m이상) 그 위로 자동차가 다니기도 한다.
50) Theodore Shabad, "Siberian Resources Development in the Soviet Period" ed. by Theodore Shabad and Victor L. Mote, *Gateway to Siberian Resources (The BAM)* (New York, Toronto, London: John Wiley & Sons, 1977), p. 11.

한번 가면 돌아오지 못하는 죽음의 땅으로 인식되었다.51) 소련 국민들이 시베리아 개발정책에 강제적으로 동원되기는 했지만, 개발된 시베리아 공간이 소련의 국부증진에 기여한 것은 분명한 사실이었다.

2) 흐루쇼프 및 브레즈네프 시기의 시베리아

(1) 흐루쇼프(1953~1964) 시기의 개발정책과 시베리아
① 농업정책과 시베리아

1952년의 제19차 당 대회는 농업부문 생산량 증대를 강조하면서 보다 많은 국가 예산을 농업 부문에 투자하기로 결정했다. 흐루쇼프의 농업정책에서 중요한 위치를 차지하는 것은 처녀지(處女地)52) 개간 사업이었다. 농작물 생산증대를 위한 처녀지 개간사업에 특별한 관심을 가졌다. 이러한 농업정책이 시베리아에 직접적으로 영향을 미쳤다. 흐루쇼프는 1953년의 흉작으로 인해 곡물 수확량이 하락하자, 카자흐스탄 북부, 서시베리아, 북 카프카스53) 및 동부지역의 미개간지를 대대적으로 개발하는 정책을 발표했다. 1953년 11월 1일 당시, 시베리아에는 처녀지가 1천8백만 헥타르54) 이상이었고, 휴경지와 노는 밭이 4천2백80만 헥타르 이상이었다.

흐루쇼프는 1954년 초에 러시아 동부지역의 <미개척 지역>을 개간하려는 계획을 세우고, 농기구와 비료에 대한 투자액을 증대시켰다.55) 미개발지 개간 캠페인을 시작하면서 1954~1958년 기간 중 3백60억 헥타르의 토지가 개간되었다.56) 1954~1958년 중에 적극성을 띠게 되면서 15만 대의 트랙터와 7만 7천대의 콤바인, 그리고 5만 3천대 이상의 자동차가 시베리아 농업지대에 투입되었고, 이중 70%의 트랙터, 83%의 콤바인, 그리고 87%의 차량이 처녀지 개간 지역에서 이용되었다.57) 흐루쇼프는

---

51) 한종만·성원용(2001). p. 26.
52) 사람이 살거나 개간한 일이 없는 땅을 일컫는다.
53) 북 카프카스는 흑해와 카스피 해 사이의 카프카스 산맥 북쪽 지역을 일컫는다. 영어로는 <코카서스> 지역이라고 명명되고 있다. 북 카프카스에는 현재의 다게스탄, 체첸, 잉귀쉬, 북오세티아, 카바르다 발카르, 카라차이 체르케스, 아디게이 등 7개의 러시아 자치공화국이 있다.
54) 가로 세로 100m의 정사각형 넓이인 1헥타르(ha)는 다음과 같이 환산된다. 1ha = 10,000㎡ = 0.01㎢ = 약3천 평이다. 시베리아의 처녀지 18,000,000ha는 약180,000㎢이다. 한반도 전체 면적이 22만1336㎢(남한만의 면적은 9만9천720㎢)인 점을 감안한다면, 시베리아의 처녀지는 한반도 전체 면적과 유사한 넓이가 된다.
55) См.: Джузеппе Боффа, *История советского союза. Том 2* (Москва: Международные отношения, 1990), сс. 410-411.
56) С.Е.Ильюшок и А.Е.Романов(1987), с. 21.
57) *Ibid.*

처녀지를 개발하는 데 훌륭한 업적을 낸 노동자, 농민, 조직, 당 활동가, 콤소몰 단원 및 지회 등에게 메달을 수여하기도 했다. 메달 뒷면의 왼쪽에 밀, 오른쪽에 옥수수가 그려져 있는 사실을 발견한다면, 당시의 농업정책을 짐작케 한다. 이 메달은 국가적 사업으로 자리매김한 처녀지 개간 사업을 독려하기 위해 1956년 10월에 만들어졌다.

<표 4> 처녀지 개간사업을 독려하기 위해 만든 훈장과 우표

http://revofpla.hided.ip.ne.kr/(검색일: 2012년 7월 17일) 참조.

흐루쇼프는 북부 카자흐스탄, 서시베리아, 북 카프카스, 우랄지역 등지에 거대한 처녀지가 개간된다면, 농업생산이 크게 증대될 것으로 기대했다. 그는 1,200만 헥타르에 달하는 처녀지 개간 프로젝트를 계획하기도 했다. 국가 차원에서 강행된 이 사업으로 젊은 공산당원 수천 명이 카자흐스탄과 시베리아로 파견되었다. 이들은 대부분 농사 경험도 없었고 농기구를 다룰 수도 없었다. 중앙정부의 지원도 거의 받지 못했고, 정부의 지시도 과학적이지 못했다. 그 이후에 전문적인 농업관리인들이 집단농장으로 파견되면서 농촌경제의 효율성이 증대되기는 했지만, 전반적으로는 기대에 미치지 못하는 수준이었다.

북부 카자흐스탄을 비롯한 시베리아 지역은 강수량이 부족하여 휴경을 많이 하고, 늦게 파종하는 것이 바람직한 농경 방법이었다. 그러나 중앙에서 파견된 관리자들은 조기 파종과 휴한기 없는 집약적 경작을 강요했다. 조기 파종과 휴한 없는 농업정책은 엄청난 잡초 번식을 초래했다. 그런데 당시 소련의 제초제 생산량은 턱없이 부족했다. 그리고 가뭄으로 카자흐 처녀지의 표토가 말라버렸고, 강한 바람이 말라붙은 표토를 날려버려 600만 헥타르의 토지가 황폐화 되었다. 옥수수는 3400만 헥타르에 파종되었으나, 수확이 가능한 것은 640만 헥타르에 불과했다. 뿐만 아니라, 1956년을 기점으로 땅의 비옥도가 떨어지고 있었다. 1954년~58년에 800만ha의 토지가 새롭게 만들어졌지만, 자연 및 토양 조건을 고려하지 않은 흐루쇼프의 농업개혁은 실패로 끝나게 된다.

흐루쇼프의 농업정책이 기대한 만큼의 성과를 거두는 데는 실패했지만, 지역개발을 위한 노력은 계속되었다. 중앙정부의 필요에 따른 식민화 개발 형태였다. 당시 중국과의 관계가 악화된 상태였기 때문에 중국과 함께하는 지역개발 정책은 미미한 수준에 불과했다. 대신 일본과의 관계를 통해 시베리아 지역을 개발하려는 움직임이 나타났다. 흐루쇼프는 시베리아/극동지역의 개발과 교역증대를 위해 1957년 일본과 무역협정을 체결했고, 1962년 소・일 공동경제위원회를 발족시켜 시베리아 지역의 자원개발과 사회간접 자본 투자, 특히 태평양 연안의 항만시설 확충 등을 논의했다. 일본의 자본이 시베리아 지역으로 유입되면서 지역개발 사업이 이루어지기는 했지만, 시베리아 지역의 에너지 및 삼림자원을 착취하는 형태의 개발에 불과했다.

② 공업정책과 시베리아

흐루쇼프 시기, 시베리아 지역의 개발 정책은 에너지 자원 개발과 함께 활기를 띠기 시작했다. 1950년대 말과 60년대 초에 옵(Obi)강과 이르티슈(Irtysh)강의 광범위한 늪지대에서 경제성 있는 석유 매장지가 다량으로 발견됨에 따라 시베리아가 새롭게 인식되기 시작했다. 그리고 1953년 서시베리아의 베레조보(Berezovo)에서 가스전이 발견된 이후, 바흐(Vakh)강[58]을 비롯한 여러 지역에서 가스전이 발견되었다. 뿐만 아니라, 1950년대 수력 및 화력발전소들이 들어서기 시작했다.

쿠즈네츠크 지역의 제철공업 발달로 인해 석탄 채굴이 급속히 증가했다. 이 지역에서의 석탄 총생산량은 1950년 3천6백80만 톤, 1958년 7천5백30만 톤, 1965년 9천7백만 톤으로 증대되었다.[59] 이와 함께, 1960년 노보쿠즈네츠크에 5개 용광로가

---

58) 바흐강(Vakh River)은 러시아의 한티-만시 자치구(Khanti-Mansi Autonomous Area)에 있는 강으로 옵강(Ob River)・예니세이강(Yenisei River)・타스강(Taz River) 유역에서 발원한다.
59) 1965년의 생산량에서 코크스탄은 3천7백50만 톤이었다.

추가로 건설되었다. 그리고 토미(Tomi)강 우변에 서시베리아의 제철소가 건설됨에 따라 년3백50만 톤의 철강 생산능력을 갖추게 되었다. 그 후 1967년 제철소의 철강생산 계획량은 5백50만으로 증대되었으며, 이에 필요한 부족분의 원석은 크라스노야르스크(Krasnoyarsk) 지방의 아바자(Abaza)와 테야(Teya), 그리고 이르쿠츠크(Irkutsk) 지역의 코르슈노보(Korshunovo) 광산으로부터 공급받았다.60)

1950년대 이래 화력발전소가 건설되기 시작했다. 화력발전소는 현지의 석탄이나 갈탄 등과 같은 풍부한 발전용 에너지원을 활용해 건설되기 시작했다. 크라스노야르스크 지역의 칸스크-아친스크(Kansk-Achinsk)을 비롯하여 쿠즈네츠크 등지에 건설되었다. 1950~1954년 중에 건설된 50만kW 용량의 남(南)쿠즈바스(Kuzbass) 전력 공장, 토무사(Tomusa) 발전소, 1958년 토미(Tomi), 1965년 우사(Usa) 발전소, 그리고 인스코이(Inskoy) 발전소가 건설되었다. 그 이후 1964년 벨로보(Belovo) 발전소가 건설되었다.61) 쿠즈네츠크 지역 발전소들은 2백20V선으로 노보시비르스크, 톰스크, 바르나울 등지와 연결되었다. 그 이후 1967년 이래 크라스노야르스크로 연결되었다.62) 화력 발전소 뿐만 아니라, 수력 발전소들도 건설되기 시작했다. 1950년대 초중반에 노보시비르스크, 크라스노야르스크, 이르쿠츠크 등지에 수력 발전소가 건설되었다.

시베리아 지역에 건설된 산업 시설은 목재, 석탄, 석유, 가스 등 자원 채굴 및 관련 산업, 그리고 다양한 광물자원 개발 및 관련 산업들이었다. 이러한 시설들의 대부분은 서시베리아, 우랄, 볼가 지역에 건설되었다. 특히, 알타이 크라이의 주도(主都)인 바르나울(Barnaul)은 화학섬유 공업이 발달한 도시로 1960년 이래 케메로보(Kemerovo)의 카프로락탐(Caprolactam)63)을 원료로 카프론(Capron)을 생산하기 시작했고, 1963년 이래 시베리아 목재 펄프에서 비스코스 레이온(Viscose rayon)64)을 생산하고, 1963년에 타이어 재생공장이 가동되기 시작했다.

결국, 흐루쇼프 시기의 시베리아 개발 정책은 자원과 이에 기초된 복합 산업단지

---

60) Shabed Theodore, *Basic Industrial Resources of the USSR* (Columbia University Press, 1969), pp. 234-239; 金洙喜(1998), p. 277.
61) 벨로보(Belovo) 발전소는 1968년에 1백20만kW 용량으로 확장되었다. Rothman Stanley & Breslauer George W., *Soviet Politics & Society* (New York: West Publishing Co., 1978), pp. 47-48.
62) Shabed Theodore(1969), pp. 234-239; 金洙喜(1998), p. 278.
63) 카프로락탐(Caprolactam)은 합섬원료의 일종이다
64) 비스코스 레이온(Viscose rayon)으로 알려진 인견은 100% 펄프(나무)에서 추출한 실로 제작된 식물성 천연섬유로 정전기가 발생하지 않으며 촉감이 시원하고 가벼워 여름철 원단으로 가장 적합하다는 평을 받고 있다.

건설로 이어졌다. 시베리아 지역을 대상지로 하는 흐루쇼프의 산업화 정책은 시베리아횡단철도 주변 지역에서 생산되는 풍부한 자원을 바탕으로 이루어졌다. 철강 및 화학공업을 확장시켰을 뿐만 아니라, 에너지 자원 개발에 적극성을 띠기 시작했다. 시베리아 지역이 지닌 불리한 개발환경에도 불구하고, 동일 지역에서의 산업화 정책은 계속되었다. 이러한 개발 정책은 유럽 러시아 지역의 자원 고갈에 대비한 새로운 자원지대 확보 차원에서 추진되었다.

(2) 브레즈네프(1965~1982) 시기와 시베리아
① 개혁 일반
브레즈네프가 집권한 이후에도 시베리아 지역에 대한 개발 노력은 계속되었다. 흐루쏘프 시기의 지방분권화 정책이 다시 중앙 집중화로 나타났지만, 지역 개발 움직임은 계속되었다. 브레즈네프 집권 초기에 시베리아의 3개 지역(동시베리아, 서시베리아, 극동지역)을 포함한 19개의 기초 경제지역 단위가 설정되었고, 1974년의 소련 국가계획위원회에 의해 19개 기초 경제지역 단위가 7개의 광역 경제지역 단위로 재조정되었다. 그 중 동시베리아와 서시베리아를 하나로 하는 시베리아 광역 지역경제 단위가 형성되었고, 극동지역은 독자적으로 극동 광역 지역경제 단위로 구성되어졌다.

브레즈네프시기에 광물성 비료 생산이 증가되었고, 시베리아 지역을 대상으로 하는 토지개량 작업 역시 계속되었다. 농업의 기계화, 토지 개량화가 계속되면서 시베리아 지역 농업의 안정과 가속적인 발전을 위한 기반이 마련되었다. 1982년 3월 당 중앙위와 각료회의에서 시베리아, 극동 및 쿠르간州 지역 농업의 종합적 발전에 관련된 사항이 결의되었다. 이 결의를 통해 시베리아 지역발전을 위한 농·공 복합체 설립 움직임이 있었다. 농·공 복합체 구성에는 농업 외에 농화학, 운송농기계, 토지 개량, 농촌건설, 복합 사료산업, 식료 및 낙농산업, 교역 등이 포함되었다. 1970년대에 산업과 농업이 통합이 지속되어 다양한 수준의 농·공 형태의 현실적인 경제기반이 설립되기 시작했으며, 80년대에는 이의 조직적인 완성기였다.[65]

브레즈네프가 중앙집권화 정책을 강화했지만, 스탈린처럼 공권력에 의한 노동배분 정책은 지양되고 물질적 인센티브 정책으로 전환했다. 시베리아와 극동지역, 특히 북부지역에 근무하는 근로자들에게 특별 보너스와 오지수당 및 추위 수당 등이 지급되

---

[65] 1960년대는 분업의 심화, 토지 개량, 농업 기계화, 용수 경제의 조직적인 완성으로 특징되었다. 金洙喜(1998), p. 275.

었다. 그러나 열악한 자연환경과 빈약한 사회간접자본 시설(특히, 교육시설과 문화시설의 부족, 생필품과 소비재의 공급부족 등)로 인해, 근로자들은 장기간 근무하지 못했으며 단기간 혹은 일회성 종사자가 많았다. 중앙정부의 시베리아·극동지역 인구유입 정책과 지원, 그리고 이 지역의 자연인구 증가율 덕택으로 소련해체 전까지 시베리아·극동지역의 인구는 꾸준히 증가했다. 그럼에도 불구하고, 광활한 영토에 비해 노동력은 절대적으로 부족했다.66)

시베리아 개발정책 기간에도, 브레즈네프의 대외정책은 지난날과 유사한 모습으로 유럽에 무게 중심이 있었다. 미국이 가장 중요한 외교 파트너로 인식되고 있었다. 1970년대 들어 미국과 소련이 매년 양국을 오가며 정상회담을 개최했고, 1974년 11월 극동지역의 블라디보스톡에서 포드 대통령과 브레즈네프의 정상 회담이 있었다. 브레즈네프의 유럽 중시 외교는 자신의 시베리아 지역 개발을 위축시켰으며, 이와 함께 중국과의 관계를 악화시키는 결과로 나타났다. 유럽중시 정책은 우랄산맥을 중심으로 펼쳐져 있는 우랄지역과 서시베리아지역의 에너지 자원을 개발하여 유럽으로 수출하는 파이프라인을 건설하도록 했다.

② 개별 유형

1970년대 일본과 사할린의 석유·가스 개발 프로젝트가 계획되었다. 1970년대 초 시베리아 지역의 풍부한 자원개발과 대외무역의 발전을 위해 <다비도프-플랜>67)과 BAM(바이칼-아무르횡단철도)68) 건설 계획이 수립되었다. 시베리아 지역의 원활

---

66) 한종만·성원용(2001). p. 27.
67) <다비도프-플랜>은 시베리아·극동지역에서 대부분의 하천(12개)이 북극해로 유입되기 때문에, 수자원이 부족한 남부지역으로 물줄기를 바꾸는 대자연 개조 계획이었다. 댐과 수력발전소 건설을 통해 소련의 지도를 바꾸는 계획이었지만 수많은 경제학자와 생태학자들의 반대로 고르바쵸프 때 이 사업이 공식 폐기되었다. 한종만·성원용(2001). p. 28.
68) BAM 건설 계획은 시베리아·극동지역에서의 원활한 자원개발, 합리적 자원배분 등의 경제적 목적과 안보 전략상의 목적으로 1971년 제24차 당 대회에서 채택되었다. BAM이 통과하는 지역은 사하(야쿠티야)공화국의 남부지역과 광역바이칼지역, 그리고 하바롭스크 크라이로서 소련 영토의 30%를 점유하고 있다. TSR이 블라디보스톡과 나호드카, 그리고 보스토치니 항을 연결한 것처럼, BAM도 하바롭스크 크라이에 위치한 소베츠카야 가반 항과 바니노항에 연결된다. BAM은 바니노 항에서 사할린의 홀름스크 항까지 페리호를 통해 기차가 연결(소요 시간 11시간) 되고 있다. Viktor V. Biryukov, "The BAM: Planning Aspects," In Theodore Shabad and Victor L. Mote (eds.), Gateway to Siberian Resources (The BAM) (New York, Toronto, London: John Wiley & Sons, 1977). p. 117. BAM은 레나강의 상류 우스트-쿠트에서 바이칼호 북쪽의 니쥬네양가르스크를 거쳐 튄다(TSR과 연계)와 콤소몰스크-나-아무례를 통과하여 바니노 항과 소베츠카야 가반항까지 연결되며, 총길이는 4,396km이다. BAM 지역은 세계에서 가장 험난한 자연조건을 지니고 있다. 겨울의 혹독한 추위이외에도 높은 산악지대와 영구동토 지대를 이루고 있으며, 수천 개의 소하천과 소택지를 이루고 있다. 따라서 이 공사를 위해 1977년에 무려 50만여 명 이상의 노동력이 투입되었다. Victor Mote, "The Baykal-Amur Mainline: Catalyst for the Development of Pacific Siberia," In Theodore Shabad and Victor L. Mote (eds.), Gateway to Siberian Resources (The

・・・・・・・・・・

한 자원개발과 합리적 자원 분배 등의 경제적 목적과 안보를 목적으로 한 BAM 건설이 1974년에 착공되어 1984년 10월에 완공되었다. 그러나 BAM 지선 건설이 큰 진전을 보이지 않아 경제성과 수익성에 많은 문제점이 노출되었다.69)

　과학기술혁명과 효율성이 강조된 시대적 상황 속에서 시베리아 지역의 중요성은 선진장비와 기술도입에 절실한 에너지 및 목재 등과 같은 수출용 원자재 개발에 치중되었다. 이에 병행하여 효과적인 자원개발과 시베리아횡단철도 인접 지역을 벗어난 보다 북쪽지역으로, 다시 말해 종심개발을 목적으로 하부구조(도로, 철로, 문화시설) 건설에 투자의 폭을 넓혔다. 외국으로부터 도입된 장비수입 가격은 1976~80년간 50~60억 $에 달했다. 주요 수입 장비는 건설용 중장비, 채유 및 채광용 장비와 시베리아 개발을 위한 기술이다.70) 하부구조 건설의 대표적인 경우는 2천마일 길이의 BAM(Bailcal-Amur Mainline) 철도 건설이다. 이 철도는 1974년에 착공하여 1984년 11월에 완공되었으며, 시베리아와 극동지방의 목재, 석탄, 철 및 비철금속 개발과 태평양제국으로의 수출에 기여할 목적으로 건설되었다.71)

　시베리아 및 극동지역 개발에 관련된 방법상의 대전환이 1960년대 중반 이후 나타났다. 국제협력을 통한 개발방식으로 데탕트 무드 속에 일본과 활발히 전개되었다. 1966년 2월 일・소 공동경제위원회가 결성되어 1966년 3월 1차 회담을 시발로 1977년 9월의 제7차 회의까지 진행되었다. 합의 사항은 다음과 같다. 극동지역의 목재・칩 생산수출사업, 보스토치니항 건설 사업, 남야쿠트 석탄개발 사업, 야쿠트 천연가스 개발 사업, 사할린 대륙붕 석유 및 가스 개발사업, 브란겔 항만건설 사업 등이다.72) 그 이후의 중요한 사업으로 1981년 3월에 조인된 제3차 극동지역 산림개발 사업이 있다. 이밖에 1981년 10월 유럽공동체에 다량의 천연가스 제공이 이루어졌고, EEC로부터 파이프라인 건설에 필요한 장비와 기술을 제공받으면서 지역 개발에 박차를 가했다.

---

　　BAM) (New York, Toronto, London: John Wiley & Sons, 1977). pp. 63-115.
69) BAM의 주요 지선인 AYAM(Amur-Yakutsk Mainline) 철도는 아무르 지역과 사하공화국의 남부지역만 연결되어 있을 뿐이다. 자세한 내용은 다음을 참조, 한종만・성원용(2001). pp. 28-29.
70) Hunter Holland(ed,), *The Future of the Soviet Economy: 1978-1985* (Boulder : Westview press, 1978), p. 22.
71) Правда, 2.28, 1981.
72) Kiichi Saeki, "Toward Japanese Cooperation in Siberian Development," *Problems of Communism*, 7-8(1972); L.Petrov, "In the Interest of Soviet-Japanese Economic Cooperation," *Foreign Trade*, 5(1978), pp. 37-38.

## 4. 고르바쵸프(1985~1991)와 시베리아 개발의 신사고

1) 블라디보스톡 선언

고르바쵸프가 집권하는 시기까지, 소련의 외교정책은 유럽 중시정책이었다. 아시아 지역에 대한 관심은 그다지 높지 않았다. 이와 함께, 자신의 동부지역인 시베리아 공간의 개발에는 별다른 관심을 갖지 않았다. 우랄 및 서시베리아지역의 지하 및 천연자원을 개발하여 유럽으로 수출하든 지난날의 경제구조가 고르바쵸프가 집권하는 초기 단계에 이르기 까지 지속되고 있었다. 이와 함께, 소비에트 경제구조가 지닌 문제점으로 인해 소련의 경제가 스탈린 이후 계속적으로 추락해 왔다. 1985년 3월 고르바쵸프가 서기장이 되었다. 고르바쵸프는 자신이 서기장으로 선출되기 전날 밤에 자신이 믿고 항상 상담하던 자신의 아내에게 '이런 식으로는 국가가 더 이상 존재할 수 없다'고 했다.[73]

1986년 3월의 당 중앙위는 타경제부문과 농업의 상호관계를 원활히 조정할 수 있는 경제기구 발전 문제를 다루었다. 식량문제 개선을 목표로 농·공 복합체의 효율적 근대화 조건을 창출하는 문제였다. 시베리아 지역에서 농·공 복합체 발전 목표는 시베리아 지역 주민들의 식료품 요구를 해결하는 데 있었다. 시베리아 지역에서의 발전 목표는 1990년까지 식료품 조달 요구를 충족하는 것을 제1단계로 하고, 제2단계에서는 동일 지역에서 생산된 농·공 복합체 제품의 비축 분을 중앙정부에 납품하는 것이었다.

고르바쵸프가 당 서기장으로 선출된 이후 그는 줄곧 시베리아가 경제적 고립에서 탈피되어져야 하며, 이를 위해서 아시아 및 태평양 지역 국가들과의 경제교류를 늘려야 한다고 주장해 왔다. 고르바쵸프는 어려운 경제상황을 회생시키기 위한 장기 정책의 일환으로 시베리아 계발계획을 준비하기 시작했다. 러시아는 아태지역 국가들과 경제협력 및 이들의 시베리아 개발 참여 유도, 역내 경제협력기구와 경제권에의 참여 등을 강조해 왔다.[74] 이를 위해서 동북아시아에서 유리한 대외 환경을 조성해야만 했다. 고르바쵸프의 아시아 태평양 외교는 1986년 블라디보스톡에서 행한 연설에서 분명하게 나타났다.

---

[73] 이영형, 『러시아 정치사』(서울: 엠애드, 2000), p. 281
[74] 최종기, 『러시아 외교정책』(서울: 서울대학교 출판부, 2005), p. 260

1986년 7월 28일 고르바초프 소련 공산당 서기장은 극동의 블라디보스톡을 방문해 아시아·태평양 지역에 보다 많은 관심을 갖고 있다는 내용을 담은 연설을 했다. 고르바초프는 이 연설에서 유럽과 미국을 중심으로 한 소련 외교정책의 초점이 아시아로 전환된다는 사실을 강조했으며, 1986년 말까지 아프가니스탄 주둔 6개 연대를 철수하고, 몽골 주둔군 철수 방침을 밝혔다. 그리고 소·중 관계 개선을 위한 다양한 조치가 취해질 수 있음을 표명하고, 양국 간에 우주개발 분야에서의 협력을 제안했다.

고르바쵸프는 아시아·태평양 지역에서의 긴장 완화를 위해 유럽안보회의와 유사한 전아시아안보회의(All Asian Forum) 개최를 제안하는 등 다자주의에 입각한 아시아 지역에서의 긴장 완화를 역설했다. 태평양 경제협력체 참가 의사를 표명했다. 한반도와 관련해서는 한반도 비핵지대 창설을 지지하고, 남북한 간의 대화를 촉구했다. 소·일 관계 개선을 위한 희망도 피력했다. 고르바쵸프의 블라디보스톡 선언에는 아시아·태평양 지역에서 미국의 영향력을 약화시키고, 아시아에서 자신의 영향력을 증대시키려는 정치 및 경제적 의지가 담겨져 있다. 그리고 시베리아 및 극동지역 개발을 위한 외부 환경을 조성하려 했다.

2) 크라스노야르스크 선언

고르바쵸프의 아태 중시 정책은 對아시아 정책에서의 무능력과 고립을 탈피하고, 동아시아 및 태평양지역의 역동적인 경제활동에 참여하고자 하는 것이며, 아시아-태평양 국가들과의 협력을 진작하겠다는 것이라 볼 수 있다. 고르바쵸프는 블라디보스톡 선언에서 소련이 아시아-태평양 국가임을 선언했고, 크라스노야르스크 선언에서 재차 확인했다. 이러한 시기에 소련의 최대 관심은 경제협력과 극동지역 개발에 있었다. 특히, 크라스노야르스크 선언에서 한국을 구체적으로 언급하면서 경제협력 동반자로 삼고자 했다. 고르바쵸프의 한국에 대한 관심은 북방영토 문제로 시베리아 진출 및 개발과정에서 미온적 태도를 보여 온 일본을 대신하는 경제 파트너로 한국을 선택한 것으로 보인다.

1988년 9월 16일 시베리아의 크라스노야르스크를 방문한 고르바초프는 아시아·태평양 지역의 안보증진과 협력 강화를 위한 7개항의 평화 제안을 발표하면서, 이 지역에서의 핵무기 동결과 해·공군력의 감축을 논의하기 위한 지역 강대국들과의 다자간 협상을 개최할 것을 제안했다.[75] 다자간 협상은 한반도를 비롯하여 소련·중국·

일본의 해안이 이어지는 지역의 군사적 대립을 줄이기 위한 것으로서 지역 군사강국들이 참여할 것을 제안했다. 고르바초프는 소·중 관계의 정상화를 촉구하고, 중국과 베트남의 관계 개선을 위한 중재노력 의사도 피력했다. 이외에도 인도양의 평화구역 제안, 공해 및 우주 공간에서의 사고방지를 위한 공동조치 강구, 아·태 지역의 안보증진을 위한 협상기구 창설 등과 같은 제안을 제시했다. 고르바쵸프는 경제관계에서도 지역 국가들과 소련의 협력 가능성을 언급하면서 소련의 아시아 지역(시베리아·극동지역)에서 합작투자에 기반 한 공단 및 무역지대를 설치할 수 있음을 밝혔다. 그리고 소련과 한국 간의 경제관계를 개선할 수 있는 국제적인 조건이 성숙되고 있음을 지적했다.

고르바초프는 크라스노야르크 선언에서 아시아-태평양 지역 국가들과 협력할 것을 표명하면서, 한국과의 경제교류 의사를 비쳤다. 1988년 12월에 열린 제43차 UN 총회 연설에서 고르바초프는 자본주의와 사회주의 간의 군사적 대결이 결국은 파멸을 가져올 것이므로 양 체제는 상호 의존하면서 평화공존 체제를 이룩해야 한다고 강조했다. 고르바초프는 경제 현실을 무시한 채 무기 경쟁을 벌이는 것은 경제의 저성장을 면치 못할 것이기 때문에, 자본주의 국가들과의 실질적인 협력 문제를 목표로 소련의 외교정책이 수정되어야 한다는 입장을 밝혔다.

결국, 1988년 9월의 크라스노야르스크 선언을 통해 극동이 새로운 경제성장의 동력이 될 것이라는 견해를 밝히면서, 한국을 비롯한 아시아 국가와 적극적으로 경제협력을 모색할 구상을 밝혔다. 1989년 북경을 공식 방문하여 중국과 관계정상화를 이루었고, 1990년 9월 30일 한국과 수교를 체결했다. 1990년 10월에는 나호트카 자유경제지대가 설정되었고, 외국인의 출입이 금지되었던 태평양 함대의 모항인 블리디보스톡 군사 항이 1991년에 개방되었다. 시베리아 및 극동지역을 개발하기 위한 목적에서, 그리고 동북아 주요 국가의 개발 참여를 유도하기 위한 목적에서 시베리아 지역을 개방하기 시작했다.

---

75) 크라스노야르스크 연설은 다음과 같은 내용을 담고 있다. 1) 소련은 아시아-태평양 지역에서 어떠한 형태의 핵무기 수량도 증가시키지 않는다. 2) 소련은 중·일·남북한과 군축을 위한 다국 간 협상을 개최할 용의가 있다. 3) 소련은 미국이 필리핀의 미국기지에서 철수한다면 베트남의 캄란 만 기지를 포기할 용의가 있다. 4) 소련은 아시아-태평양 지역의 해군력 억제를 위한 협상을 제의한다. 5) 소련은 이 지역의 해상 및 항공 수송로들의 안전을 위해 공해와 그 상공에서의 사고방지 조치를 공동으로 마련할 것을 제안한다. 6) 소련은 인도양 평화지대 구축을 위한 국제회의를 1990년까지 개최할 것을 제의한다. 7) 소련은 아시아-태평양 지역의 안전보장 등 여러 가지 문제를 토의하기 위해 유엔 안전보장이사국 회의를 개최할 것을 제의한다. 이항재, "고르바초프와 한반도," 『북한』, No.11(1988), p. 65.

## 5. 끝맺는 말

시베리아가 갖는 의미는 1917년 10월 혁명 이전과 그 이후의 소련 시절에 유사한 모습을 보였다. 시베리아는 반체제 인사들을 수용하는 <수용소 광장> 정도의 위치에 머물러 있었다. 스탈린(1924~1953) 시기의 시베리아는 당내 권력투쟁 과정에서 패배한 당원들을 축출하는 장소였고, 시베리아 개발은 러시아의 유럽지역에 필요한 각종 자원을 착취할 목적에서 이루어졌다. 흐루시쵸프와 브레즈네프 시기의 對시베리아 정책도 스탈린의 그것과 큰 차이는 없었다. 고르바쵸프(1985~1991)가 집권하면서 시베리아가 갖는 의미가 다소 변화되었다. 소련의 어려운 경제 현실을 극복하기 위해 시베리아 지역에 대한 개발을 모색하는 방향으로 수정되었다. 개발에 대한 인식은 그 이전시기와 달랐지만, 유럽 중심의 러시아에 필요한 자원 착취라는 개발의 목적은 유사했다. 시베리아에 대한 인식은 변화되었지만, 지역 개발의 목적은 여전히 유럽으로 나아가기 위한 자원 공급처에 머물렀다.

소비에트 시기의 시베리아 개발정책은 크게 2가지 차원에서 중앙정부에 식민화된 모습으로 이루어졌다. 첫째, 정치적 식민지이다. 스탈린이 자신의 정적을 제기하는 과정에서 시베리아 공간이 활용되었다. 중앙인 모스크바로부터 멀리 떨어진, 그리고 사람으로부터 격리된 공간인 시베리아가 필요했던 것이다. 이러한 차원에서 시베리아는 다분히 중앙정부의 정치적 목적에 의한 식민지로 전락하게 되었다. 둘째, 경제적 식민지 공간으로 전락했다. 혁명 초기 농업 국가였던 시기에 시베리아는 지역에서 생산되는 농축산물을 착취하기 위한 공간으로 이용되었고, 1928년 이후부터는 중앙정부의 산업화에 필요한 원료 공급처로 시베리아 지역이 개발되었다. 우랄지구에 세워진 공업단지 역시 중앙정부의 산업화 전략의 일환으로 개발된 것이다.

시베리아 개발은 몇 단계로 구분되어진다. 제1단계는 1917년 10월 혁명 직전에 완공된 시베리아횡단철도를 이용하는 조건 하에서 경제성이 있는 자원 채굴 및 채광 형태로 시작되었다. 제2단계는 제1단계의 결실인 자원 활용을 통한 관련 산업을 개발하는 형태로 발전하였다. 제3단계는 국제협력을 통한 자원개발과 함께 항만시설, 철로 및 도로, 파이프라인과 같은 하부구조 건설을 통한 자원개발 가속화, 종심개발, 그리고 원활한 수출조건 향상을 기하는 방향으로 나타났다.[76] 제4단계는 실용주의 개발 전략과 함께, 국제개발협력 차원에서 석유·천연가스·석탄·목재 등을 다량으로

---
76) 金洙喜(1998), p. 283.

생산할 필요성에 기초되었다.

  결국, 시베리아 지역은 미·소 중심의 양극적 국제질서 속에서 개발되고 못한 체 소외당하고 있었다. 시베리아 및 극동지역은 오랜 기간 동안 러시아의 유럽지역에 필요한 자원 공급처 및 안보상의 역할 만을 담당하여 왔을 뿐이다. 따라서 시베리아는 풍부한 천연자원과 경제발전의 잠재력을 지니고 있음에도 불구하고 유럽지역에 비해 상대적으로 사회경제 발전 수준이 낙후되어 있다. 소련의 시베리아 개발 전략은 국가 전략의 일환으로 추진되어 왔다. 소련의 국제적 영향력 및 경제 상황이 악화되면 시베리아 변수를 활용하면서 아시아에 관심을 보였고, 자신의 정치 및 경제 상황이 개선되면 다시 유럽으로 돌아가는 모습으로 시베리아가 이용되어 왔다.

## 참고 문헌

金洙喜, "러시아의 시베리아 개발사," 『外國文化硏究』 (조선대학교), 제21집(1998).
이영형, 『러시아 국가 성격의 이해』 (서울: 엠애드, 2001).
이영형, 『러시아 정치사』 (서울: 엠애드, 2000).
이항재, "고르바초프와 한반도," 『북한』, No11(1988).
崔崇, 『蘇聯邦 七十年史』 (서울: 슬라브연구사, 1990).
최종기, 『러시아 외교정책』 (서울: 서울대학교 출판부, 2005).
한종만·성원용, 『21세기 러시아의 시베리아·극동지역 개발 전략에 관한 연구』 (서울: 대외경제정책연구원, 2001).
V.V.Biryukov, "The BAM: Planning Aspects," In Theodore Shabad and Victor L. Mote (eds.), *Gateway to Siberian Resources (The BAM)* (New York, Toronto, London: John Wiley & Sons, 1977).
H.Holland(ed,), *The Future of the Soviet Economy: 1978-1985* (Boulder : Westview press, 1978).
G.M.Howe, *The Soviet Union. A Geographical Survey. 2th Edition* (New York: John Wiley & Sons, 1986).
V.Mote, "The Baykal-Amur Mainline: Catalyst for the Development of Pacific Siberia," In Theodore Shabad and Victor L. Mote (eds.), *Gateway to Siberian Resources (The BAM)* (New York, Toronto, London: John Wiley & Sons, 1977).
L.Petrov, "In the Interest of Soviet-Japanese Economic Cooperation," *Foreign Trade*, 5(1978).
K.Saeki, "Toward Japanese Cooperation in Siberian Development," *Problems of Communism*, 7-8(1972).
T.Shabad, "Siberian Resources Development in the Soviet Period" ed. by Theodore Shabad and Victor L. Mote, *Gateway to Siberian Resources (The BAM)* (New York, Toronto, London: John Wiley & Sons, 1977).
Rothman Stanley & Breslauer George W., *Soviet Politics & Society* (New York: West Publishing Co., 1978).
S.Theodore, *Basic Industrial Resources of the USSR* (Columbia University Press, 1969).
А.Барьбс, *Сталин* (Москва: гослитиэдат, 1937).
Д.Боффа, *История советского союза* (Москва: Международные отношения, 1990).
Д.Боффа, *История советского союза. Том 2* (Москва: Международные отношения, 1990).
Н.Верт, *История советского государства. 1900-1991* (М.: Прогресс-Академия, 1994).
Ф.Д.Волков, *Взлёт и падение сталина* (М.: издательства Спектр, 1992).

Д.Волкогонов, *Триумф и трагедия: политический портрет И.В.Сталина* (Москва: новости, 1990).

Ли Йын-Хен, *Некотрые особенности опыта социалистических преобразований в СССР (критический анализ)* (Москва: МГУ, 1995).

С.Е.Ильюшок и А.Е.Романов, *Управление развитием продовольственной базы сибири* (Новосибирск: Изд-во ⟨наука⟩ сибирское отделение, 1987).

*История ВКП(б): Краткий Курс* (Москва: ОГИЗ государственное издательство политической литературы, 1990).

*История всесоюзной коммунистической партии(большевиков)* (М.: издательство ЦК ВКП(б) "правда", 1938).

*История всесоюзной коммунистической партии(большевиков)* (Москва: издательство ЦК ВКП(б), 1938).

*История КПСС* (Москва: государственное издательство политической литературы, 1954).

*История КПСС* (Москва: государственное издательство политической литературы, 1970).

*История СССР. т.8* (Москва: государственное издательство политической литературы, 1962).

*КПСС в резолюциях и решениях т. 4* (Москва: государственное издательство политической литературы, 1970).

Р.Медведев, *О сталине и сталинизме* (Москва: прогресс, 1990).

В.И.Ленин. *Полн. собр. соч.*, т. 43.

И.Сталин, *Вопросы ленинизма* (М.: госполитиздат, 1953.).

И.Сталин, "Отчётный доклад XVII съезду партии" *Соч. т*, 13.

Р.Такер, *Сталин путь к власти 1878-1929* (М.: прогресс, 1991).

*ЦГАОР СССР, Ф. 1562, оп. 82, д. 271, л. 130.*

*Правда, 2.28, 1981.*

http://terms.naver.com/(검색일: 2013년 3월 31일).

http://ko.wikipedia.org/(검색일: 2013년 3월 31일).

http://preview.britannica.co.kr/bol/topic.asp?mtt_id=92000(검색일: 2013년 4월 3일).

http:/revofpla.hided.ip.ne.kr/(검색일: 2012년 7월 17일)

http://www.eao.ru/(검색일: 2013년 5월 1일).

## 제2장. 러시아연방 시베리아 및 극동지역 공간의 이해

    미국과 서유럽에서는 시베리아(Siberia)를 우랄산맥 동쪽 사면(斜面)에서 태평양에 이르는 아시아의 북부지역을 일컫는다. 이러한 의미의 시베리아는 러시아의 행정 구역인 우랄연방지구의 일부(튜멘 주, 한티-만시 자치구, 야말-네네츠 자치구), 시베리아 연방지구, 그리고 극동 연방지구를 포함한다.

    본 글에서 다루어지는 시베리아는 러시아연방에서 구획한 8개 광역권 행정구역들 중에서 시베리아연방지구와 극동연방지구를 의미한다. 그리고 필요시 우랄연방지구의 일부를 포함하는 것으로 한다. 시베리아 및 극동연방지구에 소속된 연방 구성 주체를 개괄하고, 러시아 중앙정부와 시베리아의 관계 차원에서 «시베리아 합의»가 갖는 의미를 분석한다.

## 제1절. 시베리아 및 극동 연방지구 개황

### 1. 들어가는 말

러시아의 영토 크기는 1709만 8242㎢로 한반도(220,847㎢)의 약78배에 달한다. 러시아는 광범위한 영토를 가진 유라시아 국가이며, 수도인 모스크바에서 사할린州의 州都인 유즈노-사할린市까지의 거리가 10,417㎞에 이른다. 러시아 전체 영토는 9시간의 시차를 보인다. 광범위한 영토에 더해 100개 이상의 다민족으로 구성되어 있는 연방제 국가이다. 이러한 러시아의 자연 및 인문지리 환경이 국가 통일성에 심각한 위협을 초래하기도 했다. 따라서 러시아의 역대 지도자들은 이러한 문제를 해결하기 위해 고민해 왔다.

2000년에 집권을 시작한 푸틴은 중앙정부의 통제력 강화를 위해, 그리고 통치 효율성 증대를 위해 러시아연방의 행정 구조를 재편성했다. 취임 일주일 만인 2000년 5월 13일, 당시 연방을 구성하고 있던 89개 연방 주체를 7개 광역권 연방지구로 묶어 관리하려는 조치를 취했다. 7개의 연방지구는 모스크바를 중심으로 하는 중앙, 상트-페테르부르크 중심의 북서, 남부, 볼가, 우랄, 시베리아, 극동 연방지구 등이다.

푸틴은 7개 연방지구의 총괄 책임자를 자신이 직접 임명하여 국민의 직접선거로 선출된 지방 지도자 보다 상위에 군림하도록 했다. 지방을 대통령이 직접 관장할 수 있도록 하는 대통령의 권한 강화 방편의 일환이었다. 그리고 2010년 1월 19일 메드베제프 대통령이 남부 연방지구의 일부 주체들을 묶어 새롭게 북카프카스 연방지구(СКФО)를 결성했다.[1] 따라서 현재의 러시아 연방지구는 8개로 되어 있다. 메드베제프

[지도 1] 푸틴의 7개 연방지구 결성(기준: 2000년 당시)

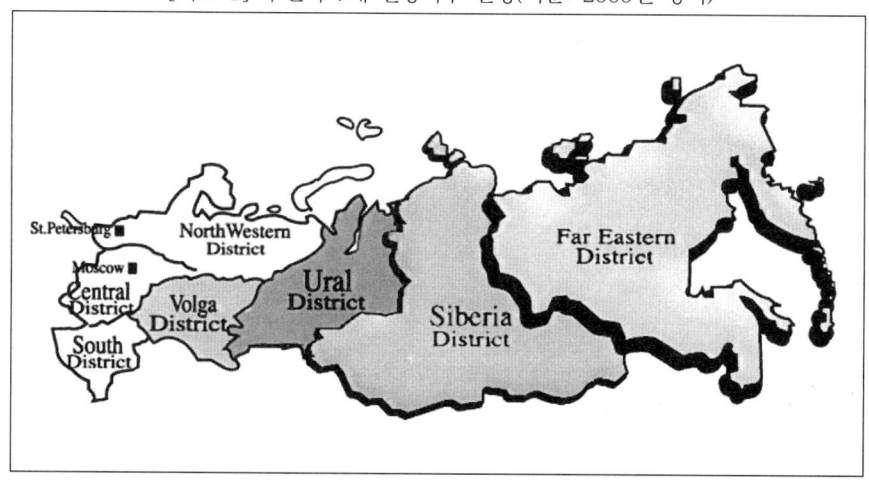

대통령 역시 자신의 전권대표를 파견하면서 광범위한 러시아 공간을 효율적으로 관리해 왔다. 그리고 2012년 5월에 제3기 푸틴 정부가 들어섰고, 지난 1기/2기와 동일한 방식으로 유라시아 공간을 관리하고 있다.

본 글은 상기 8개 연방지구들 중에서 러시아의 동부지역(아시아 지역)에 위치하고 있는 시베리아 및 극동 연방지구를 개괄하는 것으로 한다.2) 우랄 연방지구의 일부가 시베리아 지역에 위치해 있지만, 동일 연방지구의 정치 및 경제, 그리고 행정 중심지가 유럽 지역에 치중되어 있기 때문에 본 글에서는 제외하기로 한다. 다만, 경제 구분에 있어서 우랄 연방지구의 일부가 서시베리아에 포함되는 경우에는 이를 연구 범위에 포함시키기로 한다. 시베리아 연방지구 및 극동연방지구에 소속된 개별 행정 주체를 분석 단위로 하여 논의를 전개하면서, 필요시 우랄 연방지구의 일부를 시베리아에 포함시켜 분석하는 것으로 한다.

시베리아 및 극동연방지구의 인구가 계속적으로 감소되면서,3) 연방 구성 주체를 통합하는 작업을 추진해 왔다. 시베리아 연방지구는 기존의 16개 행정주체로 구성되

---

1) 북카프카스 연방지구의 면적은 러시아연방 전체의 약1%에 불과하지만, 다게스탄 공화국, 인구세티야 공화국, 카바르다-발카리야 공화국, 카라체예보-체르케시야 공화국, 북오세티야 공화국, 스타브로폴 크라이, 체첸 공화국 등 7개 행정 주체들로 구성되어 있다.
2) 러시아는 시베리아 공간을 행정적으로 서시베리아와 동시베리아, 그리고 극동지역으로 구분하고 있다. 우랄 산맥부터 오비 강[Ob R., 러시아에서는 옵(Обь)강으로 명명]을 지나 예니세이 강(Yenisey R.)까지를 서시베리아라 부르며, 예니세이 강부터 레나 강(Lena R.) 사이를 동시베리아라 한다. 그리고 레나 강 동쪽부터 태평양에 이르는 영토와 쿠릴열도를 포함하여 극동지역이라 부르고 있다.
3) 2010년 1월 현재 시베리아 연방지구의 전체 인구는 1천9백56만 명이다. 지난 10년 동안 인구가 계속적으로 감소되어 왔다. 극동 연방지구의 전체 인구는 소련 해체 직전인 1990년에 비해 2008년에 1백55만8천명이 감소되었다. 2010년 1월 현재, 전체 인구는 6백44만 명에 불과하다.

어 있었지만, 경제 및 민족구성 변화 등의 이유로 인해 일부 주체가 통합되면서 현재는 12개로 구성되어 있다. 극동 연방지구 역시 기존 10개의 주체로 구성되어 있었으나, 일부 주체가 통합되면서 현재는 9개로 되어 있다. 본 글은 시베리아 및 극동 연방지구의 개별 주체를 연구 대상으로 하면서, 각각의 주체가 지닌 정치관계(정치 엘리트 등)와 자원구조 상황을 정리한다. 연구를 위한 시간적 범위는 푸틴에서 메드베제프, 그리고 또 다시 푸틴 정부로 이어지는 2000년 5월 ~ 2013년 전반기 현재까지로 한다.

## 2. 시베리아 연방지구 개황

### 1) 시베리아 연방지구 일반

시베리아 연방지구는 푸틴이 2000년 5월 당시, 러시아의 89개 연방 주체를 7개 광역권 연방지구로 묶는 과정에서 형성되었다. 시베리아 연방지구는 러시아의 동부지역(아시아 지역)에 위치한 16개 행정 주체를 하나의 광역권 행정 지역으로 묶은 것이다. 시베리아 연방지구의 행정 중심지는 지리적으로 시베리아 연방지구의 중심부에 위치해 있으면서 동일 연방지구에서 제3의 인구(2008년 1월 기준: 93만6천명)를 가진 크라스노야르스크(Красноярск)市로 정했다.

[지도 2] 시베리아 연방지구 구획도

제2기 푸틴 정부는 시베리아 지역의 인구가 감소되고, 재정 자립도가 빈약한 일부 주체를 통・폐합했다. 2007년 1월 1일부터 크라스노야르스크 크라이에 타이므르(돌가노-네네츠)自治區와 에벤키自治區가 흡수 통합되었다.4) 그리고 2008년 1월 1일부터 우스트-오르다 부랴트 자치구가 이르쿠츠크州로 통합되고,5) 2008년 3월 1일부로 아가-부랴트 자치구와 치타州가 통합되면서 자바이칼 크라이로 그 명칭이 수정되었다.6) 이들 주체들을 통합한 요인은 자치가 인정된 특정 지역의 원주민 거주 비율이 낮아진 이유와 함께, 지방 단위의 경제 수준이 낮아 지방자치가 무의미한 점, 그리고 이러한 제반 현상이 러시아연방을 구성하고 있는 연방 주체간의 평등 원리에 어긋남에 기인한다. 따라서 현재의 시베리아 연방지구는 12개의 자치 단체로 구성되어 있다.

[지도 3] 통합되어 새롭게 형성된 연방주체

시베리아 연방지구에는 다양한 수준의 행정 주체들이 존재한다. 공화국, 크라이, 그리고 州 등이 그들이다. 이들 중에서 공화국은 자신의 헌법을 가지며, 대통령이라 명명되는 행정 수장이 지방 행정을 담당한다. 이들 공화국의 중심지를 수도로 명명한

---

4) 2005년 10월 14일의 연방 법률 《크라스노야르스크 크라이, 타이미르(돌가노-네네츠)自治區와 에벤키自治區의 통합 결과에 따른 러시아연방의 새로운 주체 형성에 관하여》에 따라 2007년 1월 1일부터 《크라스노야르스크 크라이》가 형성되었다.
5) 2006년 12월 30일의 연방법률 《이르쿠츠크州와 우스트-오르다 부랴트 자치구의 통합 결과에 따른 러시아 연방의 새로운 주체 형성에 관하여》에 따라 2008년 1월 1일부터 《이르쿠츠크州》가 형성되었다.
6) 2007년 7월 21일의 헌법적 연방 법률에 따라 치타州와 아가-부랴트 자치구의 통합 결과, 2008년 3월 1일부터 자바이칼 크라이가 형성되었다.

다. 그리고 공화국 이외의 크라이 또는 주(州) 수준에서는 지방 행정을 규율하는 헌장이 존재하며, 주지사가 지방 행정을 관장한다. 이들 행정단위의 중심지를 주도(州都)로 명명한다. 그러나 시베리아 연방지구를 관장하는 대통령 전권대표가 현지로 파견되면서, 지방행정 수장[공화국의 대통령 및 주지사]들의 자치 행정에 제동을 걸고 있다.

<표 1> 시베리아 연방지구 행정 주체 일반

| 주체 명 | 면적 (천km²) | 인구(기준: 2010.1.1) | | 민족구성(2002년 10월 9일 통계, %) |
|---|---|---|---|---|
| | | 인구(천명) | 인구밀도 (명/km²) | |
| 전체 | 5145.0 | 19561.1 | 3.8 | |
| 알타이共和國 | 92.9 | 210.7 | 2.2 | 알타이족(30.6); 러시아 민족(57.4); 카자흐민족(6.0); 텔린기트족(1.2); 기타 민족(4.8) |
| 부랴트共和國 | 351.3 | 963.5 | 2.7 | 부랴트족(27.8); 러시아 민족(67.8); 기타 민족(4.4) |
| 티바共和國 | 168.6 | 317.0 | 1.8 | 투빈족(77.0); 투빈-토드진족(1.5); 러시아 민족(20.1); 기타 민족(2.9) |
| 하카시야共和國 | 61.6 | 539.2 | 8.7 | 하카스족(12.0); 러시아 민족(80.3); 기타 민족(7.7) |
| 알타이 크라이 | 168.0 | 2490.7 | 14.9 | 러시아 민족(92.0); 독일 민족(3.0); 기타 민족(5.0) |
| 자바이칼 크라이[7] | 431.9 | 1117.0 | - | - |
| 크라스노야르스크 크라이 | 2366.8 | 2893.9 | 1.2 | [舊크라스노야르스크 크라이의 경우] 러시아 민족(88.9); 우크라이나 민족(2.3); 기타 민족(8.8)[8] |
| 이르쿠츠크州 | 774.8 | 2502.7 | 3.2 | - |
| 케메로보州 | 95.7 | 2820.6 | 29.5 | 러시아 민족(91.9); 타타르족(1.8); 기타 민족(6.3) |

---

7) 통합되기 이전의 인구분포 조사(2002년 10월 9일)에 따르면, 치타州와 아가-부랴트 자치구의 영토 및 민족 구성은 다음과 같다.

| 주체 명 | 면적 (천km²) | 인구(2008.1.1기준) | | 민족구성(2002년 10월 9일 통계, %) |
|---|---|---|---|---|
| | | 인구(천명) | 인구밀도 (명/km²) | |
| 치타州 | 431.9 | 1119 | 2.6 | 러시아 민족(89.8); 부랴트족(6.1); 기타 민족(4.1) |
| 아가-부랴트 自治區 (치타州에 포함) | 19.6 | 76 | 3.9 | 부랴트족(62.5); 러시아 민족(35.1); 기타 민족(2.4) |

| 노보시비르스크州 | 177.8 | 2649.9 | 14.8 | 러시아 민족(93.0); 독일 민족(1.8); 기타 민족 (5.2) |
| 옴스크州 | 141.1 | 2012.1 | 14.3 | 러시아 민족(83.5); 카자흐 민족(3.9); 우크라이나 민족(3.7); 독일 민족(3.7); 기타 민족 (5.2) |
| 톰스크州 | 314.4 | 1043.8 | 3.3 | 러시아 민족(90.8); 타타르족(1.9); 기타 민족 (7.3) |

러시아내 다른 연방지구와 마찬가지로, 시베리아 연방지구의 인구 역시 감소되고 있다. 출산율 저하에 더해서, 모스크바 등 다른 지역으로 이주하는 현상이 발생하기 때문이다. 시베리아 연방지구의 전체 인구는 2천만 명이 넘지 않는다. 인구밀도는 3.9명/km²이다. 이들 인구 중에서 ⅔ 이상이 도시에 거주하고 있다. 도시 인구는 71.1%이고, 농촌인구는 28.9%이다. 도시에 거주하고 있는 인구들은 몇몇 대도시에 집중되어 있다. 노보시비르스크市[9]를 비롯하여, 옴스크(Омск)市와 크라스노야르스크(Красноярск)市에 다수의 인구가 거주하고 있다.

<표 2> 시베리아연방지구의 주요 대도시(기준: 2008년 1월)

| 도시 | 인구(천명) | 소속 주체 |
|---|---|---|
| 노보시비르스크(Новосибирск)市 | 1390.5 | 노보시비르스크州 |
| 옴스크(Омск)市 | 1131.1 | 옴스크州 |
| 크라스노야르스크(Красноярск)市 | 936.4 | 크라스노야르스크 크라이 |
| 바르나울(Барнаул)市 | 597.2 | 알타이 크라이 |
| 이르쿠츠크(Иркутск)市 | 575.8 | 이르쿠츠크州 |
| 노보쿠즈네츠크(Новокузнецк)市 | 562.2 | 케메로보州 |
| 케메로보(Кемерово)市 | 520.0 | 케메로보州 |

---

8) 통합되기 이전의 타이미르(돌가노-네네츠)自治區의 민족 구성은 돌간족(13.9%); 네네츠족(7.7); 러시아 민족(58.6); 우크라이나 민족(6.1); 기타 민족(13.7)으로 되어 있었다. 그리고 에벤키自治區의 경우에는 에벤키족(21.5); 러시아 민족(61.9); 야쿠트족(5.5); 케트족(1.2); 기타 민족(9.8) 등이다.
9) 노보시비르스크市는 모스크바와 상트-페테르부르크市 다음으로 인구가 많이 거주하는 러시아 제3의 도시이다.

## 2) 시베리아 연방지구의 정치엘리트

### (1) 대통령 전권대표

모스크바에 있는 중앙정부가 광활한 시베리아 공간을 효과적으로 통제하기 어렵다. 따라서 중앙정부의 대통령은 자신의 전권대표를 파견하면서 시베리아 지역을 관리하고 있다. 푸틴과 메드베제프를 거쳐 또 다시 대통령 직을 수행하고 있는 푸틴은 각각의 연방지구에 자신의 전권대표를 파견하면서 지방에 대한 중앙정부의 통치 효율성을 증대시키고 있다. 현재 톨로콘스키(В.А.Толоконский, 2010.9~)가 시베리아 연방지구를 대표하는 대통령 전권대표로 임명되어 활동하고 있다.

<표 3> 시베리아연방지구 대통령 전권대표

| 2000.5 ~ | 2004.9 ~ | 2010.9 ~ |
|---|---|---|
| 드라체프스키[Л.В.Драчевский] | 크바쉬닌[А.В.Квашнин] | 톨로콘스키[В.А.Толоконский] |

### (2) 개별 행정주체의 수장

중앙정부의 시베리아 지역 관리는 대통령 전권대표, 그리고 주지사들에 의해 구체화되기 시작했다. 2005년이 지나면서 지역 주민들에 의해 직접 선출된 지방행정 수장(주지사)들의 임기가 만료되기 시작했고, 이와 함께 새로운 지방행정 수장들이 중앙정부에 의해 임명되기 시작했다. 중앙정부에 의해 임명된 지방정부 수장은 다음과 같다.

<표 4> 임명된 개별주체 행정 수장

기준: 2009년 5월

| 연방 주체(12개) | 행정부 수장 | 임명 및 업무 시작 |
|---|---|---|
| 알타이 공화국 | 베르드니코프(А.В.Бердников) | 2006.1~ |
| 부랴티야 공화국 | 나고비친(В.В.Наговицын) | 2007.7~ |
| 티바공화국 | 카라-올(Ш.Кара-оол) | 2007.4~ |
| 하카시야 공화국 | 지민(В.М.Зимин) | 2009.1~ |
| 알타이 크라이 | 카를린(А.Б.Карлин) | 2005.8~ |
| 크라스노야르스크 크라이 | 홀로포닌(А.Г.Хлопонин) | 2007.6~ |
| 자바이칼 크라이 | 게니아툴린(Р.Ф.Гениатулин) | 2008.3~ |
| 이르쿠츠크주 | 소콜(С.М.Сокол, 권한대행) | 2009.5~ |

| | | |
|---|---|---|
| 케메로프주 | 툴레예프(A-г.М.Тулеев) | 2005.4~ |
| 노보시비르스크주 | 톨로콘스키(В.А.Толоконский) | 2007.7~ |
| 옴스크주 | 폴레자예프(Л.К.Полежаев) | 2007.5~ |
| 톰스크주 | 크레스(В.М.Кресс) | 2007.3~ |

상기 주지사들의 대부분은 푸틴 집권 2기가 마감(2008년 5월)되는 전후시기에 임명되었다. 그리고 나머지 일부는 메드베제프 정부 시절에 임명되었다. 크렘린의 정책을 지지하는 인물들로 지방정부 수장들이 충원된 것이다. 이들 지방정부 수장들의 대부분은 2012년 현재에도 유임되고 있다. 2012년 말 현재, 시베리아 연방지구를 구성하는 개별 구성 주체를 관리하고 있는 행정 및 입법부 수장은 아래와 같다.

<표 5> 푸틴 집권 3기의 행정 및 입법부 수장

기준: 2012년 12월

| 연방 주체 | 행정 및 입법부 수장 | |
|---|---|---|
| | 행정부(임기) | 입법부(의석수, 임기) |
| 알타이 공화국 | 베르드니코프(А.В.Бердников, 4년) | 벨레코프[И.И.Белеков(41명, 4년)] |
| 부랴티야 공화국 | 나고비친(В.В.Наговицын, 5년) | 코레네프[А.С.Коренев(66명, 5년)] |
| 티바공화국 | 카라-올(Ш.В.КАРА-ООЛ, 5년) | 다바아[К.Т.Даваа(32명, 4년)] |
| 하카시야 공화국 | 지민(В.М.Зимин, 5년) | 세레브렌니코프[Е.А.Серебренников(50명, 5년)] |
| 알타이 크라이 | 카를린(А.Б.Карлин, 5년) | 로오르[И.И.Лоор(68명, 5년)] |
| 크라스노야르스크 크라이 | 쿠즈네쵸프(Л.В.Кузнецов, 5년) | 우스[А.В.Усс(52명, 5년)] |
| 자바이칼 크라이 | 게니아툴린(Р.Ф.Гениатулин, 5년) | 지랴코프[С.М.Жиряков(50명, 5년)] |
| 이르쿠츠크주 | 예로셴코(С.В.Ерощенко, 5년) | 베르리나[Л.М.Берлина(50명, 5년)] |
| 케메로프주 | 툴레예프(А.Тулеев, 5년) | 사틸로프[Н.И.Шатилов(46명, 5년)] |
| 노보시비르스크주 | 유르첸코(В.А.Юрченко, 5년) | 모로스[И.Г.Мороз(76명, 5년)] |
| 옴스크주 | 나자로프(В.И.Назаров, 5년) | 바르나프스키[В.А.Варнавский(44명, 5년)] |
| 톰스크주 | 즈바치킨(С.А.Жвачкин, 5년) | 코즈로프스카야(О.В.Козловская, 42명, 5년)] |

3) 시베리아 연방지구의 자원 및 산업 일반

(1) 산업구조 및 자원 일반

시베리아 연방지구가 풍부한 지하 천연자원을 보유하고 있지만, 지난 냉전기에 개발되지 못했다. 이와 함께, 러시아연방에서 차지하는 정치 및 경제적 위치는 주변부

<표 6> 시베리아 연방지구 구성 주체의 핵심 산업

| 크라스노야르스크 지방 | 비철금속 |
|---|---|
| 이르쿠츠크 주 | 비철금속, 목재·제지 |
| 케메로보 주 | 연료산업, 철금속 |
| 노보시비르스크 주 | 기계설비, 식품가공업 |

에 머물러 있었다. 그러나 오늘의 시간에 가까워지면서 시베리아 공간의 가치가 증대되고 있으며, 지역 내 개별 주체들은 자신의 공간에 매장된 각종 자원에 기초해서 관련 산업을 육성하고 있다.

시베리아 연방지구에는 탄화수소 자원, 석탄, 우라늄, 유색 및 흑색 그리고 고가의 금속, 목재와 수력관련 자원이 풍부하다. 다양한 자원을 보유하고 있는 시베리아 연방지구의 핵심 경제 영역은 공업이다. 2000년 전반기의 지역 총생산은 러시아연방 전체의 11.4~12.4%를 차지하는 데 그쳤지만, 시베리아 및 극동지역 개발과 함께 지역 총생산이 꾸준히 증대되는 추세를 보인다. 시베리아 연방지구의 주요 산업은 비철관련 산업, 전력산업, 산림 및 목재가공업, 흑색금속 산업, 화학 및 석유화학 산업, 식료품 산업, 연료 산업, 건축자재 산업, 기계제작 산업, 그리고 경공업 등이다. 농축산업 영역에서는 축산, 곡물 생산, 야채 재배 등이다.

2010년 7월 5일 당시 푸틴 총리가 정부 령으로 발표한 «시베리아 사회-경제발전 전략 2020»[10])에 따르면, 중앙정부 차원에서 2020년까지 시베리아 연방지구를 다양한 형태로 개발하려는 의지를 엿볼 수 있도록 한다. 그럼에도 불구하고 2013년 현재에 이르기까지, 시베리아 지역의 경제는 지역에 매장된 다양한 자원에 기초되고 있다.

러시아 중앙정부는 경제관련 현상을 분석함에 있어 시베리아 공간을 동부와 서부로 나누어 설명하고 있다. 예니세이 강을 경계로 동·서 시베리아로 나누어진다. 서시베리아(예니세이강 서쪽부터 우랄산맥)에는 알타이 공화국, 알타이 지방, 케메로보州, 노보시비르스크州, 옴스크州, 톰스크州, 우랄 연방지구의 듀멘州(한타-만시스크 자치주 포함)등이 포함된다. 서시베리아 지역에는 300개 이상의 석유와 가스산지가 있으며, 러시아 전체 석유의 3/4과 가스의 9/10에 달하는 막대한 량을 생산하고 있다. 또

---

10) СТРАТЕГИЯ социально-экономического развития Сибири до 2020 года.

한, 서시베리아 지역에는 케메로보州의 북동쪽과 노보시비르스크州의 남부를 비롯한 기타 지역에 석탄이 풍부하다. 서시베리아의 대규모 이탄(泥炭) 산지에서는 전체 러시아 생산의 50% 이상을 차지한다. 그리고 톰스크와 듀멘州를 중심으로 산림 자원이 풍부하다.

동시베리아에는 부랴트, 티바, 하카시야 공화국과 크라스나야르스크 크라이, 이르쿠츠크州, 치타州 등의 행정 주체들이 포함된다. 동시베리아 지역은 석유 및 가스를 비롯하여, 석탄·전기(전력)·화학·산림공업이 왕성하게 이루어지고 있다. 특히, 동시베리아 지역에 수력자원·석탄·유색 및 희귀금속[구리·니켈·코발트·몰리브텐(수연)·티탄·금·백금]이 집중되어 있다. 목재 보유량은 러시아 전체에서 가장 높다. 그리고 티바 지역을 비롯한 동시베리아의 석탄 및 산림자원은 러시아 전체 생산의 1/2 이상을 차지할 정도이며, 수력자원·철광석·구리·니켈의 생산이 강하게 나타나고 있다. 동시베리아 남부의 양사육과 북부의 순록사육은 전통적인 산업이다. 그러나 동시베리아 지역의 산업구조에서 경공업과 식품공업이 발달되지 못한 상태이기 때문에, 식료품 공급은 타지역에 의존되고 있다.

(2) 주요 자원의 지역별 분포 및 생산 현황

시베리아 연방지구에는 다양한 광물자원을 비롯하여, 에너지자원, 산림자원, 수산자원이 풍부하며, 농업 생산을 위한 기초적인 인프라가 구축되어 있다. 이들 자원의 분포 상황 및 생산 현황을 정리하기로 한다.

첫째, 광물자원이다. 시베리아에는 금·철·다이아몬드 등을 비롯한 다양한 자원이 매장되어 있다. 이들 자원은 러시아 경제에 상당한 기여를 하고 있다. 시베리아 지역에 매장된 주요 광물자원들 중에서 백금과 납을 비롯한 일부 자원은 러시아 전체에서 차지하는 비율이 80%를 넘는다. 시베리아 연방지구의 12개 주체에 매장된 광물자원을 러시아 전체 매장량 대비 그 정도를 조사하면 아래와 같다.

<표 7> 시베리아 지역의 유용광물자원(러시아 전체 대비 %)

| 광물자원 | 러시아 전체 대비 % | 광물자원 | 러시아 전체 대비 % |
|---|---|---|---|
| 백금관련 금속 | 99 | 구리 | 70 |
| 니켈 | 68 | 납 | 86 |

| 아연 | 77 | 몰리브덴 | 82 |
|---|---|---|---|
| 금 | 41 | 은 | 44 |

푸틴 총리가 2010년 7월 5일 발표한 정부 령 «СТРАТЕГИЯ социально-экономического развития Сибири до 2020 года»와 http://www.sibfo.ru/passport/sfo.php(검색일: 2013년 2월 18일) 내용을 중심으로 정리.

    철광석의 경우, 노보시비르스크에서 동쪽으로 약150㎞ 지점에 있는 쿠즈바스(Kuzbass)에서 다량이 생산되고 있다. 이 지역의 Novokuzenetsk와 Komsomolsk에는 두개의 대규모 복합 제철소가 위치해 있다. 이들 제철소는 우랄 및 시베리아 지역, 그리고 카자흐스탄으로부터 철광석을 공급 받아 제품을 생산해 왔다. 그 외 서시베리아의 노보쿠즈네츠크와 노보시비르스크에, 그리고 동시베리아의 크라스노야르스크 등지에 제철소가 있다. 동시베리아의 대표적인 철산지는 이르쿠츠크州의 안가르스크(Angarsk),[11] 케메로보州의 쿠즈네츠크, 알타이, 하카시야 등이다. 크라스노야르스크 지방에는 이외에도 많은 철광 산지가 있다. 그 중에서 아바칸市로부터 서쪽에 위치해 있는 아바칸(Abakan) 산지가 손꼽힌다.

    알루미늄 산업은 동·서시베리아의 남부지역에 집중되어 있다. 가장 오래된 생산 시설은 노보쿠즈네츠크에 위치해 있으며, 이곳에는 1940년대에 세워진 알루미늄 용광로와 보오크사이트를 사용하는 알루미늄 정련소가 있다. 노보쿠즈네츠 알루미늄 공장은 우랄지역으로부터 인조산화알루미늄을 공급받아 다량의 알루미늄을 생산한다. 그리고 금 채굴작업은 주로 오지에서 행해지고 있다. 크라스노야르스크 크라이의 노릴스크(Norilsk)[12]는 백금속류 생산의 75%를 차지하고, 니켈 생산의 65%를 차지하는 생산 중심지이다.

<표 8> 시베리아 지역의 주요 광물자원 분포

| 광물자원 | 주체 |
|---|---|
| 철광석 | 이르쿠츠크州, 크라스노야르스크 지방, 하카시아 공화국, 치타州 |
| 구리 | 케메로보州, 알타이 지방, 톰스크州 |

---

11) 안가르스크(Ангáрск)는 시베리아 남동부에 있는 도시이다. 모스크바로부터 약4000㎞, 주도인 이르쿠츠크까지는 40㎞ 지점에 있다. 안가르 강이 흐르고 있다. 근교에 대규모 유전이 있고, 석유화학 콤비나트(combinat)가 건설되었고, 원자력 발전소도 있다.
12) 노릴스크(Норильск)는 크라스노야르스크 크라이의 도시이다. 중앙시베리아 고원의 북서부, 타이미르 반도의 남쪽에 위치하고 예니세이 강에서 동쪽으로 90㎞ 지점에 위치해 있다. 노릴스크에는 니켈 광산이 있는 것 외에도, 동이나 코발트 등 여러 종류의 금속을 생산된다.

| 니켈 | 노릴스크 지역 |
|---|---|
| 아연 | 치타州, 크라스노야르스크 지방, 하카시아 공화국 |
| 망간 | 케메로보州 |
| 우라늄 | 이르쿠츠크州 |
| 주석 | 치타州 |
| 텅스텐, 몰리브덴 | 치타州, 부랴트 공화국, 크라스노야르스크 지방 |

둘째, 에너지 자원이다. 시베리아 지역에는 석탄을 비롯하여, 원유 및 천연가스가 풍부하게 매장되어 있다. 시베리아 지역의 원유와 가스는 러시아 경제를 견인하는 원동력이다. 시베리아 지역의 에너지 자원은 서쪽으로 이웃하고 있는 우랄 연방지구와 불가분의 관계를 맺고 있다. 시베리아 북부지역(북극해 연안)에도 풍부한 에너지 자원이 매장되어 있다.

원유 생산지는 튜멘州13)와 톰스크州, 그리고 볼가 및 우랄지역에 다수가 분포되어 있다. 튜멘州의 원유 생산량이 가장 앞서 있다. 원유가 생사되는 주요 지역은 튜멘州(야말-네네츠 자치주, 한티-만시 자치주 포함), 톰스크州, 노보시비르스크州, 이르쿠츠크州, 크라스나야르스크 지방

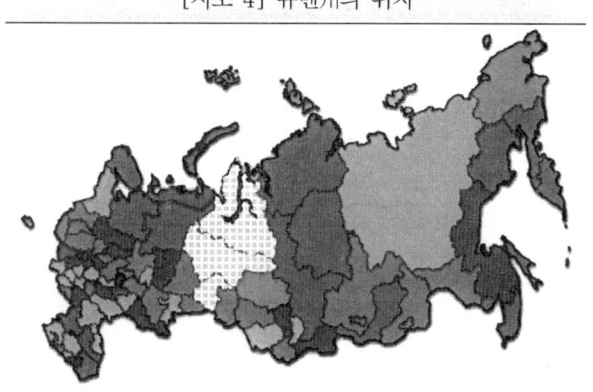

[지도 4] 튜멘州의 위치

http://www.admtyumen.ru/

내 에벤키 자치구 등이다. 특히, 야말-네네츠와 한티-만시 자치주에서 다량이 생산되고 있다.14) 천연가스는 야말-네네츠 자치구를 포함하는 튜멘州에 상당 수 매장되어 있으며, 주요 가스전으로 우렌고이(Urengoy), 얌부르그(Yamburg), 메드베지예(Medvezhye), 자폴리야르노예(Zapolyarnoye), 보바넨코(Bovanenko), 하라사베이(Kharasavey) 등이 손꼽힌다.

시베리아의 가스전 개발 사업이 활발히 추진되고 있다. 천연가스가 생산되는 주요

---

13) 튜멘州는 우랄연방지구에 포함되어 있지만, 동일州가 분포된 지리적 위치 및 러시아 경제구역에서 시베리아연방지구와 밀접하게 연결되어 있다.
14) 한티-만시 자치구와 야말-네네츠 자치구가 튜멘州에 속해 있다.

행정 주체는 튜멘州(야말-네네츠 자치주, 한티-만시 자치주 포함), 톰스크州, 크라스나야르스크 크라이, 이르쿠츠크州, 옴스크州 등이다. 특히, 야쿠츠크 인근의 빌류시 가스전과 튜멘 가스전이 대표적으로 지적된다. 동시베리아의 이르쿠츠크市 북방 450㎞에 위치한 코빅틴스크(Kovyktinsk)[15] 가스전에는 천연가스와 응축가스(gas condensate)가 다량으로 매장되어 있다. 러시아는 이르쿠츠크州의 앙가르스크 유전과 코빅틴스크 가스전 개발 프로젝트를 적극적으로 추진해 왔다. 이르쿠츠크 프로젝트는 코빅틴스크 가스전을 개발하여 배관을 통해 중국을 비롯하여 아태지역 국가에 천연가스를 공급한다는 계획이다. 앙가르스크-나홋카 송유관 계획은 2008년부터 매년 5천만 배럴의 원유를 수송하도록 계획되었는데, 부랴트 공화국-이르쿠츠크州-치타州-아무르州-하바롭스크-연해주 등을 가로지르는 길이 약 3,765㎞의 송유관 건설 계획이다.

<표 9> 시베리아 지역 주요 유전/가스전

| 광구/가스전 | 위치 | 기타 |
|---|---|---|
| 튜멘 가스전 | 서시베리아 | |
| 칼리친스크, 우렌스크 광구 | 튜멘주의 남부경계지역 | 우랄지구의 한티-만시 자치구와 옴스크주의 경계지역 |
| 코빅틴스크(Kovyktinsk)가스전 | 이르쿠츠크시 북방 450㎞ | |
| 앙가르스크 유전 | 바이칼 호 인근<br>동부 시베리아 | |
| 반코르스크 광구 | 크라스나야르스크 지역 | |
| 자폴랴르 광구 | 야말-네네츠 자치구의 타좁스크 지역 | 우랄지구에 있는 야말-네네츠 자치구는 튜멘州에 소속 |

석탄은 러시아 전역에 매장되어 있지만, 시베리아 지역에 있는 큰 매장지는 칸스크-아친스크(Kansk-Achinsk) 탄전[16], 퉁구스카(Tunguska) 탄전[17], 쿠즈네츠크(Kuznetsk) 탄전[18], 이르쿠츠크 탄전[19], 그리고 미누신스크(Minusinsk) 탄전[20] 등이다.[21] 러시아 남중부 케메로보州에 있는 쿠즈네츠크 석탄분지(Kuznetsk Coal

---

15) 국내에서는 코빅틴스크(Kovyitinsk) 또는 코빅타(Kovykta)로 번역하여 사용하고 있다.
16) 동시베리아의 크라스노야르스크 지방을 지나는 시베리아횡단철도 근처에 있으며 탄질은 주로 갈탄이다.
17) 크라스노야르스크 지방의 중·북부지역에 위치해 있으며, 크라스노야르크 크라이, 사하공화국, 이르쿠츠크州에 걸쳐 있다. 무연탄, 역청탄, 갈탄 등이 주로 생산된다.
18) 서시베리아의 케메로보州에 자리하고 있으며, 코크스탄의 매장이 많은 곳으로 유명하다.
19) 이르쿠츠크州내 시베리아횡단철도를 따라 폭 넓게 위치해 있으며, 주요 탄광으로는 체렘호보광이 있다.
20) 하카시야 공화국의 아친스크 동남쪽 460㎞에 위치해 있으며, 주로 무연탄 및 역청탄으로 구성되어 있다.

Basin)22)가 유명하다.23) 러시아의 최대 석탄 산지인 쿠즈바스(Kuzbass) 탄전은 쿠즈네츠크 알라타우와 살라이르 산맥지대 사이에 있는 톰 강 분지에 자리 잡고 있다. 쿠즈바스의 Leninsk-Kuznetskiy 단지는 수십 개의 탄광을 가진 세계 최대의 석탄산지 중 하나이다. 쿠즈바스 지역의 주요 석탄 산지로는 Leninsk-Kuznetskiy를 비롯하여, Kemerovskiy, Belovskiy 등이 있다. 쿠즈바스 석탄 생산량은 2006년부터 2008년까지 꾸준히 증가했으며, 비공식 통계에 의하면 극심한 경기 침체를 겪은 2009년에도 연간 생산량이 약 1억 8천만 톤에 달해 2008년 생산량에 육박한 것으로 알려졌다.24) 그리고 러시아 정부는 2010년까지 쿠즈네츠크 탄전에서 최대 12억7,800만 톤의 석탄 채굴을 목표로 개발 정책을 추진했다.

시베리아 지역이 풍부한 에너지 자원을 가지고 있음에도 불구하고, 전력수급에 엄청난 불균형을 낳고 있다. 특히, 치타州의 전력부족 현상은 구소련시대부터 매우 심각한 상태였다. 국가의 총 수력발전(HEP) 잠재력의 25% 이상이 앙가라-예니세이 강 지역에 집중되어 있다. 연간 가능한 전력 총생산량은 3천억 kW이다. 시베리아에서 가장 큰 수력발전소는 예니세이 강의 Sayanogorsk에 있는 Sayan-Shushenskoye 댐에 있다. 앙가라-예니세이 강 수자원의 광대함에도 불구하고 시베리아의 전력 생산량은 크게 못 미치는 수준이다. 수력자원이 풍부함에도 불구하고 개발이 이루어지지 않은 것은 투자자금 부족에 기인한다. 발전소 건설에 따르는 지리적 악조건이 투자비용을 증대시키는 주요 요인이 되기도 한다.

셋째, 산림자원이다. 시베리아 연방지구에 풍부한 산림자원이 있다. 산림자원 전체 면적은 3억7천2백만 헥타르에 달한다. 이들 중에서 침엽수 산림이 차지하는 면적은 1억 9천만 헥타르에 이른다. 시베리아의 산림은 침엽수가 대부분이며, 동쪽으로 갈수록 낙엽송이 많다. 서시베리아 지역의 60%가 산림이며, 소나무와 자작나무가 가장 일반적이다. 동시베리아는 전체 지역의 70%가 산림이다. 목재의 85%는 자작나무이다. 시베리아의 목재산업은 공업용 및 제재목의 벌채와 생산에 치중되어 있다. 펄프나 종이 그 밖의 중요한 부가가치 생산품은 동시베리아의 남부지역에서 생산된다. 시베리아 지역에서 목재 생산량이 많은 지역은 튜멘州, 이르쿠츠크州이다. 서시베리아 지

---

21) http://nongae.gnu.ac.kr/~whcho/geography/Geo_Rus_Resources.htm(검색일: 2013년 7월 1일).
22) 쿠즈바스(Kuzbass)라고도 한다. 쿠즈바스 탄전(Kuzbas Coal Basin)에서 대규모로 석탄이 생산되어 제철 및 화학기업 등에 공급되고 있다. 쿠즈네츠크 탄전을 줄여서 쿠즈바스 탄전(Kuzbas Coal Basin)이라고 부른다.
23) 쿠즈바스(Kuzbass)는 시베리아 최대도시인 노보시비르스크에서 동쪽으로 약150킬로미터 지점에 위치해 있다.
24) http://www.globalwindow.org/(검색일: 2010년 3월 21일).

역에서 생산된 목재는 주로 러시아의 유럽지역으로 공급된다. 동시베리아 지역에는 이르쿠츠크의 브라츠크-우스트-일림스크에 대규모 산림 가공단지가 있다. 산림자원은 정부의 지원 부족으로 효율적인 관리가 이루어지지 못하고 있다. 벌채 된 산림자원의 51%만이 소비자에게 공급되며, 목재 부스러기 중의 8%만이 활용된다. 산림을 관리하고 있는 기관들의 관리 미흡으로 무분별하게 벌목되어지고 있다. 또한 투자가 제대로 이루어지지 않기 때문에 많은 산림자원이 개발되지 않고 방치되고 있는 실정이다.

넷째, 농업·모피업이다. 시베리아 산업은 전통적으로 농업·임업·모피업에 바탕을 두어 왔다. 서시베리아의 남부지역은 한때 곡물의 주요 수출지였다. 그러나 오늘날 시베리아의 농업은 지역 내 식량의 1/4만 제공하고 있을 뿐이다. 지난 20세기까지 모피 생산은 러시아 경제에 중요한 역할을 담당해 왔다. 1979년 당시 97개 국영 모피 농장 가운데 80개가 시베리아에 위치해 있었으며, 총122개의 협동농장 가운데 97개가 역시 시베리아에 있었다. 가죽으로 이용되고 있는 동물은 다람쥐·여우·토끼·담비·밍크·족제비 등이다. 바이칼호 주변 지역은 값비싼 모피동물의 서식처이다. 모피 경매는 상트-페테르부르크에서 주로 이루어진다. 모피 산업에 대한 중앙정부의 제정 지원은 매우 빈약한 상태이다. 최근 들어 모피 수출이 다소 어려운 상황이지만, 모피는 바터 거래에 많이 활용되고 있는 제품이기도 하다.

### 4) 노보시비르스크州와 이르쿠츠크州의 자원구조

노보시비르스크州에는 원유·천연가스·금·석탄·보크사이트 등 약 83종의 자원이 채굴되고 있다. 원유·가스의 경우 확인된 매장량이 약 4000만 톤이며, 추정량은 약 1억1300만 톤에 이른다. 석탄은 州동부의 3개 지역에 주로 분포해 있는데, 고품질 무연탄의 매장량은 약 80억 톤에 달하며, 의약품 및 화학산업 분야에서 상당량 이용되고 있는 토탄(土炭)의 매장량은 약 10억 톤에 달한다. 비철금속의 경우, 티타늄 170만 톤, 지르콘 720만 톤이 매장된 것으로 확인되었다. 그리고 보크사이트는 수량은 정확히 파악되지 않았다. 금도 매장되어 있다. 사광(砂鑛)의 경우 24개 지역에 분포돼 있고, 공업용 금은 약 17톤이 매장돼 있는 것으로 파악되었다. 건축 자재로 많이 사용되는 대리석의 경우 4개 지역에 매장돼 있는 것이 확인됐으며, 매장량은 약 850만 톤에 달한다. 이 중 2개 지역의 대리석은 품질이 좋아 건축 실내 장식용으로 수요가 높은 것으로 나타났다. 기타 석회석 등 시멘트 원료의 경우 약 1억3800만 톤이 매장되어 있으며, 이외에도 모래·점토 등도 풍부하다. 이 지역은 또한 침엽수림 97만7300ha를 포함해 전체 약 449만ha에 이르는 풍부한 삼림자원을 보유하고 있다. 제재용 원목의 수량은 약 2억7880만㎥에 달한다. 그리고 수자원의 경우, 음용 및 치료용으로 활용 가능한 온천수 및 미네랄 워터가 풍부하다. 매일 약 9500개 지역에서 50만㎥에 달하는 지하수를 확보하고 있다.25)

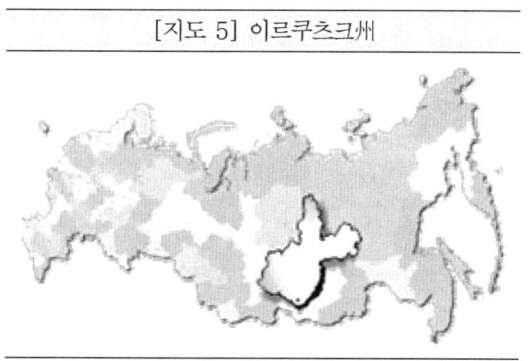

[지도 5] 이르쿠츠크州

이르쿠츠크州는 동시베리아의 남부지역에 위치해 있다. 이르쿠츠크주의 기후 조건은 1년에 160~180일 동안 영하로 내려간다. 1월에는 -17℃에서 -33℃까지 내려가며, 7월에는 +17℃에서 +33℃까지 올라간다. 2011년 1월 1일 당시 이르쿠츠크州 전체 연구는 2427.9천 명이었다. 이들 인구 중 약79%가 도시에 거주하고 있다. 중심지는 이르쿠츠크市이며, 2011년 1월 1일 당시의 인구는 589.3천명이다. 이르쿠츠크市에서 모스크바까지의 거리는 5,042km이다. 이르쿠츠크주는 발전된 교통인프라 구조를 가지고 있다. 이르쿠츠크주의 주요 교통로는 시베리아를 관통하고 있는 철도망이며, 자동차 도로 망 역시 비교적 잘 구축되어 있다.26)

이르쿠츠크州는 러시아연방의 동부지역에 있는 주체들 가운데 가장 발전된 경제지역 중에서 하나이다. 이르쿠츠크州의 주요 산업은 전력산업, 석탄 채굴업, 비철/철 금속가공업, 화학공업, 석유화학(정유)공업(질소비료, 플라스틱, 합성수지), 기계제작, 목재가공업, 건축 관련업 등이다. 그리고 농업은 곡물 및 사료용 곡물재배, 축산업, 양 사육, 양금, 사슴 사육, 모피업, 모피동물 사육 등이 주종을 이루고 있다. 이르쿠츠크州 영토에는 다양한 자원, 다량의 연료 에너지, 광물-원료, 산림 및 수자원 등이 있으며, 이러한 자원이 이르쿠츠크州의 경제 발전에 중요한 역할을 담당하고 있다.

이르쿠츠크州의 주요 광물자원은 탄화수소 원료, 금, 운모, 철, 갈탄 및 석탄, 식탁염 등이다. 산림(목재)자원의 비축량은 러시아 전체의 11%에 달한다. 수자원 및 삼림자원뿐만 아니라, 광물자원 역시 풍부하다. 동일 지역에서 매년 약 11톤의 금이 채

---

25) http://www.globalwindow.org/(검색일 2010년 3월 21일).
26) http://www.altai-republic.ru/(검색일: 2010년 9월 27일).

취되기도 한다. 이르쿠츠크州 영토에는 11개의 석유 및 가스산지가 발견되어 이미 탐사 작업이 시작되었다. 석유-천연가스 증기응축에 의한 생성물 산지, 가스 증기 응축에 의한 생성물 산지 등에 대한 개발 작업도 준비되고 있다. 석유의 평균 보유량은 2억6천만 톤이며, 천연가스는 1조 1197억 ㎥인 것으로 알려지고 있다.

5) 시베리아 경제공간의 구획과 국제화

경제학적 관점에서 시베리아 공간은 우랄 연방지구의 일부를 포함한다. 이러한 공간 구획은 예니세이 강을 경계로 동·서 시베리아로 나누면서 시작된다. 서시베리아 지역에는 알타이 공화국, 알타이 크라이, 케메로보州, 노보시비르스크州, 옴스크州, 톰스크州, 그리고 우랄연방지구의 듀멘州(한타-만시스크 자치주 포함)등이 포함된다. 그리고 동시베리아에는 부랴트, 티바, 하카시야 공화국과 크라스나야르스크 크라이, 이르쿠츠크州, 치타州 등의 행정 주체들이 포함된다. 동·서 시베리아를 합한 공간은 옐친 시기에 시베리아 공간의 행정 및 입법부 수장들이 지역 공간의 자치권을 요구하면서 결성한 《시베리아 합의》(Сибирское соглашение) 공간과 거의 일치한다.27) 2000년에 푸틴의 등장과 함께 《시베리아 합의》의 자치권 요구가 상당부분 위축된 것은 사실이지만, 2013년 현재에도 그 조직의 활동은 계속되고 있다.

우랄 연방지구의 일부를 포함하는 서시베리아 지역에는 석유와 가스 산지가 많으며, 케메로보州의 북동쪽과 노보시비르스크州의 남부를 비롯한 기타 지역에 석탄이 풍부하다. 서시베리아의 대규모 이탄(泥炭) 산지는 전체 러시아 생산의 50% 이상을 차지한다. 그리고 톰스크州28)와 듀멘州를 중심으로 산림자원이 풍부하다. 동시베리아 지역은 석유 및 가스를 비롯하여, 석탄·전기(전력)·화학 및 산림산업이 왕성하게 이루어지고 있다. 동시베리아 지역에 수력자원·석탄·유색 및 희귀금속(구리·니켈·코발트·몰리브덴(수연)·티탄·금·백금)이 집중되어 있다. 그리고 목재 보유량은 러시아 전체에서 가장 높다. 티바 지역을 비롯한 동시베리아의 석탄 및 산림자원은 러

---

27) 《시베리아 합의》에 대한 자세한 내용은 "제4절 시베리아 지역의 지방자치를 위한 선택: 《시베리아 합의》를 중심으로" 참조.
28) 톰스크州는 서시베리아의 남동부에 위치하고 있다. 튜멘州, 노보시비르스크州, 옴스크州, 케메로프州, 한티-만시 자치구, 크라스노야르스크 크라이 등과 경계를 이루고 있다. 톰스크州의 전체 영토는 314.4천㎢이며, 행정 중심지는 톰스크市이다. 모스크바와의 거리는 3500km이며, 시차는 +3시간이다. 비행시간이 4시간에 달하고, 열차로는 2.5일(60시간)이 소요된다. 톰스크州의 7월 평균기온은 +18℃이고, 1월의 평균기온은 -19.2℃이다.

시아 전체 생산의 1/2 이상을 차지하고 있으며, 수력자원·철광석·구리·니켈의 생산이 왕성하다. 동시베리아 남부의 양 사육과 북부의 순록 사육은 전통적인 산업이다.

시베리아 연방지구의 각종자원이 동일 지역의 국제화에 상당한 영향을 미치고 있다. 몽골을 비롯한 유럽의 많은 국가들로 하여금 동일지역으로의 관심을 유도하고 있다. 이러한 이유로 인해 동일 영토에 7개 국가의 대표부가 설치되어 있다. 이들 대표부들은 시베리아 현지 상황에 대한 정보 수집뿐만 아니라, 동일 지역으로 자국의 경제적 영향력 확장을 위한 다양한 방법을 모색하여 본국으로 전달하는 그러한 역할을 담당하고 있다.

<표 10> 시베리아에 있는 외국 대표부

| 국가 | 대표부 성격 | 대표부가 설치된 지역 |
|---|---|---|
| 독일 | 총영사관 | 노보시비르스크市 |
| 몽골 | 총영사관 | 이르쿠츠크市<br>키질市(티바 공화국)<br>울란-우데市(부랴트 공화국) |
| 폴란드 | 총영사관 | 이르쿠츠크市 |
| 이스라엘 | 이스라엘 문화-정보 센터 | 노보시비르스크市 |
| 이탈리아 | 이탈리아 대사관 무역교류 발전부 분소 | 노보시비르스크市 |
| 벨라루시 | 벨라루시 대사관 분소 | 노보시비르스크市 |
| 불가리아 | 총영사관 | 노보시비르스크市 |

시베리아 연방지구는 자신이 보유한 풍부한 지하 천연자원을 예외로 하더라도, 경제 공간을 확장시킬 수 있는 유리한 지리환경을 보유하고 있다. 시베리아 연방지구는 남쪽으로 카자흐스탄 및 몽골과 국경을 접한다. 이러한 지리환경에 기초되면, 시베리아 공간은 카자흐스탄을 통해 중앙아시아 시장으로 진출할 수 있도록 한다. 뿐만 아니라, 몽골 시장으로도 진출할 수 있는 유리한 경제지리 환경을 갖고 있다. 결국, 시베리아 공간에 대한 관심은 동일 지역에 있는 자원개발에의 참여뿐만 아니라, 동일 지역을 거점으로 중앙아시아 및 몽골, 그리고 중국으로의 시장 확장을 준비하는 데 유용한 지리환경에 있다.

## 3. 극동 연방지구 개황

### 1) 극동 연방지구 일반

러시아의 극동아시아에 위치해 있는 극동 연방지구는 러시아의 연방지구들 중에서 가장 넓은 영토(면적: 6,169.3천 ㎢)를 가지고 있다. 극동 연방지구는 세계 육지 면적의 20분의 1을 차지한다. 극동 연방지구는 푸틴이 2000년 5월 러시아의 89개 연방주체를 7개 연방지구로 묶을 당시에 결성된 것으로 10개의 행정 주체로 구성되어 있었다. 행정 중심지는 하바롭스크市 이다.

[지도 6] 극동 연방지구 구획도

1: 사하(아쿠티아) 공화국  2: 연해주 지방  3: 하바롭스크 지방  4: 아무르 주  5: 캄차트카 주
6: 코라크 민족 자치구  7: 마가단 주  8: 사할린 주  9: 축치 민족 자치구  10: 유대민족 자치주

러시아의 극동지역은 두만강을 사이로 북한과 19㎞에 걸쳐 국경을 맞대고 있다. 극동지역은 북한과 국경을 맞대고 있는 두만강 근처의 포시에트(Posyet)만에서부터 미국의 알래스카 해양 국경선 사이까지의 광활한 지역에 걸쳐 있다. 극동지역의 남부에서 북부까지, 북한의 국경선부터 베링 해까지 4,500㎞나 된다. 극동지역의 북쪽은

• • • • • • • • • •

북극양의 랍테프 해·동시베리아 해·추코트 해, 동쪽은 태평양의 베링 해·오호츠크 해·동해와 경계를 이루고 있다.29)

극동 연방지구는 기존 10개의 행정주체로 구성되어 있었지만, 인구감소(2010년 1월 기준, 6440.4천명) 등의 원인으로 인해 행정 주체를 통합해 왔다. 기존의 캄차트카州와 코랴크自治區가 통합되어 2007년 7월 1일부터 캄차트카 크라이로 명칭이 변경되었다. 따라서 현재 극동 연방지구의 행정 주체는 9개이며, 1개의 공화국과 3개의 크라이, 4개의 주, 그리고 1개의 자치구로 구성되어 있다. 극동 연방지구에 소속된 9개 행정 주체의 인구 및 민족구성 등은 아래와 같다.

<표 11> 극동 연방지구 개별주체의 인구 및 민족구성

| 주체 | | 면적 (천㎢) | 인구 (기준: 2010.1.1) | | 민족구성(2002.10.9일 통계, %) |
|---|---|---|---|---|---|
| 이름 | 중심지 | | 인구수 (천명) | 인구밀도 (명/㎢) | |
| 사하共和國 | 야쿠츠크 | 3083.5 | 949.3 | 0.3 | 야쿠트족(45.5); 러시아 민족(41.2); 우크라이나 민족(3.6); 에벤크족(1.9); 에벤족(1.2); 기타 민족(6.6) |
| 하바롭스크 크라이 | 하바롭스크 | 787.6 | 1400.5 | 1.8 | 러시아 민족(89.8); 우크라이나 민족(3.4); 기타 민족(6.8) |
| 연해 크라이 | 블라디보스톡 | 164.7 | 1982.0 | 12.1 | 러시아 민족(89.9); 우크라이나 민족(4.5); 기타 민족(5.6) |
| 캄차트카 크라이 | 페트로파블로프스크-캄차트카 | 464.3 | 342.3 | 0.7 | [舊캄차트카州의 경우]러시아 민족(80.9); 우크라이나 민족(5.8); 코랴족(2.0); 기타 민족(11.3)30) |
| 아무르州 | 블라고베셴스크 | 361.9 | 860.7 | 2.4 | 러시아 민족(92.0); 우크라이나 민족(3.5); 기타 민족(4.5) |
| 마가단州 | 마가단 | 462.5 | 161.2 | 0.4 | 러시아 민족(80.2); 우크라이나 민족(9.9); 에벤족(1.4); 기타 민족(8.5) |
| 사할린州 | 유즈노-사할린스크 | 87.1 | 510.8 | 6.0 | 러시아 민족(84.3); 고려인(5.4); 우크라이나 민족(4.0); 기타 민족(6.3) |
| 유태인自治州 | 비로비잔 | 36.3 | 185.0 | 5.1 | 유태인(1.2); 러시아 민족(89.9); 우크라이나 민족(4.4); 기타 민족(4.5) |

---

29) 한종만 외, 『러시아 우랄·시베리아·극동지역의 이해』 (대전: 배재대학교 출판부, 2008), p. 12 재인용.
30) 통합 이전의 코랴크自治區는 코랴족(26.7), 러시아민족(50.6), 축치족(5.6), 기타 소수민족으로 구성되었다.

| 츄코트카自治區 | 아나디르 | 721.5 | 48.6 | 0.1 | 축치족(23.5); 러시아 민족(51.9); 우크라이나 민족(9.2); 에스키모인(2.9); 에벤족(2.6); 추반족(1.8), 기타 민족(8.1) |
|---|---|---|---|---|---|
| 전체 | 하바롭스크 | 6169.3 | 6440.4 | 1.1 | |

2) 극동 연방지구의 정치엘리트

극동 연방지구의 9개 주체들은 각기 자신의 정치적 지위에 맞는 상징물을 가지고 있다. 각각의 주체들은 문장(紋章)과 기(旗)[공화국은 국기(國旗), 주(州)단위는 주기(州旗)]를 가지고 있다. 그리고 공화국은 수도를, 개별 주(州)는 주도(州都)를 가지고 있다. 그리고 공화국은 헌법을 가지고 있으며, 최고 행정 책임자를 대통령으로 명명한다. 기타 행정 주체들은 헌장을 가지고 있으며, 지역을 관장하는 최고 통치권자를 주지사로 명명한다. 이들 9개 주체들은 헌법과 헌장에 기초해서 지방자치를 실시하고 있다.

(1) 대통령 전권대표

극동 연방지구의 9개 행정주체를 총괄 관리할 수 있는 대통령 전권대표가 파견되고 있다. 대통령 전권대표는 대통령 직속으로 동일 연방지구에 소속되어 있는 9개 주체를 직접 관리하는 연방정부 최고위급 인물이다. 러시아 중앙정부의 극동지역 개발정책과 맞물려, 극동 연방지구의 대통령 전권대표에게 막중한 업무가 주어져 있다. 대통령 전권대표의 업무 추진 과정에서 중앙 정부의 정책 의지를 제대로 실행하지 못할 경우, 대통령이 자신의 전권대표를 해임하기도 한다.

2007년 9월 이스하코프(К.Ш.Исхаков) 극동 연방지구 대통령 전권대표가 해임되고, 올레그 사포노프(Олег Сафонов)가 신임 극동 연방지구 대통령 전권대표에 임명되었다.[31] 이스하코프는 러시아연방 지역개발부 차관에 임명되었다. 그 동안 극동연방지구 대표로서 극동지역 정세에 정통한 이스하코프가 극동개발 주요 부서인 지역개발부의 극동개발전담 차관에 임명된 사실은 연방정부의 극동개발에 대한 관심과 의지

---

[31] 사포노프(О.Сафонов)는 현 연방보안국(FSB)의 전신인 국가안보위원회(KGB)에서 일하다가 90년대 초 상트페테르부르크 시청에서 근무하면서 블라디미르 푸틴과 인연을 맺은 것으로 알려졌다. 이후 남부 연방지구 대통령 전권대표를 지내고, 2007년 10월 내무부 차관으로 재직하던 중 극동 연방지구 대통령 전권대표로 자리를 옮겼다.

를 엿볼 수 있도록 한다. 이러한 사실은 2007년 10월 사포노프(Сафонов) 전권대표와 푸틴 대통령과의 면담 시, 2012년 APEC 정상회의 준비를 위한 극동개발 프로젝트 추진 계획과 경제범죄/부패 근절 필요성에 대해 의견을 교환한 것으로도 알 수 있다.

<표 12> 극동 연방지구의 대통령 전권대표

| 이름 | 재임기간 | 주요 경력 | 비고 |
|---|---|---|---|
| 풀리코프스키 [К.Б.Пуликовский] | 2000.5~2005.11 | 서울과 평양을 수차례 방문 | 환경기술원자력감독처장으로 자리를 옮김. |
| 이스하코프 [К.Ш.Исхаков] | 2005.11~2007.9 | 전)타타르스탄 공화국의 카잔 시장 | 지역개발부 극동개발 전담 차관으로 자리를 옮김. |
| 사포노프 [О.Сафонов] | 2007.10~2009.4 | 전)남부연방지구 대통령전권대표<br>전)내무부 차관 | |
| 이사예프 [В.И.Ишаев] | 2009.5~현재 | 전)하바롭스크 크라이 주지사(2001.11~) | 극동개발부 장관 겸직 (2012.5.21 ~) |

극동 연방지구는 한반도와 국경을 접하고 있다. 동일지역 대통령 전권대표가 한반도 문제에 보다 깊이 관여하게 됨은 분명한 사실이다. 따라서 한국 정부에서 이들에 대한 관심이 지대하다. 특히, 서울과 평양을 수차례 방문한 초대 전권대표였던 풀리코프스키(К.Б.Пуликовский)는 김정일 국방위원장이 2001년 7월 26일부터 8월 18일까지 러시아를 방문했을 당시에 적극적으로 자신의 역할을 다한 것으로 알려지고 있다. 풀리코프스키가 2005년 11월 환경기술 원자력 감독 처장으로 자리를 옮기면서, 카잔 시장을 지낸 이스하코프(К.Ш.Исхаков)가 그 자리를 대신해 왔다.

한국정부는 2009년 4월 27~29일 한국을 방문할 예정이었던 사포노프(Олег Сафонов) 전권대표와 한반도 문제에 대해 논의할 계획이었으나, 4월 25일 주한 러시아 대사관을 통해 방한 일정이 취소되었음을 통보해 왔다. 방문 3일을 앞두고 갑자기 메드베제프 대통령과 일정이 잡혔다는 이유로 방문 취소를 통보해 왔다. 방문 취소는 자신의 해임과 관련이 있는 것으로 전해졌다. 실질적으로 메드베제프 대통령이 4월 30일 그를 해임하고, 이사예프(В.И.Ишаев) 당시 하바롭스크 주지사를 그 자리에 임명했다. 2012년 12월 현재, 이사예프가 극동 개발부 장관을 겸직하면서 극동지역 개발에 관련된 업무를 총괄하고 있다.

(2) 개별 주체의 정치엘리트

옐친 집권기 극동연방지구에 소속된 10개 행정주체의 수반(주지사)은 지역 주민들의 직접선거에 의해 선출되었다. 임기는 주체마다 차이를 보이고 있었지만, 4-5년의 범위를 벗어나지 않았다. 그러나 2000년에 푸틴이 집권하면서 주민들에 의해 직접 선출되든 기존의 행정수장 선출제도가 폐지되고, 대통령이 지방행정 수장을 직접 임명하는 방식을 취했다. 기존의 직접선거에 의해 선출된 행정 수장들의 임기가 만료되는 즉시 중앙 정부에서 지역 수장을 임명하기 시작했다. 그러나 제3기 푸틴 정부가 들어서는 2012년부터 지역 주민들이 주지사를 직접 선출하는 그러한 모습을 보이기 시작했다. 물론, 지방 입법부 의원은 주민들의 직접 선거에 의해 충원된다.

<표 13> 극동 연방지구 행정 주체의 주지사 및 의회 의장

기준: 2012년 11월

| 주체 | 대통령/주지사 | 의회 의장 |
|---|---|---|
| 사하共和國 | 보리소프(Е.А.Борисов) | 바시기소프(В.Н.Басыгысов) |
| 하바롭스크 크라이 | 시포르트(В.И.Шпорт) | 하흐로프(С.А.Хохлов) |
| 연해 크라이 | 미클루세프스키(В.В.Миклушевский) | 고르차코프(В.В.Горчаков) |
| 캄차트카 크라이 | 일류힌(В.И.Илюхин) | 라옌코(В.Ф.Раенко) |
| 아무르州 | 코제먀코(О.Н.Кожемяко)[2012.10.14 일, 지역 주민의 직접선거에 의해 당선] | 사벨리예프(Н.А.Савельев) |
| 마가단州 | 두도프(Н.Н.Дудов ) | 알렉산드로프(А.П.Александров) |
| 사할린州 | 호로샤빈(А.В.Хорошавин) | 예프레모프(В.И.Ефремов) |
| 유태인自治州 | 빈니코프(А.А.Винников) | 티호미로프(А.Ф.Тихомиров) |
| 츄코트카自治區 | 코핀(Р.В.Копин) | 아브라모비치(Р.А.Абрамович) |

극동 연방지구에 소속된 개발 행정주체의 입법부 의원들이 자신의 지역에서 입법 활동을 수행하고 있지만, 입법부의 명칭과 구성 방식 등은 주체마다 조금씩 차이를 보인다. 이들 의원들은 주기적으로 선출된다. 입법의원의 구성 및 역할 등에 대한 자세한 내용은 개별 주체의 최고 통치법이라고 할 수 있는 헌장(단, 공화국은 헌법)에 명기되고 있다. 2012년 12월 당시, 개발 행정주체의 의회 구성 등은 아래 도표와 같다.

<표 14> 극동 연방지구 개별 행정 주체의 입법부 현황

기준: 2012년 12월

| 주체 명 | 입법부 명칭 | 의원 수(명) | 임기 |
|---|---|---|---|
| 사하共和國 | 국가회의 | 70(35명은 소선거구제, 35은 비례대표) | 5 |
| 하바롭스크 크라이 | 입법 두마 | 26(13명은 소선거구제, 13명은 비례대표) | 4 |
| 연해 크라이 | 입법회의 | 40(20명은 소선거구제, 20명은 비례대표) | 5 |
| 캄차트카 크라이 | 입법회의 | 28(14명은 소선거구제, 14명은 비례대표) | 5 |
| 아무르州 | 입법회의 | 36(전원 소선거구제) | 5 |
| 마가단州 | 주 두마 | 21(10명은 소선거구제, 11명은 비례대표) | 5 |
| 사할린州 | 주 두마 | 28(14명은 소선거구제, 14명은 비례대표) | 5 |
| 유태인自治州 | 입법회의 | 16(연방헌법 및 자치주 법령에 의거) | 5 |
| 추코트카自治區 | 두마 | 12(6명 이상은 반드시 소선거구제에 의해 선출) | 5 |

3) 극동 연방지구의 자원 및 산업 일반

(1) 연방지구의 산업구조

극동 연방지구는 러시아 전체 산업 생산 구조에서 원료채취 산업이 차지하는 비중이 높다. 몇몇 부문(비철금속·어업·임업 등)의 산업이 활발하게 추진되고 있다. 극동지방의 경제가 자원채취 산업에 지나치게 의존되는 경향을 보이

| 주체 | 핵심 산업 |
|---|---|
| 사하공화국 | 비철금속 |
| 연해주 | 경공업; 전력 |
| 하바롭스크 크라이 | 기계설비 |
| 사할린 주 | 연료; 식품가공업 |
| 마가단 주 | 비철금속; 전력 |

고 있으며, 철강·화학·석유화학 공업 등은 매우 열악한 수준이다. 2005년을 전후한 시기부터 2013년 현재에 이르기까지, 이러한 현상을 극복하기 위한 노력이 중앙정부 차원에서 활발히 추진되고 있지만 그 성과는 미미한 수준에 그치고 있다.

극동 연방지구에는 석유·석탄·천연가스·철금속 및 비철금속·목재·수산물 등 천연자원이 풍부하다. 그리고 여러 곳에서 에너지 자원 산지가 발견되고 있다. 이러한 사실과 함께, 러시아 전체에서 자원을 관리(채취, 채굴)하는 생산시설의 약 60%가 극동지역에 집중되어 있다. 이들 중에는 채취용이 61%이며, 가공시설의 85%, 수송시설

의 55%가 집중되어 있다.32)

<표 15> 극동 연방지구의 주요 자원 현황

| 광물 | 러시아 전체 대비 채취량(보유량) | 광물 | 러시아 전체 대비 채취량(보유량) |
|---|---|---|---|
| 금강석 | 약100(81) | 주석 | 95 |
| 붕소원료 | 90 | 안티몬 | 80 |
| 수은 | 63 | 형석(螢石) | 41 |
| 텅스텐 | 24 | 아연, 연(鉛) | 다량 |
| 금 | 50(33) | 은 | 다량 |
| 철광 | (다량) | 석탄 | (40) |
| 석유 | (다량) | 천연가스 | (다량) |
| 목재 | (26) | 수력잠재력 | (42) |
| 어류 등 수산물 | 약70 | | |

В.Г.Глушковой и и Ю.А.Симагина (Под ред.), *Федеральные округа России. региональная экономика* (Москва: КНОРУС, 2009), с. 208.

(2) 개별 주체의 산업 구조

극동연방지구 9개 주체들 중에서 보다 많은 관심을 가질 필요가 있는 몇몇 주체들이 있다. 사하공화국에 대한 관심에서 시작되어, 동쪽과 남쪽으로 이동되는 몇몇 지역들이다. 야쿠츠크市를 수도로 하고 있는 사하공화국33)은 러시아에서 광물자원이 가장 풍부한 지역 중 하나이다. 천연자원의 보고 지대로 평가되고 있다. 주요 광물은 금강석, 금, 운모, 무연탄과 갈탄, 철광석, 천연가스, 주석, 텅스텐, 다금속 광석, 석영, 안티몬, 수은, 인회석 등이다. 그리고 주요 산업은 원료 채취 및 농축산업, 유색금속 산업, 석탄산업, 전력산업, 산림 및 목재가공업, 건축자재업, 경공업, 식료품산업, 기계수리업 등이다. 농축산 관련 산업으로 모피, 축산(고기 및 우유생산용), 감자 및 야채 재배 등이 특화되어 있다. 그리고 공화국의 북부지역에 사슴사육, 모피용 짐승사육이

---

32) В.Г.Глушковой и и Ю.А.Симагина (Под ред.), *Федеральные округа России. региональная экономика* (Москва: КНОРУС, 2009), с. 208.
33) 사하공화국은 310만 ㎢ 정도의 광대한 영토를 지니고 있다. 러시아 총 국토면적의 1/7에 달한다. 한반도 면적의 14배 정도 되는 크기이다. 면적의 절반 정도가 북극권에 속해있고, 대부분이 영구동토 지대이기 때문에 인간이 거주하기에는 힘들다. 사하공화국 영토의 대부분에서 겨울은 길고 혹독한 추위를 보이고 있으며, 영하 50℃까지 내려가는 경우도 있다. В.Г.Глушковой и и Ю.А.Симагина(Под ред.), *Федеральные округа России. региональная экономика* (Москва: КНОРУС, 2009), с. 207.

발달되어 있으며, 말 사육, 사슴 사육, 우리속의 모피용 짐승 사육 등에 대한 전망이 밝다.

캄차트카 크라이는 페트로파블로프스크-캄차트카市를 주도(州都)로 하고 있다. 동일의 크라이에서 페트로파블로프스크 지역이 유일하게 도시 기능을 갖추고 있다. 러시아의 해군 기지로 건설되었기 때문에 주민 편의를 위한 사회 인프라 시설이 매우 빈약하다. 캄차트카 반도(Kamchatka Peninsula)의 천연자원은 미개발 상태이기는 하지만, 석유·석탄·금 등이 매장되어 있는 것으로 알려져 있다. 온천도 각지에서 솟아나고 있다. 태평양 연어의 산란지이기 때문에 연어가 이곳의 주요 수산물이다. 해안에서는 청어·대구·연어·송어·왕게 등의 어획이 많아 러시아연방 총 어획량의 10% 안팎을 차지한다. 캄차트카 지역의 평야는 건조한 기후로 농업지대를 이루며, 감자·목초 재배, 순록·은여우·담비·젖소가 사육된다.

하바롭스크 크라이의 중심지인 하바롭스크市는 러시아 극동지방의 최대 도시이다. 이곳에 극동연방지구 대통령 전권대표부가 설치되어 있다. 한국에서 2,000㎞ 정도 북방에 위치해 있는 하바롭스크는 러시아 극동 지방의 교육·문화·산업의 중심지이다. 교통의 요충지로서 시베리아 횡단철도가 정차한다. 하바롭스크 크라이에는 주석·수은·철광석·무연탄 및 갈탄 등을 비롯한 다양한 유용광물이 있으며, 다양한 산업들이 가동되고 있다. 산림업·목재 가공업·제지업(셀룰로스) 등은 지역에 있는 풍부한 산림자원에 기초된다. 하바롭스크주의 삼림 면적은 6,203만ha에 달하며, 목재 채벌 가능 량은 53억㎥이다. 하바롭스크市의 북서부 652㎞ 지점에 있는 베르흐네부레인스크(Верхнебуреинский) 지역의 체그도민(Чегдомын)에 벌목장이 있다. 그리고 다양한 농산물이 재배 및 사육되고 있다. 축산업(우유 및 고기 생산용)과 사슴사육(크라이의 북부지역), 모피용 동물 사육 및 사냥산업 등이 농촌 산업에서 중요한 역할을 담당하고 있다.

블라고베셴스크(Благовещенск)市를 주도로 하고 있는 아무르州 역시 금·갈탄·무연탄·석영 모래·카오린[백색 도토(陶土)]·석회암·(용해되기 어려운)점토 등 다양한 유용광물을 갖고 있다. 산업 중에서 중요한 하나는 산림가공 및 목재산업이다. 아무르주의 틴다(Тында)市에 본부를 두고 있는 산림회사인 〈틴다 레스〉《Тындалес》)가 산림산업을 견인해 가고 있다. 그리고 아무르州는 농촌산업에 적당한 기후 및 토양조건을 가지고 있다. 농축산업이 활발히 추진되고 있다. 사슴사육(州의 북부지역), 양봉업(州의 북동부 지역), 모피업(州의 산림지대), 모피용 동물사육(州의 북부 농장

지역) 등이 특화되어 있기도 하다.

연해주는 한국에서 가장 가까운 지역이며, 블라디보스톡市를 주도로 하고 있다. 군사기지로 건설된 블라디보스톡은 러시아의 항구 및 해군기지로 중요한 역할을 담당해 왔다. 항구 도시인 블라디보스톡은 러시아 극동지역의 중요한 공업·교통·문화 중심지로 성장하고 있다. 블라디보스톡은 군항·산업항·어항으로서 뿐만 아니라, 조선이나 수산업 등 공업 중심지로 성장하고 있다. 주요 유용광물은 주석·텅스텐·금·형석·석탄·건축 자재 등이다. 산업은 수산업·유색금속산업(주석, 다금속광, 텅스텐 관련)·산림 및 목재가공 산업·에너지관련 산업·건축자재산업·기계제작 및 금속재련(어업 및 채광관련, 목재가공관련 공작 기계, 건설기계, 가정용 냉장고, 선박 수리 관련) 등 다양하다. 그리고 농업이 가능한 기후 및 토양조건을 갖고 있다. 논 및 밭농사를 비롯하여, 축산업(고기 및 우유)·모피용 짐승 사육(해달류, 은색-흑색 여우)·사슴 사육(반점이 있는 사슴)·양봉업 등이 이루어지고 있다.

사할린州는 유즈노-사할린스크市를 주도로 하고 있다. 2002년 10월의 인구 조사에 따르면, 100개 이상의 다민족이 거주하고 있는 동일 지역에서 러시아인들이 약 84%를 차지했고, 그 다음으로 고려인이 5.4%를 차지했다. 고려인 다수 거주 지역이다. 사할린 섬은 60%가 숲으로 구성되어 있다. 따라서 목재가공과 펄프 제조가 주요 산업이며, 수산업 역시 활발하다. 사할린에는 석탄 매장량이 풍부하며, 석탄의 다수가 노천탄이라는 점이 동일 자원의 개발을 보다 용이하게 하는 원동력이 되고 있다. 사할린州는 석유와 가스가 생산되는 대표적인 지역이다. 석유 및 가스는 사할린州의 북부에 치중되어 있다. 사할린의 석유 및 가스전 개발 프로젝트는 사할린 인근 대륙붕에 매장되어 있는 석유 및 천연가스를 개발하여 파이프라인을 통해 사할린 최남단에 위치한 프리고로드노예 액화천연가스(LNG) 생산기지로 수송한 다음, LNG 형태로 일본·한국·중국 등 인근 소비지에 공급하려는 프로젝트이다.[34]

결국, 극동지역은 해양생물자원, 화학공업원료, 비철금속, 목재 등을 비롯한 무한한 자원을 보유하고 있다. 금강석, 어업, 산림, 모피류 생산이 왕성하다. 철을 비롯한 흑색금속은 연해주에서 주로 생산되어 왔고, 강철과 관련된 금속가공 공업은 하바롭스크와 마가단州에서 이루어졌다. 이들 지역의 자원생산이 중앙정부의 미미한 지원으로 인해 상당한 어려움에 처해 왔다. 그러나 2010년을 전후한 시기부터 중앙정부의

---

[34] 사할린주의 경제구조에 대한 자세한 내용은 다음을 참조. 이영형, "러시아 사할린州의 자원생산 및 무역구조에 대한 경제지리학적 해석," 『오토피아』 Vol.25, No.2(2010), pp. 77-101.

보다 적극적인 동부러시아 개발정책과 함께, 극동 및 자바이칼 지역에서 다양한 개발사업들이 추진되고 있다. 지역 산업을 육성하기 위한 다양한 조치들이 중앙정부 차원에서 추진되면서 극동 연방지구의 산업들이 현대화되고 있다. 동시베리아-태평양(ESPO, East Siberia Pacific Ocean) 송유관 프로젝트를 비롯하여, 석유화학단지 조성, 조선업 발전 계획 등이 추진되고 있다.

(3) 주요 자원의 지역별 분포 현황

중앙정부의 극동지역 개발정책과 함께 동일지역의 다양한 자원이 주변 국가들을 유혹하고 있다. 극동지역에는 에너지 자원을 비롯하여 광물자원이 여러 곳에 분포되어 있다. 극동지역의 가스전은 주로 사하공화국과 사할린에 집중되어 있다. 금은 사하공화국과 마가단주 등지에 매장되어 있으며, 수은은 주로 추코트카(Chukotka) 지역에 매장되어 있다. 주요 광물자원의 지역별 분포 상황은 다음과 같다.

<표 16> 극동지역의 주요 광물자원 분포

| 광물자원 | 주체 |
| --- | --- |
| 철광석 | 하바롭스크 크라이, 아무르 주, 사하 공화국, 유태인 자치구 |
| 주석 | 사하 공화국, 마가단 주, 연해 크라이, 하바롭스크 크라이 |
| 수은 | 추코트카 자치구, 사하 공화국, 캄차트카 주 |
| 텅스텐 | 마가단 주, 연해 크라이 |
| 금 | 사하 공화국, 마가단 주 |
| 다이아몬드 | 사하 공화국 |

사하공화국, 아무르주, 사할린주, 연해주 등은 다량의 석탄을 보유 및 생산하고 있다. 석탄, 원유 및 가스를 비롯한 지하자원이 풍부한 극동지역의 산업 구조에서 원료에너지, 비철금속, 식료품 공업이 왕성하다. 특히, 사하공화국, 츄코트카 자치구, 마가단州는 비철금속이 강하다. 하바롭스크와 유태인 자치주는 기계제작 및 금속가공 공업이 강하며, 건축재료 공업은 유태인 자치주에서 특화되고 있다. 연해주, 캄차트카주, 사할린州는 식료품 관련 산업이 보다 활발히 이루어지고 있다.

극동지역에 천연가스와 석유자원이 풍부하게 매장되어 있다. 사하(야쿠티야) 공화국에 풍부한 천연가스가 매장되어 있으며, 사하 프로젝트가 활발히 추진되어 왔다. 사하 프로젝트는 사하(야쿠티야) 공화국 내의 26개 가스전 개발 관련 프로젝트이며, 동일 지역의 가스전 중에서 가장 왼쪽지역에 위치한 챠얀스크 가스전에 매장량이 가장 풍부한 것으로 알려지고 있다. 그리고 추코트카의 북극해 유전, 마가단과 캄차트카 연안의 유전, 사할린 유전 및 가스전, 태평양 연안 하바롭스크 지방의 유전 개발 사업 등에 대한 관심이 높다.

<표 17> 극동지역의 에너지 자원 지대

| 구분 | 주체 |
| --- | --- |
| 원유(가스 콘덴스 포함) | 사할린 |
|  | 사하공화국 |
| 천연가스 | 사할린州 |
|  | 사하 공화국 |
|  | 캄차트카 크라이 |

사할린州는 석유와 가스가 생산되는 대표적인 지역이다. 사할린주에는 약 58개의 석유/가스산지가 있다. 러시아 중앙정부와 사할린 지방정부는 사할린 근해를 6개의 블록으로 구분하여 개발하고 있다. <사할린 프로젝트>는 현재 생산단계에 있는 1,2,3 광구를 비롯하여, 4,5,6,7,8 광구 등이 개발을 준비하고 있다. <사할린 1> 프로젝트는 사할린 북동부 해상에 있는 오호츠크해 연안의 Chaivo, Odoptu Arkutun-Dagi 유전의 석유 및 가스를 개발하는 프로젝트이다. <사할린 2> 프로젝트는 오호츠크해 연안의 Piltun-Astokhsky 유전과 Lunsky 가스전의 석유 및 가스를 개발하여 LNG 형태로 가스를 공급하려는 프로젝트이다. 1999년 석유를 생산하기 시작한 이래 이미 상당량의 원유를 생산하고 있는 <사할린 2>의 채굴 위치는 <사할린 1>의 남쪽이며, 사할린 석유-가스 개발광구 가운데 가장 앞서 있다. <사할린 3> 프로젝트에는 4개의 유전 및 가스전을 포함하고 있는데, 이곳에는 상당량의 원유 및 응축가스 그리고 천연가스가 매장된 것으로 알려지고 있다.

극동지역이 광범위하게 바다와 접해 있기 때문에 다양한 수산자원과 함께, 어업 및 수산물 가공업이 발달되어 있다. 극동지역 연안의 대륙붕에는 3백억톤 정도의 탄화수소가 있다. 극동지역의 수산자원은 연해 크라이, 하바롭스크 크라이, 사할린주, 마가단, 캄차트카, 추코트카, 사하공화국의 북극지역 등으로 이어지는 연해지역에서 생산된다. 청어·대구·연어·송어·왕게 등의 어획이 많아 러시아 연방 총 어획량의 10% 안팎을 차지한다. 특히, 사할린주가 관리하고 있는 쿠릴열도에 황금어장이 형성되고 있다. 북방4도의 인근 해역은 쿠릴해류와 일본해류가 만나는 세계최대 어장이다. 명태·대구·청어·연어·가재·털게·다시마 등 풍부한 수산자원이 있다.

### 4) 극동지역의 주요 항만

극동 연방지구에 있는 러시아 5대 항만(보스토치니·나홋카·바니노·블라디보스토크·포시에트항)의 2008년 물동량은 보스토치니를 제외하고는 전년에 비해 모두 증가한 것으로 나타났다.35) 포시에트의 물동량은 전년대비 62.8%가 증가해 최고 증가율을 보였고, 나홋카도 34.8%의 증가율을 보였다. 극동 최대 항만인 보스토치니의 실적이 감소한 것은 주요 처리화물 중 하나인 석탄 운송량 감소(2008년 1290만 톤으로 전년대비 약 15% 감소)에 기인한 것으로 보인다. 관세 인상에 따른 목재수출 급감에도 불구하고, 극동 항만의 물동량이 전반적으로 증가한 것은 석탄 수출 호조에 기인한다.

항만별 2008년의 실적은 다음과 같다. 블라디보스토크 항만의 2008년 수출화물은 285만 톤, 수입화물은 191만 톤으로 전년대비 각각 83%, 10% 증가해 당초 목표치인 8%를 초과 달성했다. 나홋카항의 목재 화물처리량은 전년대비 70% 감소(이 중 원목처리량은 90% 감소)한 반면, 컨테이너 처리량은 1.6배 증가(4만554TEU)했다. 바니노항의 2008년 수출화물은 전년대비 3.3% 감소했다. 이는 주요 화물인 목재 수출량의 감소에 기인한 것이다. 보구디노프(A. Bogudinov) 바니노항 사장은 바니노항 물류의 90% 이상이 원자재 수출화물이기 때문에 국제시장의 불확실성 여하에 따라

---

35) 극동지역 5대 항만(보스토치니·나홋카·바니노·블라디보스토크·포시에트항)의 2008년 물동량 관련 자료는 현지의 월간지 Dalnevostochnaya Capital, 블라디보스토크 총영사관 자료 등을 종합 정리하여 발표한 다음의 글을 참조하여 재구성. http://www.exportcenter.go.kr/economy/gloInfo/gloInfo_read.jsp?SEQ_ID=18627(검색일: 2013년 6월 30일).

∙ ∙ ∙ ∙ ∙ ∙ ∙ ∙ ∙ ∙

화물 처리량이 감소 또는 증가된다고 했다. 포시에트항의 경우, 여타 극동지역 항만의 화물처리에 대한 부정적 전망과 달리 화물처리 급감은 없을 것으로 예상되고 있다. 포시에트항의 개발 계획이 구체화되고 있으며,36) 대주주인 메첼(Mechel)사는 포시에트 항만개발 등에 필요한 투자를 적극적으로 유지할 것이라고 했다.

<표 18> 2008년 극동러시아 항만의 물동량 현황(단위: 천톤, %)

| 항만 | 물동량 | 전년비 증감률 |
| --- | --- | --- |
| 보스토치니 | 14,998 | - 8.0 |
| 나홋카 | 7,367 | 34.8 |
| 바니노 | 6,221 | 2.2 |
| 블라디보스토크 | 5,914 | 21.0 |
| 포시에트 | 2,824 | 62.8 |
| 합계 | 37,326 | 8.3 |

상기 항만 이외에, 하바롭스크주의 소베츠카야 가반(Sovetskaya Gavan) 항(港)을 주목할 필요가 있다. 소베츠카야 가반은 세계에서 가장 우수한 천연 항(港)으로 이름나 있지만, 그동안 외국인들에게 공개되지 않았다. 따라서 외국 선박들은 이 곳에서 41㎞ 떨어진 바니노 항(港)을 이용해 왔다. 하바롭스크주에서 생산된 수출용 원목은 주로 BAM(바이칼-아무르) 철도로 소베츠카야 가반과 바니노 항구까지 운송되어 수출된다.37) 소베츠카야 가반 항은 Baikal-Amur Road의 동쪽 끝에 위치해 있으며, 지

---

36) 포시에트항은 2004년부터 러시아 석탄개발회사 Mechel社의 전용 석탄수출항으로 운영 중이다. Mechel사가 시베리아 지역에 보유하고 있는 석탄 산지 및 운용 형태는 Yakutugol(산지에서 포시에트항으로 이송기간 10일 소요), Yuzhny Kuzbass(이송기간 14일 소요) 탄광으로부터 석탄을 수송하고 있으며, Elga 산지(부존량 25억 ㎥)가 개발되면서 포시에트항의 석탄수출이 더욱 중요해지고 있다. 2012년 포시에트항의 석탄 하역량 목표치는 480만 톤이었으며, 동년 10월 22일 기준 380만 톤의 석탄을 처리했다. 한국(POSCO)으로의 석탄수출량은 연간 36만 5천 톤에서 37만 톤 수준이며, 기타 석탄 수출 국가로는 중국과 일본이 있다. 러시아는 포시에트항 개발을 통해 하역능력을 2013년 9-10백만 톤, 2015년 14백만 톤, 2018년 18백만 톤까지 늘려나갈 계획을 수립해 놓고 있다. 1단계 항만 개발계획은 2012년 말까지 포시에트항을 석탄 전문터미널로 전환하는 것이며, 1번 부두(길이 290미터, 수심 14미터) 개보수, 벌크화물 처리를 위한 현대화 기술 적용, 고효율 하역장비 설치 등을 내용으로 한다. 그리고 2단계 개발계획으로 2013년까지 1번 부두까지의 항로(1.5㎞) 수심을 확보하도록 준설 완료할 계획이며, 3단계 개발계획으로 2015년 2번 부두 건설에 착수할 계획이다. http://rus-vladivostok.mofa.go.kr/(검색일: 2013년 6월 30일).
37) 2008년 6월 2일 러시아 경제개발통상부는 기업유치와 지역개발을 위해 러시아 전역에 특별경제구역을 설정했고, 러시아의 아시아 지역에 3개가 포함되었다. 특별경제구역 지정 목적은 공항과 항만 물류 중심지를 개발하는 것이다. 이러한 계획에 따라, 크라스노야르스크 예밀리아노(Krasnoyarsk Emelyanovo) 공항, 볼가지역 울리아노프스크 바스토치니(Ulyanovsk Vostochiniy) 공항, 하바롭스크 소베츠카야 가반(Sovetskaya Gavan) 항 등 3곳이 지정되었다. 하바롭스크 동남부 해안에 위치해 있는 소베츠카야 가반항이 항만 특구로 선정함에 따라 대대적인 인프라 구축 및 개선이 예상되며, 바이칼아무르철도의 종착지로

역 내 가장 큰 항구인 Vanino 항구와 근접해 있다는 장점을 보유하고 있기 때문에 특별경제구역으로 지정되었다. 향후 이 두 항구의 극동지역 물류센터 역할이 기대된다. 컨테이너 화물 물류센터 기능 외에 선박수리, 어류 가공 산업 육성 등이 예정되어 있다.

## 4. 끝맺는 말

러시아 중앙정부는 권력의 중앙 집중화 경향을 보여 왔다. 이러한 움직임은 지방정부에 대한 통제 강화와 함께, 시베리아 및 극동 연방지구에 매장된 다양한 자원을 국가 차원에서 관리하려는 정책과도 연결된다. 제3기 푸틴정부가 들어선 이후, 지방정부 수장이 지역 주민들의 직접 선거에 의해 충원되는 경향이 보이고 있지만, 여당의 정치적 권위에 도전하는 후보의 당선은 사실상 불가능하다. 따라서 중앙정부의 지방에 대한 통제는 계속될 것이고, 권력 분산을 약속하고 있는 연방제 통치 시스템과는 다소 거리가 먼 형태의 지방자치가 외형적으로 유지되는 그러한 모습의 통치과정이 계속될 보인다.

중앙정부의 통제가 시베리아 및 극동지역 개발에 더욱 더 유용할 수도 있다. 지역 개발에 따르는 재원 조달 문제와 노동력 확보 문제가 중요한 현안으로 인식되기 때문이다. 중앙정부의 개입이 개발에 필요한 자원과 노동력 확보를 보다 용이하게 할 수 있기 때문이다. 지난 냉전기처럼 내부 식민지 형태의 개발을 우려하는 목소리가 제기되기도 하지만, 시베리아 및 극동지역의 개발과정에서 피할 수 없는 현실이다. 국제정치 및 경제의 중심축이 아·태로 이동되고 있는 현실을 감안한다면, 모스크바에 있는 중앙정부라 할지라도 지난 냉전기처럼 유럽으로 향하기 위한 자원 확보 차원에서 시베리아를 개발하는 그러한 모습은 반복하지 않을 것이다.

결국, 시베리아 및 극동 연방지구에 대한 개발은 피할 수 없는 현실로 와 닿고 있다. 중앙정부의 고민은 어떻게 개발할 것인가에 모아져 있다. 러시아 중앙정부의 시베리아 및 극동지역 개발 과정은 유럽 국가인 러시아를 아시아로 한 발짝 더 다가서게 만들 것이다. 러시아가 북한과 19㎞에 걸쳐 국경을 접하고 있는 한반도의 이웃 국가

서의 좋은 입지 조건을 갖추고 있어 선박수리, 수산물 가공분야 사업이 활성화될 것으로 기대된다. http://rus-vladivostok.mofat.go.kr/(검색일: 2013년 6월 28일).

이기 때문이다. 시베리아 및 극동 연방지구는 러시아를 유럽 국가가 아니라, 북한과 국경을 접하고 있는 아시아 국가로 다가서게 하는 역할을 담당하고 있다. 이러한 현실을 직시하면서, 한국 정부 및 기업체는 러시아 극동지역에 대한 관심과 현지 진출 전략을 보다 폭넓게 준비해야 할 것이다.

## 참고 문헌

이영형, "러시아 사할린州의 자원생산 및 무역구조에 대한 경제지리학적 해석," 『오토피아』 Vol.25, No.2(2010)

이영형, 『러시아, 정치체제 구축과 발전전략 II. 정치과정, 개발정책, 안보정책』 (서울: 엠에드, 2012).

이영형, "시베리아 및 극동연방지구 개황," 최태강 엮음, 『러시아의 중앙·지방관계와 시베리아의 지방화 탐색』 (서울: 엠에드, 2013).

한종만 외, 『러시아 우랄·시베리아·극동지역의 이해』 (대전: 배재대학교 출판부, 2008).

KOTRA(http://www.globalwindow.org/, 검색일 2010년 3월 21일.

В.Г.Глушковой и и Ю.А.Симагина (Под ред.), *Федеральные округа России. региональная экономика* (Москва: КНОРУС, 2009).

*Российский статистический ежегодник. Статистический сборник 2010* (Москва: Росстат, 2010).

*Россия в цифрах. 2010: Краткий статистический сборник* (Москва: Росстат, 2010)

*Российская газета*, 14.05.2008.

«СТРАТЕГИЯ социально-экономического развития Сибири до 2020 года»

http://rus-vladivostok.mofat.go.kr/korean/eu/rus-vladivostok/policy/economy/index.jsp(검색일: 2013년 3월 20일).

http://rus-vladivostok.mofa.go.kr/(검색일: 2013년 6월 30일).

http://ko.wikipedia.org/wiki/(검색일: 2010년 3월 21일)

http://nongae.gnu.ac.kr/~whcho/geography/Geo_Rus_Resources.htm(검색일: 2013년 7월 1일)

http://www.admtyumen.ru/ogv_ru/about/region_territory.htm

http://www.altai-republic.ru/(검색일: 2010년 9월 27일).

http://www.dfo.gov.ru/

http://www.exportcenter.go.kr/economy/gloInfo/gloInfo_read.jsp?SEQ_ID=18627(검색일: 2013년 6월 30일).

http://www.gov.altai-republic.ru/(검색일: 2010년 9월 27일).

http://www.globalwindow.org/(검색일 2010년 3월 21일).

http://www.irkobl.ru/irk/(검색일: 2013년 7월 1일)

http://www.irkobl.ru/irk/shema/shema_p_terr.jpg(검색일: 2013년 7월 1일)

http://www.sibfo.ru/

http://www.sibfo.ru/passport/sfo.php(검색일: 2013년 2월 18일)

## [별첨 1] (도표로 보는)시베리아 및 극동 연방지구 개별 주체 개황

### 1. 시베리아 연방지구 구성 주체 개황

#### 1) 알타이 공화국

| 구 분 | 내 용 |
|---|---|
| • 수도 | • 고르노-알타이스크市 |
| • 영토 크기 | • 92.9천㎢(러시아연방의 0.54%) |
| • 지역 시간대 | • 모스크바 시간 + 3시 |
| • 인구(민족구성) | • 인구 수: 207(천명, 2008년 1월 1일 기준)<br>• 인구밀도: 2.2명/㎢<br><table><tr><td colspan="2">주요 민족 구성(%, 2002년 10월의 인구통계 결과)</td></tr><tr><td>러시아 민족</td><td>57.41</td></tr><tr><td>알타이 족</td><td>30.64</td></tr><tr><td>카자흐 민족</td><td>5.97</td></tr><tr><td>텔렌기트 족(Теленгиты)</td><td>1.17</td></tr><tr><td>투발라르 족(Тубалары)</td><td>0.76</td></tr><tr><td>우크라이나 민족</td><td>0.71</td></tr><tr><td>쿠만진 족(Кумандинцы)</td><td>0.46</td></tr></table> |
| • 주요 도시 | <table><tr><td>도시</td><td>인구(명)</td></tr><tr><td>고르노-알타이스크(Горно-Алтайск)</td><td>53 500</td></tr></table> |
| • 지리 상황 | • 서시베리아 남부지역[비야(Бия)강과 카튠(Катунь)강 유역]에 위치<br>• 카자흐스탄, 알타이 크라이, 하카시야 공화국, 몽고, 중국 등과 경계<br>• 고르노-알타이스크市에서 모스크바市까지의 거리: 3,641km |
| • 기후 조건 | • 1월 평균기온: -23.5°C<br>• 7월 평균기온: +22°C. |
| • 형성 과정 | <table><tr><td>일 시</td><td>내 용</td></tr><tr><td>1922년 6월 1일</td><td>알타이 크라이의 구성으로 오이로트(Ой рот)자치주</td></tr><tr><td>1948년 1월 7일</td><td>고르노-알타이 자치주로 명칭 변경</td></tr><tr><td>1990년 10월</td><td>고르노-알타이 자치 소비에트 사회주의 공화국</td></tr><tr><td>1991년</td><td>러시아의 고르노-알타이 소비에트 사회주의 공화국</td></tr><tr><td>1992년</td><td>고르노 알타이(Горный Алтай) 공화국.</td></tr></table> |
| • 주요 유용광물 및 산지 | <table><tr><td colspan="2">광 물</td><td>산 지</td></tr><tr><td colspan="2">수은</td><td>악타쉬스크(Акташск)산지</td></tr><tr><td colspan="2">시멘트 원료</td><td>마이스코-베르드스크(Майско-Бердск)산지</td></tr></table> |
| • 주요 산업 | • 전기공학, 식료품(고기, 기름치즈 제조, 제분업), 경공업, 목재가공 및 공급, 건축 재료. |
| • 농촌 산업 | • 축산업(고기 및 우유 생산용), 양 사육, 염소 사육, 다양한 종류의 사슴, 과일 재배, 양봉 |

2) 하카시야 공화국

| 구 분 | 내 용 |
|---|---|
| • 수도 | • 아바칸市 |
| • 영토 크기 | • 61.6천㎢(러시아연방 전체의 0.36%) |
| • 지역 시간대 | • 모스크바 시간 + 4시 |
| • 인구(민족구성) | • 인구 수: 537(천명, 2008년 1월 1일 기준)<br>• 인구밀도: 8.7명/㎢<br><br>주요 민적 구성(%, 2002년 10월의 인구 통계 자료)<br><table><tr><td>러시아 민족</td><td>80.28</td></tr><tr><td>하카스 족</td><td>11.98</td></tr><tr><td>독일 민족</td><td>1.68</td></tr><tr><td>우크라이나 민족</td><td>1.53</td></tr><tr><td>타타르 족</td><td>0.73</td></tr><tr><td>벨라루시 민족</td><td>0.47</td></tr><tr><td>추바쉬 족</td><td>0.46</td></tr><tr><td>기타</td><td></td></tr></table> |
| • 주요 도시 | <table><tr><td>주요 도시</td><td>인구</td></tr><tr><td>아바칸(Абакан)</td><td>171 100</td></tr><tr><td>체르노고르스크(Черногорск)</td><td>78 700</td></tr><tr><td>사야노고르스크(Саяногорск)</td><td>55 100</td></tr></table> |
| • 지리 상황 | • 시베리아의 남부지역에 위치<br>• 케메로프주, 크라스노야르스크 크라이, 티바 공화국, 알타이 공화국과 경계<br>• 아바칸市에서 모스크바까지 거리: 4,218km |
| • 기후 조건 | • 1월 평균 기온: -19.5℃.<br>• 7월 평균 기온: +19℃. |
| • 형성일 | • 1930년 10월 20일, 크라스노야르스크 크라이에 하카시야 자치주 형성<br>• 1990년 8월 ~, 하카시야 자치 소비에트 사회주의 공화국<br>• 1991년 ~, 러시아의 하카시야 소비에트 사회주의 공화국<br>• 1992년 ~, 하카시야 공화국 |
| • 유용 광물 | • 석탄, 철광석, 유색 및 희귀 금속, 대리석.<br>• 유명한 철광석 산지: 테이스크(Тейск), 아바칸스크(Абаканск)산지 |
| • 주요 산업 | • 유색 금속, 산림(산림가공, 톱으로 켠 목재, 셀룰로스, 종이, 마분지 등 두꺼운 종이, 얇은 목재판), 식료품, 건축자재, 연료(석탄 채취)산업 |
| • 농촌 산업 | • 농업(경작), 축산(고기 및 우유생산용)업, 목양(사양)업, 양금업 |

3) 티바 공화국

| 구 분 | 내 용 |
|---|---|
| • 수도 | • 키질市 |
| • 영토 크기 | • 170 500 ㎢(러시아연방 전체의 1.00%) |
| • 지역 시간대 | • 모스크바 시간 +4시 |
| • 인구(민족구성) | • 인구 수: 305 510 чел.(0,21% от РФ)<br>• 인구밀도: 1.8명/㎢<br><table><tr><td colspan="2">주요 민적 구성(%, 2002년 10월의 인구 통계 자료)</td></tr><tr><td>티바인(Тувинц)</td><td>77.02</td></tr><tr><td>러시아 민족</td><td>20.11</td></tr><tr><td>코미(Коми)족</td><td>0.46</td></tr><tr><td>하카스(Хакас)족</td><td>0.40</td></tr><tr><td>우크라이나 민족</td><td>0.27</td></tr><tr><td>타타르족</td><td>0.19</td></tr><tr><td>키르기즈 민족</td><td>0.17</td></tr></table> |
| • 주요 도시 | <table><tr><td>도시</td><td>인구 수</td></tr><tr><td>키질(Кызыл)</td><td>103 300</td></tr></table> |
| • 지리 상황 | • 시베리아의 남부지역에 위치<br>• 크라스노야르스크 크라이, 이르쿠츠크주, 부랴트 공화국, 하카시야 공화국, 알타이 공화국, 몽고와 경계를 이룸.<br>• 키질(Кызыл)에서 모스크바까지의 거리: 4,668㎞ |
| • 기후 조건 | • 1월 평균 기온: -22.1℃.<br>• 7월 평균 기온: +19.1℃. |
| • 형성일 | • 1944년 10월, 러시아의 자치주로 소련의 구성원에 포함.<br>• 1961년 10월 10일, 자치 소비에트사회주의 공화국으로 전환<br>• 1992년 ~, 투바 공화국 |
| • 유용 광물 | • 광물자원: 유색금속, 석면, 석탄, 화학 원료.<br>• 유명한 광물 산지:<br><table><tr><td>광 물</td><td>산 지</td></tr><tr><td>유색금속</td><td>바얀콜스크(Баянкольск), 울룩-탄젝스코예(Улуг-Танзекско), 호부-악시(Хову-Аксы)</td></tr><tr><td>석면</td><td>악-도부락스크(Ак-Довуракск)</td></tr><tr><td>석탄</td><td>카아-헴스크(Каа-Хемск), 차단스크(Чаданск), 메제고이스크(Межегей ск)</td></tr><tr><td>화학 원료</td><td>하이락스크(Хай ракск)</td></tr></table> |
| • 주요 산업 | • 유색금속산업(니켈-코발트), 석탄산업, 석면 산업, 식료품 산업(제분, 고기 우유), 경공업[가죽 신발, 제봉, 털 가공(모직)]. |
| • 농촌 산업 | • 축산업, 양 사육, 염소 사육, 말 사육 |

4) 부랴트 공화국

| 구 분 | 내 용 |
|---|---|
| • 수도 | • 울란-우데市 |
| • 영토 크기 | • 351 300 ㎢(러시아연방 전체의 2.06%) |
| • 지역 시간대 | • 모스크바 시간 + 5시 |
| • 인구(민족구성) | • 인구 수: 981 238 명(러시아연방 전체에서 0.68%)<br>• 인구밀도: 2.8명/㎢<br><br>주요 민족 구성(%, 2002년 10월의 인구 통계 자료)<br>\| 러시아 민족 \| 67.82 \|<br>\| 부랴트족 \| 27.81 \|<br>\| 우크라이나 민족 \| 0.98 \|<br>\| 타타르족 \| 0.83 \|<br>\| 소이오트(Сой оты) \| 0.28 \|<br>\| 에벤키(Эвенки)족 \| 0.24 \|<br>\| 벨라루시 민족 \| 0.23 \| |
| • 주요 도시 | 도시 / 인구 수<br>울란-우데(Улан-Удэ) / 370 800<br>구시노오죠르스크(Гусиноозёрск) / 29 500<br>세베로바이칼스크(Северобайкальск) / 26 500 |
| • 지리 상황 | • 동시베리아의 남부지역(자바이칼 지역)에 위치<br>• 이르쿠츠크주, 자바이칼 크라이, 티바 공화국, 몽고와 경계를 이룸.<br>• 울란-우데市에서 모스크바까지의 거리: 5,532㎞ |
| • 기후 조건 | • 1월 평균 기온: -25.5°C.<br>• 7월 평균 기온: +17.6°C. |
| • 형성일 | • 1923년 5월 30일, 부랴트-몽고 자치소비에트사회주의 공화국<br>• 1958년 ~, 부랴트 자치 소비에트사회주의공화국<br>• 1991년 ~, 부랴트 소비에트사회주의공화국<br>• 1992년 ~, 부랴트 공화국[수도 울란-우데市] |
| • 유용 광물 | • 광물자원: 텅스텐, 몰리브덴, 금, 다금속 광석, 무연탄 및 갈탄, 인회석, 석면, 석영사암(砂岩)<br>• 유명한 광물 산지<br>\| 금속 명 \| 산지 \|<br>\| 텅스텐과 몰르브덴 \| 지딘스크(Джидинск) \|<br>\| 다금속 광석 \| 오제르노예(Озерное), 홀로드닌스크(Холоднинск) \|<br>\| 석탄 \| 구시노오제르스크(Гусиноозерск), 툰구스스크(Тунгусск), 아할릭스크(Ахаликск) \|<br>\| 인회석 \| 오수르코프스크(Ошурковск) \|<br>\| 석면 \| 말라제즈노예(Молодежное) \|<br>\| 석영 사암 \| 체렘산스크(Черемшанск) \| |
| • 주요 산업 | • 기계제작[각종 도구(기구) 및 자동화 자재(재료), 전기기계, 자동차 크레인], 전력산업, 연료 산업, 채광업, 산림 및 목재가공업, 제지업(셀룰로스-종이), 건축 재료산업, 경공업, 식료품 산업. |
| • 농촌 산업 | • 미맥류, 감자, 야채 등의 재배가 전문화,<br>• 축산업(고기 및 우유관련), 양 사육, 염소 사육, 양돈, 양금(닭), 말 사육이 발전 |

5) 알타이 크라이

| 구 분 | 내 용 |
|---|---|
| • 중심지 | • 바르나울市 |
| • 영토 크기 | • 169 100 ㎢(러시아연방 전체의 0.99%) |
| • 지역 시간대 | • 모스크바 시간 + 3시 |
| • 인구(민족구성) | • 인구 수: 2 607 426 명(러시아연방 전체에서 1.80%)<br>• 인구밀도: 15.4명/㎢<br><table><tr><th colspan="2">주요 민족 구성(%, 2002년 10월의 인구 통계 자료)</th></tr><tr><td>러시아 민족</td><td>91.97</td></tr><tr><td>독일 민족</td><td>3.05</td></tr><tr><td>우크라이나 민족</td><td>2.02</td></tr><tr><td>카자흐 민족</td><td>0.38</td></tr><tr><td>타타르족</td><td>0.34</td></tr><tr><td>벨라루시 민족</td><td>0.32</td></tr><tr><td>아르메니아 민족</td><td>0.31</td></tr></table> |
| • 주요 도시 | <table><tr><th>도시</th><th>인구 수</th></tr><tr><td>바르나울(Барнаул)</td><td>575 600</td></tr><tr><td>비이스크(Бийск)</td><td>223 800</td></tr><tr><td>루브조프스크(Рубцовск)</td><td>160 400</td></tr><tr><td>노보알타이스크(Новоалтайск)</td><td>58 500</td></tr><tr><td>자린스크(Заринск)</td><td>53 200</td></tr></table> |
| • 지리 상황 | • 서시베리아의 남부[옵강(Обь)의 상류 유역]에 위치<br>• 카자흐스탄, 노보시비르스크주, 케메로프주, 알타이 공화국과 경계<br>• 바르나울(Барнаул)에서 모스크바까지의 거리: 3,419㎞ |
| • 기후 조건 | • 1월 평균 기온: -19.8℃.<br>• 7월 평균 기온: +16.7℃. |
| • 유용 광물 | • 철광석 및 다금속 광석[룹조프스크(Рубцовск), 즈메이노고르스크(Змеиногорск) 지역]<br>• 소금과 소다[쿨룬디 호수(озера Кулунды)]. |
| • 주요 산업 | • 기계 제작 및 금속가공업(트랙터, 농촌 기계, 바곤(적재차), 동력장치, 금속가공, 지질조사관련 장비 생산), 화학 및 석유화학 산업(고무 타이어, 인공섬유, 화학 시험제), 식료품 산업(고기, 치즈, 제분관련), 경공업, 목재가공업(제지 등) |
| • 농촌 산업 | • 농업(곡물 파종, 사탕무우, 해바라기, 아마, 사료용 식물) 강세, 감자 및 야채 재배<br>• 축산업(고기 및 우유생산), 사양(飼羊), 염소사육, 양봉, 모피업 등이 발전 |

## 6) 크라스노야르스크 크라이

| 구 분 | 내 용 |
|---|---|
| • 중심지 | • 크라스노야르스크市 |
| • 영토 크기 | • 2 339 700㎢(러시아연방 전체의 13.70%) |
| • 현지 시간 | • 모스크바 시간 +4시 |
| • 인구(민족구성) | • 인구 수: 2 966 042명(러시아연방 전체의 2.04%)<br>• 인구밀도: 1.3명/㎢<br><table><tr><td colspan="2">주요 민족구성(%, 2002년 10월의 인구 통계 자료)</td></tr><tr><td>러시아 민족</td><td>88.95</td></tr><tr><td>우크라이나 민족</td><td>2.31</td></tr><tr><td>타타르족</td><td>1.50</td></tr><tr><td>독일인</td><td>1.24</td></tr><tr><td>아제르바이잔 민족</td><td>0.66</td></tr><tr><td>벨라루시 민족</td><td>0.61</td></tr><tr><td>추바쉬(Чуваши)족</td><td>0.57</td></tr></table> |
| • 주요 도시 | <table><tr><td>도시</td><td>인구수</td></tr><tr><td>크라스노야르스크(Красноярск)</td><td>870 100</td></tr><tr><td>노릴스크(Норильск)</td><td>134 800</td></tr><tr><td>아친스크(Ачинск)</td><td>120 600</td></tr><tr><td>칸스크(Канск)</td><td>106 000</td></tr><tr><td>젤레즈노고르스크(Железногорск)</td><td>92 000</td></tr></table> |
| • 지리 상황 | • 시베리아의 중부에 위치[튜멘주, 톰스크주, 이르쿠츠크주, 케메로프주, 하카시야 공화국, 투빈 공화국, 야쿠티야 공화국 등과 경계]<br>• 주요 강 : 예니세이<br>• 크라스노야르스크에서 모스크바까지의 거리: 3,955㎞ |
| • 기후 조건 | • 1월 평균 기온: -22℃.<br>• 7월 평균 기온: +18.3℃. |
| 주체의 형성일 | • 1934년 12월 7일 크라스노야르스크 크라이 형성<br>• 2007년 1월 1일부터 크라스노야르스크 크라이에 타이므르(돌가노-네네츠)自治區와 에벤키 自治區가 흡수 통합 |
| • 유용 광물 | • 광물자원: 석탄, 철광석, 유색 및 희귀금속, 식탁염, 인회토(燐灰土)<br>• 유명 광물과 그 산지<br><table><tr><td colspan="2">금속 명</td><td>산지</td></tr><tr><td colspan="2">석탄</td><td>칸소코-아친(Канско-Ачин), 미누신스크(Минусинск), 타이미르(Таймырск)</td></tr><tr><td colspan="2">구리, 니켈, 코발트</td><td>노릴스크(Норильск)</td></tr></table> |
| • 주요 산업 | • 전력산업, 유색금속 관련 산업(유색금속광석의 채취 및 농축), 화학공업 산업(인조고무, 고무타이어, 화학섬유, 고무제품), 산림관련 산업(목재공급 준비, 톱으로 켠 재료, 셀룰로스, 종이, 두꺼운 종이(마분지 등), 목재섬유 조각판), 연료산업(석탄 채굴), 기계제작(중공업관련), 석유채취 |
| • 농촌 산업 | • 곡물, 감자, 야채 생산의 활성화, 축산업(고기 및 우유생산) 발전, 목양, 양금(양계), 양봉, 모피용 짐승 사육,<br>• 크라이의 북부지역에 사슴사육, 우리속의 모피용 짐승사육(북극여우, 은빛-흑색 여우), 기타 모피업 |

7) 자바이칼 크라이(Забайкальский край)

| 구 분 | 내 용 |
|---|---|
| • 중심지 | • 치타市 |
| • 영토 크기 | • 431 500 ㎢(러시아연방 전체의 2.53%) |
| • 현지 시간 | • 모스크바 시간 +6시 |
| • 인구(민족구성) | • 인구 수: 1 155 346명(러시아연방 전체의 0.80%)<br>• 인구밀도: 2.7명/㎢<br><br>주요 민족구성(%, 2002년 10월의 인구 통계 자료)<br><table><tr><td>러시아 민족</td><td>89.80</td></tr><tr><td>부랴트족</td><td>6.10</td></tr><tr><td>우크라이나 민족</td><td>1.03</td></tr><tr><td>타타르족</td><td>0.71</td></tr><tr><td>아르메니아 민족</td><td>0.31</td></tr><tr><td>벨라루시 민족</td><td>0.26</td></tr><tr><td>민족을 밝히지 않은 인물</td><td>0.23</td></tr></table> |
| • 주요 도시 | <table><tr><th>도시</th><th>인구 수</th></tr><tr><td>치타</td><td>306 400</td></tr><tr><td>크라스노카멘스크</td><td>53 800</td></tr><tr><td>보르쟈</td><td>30 700</td></tr><tr><td>페트로프스크-자바이칼스크</td><td>23 500</td></tr></table> |
| • 지리 상황 | • 동부 자바이칼 지역에 위치<br>• 부랴트 공화국, 야쿠티야 공화국, 이르쿠츠크주, 아무르주, 몽골, 중국 등과 경계<br>• 치타에서 모스크바까지의 거리: 6,074㎞ |
| • 기후 조건 | • 1월 평균 기온: -28.3℃.<br>• 7월 평균 기온: +18.8℃. |
| • 주체 형성일 | • 2008년 3월 1일(아가-부랴트 자치구와 치타州의 통합 결과) |
| • 유용 광물 | • 주요 광물자원: 유색 및 고가 금속, 철광석, 석탄, 형석, 다양한 종류의 건축원료.<br>• 유명 광물과 그 산지<br><table><tr><th>금속 명</th><th>산지</th></tr><tr><td>다금속 광석</td><td>노보시로킨(Новоширокин)</td></tr><tr><td>동광(구리)</td><td>우도칸(Удокан)</td></tr><tr><td>티탄-자철광</td><td>크루치닌(Кручинин)</td></tr><tr><td>석탄</td><td>하라노르(Харанор)</td></tr></table> |
| • 주요 산업 | • 유색 및 흑색금속산업, 기계제작(자동조립공장, 광산설비공장), 전력산업[치타 및 하라노르 수력발전소(Читинская и Харанорская ГРЭС)], 석탄산업, 경공업(모직물 관련). |
| • 농촌 산업 | • 바이칼 호수 동쪽지역에 털이 가는 양 사육이 전문화<br>• 축산업(고기 및 우유생산) 발전[양돈 및 양금 일부]<br>• 중부-남부-남동부지역, 각종 식물을 재배할 수 있는 공간이 집중.<br>• 북부 및 고지 타이가(밀림) 지역, 수렵(사냥)산업이 발달 |

8) 옴스크州

| 구 분 | 내 용 |
|---|---|
| ·중심지 | ·옴스크市 |
| ·영토 크기 | ·139 700 k㎡(러시아연방 전체의 0.82%) |
| ·현지 시간 | ·모스크바 시간 + 3시 |
| ·인구<br>(민족구성) | ·인구 수: 2 079 220명(1,43% от РФ)<br>·인구밀도: 14.9명/k㎡<br><br>{| 주요 민족구성(%, 2002년 10월의 인구 통계 자료) ||<br>\| 러시아 민족 \| 83.47 \|<br>\| 카자흐 민족 \| 3.93 \|<br>\| 우크라이나 민족 \| 3.75 \|<br>\| 독일인 \| 3.67 \|<br>\| 타타르족 \| 2.30 \|<br>\| 벨라루시 민족 \| 0.44 \|<br>\| 아르메니아인 \| 0.32 \| |
| ·주요 도시 | 주요 도시 / 인구 수<br>옴스크(Омск) / 1 137 900<br>이실쿨(Исилькуль) / 26 900<br>타라(Тара) / 25 600<br>칼라친스크(Калачинск) / 25 000 |
| ·지리 상황 | ·서시베리아 평원의 남부지역[이르티시(Иртыш)강의 중류]<br>·카자흐스탄, 튜멘주, 톰스크주, 노보시비르스크주와 경계<br>·옴스크에서 모스크바까지의 거리: 2,555㎞ |
| ·기후 조건 | ·1월 평균 기온: -23.4℃.<br>·7월 평균 기온: +23.3℃. |
| ·유용 광물 | ·점토, 모래, 이탄, 점토석회 |
| ·주요 산업 | ·기계제작[용구(각종도구), 농업용 기계], 정유 산업, 석유화학산업(인조고무, 자동차 타이어), 경공업(메리야스, 모피 제품, 신발), 식료품 산업(분유, 제분업), 건축자재산업 |
| ·농촌 산업 | ·농업식물재배, 축산업(고기 및 우유생산), 양금(양계), 양봉, 양돈업<br>·모피용 짐승 사육 및 모피업이 발전 |

9) 톰스크州

| 구 분 | 내 용 |
|---|---|
| ·중심지 | ·톰스크市 |
| ·영토 크기 | ·316,900 ㎢(러시아연방 전체의 1.86%) |
| ·현지 시간 | ·모스크바 시간 + 3시 |
| ·인구<br>(민족구성) | ·인구 수: 1,046,039 명(러시아연방 전체의 0.72%)<br>·인구밀도: 3.3명/㎢<br><table><tr><th colspan="2">주요 민족구성(%, 2002년 10월의 인구 통계 자료)</th></tr><tr><td>러시아 민족</td><td>90.84</td></tr><tr><td>타타르족</td><td>1.93</td></tr><tr><td>우크라이나 민족</td><td>1.60</td></tr><tr><td>독일인</td><td>1.29</td></tr><tr><td>추바쉬족</td><td>0.56</td></tr><tr><td>벨라루스 민족</td><td>0.51</td></tr><tr><td>아제르바이잔 민족</td><td>0.42</td></tr></table> |
| ·주요 도시 | <table><tr><th>주요 도시</th><th>인구수</th></tr><tr><td>톰스크(Томск)</td><td>483,800</td></tr><tr><td>세베르스크(Северск)</td><td>120,400</td></tr><tr><td>스트레제보이(Стрежевой)</td><td>42,600</td></tr><tr><td>아시노(Асино)</td><td>30,700</td></tr><tr><td>콜파세보(Колпашево)</td><td>28,100</td></tr></table> |
| ·지리 상황 | ·서시베리아 저지대의 남동부에 위치<br>·크라스노야르스크 크라이, 튜멘州, 옴스크州, 노보시비르스크州, 케메로보州 등과 경계를 이룸.<br>·톰스크市에서 모스크바까지의 거리: 3,500㎞ |
| ·기후 조건 | ·1월 평균 기온: -22.6℃.<br>·7월 평균 기온: +20.4℃. |
| ·유용 광물 | ·주요 광물자원: 석유, 가스, 이탄, 희귀금속, 철광석, 광석이 아닌 건축 재료[점토, 건축용 석재(石材), 석회암, 모래-자갈 혼합물], 알카리성(?) 물(подщемные воды)<br>·주요 광물자원 산지<br><table><tr><th>금속 명</th><th>산지</th></tr><tr><td>석유</td><td>소베트스크(Советск), 올렌예(Оленье), 카틸긴스크(Катыльгинск), 루기네츠크(Лугинецк), 서부-오스타닌스크(Западно-Останинск)</td></tr><tr><td>가스</td><td>밀드진스크(Мыльджинск), 북부-바슈간스크(Северо-Васюганск)</td></tr><tr><td>철광석</td><td>박차르스크(Бакчарск)</td></tr><tr><td>희귀 금속</td><td>투간스크(Туганск)</td></tr></table> |
| ·주요 산업 | ·석유 및 가스 채굴 산업, 화학 및 석유화학산업, 기계제작 및 금속가공[기계(기구, 도구)제조, 전기(전력), 도구(공구) 및 베어링 생산], 산림 및 목재가공 산업, 식료품 산업 |
| ·농촌 산업 | ·(소)고기-우유생산용 축산업, 모피용 동물사육, 식물재배 등이 발전 |

## 10) 노보시비르스크州

| 구 분 | 내 용 |
|---|---|
| • 중심지 | • 노보시비르스크市 |
| • 영토 크기 | • 178,200㎢(러시아연방 전체의 1.04%) |
| • 현지 시간 | • 모스크바 시간 + 3시 |
| • 인구(민족구성) | • 인구 수: 2,692,251명(러시아연방 전체의 1.85%)<br>• 인구 밀도: 15.1명/㎢<br><br>주요 민족 구성(%, 2002년 10월의 인구 통계 자료)<br><br>| 러시아 민족 | 93.01 |<br>\| 독일인 \| 1.76 \|<br>\| 우크라이나인 \| 1.26 \|<br>\| 타타르인 \| 1.04 \|<br>\| 카자흐 민족 \| 0.43 \|<br>\| 벨라루시 민족 \| 0.31 \|<br>\| 아르메니아인 \| 0.29 \| |
| • 주요 도시 | 주요 도시 / 인구<br>노보시비르스크(Новосибирск) / 1 396 800<br>베르드스크(Бердск) / 86 300<br>이스키팀(Искитим) / 68 100<br>쿠비셰프(Куйбышев) / 51 100<br>바라빈스크(Барабинск) / 36 200<br>카라숙(Карасук) / 30 800<br>타타르스크(Татарск) / 30 100<br>옵(Обь) / 25 900 |
| • 지리 상황 | • 서시베리아 평원의 남동부에 위치.<br>• 카자흐스탄, 알타이 크라이, 케메로프州, 옴스크州, 톰스크州와 경계를 이룸.<br>• 노보시비르스크에서 모스크바까지의 거리: 3,191㎞ |
| • 기후 조건 | • 1월 평균 기온: -24°C.<br>• 7월 평균 기온: +22°C. |
| • 유용 광물 | • 석탄[고르로프스크(Горловский) 무연탄 매장지], 이탄.<br>• 동일 州의 북서부 지역에 석유 및 천연가스 산지 발견 |
| • 주요 산업 | • 기계제작 및 금속가공[전기공학용 설비, 기구제조, 야금(금속)공업용 설비], 흑색 및 비철야금(공업), 화학공업, 경공업 및 식료품 산업, 건축재료 공업. |
| • 농촌 산업 | • 곡물, 감자, 야채재배가 특성화,<br>• (소)고기-우유관련 축산업, 양금, 양봉업이 발전,<br>• 아마(亞麻) 생산이 중요한 역할 담당. |

11) 케메로프州

| 구 분 | 내 용 |
|---|---|
| • 중심지 | • 케메로프市 |
| • 영토 크기 | • 95,500 ㎢(러시아연방 전체 면적의 0.56%) |
| • 현지 시간 | • 모스크바 시간 + 4시 |
| • 인구(민족구성) | • 인구 수: 2,899,142명(러시아연방 전체인구의 2.00%)<br>• 인구 밀도: 30.4명/㎢<br><table><tr><th colspan="2">주요 민족 구성(%, 2002년 10월의 인구 통계 자료)</th></tr><tr><td>러시아 민족</td><td>91.92</td></tr><tr><td>타타르족</td><td>1.76</td></tr><tr><td>우크라이나 민족</td><td>1.30</td></tr><tr><td>독일 민족</td><td>1.24</td></tr><tr><td>추바쉬 민족</td><td>0.53</td></tr><tr><td>소레츠족(Шорцы)</td><td>0.40</td></tr><tr><td>벨라루스 민족</td><td>0.37</td></tr></table> |
| • 주요 도시 | <table><tr><th>주요 도시</th><th>인구</th></tr><tr><td>노보쿠즈네츠크(Новокузнецк)</td><td>556 800</td></tr><tr><td>케메로보(Кемерово)</td><td>489 300</td></tr><tr><td>프로코피예프스크(Прокопьевск)</td><td>233 500</td></tr><tr><td>레닌스크-쿠즈네츠키(Ленинск-Кузнецкий)</td><td>112 000</td></tr><tr><td>키셀료프스크(Киселёвск)</td><td>108 400</td></tr><tr><td>메즈두레첸스크(Междуреченск)</td><td>104 100</td></tr><tr><td>안제로-수드젠스크(Анжеро-Судженск)</td><td>93 500</td></tr></table> |
| • 지리 상황 | • 서시베리아 평원과 남시베리아 산맥의 경계에 위치<br>• 톰스크州, 노보시비르스크州, 알타이 크라이, 크라스노야르스크 크라이, 알타이 공화국, 하카시야 공화국 등과 경계를 이룸.<br>• 케메로프에서 모스크바까지의 거리: 3,482㎞ |
| • 기후 조건 | • 1월 평균 기온: -21.8°C.<br>• 7월 평균 기온: +20.7°C. |
| • 유용 광물 | • 석탄과 갈탄, 철광석, 다금속 광물, 하석(霞石), 인이 포함된 원료, 광물이 포함된 건축 재료.<br>• 유명한 자원 산지:<br><table><tr><th>자원</th><th>산지</th></tr><tr><td>석탄</td><td>쿠즈네츠크</td></tr><tr><td>갈탄</td><td>칸스코-아친스크 산지의 서부</td></tr><tr><td>하석(霞石)</td><td>키야-샬티르스크(Кия-Шалтырск)</td></tr></table> |
| • 주요 산업 | • 석탄산업(코크스용 및 동력 석탄 채굴), 흑색야금(공업)[강철, 금속압연, 금속 파이프, 레일] 및 비철금속 공업, 기계제작 및 금속가공[광산(채석장) 장비, 전기기술 제품, 화학 산업용 장비), 화학공업(합성섬유 원료, 플라스틱 원료, 합성수지, 질소비료, 화학섬유), 경공업(부드러운 양복지 직물), 건축재료 공업(시멘트, 조립되는 철근 콘크리트, 비광석 건축 재료). |
| • 농촌 산업 | • (소)고기-우유관련 축산업, 양금, 양봉 |

## 12) 이르쿠츠크州

| 구 분 | 내 용 |
|---|---|
| ・중심지 | ・이르쿠츠크市 |
| ・영토 크기 | ・767,900k㎡(러시아연방 전체 영토의 4.50%) |
| ・현지 시간 | ・모스크바 시간 + 5시 |
| ・인구(민족구성) | ・인구 수: 2,581,705명(러시아연방 전체 인구의 1.78%)<br>・인구 밀도: 3.4명/k㎡ |

주요 민족 구성(%, 2002년 10월의 인구 통계 자료)

| 민족 | % |
|---|---|
| 러시아 민족 | 89.88 |
| 부랴트족 | 3.12 |
| 우크라이나 민족 | 2.08 |
| 타타르족 | 1.20 |
| 벨라루스 민족 | 0.55 |
| 민족성을 밝히지 않은 주민 | 0.43 |
| 추바시(Чуваши)족 | 0.28 |

| ・주요 도시 | 주요 도시 | 인구(2009년) |
|---|---|---|
| | 이르쿠츠크(Иркутск) | 580 700 |
| | 브라츠크(Братск) | 249 700 |
| | 안가르스크(Ангарск) | 240 600 |
| | 우스트-일림스크(Усть-Илимск) | 96 300 |
| | 우솔리예-시비르스코예(Усолье-Сибирское) | 85 600 |

| 구 분 | 내 용 |
|---|---|
| ・지리 상황 | ・동시베리아의 중심부에 위치<br>・크라스노야르스크 크라이, 투빈, 부랴트, 야쿠트 공화국, 자바이칼 크라이 등과 경계를 이룸.<br>・이르쿠츠크에서 모스크바까지의 거리: 5,042km |
| ・기후 조건 | ・1월 평균 기온: -31.4°C.<br>・7월 평균 기온: +17.7°C. |
| ・유용 광물 | ・철광석, 금, 희귀금속, 석탄, 화학원료[식탁염, чистые 석회암, 인회석, 인회토(인광)], 운모, 건축원료, 원유.<br>・가장 유명한 자원 산지 |

| 자 원 | 산 지 |
|---|---|
| 철광석 | 고르수노프스크(Коршуновск), 루드노고르스크(Руднoгорск), 카파예프스크(Капаевск) |
| 식탁염 | 우솔리스크(Усольск), 티레프스크(Тыретск), 지민스크(Зиминск) |

| 구 분 | 내 용 |
|---|---|
| ・주요 산업 | ・전력산업, 석탄산업, 흑색야금 및 비철금속 공업, 화학 및 석유화학산업(질소비료, 플라스틱 및 합성수지), 기계제작, 목재가공업(산림가공, 셀룰로스, 종이, 합판, 마분지, 목재섬유 조각판), 건축자재 산업. |
| ・농촌 산업 | ・州의 남부지역에 곡물과 사료용 식물 재배, (소)고기-우유관련 목축업, 목양 및 양금업이 발전.<br>・북부지역에 사슴사육, 모피업, 모피용 짐승사육이 발전. |

## 2. 극동 연방지구 개별 행정주체 개황

### 1) 사하공화국

| 구 분 | 내 용 |
|---|---|
| · 수도 | · 야쿠츠크市 |
| · 영토 크기 | · 3 103 200㎢(러시아 전체의 18.17%) |
| · 지역시간대 | · 모스크바 시간 + 6시 |
| · 인구(민족구성) | · 인구 소: 949 280 명(러시아 전체의 0.65%)<br>· 인구밀도: 0.3명/㎢<br><br>주요 민족 구성(%, 2002년 10월의 인구통계 결과)<br>야쿠트인(Якуты) 45.54<br>러시아 민족 41.15<br>우크라이나 민족 3.65<br>에벤키(Эвенки) 1.92<br>에벤(Эвены) 1.23<br>타타르 족(Татары) 1.13 |
| · 주요 도시 | 주요 도시 / 인구<br>야쿠츠크(Якутск) 192,500<br>네륜그리(Нерюнгри) 69,100 |
| · 지리적 상황 | · 러시아 아시아지역의 북부에 위치<br>· 마가단주, 아무르주, 이르쿠츠크주, 크라스노야르스크 크라이, 자바이칼 크라이, 하바롭스크 크라이, 추코트 자치구 등과 경계를 이룸<br>· 야쿠츠크市에서 모스크바市까지의 거리: 8,468㎞ |
| · 기후조건 | · 1월 평균기온: -35.6℃.<br>· 7월 평균기온: +14.5℃. |
| · 유용 광물 | · 주요광물: 금강석, 금, 운모, 무연탄과 갈탄, 철광석, 천연가스, 주석, 텅스텐, 다금속 광석, 석영(石英), 안티몬, 수은, 인회석<br>· 유명 산지:<br><br>자 원 / 주요 산지<br>금강석 / 빌류야 저수지, 오레넥, 아할로-우다치닌스크 분기점<br>금 / 알단스크, 드주그드주르스크, 인디기르스크 지역<br>주석 / 데푸타크스크, 텐겔리, 일린-타스, 알스-하야, 부르고찬스크<br>안티몬 / 센타찬스크, 시리라흐스크<br>구리-텅스텐 / 아길킨스크<br>연(아연) / 사라다나<br>천연가스 / 중부-빌류스크, 중부-보투오빈스크, 마스타흐스크<br>운모 / 팀프톤스크, 엘리콘스크, 에멜드작스크<br>석탄 / 출리-마칸스크, 네륜그린스크, 무아스타흐스크<br>철광석 / 피오네르스크, 시바글린스크, 타예즈노예<br>인회석 / 셀리그다르스크 |
| · 주요 산업 | · 원료 채취 및 농축산업, 유색금속산업, 석탄산업<br>· 전력산업, 산림 및 목재가공업, 건축자재업, 경공업, 식료품산업, 기계수리업 |
| · 농업 | · 모피, 축산(고기 및 우유생산용), 감자 및 야채재배 등이 특화<br>· 공화국의 북부지역에 사슴사육, 모피용 짐승사육(모피업)이 광범위하게 발전<br>· 말 사육, 사슴사육, 우리속의 모피용 짐승 사육 등에 대한 전망이 밝음 |

## 2) 캄차트카 크라이

| 구 분 | 내 용 |
|---|---|
| • 중심지 | • 페트로파블로프스크-캄차트카市 |
| • 영토 크기 | • 472,300 km²(러시아 전체의 2.77%) |
| • 지역 시간대 | • 모스크바 시간 + 9시 |
| • 인구(민족구성) | • 인구 수: 358,801명(러시아 전체의 0.25%)<br>• 인구밀도: 0.8명/km²<br><br>주요 민족 구성(%, 2002년 10월의 인구통계 결과)<br>러시아 민족 — 80.85<br>우크라이나 민족 — 5.82<br>민족성 미공개 — 3.23<br>코략(Коряки) — 2.04<br>타타르(Татары) — 1.01<br>벨라루시 민족 — 0.97<br>이텔멘(캄차트카의 민족, Ительмен) — 0.64 |
| • 주요 도시 | 주요 도시 / 인구 수(명)<br>페트로파블로프스크-캄차트카 — 188,800<br>옐리조보(Елизово) — 37,300<br>빌류틴스크(Вилючинск) — 32,000 |
| • 지리 상황 | • 오호츠크해, 베링해, 태평양과 접해 있으며, 북쪽으로 마가단주 및 축치민족 자치구와 경계를 이룸.<br>• 페트로파블로프스크-캄차트키에서 모스크바까지의 거리: 11,876km |
| • 기후 조건 | • 1월 평균기온: -13.7°C.<br>• 7월 평균기온: +13.1°C. |
| • 형성일 | • 1932년: 하바롭스크 크라이의 행정-영토단위(구성)로 설립<br>• 1956년: 자치 캄차트카州로 분리<br>• 2007년 7월 1일: 코략自治區와 통합되어 캄차트카 크라이로 명칭 변경 |
| • 유용 광물 | • 주요 광물: 다양한 종류의 석탄(갈탄에서 코크스용 석탄까지), 금광석, 은, 수은, 다금속 광물, 천연유황, 다양한 건축 원료, 석유(유망)<br>• 광물 온천 |
| • 주요 산업 | • 어업, 산림, 목재가공업(어업관련 포장 상품 생산), 선박수선, 전력관련 산업(지열, 석탄), 건축원료, 유색금속, 식료품 산업. 광물자원 채취 산업. |
| • 농촌 산업 | • 모피용 짐승 사육, 사슴사육, 온천수 자원을 활용한 다양한 야채 재배 |

### 3) 연해 크라이(연해州)

| 구 분 | 내 용 |
|---|---|
| • 중심지 | • 블라디보스톡市 |
| • 영토 크기 | • 165,900km²(러시아 전체 영토의 0.97%) |
| • 지역 시간대 | • 모스크바 시간 + 7시 |
| • 인구(민족구성) | • 인구 수: 2,071,210 명(러시아 전체의 1.43%)<br>• 인구밀도: 12.5명/km²<br><table><tr><th colspan="2">주요 민족 구성(%, 2002년 10월의 인구통계 결과)</th></tr><tr><td>러시아 민족</td><td>89.89</td></tr><tr><td>우크라이나 민족</td><td>4.54</td></tr><tr><td>민족성 미공개</td><td>0.92</td></tr><tr><td>고려인</td><td>0.86</td></tr><tr><td>타타르인(Татары)</td><td>0.70</td></tr><tr><td>벨라루시 민족</td><td>0.56</td></tr><tr><td>아르메니아 민족</td><td>0.27</td></tr></table> |
| • 주요 도시 | <table><tr><th>주요 도시</th><th>인구</th></tr><tr><td>블라디보스톡</td><td>596,800</td></tr><tr><td>나호트카</td><td>155,500</td></tr><tr><td>우수리스크</td><td>155,500</td></tr><tr><td>아르좀</td><td>65,700</td></tr><tr><td>아르세니예프</td><td>64,800</td></tr></table> |
| • 지리 상황 | • 러시아 극동의 남부지역에 위치<br>• 중국 및 북한과 국경을 접함<br>• 북쪽으로 하바롭스크 크라이와 경계; 동쪽으로 일본해와 경계<br>• 블라디보스톡市에서 모스크바市까지의 거리: 9,302km |
| • 기후 조건 | • 1월 평균기온: -18℃.<br>• 7월 평균기온: +17.9℃. |
| • 유용 광물 | • 주요 광물: 주석, 다금속 광물 텅스텐, 금, 형석, 석탄, 건축 자재.<br>• 유명한 광물산지:<br><table><tr><th>금속 명</th><th>산지</th></tr><tr><td>주석</td><td>카바레로프스크 광석 지역</td></tr><tr><td>텅스텐</td><td>보스톡-II</td></tr><tr><td>다금속광</td><td>니콜라예프스크</td></tr><tr><td>형석</td><td>보즈네센스크</td></tr><tr><td>석탄</td><td>리포베츠크, 레트치호프스크, 파브롭스크, 비킨스크</td></tr></table> |
| • 주요 산업 | • 수산업, 유색금속산업(주석, 다금속광, 텅스텐 관련), 산림 및 목재가공업, 기계제작 및 금속재련[어업 및 채광관련 산업, 목재가공관련 공작 기계, 건설기계, 가정용 냉장고, 라디오 수신기, 기구(전문용), 선박 수리], 화학 산업<br>• 에너지관련 산업, 건축자재산업, 식료품 산업(고기 및 우유관련, 곡물 제분, 지방질 버터 제조, 제당산업, 제과업), 경공업 |
| • 농촌 산업 | • 쌀, 모밀, 콩, 밀, 귀리, 감자 및 야채 재배<br>• 모피류 및 녹용 채취<br>• 축산업(고기 및 우유), 모피용 짐승 사육(해달 류, 은색-흑색 여우), 사슴 사육(반점이 있는 사슴), 양봉 |

4) 하바롭스크 크라이(하바롭스크州)

| 구 분 | 내 용 |
|---|---|
| • 중 심 지 | • 하바롭스크(Хабаровск)市 |
| • 영토 크기 | • 788 600 km²(러시아연방 전체 영토의 4.62%) |
| • 지역 시간대 | • 모스크바 시간 +7시 |
| • 인구(민족구성) | • 인구 수: 1 436 570 명(0,99% от РФ)<br>• 인구밀도: 1.8명/km²<br><br>주요 민족 구성(%, 2002년 10월의 인구통계 결과)<br><table><tr><td>러시아 민족</td><td>89.82</td></tr><tr><td>우크라이나 민족</td><td>3.38</td></tr><tr><td>나나이 족(Нанай цы)</td><td>0.77</td></tr><tr><td>타타르(Татары)</td><td>0.76</td></tr><tr><td>고려인</td><td>0.66</td></tr><tr><td>벨라루시 민족</td><td>0.62</td></tr><tr><td>에벤키 족(Эвенки)</td><td>0.32</td></tr></table> |
| • 주요 도시 | <table><tr><td>주요 도시</td><td>인구(명)</td></tr><tr><td>하바롭스크(Хабаровск)</td><td>606 100</td></tr><tr><td>콤소몰스크-나-아무레(Комсомольск на-Амуре)</td><td>286 600</td></tr><tr><td>아무르스크(Амурск)</td><td>51 900</td></tr><tr><td>니콜라예프스크-나-아무레(Николаевск-на-Амуре)</td><td>31 100</td></tr><tr><td>소베트스카야 가반(Советская Гавань)</td><td>30 600</td></tr></table> |
| • 지리 상황 | • 연해 크라이, 유태인 자치주, 아무르주, 마가단주와 경계를 이룸.<br>• 오호츠크해, 일본해, 타타르 해협에 연결.<br>• 하바롭스크(Хабаровск)에서 모스크바까지의 거리: 8,533km |
| • 기후 조건 | • 1월 평균기온: -25.8℃.<br>• 7월 평균기온: +18.8℃. |
| • 유용 광물 | • 주석, 수은, 철광석, 무연탄 및 갈탄, 흑연, брусит, 망간, 장석, 인회토(인광), 명반석, 건축 원료, 이탄. |
| • 주요 산업 | • 기계제작 및 금속가공업[농업용 기계 생산, 동력 기계제작, 조선업(선박 수선업), 주물(주조) 장비 생산], 유색 금속업, 산림업, 목재 가공업, 제지업(셀룰로스-종이), 원유관련 산업, 화학산업, 수산업(어업). |
| • 농촌 산업 | • 밀, 보리, 콩, 감자 및 야채, 사료용 식물, 열매(과일)과 딸기 등 재배<br>• 축산업(우유 및 고기 생산용), 발전된 사슴사육(크라이의 북부지역), 모피용 동물 사육, 사냥 산업 |

5) 아무르州

| 구 분 | 내 용 |
|---|---|
| ・중심지 | ・블라고베셴스크市 |
| ・영토 크기 | ・363 700 ㎢(러시아연방 전체 영토의 2.13%) |
| ・지역 시간대 | ・모스크바 시간 +6시 |
| ・인구(민족구성) | ・인구 수: 902 844명(러시아 전체에서 0.62%)<br>・인구밀도: 2.5명/㎢<br><table><tr><td colspan="2">주요 민족 구성(%, 2002년 10월의 인구통계 결과)</td></tr><tr><td>러시아 민족</td><td>92.04</td></tr><tr><td>우크라이나 민족</td><td>3.49</td></tr><tr><td>벨라루시 민족</td><td>0.87</td></tr><tr><td>타타르(Татары)</td><td>0.54</td></tr><tr><td>아르메니아 민족</td><td>0.45</td></tr><tr><td>아제르바이잔 민족</td><td>0.36</td></tr><tr><td>독일 민족</td><td>0.19</td></tr></table> |
| ・주요 도시 | <table><tr><td>도 시</td><td>인구 수</td></tr><tr><td>블라고베셴스크(Благовещенск)</td><td>223 700</td></tr><tr><td>벨로고르스크(Белогорск)</td><td>74 200</td></tr><tr><td>스보보드니(Свободный)</td><td>70 700</td></tr><tr><td>틴다(Тында)</td><td>46 000</td></tr><tr><td>조야(Зея)</td><td>30 600</td></tr></table> |
| ・지리 상황 | ・극동지역의 남서부에 위치(동부시베리아의 스타노프 산맥과 아무르강 사이).<br>・하바롭스크 크라이, 사하공화국, 유태인 자치주, 자바이칼 크라이, 중국과 경계를 이룸.<br>・블라고베셴스크(Благовещенск)에서 모스크바까지의 거리: 7,985㎞ |
| ・기후 조건 | ・1월 평균기온: -30.2°C.<br>・7월 평균기온: +20.8°C. |
| ・형성일 | ・1932년 10월 20일, 하바롭스크 크라이의 구성원으로 시작<br>・1948년 8월 2일, 자치州로 분리 |
| ・유용 광물 | ・금, 갈탄과 무연탄, 석영 모래, 카오린[백색 도토(陶土)], 석회암, (용해되기 어려운)점토, 응회암.<br>・유명한 광물자원 산지:<br><table><tr><td>금속 명</td><td>산지</td></tr><tr><td>금</td><td>조야강과 셀렘가 강 상류 지역</td></tr><tr><td>갈탄 및 무연탄</td><td>라이치힌스크(Райчихинск), 예르코베츠크(Ерковецк), 스바보드노예(Свободное)</td></tr><tr><td>카로인(каолин)</td><td>찰간스크(Чалганск)</td></tr><tr><td>석회암</td><td>차고얀스크(Чагоянск)</td></tr></table> |
| ・주요 산업 | ・식료품(고기우유, 제분업, 과자류), 유색금속, 석탄 채굴, 기계제작(굴착용 기계, 압착 기계, 교량용 전기 크레인, 하천용 선박), 전력, 산림가공 및 목재산업, 건축원료 생산업 |
| ・농촌 산업 | ・곡물생산 농업, 고기 및 우유생산용 축산업, 사슴사육(州의 북부지역), 양봉업(州의 북동부 지역), 모피업(州의 산림지대), 모피용 동물사육(州의 북부 농장 지역) |

6) 유태인 자치주

| 구 분 | 내 용 |
|---|---|
| • 중심지 | • 비로비잔市 |
| • 영토 크기 | • 36 000 km²(러시아연방 전체 영토의 0.21%) |
| • 지역 시간대 | • 모스크바 시간 +7시 |
| • 인구(민족구성) | • 인구 수: 190 915명(러시아연방 전체의 0.13%)<br>• 인구밀도: 5.3명/km²<br><table><tr><th colspan="2">주요 민족 구성(%, 2002년 10월의 인구통계 결과)</th></tr><tr><td>러시아 민족</td><td>89.93</td></tr><tr><td>우크라이나 민족</td><td>4.44</td></tr><tr><td>유태인</td><td>1.22</td></tr><tr><td>타타르인(Татары)</td><td>0.63</td></tr><tr><td>벨라루시 민족</td><td>0.62</td></tr><tr><td>몰도바 민족(Молдаване)</td><td>0.35</td></tr><tr><td>아제르바이잔 민족</td><td>0.31</td></tr></table> |
| • 주요 도시 | <table><tr><th>주요 도시</th><th>인구 수</th></tr><tr><td>비로비잔(Биробиджан)</td><td>78 000</td></tr></table> |
| • 지리 상황 | • 극동지역의 남서부에 위치<br>• 하바롭스크 크라이, 아무르주, 중국과 경계를 이룸.<br>• 비로비잔(Биробиджан)에서 모스크바까지의 거리: 8,361km |
| • 기후 조건 | • 1월 평균기온: -25.8°C.<br>• 7월 평균기온: +18.8°C. |
| • 형성일 | • 1934년 5월 7일, 하바롭스크 크라이의 구성원으로 설립<br>• 1992년 ~, 러시아의 구성 주체 |
| • 유용 광물 | • 다금속 광물, 석탄, 건축 원료 |
| • 주요 산업 | • 기계제작 및 금속 가공업, 목재가공업, 경공업, 식료품 산업 |
| • 농촌 산업 | • 축산업(고기-우유생산 관련) 특성화, 양돈업<br>• 콩, 기타 유지작물(보리, 밀, 귀리) 재배[아무르 강변을 중심으로]<br>• 비르 강(река Бира) 계곡 동부지역에서 야채와 감자 재배.<br>• 양봉업이 발전 |

7) 마가단州

| 구 분 | 내 용 |
|---|---|
| • 중심지 | • 마가단(Магадан)市 |
| • 영토 크기 | • 461 400 ㎢(러시아연방 전체 영토의 2.70%) |
| • 지역 시간대 | • 모스크바 시간 +8시 |
| • 인구(민족구성) | • 인구 수: 182 726 명(러시아연방 전체의 0.13%)<br>• 인구밀도: 0.4명/㎢<br><br>주요 민족 구성(%, 2002년 10월의 인구통계 결과)<br><br>\| 러시아 민족 \| 80.18 \|<br>\| 우크라이나 민족 \| 9.89 \|<br>\| 에벤(Эвен)족 \| 1.38 \|<br>\| 벨라루시 민족 \| 1.19 \|<br>\| 타타르인(Татары) \| 1.10 \|<br>\| 코략(Коряки) \| 0.49 \|<br>\| 인구쉬(Ингуши) \| 0.44 \| |
| • 주요 도시 | 주요 도시 / 인구 수<br>마가단(Магадан) / 115 000 |
| • 지리 상황 | • 러시아연방의 북동부에 위치<br>• 오호츠크해 및 태평양과 연결<br>• 사하공화국, 하바롭스크 크라이, 추코트카 자치구, 캄차트카 크라이 등과 경계를 이룸.<br>• 마가단에서 모스크바까지의 거리: 7,110㎞ |
| • 기후 조건 | • 1월 평균기온: -26℃.<br>• 7월 평균기온: +13.4℃. |
| • 형성일 | • 1953년 12월 3일 |
| • 유용 광물 | • 유영광물: 금, 유색금속, 건축 원료<br>• 유명한 산지<br><br>\| 자원 \| 산지 \|<br>\| 금 \| 카람켄(Карамкен) \|<br>\| 텅스텐 \| 옴숙찬(Омсукчан) \| |
| • 주요 산업 | • 채광업, 수산업, 전력, 기계 수리업, 건축원료 생산업, 식료품 산업(고기-우유 관련), 경공업(의류 관련).<br>• 광물-원료 산업이 발전 |
| • 농촌 산업 | • 사슴사육, 모피용 동물사육관련 산업이 발전<br>• 전통산업(사냥, 어로 및 모피업) |

8) 사할린州

| 구 분 | 내 용 |
|---|---|
| • 중심지 | • 유즈노-사할린스크(Южно-Сахалинск)市 |
| • 영토 크기 | • 87 100 km²(러시아연방 전체 영토의 0.51%) |
| • 지역 시간대 | • 모스크바 시간 +7시 |
| • 인구(민족구성) | • 인구 수: 546 695 명(러시아연방 전체의 0.38%)<br>• 인구밀도: 6.3명/km²<br><table><tr><th colspan="2">주요 민족 구성(%, 2002년 10월의 인구통계 결과)</th></tr><tr><td>러시아 민족</td><td>84.28</td></tr><tr><td>고려인</td><td>5.41</td></tr><tr><td>우크라이나 민족</td><td>3.99</td></tr><tr><td>타타르인</td><td>1.25</td></tr><tr><td>벨라루시 민족</td><td>1.00</td></tr><tr><td>모르드바(Мордва)인</td><td>0.54</td></tr></table> |
| • 주요 도시 | <table><tr><th>주요 도시</th><th>인구 수</th></tr><tr><td>유즈노-사할린스크(Южно-Сахалинск)</td><td>179 500</td></tr><tr><td>홀름스크(Холмск)</td><td>38 200</td></tr><tr><td>코르사코프(Корсаков)</td><td>34 300</td></tr><tr><td>오하(Оха)</td><td>27 200</td></tr><tr><td>포로나이스크(Поронайск)</td><td>21 100</td></tr></table> |
| • 지리 상황 | • 러시아연방의 동쪽 끝자락에 위치(사할린섬과 쿠릴 섬이 포함)<br>• 오호츠크해와 일본해에 омывается<br>• 유즈노-사할린스크市에서 모스크바까지의 거리: 10,417km |
| • 기후 조건 | • 1월 평균기온: -13.3°C.<br>• 7월 평균기온: +14.2°C. |
| • 형성일 | • 1932년 10월 20일 |
| • 유용 광물 | • 무연탄과 동력용 석탄, 석유, 천연가스, 천연 유황, 치탄 철광-자철광 모래(ильменит-магнетитовые пески).<br>• 주요 광물 산지<br><table><tr><th>자원</th><th>산지</th></tr><tr><td>동력용 석탄</td><td>고르노자보드스크(Горнозаводск), 바흐루세프스크(Вахрушевск)</td></tr><tr><td>코크스용 석탄</td><td>레소고르스크(Лесогорск), 우글레고르스크(Углегорск)</td></tr><tr><td>원유</td><td>만기(Монги), 우스트-토미(Усть-Томи), 카탄글리(Катангли), 유빌레이노예(Юбилейное), 오크루즈노예(Окружное)</td></tr><tr><td>가스</td><td>동부-루고프스크(Восточно-Луговск)</td></tr><tr><td>가스콘덴사이트</td><td>오돕투(Одопту), 차이보(Чайво), 룬스코예(Лунское)</td></tr><tr><td>유황</td><td>노보예[Новое (о.Итуруп)]</td></tr></table> |
| • 주요 산업 | • 식료품(어업관련), 제지관련(셀룰로스-종이 등) 산업, 연료(석유, 석탄), 전력, 기계 수리업(선박수리) |
| • 농촌 산업 | • 축산업(농촌 경제에서의 대표 분야)<br>• 모피용 동물 사육 및 사슴 사육이 발전.<br>• 감자, 야채, 사료용 식물 재배. |

## 9) 추코트카 자치구

| 구 분 | 내 용 |
|---|---|
| • 중심지 | • 아나디르(Анадырь)市 |
| • 영토 크기 | • 737 700 ㎢(러시아연방 전체 영토의 4.32%) |
| • 지역 시간대 | • 모스크바 시간 + 9시 |
| • 인구(민족구성) | • 인구 수: 53 824 명(러시아연방 전체에서 0.04%)<br>• 인구밀도: 0.1명/㎢<br><table><tr><th colspan="2">주요 민족 구성(%, 2002년 10월의 인구통계 결과)</th></tr><tr><td>러시아 민족</td><td>51.87</td></tr><tr><td>츄코트인(Чукча)</td><td>23.45</td></tr><tr><td>우크라이나 민족</td><td>9.22</td></tr><tr><td>에스키모인(Эскимос)</td><td>2.85</td></tr><tr><td>에벤족(Эвен)</td><td>2.61</td></tr><tr><td>민족성 미공개</td><td>2.23</td></tr></table> |
| • 주요 도시 | <table><tr><th>주요 도시</th><th>인구 수</th></tr><tr><td>아나디르(Анадырь)</td><td>10 500</td></tr></table> |
| • 지리 상황 | • 러시아의 북동부에 위치, 추코트 반도<br>• 사하공화국, 캄차트카 크라이, 마가단주와 경계를 이룸.<br>• 아나디르(Анадырь)市에서 모스크바까지의 거리: 8,635km |
| • 기후 조건 | • 1월 평균기온: -26℃.<br>• 7월 평균기온: +9.1℃. |
| • 형성일 | • 1930년 12월 10일, 마가단州의 구성에 포함<br>• 1992년 6월 17일, 마가단州에서 분리 |
| • 유용 광물 | • 대표적인 광물 자원: 금, 텅스텐, 주석, 석탄<br>• 가장 유명한 산지<br><table><tr><th>자원</th><th>산지</th></tr><tr><td>주석</td><td>발리쿠메이(Валькумей), 피르카카이(Пыркакай)</td></tr><tr><td>석탄</td><td>아나디르스크(Анадырск), 베린고프스크(Беринговск)</td></tr></table> |
| • 주요 산업 | • 채광업(금, 무연탄과 갈탄).<br>• 전력산업이 발전, 수산업, 수공예술업 |
| • 농촌 산업 | • 온실 야채 재배<br>• 사슴사육, 모피용 동물사육, 어업, 모피업, 바다짐승(바다 포범, 해마) 사냥 등이 발전 |

## 제2절. 시베리아·극동지역의 인구 감소 현황 및 원인 분석

### 1. 들어가는 말

국가의 인구 수는 국력의 토대가 된다. 인구가 많다는 사실은 경제활동 인구가 많나는 것을 의미하며, 보다 유능한 인력을 선별해서 활용할 수 있는 장점을 갖는다. 전쟁이나 국가간 갈등이 발생했을 경우에도 인수 수는 전투력 및 예비전력 측정의 주요 변수가 되기도 한다. 따라서 거의 모든 국가들은 국가 영토가 수용할 수 있는 범위 내에서 자신의 인구 수를 늘려나갈 수 있는 다양한 방법을 모색하게 된다.

러시아는 광활한 영토를 가지고 있음에도 불구하고, 2008년 현재의 전체 인구는 1억4천2백만 명 정도에 불과하다. 소련이 해체되기 직전인 1990년을 기준으로 봤을 때, 2008년 현재 5백66만 명 이상이 감소되었다. 따라서 2000년을 지나면서, 푸틴은 러시아의 인구감소가 국가안보에 심각한 위협 요인으로 작용되고 있음을 인식하기 시작했다. 아래의 도표는 러시아의 인구감소 현황을 연방지구별로 정리한 내용이다.

<표 1> 러시아의 인구 감소 현황

| 연방지구(7개) | 년도(매년 1월 1일 기준, 천명) | | | | | |
|---|---|---|---|---|---|---|
| | 1990 | 1996 | 2002 | 2004 | 2006 | 2008 |
| 러시아연방 전체 | 147,665 | 148,292 | 145,649 | 144,168 | 142,754 | 142,009 |
| 중앙 연방지구 | 38,018 | 38,189 | 38,068 | 37,733 | 37,357 | 37,151 |
| 북서부 연방지구 | 15,310 | 14,750 | 14,073 | 13,832 | 13,628 | 13,501 |

| | | | | | | |
|---|---|---|---|---|---|---|
| 남부 연방지구 | 20,697 | 22,455 | 22,853 | 22,850 | 22,790 | 22,835 |
| 볼가 연방지구 | 31,764 | 32,049 | 31,316 | 30,902 | 30,511 | 30,241 |
| 우랄 연방지구 | 12,725 | 12,606 | 12,418 | 12,316 | 12,244 | 12,241 |
| 시베리아 연방지구 | 21,106 | 20,883 | 20,178 | 19,901 | 19,677 | 19,553 |
| 극동 연방지구 | 8,045 | 7,360 | 6,743 | 6,634 | 6,547 | 6,487 |

Федеральная служба государственной статистики, *Российский статистический ежегодник. Официальное издание 2008* (Москва: Росстат, 2008), с. 84~85 내용 재정리.

인구감소와 국가안보 문제를 연계시켜 푸틴이 가장 우려하고 있는 지역은 러시아의 동쪽 끝자락에 있는 극동지역이다. 극동 연방지구가 7개 연방지구들 중에서 인구감소가 가장 두드러지기 때문이다. 따라서 러시아의 전체 인구가 감소되고 있는 현실을 비교 분석하면서, 러시아 동부지역(시베리아 및 극동연방지구)의 인구감소 문제를 원인별로 나누어 살펴본다.

## 2. 시베리아 및 극동연방지구의 인구감소 현황

### 1) 시베리아 연방지구의 인구감소 현황

러시아의 시베리아 연방지구는 우랄산맥을 넘어 러시아의 동부지역에 펼쳐져 있다. 시베리아 연방지구에는 10개가 넘는 연방 구성 주체들이 포함되어 있다. 이들 개별 행정 주체의 영토 규모 및 인구 상황을 정리하면 아래와 같다.

<표 2> 시베리아 연방지구의 영토 및 인구 개황

| 연방 주체 | 주체의 중심지 | 영토(㎢) | 인구(2008.1.1, 명) | 인구밀도 (명/㎢) |
|---|---|---|---|---|
| 시베리아연방지구 전체 | 노보시비르스크市 | 5,145,000 | 19,553,000 | 3.8 |
| 알타이 공화국 | 고르노-알타이스크市 | 92,900 | 207,000 | 2.2 |
| 부랴트 공화국 | 울란-우데市 | 351,300 | 960,000 | 2.7 |
| 티바 공화국 | 키질市 | 168,600 | 312,000 | 1.8 |
| 하카시야 공화국 | 아바칸市 | 61,600 | 537,000 | 8.7 |
| 알타이 크라이 | 바르나울市 | 168,000 | 2,508,000 | 14.9 |

| 크라스노야르스크 크라이 | 크라스노야르스크市 | 2,366,800 | 2,890,000 | 1.2 |
| 이르쿠츠크주 | 이르쿠츠크市 | 774,800 | 2,508,000 | 3.2 |
| 우스트-오르다 부랴트 자치구 | | 22,100 | 134,000 | 6.1 |
| 케메로프주 | 케메로보市 | 95,700 | 2,823,000 | 29.5 |
| 노보시비르스크주 | 노보시비르스크市 | 177,800 | 2,636,000 | 14.8 |
| 옴스크주 | 옴스크市 | 141,100 | 2,018,000 | 14.3 |
| 톰스크주 | 톰스크市 | 314,400 | 1,035,000 | 3.3 |
| 치타주 | 치타市 | 431,900 | 111,900 | 2.6 |
| 아가-부랴트 자치구 | 아긴스코예市 | 19,600 | 76,000 | 3.9 |

Федеральная служба государственной статистики, *Российский статистический ежегодник. Официальное издание 2008* (Москва: Росстат, 2008), с. 43 재정리.

상기 도표에서 보는 바와 같이, 시베리아 연방지구의 개별 주체에서 2백 50만 명이 넘는 인구를 가진 주체들은 크라스노야르스크 크라이, 케메로프주, 노보시비르스크주, 알타이 크라이, 이르쿠츠크주 등에 불과하다. 이러한 주체들에서 조차도 동일 공간의 광활함을 고려한다면, 인구가 절대적으로 부족한 실정이다.

소련이 해체되기 직전인 1990년을 기준으로 해서, 시베리아 연방지구의 대다수 주체들에서 시간이 지날수록 인구가 감소되고 있다는 공통된 현상을 보인다. 시베리아 연방지구의 개별 주체 단위에서 인구가 감소되고 있는 정도를 연도별로 정리하면 아래와 같다.

<표 3> 시베리아 연방지구의 개별 주체별 인구 감소 추이

| 연방 주체(12개) | 년도(매년 1월 1일 기준, 천명) | | | | | |
|---|---|---|---|---|---|---|
| | 1990 | 1996 | 2002 | 2004 | 2006 | 2008 |
| 시베리아연방지구 전체 | 21106 | 20883 | 20178 | 19901 | 19677 | 19553 |
| 알타이 공화국 | 193 | 200 | 203 | 203 | 204 | 207 |
| 부랴트 공화국 | 1048 | 1033 | 987 | 974 | 964 | 960 |
| 티바공화국 | 313 | 305 | 305 | 306 | 309 | 312 |
| 하카시야 공화국 | 571 | 570 | 549 | 543 | 538 | 537 |
| 알타이 크라이 | 2641 | 2688 | 2621 | 2583 | 2543 | 2508 |
| 크라스노야르스크 크라이 [타이므르(돌가노-네네츠) 自治區와 에벤키自治區가 흡수] | 3156 | 3100 | 2982 | 2942 | 2906 | 2890 |

| 자바이칼 크라이[치타주+아가-부랴트 자치구]* | 1320[70] | 1248[72] | 1165[72] | 1144[73] | 1128[74] | 1119[76] |
|---|---|---|---|---|---|---|
| 이르쿠츠크주[우스트-오르다 부랴트 자치구 거주] | 2795[127] | 2727[133] | 2600[135] | 2561[135] | 2527[134] | 2508[134] |
| 케메로프주 | 3099 | 3048 | 2918 | 2872 | 2839 | 2823 |
| 노보시비르스크주 | 2742 | 2733 | 2703 | 2673 | 2650 | 2636 |
| 옴스크주 | 2153 | 2162 | 2095 | 2059 | 2035 | 2018 |
| 톰스크주 | 1075 | 1069 | 1050 | 1041 | 1034 | 1035 |

Федеральная служба государственной статистики, *Российский статистический ежегодник. Официальное издание 2008* (Москва: Росстат, 2008), с. 85.
[ ]안의 수는 아긴-부랴트 자치구에 거주하는 인수 수를 의미.

시베리아 연방지구에 소속된 개별 주체의 인구 변동 추이를 보면, 알타이 공화국과 티바 공화국을 제외한 모든 주체에서 시간이 지날수록 인구가 계속적으로 감소되고 있음을 알 수 있다. 인구감소는 경제활동을 위해 타지역 및 타국가로의 이주가 하나의 원인으로 작용하였고, 지역 주민들의 출산율 저하가 또 다른 하나의 이유로 작용된다.

<그림 1> 톰스크州 인구의 자연 증감 현황

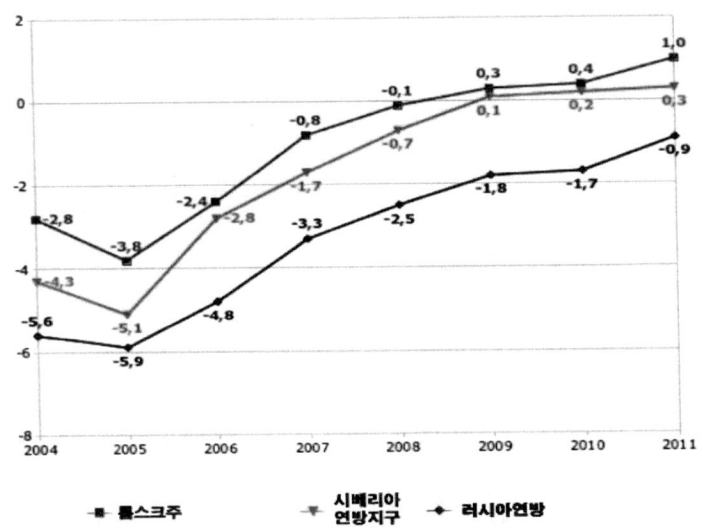

http://tomsk.gov.ru/ru/spravka-o-regione/(검색일: 2012년 12월 29일)

시베리아 연방지구에 있는 주체들 중에서 톰스크주의 경우에는 2010년을 전후하면서 전년 대비 미미한 수준이기는 하지만 증가되는 모습을 보이기도 한다. 2010년의 인구 통계조사에 따르면, 톰스크주의 전체 인구는 1,047,394명이다. 이들 인구 중에서 70.2%가 도시에 거주하고, 29.8%가 농촌에 거주하고 있다. 행정 중심지인 톰스크市에 거주하는 인구는 전체 인구의 약50%인 50만 명이 조금 넘는다.[1]

러시아의 다른 연방지구와 마찬가지로, 시베리아 연방지구의 인구감소 추세 역시 계속되고 있다. 출산율 저하에 더해서, 모스크바 등 다른 지역으로 이주하는 현상이 발생하기 때문이다. 시베리아 연방지구의 전체 인구는 2천만 명이 넘지 않는다. 인구밀도는 3.9명/km²이다. 이들 인구 중에서 ⅔ 이상이 도시에 거주하고 있다. 도시 인구가 71.1%이고, 농촌 인구는 28.9%이다. 도시에 거주하고 있는 인구들은 몇몇 대도시에 집중되어 있다.

시베리아 주민들의 상당수가 노보시비르스크市,[2] 옴스크市, 그리고 크라스노야르스크市에 거주하고 있다. 시베리아에 있는 9개 대도시는 노보시비르스크, 옴스크, 크라스노야르스크, 바르나울, 이르쿠츠크, 노보쿠즈네츠크, 튜멘, 케메로보, 톰스크 등이다.

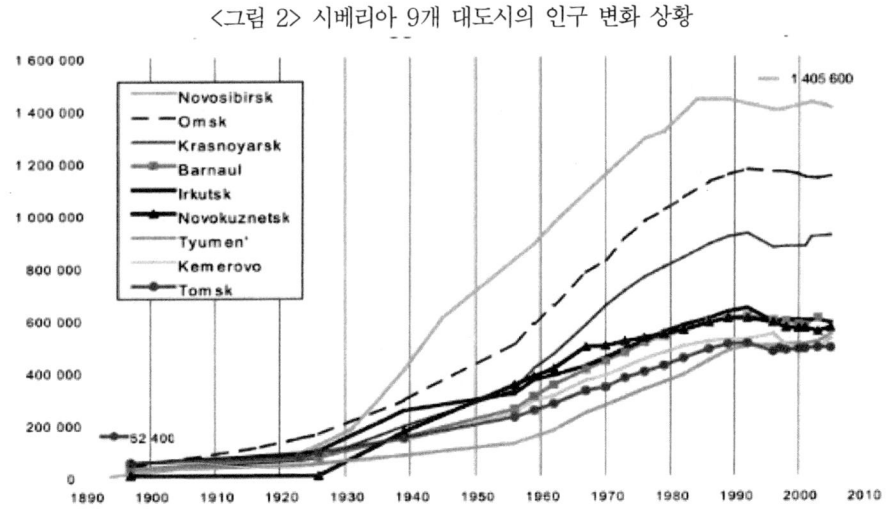

<그림 2> 시베리아 9개 대도시의 인구 변화 상황

http://ko.wikipedia.org/wiki/%ED%8C%8C%EC%9D%BC:Siberian_Cities_Graph.svg

---

1) 동일 주에 120개 민족이 거주하고 있으며, 러시아 민족이 90.8%이다. 그리고 소수 민족으로는 타타르 1.9%, 우크라이나인이 1.6%가 거주하고 있다.
2) 노보시비르스크市는 모스크바와 샹트-페테르부르크市 다음으로 많은 인구가 거주하는 제3의 대도시이다.

<표 4> 시베리아 연방지구의 주요 대도시(기준: 2008년 1월)

| 도시 | 인구(천명) | 소속 주체 |
|---|---|---|
| 노보시비르스크(Новосибирск)市 | 1390.5 | 노보시비르스크州 |
| 옴스크(Омск)市 | 1131.1 | 옴스크州 |
| 크라스노야르스크(Красноярск)市 | 936.4 | 크라스노야르스크 크라이 |
| 바르나울(Барнаул)市 | 597.2 | 알타이 크라이 |
| 이르쿠츠크(Иркутск)市 | 575.8 | 이르쿠츠크州 |
| 노보쿠즈네츠크(Новокузнецк)市 | 562.2 | 케메로보州 |
| 케메로보(Кемерово)市 | 520.0 | 케메로보州 |

상기 대도시 이외의 지역에도 인구가 모여들면서 도시가 형성되어 있다. 주민들은 주로 시베리아의 남부지역에 도시를 형성하면서 거주하고 있다. 시베리아의 북부지역은 그야말로 사람이 살지 않는 자연 상태의 모습을 보인다. 시베리아의 남부지역에 있는 대표적인 도시와 이들 도시에 거주하고 있는 인구의 정도는 아래와 같다.

<표 5> 시베리아 연방지구의 주요 도시 인구

| No | 도시 이름 | 인구 | | 수속 주체 |
|---|---|---|---|---|
| | | 2002 | 2008.1 | |
| 1 | 노보시비르스크(Новосибирск) | 1,425,600 | 1,390,500 | 노보시비르스크州 |
| 2 | 옴스크(Омск) | 1,133,900 | 1,131,100 | 옴스크州 |
| 3 | 크라스노야르스크(Красноярск) | 911,700 | 936,400 | 크라스노야르스크 크라이 |
| 4 | 바르나울(Барнаул) | 603,500 | 597,200 | 알타이 크라이 |
| 5 | 이르쿠츠크(Иркутск) | 593,400 | 575,800 | 이르쿠츠크州 |
| 6 | 노보쿠즈네츠크(Новокузнецк) | 550,100 | 562,200 | 케메로보州 |
| 7 | 톰스크(Томск) | 487,700 | | 톰스크州 |
| 8 | 케메로보(Кемерово) | 485,000 | 520,000 | 케메로보州 |
| 9 | 울란-우데(Улан-Удэ) | 359,400 | | 부랴트 공화국 |
| 10 | 치타(Чита) | 317,800 | | 자바이칼 크라이 |
| 11 | 브라트스트(Братск) | 259,200 | | 이르쿠츠크州 |
| 12 | 안가르스크(Ангарск) | 247,100 | | 이르쿠츠크州 |
| 13 | 프로코피예프스크(Прокопьевск) | 224,600 | | 케메로보州 |
| 14 | 비스크(Бийск) | 218,600 | | 알타이 크라이 |

| 15 | 아바칸(Абакан) | 165,200 | | 하카시야 공화국 |
| 16 | 루프쵸프스크(Рубцовск) | 163,100 | | 알타이 크라이 |
| 17 | 노릴스크(Норильск) | 135,100 | | 크라스노야르스크 크라이 |
| 18 | 아친스크(Ачинск) | 118,700 | | 크라스노야르스크 크라이 |
| 19 | 세베르스크(Северск) | 115,700 | | 톰스크州 |
| 20 | 레닌스크-쿠즈네츠키(Ленинск-Кузнецкий) | 112,300 | | 케메로보州 |
| 21 | 키셀료프스크(Киселёвск) | 106,400 | | 케메로보州 |
| 22 | 키질(Кызыл) | 104,100 | | 티바 공화국 |
| 23 | 칸스크(Канск) | 103,100 | | 크라스노야르스크 크라이 |
| 24 | 메즈두레첸스크(Междуреченск) | 102,000 | | 케메로보州 |
| 25 | 우스트-일림스크(Усть-Илимск) | 100,600 | | 이르쿠츠크州 |

출처: http://worldgeo.ru/russia/lists/?id=25&fedokr=4(검색일, 2010년 3월 24일)의 자료를 중심으로 정리.

2) 극동 연방지구의 인구감소 현황

극동 연방지구는 러시아의 동쪽 끝자락에 있는 행정 주체들을 하나로 묶은 지역단위체이다. 동일의 연방지구에는 1개의 공화국과 3개의 크라이, 그리고 4개의 주와 1개의 구로 구성되어 있다. 극동 연방지구에 소속된 개별 행정주체의 영토 크기와 인구 상황은 아래와 같다.

<표 6> 극동 연방지구의 개별 주체 영토규모 및 인구 상황

| 연방 주체(9) | 주체의 중심지 | 영토(km²) | 인구(2008.1.1,명) | 인구밀도(명/km²) |
|---|---|---|---|---|
| 극동연방지구 전체 | 하바롭스크市 | 6,169,300 | 6,487,000 | 1.1 |
| 사하공화국 | 야쿠츠크市 | 3,083,500 | 951,000 | 0.3 |
| 캄차트카 크라이3) | 페트로파블로프스크-캄차트키市 | 464,300 | 346,000 | 0.7 |
| 연해 크라이 | 블라디보스톡市 | 164,700 | 1,996,000 | 12.1 |
| 하바롭스크 크라이 | 하바롭스크市 | 787,600 | 1,404,000 | 1.8 |
| 아무르주 | 블라고베셴스크市 | 361,900 | 870,000 | 2.4 |

3) 2006년 7월 12일의 연방 법률 <캄차트카주와 코략 자치구의 통합 결과에 따르는 러시아연방의 새로운 연방 주체 구성에 관하여>(«Об образовании в составе Российской Федерации нового субъекта Российской Федерации в результате объединения Камчатской области и Корякского автономного округа»)에 따라, 2007년 7월 1일부터 러시아연방의 새로운 주체인 캄차트카 크라이가 형성되어졌다.

| 마가단주 | 마가단市 | 462,500 | 166,000 | 0.4 |
| 사할린주 | 유즈노-사할린스크市 | 87,100 | 518,000 | 6.0 |
| 유태인 자치주 | 비로비잔市 | 36,300 | 186,000 | 5.1 |
| 추코트카 자치구 | 아나드르市 | 721,500 | 50,000 | 0.1 |

Федеральная служба государственной статистики, *Российский статистический ежегодник. Официальное издание 2008* (Москва: Росстат, 2008), c. 43 재정리.

극동 연방지구의 전체 인구는 소련 해체 직전인 1990년에 비해 2008년에 1백55만8천명이 감소되었다. 이러한 인구 감소는 동일 연방지구에 소속된 모든 행정 주체에서 나타나는 인구감소 결과로 산출된 것이다. 극동 연방지구에 소속된 개별 주체 단위의 연도별 인구 변동 추이는 <표 7>에서 보는 바와 같다.

<표 7> 극동연방지구의 인구 감소 현황

| 연방주체(9개) | 년도(매년 1월 1일 기준, 천명) | | | | | |
|---|---|---|---|---|---|---|
| | 1990 | 1996 | 2002 | 2004 | 2006 | 2008 |
| 극동연방지구 전체 | 8045 | 7360 | 6743 | 6634 | 6547 | 6487 |
| 사하공화국 | 1111 | 1020 | 952 | 949 | 950 | 951 |
| 하바롭스크 크라이 | 1620 | 1544 | 1446 | 1427 | 1412 | 1404 |
| 캄차트카 크라이 | 477 | 407 | 362 | 355 | 349 | 346 |
| 연해 크라이 | 2297 | 2242 | 2086 | 2051 | 2019 | 1996 |
| 마가단주 | 390 | 240 | 187 | 178 | 172 | 166 |
| 아무르 주 | 1056 | 986 | 911 | 894 | 881 | 870 |
| 사할린주 | 714 | 630 | 552 | 538 | 526 | 518 |
| 유대인 자치주 | 218 | 207 | 192 | 190 | 187 | 186 |
| 추코트카 자치구 | 162 | 84 | 55 | 52 | 51 | 50 |

Федеральная служба государственной статистики, *Российский статистический ежегодник. Официальное издание 2008* (Москва: Росстат, 2008), c. 85.

사하 공화국의 경우에 약간의 예외적인 상황이 있기는 하지만, 극동 연방지구의 모든 주체에서 시간의 흐름에 따라 인구가 감소되고 있음을 알 수 있다. 인구감소는 다양한 원인이 작용된 결과이지만, 대표적인 이유는 노동 이주와 출산율 저하일 것이다. 노동환경의 열악함이 동일 지역 노동자들을 외부로 유출시키는 결과로 작용했다.

그리고 이러한 상황이 출산율 저하로 연결되면서 나타난 현상이다.

## 3. 출산율 저하와 인구 감소

1) 시베리아 연방지구의 출산율 저하와 인구감소

시베리아 연방지구의 인구감소에 영향을 미치는 출생 및 사망자 수를 정리하면서, 동일 지역의 인구 자연 증감 현상을 파악한다. 1970년부터 2007년에 이르는 기간 동안, 시베리아 연방지구 전체를 대상으로 년도 별 출생 및 사망자 수를 정리하면 <표 8>과 같다.

<표 8> 시베리아 연방지구의 연도별 인도 변동 상황

| 년도 | 전체 인구 수 | | | 인구 1000명 당 | | |
|---|---|---|---|---|---|---|
| | 출생 | 사망 | 자연증가 | 출생 | 사망 | 자연증가 |
| 1970 | 290,418 | 143,080 | 147,338 | 16.0 | 7.9 | 8.1 |
| 1980 | 361,140 | 198,863 | 162,277 | 18.6 | 10.2 | 8.4 |
| 1990 | 307,952 | 213,128 | 94,824 | 14.6 | 10.1 | 4.5 |
| 1995 | 209,670 | 298,436 | -88,766 | 10.0 | 14.3 | -4.3 |
| 2000 | 198,002 | 298,681 | -100,679 | 9.7 | 14.6 | -4.9 |
| 2005 | 224,272 | 325,650 | -101,378 | 11.4 | 16.5 | -5.1 |
| 2006 | 226,961 | 296,230 | -69,269 | 11.6 | 15.1 | -3.5 |
| 2007 | 248,932 | 282,098 | -33,166 | 12.7 | 14.4 | -1.7 |

Федеральная служба государственной статистики, *Российский статистический ежегодник. Официальное издание 2008* (Москва: Росстат, 2008), с. 110.
* 보기: (-) 인구의 자연감소

상기 도표에서 보는 바와 같이, 출생 및 사망자 수를 중심으로 시베리아 연방지구의 인구증감 현상을 보면 시간이 지날수록 감소되고 있음을 확인할 수 있다. 2005년을 점정으로 감소율이 상대적으로 감소되고 있기는 하지만, 인구감소 현상은 계속되고 있다. 시베리아 연방지구에 소속된 개별 주체 단위별로 출생 및 사망, 그리고 인구의 자연 증감 현상을 살펴보면,[4] 시베리아 공간의 인구가 감소되는 정도를 파악할 수 있을 것으로 보인다.

## 2) 극동 연방지구의 출산율 저하와 인구감소

극동 연방지구 전체 차원에서 보여 지는 출산율 저하가 동일지역 인구의 감소를 자극하는 하나의 요인이 된다. 아래의 도표에서 보는 바와 같이, 극동 연방지구 전체를 대상으로 했을 때 소련 시절에는 출생자 수가 사망자 수를 앞질렀으나, 소련 해체 이후인 1992년부터는 사망자 수가 출생자 수를 초월했다. 출생자 및 사망자 수를 대상으로 했을 때, 2005년도가 최대치의 인구 감소 현상을 보였다. 그 이후부터는 감소 정도가 점차적으로 줄어들고 있다.

<표 9> 극동 연방지구의 연도별 인구의 자연 증감 상황

| 년도 | 전체인구 수 | | | 인구 1000명 당 | | |
|---|---|---|---|---|---|---|
| | 출생 | 사망 | 자연증가 | 출생 | 사망 | 자연증가 |
| 1970 | 103,810 | 41,847 | 61963 | 17.8 | 7.2 | 10.6 |
| 1980 | 128,910 | 61,490 | 67420 | 18.5 | 8.8 | 9.7 |
| 1990 | 124,251 | 66,031 | 58220 | 15.4 | 8.2 | 7.2 |
| 1995 | 77,280 | 95,233 | -17953 | 10.4 | 12.8 | -2.4 |
| 2000 | 66,503 | 90,441 | -23938 | 9.7 | 13.2 | -3.5 |
| 2005 | 75,587 | 100,477 | -24890 | 11.5 | 15.3 | -3.8 |
| 2006 | 75,150 | 91,500 | -16350 | 11.5 | 14.0 | -2.5 |
| 2007 | 80,080 | 87,546 | -7466 | 12.3 | 13.5 | -1.2 |

Федеральная служба государственной статистики, *Российский статистический ежегодник. Официальное издание 2008* (Москва: Росстат, 2008), с. 112.
* 보기: (-) 인구의 자연감소

극동 연방지구에 소속된 개별 주체별 인구의 자연 증감 현상은 유사한 모습으로 감소되고 있음을 할 수 있다.5) 사하 공화국을 제외한 모든 공화국 및 크라이 차원에서 1995년을 기점으로 마이너스 성장으로 전환되고 있다. 극동 연방지구에 소속된

---

4) 시베리아 연방지구에 소속된 개별주체 단위별로 출생 및 사망, 이에 따르는 인구의 자연 증감 현상은 [별첨 1] 참조.
5) 극동 연방지구에 소속된 개별 행정 주체별 인구의 자연 증감 현황은 [별첨 2] 참조.

州와 區 단위에서도 유사한 모습을 보인다. 추코트카 자치구를 제외한 모든 주체에서 1995년부터 출생자 수 보다 사망자 수가 높게 나타난다.

## 4. 노동 이민과 인구감소

### 1) 국제 노동 이민과 러시아의 인구변화

지난 냉전기간 동안 소련 경제가 지속적으로 마이너스 성장을 기록했다. 당시의 주민들은 정부에 대한 공식적인 불만 표출이 아니라, 소극적인 저항에 만족하면서 빈약한 경제 문제를 해결하는 분위기가 지배적이었다. 그러나 고르바쵸프와 옐친 시기를 거치면서 국민들의 욕구불만은 정부에 대한 공식적인 저항 또는 대응으로 자신들의 경제 문제를 해결하려는 분위기가 확산되었다.

옐친이 집권한 지난 8년의 기간 동안, 중앙 정부의 무능력과 경제상황의 악화 등이 맞물리면서 러시아 국민들은 출산율 저하와 노동이민 등의 방법으로 경제적 불만을 표출하기 시작했다. 1995년을 전후한 시기에 노동 이민이 보다 적극화되었다. 따라서 2000년 이후 푸틴이 국가안보 차원에서 인구 문제를 논의하기 시작했고, 러시아의 경제 상황이 개선되면서 국내로 유입되는 노동 이민이 증가되기 시작했다. 푸틴이 집권한 2000년 이후, 외국에서 러시아로의 이주와 반대로 러시아에서 외국으로 이주한 정도를 정리하면 아래와 같다.

<표 10> 국제 이주 현황(단위: 명)

| 구분 | 2000 | 2001 | 2002 | 2003 | 2004 | 2005 | 2006 | 2007 |
|---|---|---|---|---|---|---|---|---|
| 외부에서 러시아로 이주 | 359,330 | 193,450 | 184,612 | 129,144 | 119,157 | 171,230 | 186,380 | 286,956 |
| 러시아에서 외국으로 이주 | 145,720 | 121,166 | 106,685 | 94,018 | 79,795 | 69,798 | 54,061 | 47,013 |
| 러시아로의 이주 증감 | +213,610 | +72,284 | +77,927 | +35,126 | +39,362 | +101,432 | +132,319 | +239,943 |

Федеральная служба государственной статистики, *Российский статистический ежегодник. Официальное издание 2008* (Москва: Росстат, 2008), сс. 117~118의 도표를 중심으로 재정리.

상기 도표에서 보는 바와 같이, 러시아에서 외국으로의 노동 이주보다 역으로 러시아로 유입되는 이주가 현저히 많음을 볼 수 있다. 이러한 사실은 러시아 경제가 활성화되면서 CIS 국가에서 러시아로 이주하는 경우가 많음에 기인한다. 러시아로의 유입 이주와 반대로 러시아로부터 유출되는 이주 현상을 CIS와 기타 국가로 나누어 살펴본다.

(1) 러시아로의 이주

러시아는 외국을 근동국가와 원동국가로 분류하고 있으며, 근동국가는 CIS 지역 국가를 일컫는다. 그리고 원동국가는 CIS를 제외한 모든 외국을 일컫는다. 근동국가인 CIS로부터 러시아로의 이주가 계속되고 있다. 카자흐스탄으로부터 러시아로 이주하는 경향이 강하게 나타나고 있다. 그리고 우즈베키스탄이나 우크라이나 등을 비롯한 대부분의 CIS국가로부터 러시아로의 이주가 계속되고 있다.

<표 11> 주요 국가로부터 러시아로의 국제이주 현황(단위: 명)

| 구분 | 2000 | 2001 | 2002 | 2003 | 2004 | 2005 | 2006 | 2007 |
|---|---|---|---|---|---|---|---|---|
| 전체 | 359,330 | 193,450 | 184,612 | 129,144 | 119,157 | 171,230 | 186,380 | 286,956 |
| CIS로부터 이주 | 346,774 | 183,650 | 175,068 | 119,661 | 110,374 | 168,598 | 177,657 | 273,872 |
| 원동국가 (북한)에서 이주 | 12,556 (32) | 9,800 (40) | 9,544 (19) | 9,483 (5) | 8,783 (2) | 8,632 (5) | 8,723 (2) | 13,084 (73) |

Федеральная служба государственной статистики, *Российский статистический ежегодник. Официальное издание 2008* (Москва: Росстат, 2008), cc. 117 참조.

위의 도표에서 보는 바와 같이, 근동국가는 물론 원동국가로부터 러시아로의 이주 현상이 꾸준히 지속되고 있다. 다양한 국가로부터 러시아로의 이주가 계속되고 있으며, 북한에서 러시아로의 노동 이주 역시 꾸준히 이어지고 있다.

(2) 러시아로부터의 이주

러시아에서 외국으로의 이주는 CIS로의 이주와 기타 원동국가로의 이주가 유사한 방향에서 나타나고 있다. 공통된 특징은 러시아에서 CIS 및 원동국가로 이주하는 정도가 점차적으로 감소되고 있다는 것이다. 이러한 이주 현상은 주어진 당시의 러시아 경제 상황과 불가분의 관계를 맺고 있다. 러시아 경제가 안정 및 성장 추세를 보일 경우에 외부로의 노동 이주가 감소한다는 사실을 보여준다.

<표 12> 러시아로부터 외국이주 현황(단위: 명)

| 구분 | 2000 | 2001 | 2002 | 2003 | 2004 | 2005 | 2006 | 2007 |
|---|---|---|---|---|---|---|---|---|
| 전체 | 145,720 | 121,166 | 106,685 | 94,018 | 79,795 | 69,798 | 54,061 | 47,013 |
| CIS로의 이주 | 82,312 | 61,570 | 52,099 | 46,081 | 37,017 | 36,109 | 35,262 | 31,329 |
| 원동국가*<br>(북한)로의 이주 | 63,408<br>(47) | 59,596<br>(40) | 54,586<br>(20) | 47,937<br>(11) | 42,778<br>(8) | 33,689<br>(5) | 18,799<br>(3) | 15,684<br>(4) |

Федеральная служба государственной статистики, *Российский статистический ежегодник. Официальное издание 2008* (Москва: Росстат, 2008), cc. 118 참조.
보기: * CIS를 제외한 모든 외국.

러시아로부터 외국으로의 이주는 몇몇 국가를 우선적으로 선호하는 경향을 보인다. CIS로의 이주는 벨라루시, 카자흐스탄, 우크라이나 등으로의 이주가 강하게 나타났다. 그리고 원동국가로의 이주는 독일과 이스라엘, 그리고 미국과 핀란드 등으로의 이주가 선호되는 모습을 보였다.

2) 러시아 국내의 다른 지역으로 노동이주 현황

러시아 국내로의 이주 역시 다양한 모습으로 나타났다. 경제력이 강한 지역으로 이주하는 모습이 강했다. 년도 별(2001~2007) 및 연방지구 단위별 국내의 다른 지역으로 이주하는 모습을 정리하기로 한다.[6]

2001년도에 모스크바를 중심으로 하는 중앙 연방지구에서 유출되는 노동이민의 수는 전체 378,335명이었다. 이들 중에서 중앙 연방지구 내부로의 유출이 절대 다수인 305,546명이었다. 그리고 북서부 연방지구(19,996)와 볼가 연방지구(17,087명), 남부 연방지구(15,581명) 등의 순으로 유출되었다. 이러한 현상은 러시아의 유럽지역에 거주하는 주민들의 절대 다수가 유럽지역내의 다른 연방지구로 이동하고 있음을 의미한다. 반대로, 중앙 연방지구에서 극동 연방지구로 이주한 경우는 5,562명에 불과했다. 2001년에 극동 연방지구로 유입되는 전체 이민 수는 132,230명이었다. 이들 중에는 극동 연방지구 내부의 다른 지방으로 이주되는 경우가 절대 다수인 103,120명이었다. 그리고 이웃하고 있는 시베리아 연방지구에서 유입되는 이주자는 10,446명이었다. 전반적으로 2001년에 극동 연방지구로 유입되는 이민자 수는 132,230명이

---

[6] 년도 별(2001~2007) 및 연방지구 단위별 이주 현황은 [별첨 3] 참조.

며, 동일 연방지구에서 유출되는 이민 수는 163,388명이었다. 따라서 유입인구보다 유출인구가 31,158명 더 많은 것으로 나타났다. 이는 동일의 수만큼 동일 지역의 인구가 감소되고 있음을 의미한다.

2002년의 경우를 정리하면 다음과 같다. 북서부 연방지구의 전체 유출인구는 187,546명이며, 동일 연방지구로 유입되는 이민자 수는 191,492명이었다. 따라서 동일 연방지구는 유출인구보다 유입 인구가 더 많다. 시베리아 연방지구는 전체 유출인구가 385,762명이며, 동일 지역으로의 유입인구 수는 358,050명이었다. 따라서 동일 연방지구의 2002년 유출입 상황을 보면, 유입인구 보다 유출인구가 더 많다. 그리고 극동 연방지구는 전체 유출인구가 156,627명이며, 동일연방지구로 유입되는 인구는 129,173명이다. 이주에 따르는 극동 연방지구의 인구감소가 계속되고 있음을 의미한다.

2003년의 경우 역시 전년도와 비슷한 모습을 보였다. 남부 연방지구의 2003년 국내 인구 이동 상황을 보면 다음과 같다. 남부 연방지구에서 유출되는 전체 인구수는 314,103명이며, 동일 기간 동안 동일 연방지구로 유입된 인구수는 299,452명이었다. 따라서 동일 지역의 인구 역시 유출되는 인구가 더 많기 때문에, 인구이동 상황에서는 마이너스 상태를 보인다.

2004년의 인구 이동 상황은 다음과 같다. 동일 시기에 볼가 연방지구에서 유출된 인구수는 426,754명이며, 유입된 인구수는 402,539명이다. 동일 지역 역시 다른 연방지구와 마찬가지로, 유출된 인구가 더 많다. 그리고 2005년의 인구이동 상황 중에서, 우랄 연방지구를 보면 다음과 같다. 2005년에 동일 연방지구에서 유출된 인구는 203,443명이며, 유입된 인구수는 197,203명이다. 우랄 연방지구에서 유출되는 인구는 우랄 연방지구내의 다른 지역으로 이주하는 경우가 제일 많고, 다음으로는 이웃하고 있는 볼가 연방지구로 다수가 이주하는 모습을 보였다. 그리고 중앙과 남부 연방지구로 이주하는 노동자들이 그 다음으로 많았다.

2006년의 연방지구별 국내 인구 이동 상황은 다음과 같다. 시베리아 연방지구에서 나타나는 인구이동 상황을 정리하기로 한다. 2006년에 시베리아 연방지구에서 유출되는 이동 인구는 374,072명이며, 동일 시기에 동일 연방지구로 유입되는 인구는 344,220명이다. 2006년에 시베리아 연방지구에서 유출된 인구가 3만 명 정도 더 많다. 이들이 유출되는 지역은 연방지구 내부 이동을 제외하고, 중앙과 남부 연방지구, 그리고 이웃하고 있는 우랄 연방지구 순으로 나타났다.

2007년의 연방지구별 국내 인구 이동 상황이다. 2007년에 극동 연방지구에서 유출된 인구는 132,652명이며, 동일 시기에 유입된 인구는 109,076명이었다. 역시 유출된 인구가 유입된 인구보다 많다. 극동 연방지구에서 다수가 유출되는 지역은 동일 연방지구 내 다른 지역으로 이동하는 경우를 제외하면, 중앙 연방지구와 이웃하고 있는 시베리아 연방지구 순이다.

## 5. 러시아의 인구감소가 시베리아·극동지역에 주는 의미

### 1) 국가안보에 위협

푸틴이 지난 2002년 국가안보회의에서 극동지역 문제를 국가안보 차원에서 다루었다.[7] 그리고 푸틴 대통령이 2002년에 극동을 방문한 자리에서 동일 지역의 장기발전 방안 마련을 지시했다. 당시의 최대 현안 과제는 인구감소 문제를 해결하는 대책 마련과 함께 중앙과 지방정부 간의 통합 시스템 마련, 그리고 투자 유치를 통한 지역 개발 문제였다. 이러한 시기를 전후하면서, 푸틴 대통령은 러시아 극동지역으로 노동 가능한 인구를 끌어들여 정착시키는 내용을 주요 과제로 제시했다.

2006년 12월 20일, 푸틴 대통령은 크렘린에서 열린 국가안보회의에서 극동지역이 러시아의 다른 지방과 경제·정보·교통망 등에서 매우 빈약하게 연결되어 있음을 지적하면서 극동 지역이 연방정부에 보다 긴밀하게 통합되어야 한다고 강조했다. 이와 함께, 그는 자원수송로 역할 등과 같은 경쟁력 있는 지리적 이점들을 매우 부실하게 이용하고 있음을 지적했다. 푸틴 대통령은 이 모든 것이 아시아·태평양 지역에서 러시아의 정치·경제적 입지는 물론 국가안보에도 위협 요인이 된다고 했다. 안보회의에서 극동지역을 안보위협 요소로 간주하면서, 보다 확실한 대책 마련을 주문했다.

푸틴의 논리는 다음과 같다. 극동지역으로 외국인이 계속 유입되는 데 반해 러시아 인구는 줄고, 갈수록 러시아의 타(他) 지역과 고립되어 가는 극동지역이 러시아에 최대 위협이 되고 있다는 것이다. 러시아 극동지역에서 러시아 인구가 감소되고, 중국인 노동 이민자가 늘어나는 현실을 우려하기 시작했다. 2006년 12월에 블라디보스톡

---

7) 그동안 러시아 안보회의는 체첸을 비롯한 카프카스 지역의 불안정과 이슬람 세력을 주된 안보위협 요인으로 간주해 왔다.

의 언론 매체에서 보도된 뉴스가 러시아의 극동지역 안보문제를 더욱 더 구체화시켰다. 현지 뉴스가 지적한 내용의 핵심은 다음과 같다. 러시아의 극동지역을 떠나는 러시아인은 하루 평균 274명이다. 지난 18년간 인구는 20%가 감소되었다. 그 결과, 동일 지역의 인구가 1990년 8백만 명에서 2006년에 6백55만 명으로 감소되었다. 상기와 같은 보도 내용은 러시아 극동지역의 인구감소 현상이 국가안보에 심각한 위협이 되고 있음을 부각시키는 그러한 성격을 지녔다.

### 2) 극동지역 개발 필요성과 인구 유입 정책

러시아 국내에서 중앙 연방지구와 볼가 연방지구에 보다 많은 인구가 거주하고 있다. 이러한 현상은 동일 연방지구가 다른 연방지구 보다 일자리 찾기가 용이한 이유 때문이기도 하다. 러시아 주민들이 동일 지역을 선호하는 모습 역시 유사한 이유에 기인한다. 여기에 인구가 보다 많이 거주하는 또 다른 지역인 북서부 연방지구를 포함시키게 되면, 이들 모든 연방지구는 러시아의 유럽지역에 있다. 러시아의 유럽지역에는 인구 부족 문제의 심각성을 크게 인식할 필요성을 느끼지 못한다. 이와 함께, 이들 지역은 다른 연방지구에 비해 경제 영역의 활동성 역시 강력하게 나타나고 있다.

러시아의 공간은 우랄산맥을 중심으로 유럽과 아시아로 구분되고, 자신의 영토 ⅔가 아시아에 위치해 있다. 그럼에도 불구하고, 푸틴이 2000년에 7개 연방지구를 결성할 당시 유럽지역에 4개의 연방지구를 설치했고, 아시아 지역에는 2개의 연방지구를 설치했을 뿐이다. 연방지구 구분에 인구 문제가 중요한 위치를 차지했다. 우랄 연방지구는 우랄산맥을 중심으로 유럽의 일부와 아시아의 일부를 포함하고 있다. 따라서 우랄연방지구를 제외한 나머지 6개 연방지구를 중심으로 유럽과 아시아 지역에 분포하고 있는 인구 상황을 정리하기로 한다.

2008년 현재 러시아연방의 전체 인구는 1억4천2백만 명 정도이며, 1990년을 기준으로 봤을 때 5백66만 명 이상이 감소된 수치이다. 러시아 영토의 ⅔가 동부지역에 위치하고 있음에도 불구하고, 인구 분포 상황을 보면 서부지역은 1억+α명이며, 동부지역은 α명이다. 러시아 전체인구의 감소에도 불구하고, 러시아의 유럽지역에는 항상 1억 수백만 명의 인구는 항상 유지되었다. 러시아 유럽지역의 인구는 1990년의 1억 5백79만에서 2008년 현재 1억 3백73만 명으로 2백만 명 정도가 감소되었을 뿐이다. 반면에 아시아 지역(시베리아 및 극동연방지구)의 인구는 2천 9백만에서 2천 6백만 명으로 3백만 명이 감소되었다.

<표 13> 러시아 인구의 유럽지역 및 아시아지역 분포 상황

| 구분 | 연방지구 | 년도(매년 1월 1일 기준, 천명) | | | | | |
|---|---|---|---|---|---|---|---|
| | | 1990 | 1996 | 2002 | 2004 | 2006 | 2008 |
| 유럽 | 중앙 | 38,018 | 38,189 | 38,068 | 37,733 | 37,357 | 37,151 |
| | 북서부 | 15,310 | 14,750 | 14,073 | 13,832 | 13,628 | 13,501 |
| | 남부 | 20,697 | 22,455 | 22,853 | 22,850 | 22,790 | 22,835 |
| | 볼가 | 31,764 | 32,049 | 31,316 | 30,902 | 30,511 | 30,241 |
| | 소 계 | 105,789 | 107,443 | 106,310 | 105,317 | 104,286 | 103,728 |
| 우랄지역 | 우랄 | 12,725 | 12,606 | 12,418 | 12,316 | 12,244 | 12,241 |
| 아시아 | 시베리아 | 21,106 | 20,883 | 20,178 | 19,901 | 19,677 | 19,553 |
| | 극동 | 8,045 | 7,360 | 6,743 | 6,634 | 6,547 | 6,487 |
| | 소 계 | 29,151 | 28,243 | 26,921 | 26,535 | 26,224 | 26,040 |
| 러시아연방 전체 | | 147,665 | 148,292 | 145,649 | 144,168 | 142,754 | 142,009 |

Федеральная служба государственной статистики, *Российский статистический ежегодник. Официальное издание 2008* (Москва: Росстат, 2008), с. 84~85 내용 재정리.

러시아는 몇몇 이유로 인해 보다 체계적인 인구정책을 필요로 한다. 러시아의 아시아 지역(시베리아 및 극동연방지구)과 국경을 맞닿고 있는 중국 동북3성의 인구가 과도하게 밀려들고 있기 때문에, 이러한 인구 유입에 따르는 러시아 극동지역의 안보 위협에 대처할 수 있는 방법을 모색하는 차원의 인구 정책이 그 첫 번째 이유이다. 그리고 현재의 러시아는 자신의 극동지역을 개발해야 될 필요성에 직면해 있다. 특히, 블라디보스톡市를 아·태 경제협력의 중심지로 육성하려 한다. 보다 체계적인 지역개발 차원에서도 이에 준하는 인구정책이 필요해 보인다.

## 6. 끝맺는 말

　러시아 인구가 감소되는 현상을 소련 해체 전후시기부터 살펴보았다. 1995년을 전후한 시기에 인구감소 및 이주 현상이 최고점에 달했다. 옐친 집권시기의 러시아는 중앙의 통제력이 지방에 효율적으로 미치지 못했고, 이러한 시기 동안 러시아는 국내 치안 부재 및 경제상황의 악화 등에 시달렸다. 정치 및 경제상황의 혼란기에 노동 인구의 국내외 이주, 그리고 출산율 저하 현상이 확연히 드러났다. 일자리가 보장되는 국내의 특정 지역으로 인구가 집중되는 그러한 모습이 나타나기도 했다. 옐친시기에 확산되었던 러시아의 인구감소 문제는 푸틴으로 하여금 국가안보에 대한 위협으로 인식하도록 했다.

　러시아의 인구감소 문제는 경제 성장에도 부정적인 영향을 미치게 되었다. 오일머니로 인한 외환 보유고가 늘어났음에도 불구하고, 경제성장 및 지역개발에 필요한 노동력이 절대적으로 부족한 상황이었다. 푸틴은 인구감소 문제에 민감한 반응을 보이기 시작했다. 특히, 러시아의 동부지역인 시베리아 연방지구와 극동 연방지구에서 나타나는 인구감소에 민감한 반응을 보였다. 이러한 현상은 동일 지역에 거주하던 인구가 급격히 감소하기 시작했고, 외부로 유출되는 노동 이주가 심각했기 때문이었다. 러시아 극동지역의 인구감소가 지역 공간의 개발에 심각한 부정적인 영향을 미치고 있었다. 이러한 상황을 극복하기 위해, CIS국가로부터 러시아 국내로의 이주를 위해 노동 유입 절차를 간편화하는 조치를 취하기도 한다.

　러시아 극동지역의 인구감소가 지역 공간의 개발 및 성장에 부정적인 영향을 미치고 있음과 더불어, 푸틴이 고민하는 또 다른 위협 요소는 중국의 동북3성 인구들이 과도하게 밀려들고 있는 현실에서 느끼는 안보위협이다. 극동지역의 러시아 인구가 감소되고 있음에 반해서, 국경을 맞닿고 있는 중국 노동자들이 과도하게 밀려들고 있다. 중국의 노동력이 극동지역의 개발에 긍정적인 역할을 담당하고 있음은 부정할 수 없으나, 이들 중국 노동자들에 의한 시베리아의 중국화를 우려하고 있다. 시베리아 없는 러시아를 우려하는 안보 불안이다. 따라서 푸틴은 시베리아 지역의 정치지도자들과 만난 자리에서 시베리아 지역의 중국화를 견제할 수 있는 방안을 모색하라고 강력히 주문하기도 했다.

## 참고 문헌

Федеральная служба Государственной статистики, *Регионы России. Основные характеристики субъектов Российской Федерации. Официалнльное издание 2006* (Москва: Росстат, 2006).

Федеральная служба Государственной статистики, *Регионы России. Основные характеристики субъектов Российской Федерации. Официалнльное издание 2007* (Москва: Росстат, 2007).

Федеральная служба государственной статистики, *Российский статистический ежегодник. Официальное издание 2008* (Москва: Росстат, 2008)

http://ko.wikipedia.org/wiki/%ED%8C%8C%EC%9D%BC:Siberian_Cities_Graph.svg

http://tomsk.gov.ru/ru/spravka-o-regione/(검색일: 2012년 12월 29일)

http://worldgeo.ru/russia/lists/?id=25&fedokr=4(검색일, 2010년 3월 24일)

## [별첨 1] 시베리아 연방지구 소속 개별 주체별 인구의 자연 증감 현상

### 1) 소속 공화국 단위별 인구감소 현황

| 주체 | 년도 | 전체인구 수 | | | 인구 1000명 당 | | |
|---|---|---|---|---|---|---|---|
| | | 출생 | 사망 | 자연증감 | 출생 | 사망 | 자연증감 |
| 알타이 공화국 | 1970 | 3,236 | 1,486 | 1,750 | 19.3 | 8.9 | 10.4 |
| | 1980 | 3,841 | 2,082 | 1,759 | 21.8 | 11.8 | 10.0 |
| | 1990 | 3,753 | 2,126 | 1,627 | 19.3 | 10.9 | 8.4 |
| | 1995 | 2,853 | 2,637 | 216 | 14.3 | 13.2 | 1.1 |
| | 2000 | 2,907 | 2,645 | 262 | 14.3 | 13.0 | 1.3 |
| | 2005 | 3,502 | 3,170 | 332 | 17.2 | 15.5 | 1.7 |
| | 2006 | 3,395 | 2,837 | 558 | 16.6 | 13.8 | 2.8 |
| | 2007 | 4,066 | 2,574 | 1,492 | 19.7 | 12.5 | 7.2 |
| 부랴트 공화국 | 1970 | 14,766 | 6,301 | 8,465 | 18.1 | 7.7 | 10.4 |
| | 1980 | 19,859 | 8,734 | 11,125 | 21.6 | 9.5 | 12.1 |
| | 1990 | 19,185 | 9,602 | 9,583 | 18.3 | 9.1 | 9.2 |
| | 1995 | 12,311 | 12,588 | -277 | 11.9 | 12.2 | -0.3 |
| | 2000 | 11,654 | 13,155 | -1,501 | 11.6 | 13.1 | -1.5 |
| | 2005 | 13,551 | 15,144 | -1,593 | 14.0 | 15.7 | -1.7 |
| | 2006 | 14,193 | 13,930 | 263 | 14.8 | 14.5 | 0.3 |
| | 2007 | 15,460 | 12,802 | 2,658 | 16.1 | 13.3 | 2.8 |
| 티바 공화국 | 1970 | 6,559 | 1,938 | 4,621 | 28.2 | 8.3 | 19.9 |
| | 1980 | 7,133 | 2,748 | 4,385 | 26.6 | 10.2 | 16.4 |
| | 1990 | 8,116 | 2,664 | 5,452 | 26.3 | 8.6 | 17.7 |
| | 1995 | 6,172 | 4,010 | 2,162 | 20.3 | 13.2 | 7.1 |
| | 2000 | 4,871 | 4,170 | 701 | 15.9 | 13.6 | 2.3 |
| | 2005 | 5,979 | 4,326 | 1,653 | 19.4 | 14.0 | 5.4 |
| | 2006 | 5,950 | 3,802 | 2,148 | 19.3 | 12.3 | 7.0 |
| | 2007 | 7,568 | 3,687 | 3,881 | 24.4 | 11.9 | 12.5 |
| 하카시야 공화국 | 1970 | 7,347 | 3,749 | 3,598 | 16.5 | 8.4 | 8.1 |
| | 1980 | 9,994 | 5,345 | 4,649 | 19.8 | 10.6 | 9.2 |
| | 1990 | 8,724 | 6,060 | 2,664 | 15.3 | 10.6 | 4.7 |
| | 1995 | 5,807 | 8,186 | -2379 | 10.2 | 14.3 | -4.1 |
| | 2000 | 5,634 | 8,104 | -2470 | 10.1 | 14.6 | -4.5 |
| | 2005 | 6,198 | 9,411 | -3213 | 11.5 | 17.4 | -5.9 |
| | 2006 | 6,465 | 7,927 | -1462 | 12.0 | 14.8 | -2.8 |
| | 2007 | 7,384 | 7,324 | 60 | 13.8 | 13.6 | 0.2 |

Федеральная служба государственной статистики, *Российский статистический ежегодник. Официальное издание 2008* (Москва: Росстат, 2008), с. 110-111.

\* 보기: (-) 인구의 자연감소

2) 크라이 단위별 인구감소 상황>

| 주체 | 년도 | 전체 인구 수 | | | 인구 1000명 당 | | |
|---|---|---|---|---|---|---|---|
| | | 출생 | 사망 | 자연증감 | 출생 | 사망 | 자연증감 |
| 알타이 크라이 | 1970 | 37,471 | 20,991 | 16480 | 15.0 | 8.4 | 6.6 |
| | 1980 | 44,279 | 27,657 | 16622 | 17.6 | 11.0 | 6.6 |
| | 1990 | 34,176 | 29,329 | 4847 | 12.9 | 11.1 | 1.8 |
| | 1995 | 23,338 | 39,551 | -16213 | 8.7 | 14.7 | -6.0 |
| | 2000 | 24,674 | 37,813 | -13139 | 9.3 | 14.3 | -5.0 |
| | 2005 | 26,395 | 42,571 | -16176 | 10.3 | 16.7 | -6.4 |
| | 2006 | 25,594 | 38,558 | -12964 | 10.1 | 15.2 | -5.1 |
| | 2007 | 28,363 | 37,402 | -9039 | 11.3 | 14.9 | -3.6 |
| 크라스노야르스크 크라이 | 1970 | 41,203 | 19,435 | 21768 | 16.4 | 7.7 | 8.7 |
| | 1980 | 49,550 | 26,043 | 23507 | 18.1 | 9.5 | 8.6 |
| | 1990 | 43,640 | 29,268 | 14372 | 13.8 | 9.3 | 4.5 |
| | 1995 | 30,596 | 43,406 | -12810 | 9.8 | 14.0 | -4.2 |
| | 2000 | 28,111 | 44,456 | -16345 | 9.3 | 14.8 | -5.5 |
| | 2005 | 31,534 | 45,723 | -14189 | 10.8 | 15.7 | -4.9 |
| | 2006 | 31,836 | 40,401 | -8565 | 11.0 | 13.9 | -2.9 |
| | 2007 | 34,206 | 38,470 | -4264 | 11.8 | 13.3 | -1.5 |

Федеральная служба государственной статистики, *Российский статистический ежегодник. Официальное издание 2008* (Москва: Росстат, 2008), c. 111.
* 보기: (-) 인구의 자연감소

3) 州 및 區 단위별 인구 감소 현황

| 주체 | 년도 | 전체 인구 수 | | | 인구 1000명 당 | | |
|---|---|---|---|---|---|---|---|
| | | 출생 | 사망 | 자연증감 | 출생 | 사망 | 자연증감 |
| 이르쿠츠크주 | 1970 | 40,460 | 17,567 | 22893 | 17.4 | 7.6 | 9.8 |
| | 1980 | 50,966 | 25,996 | 24970 | 19.6 | 10.0 | 9.6 |
| | 1990 | 45,202 | 27,855 | 17347 | 16.2 | 10.0 | 6.2 |
| | 1995 | 29,769 | 40,937 | -11168 | 10.9 | 15.0 | -4.1 |
| | 2000 | 28,062 | 40,829 | -12767 | 10.7 | 15.5 | -4.8 |
| | 2005 | 30,266 | 43,202 | -12936 | 11.9 | 17.0 | -5.1 |
| | 2006 | 31,039 | 38,159 | -7120 | 12.3 | 15.1 | -2.8 |
| | 2007 | 34,711 | 35,157 | -446 | 13.8 | 14.0 | -0.2 |

| | 1970 | 2,813 | 1,175 | 1638 | 19.3 | 8.1 | 11.2 |
|---|---|---|---|---|---|---|---|
| | 1980 | 3,193 | 1,346 | 1847 | 24.5 | 10.3 | 14.2 |
| | 1990 | 3,383 | 1,325 | 2058 | 26.5 | 10.4 | 16.1 |
| 우스트-오르다 부랴트 자치구[8] | 1995 | 2,186 | 1,872 | 314 | 16.5 | 14.2 | 2.3 |
| | 2000 | 1,932 | 2,004 | -72 | 14.3 | 14.9 | -0.6 |
| | 2005 | 1,968 | 2,138 | -170 | 14.7 | 16.0 | -1.3 |
| | 2006 | 2,142 | 1,867 | 275 | 16.0 | 13.9 | 2.1 |
| | 2007 | 2,433 | 1,653 | 780 | 18.1 | 12.3 | 5.8 |
| | 1970 | 41,636 | 22,994 | 18642 | 14.3 | 7.9 | 6.4 |
| | 1980 | 49,890 | 32,653 | 17237 | 16.8 | 11.0 | 5.8 |
| | 1990 | 40,066 | 35,082 | 4984 | 12.9 | 11.3 | 1.6 |
| 케메로프주 | 1995 | 27,314 | 51,011 | -23697 | 8.9 | 16.7 | -7.8 |
| | 2000 | 26,580 | 49,176 | -22596 | 9.0 | 16.7 | -7.7 |
| | 2005 | 30,862 | 53,152 | -22290 | 10.8 | 18.7 | -7.9 |
| | 2006 | 32,060 | 48,870 | -16810 | 11.3 | 17.3 | -6.0 |
| | 2007 | 34,242 | 46,816 | -12574 | 12.1 | 16.6 | -4.5 |
| | 1970 | 35,729 | 19,836 | 15893 | 14.3 | 7.9 | 6.4 |
| | 1980 | 45,238 | 27,678 | 17560 | 17.1 | 10.5 | 6.6 |
| | 1990 | 36,116 | 29,558 | 6558 | 13.2 | 10.8 | 2.4 |
| 노보시비르스크주 | 1995 | 23,486 | 38,756 | -15270 | 8.6 | 14.2 | -5.6 |
| | 2000 | 23,138 | 38,522 | -15384 | 8.5 | 14.2 | -5.7 |
| | 2005 | 28,269 | 42,719 | -14450 | 10.6 | 16.1 | -5.5 |
| | 2006 | 27,906 | 40,241 | -12335 | 10.5 | 15.2 | -4.7 |
| | 2007 | 30,136 | 38,818 | -8682 | 11.4 | 14.7 | -3.3 |
| | 1970 | 29,012 | 14,105 | 14907 | 15.9 | 7.7 | 8.2 |
| | 1980 | 37,800 | 19,507 | 18293 | 19.2 | 9.9 | 9.3 |
| | 1990 | 32,191 | 20,110 | 12081 | 14.9 | 9.3 | 5.6 |
| 옴스크주 | 1995 | 22,313 | 26,747 | -4434 | 10.3 | 12.4 | -2.1 |
| | 2000 | 18,363 | 28,713 | -10350 | 8.6 | 13.5 | -4.9 |
| | 2005 | 21,282 | 31,686 | -10404 | 10.4 | 15.5 | -5.1 |
| | 2006 | 21,424 | 30,159 | -8735 | 10.6 | 14.9 | -4.3 |
| | 2007 | 23,715 | 29,609 | -5894 | 11.7 | 14.6 | -2.9 |
| | 1970 | 12,343 | 6,230 | 6113 | 15.6 | 7.9 | 7.7 |
| | 1980 | 16,056 | 8,622 | 7434 | 18.2 | 9.8 | 8.4 |
| | 1990 | 13,550 | 9,402 | 4148 | 12.6 | 8.7 | 3.9 |
| 톰스크주 | 1995 | 9,853 | 13,969 | -4116 | 9.2 | 13.0 | -3.8 |
| | 2000 | 10,071 | 13,960 | -3889 | 9.5 | 13.2 | -3.7 |
| | 2005 | 11,107 | 15,025 | -3918 | 10.7 | 14.5 | -3.8 |
| | 2006 | 11,486 | 13,913 | -2427 | 11.1 | 13.5 | -2.4 |
| | 2007 | 12,429 | 13,253 | -824 | 12.0 | 12.8 | -0.8 |

|  | 1970 | 20,656 | 8,448 | 12208 | 18.0 | 7.4 | 10.6 |
|---|---|---|---|---|---|---|---|
|  | 1980 | 26,534 | 11,798 | 14736 | 21.3 | 9.5 | 11.8 |
|  | 1990 | 23,233 | 12,072 | 11161 | 17.6 | 9.2 | 8.4 |
| 치타주 | 1995 | 15,858 | 16,638 | -780 | 12.7 | 13.3 | -0.6 |
|  | 2000 | 13,937 | 17,138 | -3201 | 11.8 | 14.5 | -2.7 |
|  | 2005 | 15,327 | 19,521 | -4194 | 13.5 | 17.2 | -3.7 |
|  | 2006 | 15,613 | 17,433 | -1820 | 13.9 | 15.5 | -1.6 |
|  | 2007 | 16,652 | 16,186 | 466 | 14.9 | 14.4 | 0.5 |
|  | 1970 | 1,699 | 451 | 1248 | 25.8 | 6.8 | 19.0 |
|  | 1980 | 2,035 | 686 | 1349 | 29.0 | 9.8 | 19.2 |
|  | 1990 | 1,868 | 604 | 1264 | 26.5 | 8.6 | 17.9 |
| 아가-부랴트자치구[9] | 1995 | 1,338 | 738 | 600 | 18.5 | 10.2 | 8.3 |
|  | 2000 | 1,098 | 838 | 260 | 15.4 | 11.8 | 3.6 |
|  | 2005 | 1,234 | 901 | 333 | 16.7 | 12.2 | 4.5 |
|  | 2006 | 1,330 | 885 | 445 | 17.8 | 11.9 | 5.9 |
|  | 2007 | 1,543 | 817 | 726 | 20.4 | 10.8 | 9.6 |

Федеральная служба государственной статистики, *Российский статистический ежегодник. Официальное издание 2008* (Москва: Росстат, 2008), с. 111-112.

\* 보기: (-) 인구의 자연감소

---

[8] 이르쿠츠크주에 소속되어 있는 우스트-오르다 부랴트 자치구는 이르쿠츠크주의 인구 변동 상황에 포함되었지만, 우스트-오르다 부랴트 자치구 지역만의 단독 경우를 의미한다.
[9] 치타주에 소속되어 있는 아가 부랴트 자치구는 치타주의 인구 변동 상황에 포함되었지만, 이곳에서는 아가-부랴트 자치구 지역만을 별도로 정리한다.

## [별첨 2] 극동 연방지구 소속 개별 주체별 인구의 자연 증감 현황

1) 공화국 및 크라이 인구의 자연 증감 현황

| 주체 | 년도 | 전체 인구 수 | | | 인구 1000명 당 | | |
|---|---|---|---|---|---|---|---|
| | | 출생 | 사망 | 자연증감 | 출생 | 사망 | 자연증감 |
| 사하공화국 | 1970 | 13,899 | 5,700 | 8199 | 20.8 | 8.5 | 12.3 |
| | 1980 | 18,132 | 7,501 | 10631 | 20.8 | 8.6 | 12.2 |
| | 1990 | 21,662 | 7,470 | 14192 | 19.4 | 6.7 | 12.7 |
| | 1995 | 15,731 | 10,079 | 5652 | 15.3 | 9.8 | 5.5 |
| | 2000 | 13,147 | 9,325 | 3822 | 13.7 | 9.7 | 4.0 |
| | 2005 | 13,591 | 9,696 | 3895 | 14.3 | 10.2 | 4.1 |
| | 2006 | 13,713 | 9,245 | 4468 | 14.4 | 9.7 | 4.7 |
| | 2007 | 15,268 | 9,179 | 6089 | 16.1 | 9.7 | 6.4 |
| 캄차트카 크라이 | 1970 | 5,108 | 1,970 | 3138 | 17.5 | 6.7 | 10.8 |
| | 1980 | 6,517 | 2,709 | 3808 | 16.8 | 7.0 | 9.8 |
| | 1990 | 5,905 | 2,966 | 2939 | 12.4 | 6.2 | 6.2 |
| | 1995 | 3,806 | 4,656 | -850 | 9.2 | 11.2 | -2.0 |
| | 2000 | 3,426 | 4,047 | -621 | 9.3 | 11.0 | -1.7 |
| | 2005 | 3,868 | 4,405 | -537 | 11.0 | 12.6 | -1.6 |
| | 2006 | 3,842 | 3,943 | -101 | 11.0 | 11.3 | -0.3 |
| | 2007 | 3,931 | 3,863 | 68 | 11.3 | 11.2 | 0.1 |
| 연해 크라이 | 1970 | 30,648 | 12,322 | 18326 | 17.7 | 7.1 | 10.6 |
| | 1980 | 35,950 | 18,583 | 17367 | 18.0 | 9.3 | 8.7 |
| | 1990 | 33,614 | 20,874 | 12740 | 14.6 | 9.1 | 5.5 |
| | 1995 | 21,235 | 29,550 | -8315 | 9.4 | 13.1 | -3.7 |
| | 2000 | 18,393 | 29,513 | -11120 | 8.6 | 13.9 | -5.3 |
| | 2005 | 21,174 | 32,812 | -11638 | 10.4 | 16.2 | -5.5 |
| | 2006 | 20,935 | 30,052 | -9117 | 10.4 | 14.9 | -4.5 |
| | 2007 | 22,455 | 29,120 | -6665 | 11.2 | 14.6 | -3.4 |
| 하바롭스크 크라이 | 1970 | 20,151 | 8,267 | 11884 | 17.1 | 7.0 | 10.1 |
| | 1980 | 26,256 | 12,757 | 13499 | 18.7 | 9.1 | 9.6 |
| | 1990 | 24,482 | 14,991 | 9491 | 15.1 | 9.2 | 5.9 |
| | 1995 | 14,625 | 20,668 | -6043 | 9.4 | 13.3 | -3.9 |
| | 2000 | 12,400 | 20,745 | -8345 | 8.5 | 14.1 | -5.6 |
| | 2005 | 15,410 | 23,074 | -7664 | 10.9 | 16.3 | -5.4 |
| | 2006 | 15,558 | 20,958 | -5400 | 11.0 | 14.9 | -3.9 |
| | 2007 | 16,303 | 19,947 | -3644 | 11.6 | 14.2 | -2.6 |

Федеральная служба государственной статистики, *Российский статистический ежегодник. Официальное издание 2008* (Москва: Росстат, 2008), с. 112.

\* 보기: (-) 인구의 자연감소

2) 州와 區 단위별 인구 변동 상황

| 주체 | 년도 | 전체 인구 수 | | | 인구 1000명 당 | | |
|---|---|---|---|---|---|---|---|
| | | 출생 | 사망 | 자연증감 | 출생 | 사망 | 자연증감 |
| 아무르주 | 1970 | 14,350 | 6,058 | 8292 | 18.0 | 7.6 | 10.4 |
| | 1980 | 18,735 | 9,261 | 9474 | 19.7 | 9.7 | 10.0 |
| | 1990 | 17,087 | 9,051 | 8036 | 16.2 | 8.6 | 7.6 |
| | 1995 | 10,533 | 12,431 | -1898 | 10.6 | 12.5 | -1.9 |
| | 2000 | 9,433 | 13,532 | -4099 | 10.2 | 14.6 | -4.4 |
| | 2005 | 10,659 | 14,959 | -4300 | 12.1 | 16.9 | -4.8 |
| | 2006 | 10,391 | 13,635 | -3244 | 11.8 | 15.5 | -3.7 |
| | 2007 | 10,956 | 12,479 | -1523 | 12.6 | 14.3 | -1.7 |
| 마가단주 | 1970 | 4,170 | 1,423 | 2747 | 16.3 | 5.6 | 10.7 |
| | 1980 | 5,804 | 2,205 | 3599 | 16.9 | 6.4 | 10.5 |
| | 1990 | 5,282 | 2,179 | 3103 | 13.6 | 5.6 | 8.0 |
| | 1995 | 2,234 | 2,927 | -693 | 8.8 | 11.5 | -2.7 |
| | 2000 | 1,925 | 2,345 | -420 | 9.7 | 11.8 | -2.1 |
| | 2005 | 1,908 | 2,357 | -449 | 11.0 | 13.6 | -2.6 |
| | 2006 | 1,820 | 2,242 | -422 | 10.7 | 13.2 | -2.5 |
| | 2007 | 1,825 | 2,205 | -380 | 10.9 | 13.2 | -2.3 |
| 사할린주 | 1970 | 10,485 | 4,167 | 6318 | 17.0 | 6.8 | 10.2 |
| | 1980 | 11,332 | 5,931 | 5401 | 17.1 | 9.0 | 8.1 |
| | 1990 | 10,114 | 5,811 | 4303 | 14.2 | 8.1 | 6.1 |
| | 1995 | 5,873 | 11,238 | -5365 | 9.1 | 17.4 | -8.3 |
| | 2000 | 5,210 | 7,547 | -2337 | 9.2 | 13.4 | -4.2 |
| | 2005 | 6,010 | 9,212 | -3202 | 11.4 | 17.4 | -6.0 |
| | 2006 | 5,860 | 7,862 | -2002 | 11.2 | 15.0 | -3.8 |
| | 2007 | 6,123 | 7,364 | -1241 | 11.8 | 14.2 | -2.4 |
| 유태인 자치주 | 1970 | 3,248 | 1,341 | 1907 | 18.7 | 7.7 | 11.0 |
| | 1980 | 3,976 | 1,890 | 2086 | 20.8 | 9.9 | 10.9 |
| | 1990 | 3,897 | 2,091 | 1806 | 17.8 | 9.6 | 8.2 |
| | 1995 | 2,308 | 2,868 | -560 | 11.1 | 13.8 | -2.7 |
| | 2000 | 1,883 | 2,817 | -934 | 9.7 | 14.5 | -4.8 |
| | 2005 | 2,172 | 3,365 | -1193 | 11.6 | 17.9 | -6.3 |
| | 2006 | 2,260 | 2,978 | -718 | 12.1 | 16.0 | -3.9 |
| | 2007 | 2,418 | 2,794 | -376 | 13.0 | 15.1 | -2.1 |
| 추코트카 자치구 | 1970 | 1,751 | 599 | 1152 | 16.9 | 5.8 | 11.1 |
| | 1980 | 2,208 | 653 | 1555 | 16.1 | 4.7 | 11.4 |
| | 1990 | 2,208 | 598 | 1610 | 13.8 | 3.7 | 10.1 |
| | 1995 | 935 | 816 | 119 | 10.4 | 9.1 | 1.3 |
| | 2000 | 686 | 570 | 116 | 11.5 | 9.6 | 1.9 |
| | 2005 | 795 | 597 | 198 | 15.7 | 11.8 | 3.9 |
| | 2006 | 771 | 585 | 186 | 15.3 | 11.6 | 3.7 |
| | 2007 | 801 | 595 | 206 | 15.9 | 11.8 | 4.1 |

Федеральная служба государственной статистики, *Российский статистический ежегодник. Официальное издание 2008* (Москва: Росстат, 2008), с. 113.

* 보기: (-) 인구의 자연감소

## [별첨 3] 년도 별(2001~2007) 및 연방지구 단위별 국내 이주 현황

1) 2001년도 연방지구별 국내 인구 이동 현황(단위: 명)

| 유출지구 \ 유입지구 | 전 체 | 연 방 지 구 ||||||| 
|---|---|---|---|---|---|---|---|---|
| | | 중앙 | 북서부 | 남부 | 볼가 | 우랄 | 시베리아 | 극동 |
| 전체 | 2,140,584 | 450,908 | 201,073 | 306,242 | 447,311 | 214,213 | 388,607 | 132,230 |
| 중앙 | 378,335 | 305,546 | 19,996 | 15,581 | 17,087 | 7,150 | 7,413 | 5,562 |
| 북서부 | 194,479 | 28,033 | 138,715 | 8,019 | 11,177 | 3,324 | 3,096 | 2,115 |
| 남부 | 318,135 | 31,852 | 10,677 | 237,759 | 13,488 | 12,474 | 7,463 | 4,422 |
| 볼가 | 460,830 | 32,856 | 12,832 | 13,675 | 360,811 | 27,847 | 8,226 | 4,583 |
| 우랄 | 210,749 | 13,287 | 5,376 | 10,275 | 24,534 | 146,218 | 9,077 | 1,982 |
| 시베리아 | 414,668 | 19,227 | 7,221 | 11,843 | 11,896 | 13,668 | 340,367 | 10,446 |
| 극동 | 163,388 | 20,107 | 6,256 | 9,090 | 8,318 | 3,532 | 12,965 | 103,120 |

Федеральная служба государственной статистики, *Российский статистический ежегодник. Официальное издание 2008* (Москва: Росстат, 2008), с. 119.

2) 2002년의 연방지구별 국내 인구 이동 현황(단위: 명)

| 유출지구 \ 유입지구 | 전 체 | 연 방 지 구 |||||||
|---|---|---|---|---|---|---|---|---|
| | | 중앙 | 북서부 | 남부 | 볼가 | 우랄 | 시베리아 | 극동 |
| 전체 | 2,017,302 | 445,760 | 191,492 | 287,991 | 409,040 | 195,796 | 358,050 | 129,173 |
| 중앙 | 364,433 | 298,325 | 18,214 | 14,126 | 15,318 | 6,512 | 6,672 | 5,266 |
| 북서부 | 187,546 | 28,310 | 132,914 | 7,643 | 10,527 | 3,137 | 2,924 | 2,091 |
| 남부 | 301,640 | 31,927 | 10,353 | 224,993 | 11,795 | 11,529 | 6,847 | 4,196 |
| 볼가 | 423,123 | 33,563 | 11,890 | 11,669 | 330,056 | 24,604 | 6,945 | 4,396 |
| 우랄 | 198,171 | 14,061 | 5,418 | 10,317 | 23,363 | 134,480 | 8,603 | 1,929 |
| 시베리아 | 385,762 | 20,149 | 6,879 | 11,027 | 10,547 | 12,535 | 314,351 | 10,274 |
| 극동 | 156,627 | 19,425 | 5,824 | 8,216 | 7,434 | 2,999 | 11,708 | 101,021 |

Федеральная служба государственной статистики, *Российский статистический ежегодник. Официальное издание 2008* (Москва: Росстат, 2008), с. 120.

3) 2003년의 연방지구별 국내 인구 이동 현황(단위: 명)

| 유출지구 \ 유입지구 | 전체 | 연방지구 | | | | | | |
|---|---|---|---|---|---|---|---|---|
| | | 중앙 | 북서부 | 남부 | 볼가 | 우랄 | 시베리아 | 극동 |
| 전체 | 2,039,024 | 467,321 | 190,590 | 299,452 | 403,312 | 196,828 | 350,851 | 130,670 |
| 중앙 | 376,948 | 310,773 | 18,296 | 14,318 | 15,169 | 6,494 | 6,589 | 5,309 |
| 북서부 | 188,185 | 28,967 | 131,935 | 8,258 | 10,431 | 3,190 | 3,079 | 2,325 |
| 남부 | 314,103 | 34,904 | 10,722 | 235,459 | 11,347 | 10,911 | 6,547 | 4,213 |
| 볼가 | 424,758 | 36,877 | 12,238 | 12,163 | 327,086 | 24,873 | 7,071 | 4,450 |
| 우랄 | 201,510 | 15,205 | 5,119 | 10,817 | 22,957 | 136,795 | 8,720 | 1,897 |
| 시베리아 | 378,542 | 20,930 | 7,064 | 10,463 | 9,748 | 11,752 | 308,160 | 10,425 |
| 극동 | 154,978 | 19,665 | 5,216 | 7,974 | 6,574 | 2,813 | 10,685 | 102,051 |

Федеральная служба государственной статистики, *Российский статистический ежегодник. Официальное издание 2008* (Москва: Росстат, 2008), с. 121.

4) 2004년의 연방지구별 국내 인구 이동 현황(단위: 명)

| 유출시구 \ 유입지구 | 전체 | 연방지구 | | | | | | |
|---|---|---|---|---|---|---|---|---|
| | | 중앙 | 북서부 | 남부 | 볼가 | 우랄 | 시베리아 | 극동 |
| 전체 | 1,998,277 | 457,010 | 181,557 | 282,541 | 402,839 | 203,636 | 354,865 | 115,829 |
| 중앙 | 373,671 | 311,195 | 17,055 | 13,783 | 14,721 | 6,147 | 6,296 | 4,474 |
| 북서부 | 176,428 | 25,562 | 126,503 | 7,622 | 9,291 | 2,874 | 2,783 | 1,793 |
| 남부 | 295,150 | 33,659 | 9,738 | 221,607 | 10,371 | 10,132 | 5,956 | 3,687 |
| 볼가 | 426,754 | 36,624 | 11,680 | 11,641 | 331,316 | 25,245 | 6,662 | 3,586 |
| 우랄 | 207,042 | 14,153 | 5,053 | 10,289 | 22,389 | 145,366 | 8,280 | 1,512 |
| 시베리아 | 381,325 | 19,547 | 6,820 | 10,452 | 9,150 | 11,292 | 315,002 | 9,062 |
| 극동 | 137,907 | 16,270 | 4,708 | 7,147 | 5,601 | 2,580 | 9,886 | 91,715 |

Федеральная служба государственной статистики, *Российский статистический ежегодник. Официальное издание 2008* (Москва: Росстат, 2008), с. 122.

5) 2005년도 연방지구별 국내 인구 이동 현황(단위: 명)

| 유출지구 \ 유입지구 | 전체 | 연방지구 | | | | | | |
|---|---|---|---|---|---|---|---|---|
| | | 중앙 | 북서부 | 남부 | 볼가 | 우랄 | 시베리아 | 극동 |
| 전체 | 1,911,409 | 423,795 | 162,920 | 276,615 | 399,968 | 197,203 | 340,773 | 110,135 |
| 중앙 | 346,027 | 286,540 | 15,528 | 13,968 | 14,249 | 5,749 | 5,875 | 4,118 |
| 북서부 | 159,697 | 24,823 | 111,752 | 7,349 | 8,885 | 2,612 | 2,680 | 1,596 |
| 남부 | 282,778 | 30,968 | 9,460 | 213,805 | 10,041 | 9,457 | 5,647 | 3,400 |
| 볼가 | 420,624 | 35,105 | 10,768 | 12,211 | 328,847 | 24,048 | 6,232 | 3,413 |
| 우랄 | 203,443 | 13,726 | 4,760 | 11,015 | 23,297 | 141,069 | 8,136 | 1,440 |
| 시베리아 | 366,440 | 18,288 | 6,459 | 11,188 | 8,883 | 10,674 | 302,380 | 8,568 |
| 극동 | 132,400 | 14,345 | 4,193 | 7,079 | 5,766 | 3,594 | 9,823 | 87,600 |

Федеральная служба государственной статистики, *Российский статистический ежегодник. Официальное издание 2008* (Москва: Росстат, 2008), с. 123.

6) 2006년도 연방지구별 국내 인구 이동 현황(단위: 명)

| 유출지구 \ 유입지구 | 전체 | 연방지구 | | | | | | |
|---|---|---|---|---|---|---|---|---|
| | | 중앙 | 북서부 | 남부 | 볼가 | 우랄 | 시베리아 | 극동 |
| 전체 | 1,935,691 | 429,576 | 171,402 | 277,943 | 398,379 | 207,374 | 344,220 | 106,797 |
| 중앙 | 345,036 | 284,219 | 16,310 | 14,312 | 14,323 | 5,962 | 5,762 | 4,148 |
| 북서부 | 162,476 | 24,442 | 114,990 | 7,330 | 8,744 | 2,682 | 2,682 | 1,606 |
| 남부 | 287,054 | 32,527 | 10,623 | 213,895 | 10,161 | 10,368 | 5,806 | 3,674 |
| 볼가 | 424,955 | 37,656 | 12,251 | 12,442 | 327,333 | 25,779 | 5,996 | 3,498 |
| 우랄 | 211,760 | 14,626 | 5,211 | 10,819 | 23,061 | 148,238 | 8,298 | 1,507 |
| 시베리아 | 374,072 | 20,761 | 7,004 | 11,861 | 9,115 | 11,238 | 305,355 | 8,738 |
| 극동 | 130,338 | 15,345 | 5,013 | 7,284 | 5,642 | 3,107 | 10,321 | 83,626 |

Федеральная служба государственной статистики, *Российский статистический ежегодник. Официальное издание 2008* (Москва: Росстат, 2008), с. 124.

7) 2007년도 연방지구별 국내 인구 이동 현황(단위: 명)

| 유출지구\유입지구 | 전체 | 연방지구 | | | | | | |
|---|---|---|---|---|---|---|---|---|
| | | 중앙 | 북서부 | 남부 | 볼가 | 우랄 | 시베리아 | 극동 |
| 전체 | 1,997,980 | 431,406 | 169,689 | 330,052 | 399,138 | 214,280 | 344,339 | 109,076 |
| 중앙 | 350,016 | 286,444 | 15,437 | 18,058 | 14,091 | 6,011 | 5,939 | 4,036 |
| 북서부 | 162,275 | 23,935 | 114,411 | 8,589 | 8,298 | 2,615 | 2,779 | 1,648 |
| 남부 | 328,948 | 33,427 | 10,405 | 253,229 | 10,151 | 12,011 | 5,938 | 3,787 |
| 볼가 | 431,660 | 38,348 | 12,032 | 14,478 | 329,894 | 27,475 | 5,970 | 3,463 |
| 우랄 | 215,789 | 14,319 | 5,008 | 13,287 | 22,642 | 151,338 | 7,690 | 1,505 |
| 시베리아 | 376,640 | 20,305 | 7,410 | 13,939 | 8,688 | 12,233 | 305,749 | 8,316 |
| 극동 | 132,652 | 14,628 | 4,986 | 8,472 | 5,374 | 2,597 | 10,274 | 86,321 |

Федеральная служба государственной статистики, *Российский статистический ежегодник. Официальное издание 2008* (Москва: Росстат, 2008), с. 125.

## [별첨 4] 시베리아와 극동 연방지구, 그리고 우랄 연방지구의 인구 및 민족 구성

1) 시베리아 연방지구10)

(1) 알타이共和國의 인구 및 민족 분포

| 구 분 | 2006년 1월 | 2007년 1월 | 비고 |
|---|---|---|---|
| 총인구, 명(인구밀도) | 204,500(2.2/1㎢) | 205,400(2.2/1㎢) | |
| 민족분포(%, 2002년 10월 9일 조사) | 러시아인(57.4); 알타이인(30.6); 카자흐인(6.0); 렌기트족(теленгиты, 1.2); 투발라르족(тубалары, 0.8); 쿠만진족(кумандинцы, 0.5); 첼칸족(челканцы, 0.4); 쇼르족(шорцы, 0.1); 기타 민족(3.0) | | |

(2) 부랴트共和國의 인구 및 민족 분포

| 구 분 | 2006년 1월 | 2007년 1월 | 비고 |
|---|---|---|---|
| 총인구(명, 인구밀도) | 963,300(2.7/1㎢) | 960,000(2.7/1㎢) | |
| 민족분포(%, 2002년 10월 9일 조사) | 러시아인(67.8); 부랴티야인(27.8); 사이오트인(сой оты, 0.3); 에벤키족(0.2); 기타 민족(3.9) | | |

(3) 티바共和國의 인구 및 민족 분포

| 구 분 | 2006년 1월 | 2007년 1월 | 비고 |
|---|---|---|---|
| 총인구(명, 인구밀도) | 308,500(1.8/1㎢) | 309,400(1.8/1㎢) | |
| 민족분포(%, 2002년 10월 9일 조사) | 투바인(77.0); 러시아인(20.1); 투바-토드쥔족(тоджинцы, 1.5); 기타 민족(2.9) | | |

(4) 하카시야共和國의 인구 및 민족 분포

| 구 분 | 2006년 1월 | 2007년 1월 | 비고 |
|---|---|---|---|
| 총인구(명, 인구밀도) | 538,200(8.7/1㎢) | 536,600(8.7/1㎢) | |
| 민족분포(%, 2002년 10월 9일 조사) | 러시아인(80.3); 하카시아인(12.0); 쇼르인(шорцы, 0.2); 기타 민족(7.5) | | |

---

10) Федеральная служба Государственной статистики, *Регионы России. Основные характеристики субъектов Российской Федерации. Официалнльное издание 2006* (Москва: Росстат, 2006); Федеральная служба Государственной статистики, *Регионы России. Основные характеристики субъектов Российской Федерации. Официалнльное издание 2007* (Москва: Росстат, 2007) 참조.

(5) 알타이 크라이의 인구 및 민족 분포

| 구 분 | 2006년 1월 | 2007년 1월 | 비고 |
|---|---|---|---|
| 총인구(명, 인구밀도) | 2,543,300(15.1/1㎢) | 2,523,300(15.0/1㎢) | |
| 민족분포(%, 2002년 10월 9일 조사) | 러시아인(92.0); 독일인(3.0); 쿠만진인(кумандинцы, 0.1); 기타 민족(4.9) | | |

(6) 크라스노야르스크 크라이의 인구 및 민족 분포

| 구 분 | 2006년 1월 | 2007년 1월 | 비고 |
|---|---|---|---|
| 총인구(명, 인구밀도) | 2,906,200(1.2/1㎢) | 2,893,800(1.2/1㎢) | |
| 민족분포(%, 2002년 10월 9일 조사) | 러시아인(88.9); 우크라이나인(2.3); 돌간인(долганы, 0.2); 에벤크인(0.2); 케트인(кеты, 0.04); 느가나산인(нганасаны, 0.03); 셀쿠프족(селькупы, 0.01); 출림족(чулымцы, 0.005); 기타 민족(8.4) | | |

(7) 타이므르(돌가노-네네츠)自治區의 인구 및 민족 분포

| 구 분 | 2006년 1월 | 2007년 1월 | 비고 |
|---|---|---|---|
| 총인구(명, 인구밀도) | 39,000(0.04/1㎢) | 38,400(0.04/1㎢) | 크라스노야르스크 크라이에 합병 |
| 민족분포(%, 2002년 10월 9일 조사) | 러시아인(58.6); 돌간인(13.9); 네네츠인(7.7); 우크라이나인(6.1); 느가나산인(нганасаны, 1.9); 엔족(энцы, 0.5); 기타 민족(11.3) | | |

(8) 에벤키自治區의 인구 및 민족 분포

| 구 분 | 2006년 1월 | 2007년 1월 | 비고 |
|---|---|---|---|
| 총인구(명, 인구밀도) | 17,300(0.02/1㎢) | 17,000(0.02/1㎢) | 크라스노야르스크 크라이에 합병 |
| 민족분포(%, 2002년 10월 9일 조사) | 러시아인(61.9); 에벤크인(21.5); 야쿠티야인(5.6); 케트인(1.2); 기타 민족(9.8) | | |

(9) 이르쿠츠크州의 인구 및 민족 분포

| 구 분 | 2006년 1월 | 2007년 1월 | 비고 |
|---|---|---|---|
| 총인구(명, 인구밀도) | 2,527,000(3.3/1㎢) | 2513,800(3.2/1㎢) | |
| 민족분포(%, 2002년 10월 9일 조사) | 러시아인(89.9); 부랴티야인(3.1); 에벤크인(0.1); 토팔라르인(тофалары, 0.03); 기타 민족(6.9) | | |

### (10) 우스트-오르다 부랴트自治區의 인구 및 민족 분포

| 구 분 | 2006년 1월 | 2007년 1월 | 비고 |
|---|---|---|---|
| 총인구(명, 인구밀도) | 133,800(6.1/1㎢) | 133,900(6.0/1㎢) | |
| 민족분포(%, 2002년 10월 9일 조사) | 러시아인(54.4); 부랴티야인(39.6); 타타르인(3.0); 기타 민족(3.0) | | |

### (11) 케메로보州의 인구 및 민족 분포

| 구 분 | 2006년 1월 | 2007년 1월 | 비고 |
|---|---|---|---|
| 총인구(명, 인구밀도) | 2,838,500(29.7/1㎢) | 2,826,300(29.5/1㎢) | |
| 민족분포(%, 2002년 10월 9일 조사) | 러시아인(91.9); 타타르인(1.8); 쇼레츠인(шорцы, 0.4); 쿠만진족(кумандинцы, 0.09); 기타 민족(5.8) | | |

### (12) 노보시비르스크州의 인구 및 민족 분포

| 구 분 | 2006년 1월 | 2007년 1월 | 비고 |
|---|---|---|---|
| 총인구(명, 인구밀도) | 2,649,900(14.9/1㎢) | 2640,700(14.9/1㎢) | |
| 민족분포(%, 2002년 10월 9일 조사) | 러시아인(93.0); 독일인(1.8); 기타 민족(5.2) | | |

### (13) 옴스크州의 인구 및 민족 분포

| 구 분 | 2006년 1월 | 2007년 1월 | 비고 |
|---|---|---|---|
| 총인구(명, 인구밀도) | 2,034,600(14.4 /1㎢) | 2,025,600(14.4/1㎢) | |
| 민족분포(%, 2002년 10월 9일 조사) | 러시아인(83.5); 카자흐인(3.9); 우크라이나인(3.7); 독일인(3.7); 기타 민족(5.2) | | |

### (14) 톰스크州의 인구 및 민족 분포

| 구 분 | 2006년 1월 | 2007년 1월 | 비고 |
|---|---|---|---|
| 총인구(명, 인구밀도) | 1,034,100(3.3/1㎢) | 1,033,100(3.3/1㎢) | |
| 민족분포(%, 2002년 10월 9일 조사) | 러시아인(90.8); 타타르인(1.9); 셀쿠프족(селькупы, 0.2); 한티족(0.1); 출림족(чулымцы, 0.05); 에벤크인(0.01); 기타 민족(7.0) | | |

(15) 치타州의 인구 및 민족 분포

| 구 분 | 2006년 1월 | 2007년 1월 | 비고 |
|---|---|---|---|
| 총인구(명, 인구밀도) | 1,128,200(2.6/1㎢) | 1,122,100(2.6/1㎢) | 아가-부랴트 自治區와 통합되어 자바이칼 크라이가 됨 |
| 민족분포(%, 2002년 10월 9일 조사) | 러시아인(89.8); 부랴티야인(6.1); 에벤크인(0.1); 기타 민족(4.0) | | |

(16) 아가-부랴트自治區의 인구 및 민족 분포

| 구 분 | 2006년 1월 | 2007년 1월 | 비고 |
|---|---|---|---|
| 총인구(명, 인구밀도) | 74,200(3.8/1㎢) | 75,100(3.8/1㎢) | 치타州와 통합되어 자바이칼 크라이가 됨 |
| 민족분포(%, 2002년 10월 9일 조사) | 부랴티야인(62.5); 러시아인(35.1); 기타 민족(2.4) | | |

## 2) 극동 연방지구[11]

### (1) 사하(야쿠티야) 공화국의 인구 및 민족 분포

| 구 분 | 2006년 1월 | 2007년 1월 | 비고 |
|---|---|---|---|
| 총인구(명, 인구밀도) | 949,900(0.3/1㎢) | 950,000(0.3/1㎢) | |
| 민족분포(%, 2002년 10월 9일 조사) | 야쿠티야인(45.5); 러시아인(41.2); 우크라이나인(3.6); 에벤크인(옛 이름 툰구스인, 1.9); 에벤인(옛 이름 라무트인, 1.2); 돌간족(долганы, 0.1); 유가키르족(югакиры, 3.5); 기타 민족(6.4) | | |

### (2) 연해 크라이의 인구 및 민족 분포

| 구 분 | 2006년 1월 | 2007년 1월 | 비고 |
|---|---|---|---|
| 총인구(명, 인구밀도) | 2,019,500(12.3/1㎢) | 2,005,900(12.2/1㎢) | |
| 민족분포(%, 2002년 10월 9일 조사) | 러시아인(89.9); 우크라이나인(4.5); 우데게인(удегей цы, 0.04); 나나이족(нанай цы, 0.02); 타스족(Тазы, 0.01); 기타 민족(5.6) | | |

---

11) Федеральная служба Государственной статистики, *Регионы России. Основные характеристики субъектов Российской Федерации. Официалнльное издание 2006* (Москва: Росстат, 2006); Федеральная служба Государственной статистики, *Регионы России. Основные характеристики субъектов Российской Федерации. Официалнльное издание 2007* (Москва: Росстат, 2007) 참조.

(3) 하바롭스크 크라이의 인구 및 민족 분포

| 구 분 | 2006년 1월 | 2007년 1월 | 비고 |
|---|---|---|---|
| 총인구(명, 인구밀도) | 1,412,200(1.8/1k㎡) | 1,405,500(1.8/1k㎡) | |
| 민족분포(%, 2002년 10월 9일 조사) | 러시아인(89.8); 우크라이나인(3.4); 나나이족(нанайцы, 0.8); 에벤크인(0.3); 울치족(ульчи, 0.2); 니프히족(0.2); 에벤인(0.1); 우데게인(0.04); 네기달인(негидальцы, 0.04); 오로치인(орочи, 0.03); 기타 민족(5.1) | | |

(4) 아무르州의 인구 및 민족 분포

| 구 분 | 2006년 1월 | 2007년 1월 | 비고 |
|---|---|---|---|
| 총인구(명, 인구밀도) | 889,100(2.4/1k㎡) | 874,600(2.4/1k㎡) | |
| 민족분포(%, 2002년 10월 9일 조사) | 러시아인(92.0); 우크라이나인(3.5); 에벤크인(0.2); 기타 민족(4.3) | | |

(5) 캄차트카州의 인구 및 민족 분포

| 구 분 | 2006년 1월 | 2007년 1월 | 비고 |
|---|---|---|---|
| 총인구(명, 인구밀도) | 349,300(0.8/1k㎡) | 347,100(0.7/1k㎡) | 코랴크自治區와 함께 캄차트카 크라이가 됨 |
| 민족분포(%, 2002년 10월 9일 조사) | 러시아인(80.9); 우크라이나인(5.8); 코랴크인(2.0); 이텔멘인(ительмены, 0.6); 캄챠달인(камчадалы, 0.5); 에벤인(0.5); 알레우트인(алеуты, 0.1); 기타 민족(9.6) | | |

(6) 코랴크 自治區의 인구 및 민족 분포

| 구 분 | 2006년 1월 | 2007년 1월 | 비고 |
|---|---|---|---|
| 총인구(명, 인구밀도) | 23,200(0.1/1k㎡) | 22,600(0.08/1k㎡) | 캄차트카 州와 함께 캄차트카 크라이가 됨 |
| 민족분포(%, 2002년 10월 9일 조사) | 러시아인(50.6); 코랴크인(26.7); 축치인(5.6); 이텔멘인(4.7); 우크라이나인(4.1); 에벤인(3.0); 캄차달인(0.5); 알레우트인(Алеуты, 0.02); 에스키모인(0.01); 기타 민족(4.8) | | |

(7) 마가단州의 인구 및 민족 분포

| 구 분 | 2006년 1월 | 2007년 1월 | 비고 |
|---|---|---|---|
| 총인구(명, 인구밀도) | 171,600(0.4 /1k㎡) | 168,500(0.4/1k㎡) | |
| 민족분포(%, 2002년 10월 9일 조사) | 러시아인(80.2); 우크라이나인(9.9); 에벤인(1.4); 코랴크인(0.5); 이텔멘인(ительмены, 0.4); 유카기르인(юкагиры, 0.04); 추반츠인(чуванцы, 0.02); 기타 민족(7.6) | | |

(8) 사할린州의 인구 및 민족 분포

| 구 분 | 2006년 1월 | 2007년 1월 | 비고 |
|---|---|---|---|
| 총인구(명, 인구밀도) | 526,200(6/1㎢) | 521,200(6.0/1㎢) | |
| 민족분포(%, 2002년 10월 9일 조사) | 러시아인(84.3); 고려인(5.4); 우크라이나인(4.0); 니프히인(нивхи, 0.4); 울타인[ультa(ороки), 0.1]; 에벤인(0.04); 나나이족(0.03); 기타 민족(5.8) | | |

(9) 유대인自治州의 인구 및 민족 분포

| 구 분 | 2006년 1월 | 2007년 1월 | 비고 |
|---|---|---|---|
| 총인구(명, 인구밀도) | 186,600(5.1/1㎢) | 185,600(5.1/1㎢) | |
| 민족분포(%, 2002년 10월 9일 조사) | 러시아인(89.9); 우크라이나인(4.4); 유대인(1.2); 기타 민족(4.5) | | |

(10) 추코트카自治區의 인구 및 민족 분포

| 구 분 | 2006년 1월 | 2007년 1월 | 비고 |
|---|---|---|---|
| 총인구(명, 인구밀도) | 50,500(0.1/1㎢) | 50,500(0.07/1㎢) | |
| 민족분포(%, 2002년 10월 9일 조사) | 러시아인(51.9); 축치인(23.5); 우크라이나인(9.2); 에스키모인(2.9); 에벤인(2.6); 추반츠인(1.8); 코랴크인(0.1); 케레키인(кереки, 0.006); 기타 민족(8.0) | | |

3) 우랄 연방지구[12]

(1) 쿠르간州의 인구 및 민족 분포

| 구 분 | 2006년 1월 | 2007년 1월 | 비고 |
|---|---|---|---|
| 총인구(명, 인구밀도) | 979,900(13.7/1㎢) | 969,300(13.6/1㎢) | |
| 민족분포(%, 2002년 10월 9일 조사) | 러시아인(91.5); 타타르인(2.0); 바쉬키르인(1.5); 카자흐인(1.5); 기타 민족(3.5) | | |

---

[12] Федеральная служба Государственной статистики, *Регионы России. Основные характеристики субъектов Российской Федерации. Официалнльное издание 2006* (Москва: Росстат, 2006); Федеральная служба Государственной статистики, *Регионы России. Основные характеристики субъектов Российской Федерации. Официалнльное издание 2007* (Москва: Росстат, 2007) 참조.

(2) 스베르들로프스크州의 인구 및 민족 분포

| 구 분 | 2006년 1월 | 2007 | 비고 |
|---|---|---|---|
| 총인구(명, 인구밀도) | 4,409,700(22.7/1㎢) | 4,399,800(22.6/1㎢) | |
| 민족분포(%, 2002년 10월 9일 조사) | 러시아인(89.2); 타타르인(3.7); 만시족(0.006); 기타 민족(7.1) | | |

(3) 튜멘州의 인구 및 민족 분포

| 구 분 | 2006년 1월 | 2007년 1월 | 비고 |
|---|---|---|---|
| 총인구(명, 인구밀도) | 3,323,300(2.3/1㎢) | 3,345,100(2.3/1㎢) | |
| 민족분포(%, 2002년 10월 9일 조사) | 러시아인(71.6); 타타르인(7.4); 우크라이나인(6.5); 한티족(0.8); 만시족(0.3); 셀쿠프족(북방인, 0.1); 에벤크인(0.003); 기타 민족(13.3) | | |

(4) 한티-만시스크自治區의 인구 및 민족 분포

| 구 분 | 2006년 1월 | 2007년 1월 | 비고 |
|---|---|---|---|
| 총인구(명, 인구밀도) | 1,478,200(2.8/1㎢) | 1,488,300(2.8/1㎢) | |
| 민족분포(%, 2002년 10월 9일 조사) | 러시아인(66.1); 우크라이나인(8.6); 타타르인(7.5); 한티족(1.2); 만시족(0.7); 네네츠인(0.1); 기타 민족(15.8) | | |

(5) 야말-네네츠自治區의 인구 및 민족 분포

| 구 분 | 2006년 1월 | 2007년 1월 | 비고 |
|---|---|---|---|
| 총인구(명, 인구밀도) | - | 538,600(0.7/1㎢) | |
| 민족분포(%, 2002년 10월 9일 조사) | 러시아인(58.8); 우크라이나인(13.0); 타타르인(5.5); 네네츠인(5.2); 셀쿠프족(0.4); 기타 민족(15.4) | | |

(6) 첼랴빈스크州의 인구 및 민족 분포

| 구 분 | 2006년 1월 | 2007년 1월 | 비고 |
|---|---|---|---|
| 총인구(명, 인구밀도) | 3,531,300(39.9/1㎢) | 3,516,300(39.7/1㎢) | |
| 민족분포(%, 2002년 10월 9일 조사) | 러시아인(82.3); 타타르인(5.7); 바쉬키르인(4.6); 나가이바키족(нагай баки, 0.3); 기타 민족(7.1) | | |

## 제3절. 극동지역 행정주체 연구. 사할린州의 경제지리 구조를 중심으로*

### 1. 들어가는 말

러시아의 극동지역에 극동연방지구가 결성되어 있으며,1) 동일 연방지구에 사할린州가 포함된다. 사할린州는 사할린 섬(쿠릴열도 포함)을 중심으로 만들어진 러시아의 행정 단위체이다. 사할린 섬은 해발 1,000m 전후의 동사할린 산맥과 서시할린 산맥이 남북으로 뻗으면서 주로 완만한 산지를 이루고 있다. 그러나 북쪽에는 북사할린 저지가 있고, 중부의 티미미(Тымь) 강, 포로나이(Поронай) 강 등의 유역에는 평야도 발달되어 있다. 사할린州의 州都인 유즈노-사할린스크(Южно-Сахалинск)에서 모스크바까지의 거리가 10,417㎞이며, 양지역간 시차는 7시간에 달한다.

러시아 대통령에 의해 임명되는 주지사2)와 州의회3)에 의해 지도되고 있는 사할

---

\* 본 글은 『오토피아』, Vol. 25, No. 2(2010)에 게재된 논문을 수정 보완한 것 임.
1) 2000년 5월에 취임한 푸틴 대통령이 가장 먼저 취한 조치는 중앙권력의 강화조치였다. 이러한 과정의 일환으로 취임 일주일 만인 5월 13일 러시아의 89개 연방주체들을 7개의 연방지구로 통폐합하는 내용의 대통령 포고령에 서명했다. 이 포고령은 7개로 광역화된 개별 지구에 대통령 전권대표를 파견하도록 되어 있다. 7개의 연방지구는 모스크바를 중심으로 하는 중앙, 상트-페데르부르크 중심의 북서, 남부, 볼가, 우랄, 시베리아, 극동연방지구 등이다.
2) 사할린州 주지사의 임기는 4년이며, 2007년 8월부터 하로사빈(А.В.Хорошавин)이 주지사 업무를 담당하고 있다.
3) 사할린州 두마의원은 4년 임기로 선출된다. 사할린州 두마의원은 동일지역에 거주하는 지역 주민들의 비밀투표에 의해 선출되는 28명의 대의원으로 구성된다. 이들 중에서 14명은 다수대표제 형식으로 선출되며, 나머지 14명의 대의원들은 정당명부제(개별 선거 블럭 및 정당에 의해 정해진 후보 명부)로 선출되어진다. 2008년 10월 28일 대의원들의 비밀투표에 의해 선출된 예프레모프(В.И.Ефремов)가 사할린州 두마의장 직무를 수행하고 있다.

린州는 일본의 홋카이도 정북방에 위치하고 있으며, 러시아가 태평양으로 나가는 길목에 있어 전략적으로 중요한 의미를 지닌다. 러시아 안보전략에 중요한 의미를 지니고 있음에도 불구하고, 중앙정부의 사할린州에 대한 개발지원은 미미한 실정이다. 사할린州의 정치 및 경제 상황은 자신의 경제지리 환경으로부터 자유롭지 못하며, 외부의 자금이 유입되어 기존의 경제지리 환경을 변화시키고 있다.

본 논고는 사할린州의 경제지리(Economic Geography) 현상을 분석하는 것을 목적으로 한다.4) 사할린州의 경제지리 구조를 해부하면서 사할린州에서 생산되는 주요 자원과 그것의 분배에 관련된 문제를 경제지리학 차원에서 해석한다. 분석 시기는 2000년에 등장하여 2008년 초에 물러나는 푸틴 집권기로 한다. 2008년 3월의 대통령 선거에서 메드베제프(Д.Медведев)가 당선되면서 푸틴정부가 막을 내렸기 때문에, 2000년부터 2007년 말까지로 한다.5) 단, 2007년의 대외경제관계 현상을 설명하는 과정에서 2008년도 관련 지표의 일부가 사용된다.

상기 목적을 위해 우선적으로 분석 대상 및 방법의 문제를 다룬다. 그리고 제Ⅲ장에서는 사할린州의 주요 자원 및 생산 현황을 중심으로 극동연방지구에서 사할린州가 차지하는 경제적 위치를 다룸과 동시에, 사할린州의 내부 지리를 해부하면서 자원생산의 경제지리학적 구조를 분석한다. 제Ⅳ장에서는 사할린州의 수출입 현황을 분석하고, 수출입에 관련된 대외경제관계를 경제지리학 시각에서 분석한다. 제Ⅲ장과 제Ⅳ장에서 분석되어지는 생산 및 무역구조에서 러시아 중앙정부의 개입이 미치는 영역이 존재하기 때문에, 경제지리학과 지경학이라는 용어를 때때로 혼용하여 사용하기로 한다.

본 논고에서 인용되는 경제관련 수치는 러시아의 중앙 및 지방정부에서 발간되고 있는 각종 통계 자료집의 내용이다. 러시아 통계청 자료는 매년 중앙에서 발간되는 『러시아 통계연감』6) 및 『러시아 지역』7), 그리고 사할린州 통계청에서 발간되고 있는 『사할린州 통계』8) 와 『북부 소수 원민족 거주지역의 경제 및 사회발전』9) 등이다. 이들 통계 자료 내용 중 수치상의 불일치가 나타나기도 하지만, 이들 수치를 그대로 사용하기로 한다.

---

4) 필자는 본 작업의 일환으로 2009년 7월 27~30일까지 사할린을 직접 방문했다.
5) 메드베제프 신정부는 2008년 5월 출범했다.
6) Федеральная служба государственной статистики, *Российский статистический ежегодник. Официальное издание* (Москва: 2008).
7) Федеральная служба государственной статистики, *Регионы России* (Москва: 2007).
8) Федеральная служба государственной статистики, *Сахалинская область в цифрах* (Южно-Сахалинск: 2008).
9) Федеральная служба государственной статистики, *Экономическое и социальное развитие районов проживания коренных малочисленных народов Севера. 2000, 2006, 2007гг.* (Южно-Сахалинск: 2008).

상기 4권의 통계 자료집을 중심으로 사할린州의 경제지리 구조를 분석하고 이를 해석한다. 논의 전개에 있어 편의상 『러시아 통계연감』을 A로, 『러시아 지역』을 B로 표기한다. 그리고 사할린州 통계청에서 발간되고 있는 『사할린州 통계』를 C로, 『북부 소수 원민족 거주지역의 경제 및 사회발전』을 D로 각각 표기하면서 논의를 전개한다.


## 2. 분석 대상 및 방법

### 1) 분석 대상. 극동연방지구의 사할린州

극동연방지구는 극동아시아의 북부지역에 있다. 러시아의 7개 연방지구들 중에서 가장 넓은 영토를 가지고 있다.10) 극동연방지구는 북한과 국경을 맞대고 있는 포시에트 만에서부터 미국의 알래스카 해양 국경선까지 연결되는 광활한 지역으로 세계 전체 육지면적의 20분의 1을 차지한다.

극동연방지구는 10개의 행정주체로 구성되어 있었으나,

&lt;그림 1&gt; 러시아의 극동연방지구

면적: 6,169.3천 km²
인구: 6,487천명(2008.12월)
본부: 하바롭스크市

1. 아무르 주
2. 유태인 자치주
3. 캄차트카 크라이
4. 하바롭스크 크라이
5. 마가단 주
5a. 축치 자치구
6. 사하 공화국
7. 사할린 주
8. 연해 크라이

http://ko.wikipedia.org/wiki/(검색일: 2010년 3월 19일)

인구감소 등의 요인으로 인해 행정주체를 통합해 왔다. 기존의 캄차트카州와 코랴크 自治區가 통합되어 2007년 7월 1일부터 캄차트카 크라이11)로 명칭이 변경되었다. 따라서 2010년 현재 극동연방지구의 전체 행정주체는 9개이며, 1개의 공화국·3개의 크라이·4개의 주·1개의 자치구 등으로 구분되어 있다.

극동연방지구의 9개 구성주체들 중에서 경제(자원) 영역에서 보다 많은 관심을 가

---

10) 극동연방지구의 전체 면적은 6,169.3천 km²이며, 이는 러시아연방 전체 영토의 36.4%에 달한다.
11) 극동연방지구에 3개의 '크라이'가 있다. '연해 크라이'와 '하바롭스크 크라이', '캄차트카 크라이'가 그것이다. 한국에서는 '연해 크라이'를 '연해주'로, '하바롭스크 크라이'를 '하바롭스크주'로 부른다. 그러나 본 글에서는 러시아에서 사용하고 있는 <크라이>라는 용어를 그대로 사용한다.

질 필요가 있는 몇몇 주체들이 있다. 러시아에서 광물자원이 가장 풍부한 지역 중 하나이며 천연자원의 보고인 사하공화국12), 극동연방지구의 행정 본부가 있는 하바롭스크 크라이13), 북한과 국경을 접하고 있는 연해 크라이14), 그리고 에너지 자원 개발이 한창인 사할린州 등이 대표적으로 지적된다. 특히, 극동연방지구의 9개 구성주체들 중에서 한국 및 일본의 과거 역사와 불가분의 관계를 맺고 있는 지역들 중에서 한 곳이 사할린州이다.15)

극동연방지구의 동쪽 해안에 있는 사할린은 60%가 숲으로 구성되어 있으며, 목재 가공과 펄프 제조가 주요 산업이다. 사할린州는 쿠릴열도와 사할린 섬으로 구성되어 있기 때문에 수산업 역시 활발하게 이루어지고 있다. 사할린州의 에너지 자원(석탄, 석유, 가스)은 러시아 중앙정부뿐만 아니라, 사할린州 정부의 경제관계에도 많은 영향을 미치고 있다. 따라서 극동연방지구에 소속된 행정주체들의 경제관련 변수를 정리하면서 사할린州가 차지하는 경제적 위치를 분석하고, 사할린州의 지리공간을 해부하면서 자원생산과 무역구조를 경제지리학 차원에서 접근하는 작업이 필요해 보인다.

2) 분석 방법. 경제지리학과 지경학(geoeconomics)

20세기 말의 국제정치 환경은 지경학(geoeconomics)이 등장할 수 있도록 했다.

---

12) 사하공화국은 310만 ㎢ 정도의 광대한 영토를 가지고 있다. 이는 러시아 총 국토면적의 1/7에 달한다. 한반도 면적(22만 ㎢)의 14배정도 되는 크기이다.
13) 하바롭스크 크라이의 중심지인 하바롭스크市는 러시아 극동지역의 최대 도시이며, 러시아 극동지방의 교육·문화·산업의 중심지이다. 그리고 교통의 요충지로서 시베리아 횡단철도가 정차한다.
14) 한국에서 가까운 러시아의 블라디보스톡市에 대한 관심이 요청된다. 군사기지로 건설된 블라디보스톡은 러시아의 항구 및 해군기지로 중요한 역할을 맡아왔다. 항구도시인 블라디보스톡은 러시아 극동지역의 중요한 공업·교통·문화 중심지로 성장하고 있다. 블라디보스톡은 군항·산업항·어항으로서 뿐만 아니라, 조선이나 수산업 등 공업 중심지로서 중요한 위치를 차지하고 있다.
15) 일본은 1917년 9월 사할린 남부지역의 가와카미(川上) 탄광에 한인 노무자를 강제 동원했다. 그리고 1923년 2월에 사할린 북부지역에 1,431명의 한인이 이주되었다. 1934년 당시, 북부 사할린에 거주하는 한인은 1,760명이었다. 그리고 1938년 4월에 발효된 일본의 국가총동원법에 따라, 한반도에 있던 조선인의 남사할린 강제동원이 시작되었다. 1939년 11월 11일 안성에 거주하고 있는 한인을 제1차 노동부대로 징집하여 남부 사할린으로 파견했다. 그리고 동년 12월 20일에는 전남 순천지역 농민들이 남부 사할린의 일본 기업체에 노동자로 파견되었다. 뿐만 아니라, 1940년 2월에 사할린의 에스토루(Эстору) 지역 탄광노동자로 한인들을 강제 징용했다. 사실, 1939년부터 1943년까지 남사할린 지역으로 강제 징용된 한인 노동자는 16,113명이었다. 이들 중에서 약 70%는 석탄 노동자였으며, 나머지는 건설 및 산림 벌채 등에 동원되었다. 김 게르만 감수, 『재외동포사 연표. 러시아·중앙아시아』(서울: 국사편찬위원회, 2009), p. 80. 2차 세계대전 당시 일본의 강제징용으로 사할린에 끌려갔다가 해방 후 그곳에 버려진 사할린 동포들이 2만 여명을 헤아린다. 이들 동포들 중 상당수가 현재 코르사코프 항만 도시에 있는 <망향 동산>에서 한국을 바라보고 있다. 소련 정부가 일제패망 후에 사할린 거주 조선인 2만 2000여명을 북한으로 집단 이주시키려는 내용의 비밀문서가 최근에 공개되면서, 한국·일본·러시아의 입장 차가 미묘하게 전개되고 있다. 이들에 대한 영주 귀국 문제는 한일 양국간 '사할린동포 영주귀국 확대사업' 협의에 따라 지난 3년 동안 대규모로 진행되었으며, 현재까지 2천 9백여명이 한국에서 새로운 보금자리를 찾았다.

따라서 빌 클린턴(Bill Clinton, 1993~2001년 재임) 행정부를 비롯한 미국의 많은 지도자 및 지식인들은 탈냉전의 국제질서 속에서 지경학이 지정학을 대신하고 있음을 믿고 있다.16) 공간의 경제적 의미와 그 공간에 기초된 경제관계를 분석하려는 움직임이 정치 및 경제 영역에서 계속되었다. 이러한 상황에서 구체화되어진 지경학은 공간을 매개로 하는 생산의 정치경제(political economy of production)와 무역의 정치경제(political economy of trade)를 총칭하는 개념으로 이해된다.17)

지경학이란 경제적 인간과 공간의 상호작용을 검토한다. 즉, 생산과 교환에 있어서 공간적 요소의 비중 그리고 경제적 활동 전개를 위한 인간의 지역 활동 등이 그 대상이 된다. 지경학은 지리적인 요소의 영속성을 확인시켜 주며, 경제지리학(Economic Geography)의 성립을 의미한다. 지경학과 경제지리학은 공히 공간과 경제를 상호 연결시켜 해석한다는 점에서 일치한다. 그러나 양자를 구별하자면, 경제지리학은 공간에 무게 중심을 두며, 지경학은 행위에 무게 중심이 주어져 있을 뿐이다.

경제지리학 차원에서의 핵심적인 연구 주제는 경제 활동을 전개해 나가는 데 가장 기초가 되는 생산 요소들이 공간에 어떻게 분포 및 이용되고 있으며, 각종 산업 활동들이 어디에서 어떻게 왜 일어나고 있는가 하는 입지(立地) 분석, 그리고 국제 교역, 세계경제의 지역적 변화 등을 다룬다.18) 그리고 연구 대상 및 방법은 한 나라의 세부 경제지역에서부터 국제단위에 이르기까지 실지조사(實地調査)·문헌·통계·지도 등의 자료를 이용하여 지역공간의 사회적·자연적 조건을 분석하게 된다. 지경학 역시 이러한 과정을 거친다. 따라서 문제해결을 위해 정치지리학과 지경학이라는 서로 유사한 2가지의 분석 방법이 혼합되어 사용되는 경우가 종종 발견된다.

## 3. 사할린州 자원생산의 경제지리 구조

1) 생산지수와 자원경제

사할린州의 주요 산업은 식료품(어류)·제지업·연료산업(원유, 석탄)·전력·선박

---

16) Robert Gilpin, *The Challenge of Global Capitalism. The world economy in the 21st century* (Princeton, New Jersey: Princeton University Press, 2000), pp. 227-264.
17) 이영형, 『지정학』 (서울: 엠애드, 2006), p. 82.
18) 김주환외 편저, 『지표공간의 이해. 지리학적 접근』 (서울: 푸른 세상, 2001), p. 31.

수리 등이며, 농업부문에서는 축산업·모피동물사육·사슴사육·감자·야채재배·사료작물재배 등이다. 사할린州는 2005년 러시아 어획량과 기타 해산물의 14.7%, 생선과 해산물 통조림 생산의 9.4%를 담당하고 있다. 사할린州 경제에 긍정적으로 영향을 미치는 주요 생산물은 다음과 같다.

<표 1> 사할린州의 주요 생산물

| 형태 | 1990 | 1995 | 2000 | 2001 | 2002 | 2003 | 2004 | 2005 | 2006 | 2007 |
|---|---|---|---|---|---|---|---|---|---|---|
| 사무용 목재(천 $m^3$) | 2669 | 1088 | 749 | 668 | 799 | 511 | 475 | 333 | 302 | |
| 물고기 어획 및 기타 해산물 채취(천 톤) | 927 | 414 | 418 | 432 | 368 | 463 | 382 | 471 | 453 | |
| 석탄(백만 톤) | 5.0 | 2.7 | 2.7 | 3.3 | 3.0 | 2.8 | 3.3 | 3.4 | 3.6 | 3.4 |
| 석유(가스콘덴츠 포함, 백만 톤) | 1.9 | 1.7 | 3.4 | 3.8 | 3.3 | 3.2 | 3.5 | 4.0 | 6.2 | 14.8 |
| 천연가스(10억 $m^3$) | 1.8 | 1.6 | 1.9 | 2.2 | 2.1 | 2.0 | 1.9 | 2.0 | 2.2 | 6.8 |
| 톱으로 켠 목재(천$m^3$) | 448 | 105 | 59.5 | 57.5 | 65.2 | 79.2 | 78.5 | 70.0 | 63.8 | |
| 종이(천톤) | 204 | 14.0 | 9.5 | 11.5 | 4.6 | 0.3 | - | - | - | |
| 전력(10억 킬로와트/시) | 3.4 | 2.7 | 2.7 | 2.7 | 2.7 | 2.7 | 2.7 | 2.7 | 2.8 | |

출처: Федеральная служба государственной статистики, *Регионы России* (Москва: 2007), с. 656; Федеральная служба государственной статистики, *Сахалинская область в цифрах* (Южно-Сахалинск: 2008), с. 152.

아래의 <그림 2>는 극동연방지구의 9개 개별 주체들 중에서 사할린州가 차지하는 생산지수를 전년대비 2007년 증가 현상을 나타낸 것이다. 2007년 현재 사할린州가 극동연방지구 개별 주체별 생산지수 비교에서 전년대비 200%가 넘는 높은 증가 추세를 보이고 있다. 그러나 원료·에너지 자원의 생산을 제외한 공업생산에 있어서는 극동연방지구의 여타 주체와 마찬가지로 미미한 발전 수준에 머물러 있음을 인식할 필요가 있다.

사할린州에서 생산되는 주요 유용광물은 석탄·원유·가스 등이며, 이러한 에너지 자원이 사할린州의 경제발전 동력이라고 할 수 있다. 따라서 러시아 중앙정부와 州정부는 사할린 북부지역의 에너지 자원을 개발하려는 목적에서 추진되고 있는 각종 <사할린 프로젝트>를 비롯하여, 중부지역의 석탄자원 개발에 적극적인 입장을 보이고 있다. 특히 사할린州 석탄의 다수가 노천탄이라는 점이 동일 자원의 개발을 보다 용이하게 하는 하나의 원동력이 되고 있다.

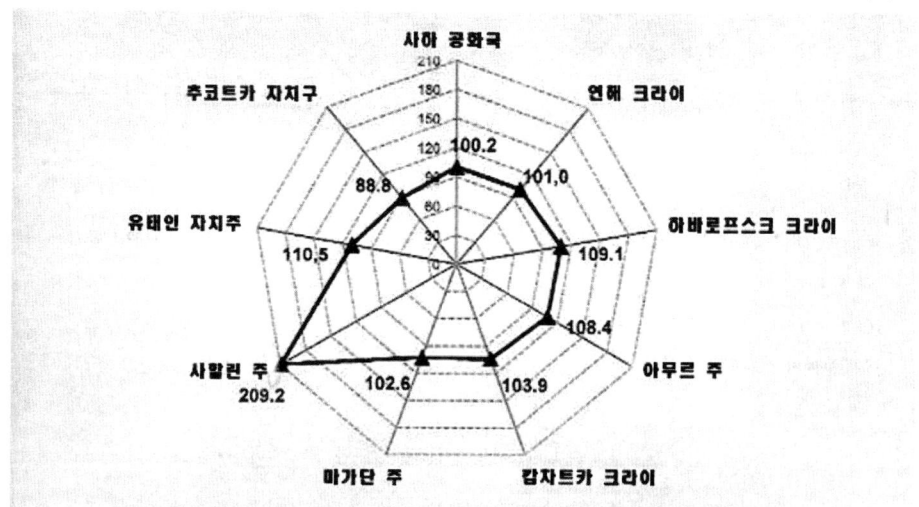

<그림 2> 2007년 현재 극동연방지구 개별 주체의 생산지수

전년대비 %

출처: Федеральная служба государственной статистики, *Сахалинская область в цифрах* (Южно-Сахалинск: 2008), с. 163.
보기: 광물 채취 및 채취생산물 활동 그리고 전력, 가스, 수자원 생산과 분배활동에 따르는 복합지수

<표 2> 사할린州의 석탄생산 형태

단위: 1000톤

| 생산 형태＼년도 | 2000 | 2005 | 2006 | 2007 |
|---|---|---|---|---|
| 전 체 | 2775 | 3416 | 3597 | 3415 |
| 지하탄 | 525 | 322 | 366 | 270 |
| 노천탄 | 2250 | 3094 | 3231 | 3145 |

출처: Федеральная служба государственной статистики, *Сахалинская область в цифрах* (Южно-Сахалинск: 2008), с. 152.

아래의 <그림 3>은 극동연방지구의 전체 행정주체에서 생산되는 석탄 채굴 정도를 비교 분석한 것이며, 이를 통해 사할린州의 석탄 채굴 현황을 짐작할 수 있도록 한다. 그리고 2000년과 2007년의 석탄 채굴 정도에서 보는 바와 같이, 사할린州의 석탄 채굴이 증가 추세에 있음도 알 수 있다.

에너지(석탄·석유·가스) 자원이 지역 경제에서 중요한 위치를 차지함과 동시에, 수산자원 역시 지역 경제에 상당한 영향력을 미치고 있다. 쿠릴열도와 사할린 섬으로 구성된 사할린州의 경제지리 환경이 가져 다 주는 또 다른 하나의 혜택이다. 극동연

방지구 전체의 수산자원 어획 영역에서 사할린州가 차지하는 위치는 <그림 4>과 같다.

<그림 3> 극동연방지구 개별주체의 석탄 채굴

단위: 1000 톤

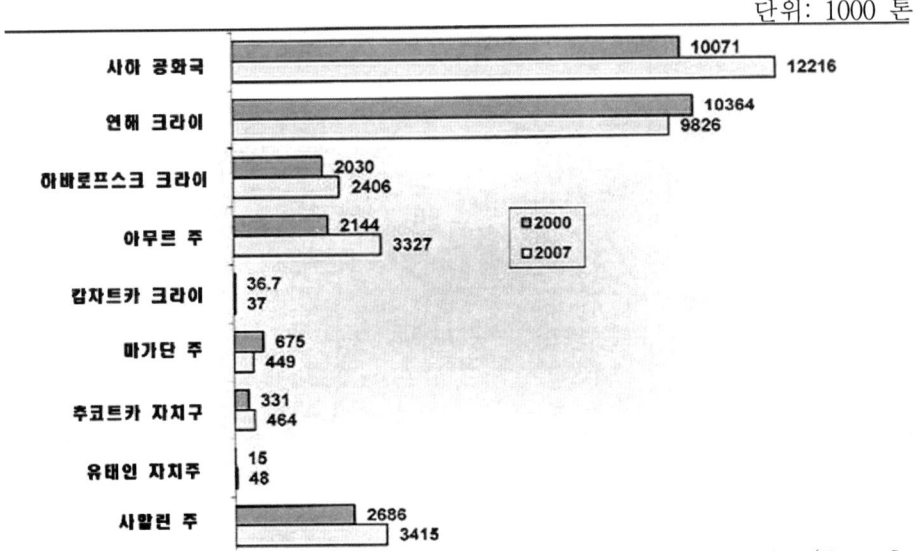

출처: Федеральная служба государственной статистики, *Сахалинская область в цифрах* (Южно-Сахалинск: 2008), с. 163.

<그림 4> 극동연방지구 개별주체의 해산물 획득 및 물고기 어획량

단위: 1000 톤

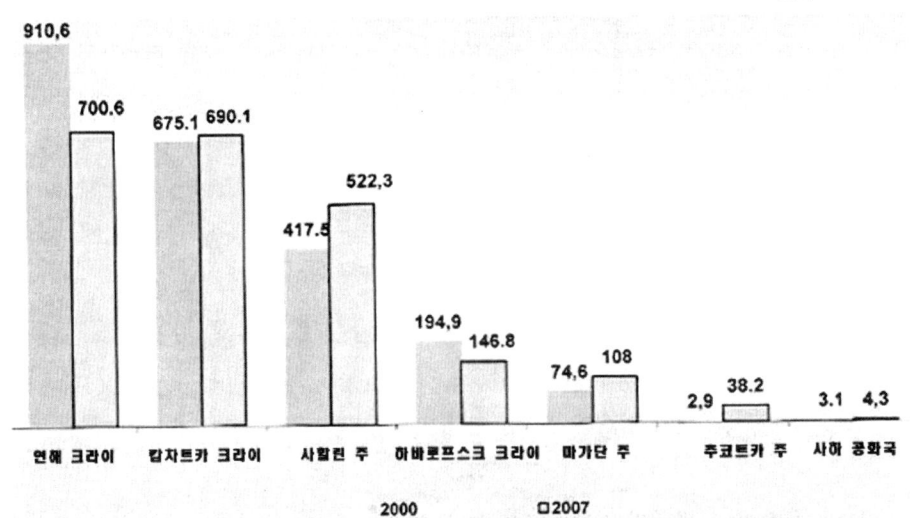

출처: Федеральная служба государственной статистики, *Сахалинская область в цифрах* (Южно-Сахалинск: 2008), с. 164.

<그림 4>에서 보는 바와 같이, 수산물 어획량은 극동연방지구 전체에서 3위에 있다. 사할린州는 상당량의 수산자원 획득과 함께 수산자원들 상품화할 수 있는 산업시설의 개보수에 많은 관심을 갖고 있기 때문에, 수산물 관련 상품 생산이 계속적으로 증가되어질 것으로 보인다.

<표 3> 어류 식료품 상품 생산(통조림 제외)

단위: 톤

| 구분\년도 | 2000 | 2005 | 2006 | 2007 |
|---|---|---|---|---|
| 살아있고 저온의 물고기(청어제외) | 107,873 | 121,527 | 108,575 | 148,245 |
| 냉동 물고기(청어제외) | 147,457 | 275,236 | 270,229 | 359,716 |
| 뼈가 제거된 냉동 생선(청어제외) | 33,669 | 9,208 | 9,969 | 6,367 |
| 소금에 저린 물고기(청어제외) | 334 | 174 | 70 | 111 |
| 모든 종류의 청어 | 25,010 | 35,009 | 34,190 | 31,189 |
| 훈제 물고기 | 140 | 144 | 186 | 107 |
| 말린 물고기(건어) | 23 | 38 | 51 | 40 |
| 요리된 제품 | 844 | 252 | 220 | 169 |
| 구운 물고기 | 36 | 1242 | - | - |
| 철갑상어 등고기 제품 | 6 | 0.1 | 0.1 | 2 |
| 이크라 | 6,089 | 9,138 | 9,270 | 10,207 |
| 해산물(물고기 제외) | 15,962 | 20,110 | 17,047 | 15,723 |
| 잘게 간 고기 | 4,112 | 79 | 475 | 1,94 |
| 기타 | 813 | 2,869 | 3,157 | 4,426 |
| 전체 | 342,368 | 475,026 | 453,439 | 576,496 |

출처: Федеральная служба государственной статистики, *Сахалинская область в цифрах* (Южно-Сахалинск: 2008), c. 158.

<그림 5>는 사할린州에서 생산되는 어류 식료품 생산이 타지역의 성장 정도를 앞지르고 있음을 보여준다. 극동연방지구 전체에서 2~3위의 위치를 유지하고 있다. 특히 2007년의 생산품은 연해 크라이의 그것보다 높게 나타났다. 따라서 사할린州에서 생산되는 수산관련 제품이 지역 경제에 미치는 영향력은 계속적으로 증가되어질 것으로 보인다.

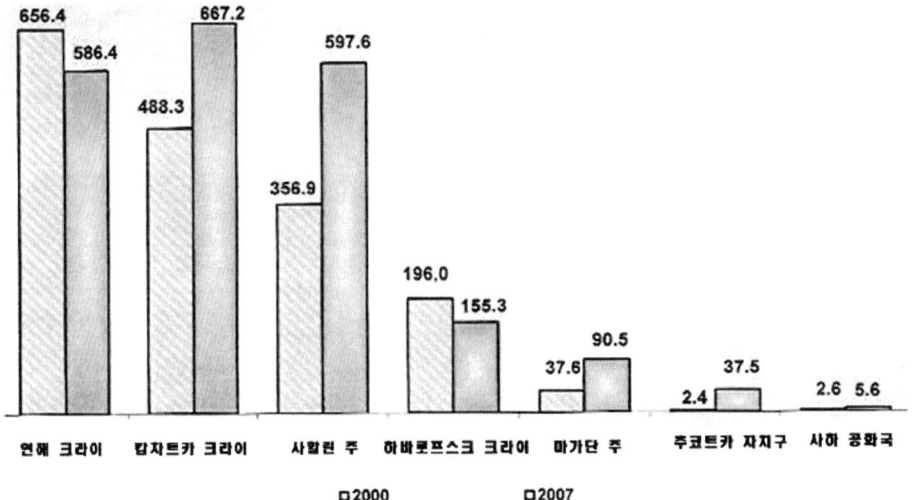

<그림 5> 극동연방지구 개별주체의 상품용 어류 식료품(통조림 포함) 생산

단위: 1000 톤

출처: Федеральная служба государственной статистики, *Сахалинская область в цифрах* (Южно-Сахалинск: 2008), c. 164.

결국, 사할린州는 극동연방지구 9개 주체들 중에서 비교적 높은 경제적 위치를 확보하고 있다. 이는 자신의 지리 공간에 분포된 다양한 자원에 기초된다. 그리고 이러한 경제적 위치는 당분간 더 지속될 것으로 보인다. 중앙정부가 사할린州의 에너지 (석탄・석유・가스) 자원 개발에 많은 관심을 보이고 있음과 더불어, 상당량의 수산 및 산림자원이 개발을 기다리고 있기 때문이다.

2) 생산의 경제지리 구조

사할린州는 크게 4개(북부, 중부, 남부, 쿠릴열도)의 지구로 나누어진다. 사할린州의 공식 홈페이지(http://www.adm.sakhalin.ru/)를 참조하면서, 생산의 경제지리 구조를 해석한다.

남부 사할린 지역에는 중부와 북부 사할린에서 생산되는 자원을 상품화하는 각종 산업이 발달되어 있다. 지역 주민들의 다수가 유즈노-사할린스크, 돌린스크(Долинск), 네벨스크(Невельск), 홀름스크(Холмск), 코르사코프(Корсаков) 등에서 거주하고 있다. 특히, 유즈노-사할린스크는 사할린州의 행정 중심지이다. 정치・경제・사회 문화 등의 중심지이며, 교통의 중심지이다. 따라서 이곳에서 주요 도시인 홀름스크,

코르사코프, 네벨스크, 우글레고르스크(Угле горск), 포르나이스크(Поронайск) 등으로 연결된다. 이들 중에서 오힌스크 및 노글리 코프스크 지역의 주요 생산물은 석유 및 가스이며, 티모프스키와 아니프스키 지역은 농촌지역이다. 동일 지역은 농촌 경제에 적당한 지역이며, 남부 해안지역인 코르사코프 항만이 있어 경제 활동에 보다 유리한 조건을 갖고 있다.

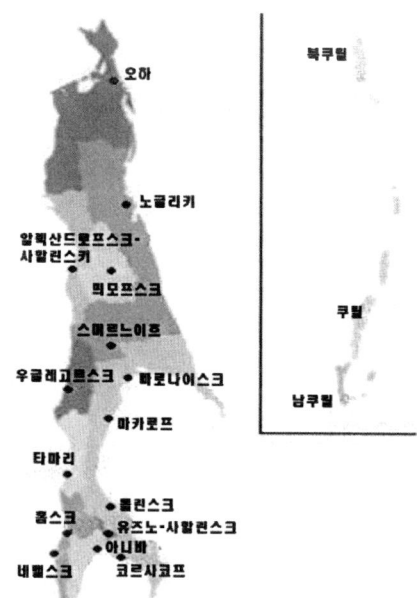

중부 사할린의 서쪽지역에있는 알렉산드로프스크-사할린스키(Александровск-Сахалинский), 레소고르스크(Лесогорск), 우글레고르스크, 크라스노고르스크(Красногорск) 등에 다수의 주민들이 거주하고 있다. 동일의 서쪽지역에서는 석탄 채굴이 왕성하다. 그리고 농촌경제에 적당한 기후 조건을 가지고 있으며, 양 사육에 좋은 환경조건을 가지고 있다. 동쪽지역은 해안의 국경지대에 다수의 인구가 거주하고 있으나, 생활하기에 좋은 환경 조건은 되지 못한다. 그리고 동남쪽에는 산림과 석탄관련 산업이 주로 이루어지고 있다. 사할린州 북부지역의 주민은 오하(Оха), 리브노프스크(Рыбновск), 포기비(Погиби), 차이보(Чайво), 노글리키(Ноглики) 등에 주로 거주하고 있다. 동일 지역은 기후 및 환경 등에 있어 사람이 거주하기에 불편하지만, 에너지 자원이 풍부하게 개발되고 있다. 포기비 지역에서 산림 및 에너지 자원이 대륙의 본토로 전송되기도 한다.

티미-포르나이 저지대(Тымь-Поронайская низменность)에서의 인구는 아도-티모보(Адо-Тымово), 티모프스크(Тымовское), 키로프스크(Кировское), 오노르(Онор), 스미르니흐(Смирных), 부유클리(Буюклы), 포로나이스크 등에 거주한다. 동일 지대는 사람이 거주하기에 다소 양호한 기후 조건을 갖고 있으며, 농촌 경제에 적합한 환경 조건을 갖고 있다. 특히 티모프 분지(Тымовская долина)의 중심부가 농업에 양호한 상태이며, 포르나이스크 저지대(Поронайская низменность)는 양호성의 정도가 다소 떨어진다. 동일지역은 기업체를 유치하기에 불편한 환경을 갖고 있다.

<표 4> 사할린州 경제지리 구조 및 특징

| 지역구분 | 자치 행정지역 | 중심 도시 | 경제지리 상황 | 중심산업 |
|---|---|---|---|---|
| 남부지역 | 돌린스키 | 돌린스크市 | 석탄채굴 | ·복합(지역 생산물 집결) |
| | 유즈노-사할린스크市 | 유즈노-사할린스크市 | 산업중심지, (석탄)화력발전소, 산림가공 | |
| | 홀롬스크 지구 | 홀롬스크市 | | |
| | 아니바 지구 | 아니바市 | | |
| | 네벨스크 지역 | 네벨스크市 | 석탄채굴 | |
| | 코르사코프 지역 | 코르사코프市 | 항만 도시, 석유화학, 수산 및 어업관련 산업 | |
| 중부지역 | 알렉산드로프스크-사할린스키 지역 | 알렉산드로프스크-사할린스크市 | 산림가공, 석탄 채굴 | ·석탄 및 삼림 |
| | 티모프스크 지구 | пгт. 티모프스크 | 산림가공, 석탄채굴 | |
| | 스미르니호프스키 | пгт. 스미르니호 | 산림가공 | |
| | 포로나이스키 | 포로나이스크市 | 산림가공, (석탄)화력발전소 | |
| | «바흐루세프» 지구 | пгт. 바흐루세프 | | |
| | 우글레고르스크 지역 | 우글레고르스크市 | 산림산업, 석탄 채굴, (석탄)화력발전소 | |
| | 마카로프 지구 | 마카로프市 | 산림가공 | |
| | 토마린스크 지구 | 토마리市 | 산림가공 | |
| 북부지역 | 오힌스키 | 오하市 | 석유 및 가스, (석탄)화력발전소 | ·에너지(석유·가스) |
| | 노글리키 지구 | пгт. 노글리키 | 석유 및 가스, (석탄)화력발전소, 산림/제지산업 | |
| 쿠릴 섬 | 북쿠릴 지구 | 세베로-쿠릴스크市 | 경제활동 어려움 | ·어업 |
| | 쿠릴 지구 | 쿠릴스크市 | 경제활동 어려움 | |
| | 남쿠릴 지구 | пгт. 유즈노-쿠릴스크 | 경제활동 어려움 | |

사할린州의 주요 유용광물은 석탄·원유·가스·유황·마그네틱 등이다. 광물의 주요 산지는 다음과 같다. 석탄은 고르노자보드스크(Горнозаводск)와 바흐루셰프스크(Вахрушквск)지역이며, 코크스탄은 레소고르스크(Лесогорск)와 우글레고르스크 지역이다. 그리고 원유 산지는 몬기(Монги), 우스티-토미(Усть-Томи), 카탄글리(Катангли), 유빌레이노예(Юбилейное), 오크루주노예(Окружное) 지역 등이며, 가스

는 보스토치노-루고프스크(Восточно-Луговск)에 있다. 원유가스칸덴세이트는 오도프투(Одопту)·차이보(Чай во)·룬스코예(Лунское) 지역이며, 유황은 노보예(Новое) 지역에 있다.

　북부지역에서 《사할린-1》, 《사할린-2》, 《사할린-3》, 《사할린-4》, 《사할린-5》 등과 같은 대규모 에너지 개발 프로젝트가 추진되고 있으며, 이곳에서 생산되는 원유는 북쪽지역의 노글리키에서 파이프라인을 통해 하바롭스크로 이동된다. 석탄은 중부지역의 서쪽에 있는 우글레고르스크에서 배편을 이용해 캄차트카와 일본 등으로 보내진다. 또한 목재와 물고기 등 수산물은 남쪽의 홀름스크에서 페리호를 통해 바니노항을 거쳐 하바롭스크로 전송된다. 뿐만 아니라, 사할린州에서 생산되는 각종 자원의 효율적인 수송을 위해 협궤로 되어 있는 기존의 철도를 북부지역을 시작으로 남부지역까지 본토에 준하는 형태의 광궤로 개조하고 있으며,19) 이를 남부지역에서 페리 호를 통해 하바롭스크 등지로 전송하려는 계획을 추진하고 있다. 그리고 남부 코르사코프(Корсаков) 항만을 통해 이루어지는 대외경제관계 역시 철도 및 넓은 도로20)를 통해 州都인 유즈노-사할린스크市로 이동된다.

## 4. 사할린州 무역의 경제지리 구조

1) 대외경제관계 현황

　극동연방지구에 소속된 9개 주체들 중에서 대외 경제관계가 보다 활발한 지역은 사하공화국·연해 크라이·하바롭스크 크라이·사할린州 등이다. 사할린州는 연해크라이 및 하바롭스크 크라이 등과 함께 극동연방지구의 경제관계를 주도하고 있다. 극동연방지구 개별 주체들의 무역구조에서 사할린州가 차지하는 정도는 아래와 같다.

---

19) 일본이 대동아공영권을 준비하는 기간 동안 사할린州의 철도가 협궤(1435mm인 표준궤 이하의 폭을 가진 철도를 협궤로 명명함)로 부설되어 현재 사용되고 있으며, 러시아 본토는 1520mm의 폭을 가진 광궤로 건설되어 있다.
20) 유즈노-사할린스크에서 코르사코프 항만까지는 일반 버스로 약 50분 정도 소요되며, 도로는 4차로 정도에 해당되는 넓이에 3차로가 건설되어 있다.

<표 5> 극동연방지구 개별주체의 무역구조와 사할린州

단위: 100만 달러

| 개별 주체 | 2005 원동국가 수출 | 수입 | CIS 수출 | 수입 | 2006 원동국가 수출 | 수입 | CIS 수출 | 수입 | 2007 원동국가 수출 | 수입 | CIS 수출 | 수입 |
|---|---|---|---|---|---|---|---|---|---|---|---|---|
| 사하공화국 | 2140.5 | 68.9 | 11.3 | 1.7 | 2143.5 | 83.4 | 14.5 | 3.1 | 2053.6 | 63.0 | 38.3 | 1.5 |
| 캄차트카 크라이 | 146.7 | 39.9 | 1.9 | 0.4 | 144.7 | 56.2 | 1.9 | 0.5 | 155.6 | 80.2 | 1.2 | 0.3 |
| 연해크라이 | 1048.6 | 2206.2 | 0.6 | 1.9 | 1068.1 | 2939.1 | 3.6 | 1.9 | 1102.7 | 4212.9 | 2.5 | 1.1 |
| 하바롭스크 크라이 | 2803.9 | 548.9 | 4.6 | 12.5 | 3431.3 | 864.9 | 5.9 | 17.4 | 1747.3 | 1038.2 | 5.9 | 14.1 |
| 아무르주 | 164.3 | 113.8 | 0.4 | 0.1 | 156.3 | 143.0 | 0.5 | 2.0 | 209.2 | 277.5 | 0.6 | 0.6 |
| 마가단주 | 19.9 | 80.2 | 0.0 | 0.2 | 19.8 | 83.9 | 0.2 | 0.4 | 117.0 | 103.8 | 0.2 | 0.1 |
| 사할린州 | 1061.4 | 2486.3 | 1.3 | 0.6 | 1038.3 | 2574.9 | 0.1 | 0.5 | 7035.9 | 1791.3 | 1.9 | 0.6 |
| 유태인자치주 | 8.3 | 8.8 | 0.1 | 0.3 | 11.3 | 17.2 | 0.3 | 0.1 | 18.0 | 16.6 | 0.0 | 0.1 |
| 추코트카 자치구 | 1524.3 | 69.4 | 0.0 | 1.5 | 122.1 | 67.5 | - | - | 0.7 | 115.9 | - | - |
| 전체 | 8917.9 | 5622.4 | 20.2 | 19.2 | 8135.4 | 6830.1 | 27 | 25.9 | 12440 | 7699.4 | 50.6 | 18.4 |

출처: Федеральная служба государственной статистики, Россий ский статистический ежегодник. О фициальное издание (Москва: 2008), с. 766.

2005년의 사할린州 무역 거래액은 35억 4,920만 달러였고, 그 중 수출은 10억 6,240만 달러로 2004년 대비 150.1% 증가했고, 수입은 24억 8,680만 달러로 3.3배 증가했다. 그리고 2006년의 대외무역 정도는 36억 1,310만 달러였으며, 이 중에서 수출은 10억 3,750만 달러로 전년 대비 97.5%였다. 수입은 25억 7,560만 달러로 전년의 103.6%였다.[21] 그리고 2008년 대외 경제거래 총액은 전년 대비 12% 증가한 104억 1,940만 달러였다. 이들 중에서 수출은 전년대비 1.3배 증가한 92억 2,120만 달러였고, 수입은 38.7% 증가한 11억 9,880백만 달러였다.

사할린州의 수출 상품 구조는 원료 지향성이 강하다. 2008년은 전년과 비교해서 수출 상품구조의 변화가 없었고, 석유와 석탄 등 연료-에너지 자원에 의존되었다. 또

---

21) Федеральная служба государственной статистики, Регионы России (Москва: 2007), с. 653.

한 어류와 수산물이 여전히 중요한 위치를 차지했다.22)

사할린州의 대외경제관계는 독립국가연합(CIS) 이외의 원동 국가에 초점이 맞추어져 있다.23) 대외무역 거래에 있어 CIS 국가가 차지한 비중은 0.1%에 불과했고, 나머지 99.9%는 원동 국가와 이루어졌다. 이러한 사실은 사할린州의 수출상품 구조가 원동 국가를 선택하도록 만든 결과에 다름 아니다.

<표 6> 사할린州의 수출입 규모

단위: 백만 달러

| 자료-C\구분 | 2000 | | 2006 | | 2007 | |
|---|---|---|---|---|---|---|
| | 수출 | 수입 | 수출 | 수입 | 수출 | 수입 |
| 전 체 | 964.8 | 172.8 | 1304.2 | 2696.9 | 7338.0 | 1954.8 |
| CIS 이외의 국가 | 964.1 | 166.8 | 1303.9 | 2694.6 | 7335.2 | 1952.3 |
| CIS 국가 | 0.7 | 6.0 | 0.3 | 2.3 | 2.8 | 2.5 |

출처: Федеральная служба государственной статистики, *Сахалинская область в цифрах* (Южно-Сахалинск: 2008), с. 265의 도표 재구성.

사할린州의 수출 구조에서 중요한 위치를 점하는 분야가 자원이었고, 필요한 수입품은 지역 산업 및 주민의 생활에 필요한 공산품들이었다. 이러한 수출입 품목에 기초되면, 사할린州의 대외경제관계가 원동 국가로 향하는 것이 자연스러워 보인다. 따라서 사할린州의 수출 구조에서 CIS가 차지하는 정도는 미미한 수준에 그치고 있다.

<표 7> 사할린州의 對CIS 무역규모

단위: 백만 달러

| 자료\구분 | 2000 | | | 2006 | | | 2007 | | |
|---|---|---|---|---|---|---|---|---|---|
| | 전체 | 수출 | 수입 | 전체 | 수출 | 수입 | 전체 | 수출 | 수입 |
| A | | | | 0.6 | 0.1 | 0.5 | 2.5 | 1.9 | 0.6 |
| B | | | | | | | | | |
| C | 6.7 | 0.7 | 6.0 | 2.6 | 0.3 | 2.3 | 5.4 | 2.9 | 2.5 |
| D | 6.7 | 0.7 | 6.0 | 2.6 | 0.3 | 2.3 | 5.4 | 2.9 | 2.5 |

---

22) http://www.adm.sakhalin.ru/(검색일: 2009년 9월 17일)
23) 러시아는 외국을 근동국가와 원동 국가로 분류하고 있다. 근동 국가는 소련으로부터 독립된 국가(특히, CIS 국가)를 의미하며, 원동 국가는 기타 모든 외국을 일컫는다.

사할린州의 대외경제관계에서 원동 국가 차지하는 정도가 높은 것은 서로의 필요성에 기초된 자연스러운 경제관계 현상으로 보인다. 사할린의 에너지자원·산림자원·수산자원 등에 대한 원동 국가의 요구와 이들의 공산 제품에 대한 사할린州의 요구가 맞닿은 결과였다. 그리고 2000년에 비해 시간이 지날수록 무역 규모가 높게 나타나는 것은 푸틴의 중앙정부가 추진하는 지역개발 정책과 지방정부의 개발 의지가 만들어 놓은 합작품이다.

<표 8> 사할린州의 對원동국가 무역규모

단위: 백만 달러

| 자료\구분 | 2000 | | | 2006 | | | 2007 | | |
|---|---|---|---|---|---|---|---|---|---|
| | 전체 | 수출 | 수입 | 전체 | 수출 | 수입 | 전체 | 수출 | 수입 |
| A | | | | 3613.2 | 1038.3 | 2574.9 | 8827.2 | 7035.9 | 1791.3 |
| B* | | | | 3613.1 | 1037.5 | 2575.6 | | | |
| C | 1130.9 | 964.1 | 166.8 | 3998.5 | 1303.9 | 2694.6 | 9287.5 | 7335.2 | 1952.3 |
| D** | 1030.9 | 964.1 | 166.8 | 3998.5 | 1303.9 | 2694.6 | 9287.5 | 7335.2 | 1952.3 |

\* 사할린州의 전체(CIS 포함) 무역 규모를 의미하는 것으로 보임.
\*\* D의 수치에서 2000년의 전체무역 규모가 1030.9로 기록된 것은 1130.9의 오타인 것으로 보임.

2) 무역의 경제지리 구조

사할린州와 경제관계를 맺고 있는 교역 파트너는 다양한 지역에 분포되어 있다. 대륙별로 보면 유럽 지역은 독일 등을 비롯한 26개국, 아시아는 일본 등을 비롯한 24개국, 아메리카와는 미국을 비롯한 10개국, 오세아니아 대륙은 오스트레일리아를 비롯한 3개국, 아프리카는 방글라데시를 비롯한 7개국, 발틱해와는 라트비아를 포함한 2개국과 교역을 하고 있다. 총 72개국과 교역을 하고 있다.24) 2007년까지의 경제관계를 보면 유럽 지역에 더 많은 무역 파트너가 있으나, 전체 무역 규모를 보면 아시아에 무게 중심이 주어져 있다. 물론 일본 등을 비롯한 몇몇 국가에 집중되는 경향이 보이기는 하지만, 사할린州의 대외경제 규모에 기초되면 경제지리 구조는 아시아적이다.

---

24) 사할린州가 수출입 관계를 맺고 있는 주요 무역 파트너들 중에서 CIS 이외의 국가와 상품 및 서비스 교역 현황에 대한 자세한 내용은 [별첨 1] 참조.

<표 9> 대륙별 무역 규모

단위: 1000$

| 대륙 | 2000 | | 2006 | | 2007 | |
|---|---|---|---|---|---|---|
| | 수출 | 수입 | 수출 | 수입 | 수출 | 수입 |
| 유럽 | 78619.3 | 44839 | 25758 | 662417 | 39441 | 480217 |
| 아시아 | 842358.3 | 61282 | 1123270 | 1628531 | 7009671 | 1192848 |
| 아메리카 | 37235 | 57278 | 140989 | 284004 | 268076 | 265633 |

    2008년의 무역 규모면에서도 아시아에 대한 비중이 높다. 특히, 사할린州의 비교우위 상품인 에너지 자원과 어류 및 수산물 수출입 관계에서 두드러진다. 2008년의 사할린州 전체 수출구조에서 연료-에너지관련 제품이 2007년도의 92.5%에서 91.3%를 기록했다. 2007년에 1천 80만 톤의 원유를 83억 달러에 수출했다. 한국에 52.8%, 일본 43.5%, 중국 2.1%, 타일랜드 0.9%, 그리고 미국에 0.7%를 수출했다.25) 이들 제품의 수출은 하바롭스크 크라이의 항구로 이송되어 수출되었으나, 2008년 12월부터 사할린의 남부 도시인 코르사코프를 통해 수출할 수 있게 되었다. 어류 및 수산물의 비중은 2008년의 전체 수출규모에서 3.5%를 차지했다. 전년인 2007년에는 3.2%였다. 2007년에 213.5천 톤의 어류와 수산물을 3억 2,290만 달러에 수출했다. 어류 및 수산물의 주요 수출 대상국은 아시아 지역에 집중되었다. 한국(30.8%), 중국(23.2%), 일본(22.5%), 홍콩(11.7%)이었다.26)

    외국 자본의 투자가 사할린州의 경제지리 구조를 변화시키고 있다. 사할린州에 대한 외국 자본의 투자는 유럽이 압도적인 우위에 있다. 시간이 지날수록 유럽 국가들의 투자가 증가되고 있는 반면, 아시아와 아메리카의 투자는 감소되고 있다. 유럽 국가들의 투자가 주로 에너지 자원에 집중되는 경향을 보인다. 네덜란드의 투자가 절대적인 우위를 보이고 있으며 영국의 투자 역시 증가되고 있다. 이들 자본의 대부분은 사할린의 북부지역과 중부지역으로 몰리고 있다. 당시 푸틴의 자원민족주의 정책에도 불구하고, 이들 자본의 사할린州 에너지 자원에 대한 지배력은 계속되었다.

---

25) Основным экспортером этой товарной позиции является компания "Эксон Нефтегаз Лимитед" - оператор международного консорциума "Сахалин-1" (88,5% от общего объема). Поставка нефти осуществляется через порт Де-Кастри Хабаровского края.

26) 2008년 사할린州의 주요 수입품은 설비, 자동차 관련 제품 및 부품, 금속제품 등이었고, 이들 제품에 대한 주요 수입국은 미국과 일본 그리고 영국 등이었다. 이들 국가로부터의 수입은 사할린州 전체 수입의 약 60%에 달했다. http://www.adm.sakhalin.ru/(검색일: 2009/09/17).

<표 10> 대륙별 외국 자본의 사할린州 투자 현황

단위: 백만 $, %

| 대륙 | 국가 | 2000 투자금액 | % | 2006 투자금액 | % | 2007 투자금액 | % |
|---|---|---|---|---|---|---|---|
| 전체 | 전체 | 250.5 | 100 | 5382.1 | 100 | 4963.8 | 100 |
| 유럽 | 영국 | 0.0 | 0.0 | 83.5 | 1.6 | 537.6 | 10.8 |
|  | 네덜란드 | 56.0 | 22.4 | 3638.3 | 67.6 | 3387.4 | 68.2 |
|  | 노르웨이 | 0.3 | 0.1 | - | - | - | - |
|  | 키프로스 | 1.7 | 0.7 | 0.0 | 0.0 | 0.0 | 0.0 |
|  | 소계 | 58 | 23.2 | 3721.8 | 69.2 | 3925 | 79 |
| 아시아 | 일본 | 85.2 | 34.0 | 526.7 | 9.8 | 333.5 | 6.7 |
|  | 중국 | 0.1 | 0.0 | 1.8 | 0.0 | 1.0 | 0.0 |
|  | 한국 | 0.4 | 0.2 | 7.3 | 0.1 | 78.7 | 1.6 |
|  | 인도 | - | - | 551.0 | 10.2 | 219.2 | 4.4 |
|  | 소계 | 85.7 | 34.2 | 1086.8 | 20.1 | 632.4 | 12.7 |
| 아메리카 | 미국 | 88.4 | 35.3 | 4.1 | 0.1 | 4.9 | 0.0 |
|  | 바감 제도 (Багамские острова) | 18.2 | 7.2 | 518.9 | 9.6 | 328.7 | 6.6 |
|  | 버뮤다 제도 (Бермудские острова) | - | - | 40.1 | 0.7 | 72.4 | 1.5 |
|  | 소계 | 106.6 | 42.5 | 563.1 | 10.4 | 406 | 8.1 |
| 오세아니아 | 오스트레일리아 | 0.2 | 0.1 | - | - | - | - |
| 기타 | 기타 국가 | - | - | 10.4 | 0.2 | 0.4 | 0.2 |

출처: Федеральная служба государственной статистики, *Сахалинская область в цифрах* (Южно-Сахалинск: 2008), с. 250의 도표 재구성.

## 5. 끝맺는 말

사할린州는 한·일·러의 지난 역사를 고스란히 간직하고 있으며, 쿠릴열도를 둘러싼 러·일간의 갈등 상황은 현재에도 계속되고 있다. 사할린州에 대한 주변국가의 관심은 사할린 공간이 가진 정치 및 경제적 가치에서 비롯된다. 특히 사할린州의 에너지 자원과 수산 자원이 주변 국가들의 관심을 불러일으키고 있다.

∙ ∙ ∙ ∙ ∙ ∙ ∙ ∙ ∙ ∙

사할린州는 사하공화국·연해 크라이·하바롭스크 크라이 등과 함께 러시아 극동 지역 경제를 이끌어가고 있다. 특히, 에너지·산림·수산자원이 사할린州 경제의 원동력이다. 사할린州가 갖는 경제적 의미 파악은 동일 지역의 경제지리 상황과 그 구조를 이해하면서 시작되어 진다. 사할린州의 각종 자원이 어디에서 어떻게 개발되고, 또한 이들 자원들이 어디로 향하고 있는가 하는 점이다. 사할린州를 크게 4개(북부, 중부, 남부, 쿠릴열도) 지구로 분류해서 분석하고 있는 본 논고가 내린 결론은 다음과 같다.

사할린州의 북부지역에서 추진되고 있는 《사할린-1》, 《사할린-2》, 《사할린-3》, 《사할린-4》, 《사할린-5》 등과 같은 대규모 에너지 개발 프로젝트, 중부 사할린 지역에서 강하게 성장하고 있는 석탄 및 삼림자원 등에 의해 사할린의 내부 경제지리가 고착화되고 있다. 이러한 상황은 동일 지역의 지리환경이 만들어 놓은 결과이다. 북부와 중부에서 생산되는 자원이 열차 편으로 남부 사할린으로 이동되고, 남부 코르사코프 항만을 통해 이루어지는 수입관계의 구조물이 州都인 유즈노-사할린스크市로 이동된다. 이곳에서 사할린 내부와 육지 본토로 연결된다.

사할린州의 수출입 구조는 유럽·아시아·아메리카·오세아니아·아프리카 등 다양한 지역에 걸쳐있다. 무역 관계에 기초된 경제지리 상황을 보면, CIS 이외의 원동 국가로 향하고 있음을 알 수 있다. 원동 국가들 중에서 무역 파트너는 유럽지역에, 그리고 무역 규모는 아시아에 무게 중심이 주어져 있다. 사할린州의 비교우위 상품인 에너지(특히, 원유)·어류 및 수산물 수출에 따르는 2008년의 대외경제관계는 한·일·중 등에 집중되어 있다. 그리고 사할린州에 대한 외국 자본의 투자는 유럽이 압도적인 우위에 있다. 시간이 지날수록 유럽 국가들의 투자가 증가하는 반면, 아시아와 아메리카의 투자는 감소되고 있다.

결국, 사할린州는 한·중·일이 필요로 하는 다양한 자원을 가지고 있다. 사할린州의 경제지리 구조가 국제적이기는 하지만, 아시아 지역과 긴밀하게 연결되고 있다. 따라서 사할린州의 각종 자원을 동북아에서 활용할 방안을 적극적으로 모색할 필요성이 제기된다. 이러한 작업은 사할린에서 전개되었던 지난날의 아픈 과거사를 청산하는 차원에서, 그리고 동북아 공동체 건설 차원에서 접근하는 것이 바람직할 것이다.

## 참고 문헌

김 게르만 감수, 『재외동포사 연표. 러시아・중앙아시아』 (서울: 국사편찬위원회, 2009).
김주환외 편저, 『지표공간의 이해. 지리학적 접근』 (서울: 푸른 세상, 2001).
이영형, 『지정학』 (서울: 엠애드, 2006).
한종만・김정훈・김태진, 『러시아 우랄・시베리아・극동지역의 이해』 (대전: 배재대학교 출판부, 2007).
Robert Gilpin, *The Challenge of Global Capitalism. The world economy in the 21st century* (Princeton, New Jersey: Princeton University Press, 2000).
Федеральная служба государственной статистики, *Российский статистический ежегодник. Официальное издание* (Москва: 2008).
Федеральная служба государственной статистики, *Регионы России* (Москва: 2007).
Федеральная служба государственной статистики, *Сахалинская область в цифрах* (Южно-Сахалинск: 2008).
Федеральная служба государственной статистики, *Экономическое и социальное развитие районов проживания коренных малочисленных народов* Севера. 2000, 2006, 2007гг. (Южно-Сахалинск: 2008).
Сергей Василенко, "Нефть газ и не только," *Эксперт*, №14(653), 2009.
Иван Чайкин, "Нажав на кнопку газовую," *Эксперт*. №14(653), 2009.
Вадим Чухонцев, "Острова стабильности," *Эксперт*. №14(653), 2009.
Николай Федотов, "Надежда для Курил," *Эксперт*. №14(653), 2009.
Под общей ред., В.В.Бушуева и А.И.Громова, *Топливно-энергетический комплекс России 2000-2006 гг.* (Москва: «энергия», 2007).
http://www.adm.sakhalin.ru/index.php?id=18(검색일, 2009년 9월 17일).
http://www.adm.sakhalin.ru/index.php?id=306(검색일, 2009년 9월 17일).

## [별첨 1] 사할린州의 대륙별 주요 교역 파트너 및 무역 현황

단위: 1000$

| 대륙 | 무역 파트너 | 2000 수출 | 2000 수입 | 2006 수출 | 2006 수입 | 2007 수출 | 2007 수입 |
|---|---|---|---|---|---|---|---|
| 유럽 | 오스트리아 | 4 | 129 | - | 8616 | 19 | 4132 |
| | 벨기에 | 0.3 | 397 | 1022 | 10794 | 338 | 25370 |
| | 영국 | 3609 | 2777 | 10040 | 99530 | 7289 | 182569 |
| | 헝가리 | - | 127 | - | 822 | - | 1086 |
| | 독일 | 55416 | 15759 | 1398 | 75944 | 1446 | 56685 |
| | 덴마크 | 4 | 804 | 27 | 4760 | 2564 | 2876 |
| | 스페인 | 509 | 142 | - | 8433 | - | 7087 |
| | 이탈리아 | - | 283 | 852 | 137306 | 540 | 57660 |
| | 키프로스 | 4404 | 4736 | 215 | 9313 | 3403 | 5762 |
| | 리히텐쉬텐 (Лихтенштейн) | 6551 | - | - | 15 | - | 12 |
| | 몰타 | 5533 | 2316 | - | - | - | 11 |
| | 네덜란드 | 12 | 738 | 3997 | 31059 | 16515 | 38389 |
| | 노르웨이 | 1989 | 3218 | 2258 | 233150 | 6063 | 50740 |
| | 폴란드 | 482 | 4203 | - | 1002 | 80 | 2090 |
| | 핀란드 | 0.2 | 183 | 2172 | 8829 | 24 | 16218 |
| | 프랑스 | 103 | 7932 | 239 | 13178 | 218 | 18869 |
| | 체코 | - | 287 | - | 336 | - | 1205 |
| | 스위스 | 2 | 6 | 1501 | 3797 | 289 | 2756 |
| | 스웨덴 | 0.1 | 578 | 548 | 6669 | 24 | 2269 |
| | 라트비아 | 0.5 | 211 | 1210 | 975 | 589 | 5 |
| | 터키 | 0.2 | 13 | 279 | 7889 | 40 | 4426 |
| | 소계 | 78619.3 | 44839 | 25758 | 662417 | 39441 | 480217 |
| 아시아 | 베트남 | 3817 | 369 | 117 | 1252 | 1545 | 767 |
| | 이스라엘 | 8 | 22 | 75 | 19889 | - | 1516 |
| | 인도 | 0.3 | 20 | 79 | 913 | 43764 | 992 |
| | 인도네시아 | 47 | 17 | 5500 | 441 | 411 | 36831 |

| | | | | | | | |
|---|---|---|---|---|---|---|---|
| 아시아 | 말레이시아 | 3 | 385 | 1310 | 10398 | 20 | 5832 |
| | 필리핀 | 2 | 391 | 56 | 581 | 7 | 647 |
| | 타일랜드 | 2 | 28 | 76676 | 1906 | 2108 | 2479 |
| | 중국 | 97302 | 1670 | 65907 | 41822 | 138402 | 45694 |
| | 한국 | 57030 | 15219 | 210920 | 1184750 | 3658595 | 883279 |
| | 싱가포르 | 544875 | 3716 | 77726 | 39830 | 53737 | 27360 |
| | 타이완(중국) | 76 | 240 | - | - | 32 | 1315 |
| | 홍콩 | 3678 | 288 | 324 | 2892 | 66 | 1373 |
| | 일본 | 135518 | 38917 | 684580 | 323857 | 3110984 | 184763 |
| | 소계 | 842358.3 | 61282 | 1123270 | 1628531 | 7009671 | 1192848 |
| 중동 | 사우디아라비아 | 4148 | - | 3809 | - | 3366 | - |
| | ОАЭ | 0.1 | 1696 | 8544 | 103242 | 8404 | 1214 |
| 아메리카 | 미국 | 35716 | 55504 | 126838 | 259189 | 217763 | 253471 |
| | 브라질 | - | 17 | 1695 | 1200 | - | 1603 |
| | 캐나다 | 159 | 1757 | 46 | 22413 | 674 | 7973 |
| | 바감 제도<br>(Багамские острова) | 1141 | - | 139 | - | 509 | - |
| | 버무다 제도<br>(Бермудские острова) | - | - | 12229 | - | 49105 | - |
| | 벨리즈 | 219 | - | 42 | 1202 | 25 | 2586 |
| | 소계 | 37235 | 57278 | 140989 | 284004 | 268076 | 265633 |
| 오세아니아 | 오스트레일리아 | 102 | 905 | 245 | 4336 | 1290 | 4986 |
| 아프리카 | 남아프리카공화국 | - | - | - | - | 37 | 1127 |

출처: Федеральная служба государственной статистики, *Сахалинская область в цифрах* (Южно-Сахалинск: 2008), сс. 266-278의 도표 재구성.

## 제4절 시베리아 지역의 지방자치를 위한 선택: «시베리아 합의»를 중심으로

### 1. 들어가는 말

고르바쵸프(М.С.Горбачёв)에 의해 페레스트로이카(Перестро́й ка) 정책이 추진되면서 분리주의에 대한 목소리가 높아지기 시작했다. 이러한 시기인 1989년 11월 고르바쵸프는 소련 최고회의 간부회의에서 스탈린이 개별 민족들을 강제 이주시킨 민족정책이 불법적이며 범죄적인 행위임을 인정하고 그들의 권리를 보장할 것을 선언했다. 그리고 1991년 4월 26일 «탄압민족 명예회복에 관하여»라는 러시아 연방 법령이 발표되었다.[1] 강제 이주된 민족을 비롯한 탄압받은 여러 민족의 명예 회복을 목적으로 하는 동일 법률의 제정은 당시 러시아 여러 민족들의 자치 욕구에 따른 타협의 산물이기도 했다. 그러나 러시아의 서남부 지역에 있는 일부 공화국들에서는 고르바쵸프의 민족정책에 만족하지 못하고 지속적으로 분리 독립을 요구했다. 독립의 욕구가 낮기는 했지만, 러시아의 동부지역인 시베리아·극동지역에서도 공화국 중심으로 분리 독립 움직임이 있었다.

시베리아에서의 독립 움직임은 유럽지역에서 나타나는 그것과는 성격이 달랐다. 지난 냉전기간 동안 시베리아는 러시아의 주변부에 불과했다. 냉전기간 동안 러시아가 유럽 중심의 국가 정책을 추진했기 때문에, 시베리아 및 극동지역은 모스크바와

---

1) См.: Закон РСФСР. "О реабилитации репрессированных народов," *Репрессированные народы России: чеченцы и ингуши. Документы, факты, коментарии* (Москва: 1994), сс. 21-23.

상트-페테르부르그 등 유럽지역의 개발에 필요한 각종 자원을 제공하는 내부 식민지에 불과했다. 그럼에도 불구하고, 당시의 시베리아 지역은 중앙 집중화된 소비에트 권력 구조 속에서 중앙에 대항할 여력을 갖지 못했다. 그러나 고르바쵸프 시기에 민주주의와 시장경제에 대한 움직임이 구체화되면서 지방자치에 대한 움직임이 분출되기 시작했다.

소련이 해체되고 1992년 1월부터 옐친의 러시아가 등장했다. 옐친정부의 중앙권력은 지방을 효과적으로 통치하지 못했다. 이러한 시기에 시베리아 지역에서 독립 움직임이 보다 강화되기 시작했다. 시베리아 지역의 정치엘리트들이 중앙의 내부 식민지 상태에서 벗어나기 위한 움직임을 보이기 시작했다. 지역적 특성을 감안한 개발정책을 준비하려는 움직임이었다. 이때 결성된 지역 조직체가 《시베리아 합의》(Сибирское соглашение) 라는 시베리아 지역간 연합체이다. 동일의 조직체는 시베리아 지역에 분포된 다양한 행정주체의 수장들이 참여하여 지난날의 내부 식민지 상태를 극복하기 위한 노력의 결과로 나타났다. 동일 조직은 옐친이 집권하고 있던 1995년을 전후한 시기에 보다 활발하게 활동했다.

2000년 이후 중앙권력 강화를 표방하고 나선 푸틴정부 시절에 《시베리아 합의》의 활동이 상당히 위축되었다. 중앙정부와의 협의에 기초해서 보다 느슨한 형태의 지방자치가 이루어지는 그러한 모습을 보여 왔다. 《시베리아 합의》는 중앙정부와 하나의 러시아라는 기본적인 인식적 토대 위에서, 지방자치의 기본 틀을 형성해 왔다. 시베리아 지역의 욕구 분출이 미약하기는 하지만, 동일 조직의 활동은 현재에도 진행 상태에 있다. 따라서 시베리아 지역에서 발생되고 있는 일련의 변화 양상을 내부 식민지와 지방자치가 빚어낸 합작품으로 이해하면서, 《시베리아 합의》가 걸어 온 과정과 그 행태를 정리하기로 한다. 분리 독임 움직임과 이에 대한 중앙정부의 대응을 살펴보고, 《시베리아 합의》 의 의미와 성격을 파악한다.

## 2. 러시아연방 자치민족의 지방자치 욕구와 시베리아

1) 러시아연방 자치민족의 민족성 대두와 중앙정부의 대응

(1) 자치 민족의 민족성 대두

러시아연방은 21개의 자치 공화국을 가지고 있으며, 이들 자치공화국 중에서 러시아인 민족과 그 공화국 원민족의 비율 정도에 따라 러시아로부터 벗어나려는 독립의 정도가 다르게 나타났다.[2] 원주민이 다수를 차지하는 공화국일수록 중앙정부로부터 벗어나려는 독립의 원심력이 강하다.

<표 1> 21개 공화국의 민족 구성(러시아인과 원민족 비율)

기준: 2002년 10월 9일의 인구 통계

| 지역구분 | 주체 | 러시아인과 원민족 구성 비율(%) | |
|---|---|---|---|
| | | 러시아인 | 원민족 |
| 북서부연방지구 | 카렐리야共和國 | 76.6 | 9.2 |
| | 코미共和國 | 59.6 | 25.2 |
| 남부연방지구 | 아디게야共和國 | 64.5 | 24.2 |
| | 다게스탄共和國 | 4.7 | 29.4(아바레츠, аварец)<br>16.5(다르기네츠, даргинец)<br>14.2(쿠믹, кумык)<br>13.1(레즈크, лезг)<br>기타 민족 |
| | 인구세티야共和國 | 1.2 | 77.3(인구쉬)<br>20.4(체첸) |
| | 카바르다-발카리야共和國 | 25.1 | 55.3(카바르다)<br>11.6(발가르) |
| | 칼미키야共和國 | 33.6 | 53.3 |
| | 카라차예보-체르케시야共和國 | 33.6 | 38.5(카라차이)<br>11.3(체르케스) |

---

2) 서부지역에서 민족성 여하에 따라 자치 욕구가 다르게 나타났다. 타타르스탄 공화국의 헌법에는 공화국 국민들이 자신의 공화국 국경에서만 군복무를 하도록 규정하고 있다. 그리고 고유한 문화인 이슬람 정신을 부활하려고 노력하고 있다. 북오세티아 공화국 역시 북오세티아 친위대 창설을 합법화시키고 있다. 바슈코르토스탄 공화국과 티바 공화국의 헌법은 러시아 연방으로부터 이탈의 가능성을 명시하고 있으며, 러시아 연방과 평등한 관계를 요구하고 있다. 바슈코르토스탄 공화국은 연방정부에 상납해야 하는 세금 중 일부만 납부하고, 나머지 세금으로 공화국 자체의 국방이나 교육비용으로 전용하기도 했다.

| | | | |
|---|---|---|---|
| 남부연방지구 | 북 오세티야共和國 | 23.2 | 62.7(오세트) |
| | 체첸共和國 | 3.7 | 93.5 |
| 볼가연방지구 | 바슈코르토스탄共和國 | 36.3 | 29.8(바쉬키르)<br>24.1(타타르인) |
| | 마리 엘共和國 | 47.5 | 42.9(마리인) |
| | 모르도비야共和國 | 60.8 | 31.9(모르드바) |
| | 타타르스탄共和國 | 39.5 | 52.9 |
| | 우드무르트共和國 | 60.1 | 29.3 |
| | 추바시야共和國 | 26.5 | 67.7 |
| 시베리아연방지구 | 알타이共和國 | 57.4 | 30.6 |
| | 부랴트共和國 | 67.8 | 27.8 |
| | 티바共和國 | 20.1 | 77.0(투빈인) |
| | 하카시야共和國 | 80.3 | 12.0 |
| 극동연방지구 | 사하共和國 | 41.2 | 45.5(야쿠트 민족) |

Федеральная служба государственной статистики, *Российский статистический ежегодник. Официальное издание 2008* (Москва: Росстат, 2008); Федеральная служба Государственной статистики, *Регионы России. Основные характеристики субъектов Российской Федерации. Официалнльное издание 2007* (Москва: Росстат, 2007) 참조.

    러시아연방 공화국들의 민족성 변화는 그 공화국 원민족의 자연증가율 등에 기초되고 있다. 원민족의 자연 증가율은 카프카스 지역(체첸, 인구쉬, 다게스탄 민족 등)과 남시베리아 지역(투빈, 부랴트 등)에서 높게 나타났으며, 볼가지역에 위치하고 있는 공화국의 원민족들은 비교적 낮은 증가율을 보였다. 러시아는 각 공화국에서 러시아 민족의 문화적 특성을 수용하도록 자극하고 있지만, 러시아로의 동화 정도는 민족에 따라 차이를 보였다.3) 높은 동화 현상을 보이고 있는 민족 그룹으로 볼가·우랄 지역 공화국의 원민족 그룹이며, 북카프카스와 시베리아지역 공화국 원민족들은 낮은 동화 현상을 보였다. 그리고 러시아의 변방지역을 중심으로 민족 단위의 공동체 구상 움직임이 강하게 나타났다.

---

3) 타민족으로의 동화정도는 언어-문화 차원에서, 자기 민족의 문화를 존속시키고, 자기 민족의 고유 언어를 모국어라고 생각하는 정도에 따라 분류한다. 러시아연방의 동화 움직임에 대해 2개의 문화 통합 모델로 분석이 가능하다. 첫째 형태는 자신의 고유한 민족성을 보존하면서, 소수 민족이 문화적·언어적 다수 민족에게 동화되는 형태이다. 이러한 방법에 의해 러시아 사회로 동화된 민족은 카렐리야, 모르도바, 우두무르트, 코미 민족을 들 수 있다. 다른 형태는 지배적인 다수 민족으로부터 자신의 고유한 문화·언어 그리고 종교를 보존하는 형태이다. 이러한 유형의 민족은 타타르, 투바, 체첸, 칼미크, 아디게이 민족을 들 수 있다.

### (2) 옐친 정부의 고민

러시아내 개별 민족의 자율권 확대 요구에 따른 중앙정부의 고민은 개별민족에 대한 이익 보장의 문제였다. 따라서 중앙정부는 경제지원을 비롯한 각종 반대급부를 제공하는 문제에 대해 고민해 왔다. 그러나 소수민족들의 독립 움직임을 잠재울 수 있는 중앙정부의 정책 부재가 체첸 전쟁과 같은 탈연방화 움직임을 불러왔다. 이러한 움직임은 공화국을 비롯한 자치구 또는 자치주에서 연방의 헌법에 위반되는 각종 법률을 제정하도록 하는 결과를 초래했고, 준국가 차원에서 각종 정책을 입안·추진하는 경향으로 나타났다.

러시아연방의 '민족 및 연방 관계부' 장관인 미하일로프(B. Михайлов)는 민족 정책을 "여러 민족의 다양한 이해를 통합하는 예술"4)로 보고 있다. 러시아연방 개별 민족들의 자치욕구 분출은 민족 및 지형적인 영향에 따라 다양하게 나타났다. 따라서 러시아연방은 이들 소수 민족들의 욕구를 통합하여 발전적으로 연합시킬 수 있는 정책에 고민해 왔다. 1996년 6월 민족정책의 실천적 근거를 마련하여 연방의회의 인준을 받았다. 《러시아 연방 민족정책 대강》이라는 이 법안은 연방 결성이 영토 및 인종적인 원칙에 의해 건설되었다는 전통적인 입장을 견지하고, 정치적 자결의 원칙과 민족문화 발전에 중점을 두고 있다.5) 중앙정부는 자치 공화국의 민족구성 및 경제역량의 변화에 따라 중앙정부의 영향력이 개별 공화국에 분산되는 힘의 분산 정책으로 대응해 왔다.

러시아연방 헌법 제130조에 의하면, 지방자치는 각각의 행정 주체에 소속된 인적 및 물적 자원의 확보·점유·활용·처분의 문제를 지역주민 스스로 결정할 수 있도록 하고 있다. 러시아연방의 헌법에서 인정하고 있는 지방자치는 자신의 책임 하에서 다른 사람이나 다른 자치 기관을 그치지 않고, 그 지역의 전통과 주민의 이익을 위해 스스로 봉사하는 통치 형태이다.6) 따라서 중앙정부는 개별 공화국이 자체 헌법을 보유하고, 독자적인 대외 경제활동이 가능하도록 허용한다. 그러나 이러한 양보 조치는 중앙으로부터의 탈퇴를 금지시키고, 개별 자치 공화국의 헌법이나 법률에 비해 연방 헌법이 우선한다는 조건하에서 인정된다.

옐친의 지방자치 정책은 원민족 중심으로 구성된 공화국으로 하여금 러시아어와

---

4) *Национальная политика России : история и современность* (М.: 1997), с. 3.
5) См.: "Концепция государственной политики Российской федерации," *Национальная политика Российской федерации. От концепции к реализации* (М.: 1997), сс. 10-31.
6) В.И.Фадеев, *Территориальная организация местного самоуправления в российской федерации* (М.: ИНИОН РАН, 1996), сс. 8-9.

••••••••••

함께 원민족 고유의 언어 사용을 인정하는 방향으로 나아갔다. 따라서 각종 학술기관에서 고유의 언어를 선택적으로 학습시키고, 공용어인 러시아어와 고유 언어를 혼용하여 사용하는 자치 공화국도 생겨났다. 모국어 사용 현상은 계속적으로 증가되고 있으며, 대다수 민족(코미, 마리, 추바쉬, 칼미키야, 타타르, 카바르디, 발카르, 오세티아, 체첸, 인구쉬, 투바, 야쿠트, 아디게이... ...)들은 자신의 고유 언어를 모국어로 사용할 것을 희망해 왔다.

러시아연방은 종족 공동체의 이익을 위하여 '민족문화 자치에 관한 법령'을 의회에서 인준했다.7) 러시아의 민족정책은 개별 민족의 독창성·언어·교육 및 민족고유문화의 발전을 자발적으로 육성시킬 수 있는 권한을 부여하고 있다. <민족문화 자치체>는 다양하고 분산 거주하고 있는 소수 민족들이 자신들의 독창성·전통·문화를 보존·발전시켜가는 과정에서 나타나는 여러 문제를 해결하는 임무를 부여받게 되었다. 자발적인 결성을 원칙으로 하고 있는 초영토적 사회 조직체인 <민족문화 자치체>는 민족간 안정을 도모하고, 갈등을 잠재워 중앙정부의 민족정책을 현실화시킬 수 있는 토대를 만들어가는 기관으로 자리해 왔다.

중앙정부의 노력에도 불구하고, 분리 위험성이 가장 높은 지역으로 북카프카스의 체첸공화국을 지적할 수 있다. 민족의식이 강하고 타민족에 잘 동화되지 않으며, 자신의 고유문화를 가지고 있다. 체첸 공화국에서는 자민족의 인구 비율이 매우 높다. 북카프카스의 다른 공화국들도 강한 민족의식을 가지고 있고, 이슬람의 고유문화를 보존하고 있다. 그리고 볼가·우랄지역의 타타르스탄 공화국도 독립의 잠재력이 높다. 러시아내의 이슬람 종주국을 표방하고 있으면서 외부로부터 지원도 받고 있다. 강한 민족의식을 가지고 있으나, 러시아연방 내부에 자리하고 있는 점이 독립의 저해 요인으로 작용하고 있다. 남시베리아에 위치한 티바공화국과 부랴트 공화국 역시 유배지와 고립지대라는 지정학적 위치, 몽골과의 국경지대에 위치, 그리고 독특한 사회·문화적 정서를 가지고 있어 러시아로의 동화정책에 부정적이다.

2) 시베리아 자치민족의 자치권

러시아의 일부 자치공화국들이 독립을 선언하면서 민족국가 개념이 확산되었다.

---

7) См.: Закон Российской федерации о национально-культурной автономии. Национальная политика России. История и современность (Москва: 1997), cc. 664-678.

이들은 자신의 권한을 강화하면서 주권을 요구하기 시작했다. 이들의 요구는 러시아 연방에서 이탈할 수 있는 권한과 러시아의 중앙정부와 동등한 국제법상의 위치를 요구하는 방향으로 나타났다. 이러한 움직임이 러시아의 서남부지역(체첸 공화국 등)에서 활발한 모습을 보이고 있지만, 시베리아 지역 내의 개별 행정주체 역시 독립적인 헌법과 각종 법률을 정비하면서 자치권을 주장하기 시작했다.

러시아의 동부지역(시베리아 및 극동연방지구)에 위치하고 있는 개별 공화국들의 움직임을 중심으로 그들의 지위변화 및 발전 양상을 살펴본다. 서시베리아의 알타이 공화국은 1991년에 고르노-알타이 공화국으로 재조직된 이후, 1992년 5월에 오늘날의 명칭인 알타이 공화국으로 변경되었다. 현재 알타이 공화국은 러시아연방 소속으로 주권을 가진 민주공화국으로 되어 있다. 그리고 1991년 7월 하카시야 자치주가 하카시야 공화국으로 승격되었으며, 1995년 5월 하카시야 공화국의 기본법인 헌법이 채택되었다. 하카시야 공화국 역시 자신의 헌법을 가진 자치 공화국으로 되어 있다.

동시베리아의 개별 주체 역시 서시베리아와 비슷한 모습으로 발전되었다. 티바 공화국에서는 1993년 10월에 공화국의 기본법인 헌법이 채택되었고, 보다 많은 자치권을 요구하는 방향의 정치 및 경제적 발전과정을 걷고 있다.[8] 부랴트 공화국 역시 자치 공화국의 지위를 유지하고 있다. 1992년 2월에 부랴트 의회는 부랴트 사회주의 공화국을 부랴트 공화국으로 변경했다. 울란우데市가 부랴트 공화국의 수도가 되었으며, 공화국의 행정·정치·경제·문화의 중심지로 자리하고 있다. 1993년 6월에 부랴트 공화국의 최고회의가 불법적으로 자신의 영토를 이웃하고 있는 치타州와 이르쿠츠크州에 양도하였으나, 아가-부랴트 자치구는 이 결정에 어떠한 영향도 받지 않았다. 그리고 이르쿠츠크州는 러시아연방의 헌법에 따라,[9] 1995년 1월 19일 州단위의 기본법인 헌장을 채택했다.[10]

극동지역에 있는 사하 공화국 역시 자신의 헌법을 가지고 있으며, 보다 많은 자치를 위해 중앙과 다양한 관계를 맺고 있다. 자신의 공화국 헌법이 러시아연방의 중앙 헌법보다 상위에 있음을 알리는 내용들이 헌법에 포함되어 있기도 하다. 그리고 사하

---

8) См.: *Конституция (Основной Закон) Республики Тыва* (Кызыл: Изд. Верховного Совета РТ, 1993).
9) 러시아연방의 헌법에는 다음과 같이 정리되어 있다. 공화국은 자치 헌법을 만들 수 있으며, 그 외의 州 또는 區 단위에서는 자치 헌장을 가질 수 있다.
10) См.: *Уставы краев, областей, городов федерального значения автономной области, автономных округов российской федерации. Выпуск 1* (Москва: издательство московского университета, 1996), cc. 37-71.

공화국 이외에 일부 州(자치구) 단위에서 중앙정부에 대치되는 각종 법률을 정비하기도 했다. 극동지역에 있는 행정 주체들의 자치 및 독립 움직임이 있기는 하지만, 시베리아 지역의 그것보다는 강도가 다소 약한 상태로 진행되고 있다. 유럽지역에서 동쪽으로 멀어질수록 자치에 대한 욕구는 그만큼 줄어들고 있다.

동부러시아(시베리아 및 극동연방지구)의 행정주체를 비롯한 러시아의 여러 공화국들은 러시아연방으로부터 독립하려는 욕구를 분출하고 있다. 특정 원민족의 구성 비율이 높은 공화국들 중에서 변방에 위치하고 있는 공화국일수록 더욱 강하다. 시베리아 연방지구에 있는 티바공화국은 원민족의 구성 비율이 다수를 차지하는 대표적인 주체이다.

<표 2> 러시아 동부지역 공화국별 민족구성 비율

| 지역구분 | 주체 | 러시아인과 원민족 구성 비율(%) | | | |
|---|---|---|---|---|---|
| | | 1989년 | | 1996년 | |
| | | 러시아인 | 원민족 | 러시아인 | 원민족 |
| 시베리아연방지구 | 알타이 공화국 | 60.4 | 31.0 | 63.4 | 30.6 |
| | 부랴트 공화국 | 69.9 | 23.7 | 67.3 | 28.6 |
| | 티바 공화국 | 32.0 | 64.3 | 30.4 | 65.6 |
| | 하카시아 공화국 | 79.5 | 11.1 | 81.7 | 9.8 |
| 극동연방지구 | 사하 공화국 | 50.3 | 33.4 | 45.5 | 39.6 |

Национальный состав населения РСФСР (по данным всесоюзной переписи населения 1989г.) (М.: 1990), с 48; Итоги всесоюзной переписи населения 1959 года (РСФСР) (М.: 1963), с. 312-387; Распределение населения россии по владению языками (по данным микропереписи населения 1994г.) (Москва: 1995), сс. 6-150.

결국, 사하공화국·부랴트공화국·티바 공화국은 자신의 영토 안에서 러시아 연방 헌법과 각종 법률보다 그들 자신의 법률이 상위법임을 선포하고 있다. 이들 헌법에는 공화국의 우선적인 권리와 공화국 영토에 대한 권리 등을 주장하고 있다. 티바공화국의 헌법에서는 러시아 연방에서 탈퇴할 수 있는 권리가 명기되어 있고, 러시아인들과 현지 민족주의 엘리트 사이에 갈등이 빚어지기도 했다.[11] 그리고 사하(야쿠치야) 공화국에서는 중등교육에 자기 민족의 고유 언어를 모국어로 사용하고 있다.

---

11) См.: *Межнациональные отношения России и СНГ* (М.: 1995), сс. 120-2.

<표 3> 주요 민족별 자민족 고유 언어를 모국어로 간주하는 비율(%)

| 민족 | 자민족 고유 언어를 모국어로 간주 비율(%) | | 민족 | 자민족 고유 언어를 모국어로 간주 비율(%) | |
|---|---|---|---|---|---|
| | 1989 | 1994 | | 1989 | 1994 |
| 부랴트인 | 86.6 | 87.1 | 투빈인 | 98.6 | 98.5 |
| 야쿠트인 | 94.0 | 96.3 | 아디게이인 | 95.3 | 95.9 |
| 하카스인 | 76.7 | 73.3 | 알타이인 | 85.1 | 89.0 |

*Распределение населения россии по владению языками (по данным микропереписи населения 1994 г.)* (Москва: 1995), с. 6-9; *Национальный состав населения РСФСР* (Москва: 1990), с. 78-80

## 3. 지역연합체 ≪시베리아 합의≫의 결성과 정비

### 1) «시베리아 합의»의 결성 및 발전

1990년 10월 2일 케메로보(Кемерово)市에서 동-서시베리아 경제지대의 개별 州 및 크라이12)의 인민대표자 소비에트 의장들을 중심으로 지역연합체 결성을 위한 회의가 있었다. 본 총회에서 노보시비르스크(Новосибирск)市에 본부를 둔 «시베리아 합의»(Сибирское соглашение)의 설립이 결정되었다.13) 그리고 1990년 11월 16일 노보시비르스크에서 «시베리아 합의» 제1차 연합소비에트 회의가 14개 주체가 참여한 가운데 개최되었다. 본 회의에서 연합체 행정기관인 행정이사회 설립에 관한 합의가 이루어졌다. 동일 회의에는 부랴티야 및 투빈 자치 소비에트 공화국(Бурятской и Тувинской АССР), 이르쿠츠크 주, 고르노-알타이 자치주, 아가-부랴트 및 우스트-오르다 부랴트 자치구 등의 대표들이 참여했다.

1991년과 1992년 초에 몇 개의 지역이 «시베리아 합의»에 추가로 합류됨으로써 동일 연합체의 전망을 밝게 했다. 따라서 옐친은 시베리아 지역을 중심으로 결성된 지역연합체인 «시베리아 합의»에 특별한 관심을 보였다. 1992년 7월 10일 부랴트 공

---

12) 러시아 행정단위인 '크라이'란 1924-38년 사이에 비러시아인들이 주로 거주하고 있던 접경지역에 전략적으로 설치한 개척지구이다. 여기에는 역내에 소수민족으로 구성된 특수 독립 행정구역이 포함된다. 행정단위인 '크라이'에 대한 해석은 다양하다. 한국에서는 '변강' 또는 '변강주' 등으로 번역되고 있다. 그리고 일본에서는 '변구'로, 중국에서는 '변강구'로, 북한에서는 '변강'으로 번역되어 사용되고 있다. 본 글에서는 원어 그대로인 '크라이'라는 용어로 사용하기로 한다.

13) 시베리아 합의«Сибирское соглашение»에 대한 자세한 내용은 다음을 참조. *Сибирь в лицах* (Новосибирск : ИНФОЛИО-пресс, «МАСС-МЕДИА-ЦЕНТР», 2001).

화국의 수도인 울란-우데(Улан-Удэ)市에서 개최된 «시베리아 합의» 소비에트 제5차 회의에서 19개 연방주체들이 자발적으로 참여하는 «시베리아 합의»의 창립 협정14)과 연합 헌장이 채택되었다.15) 총 41개조로 구성된 본 헌장은 1992년 7월 10일 확정되었다.

«시베리아 합의»의 창립 협정은 총 25개조로 구성되어 있다. 본 협정은 다음과 같은 내용을 담고 있다. 러시아연방 헌법과 법률에 따라 행동하며, 러시아내 하나의 단일 시장인 시베리아 지역 시장을 형성하여 상호간 경제협력관계를 활성화시켜 지역 경제 성장에 이바지하기 위한 목적에서 다양한 형태로 협력한다. 본 협정 제1조에 의하면, «시베리아 합의»는 시베리아 지역의 생산-경제-과학기술-사회발전을 위한 자발적인 연합체이다. 그리고 제2조에 «시베리아 합의»의 창립자로 다음과 같은 주체들이 기록되고 있다.16)

<표 4> 1992년 7월 10일의 «시베리아 합의»창립 협정에 명기된 창립 회원

| 지위 | 구성 주체(19개) |
|---|---|
| 공화국(4) | 알타이 공화국, 부랴트 공화국, 티바 공화국, 하카시야 공화국 |
| 주(州, 7) | 이르쿠츠크주, 케메로프주, 노보시비르스크주, 옴스크주, 톰스크주, 튜멘주, 치타주 |
| 자치구(6) | 아가-부랴트 자치구, 우스트-오르다 부랴트 자치구, 타이므르(돌가노-네네츠) 자치구, 한티-만시스크 자치구, 에벤키 자치구, 야말-네네츠 자치구 |
| 크라이(2) | 알타이 크라이, 크라스노야르스크 크라이 |

http://www.sibacc.ru/text/documentation_macc/constituent_contract/(검색일, 2010년 1월 11일)

«시베리아 합의»는 시베리아 지역의 사회-경제발전 계획을 수립하고 이를 구체화하는 역할을 담당하고 있다. 창립 협정 제13조에 따르면, «시베리아 합의»의 최고 기관은 본 연합체에 참가하고 있는 개별 주체의 행정수장 및 19개 행정주체의 입법기관 의장 등을 구성원으로 하는 연합소비에트이다. 창립 협정에 따르면, 연합소비에트에서 선출된 2년 임기의 연합소비에트 의장이 동일 소비에트를 지도하며 각종 회의를 주재한다. 그리고 제14조에 의하면, 연합소비에트가 중요 현안에 대해 최종 결정

---

14) Договор Учредителей Межрегиональной Ассоциации «Сибирское Соглашение»(МАСС).
15) 시베리아합의 헌장[Устав Сибирского соглашения]의 원문은 다음에서 그 내용을 참조 바람.
    http://www.sibacc.ru/text/documentation_macc/macc_charter/(검색일, 2010년 1월 11일)
16) http://www.sibacc.ru/text/documentation_macc/constituent_contract/(검색일, 2010년 1월 11일)

을 갖는다.17)

상기와 같이 «시베리아 합의»의 기본 골격이 갖추어지면서, 옐친의 중앙정부는 «시베리아 합의»를 시베리아를 위해 존재하는 제2의 정부(shadow government)로 인식하고 1993년 1월 말에 합법적 조직으로 인정해 주었다.18) 이와 함께 1993년 1월 29일 «시베리아 합의»는 지역간 협의체로 러시아 법무부에 공식 등록되었다.

[지도 1] ≪시베리아 합의≫의 공간적 범위

«시베리아 합의»의 행정위원회가 주요 업무를 담당한다. 행정위원회는 시베리아 지역의 새로운 통치방법 제공 및 사회-경제발전을 목적으로 설립되었다. 따라서 행정위원회의 주요 활동은 연합소비에트 결정의 현실화를 위한 조직 결성, 시베리아 지역 발전에 관련된 제안의 중앙정부 이송, 시베리아 지역내 협력 및 발전에 관련된 다양한 활동 추진 등이다. 행정위원회 구성에는 11개의 대표부, 6개의 국(局, департаменнт), 3개의 청(управление)이 포함된다. 그리고 대표부는 연합 헌장 및 행정위원회

---

17) 연합소비에트가 결정하는 중요 문제는 다음과 같다. 소비에트 의장 선출; 연합 헌장 및 규칙 비준; 연합 예산 및 예산 실행 비준; 프로그램 자금 사용 및 조직 제도의 확립(비준); 연합의 지도기관 구조 및 지도부 구성원의 비준; 프로그램 및 계획안의 결정 및 비준, 그리고 프로그램의 변경내용 제출; 행정 이사회의 이사장 임명; 행정 이사회의 지위 비준; 의무적인 지불 금액 예비자금 결정; 행정 이사회의 결산 및 심사 결과 비준 등이다. http://www.sibacc.ru/text/documentation_macc/constituent_contract/(검색일, 2010년 1월 11일)

18) Vera Tolz, "Regionalism in Russia : The Case of Siberia," RFE/RL Research Report, Vol. 2, No. 9, 1993, p. 3; 정옥경, "시베리아 지역의 엘리트 형성과 그 특징,"『한국시베리아학보』1999년 창간호, p. 59 참조.

에 따라 설립되어진다.19)

《시베리아 합의》는 정치적 목적에 의해 결성된 것이 아니라, 경제적인 이유로 결성되었다. 연합의 주요 목적은 시장경제관계에 기초된 시베리아 지역의 확고한 경제발전 보장 및 지역주민들의 삶의 질 향상을 위한 토대 구축에 있었다.20) 물론, 옐친 시기인 1990년대 중반에 연합 소비에트에서 국가의 정치적 위기 상황에 대한 논의가 있기도 했다. 옐친 집권기 중반인 1995년을 전후하면서 《시베리아 합의》의 각종 행정 기관이 정비되면서, 시베리아 지역 내의 연합 주체간 협력 및 발전 방안 등 다양한 조처들이 모색되었다. 특히, 1998년 울란-우데21)에서 개최된 연합소비에트 회의에서는 시베리아에서의 공영사업 문제가 심의되었다.22) 그러나 보다 중요한 것은 연합체가 강제성이 결여된 협의기구의 성격을 띠고 있다는 점이다. 이러한 사실이 연합체의 결속을 느슨하게 하는 요인으로 작용하기도 한다.

결국, 《시베리아 합의》는 시베리아 공간에 분포되어 있는 19개 행정주체의 경제통합을 목적으로 설립되었으며, 현재 15개 주체가 참여하고 있다. 《시베리아 합의》의 참여 주체가 결성될 당시의 19개에서 15개로 감소된 것은 2007~2008년 기간 동안에 러시아연방의 주체 수가 감소된 결과이지, 《시베리아 합의》가 관리하고 있는 공간이 감소된 것은 아니다. 기존의 크라스노야르스크 크라이에 타이므르(돌가노-네네츠) 자치구와 에벤키 자치구가 흡수 통합되어 크라스노야르스크 크라이가 되었으며, 이르쿠츠크주와 우스트-오르다 부랴트 자치구가 통합되어 이르쿠츠크주가 되었고, 치타주와 아가 부랴트 자치구가 통합되어 자바이칼 크라이(Забайкальский край)가 형성되었기 때문이다. 타이므르(돌가노-네네츠) 자치구, 에벤키 자치구, 우스트-오르다 부랴트 자치구, 치타주, 아가 부랴트 자치구 등이 헌법 제65조에 규정된 연방 주체로서의 권한이 상실되었기 때문에, 이들이 《시베리아 합의》의 참여 주체에서 제외된 것이다.

---

19) http://www.sibacc.ru/text/committee/general_info/(검색일, 2010년 1월 11일)
20) http://www.sibacc.ru/text/sibacc/association/(검색일, 2010년 1월 11일)
21) 울란-우데(Ulan-Ude)市는 모스크바에서 5,647km 지점에 있다. 바이칼 호의 남동쪽 약110km의 곳에 위치하는 부랴트 공화국의 수도이다.
22) http://www.sibacc.ru/text/sibacc/sibacc_history/(검색일, 2010년 1월 11일)

[지도 2] 통합된 연방 주체

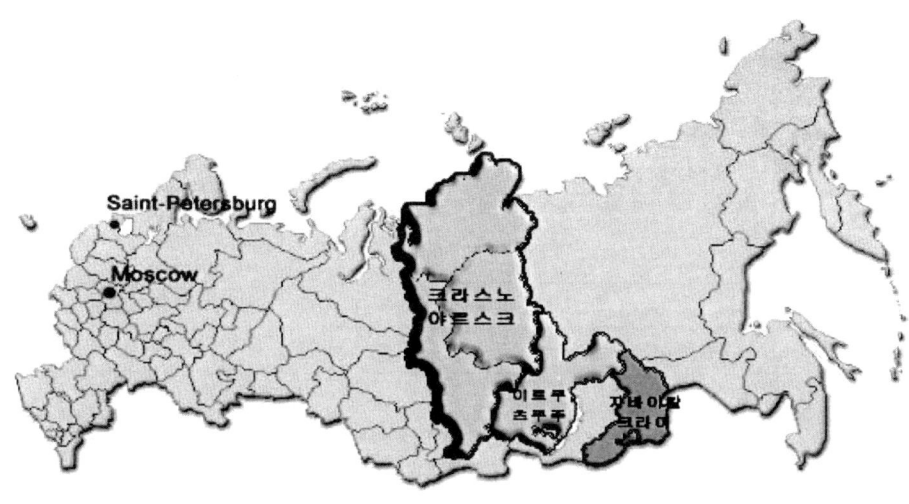

<표 5> «시베리아 합의» 구성 주체

| 수준 | 참여 주체 |
|---|---|
| 공화국(4) | 알타이 공화국, 부랴트 공화국, 티바 공화국, 하카시야 공화국 |
| 크라이(3) | 알타이 크라이, 자바이칼 크라이, 크라스노야르스크 크라이 |
| 주(6) | 이르쿠츠크주, 케메로프주, 노보시비르스크주, 옴스크주, 톰스크주, 튜멘주 |
| 자치구(2) | 한티-만시스크 자치구, 야말-네네츠 자치구 |

http://www.sibacc.ru/text/sibacc/pasport/(검색일, 2010년 1월 11일)

2) «시베리아 합의»의 지배 엘리트

지역간 연합체인 «시베리아 합의»의 최고 기관은 공화국-크라이-주-자치구의 행정부 수장과 19개 지역 입법기관의 의장으로 구성된 연합소비에트이다. 소비에트 회원이 의장을 선출하게 되며, 선출된 의장을 중심으로 소비에트의 제반 활동이 추진된다. 1년에 2~3차례 이상 개최되는 소비에트는 시베리아 지역의 현안 문제 등을 심의한다. 소비에트 회의에는 러시아연방 대통령을 비롯하여, 대통령 행정실 및 중앙 행정부 그리고 관련 위원회 등에서도도 참가한다. 지역간 연합체인 «시베리아 합의»의 창립부터 현재에 이르기까지 소비에트 의장으로 선출되어 활동한 사람은 다음과 같다.

<표 6> «시베리아 합의»의 역대 소비에트 의장

| 기간 | 의장 | 피선 당시의 직위 |
|---|---|---|
| 1990~1994 | 무하(В.П.Муха) | 노보시비르스크州 행정부 수반 |
| 1994~1996 | 폴레자예프(Л.К.Полежаев) | 옴스크州 행정부 수반(주지사) |
| 1996~1998 | 무하(В.П.Муха) | 노보시비르스크州 행정부 수반 |
| 1998~2001 | 크레스(В.М.Кресс) | 톰스크州 행정부 수반(주지사) |
| 2001~2002 | 고보린(Б.А.Говорин) | 이르쿠츠크州 주지사 |
| 2002~2004 | 수리코프(А.А.Суриков) | 알타이 크라이 행정부 수반 |
| 2004~2007 | 흘로포닌(А.Г.Хлопонин) | 크라스노야르스크 크라이 주지사 |
| 2007~2010 | 톨로콘스키(В.А.Толоконский) | 노보시비르스크州 주지사 |
| 2010~? | 나고비친(В.В. Наговицын) | 부랴트 공화국 행정부 수반(대통령) |
| ? ~ 현재 | 지민(В.М.Зимин) | 하카시야 공화국 대통령 권한 대행 |

http://www.sibacc.ru/council_mass/(검색일: 2013년 2월 22일)

2013년 2월 22일 검색된 «시베리아 합의» 의 공식 사이트(http://www.sibacc.ru/)에 따르면, 현재의 «시베리아 합의» 소비에트 의장은 하카시야 공화국 정부 대표(대통령)를 대행하고 있는 지민(Зимин В.М.)이다. 그리고 현재 «시베리아 합의»를 이끌어 가고 있는 소비에트 요원들은 다음과 같다. 이들은 «시베리아 합의»에 참여하고 있는 회원 단위체의 입법 및 행정부 수반을 중심으로 구성되어 있다.

<표 7> «시베리아 합의» 소비에트 임원(2013년 2월 현재)

| 이름 | 직위 | 이름 | 직위 |
|---|---|---|---|
| 지민(Зимин В.М.) | · 소비에트 의장<br>· 하카시야 공화국 정부 대표(대통령) 업무 대리 | 카를린(Карлин А.Б.) | · 소비에트 부의장<br>· 알타이 크라이 주지사 |
| 바르나프스키(Варнавский В.А.) | · 소비에트 부의장<br>· 옴스크 주 입법회의 의장 | 베르드니코프(Бердников А.В.) | · 알타이 공화국 (정부)수반 |
| 벨레코프(Белеков И.И.) | · 알타이 공화국 국가회의(엘 쿠룰타이) 의장 | 나고비친(Наговицын В.В.) | · 부랴트 공화국 (정부) 수반 |
| 게르셰비치(Гершевич М.М.) | · 부랴트 공화국 인민 후랄 의장 | 카라-올(Кара-оол Ш.В.) | · 티바 공화국 정부 수반 |
| 다바아(Даваа К.Т.) | · 티바 공화국 최고 후랄(국회) 의장 | 시티가쇼프(Штыгашев В.Н.) | · 하카시야 공화국 최고 소비에트 의장 |

| | | | |
|---|---|---|---|
| 롭(Лоор И.И.) | • 알타이 크라이 입법회의 의장 | 게니아툴린 (Гениатулин Р.Ф.) | • 자바이칼 크라이 주지사 |
| 지랴코프 (Жиряков С.М.) | • 자바이칼 크라이 입법회의 의장 | 쿠즈네쵸프 (Кузнецов Л.В.) | • 크라스노야르스크 크라이 주지사 |
| 우스(Усс А.В.) | • 크라스노야르스크 크라이 입법회의 의장 | 예로셴코 (Ерощенко С.В.) | • 이르쿠츠크 州 주지사 |
| 베르리나 (Берлина Л.М.) | • 이르쿠츠크 州 입법회의 의장 | 툴레예프 (Тулеев А.Г.) | • 케메로프 州 주지사 |
| 샤틸로프 (Шатилов Н.И.) | • 케메로프 州 인민대의원 소비에트 의장 | 유르첸코 (Юрченко В.А.) | • 노보시비르스크 州 주지사 |
| 모로스(Мороз И.Г.) | • 노보시비르스크 州 입법회의 의장 | 나자로프 (Назаров В.И.) | • 옴스크 州 주지사 |
| 즈바치킨 (Жвачкин С.А.) | • 톰스크 州 주지사 | 코즐로프스카야 (Козловская О.В.) | • 톰스크 州 입법두마 의장 |
| 야쿠셰프 (Якушев В.В.) | • 튜멘 州 주지사 | 코레파노프 (Корепанов С.Е.) | • 튜멘 州 두마 의장 |
| 코마로바 (Комарова Н.В.) | • 한티-만시 자치구 주지사 | 호흐랴코프 (Хохряков Б.С.) | • 한티-만시 자치구 두마 의장 |
| 코빌킨 (Кобылкин Д.Н.) | • 야말-네네츠자치구 주지사 | 하류치 (Харючи С.Н.) | • 야말-네네츠 자치구 입법회의 의장 |
| 이반코프 (Иванков В. И.) | • 소비에트 부의장<br>• 행정위원회 의상 | 고로제츠키 (Городецкий В.Ф.) | • 시베리아 및 극동지역 도시 연합 의장<br>• 노보시비르스크 시장 |

http://www.sibacc.ru/council_mass/composition.php(검색일: 2013년 2월 22일)

## 4. 지역연합체 《시베리아 합의》의 의미

### 1) 지방자치를 위한 토대

2003년 10월 6일의 연방 법률 《러시아연방 지방자치 기관의 일반 원칙에 대하여》[23] 구체적인 내용이 《시베리아 합의》에 소속되는 행정주체 영토에서 현실화 되고 있다. 《시베리아 합의》에 참여하고 있는 연방 주체에서 상기 법률의 현실화를 위해 다양한 수준의 자치 기관이 설립되었다. 상기 법률이 채택되기까지 다수의 연방주체

---

[23] 《Об общих принципах организации местного самоуправления в Российской Федерации》

에서24) 지방자치 지구(район) 수준에서, 행정 중심지인 대규모 도시 지구(округ)에서, 도시 거주지(городское поселение)에서, 그리고 농촌 거주지(сельское поселение)에서 지방자치 조직이 설립되었다. 그 이후에도 계속되어, 2008년 3월 1일 기준으로 지방자치 조직의 수가 4672개로 증가되었다.25)

<표 8> 연방주체별 지방자치 조직 수

| 연방주체 | 지방자치 조직 수(전체) | 연방주체 | 지방자치 조직 수(전체) |
| --- | --- | --- | --- |
| 알타이 공화국 | 103 | 케메로프 주 | 223 |
| 부랴트 공화국 | 296 | 노보시비르스크 주 | 490 |
| 티바 공화국 | 143 | 옴스크 주 | 424 |
| 하카시야 공화국 | 101 | 톰스크 주 | 140 |
| 알타이 크라이 | 796 | 튜멘 주 | 319 |
| 자바이칼 크라이 | 418 | 한티-만시스크AO | 106 |
| 크라스노야르스크 크라이 | 581 | 야말-네네츠AO | 58 |
| 이르쿠츠크 주 | 474 | 전체 | 4672 |

«러시아연방 지방자치 기관의 일반 원칙에 대하여»에 기초해서 «시베리아 합의»에 소속된 개별 연방주체 수준에서 다양한 법률이 채택되었다. 이들 중에서 지방자치에 관련된 몇몇 영역을 중심으로 자치단체 관련 입법 형태를 분류하면 다음과 같다.

<표 9> «시베리아 합의»의 내부 주체별 자치 법률 현황

| 입법 내용 | 해당 주체 |
| --- | --- |
| «지방자치에 관하여» | 부랴트 공화국, 튜멘주 |
| «지방자치 선거에 관하여» | 알타이 공화국, 부랴트 공화국, 티바 공화국, 하카시야 공화국, 알타이 크라이, 자바이칼 크라이, 크라스노야르스크 크라이, 이르쿠츠크 주, 케메로프주, 노보시비르스크주, 옴스크주, 톰스크주, 튜멘주, 한티-만시스크 자치구, 야말-네네츠 자치구 |

---

24) 부랴트 공화국, 티바 공화국, 이르쿠츠크주, 케메로프주, 옴스크주, 톰스크주, 튜멘주, 한티-만시스크 자치구, 야말-네네츠 자치구 등 이다.
25) 357개의 지방자치 구역(район), 101개의 도시형 지구(округ), 295개의 도시 이주(정착)지, 3919개의 농촌 이주(정착)지 등이다.

| | |
|---|---|
| 《지방차원의 국민투표에 관하여》 | 알타이 공화국, 부랴트 공화국, 하카시야 공화국, 티바 공화국, 알타이 크라이, 크라스노야르스크 크라이, 이르쿠츠크주, 케메로프주, 노보시비르스크주, 옴스크주, 톰스크주, 튜멘주, 한티-만시스크 자치구, 야말-네네츠 자치구 |
| 《지방자치 조직의 행정위원회에 관하여》 | 알타이 공화국, 부랴트 공화국, 하카시야 공화국, 자바이칼 크라이, 이르쿠츠크주, 노보시비르스크주, 옴스크주, 톰스크주, 튜멘주, 한티-만시스크 자치구, 야말-네네츠 자치구 |
| 《지방자치 차원의 선출직 공무원 및 대의원의 지위에 관하여》 | 하카시야 공화국, 튜멘주 |
| 《지방자치 공무에 관하여》26) | 부랴트 공화국, 하카시야 공화국, 티바 공화국, 알타이 크라이, 자바이칼 크라이, 크라스노야르스크 크라이, 이르쿠츠크주, 케메로프주, 노보시비르스크주, 옴스크주, 톰스크주, 듀멘주, 한티-만시스크 자치구, 야말-네네츠 자치구 |
| 《지방행정 수장직 후보에 대한 추가 요구(소환) 및 지방행정 수장과의 계약 조건에 관하여》27) | 크라스노야르스크 크라이 |
| 《지방자치 공무 발전의 지역적 특별 프로그램에 관하여》 | 한티-만시스크 자치구, 야말-네네츠 자치구 |

《시베리아 합의》에 소속된 개별 연방주체 차원의 자치 문제에 관련된 다양한 입법 활동이 있었으며, 조성되어진 거주지에 대한 자치 문제를 해결하려 노력하고 있다. 이러한 상황에서 하카시아 공화국, 케메로프주, 톰스크 주, 한티-만시스크 및 야말로-네네츠 자치구 등을 제외한 다수 주체의 이주(정착)지 지방자치 기관이 2006년 1월 1일부터 스스로 지방적 가치(중요성) 문제들을 해결하기 시작했다. 2008년 1월 1일부터는 하카시아 공화국, 야말-네네츠 자치구 등에서 관련 규칙제도가 적용되고 있다. 한티-만시스크 자치구에서는 완전하지 않은 범주에서 84개의 이주(정착)지들 중에서 74개의 지방적 문제들이 결정된다. 그리고 케메로프주의 경우에는 189개 중에서 46개가, 톰스크주의 경우에는 120개 중에서 하나만이 완전하지 않은 범주에서 지방적 문제가 해결된다.

《러시아연방 지방자치 기관의 일반 원칙에 대하여》 제19조에 따라, 개별 연방주체 기관들은 분절된 형태로 지방자치 구역 및 도시형 지구 등과 같은 지방자치 조직

---
26) «О муниципальной службе»
27) «О дополнительных требованиях к кандидатам на должность главы местной администрации и условиях контракта с главой местной администрации»

을 만들 수 있게 되었다. 실질적으로 1999년 10월 6일 제정된 연방 법률 «러시아연방 주체의 입법 및 행정기관 조직의 일반 원칙에 관해서»28)에 따라 지방자치 수준의 다양한 조직 결성과 활동이 가능하게 되었다. 물론 지방자치 단체 차원의 분절된 자치기관 형성 및 활동은 연방 헌법과 법률이 인정하는 영역에서 가능하다.

러시아연방의 행정주체들은 독자적으로 행정 수장 및 입법의원들의 임기를 결정할 수 있으며, 이에 기초해서 자치 선거를 치룰 수 있다. 따라서 2004~2005년에 다양한 행정 주체들에서 자치선거가 실시되었다.29) 2007년 12월에는 러시아연방 국가두마 의원 선거와 동시에 다양한 형태 및 수준의 지방선거가 실시되었다.30) 그리고 2008년 3월 2일 14개의 연방 주체에서 지방자치 조직분야에서 선거가 실시되었다.31)

2006년 «시베리아 합의»에 소속된 러시아연방의 모든 주체에서 지방자치조직 소비에트(совет муниципальных образований)가 형성되었다. 그리고 2007년부터 헌장에 의해 설정되어진 과제와 주요 목적의 현실화에 기초된 활동이 지방자치조직 소비에트의 관할범위에 포함되었다. 지방자치조직 소비에트 회의에서는 지방자치조직이 종합적인 사회-경제발전 프로그램 형성에 관련된 문제를 심의했다. 종합적인 사회-경제발전 프로그램에의 참여는 지역적이며 자치 수준인 소비에트의 주요 활동 가운데 하나이다. 특히 크라스노야르스크 크라이, 노보시비르스크주, 옴스크주, 톰스크주는 소비에트 범주에서 지방자치조직의 종합적인 사회·경제발전 문제를 담당하는 의회 또는 위원회를 설립했다.

자방자치에 관련된 법적 토대 구축은 지방자치조직 소비에트와 협의한다. 그리고 지방자치조직 소비에트들은 지방자치조직 기관, 러시아연방 국가권력 기관, 연방 주체 권력기관 등과 함께 지방자치 발전에 대해 상호관계를 유지하면서 협력한다. 지방자

---

28) «Об общих принципах организации законодательных (представительных) и исполнительных органов государственной власти субъектов Российской Федерации»
29) В 2004-2005 гг. муниципальные выборы проведены в республиках Алтай, Бурятия, Тыва, Хакасия, Алтайском, Забайкальском, Красноярском краях, Иркутской, Кемеровской, Новосибирской, Омской, Томской, Тюменской областях, Ханты-Мансийском, Ямало-Ненецком автономных округах.
30) проводились в части муниципальных образований республик Бурятия, Тыва, Хакасия, Красноярского края, Иркутской, Кемеровской, Омской, Томской, Тюменской областей, Ямало-Ненецкого автономного округа.
31) 2 марта 2008 г. - в части муниципальных образований 14 субъектов Федерации (республики Алтай, Бурятия, Тыва, Хакасия, Алтайский, Забайкальский и Красноярский края, Иркутская, Кемеровская, Новосибирская, Омская, Тюменская области, Ханты-Мансийский автономный округ).

치 조직의 모든 소비에트들은 전체 러시아 단일 통합체에 유입된다. 지방자치 조직들 간 정보교류를 목적으로 연합 활동에 대한 정보 등을 상호간 공시하는 공식 인트넷 사이트를 설치 및 운영하기도 하며,32) 몇몇 주체에서는 지방자치 기관의 활동과 조직 문제에 관련된 방법을 소개하기도 한다.33)

2006년 1년 동안 시베리아연방지구의 행정 주체에서 15,282명의 지방자치 요원들이 자격 상승에 따른 국가 서류를 수령했다. 그리고 2007년에는 시베리아연방지구의 연방주체들 중에서 알타이, 부랴트, 하카시야, 티바 공화국, 알타이 및 크라스노야르스크 크라이, 이르쿠츠크주, 케메로프주, 노보시비르스크주, 옴스크주, 톰스크주 등을 비롯한 행정주체에서 지방자치 요원으로 교육받은(훈련된) 인원 수가 약 3만 명에 이른다.34) 이처럼 개별 행정주체 차원에서 지방자치에 대한 교육과 함께 자치 활동을 위한 역량을 키워나가고 있다.

### 2) 정치지리 및 경제적 의미

#### (1) 정치적 의미

우랄산맥을 중심으로 분포된 연방주체들이 《시베리아 합의》를 결성했다. 동일 지역은 러시아의 허리 부분에 해당된다. 동일 지역은 냉전기의 소련뿐만 아니라, 러시아 연방의 성장에도 중요한 의미를 지니는 공간이다. 특히, 아시아-태평양의 중요성이 증대되고 있는 현실의 상황을 직시한다면, 《시베리아 합의》가 갖는 의미는 더욱 더 중요해 보인다. 《시베리아 합의》가 결성된 지역의 정치지리학적 중요성은 시간이 지날수록 증대되고 있다.

《시베리아 합의》 공간의 특징을 정리하면 다음과 같다.35) 《시베리아 합의》 공간은 러시아 영토의 34%를 차지하고 있으며, 동일의 공간에 거주하는 인구는 2천 2백만 명을 넘는다. 노보시비르스크市를 행정 중심지로 하고 있는 《시베리아 합의》 공간에는 1백만 명 이상이 거주하는 러시아의 10대 대도시들 중에서 노보시비르스크市와

---

32) 하카시야 공화국, 이르쿠츠크주, 케메로프주, 노보시비르스크주, 톰스크주 등이 그들이다.
33) В республиках Алтай и Хакасия, Красноярском крае, Кемеровской, Новосибирской, Омской и Томской областях организован выпуск печатных изданий и методических рекомендаций по вопросам организации и деятельности органов местного самоуправления.
34) http://www.sibacc.ru/text/industries/self_government/fz_realisation/(검색일, 2010년 1월 11일)
35) 《시베리아 합의》의 일반적 상황에 대한 자세한 내용은 다음의 내용을 번역 및 정리하였음을 밝힌다. http://www.sibacc.ru/text/sibacc/pasport/(검색일, 2010년 1월 11일)

옴스크市 등 2개의 대도시가 있다. 도시별 인구분포 면에서 러시아연방에서 제3의 도시인 노보시비르스크市에는 2008년 1월 1일 현재 1백39만5백 명이 거주하고 있으며, 동일 시기 옴스크市에는 1백13만1천1백 명이 거주하고 있다.36)

《시베리아 합의》에 우랄연방지구의 일부 행정 주체(튜멘주, 한티-만시스크 자치구, 야말-네네츠 자치구)가 참여하고 있다. 따라서 《시베리아 합의》 지역의 경계는 우랄연방지구의 일부를 포함해서 동쪽으로 극동연방지구까지 연결되고, 남쪽으로는 카자흐스탄과 몽골 그리고 중국과 경계를 이룬다.

<표 10> 《시베리아 합의》의 경계

| 구 분 | 위 치 | 경계 주체 |
|---|---|---|
| 북 쪽 | 북서부연방지구 동쪽 변방 | 네네츠 자치구, 코미 공화국 |
| 서 쪽 | 우랄연방지구의 남서부 변방 | 스베르들로프스크州, 쿠르간州 |
| 동 쪽 | 극동연방지구의 서부변방 | 사하공화국, 아무르州 |
| 남 쪽 | 시베리아의 남부변방 | 카자흐스탄, 몽골, 중국 |

《시베리아 합의》의 남쪽으로 외부와 경계를 이루고 있다. 카자흐스탄과 몽골 그리고 중국과의 경계가 그것이며, 이들과 경계를 이루고 있는 육지국경 전체 길이는 7456.3km이다. 이들 국경의 성격을 보면 다음과 같다. 국경수비대(국경초소)가 127 곳이며, 국경을 통한 통과(입국) 지점은 65곳이다. 그리고 세관(관세) 경계지역(таможенных постов)은 71곳이다.

| 접경 국가 | 길이(km) |
|---|---|
| 카자흐스탄 | 2884.6 |
| 몽골 | 3316.2 |
| 중국 | 1255.5 |
| 전체 | 7456.3 |

결국, 《시베리아 합의》가 결성된 공간은 러시아 발전의 원동력이라 할 수 있는 에너지 자원을 비롯하여 다량의 지하천연자원이 매장된 지역이다. 그리고 카자흐스탄 및 중국 등과 국경을 접하고 있는 러시아의 허리 부분에 해당된다. 유럽지역에서 아

---

36) Федеральная служба государственной статистики, Российский статистический ежегодник. Официальное издание 2008 (Москва: Росстат, 2008), с. 97. 《시베리아 합의》 지역의 인구 구성 상황은 다음과 같다. 전체 인구는 2천2백만 명 이상[남성 - 47.2%; 여성 - 52,8%]이며, 인구 밀도는 3.6명/km²(러시아 전체: 8.4명/km²)이다. 2002년에 동일 지역 내의 10개 주체에서 인구의 자연감소 현상이 나타났다. 부랴티야 공화국, 하카시야 공화국, 알타이 크라이, 크라스노야르스크 크라이, 이르쿠츠크주, 케메로프주, 노보시비르스크주, 옴스크주, 톰스크주, 치타주 등이다. 반면에 2002년에 인구의 자연증가는 9개 주체에서 나타났다. 알타이 공화국, 티바 공화국, 튜멘주, 타이므르(돌가노-네네츠) 자치구, 아가-부랴트 자치구, 우스트-오르다 부랴트 자치구, 에벤키 자치구, 한티-만시스크 자치구, 야말-네네츠 자치구 등이다.

시아-태평양으로 무게 중심이 이동되고 있는 현실의 국제정치 상황을 직시한다면, 러시아의 국가안보에 있어서도 중요한 의미를 갖는 지역이다. 정치적으로 중요한 의미를 지니고 있음에도 불구하고, 동일 지역의 인구감소 문제가 지역의 생활공간을 더디게 개발 및 발전시키고 있다.

(2) 경제적 의미

시베리아 지역에 대양한 종류의 지하 및 천연자원이 매장되어 있다는 사실은 널리 알려진 내용이다. «시베리아 합의»가 결성된 지역에 매장된 자원의 일부는 러시아연방 전체 대비 매장량의 절대 다수를 차지한다. 천연(광물)자원의 매장량을 비롯하여, 산림자원 역시 풍부하다.37)

<표 11> 러시아 전체 대비 «시베리아 합의»의 천연(광물)자원 매장 비율38)

| 자 원 | 전체 러시아 대비 % | 자 원 | 전체 러시아 대비 % |
|---|---|---|---|
| 석유매장 | 77% | 천연가스 | 85% |
| 석탄 | 80% | 구리 | 70% |
| 니켈 | 68~71% | 연(鉛, свинец, 납) | 85% |
| 아연(цинк) | 77% | 몰리브덴 | 82% |
| 금 | 41% | 은 | 44% |
| 백금관련 금속 | 99% | | |

http://www.sibacc.ru/text/sibacc/pasport/(검색일, 2010년 1월 11일)

«시베리아 합의» 지역의 경제에서 중요한 역할을 담당하는 분야는 공업이며, 동일 지역의 공업 생산을 이끌어 가는 주요 분야는 자원에 관련된 산업 분야이다. 석유·가스 산업, 유색 및 흑색 금속 산업, 전력산업, 석유화학 산업, 산림자원 및 관련 산업, 식료품 및 제분산업, 연료산업, 건축재료 산업, 기계제작 및 금속가공산업, 경공업 등이이다.

---

37) Общая площадь лесного фонда - 462366,2천 헥타르(в том числе площадь, занятая хвойными породами, - 224585,7천 헥타르; Общий запас древесины основных лесообразующих пород - 38654,4백만 м³).
38) 시베리아 지역에 매장된 자원의 전체 러시아 대비 비율은 2010년 1월 11일 <시베리아 합의>의 공식홈페이지(http://www.sibacc.ru/text/sibacc/pasport/)를 검색하여 정리한 내용이다. 그러나 동일 자료의 시기에 대한 언급이 없었기 때문에, 어느 시기를 기준으로 분류된 비율인지는 정확하지 않다. 그러나 2002년 이후라는 사실은 분명하다.

《시베리아 합의》가 시베리아 지역을 중심으로 하는 지역내 경제공동체 형성을 목적으로 출범했기 때문에, 외부와의 관계 역시 중요한 의미를 지니게 된다. 동일 지역에 대한 정보 제공을 비롯하여, 동일 지역의 생산품을 해외로 수출하는 문제에 관심을 갖는다. 따라서 외국의 관련 기관을 동일지역으로 유치하는 데 많은 관심을 기울이고 있다. 정치 및 경제 협력을 위해 동일 지역에는 7개 외국의 대표부가 설치되어 있다.

<표 12> 시베리아 지역에 있는 7개 외국 대표부

| 국가 | 대표부 성격 | 대표부가 설치된 지역 |
| --- | --- | --- |
| 독일 | 총영사관 | • 노보시비르스크市 |
| 몽골 | 총영사관 | • 이르쿠츠크市,<br>• 키질市(티바 공화국),<br>• 울란-우데市(부랴트 공화국) |
| 폴란드 | 총영사관 | • 이르쿠츠크市 |
| 이스라엘 | 이스라엘 문화-정보 센터 | • 노보시비르스크市 |
| 이탈리아 | 이탈리아 대사관 무역교류 발전부 분소 | • 노보시비르스크市 |
| 벨라루시 | 벨라루시 대사관 분소 | • 노보시비르스크市 |
| 불가리아 | 총영사관 | • 노보시비르스크市 |

http://www.sibacc.ru/text/sibacc/pasport/(검색일, 2010년 1월 11일)

결국, 《시베리아 합의》 지역에 잠재되어 있는 경제적 자원은 러시아 경제의 중심축 역할을 담당하게 될 것이다. 따라서 러시아연방의 입장에서는 동일 지역에 대한 중앙정부의 통제와 이에 기초된 자원의 개발 및 활용이 하나의 과제로 남게 되었다. 중앙정부에서는 동일 지역의 개발과 동시에 주변 국가의 정치 및 경제 대표부를 적극적으로 유치하는 작업을 병행해야 할 것이다.

## 5. 끝맺는 말

중앙정부는 러시아 연방을 유지한다는 조건하에서 지방자치를 허용해 왔다. 그러나 21개의 개별 공화국이 가지고 있는 헌법은 러시아연방 헌법과 대치되고 있는 경우가 많다. 러시아연방 헌법은 각 공화국의 주권을 인정하고 공화국이 자신의 헌법을 갖도록 허용하고 있으나, 러시아연방으로 부터의 탈퇴는 인정하지 않는다. 러시아연방 헌법과 공화국 헌법이 충돌할 경우에 연방 헌법이 상위법이 되는 것임은 물론이다. 그러나 이러한 내용이 제대로 지켜지고 있지 않다. 따라서 러시아 연방은 각각의 공화국과 별개의 연방 조약을 체결하면서 임시방편으로 마찰을 줄여 왔다.

1996년 이후 옐친이 연방정부의 권한을 강화하려 했지만, 지방정부의 자치 및 독립 요구가 강했다. 러시아연방 개별 주체의 분리-독립 움직임에 영향을 미친 요소는 대러시아 주의, 러시아 정교와 이슬람교의 이질성에서 오는 종교상의 갈등, 지역간 경제적 불균등[39], 다양한 목적에서 진행되고 있는 국제세력의 개입 등을 지적할 수 있다. 특히, 기존의 소비에트 통치 이데올로기가 상실된 빈자리를 재빠르게 메우는 종교적 이데올로기가 러시아연방의 분리를 부채질해 왔다.[40] 옐친은 중앙 정부의 정치 및 경제 지원과 대외적 안보 문제를 제시하면서, 분리·독립 욕구를 잠재우려 했다. 정치적 자치 가능성을 억제하면서, 정치외적 영역에서의 자치권은 상대적으로 인정해 왔다. 옐친의 민족정책은 국가의 전체성을 위협하지 않는 범위에서의 정치적 자치를 허용해 왔다.

시베리아 지역에서의 자치 욕구 역시 강했다. 이러한 시기에 중앙정부의 시베리아에 대한 관심이 증대되었다. 시베리아 공간의 중요성 증대는 시베리아 지역의 개별 주체들이 요구하고 있는 자치권의 원인이며 동시에 결과이기도 하다. 시베리아 지역에 대한 정치 및 경제적 관심의 증가는 동일 지역이 갖는 지정학적 및 지경학적 중요성에서 기인되며, 시베리아 개별주체들은 자신의 공간에 대한 중요성이 더해감에 따라 보다 많은 자치권을 요구하는 경향을 보이게 된다. 시베리아 지역 개별 주체들은 지난날의 내부 식민지형 개발에서 자치권이 인정되는 개발을 바라고 있다.

《시베리아 합의》는 러시아의 내부 식민지 형태로 시베리아 지역을 발전시키는 것에 반대하면서, 지역이익을 위해 중앙정부를 상대로 로비 활동에 주력했다. 시베리아의 중요성이 부각되고 있는 현실에서, 시베리아 지역내 개별 주체들이 자주성/독자성을 희망하고 있는 현실 속에서, 그리고 시베리아 지역의 연합체인 《시베리아 합의》가 공식적으로 활동하고 있는 현실 속에서, 중앙정부의 영향력이 시베리아 지역에 미치

---

39) 러시아연방의 분열을 조장하는 요소로서 지역간 경제적 불균등 문제를 지적할 수 있다. 광활한 러시아의 경제 및 지리적 요인과 국가산업 간의 유기적인 결합보다는 단순한 지리적 배치에 역점을 두었던 舊소련 정부의 실책에 기인한다.
40) 대표적인 예로, 체첸을 중심으로 한 카프카즈 지역과 타타르스탄 등 중앙아시아 인접 지역에서 발생하고 있는 전투적 이슬람의 확산을 들 수 있다. 러시아 연방의 분리를 모색하고 있는 이슬람교 근본주의자들의 전략은 폐쇄적이고 비타협적인 이슬람 공동체의 건립을 목적으로 하고 있다.

는 정도는 러시아의 발전을 위해서 중요한 의미를 지니게 되었다.

　중앙정부는 «시베리아 합의»와의 관계를 통해서, 시베리아가 희망하고 있는 자치권 요구에 일정 부분 관심을 보여 왔다. 그러나 시베리아 개발의 중점 과제가 에너지 및 지하·천연자원 복합체 개발에 있으며, 이는 중앙정부의 권한에 해당되는 분야이다. 따라서 중앙과 시베리아의 갈등 관계는 지속될 수밖에 없다. 시베리아 지역의 일부 행정 주체가 러시아 연방으로부터 탈퇴를 희망하고 있으나, 경제적인 문제를 비롯한 제반 이유에서 이탈이 현실적으로 어려움을 인식되고 있다. 특히, 티바공화국의 경우 국가예산의 90%가 연방정부의 보조금에서 나온다. 이러한 상황이 독립에 대한 욕구를 제약하기에 충분하다.

　결국, 지방자치의 활성화를 위해서는 지방차원의 재정 확보가 중요한 변수가 된다. 중앙정부에 과도하게 의존된 현재의 모습으로 지방자치는 외형적인 모습에 그치게 될 것이다. 에너지 자원을 비롯한 산림 및 수산자원에 대한 중앙통제 정책이 계속될 것이고, 이러한 정책이 유지되는 한 시베리아 지역의 재정 자립도 확보는 사실상 어려워 보인다. 지방재정이 양호한 주체들도 있겠으나, 시베리아연방지구내의 행정주체들 중에서 독자적인 방식으로 지방자치를 수행할 수 있는 능력을 가진 주체는 없어 보인다.

## 참고 문헌

이영형, 『러시아, 정치체제 구축과 발전전략 II. 정치과정, 개발정책, 안보정책』(서울: 엠애드, 2012).

이영형, "시베리아 지역의 자치권과 «시베리아 합의»의 성격," 『한국시베리아연구』 제15권 1호(2011).

정옥경, "시베리아 지역의 엘리트 형성과 그 특징,『한국시베리아학보』1999년 창간호.

Vera Tolz, "Regionalism in Russia : The Case of Siberia," *RFE/RL Research Report*, Vol. 2, №. 9(1993).

Договор Учредителей Межрегиональной Ассоциации «Сибирское Соглашение»(МАСС).

Закон РСФСР. "О реабилитации репрессированных народов," *Репрессированные народы России: чеченцы и ингуши. Документы, фактры, коментарии* (Москва: 1994).

*Закон Российской федерации о национально-культурной автономии. Национальная политика России. История и современность* (Москва: 1997).

*Конституция (Основной Закон) Республики Тыва* (Кызыл: Изд. Верховного Совета РТ, 1993).

*Итоги всесоюзной переписи населения 1959 года (РСФСР)* (М.: 1963).

*Национальная политика России : история и современность* (М.: 1997).

*Национальный состав насления РСФСР (по данным всесоюзной переписи насления 1989г.)* (М.: 1990).

*Национальный состав населения РСФСР* (Москва: 1990)

*Межнациональные отношения России и СНГ* (М.: 1995).

«О муниципальной службе».

«О дополнительных требованиях к кандидатам на должность главы местной администрации и условиях контракта с главой местной администрации».

«Об общих принципах организации местного самоуправления в Российской Федерации».

«Об общих принципах организации законодательных(представительных) и исполнительных органов государственной власти субъектов Российской Федерации».

*Распределение населения россии по владению языками (по данным микропереписи населения 1994г.)* (Москва: 1995).

*Сибирь в лицах* (Новосибирск : ИНФОЛИО-пресс, «МАСС-МЕДИА-ЦЕНТР», 2001).

*Уставы краев, областей, городов федерального значения автономной области, автономных округов российской федераций. Выпуск 1* (Москва: издательств о московского университета, 1996).

В.И.Фадеев, *Территориальная организация местного самоуправления в российской федерации* (М.: ИНИОН РАН, 1996).

*Федеральная служба государственной статистики, Российский статистический ежегодник. Официальное издание 2008* (Москва: Росстат, 2008).

Федеральная служба Государственной статистики, *Регионы России. Основные характеристики субъектов Российской Федерации. Официалнльное издание 2007* (Москва: Росстат, 2007).

http://www.sibacc.ru/council_mass/(검색일: 2013년 2월 22일)

http://www.sibacc.ru/council_mass/composition.php(검색일: 2013년 2월 22일)

http://www.sibacc.ru/text/documentation_macc/macc_charter/(검색일, 2010년 1월 11일).

http://www.sibacc.ru/text/documentation_macc/constituent_contract/(검색일, 2010년 1월 11일).

http://www.sibacc.ru/text/industries/self_government/fz_realisation/(검색일, 2010년 1월 11일).

http://www.sibacc.ru/text/committee/general_info/(검색일, 2010년 1월 11일).

http://www.sibacc.ru/text/sovet_macc/general_info/(검색일, 2010년 1월 11일)

http://www.sibacc.ru/text/sovet_macc/structure/(검색일, 2010년 1월 11일)

http://www.sibacc.ru/text/sibacc/association/(검색일, 2010년 1월 11일).

http://www.sibacc.ru/text/sibacc/sibacc_history/(검색일, 2010년 1월 11일).

http://www.sibacc.ru/text/sibacc/pasport/(검색일, 2010년 1월 11일).

# 제3장. 시베리아 및 극동지역 개발 정책

시베리아는 더 이상 버림받은 땅이 아니며, 러시아의 내부 식민지로 인식되지도 않는다. 국제정치경제의 중심축이 아시아·태평양으로 이동되면서, 러시아는 자신의 시베리아 및 극동지역 공간을 아·태 경제권에 편입시키려 한다. 이러한 과정에서 동일 지역이 다양한 형태로 개발되고 있다.

시베리아 및 극동지역에서 추진되고 있는 주요 개발 프로젝트를 다루면서, 블라디보스톡 <APEC-2012> 정상회의 관련 개발 상황을 점검한다. 그리고 에너지 정책과 시베리아의 위상 변화 문제를 다루면서, 에너지 자원 개발로 괴로워하고 있는 야말-네네츠(Yamal-Nenets) 자치구를 방문한다.

## 제1절. 시베리아 및 극동지역 개발 구상과 주요 개발 프로젝트

### 1. 들어가는 말

국제정치 및 경제 질서의 중심축이 유럽에서 아시아·태평양으로 이동되면서 러시아는 자신의 동부지역을 개발하기 위한 다양한 정책을 추진하고 있다. 동부러시아[1]는 러시아의 유럽지역에 비해 상대적으로 사회경제적 발전이 낙후되어 있다.[2] 동시베리아·극동지역은 풍부한 천연자원과 경제발전의 거대한 잠재력을 갖고 있지만, 옐친 시기의 동부러시아는 지난 시절과 유사한 모습으로 여전히 주변부에 머물러 있었다. 러시아의 친서방화 외교정책이 자연스럽게 아시아 지역에 대한 상대적 소외를 초래했다. 그러나 푸틴의 러시아는 경제재건이라는 당면한 국내적 요구를 충족시키면서, 아시아·태평양의 거대시장에 자신을 편입시켜 유라시아 강대국 지위를 되찾으려 했다. 자신을 아시아·태평양 국가로 자리메김하기 위한 움직임이 시베리아 개발에 대한 중요성을 증대시켰다.

1990년대 중후반기에 동북아 국가(특히, 중국, 일본, 한국)에 보다 많은 관심을 갖기 시작했지만, 이러한 관심은 자신의 동부지역 개발에 필요한 외자 유치를 위한 외교적 술책에 불과했다. 러시아의 동부지역은 중앙정부를 위한 자원 착취의 대상 그 이상은 아니었다. 옐친은 1992년 11월 서울을 방문했고, 동년 12월에 중국을, 그리

---

[1] 본 글에서 사용되는 <동부러시아>는 우랄산맥 이동인 러시아의 동부지역을 의미하며, <시베리아연방지구>와 <극동연방지구>를 포함한다.
[2] 러시아 영토의 유럽에서 아시아 극동지역으로 이어지는 ⅓지점에 우랄산맥이 있다. 우랄산맥이 있는 예카테린부르크市에서 멀지 않는 지점의 우랄산맥 허리부분에 굵은 선으로 그어진 경계선이 보인다. 그 경계선의 서쪽을 유럽으로, 그리고 동쪽을 아시아로 표기해 두고 있다.

고 1993년 1월에 인도까지 방문했다. 아시아 국가들과 관계증진을 모색하려는 움직임이었다. 1994년의 연두교서에서 중국, 일본, 한국, 인도, ASEAN 등 아시아·태평양 국가들과의 관계강화를 강조했고, 1995년 연두교서에서도 동북아시아에 대한 관심은 지속되었다. 그러나 1990년대 후반기까지의 동부 지향성은 자신의 동부지역 개발에 필요한 특별한 프로그램 없이 추진되었다.

2000년을 전후한 시기부터 동부러시아 지역을 개발하기 위한 구체적인 프로그램과 함께 아시아·태평양 노선이 보다 선명하게 드러나기 시작했다. 2000년 11월 푸틴은 브루네이 APEC 정상회담 참석차 출국에 앞서 <아시아, 동방에 대한 새로운 전망>이라는 성명서를 발표하면서 아시아 정책에 박차를 가하려 했다. 그러나 중앙정부의 의지를 뒷받침할 수 있는 재원조달이 뒤따르지 않았고, 동부러시아 지역의 정책 담당자들로부터 불만이 제기되기 시작했다. 2006년 10월에 열린 제2회 극동국제경제포럼에서 이샤예프(Victor Ishaev) 하바롭스크 당시 주지사는 지금의 동북아는 빅3국가(일본·중국·한국)와 주변국(몽골·북한·러시아 동부)으로 분리되어 있음을 언급하면서 이들 빅3국가가 자본·기술·생산설비·서비스를 독점한 반면 러시아 동부는 이들을 위한 자원 공급처 노릇만 하고 있음을 강조했다.

러시아의 시베리아·극동지역 개발정책은 에너지 정책과 맥을 같이하고 있다. 기존의 에너지 정책은 우랄산맥을 중심으로 매장된 에너지 자원을 개발하여 유럽으로 수출하는 그러한 모습이었다.3) 그러나 2000년을 전후하면서 동시베리아·극동지역의 에너지 자원을 개발하고, 아·태지역으로 에너지 수출시장을 넓혀가기 위한 노력을 본격화 했다. 이와 함께, 동일지역에 사회간접자본이 새롭게 보완 및 확충되기 시작했다. 그리고 시베리아·극동 지역의 개발 사업은 2012에 예정되어 있는 블라디보스톡에서의 <APEC 정상회담> 준비사업과도 연결되었다.

본 글은 러시아 중앙정부에서 자신의 동부지역인 시베리아 및 극동지역을 개발하는 목적과 그러한 목적에 기초해서 추진되고 있는 각종 개발 사업을 분석하는 것으로 한다. <APEC 정상회담> 준비사업을 위해 다양한 형태로 개발되고 있는 극동지역(특히, 연해주)은 한반도와 국경을 마주하고 있다. 동일 지역의 개발과정과 그 이후의 모습은 한반도에 적지 않은 영향을 미칠 수 있을 것으로 전망된다. 따라서 본 글은 러시아 중앙정부의 극동지역 개발 사업에 관련된 정책 구상과 그 방향성을 살피면서,

---

3) 볼가·우랄·서시베리아 지역에서 생산된 에너지 자원을 유럽으로 수출하기 위한 지하 파이프라인이 그물망처럼 얽혀있다.

대규모로 추진되고 있는 동부지역 개발 사업을 해부하는 것으로 한다. 이러한 내용 분석에 기초해서, 러시아가 유럽국가에서 아시아・태평양 국가로 한 발짝 더 가까이 다가서고 있음을 밝힌다.

## 2. 동부러시아 개발 구상

### 1) 이샤예프(V.Ishaev) 하바롭스크 주지사의 메시지

빅토르 이샤예프(Victor Ishaev) 하바롭스크 주지사는 2007년 3월 모스크바에서 개최된 러시아 과학아카데미 회의에서 "극동러시아 지역 발전"을 주제로 보고서를 발표했다. 2005년부터 대통령의 주지사 임명제가 구체화되고 있는 상황을 감안한다면, 2007년 이샤예프 주지사의 보고서는 단순히 지방 주지사의 개인적 의견이라고 만 볼 수는 없다. 동일의 보고서가 푸틴 정부의 지역 개발정책과 직간접적으로 연결된 문건이라는 의미를 지닌다. 상기 보고서의 주요 내용과 그 의미는 다음과 같이 정리되어진다.[4]

첫째, 극동지역 개발의 문제점을 지적하고 있다. 러시아 동부지역, 특히 극동지역은 경제・사회적으로 매우 어려운 상황에 처해 있다. 2005년 이후 대통령, 국무총리, 의회 인사들이 극동에 대한 관심을 갖기 시작했으나, 극동개발에 대한 중장기 전략 수립은 여전히 어려운 숙제로 남아있다. 극동 및 자바이칼 경제・사회발전 특별프로그램이 수차례 개정을 거듭하면서 중앙정부의 對극동정책이 탄력을 받지 못하고 있다.[5] 이러한 이유들 중에서 중요한 하나는 중앙 정부의 극동지역 개발의지 미약과 지역 개발 프로그램의 실행에 관련된 투자 부문의 불이행이다.

1998년 모라토리엄(Moratorium) 선언 이후 극동 경제가 회복 국면에 접어들기

---

[4] 박기원, "극동러시아의 현황과 과제 – 연방정부의 극동지역개발프로그램 추진 가속화 예상 –," 블라디보스톡무역관의 보고문(2007년 5월 22일)의 내용을 중심으로 재정리.
[5] 극동・자바이칼 지역의 개발정책이 지지부진한 이유는 아래에서 찾아진다. 혹독한 자연환경, 중앙정부의 보조금 축소 혹은 중지, 지역주민의 유출 증가, 원료・연료채취산업과 군수산업구조, 거대한 영토, 열악한 사회간접자본시설, 전력 및 용수 부족, 이외에도 중앙정부의 실천의지 미약 등 이다. 그리고 중앙정부의 통제력이 약화되면서 극동 지방정부와 관료들의 독자적 행동이나 마피아 행태와 같은 불법 경제(수산, 임업마피아 등), 부정부패에 따르는 불확실성 등이 지적된다. 2000년 푸틴 집권 이후 중앙집권화 정책으로 지방정부 엘리트의 권한은 상당히 축소되었지만, 극동・자바이칼 지역에는 여전히 불법 경제의 비중이 높게 나타나고 있다.

시작했으나, 그 속도가 러시아의 여타 지역보다 느리다. 그리고 1991~05년 사이 러시아 극동지역 상주인구는 149만 5000명이 감소되었다. 1998년 이후 러시아의 인구 감소율은 2%를 기록한데 반해 극동의 인구 감소율은 10.2%로 나타났다.6) UN의 러시아 인구보고서는 2010년 이후 극동의 인구감소가 여타 지역보다 빠르게 진행되어 2025년에 이르면 상주인구가 470만 명(1959년 수준), 2050년에는 약400만 명으로 감소될 것으로 내다보고 있다. 지난 15년 동안 정확한 목적을 가진 극동지역 개발정책의 부재가 현재의 처참한 상황을 가져왔다. 정부가 극동에 대한 기존의 입장과 정책을 바꾸지 않을 경우, 경제적 및 영토적 상실에 대한 일부의 우려가 현실로 나타날 것이다.

둘째, 지역의 특수성에 맞는 맞춤형 개발정책을 주문하고 있다. 경제·사회분야의 주요 지표에서 알 수 있듯이 러시아의 지역간 격차는 좁혀지지 않고 오히려 확대되고 있다. 이러한 현실은 사회적 긴장과 지방정부의 국고보조금 의존도를 더욱 심화시킬 뿐이다. 러시아의 지역간 성장 변수를 감안한다면, 일률적 지역개발정책은 실효를 기대하기 어렵다. 따라서 이샤예프의 주장은 중앙정부 차원에서 지역 특성에 맞는 발전 방향을 수립하고, 필요한 예비 자금을 확보해서 보다 어려운 상황에 처해 있는 지역부터 성장의 발판을 마련할 수 있도록 해야 된다는 입장이다. 이샤예프가 주장하는 상기의 내용은 푸틴의 중앙정부로 히여금 차별화된 극동지역 개발성책을 요구하는 데 있다.

셋째, 지역 간 불균형 해소와 극동의 역동적인 경제·사회분야 발전을 위해 필요한 재원의 연속적이고 적극적인 지원이다. 이샤예프 하바롭스크 주지사는 2007년 3월 모스크바에서 개최된 러시아 과학아카데미 회의에서 아래 사업이 추진되어야 함을 지적했다. ① 2007~10년 사이 러시아 극동 및 자바이칼 연방특별프로그램의 연간 예산을 최소 300억 루블(11억5000만 달러)로 확대하고 매년 이 예산을 늘려가는 것이 필요하다. 또한, 약1800~2000억 루블(약69~77억 달러) 수준인 현재의 對극동 연간 투자총액을 7000억 루블(약270억 달러) 수준으로 인상하는 것이 필요하다. ② 극동 및 자바이칼 연방특별 프로그램에 포함된 프로젝트와 국가-사기업간 파트너십 사업을 개발하고, 이 사업에 다방면의 지원이 있어야 한다. ③ 극동지역의 북부 및 남부지역 산업단지 배치에 관련된 러시아 과학아카데미의 연구 결과를 러시아 동부지역 개발 정책에 활용해야 한다. 산업단지는 국내외 기업의 관심을 유발할 수 있는 제조

---

6) 2006년 1월의 상주인구는 655만 명이었고, 2009년 1월에는 648만 7천명 수준이었다.

업 중심이어야 한다.

이샤예프(V.Ishaev)는 극동의 북부지역 개발이 러시아 동부지역 개발뿐 아니라 러시아 전체의 개발차원에서도 중요하다는 사실을 강조했다. 南야쿠티야 산업지대, 콤소몰스크 산업지대, 바니노-가반 산업지대 등은 성장 잠재력이 매우 높은 지역이기 때문이다. 또한, 러시아 동부지역의 잠재력을 실현하는 차원에서 극동의 남부지역(하바롭스크주, 연해주, 아무르주, 유대인자치주)을 연결하는 축을 형성할 필요가 있음을 주장하고 있다.7) 극동의 산업과 사회·경제적 특수성을 고려할 때 동북아 주변국들과 경제적 통합을 이룰 수 있는 대형 산업인프라, 서비스 시스템을 극동 남부지역에 조성할 필요가 있고, 그 축을 잇는 거점도시는 아무르州의 블라고베셴스크, 하바롭스크州의 하바롭스크와 콤소몰스크나아무레, 연해州의 우수리스크, 블라디보스톡, 나홋카市 등이 적합할 것이다. 이밖에 극동에 자유경제구역(산업특구, 기술특구, 관광·레저특구 등)을 조성하고, 임업, 철강업, 기계제조 분야 가공업 육성 방안이 구체화될 필요성이 있다.

### 2) 시베리아·극동지역 개발정책 방향

시베리아·극동지역의 지하·천연자원 개발과 활용을 위한 중앙정부의 개발정책이 다양하게 실시되고 있다.8) 그러나 지역개발 정책이 환경문제에 봉착되어 주춤하기도 했고, 지역적 특성을 고려한 개발 사업이 아니라 중앙정부의 경제적 필요성에 기인하는 경우가 대부분이었기 때문에 지역정부에서 반발하기도 했다. 따라서 메드베제프의 중앙정부는 극동 및 동시베리아 지역 개발과 아·태 경제권으로의 편입이라는 당면 과제에 직면하면서 중앙과 지방이 Win-Win할 수 있는 개발정책을 모색해 오고 있다.

주요 중장기 발전계획으로 에너지 분야 발전 계획인 《에너지전략 2020》과 이를 보완한 《에너지전략 2030》이 있고, 국방 및 군수산업 분야 개혁을 위한 중장기 프로그램, 《2013년까지 극동 및 자바이칼 경제사회 발전》9) 등 다수의 발전 프로그램이

---

7) 현재 러시아 극동지역의 수출 비중은 원유·석유제품 45%, 목재 26%, 수산물 6%이다. 중국 지도부는 극동을 자국의 자원공급처로 보고 있다. 중국 동북부 지역에서는 러시아 자원을 기초로 하는 대형 정유·석유화학단지, 목재가공 단지가 이미 조성되었고, 앞으로 그 규모가 더욱 확대될 것이다.
8) Глушкова В.Г., Симагин Ю.А., *Федеральные округа России. Региональная Экономика* (Москва: К НОРУС, 2009).
9) Федеральная целевая программа "Экономическое и социальное развитие Дальнего Востока и За

있다.10) 메드베제프 정부가 출범한 이후에 개발 사업이 보다 구체화되고 있다. 2012년 블라디보스톡 APEC 정상회담과 연해주를 비롯한 블라디보스톡市 발전 프로그램의 본격화; 2013년까지 극동 및 자바이칼 지역 개발프로그램의 본격화; 교통전략 2030의 본격화 등이 대표적인 개발 정책으로 지적된다.

<표 1> 시베리아 및 극동지역의 주요 개발 프로그램

| 발전 프로그램 | 비고 |
|---|---|
| ・교통체계 현대화(2002~2010) 연방 특별프로그램 | |
| ・블라디보스톡市 발전 프로그램 | ・2012년 APEC 정상회담에 맞추어 블라디보스톡 지역 개발 |
| ・2030년까지의 철도발전전략 | |
| ・에너지 전략 2030 | ・동시베리아 및 극동지역 개발 필요성 강조 |
| ・2013년까지 극동 및 자바이칼 경제・사회 발전 연방특별 프로그램 | ・2007년 11월 러시아 정부가 승인[APEC정상회의 개최지인 블라디보스톡 개발과 인프라 확충에 보다 많은 관심을 기울임; 송유관 등 연료 및 에너지 기간시설 건설, 도로 건설을 포함한 교통망 건설, 공항, 항만 개보수 작업이 포함] |
| ・에너지통합공급 시스템 구축 프로그램 | ・석유・가스・전력 등의 통합 공급을 위한 시스템 구축 프로그램 |
| ・동시베리아・태평양(ESPO, East Siberia Pacific Ocean) 송유관 프로젝트 | ・2009년 12월 ESPO 송유관 중 1단계 구간[이르쿠츠크州의 <타이세트>에서 아무르州의 <스코보로디노>까지]과 블라디보스톡 인근의 코즈미노(Kozmino) 원유수출 터미널이 완공 |
| ・교통전략 2030 | ・한반도철도와 연결되는 사업 포함[2012년까지 라진-하산 철도연결공사 완료, 2030년에 TSR/TKR 연결공사 완료] |

러시아는 극동 및 자바이칼 지역(Far East and Zabaikal Region) 개발 프로그램과 철도와 도로는 물론 송유관과 가스관 그리고 전력 송전선 등의 통합시스템을 러시아 극동지역까지 연계하는 사업을 추진하고 있다. 전력 생산과 수출을 위해 원전과

---

바이칼ья на период до 2013 года".
10) 2007년 8월 러시아 각료회의에서 심의를 거쳐 동년 11월 정부가 승인한 연방특별 프로그램 『2013년까지 극동 및 자바이칼 지역 경제사회 발전』에 따르면 극동 및 자바이칼 지역개발에 투입될 총재원은 민간투자를 포함하여 5,660억 루블(약223억 달러)이다. 여기에는 2012년 APEC정상회의 개최지인 블라디보스톡 개발을 위한 58억 달러가 포함되어 있다. 극동 및 자바이칼 지역 개발 재원의 대부분은 인프라 확충에 사용될 예정이며, 송유관 등 연료 및 에너지 기간시설 건설에 약55억 달러, 6,600km의 도로 건설을 포함한 교통망 건설에 88억 달러가 투입될 예정이다. 이외에도 다수의 공항과 항만 개보수 작업도 포함되어 있다.

수력발전소 건설 등 에너지와 물류를 연계하는 사업을 국가 우선과제로 채택하고 있다. 상기 시베리아·극동지역 개발 프로젝트들을 보면, 운송(철도·도로·항만) 및 에너지 자원 개발, 그리고 광물자원·임업·농업·어업관련 프로젝트를 비롯하여, 2012년 APEC 정상회담과 관련된 블라디보스톡 지역개발 사업이 핵심을 이룬다.

결국, 중앙정부의 시베리아·극동지역 개발정책 의지와 함께 지역 개발 가능성이 한층 높아지고 있다. 러시아의 국가프로그램 과제 달성률이 80년대 이후 지속적으로 떨어져왔지만 푸틴 집권 2기 이후 과제 달성률이 조금씩 상승되었고, 2013년까지의 중기 발전계획에 소요되는 예산 확충이 연방정부 부담으로 대폭 변경된 상태이기 때문에 새로운 개발 계획의 달성 가능성이 상대적으로 높아졌다. 그러나 개발정책의 한계점은 연료 및 에너지 자원 개발에 관련된 내용이 주종을 이루고 있기 때문에, 극동지역을 위한 개발과 지역 단위의 생산성 향상을 위한 사업이 상대적으로 미약하다는 점이다.

### 3. 시베리아 및 극동지역의 주요 개발 프로젝트

1) 극동 및 자바이칼(Far East and Zabaikal)지역 개발 프로그램

(1) 극동 및 자바이칼(Far East and Zabaikal) 지역 개황

러시아 동부의 극동 및 자바이칼(Far East and Zabaikal) 지역은 극동연방지구 전체와 극동연방지구의 서남부에서 경계를 이루고 있는 시베리아연방지구의 일부(부랴티야 공화국, 자바이칼 크라이[11])를 포함하는 지역으로 러시아 전체 면적의 40% 이상을 차지하고 있다. 동일 지역은 면적이 광활한 데 비해 인구가 적으며, 극한의 기후조건으로 인해 교통, 통신 등 제반 인프라가 매우 열악하다. 반면, 임산 및 수산자원이 풍부하며 상업성이 높은 70여종의 광물자원이 분포되어 있다.[12]

---

[11] 2007년 7월 21일의 연방법에 따라 기존의 치타州와 아가 부랴트 자치구가 통합되어, 2008년 3월 1일부터 새로운 연방 주체인 자바이칼 크라이(Забайкальский край)가 형성되었다.
[12] 석유, 가스, 유연탄, 중석, 금, 다이아몬드, 우라늄, 철 및 비철금속, 희귀금속 등이 다량으로 매장되어 있다. 동일지역은 러시아내 주석 100%, 다이아몬드 98%, 금 67.5%, 수산물의 65% 이상을 생산한다.

<표 2> 극동 및 자바이칼 지역 행정주체별 영토 및 인구 현황

| 구분 | | 영토(천㎢) | 인구(천명) [2010.1.1.일] | 인구밀도(명/1㎢) |
|---|---|---|---|---|
| 러시아연방 | | 17098.2 | 141914.5 | 8.3 |
| 극동연방지구 | | 6169.3 | 6440.4 | 1.1 |
| 자바이칼지역 | | 783.2 | 2080.5 | |
| 극동연방지구 | 사하 공화국 | 3083.5 | 949.3 | 0.3 |
| | 연해 크라이 | 164.7 | 1982.0 | 12.1 |
| | 하바로프스크 크라이 | 787.6 | 1400.5 | 1.8 |
| | 캄차트카 크라이 | 464.3 | 342.3 | 0.7 |
| | 아무르주 | 361.9 | 860.7 | 2.4 |
| | 마가단주 | 462.5 | 161.2 | 0.4 |
| | 사할린주 | 87.1 | 510.8 | 6.0 |
| | 유대인자치주 | 36.3 | 185.0 | 5.1 |
| | 추코트카(축치)자치구 | 721.5 | 48.6 | 0.1 |
| 자바이칼 지역 | 부랴티야 공화국 | 351.3 | 963.5 | 2.7 |
| | 자바이칼 크라이 | 431.9 | 1117.0 | 2.6 |

Федеральная служба государственной статистики, *Россия в цифрах. 2010: Краткий статистический сборник* (Москва: Росстат, 2010), c. 10, 44, 46.

동일지역에 철도, 도로, 항만, 송유관 등과 같은 운송 인프라가 있으나, 넓은 영토와 열악한 기후조건으로 인해 육상운송 인프라는 상대적으로 열악한 수준이다. 철도는 남부의 시베리아 횡단철도(TSR)와 북부의 바이칼-아무르 노선(BAM)이 있다. 다른 지역에 비해 동일 지역은 도로망이 열악하여 자동차 접근이 불가능한 곳이 많다. 주요 고속도로로는 현재 건설 및 개보수 중인 Chita-Khabarovsk(2,158㎞), Khabarovsk-Vladivostok(774㎞), Khabarovsk-Nakhodka, Lidoga-Vanino 고속도로 등이 있다. 철도망이 전혀 없는 북동부 지역의 화물운송은 대부분 도로에 의존하고 있다.[13]

극동지역 연안에 다수의 항구가 있으며, 이중 11개 항구는 연중 운영되고 있다.[14] 극동지역의 대표적인 항구는 다음과 같다. 연해주의 Vostochniy, Nakhodka,

---

13) 이영형, "러시아의 극동지역 개발정책이 환동해에 미치는 영향," 경희대학교 국제지역연구원 주최 제4차 환동해 국내학술회의(2011.5.20.) 발표 논문 참조.
14) P.B.Вахненко, *География морских портов Дальнего Востока России* (Владивосток: Дальнаука, 2002) 참조.

Vladivostok, Posiet, Plastun, 하바롭스크의 Vanino, De-Kastry, 사할린의 Kholmsk, Korsakov, Uglegorsk, 마가단의 Magadan, 캄차카의 Petropavlovsk- Kamchatskiy 등이다.

### (2) 극동 및 자바이칼 지역 개발 계획

극동·자바이칼 지역은 중앙정부의 개발 과정에서 상대적으로 소외되어 왔다. 동일 지역을 개발하기 위한 특별한 개발 프로그램이 없었거나, 있었다 하더라도 구체적인 정책 의지가 따르지 못했다.15) 극동·자바이칼 지역은 자원의 보고지역일 뿐만 아니라, 러시아가 아·태 국가로 편입되는 관문 역할을 한다. 특히, 석유, 천연가스, 석탄, 우라늄, 풍력, 지열, 수력 등의 풍부한 에너지원, 임산자원, 수자원, 농목축업 자원, 북태평양(베링해, 오호츠크해, 동해)의 수산자원 등에 대한 개발 가능성이 높다. 높은 개발 잠재력에도 불구하고 러시아 중앙정부의 극동·자바이칼지역 개발 프로그램은 몇몇 대형 프로젝트를 제외하고는 진전이 거의 없는 상태이다.

러시아 중앙 정부가 2007년 8월 2일 4260억 루블($168억)의 연방 예산을 투입해 동부러시아를 개발하기 위한 «극동 및 자바이칼 경제사회 발전 2013» 프로그램을 채택했다. 극동러시아 개발프로그램은 1996년에 처음 채택되었으며, 그 후 동시베리아/바이칼 지역이 포함되어 2010년까지 동일 지역의 사회 인프라를 구축한다는 내용을 담고 있었다. 그리고 2012년 블라디보스톡 APEC 회의 유치와 관련된 내용이 추가되어 프로그램 시행 기간을 2013년까지로 연장했다.

2007년에 블라디보스톡市가 2012년 가을 APEC 정상회담 개최 도시로 확정되면서 러시아 중앙정부는 2007년 11월 21일 기존의 연방프로그램을 연장하여, «극동 및 자바이칼 경제사회 발전 2013»이라는 연방 특별 프로그램을 채택하기에 이르렀다. 동일 프로그램은 «아태지역 국제협력센터로 블라디보스톡市 발전» 프로그램의 현실화와 함께 7만9천7백 개의 일자리 창출, 경제활동 인구수 1.05배 증가, 지역총생산 2.2배 증가 등을 목표로 하고 있다.16) 2013년까지 상대적으로 낙후된 극동러시아를 개발하여 아·태 지역 경제권의 한 축으로 육성한다는 것이 핵심 내용이다.

---

15) 고르바쵸프가 1980년대 중반 이후 러시아가 아·태 국가임을 강조하면서 극동·자바이칼 지역의 경제사회 발전프로그램을 수립했지만, 소련의 해체로 수포로 돌아갔다. 그리고 1990년대 옐친의 개발 프로그램은 유명무실한 상태였고, 2000년대 푸틴의 프로그램도 성공을 거두지 못했다.

16) 자세한 내용은 다음 참조. http://www.roszeldor.ru/feder_programms/feder_programms_zabaykal(검색일: 2012년 2월 16일)

당시 극동연방지구의 대통령 전권대표로 활동하고 있던 이스하코프(K.Iskhakov)가 공개한 프로그램 내용을 보면,17) 2013년까지 4,260억 루블($168억)을 투입해 6600㎞의 도로와 800㎞의 가스관을 건설하며, 17개의 공항, 10개의 항만, 8개 병원을 신규로 건설하거나 개보수하는 것이 포함되어 있다. 이와 같은 인프라 개발을 위해 2008년에 300억 루블($12억)의 예산이 배정된 상태였고, 극동러시아 개발 국가위원회(위원장: 총리)가 설치되어 활동을 시작했다.18) 러시아 중앙정부는 극동 및 자비아칼 지역의 경제사회 인프라 개발 사업을 시작하면서 해외로부터의 투자 유치를 위해 노력해 왔다.

<표 3> 2025년까지 극동·자바이칼 경제사회 발전 프로그램 추진 개황

| 단계 | 내용 |
| --- | --- |
| 1단계(2009~2015년) | • 에너지·자원보전 기술 심화<br>• 고용인원 미세 증가<br>• 새로운 인프라 프로젝트 착수<br>• 산업, 농업 프로젝트 착수 |
| 2단계(2016~2020년) | • 에너지 분야 대형 프로젝트 실현<br>• 교통 환경 개선<br>• 통과 승객 및 화물량 증대<br>• 교통망 구축 완료<br>• 원료 가공 제품 수출 증기 |
| 3단계(2021~2025년) | • 극동 및 자바이칼지역 경제위상 제고 및 세계경제로 통합 가속화<br>• 혁신적인 경제발전, 높은 기술, 지식경제, 전력 및 교통 분야에서의 경쟁력 확보<br>• 석유·가스 채굴 및 가공분야에서 대규모 프로젝트 실현<br>• 전력 및 교통 분야 대규모 프로젝트 완료<br>• 과학 연구 분야에서의 선두지위 유지<br>• 인적자본 개발 가속 |

http://pre.keca.or.kr/(검색일: 2011년 4월 17일)의 내용 재정리

러시아의 중앙 및 지방정부는 극동지역에서 국제경제포럼을 주최하면서, 동일 지역에서 추진되는 다양한 사업에 외국 자본을 유치하려 한다. 2009년 9월 8일 개최된 극동 경제포럼에 참석한 러시아 및 13개국 해외 대표단은 <2025년까지 극동 자바이

---

17) 푸틴은 2007년 10월 지난 2년간 극동연방지구에서 대통령 전권대표를 지낸 이스하코프(K.Iskhakov)를 해임하고, 사포노프(O.Safonov)를 새로운 전권대표로 임명했다.
18) *RIA Novosti, Vladivostok Times* 등의 내용을 블라디보스톡 무역관에서 종합 정리한 아래의 글을 중심으로 재정리하였음. 박기원, "러시아, 2013 극동러시아 개발프로그램 채택- 2013년까지 168억 달러 정부예산 투입 -," 블라디보스톡 무역관의 2007년 8월 3일의 보고서 참조.

칼 경제사회 발전전략 프로그램>에 대해 심도 있게 논의 했다. 동 프로그램은 3단계로 나눠지며 사회 인프라 개발, 산업 현대화, 산업기술 및 기존 생산시설 현대화, 새로운 경제부문 발전, 혁신기업 발전 기반구축 및 지방혁신 센터 설립, 테크노 파크 구축 및 활성화를 목적으로 하고 있다.

결국, 러시아 중앙정부의 극동·자바이칼지역 개발 프로그램은 국토의 균형발전 문제, 인구 감소와 불법 이주노동자 문제, 생태 환경 문제, 범죄와 부정부패 문제 등에 대한 구체적인 해결 방안 모색과 동시에, 물류와 에너지 운송, 그리고 자원개발을 통한 아·태 시장으로의 편입 등을 주요 목적으로 한다. 개발 프로그램에는 교통과 물류 등 사회간접자본 시설 확충이 우선시 되고 있으며, 블라디보스톡市 등이 특화된 장소로 지정되어 있다. 이러한 개발 프로그램은 과거의 연방프로그램과 달리 예산 증액과 중앙정부의 강력한 실천의지 속에서 구체적인 모습을 보이고 있다.

### 2) 동시베리아-태평양(ESPO, East Siberia Pacific Ocean) 송유관 프로젝트[19]

동부러시아 지역의 에너지 자원개발 프로젝트는 아·태 경제권으로 편입과 동시에 에너지 자원을 통한 역내 영향력 강화 차원에서 추진되고 있다. 러시아의 에너지 정책이 유럽시장 중시 전략에서 새로운 경제 중심지로 부각되고 있는 아·태 시장으로 이동되고 있다. 따라서 자신의 동시베리아 및 극동지역의 에너지 자원을 개발하고, 개발된 에너지 자원을 수송할 운송시설이 필요했다. 그리고 인프라 시설을 정비해야만 했다. 따라서 러시아 중앙정부는 자원탐사 및 개발, 그리고 효과적인 수송로 확보 차원에서 동시베리아-태평양(ESPO, East Siberia Pacific Ocean) 송유관 건설 프로젝트를 적극적으로 추진되고 있다.

ESPO 프로젝트는 2005년부터 총295억 달러의 사업비를 투입해 시작된 이르쿠츠크州의 타이세트(Taishet)에서 연해주의 코즈미노(Kozmino) 항까지 약4800㎞에 이르는 송유관 건설 사업으로, 2009년 12월 ESPO 송유관 1단계 구간[이르쿠츠크州의 <타이세트>에서 아무르州의 <스코보로디노>(Skovorodino)까지]과 블라디보스톡에서 동쪽으로 100㎞ 떨어진 코즈미노(Kozmino) 원유수출터미널이 완공되었다. ESPO 송유관 1단계 공사 구간에 부설된 파이프라인의 총 길이는 2700㎞이다. 그리고 2010년 1월부터 공사가 시작된 ESPO 2단계 구간에 건설될 송유관은 아무르州의 스코보

---

19) ESPO프로젝트에 대한 자세한 내용은 <제3절. 에너지 정책과 시베리아의 위상 변화> 참조.

로디노에서 연해주의 코즈미노까지 연결되는 약2100㎞ 길이이다.[20] 2단계 구간에서 부설될 송유관은 아무르주(812㎞), 유대인자치주(310㎞), 하바롭스크주(379㎞), 연해주(547㎞)를 거친다. ESPO 2단계 구간 공사는 2014년 완공을 목표로 하고 있다.

3) 철도 및 교통 전략 프로젝트

러시아 시베리아 및 극동지역의 교통 및 운송 인프라가 빈약하다는 사실은 이미 지적한 바 있다. 교통 인프라가 빈약하여 인구 이동과 물류 수송이 그다지 원활하지 못한 것 역시 사실이다. 따라서 시베리아 및 극동지역 개발은 자연스럽게 지역 내 교통 인프라를 보완하는 작업과 함께 시작된다.[21] 광범위한 자연지리 조건과 어려운 경제 환경에 처해 있는 극동지역의 경제 주체들을 통합하면서 주민들의 지역간 공간 이동이 가능하도록 하기 위한 교통망 구축 사업이 계속되고 있다.[22] 러시아 중앙정부의 극동지역 개발 프로젝트에서 교통과 물류분야가 제외된 적은 없었고, 다양한 개발 문건들이 현재에도 준비되고 있다. 교통과 물류분야의 발전이 극동지역 개발에 중대한 영향을 미친다는 사실을 반영한다.

러시아 중앙정부가 자신의 동부지역 개발의 필요성을 강하게 인식하고 있던 2000년을 전후한 시기부터 시베리아 및 극동지역의 교통 문제를 해결하기 위한 다양한 움직임이 있어 왔다. 2006년 6월 23일 러시아연방 교통부와 타타르스탄 공화국 정부의 교통 전문가 공동회의가 있었고, 교통전략 2020의 현실화를 위한 학술회의[23]가 개최되어 교통 및 물류개발에 관련된 다양한 문제들이 논의되었다.[24] 동부러시아 지역의 교통개발관련 대표적인 문건은 《교통전략2020》, 《교통전략2030》, 《교통발전전략2010》, 《철도수송발전전략2030》 등이며, 이들 각각의 발전전략에는 개별지역에 대한 교통발전 문제들이 포함되고 있다.

---

20) 송유관 구경은 약1,241㎞에 달하는 스코보로디노~하바롭스크 구간은 1,067㎜이고, 800㎞가 조금 넘는 하바롭스크~코즈미노 구간은 1,020㎜로 정해졌다.
21) 다양한 수준에서 추진되고 있는 러시아 교통전략(Транспортная стратегия)에 관련된 문건은 다음을 참조. http://www.mintrans.ru/activity/detail.php?FOLDER_ID=439(검색일: 2012년 2월 17일).
22) 러시아 교통부가 계획 및 추진하고 있는 <2010-2030년까지의 러시아 교통망>관련 지도는 다음을 참조. http://www.mintrans.ru/upload/iblock/78e/russia_koridor_2030.jpg(검색일: 2012년 2월 17일).
23) Совместное заседание коллегии Министерства транспорта Российской Федерации и Правительства Республики Татарстан и конференция «Региональные задачи реализации транспортной стратегии Российской Федерации на период до 2020г» 23 июня 2006 года.
24) 자세한 내용은 다음 참조. http://www.mintrans.ru/documents/detail.php?ELEMENT_ID=13016(검색일: 2011년 3월 29일).

..........

2007년 8월 27일, 러시아 교통부와 교통관련 기관들은 «철도수송발전전략 2030»[25]과 «2007-2010과 2015년까지의 운송 기계제작 전략»[26] 수립에 합의했다.[27] 그리고 러시아 철도공사가 2007년 10월 24일 모스크바에서 개최된 연례 총회에서 «철도수송발전전략 2030»을 확정 발표했다. «철도수송발전전략 2030»은 러시아 교통부와 러시아 철도공사가 공동으로 협의 및 검토한 러시아 철도의 장기 발전 전략을 담고 있다. 이는 러시아 철도공사의 자체 발전전략이 아닌 지역 및 지방간 협력을 기본 개념으로 하는 연방차원의 발전전략이다.

«철도수송발전전략 2030»은 2030년까지 13.7조 루블(약5,500억 달러)을 투자하여 신규 철도건설, 기존 철도개보수, 철도차량 증량, 철도 교통산업 발전 등을 목표로 하고 있다.[28] 연방정부의 투자액은 총 투자액의 19.5%인 2.7조 루블(1,110억 달러 상당)이다.[29] 이는 전략적이며 사회적으로 필요한 철도건설에 투자될 예정이다. 그 외에도 요금체계 구축, 투자자를 위한 특별 세금정책 수립, 국가소유 주식매각, 관세 부과제도 운영, 철도공사 자산의 상업적 이용을 위한 여건조성 등과 같은 사업이 포함되고 있다.[30] «철도수송발전전략2030»은 두 단계로 나누어 실행된다. 2015년까지는 기존 철도를 개량하는 데 무게 중심을 두고, 2016년부터 2030년까지는 1만5800 km의 철도를 신설하게 된다. 2012~14년 완공을 목표로 한 모스크바~페테르부르크 구간의 고속철도화 작업도 이번 개발전략에 포함되어 있다.

러시아의 철도현대화 계획은 극동지역을 개발하려는 중장기 국가전략과 맞물려 있다. 중국·한국·일본 등 동북아시아 지역이 경제적으로 급성장하면서 러시아 중앙정부가 극동지역 개발에 더 많은 중요성을 부여하고 있기 때문이다. 러시아 철도현대화 프로젝트에는 TSR과 TKR 연계 운행을 비롯하여 남한과 북한의 철도를 연결하는 문제까지 포함되고 있다. 상기의 «철도수송발전전략 2030»을 비롯한 제반의 지역개발 정책들은 아태지역에서 러시아의 국제적인 영향력 강화 문제와 연결되면서 추진되고 있다.

2010년 8월에는 러시아 교통부에서 <2020년까지 바이칼-아무르철도 노선> 발전

---

25) Стратегию развития железнодорожного транспорта до 2030 года.
26) Стратегию транспортного машиностроения Россий ской Федерации в 2007 – 2010 годах и на период до 2015 года.
27) http://www.roszeldor.ru/search?query=2030(검색일: 2011년 3월 29일).
28) 투자사업 내역은 다음과 같다. 신규철도건설(30%), 기존철도개보수(24%), 철도차량증량(23%), 철도 교통산업발전(23%) 등이다.
29) 주요 투자자는 러시아 연방(19.5%), 지방정부(4.6%), 러시아철도공사(43.1%), 민간자본(32.8%) 등으로 구성되어 있다.
30) http://www.emerics.org/(검색일: 2011년 4월 22일).

에 관련된 문제가 집중 논의되었다.31) 하바롭스크 지역을 가로 질러 러시아의 중서부 지역을 잇는 시베리아횡단철도와 바이칼아무르간선(총 연장 2,300㎞)에 대한 중앙정부의 관심이 높다. 이와 함께, 치타-하바롭스크 구간(1,800㎞)의 자동차 도로에 대한 포장공사가 계속되어 왔다. 교통 및 물류 분야의 발전이 극동지역 개발에 중요한 영향을 미치고 있기 때문에 중앙정부의 교통관련 개발정책은 2012년 현재에도 다양한 수준에서 계속되고 있다. 지역의 낙후된 도로 및 철도 등에 대한 개보수 작업과 함께 신규 공사를 계속하는 등 교통정책이 보다 강화되는 모습을 보이고 있다.

2011년 10월 4-5일 하바롭스크市에서 <2020전략에서 극동의 우선권>(Дальневосточные приоритеты в Стратегии 2020)이라는 제목 아래 제5차 극동국제경제포럼이 개최되었다. 러시아 대통령과 총리, 국가두마 의장, 외무부 장관, 극동연방지구 대통령 전권대표 등의 축전과 함께 시작된 금번의 국제경제포럼에는 모스크바와 샹트-페테르부르크市를 비롯하여 시베리아연방지구 및 극동연방지구의 17개 개별행정주체에서 대표자(주지사 등)들이 참여했고, 외국에서는 미국, 독일, 일본, 중국, 한국, 북한, 벨라루시, 베트남, 말레이시아, 타일란드, 핀란드, 남아프리카 공화국 등에서 정부 대표 및 관련 전문가들이 참여했다. 그리고 기타 국제기구의 대표들도 참여했다. 본 포럼에서 <2020전략>에 관련된 다양한 문제들이 논의되었다. 천연가스, 교통전략, 사회간접자본시설, 산업시설, 극동지역 경제발전 등을 비롯한 다양한 문제들이 발표되었고, 원탁회의를 통해 보다 심도 있게 동일 문제들이 논의되었다.32)

시베리아 및 극동지역의 교통 및 물류 흐름에 관련된 고속도로 건설 및 철도수송 발전 문제는 다양한 형태의 개발 프로그램에서도 포함되었다. 블라디보스톡 APEC-2012 개최에 관련해서 건설되었거나 건설되고 있는 교통관련 건설 사업은 블라디보스톡-루스키섬 고속도로 전용 다리 건설(3.1㎞), 골드혼 다리 건설(2.1㎞), 블라디보스톡-세단카 고속도로 건설(5.3㎞), 노비-세단카 고속도로 건설(46.5㎞) 등이다. 그리고 <극동·자바이칼 경제·사회 발전 프로그램 2013>의 일환으로 건설되고 있는 대표적인 고속도로는 블라디보스톡-나홋카-보스토치니 항구 고속도로(2013년 완공 목표/168.46㎞), 우수리스크 지역 고속도로(2013년 완공/113㎞), 라스돌노예-하산 고속도로(2013년 완공/217㎞) 등이다. 상기 다양한 도로는 교통 인프라를 통해 광범위한 극동지역의 지역간 인적 및 물적 자원의 이동을 원활하게 할 목적으로 건설되었다.

---

31) http://www.roszeldor.ru/search?query=2020(검색일: 2012년 2월 17일).
32) 자세한 내용은 다음을 참조 바람. http://www.dvforum.ru/(검색일: 2012년 2월 17일).

## 4. 푸틴 대통령의 시베리아 및 극동지역 방문과 지역 개발 전망

　메드베제프(D.A.Medvedev) 정부가 시베리아/극동지역 및 북극개발에 강한 의욕을 보이고 있던 시기인 2008년 5월부터 2012년 5월까지 푸틴이 실세 총리 역할을 담당했다. 그리고 푸틴은 자신의 제3기 임무가 시작되면서 시베리아 및 극동지역 개발에 박차를 가하기 시작했다. 푸틴 대통령은 2012년 9월 블라디보스톡 APEC 정상회의 참석 차 극동을 방문했고, 2013년 3월 초 시베리아의 노보시비르스크州, 4월 중순에는 극동지역의 아무르州와 시베리아의 부랴티야 공화국을 방문했다. 당시의 방문은 항공·우주, 목재 등 특정 산업 육성에 대한 논의에 많은 시간을 할애했다. 그리고 푸틴 대통령의 시베리아 및 극동지역 방문은 지지부진하게 이루어지는 지역 개발에 대해 경각심을 불러일으키기 위한 목적이 강했다.

　푸틴은 시베리아 및 극동지역의 개발 상황을 점검할 목적으로 2013년 7월 16~17일 시베리아의 자바이칼 크라이와 극동지역의 사할린주를 방문했다. 금번의 방문은 2013년 3월 말 국가프로그램 '극동 및 바이칼 지역 사회경제 발전 전략 2025'가 채택된 이후 이 지역의 사회경제 현황 및 발전 과제를 논의하기 위해 이루어졌다. 방문 기간 동안 푸틴 대통령이 주재한 회의에서 바이칼 지역의 낙후한 경제상황을 타개하기 위한 발전 대책, 그리고 극동지역 사할린 주의 성장 잠재력을 높이기 위한 방안이 다각도로 논의되었다. 2013년 7월에 이루어진 푸틴 대통령의 시베리아 및 극동지역 방문은 지역 개발에 대한 중앙정부의 의지를 보여주고 있으며, 지지부진하게 이루어지는 지방정부의 개발정책에 대한 문책성 방문이라는 성격이 강했다.

　2013년 7월 16일 푸틴 대통령의 주재 하에 시베리아의 자바이칼 크라이에서 바이칼 지역 사회경제 현황에 대한 회의가 진행되었다. 동 회의에서 푸틴 대통령은 이 지역의 높은 실업률과 심각한 인구 유출 문제 등을 완화하기 위한 우선 과제로 에너지 및 운송·물류 인프라 확충, 농업 발전 등을 제시했다.[33] 푸틴 대통령은 해당 지역이 중국, 몽골 등 주변국들과 직접적으로 연결되어 있는 지리적 이점을 최대로 활용한다면, 상품공급 시장으로 성장할 가능성이 크다고 강조했다. 또한 이 지역의 농업 생산성이 지난 5년간 지속적으로 높아져 온 점을 기회 요인으로 삼으면서, 관련 기계 및 설비 확충, 금융지원 확대를 추진하고, 목축업 동반 성장을 꾀해야 한다고 했다.[34]

---

[33] http://www.kremlin.ru/news/18851(검색일: 2013년 8월 8일).
[34] 강부균, "푸틴 대통령 극동·시베리아 지역 방문의 주요 내용," http://www.emerics.org/eurasia/(검색일: 2013년 8월 7일) 참조.

푸틴 대통령이 사할린을 방문했고, 사할린 주에서 동일 지역의 사회경제 발전에 관련된 회의를 주재했다.35) 회의에서 푸틴은 이 지역의 성장 잠재력을 제고하기 위한 발전 방안으로 에너지 및 교통 인프라 확충을 통한 글로벌 에너지 허브 구축 전략을 제시했다. 지리적으로 아태지역 국가들과의 연계성이 높은 점을 언급하면서, 석유가스 생산량 증대, 정유가스설비 확충, 석유화학산업 육성 등을 통해 세계적인 수준의 에너지 센터로 발전될 가능성을 높이 평가했다. 이와 함께 가스 공급망 확충을 위한 인프라 구축, 그리고 본토 및 쿠릴열도와의 연결을 위한 교통인프라 구축 필요성을 강조했다.36)

결국, 푸틴은 집권 3기에 들어서면서 시베리아 및 극동지역 개발을 점검하고 있다. 그동안 추진된 다양한 개발 상황을 점검하고, 보다 체계적이고 활용 가능한 분야를 중심으로 하는 지역 개발 정책을 주문하고 있다. 중앙정부의 정치적 의지와 함께 지역 개발정책이 추진되고 있기 때문에, 개발 속도가 다소 지연될 수는 있겠지만 현실적이고 가시적인 개발 성과가 하나씩 모습을 드러낼 것으로 보인다.

## 5. 끝맺는 말

시베리아 및 극동지역의 개발정책이 다양한 형태로 추진되고 있다. 시베리아는 더 이상 버림받은 땅이 아니다. 극동 및 동시베리아 지역은 미개발 광구가 많기 때문에 새로운 개발 지역으로 부각되고 있다. «에너지전략2030»과 ESPO 송유관 건설 사업은 러시아의 유럽지역에 비해 상대적으로 소외받아 온 동부지역 개발사업을 견인해 가는 중심축 역할을 담당하고 있다. 에너지 개발과 전력 사업이 동북아 지형을 바꿔 놓을 메가톤급 프로젝트로 인식되고 있다.

«에너지전략2030»과 ESPO 송유관 건설 사업 등을 비롯하여, 전력, 도로, 철도 등 SOC 인프라 건설 및 현대화 프로젝트가 다양한 모습으로 구체화되고 있다. 러시아는 단순한 원유 수출을 지양하고, 송유관 종착지인 연해주 남부지역에 대규모 원유 터미널과 정유공장, 그리고 석유화학단지를 조성하고 있다. 이곳에서 가공 및 생산된 석유류 제품을 한국, 중국, 일본 등으로 수출할 계획을 가지고 있다. 그리고 사할린에

---

35) http://www.kremlin.ru/transcripts/18824(검색일: 2013년 8월 8일).
36) 강부균, 의의 글.

서 하바롭스크로 연결되는 502km 길이의 이스턴 라인(Eastern Line) 파이프가 완성되었다. 러시아는 이를 통해 이 지역의 만성적인 가스 및 전력부족 문제를 해소함과 동시에, 중국, 한국 등 태평양 연안국에 가스와 전력을 공급할 계획을 갖고 있다.

동부러시아에서 추진되고 있는 다양한 개발 사업은 환경 문제를 야기하게 된다. 따라서 <에너지전략2030> 등을 비롯한 다양한 개발 문건들은 환경문제를 중요한 이슈로 다루고 있다.37) 시베리아/극동지역의 자원개발과 관련하여 러시아 중앙정부는 환경보존을 가장 우선하여 고려하도록 하고 있으며, 실제 환경개발 부담금을 중앙정부 차원에서 부과하고 환경기금 또한 적립해가고 있다. 따라서 환경 문제에 대한 연구는 시베리아・극동 지역의 미래 비전과 맥을 같이 한다고 할 수 있다. 그리고 환경문제가 동해를 비롯한 한반도에 직접적인 영향을 미칠 수 있기 때문에, 한국에서 동부러시아 개발정책과 환경 문제의 상관관계를 연구할 필요성이 제기된다.

러시아 극동・자바이칼 지역은 중국 동북부 지역과 3,605km, 몽골 동북지역과 3,441km, 두만강을 사이로 북한과 19km을 맞대고 있을 뿐만 아니라, 미국의 알래스카와 해안 국경선을 맞대고 있다. 한반도와 국경을 접하는 러시아 극동지역에 대한 한국의 관심이 요청된다. 시베리아・극동지역 개발과 관련된 다양한 프로젝트들이 있지만, 한국 정부가 보다 많은 관심을 가져야 될 중・장기 프로젝트는 다음과 같다. 동부시베리아와 자바이칼 지역 개발프로그램, TSR-TKR 연결사업, 전력망 연계, 파이프라인 프로젝트, 캄차트카 해상 광구 탐사 등이다.

시베리아・극동지역의 개발은 동북아의 역동성과 자원협력 그리고 북한의 개방과도 관계되기 때문에 한국의 참여는 대북정책 차원에서도 도움이 된다. 특히 러시아는 동북아 평화체제 구축 및 시베리아・극동지역 개발에 많은 관심을 가지고 있지만, 이에 필요한 노동력이 절대적으로 부족한 상황이다. 이러한 현실에 착안하여 3자간 WIN-WIN이 가능한 사업을 찾아야 한다. 고려인과 북한 노동자를 활용하는 방안을 생각해 볼 필요가 있다. 이는 남북관계 발전에 긍정적인 환경으로 작용할 뿐만 아니라, 중국의 인적자원과 일본의 물적 자원(경제력)이 극동지역을 장악하고 있는 상황에서 한국이 일본과 중국에 의해 봉쇄당하는 형국을 타파하기 위해서도 필요하다.

---

37) 러시아 천연자원 및 환경부가 하바롭스크 크라이 정부와 공동으로 2011년 9월 6-9일 하바롭스크市에서 《아무르-2011》로 명명된 국제회의를 중국과 함께 개최한 것 역시 지역 개발과 아무르강 유역의 환경보호 차원에서 추진된 것으로 보인다. 자세한 내용은 다음을 참조.
http://gov.khabkrai.ru/invest2.nsf/pages/ru/amur_2011_11_inf_o_conf.htm(검색일: 2012년 2월 17일)

## 참고 문헌

강부균, "푸틴 대통령 극동·시베리아 지역 방문의 주요 내용,"
　　　　http://www.emerics.org/eurasia/(검색일: 2013년 8월 7일).
박기원, "극동러시아의 현황과 과제 - 연방정부의 극동지역개발프로그램 추진 가속화 예상 -,"
　　　　블라디보스톡무역관의 보고문(2007년 5월 22일).
박기원, "러시아, 2013극동러시아 개발프로그램 채택. 2013년까지 168억 달러 정부예산 투입," 블라디보스톡 무역관의 보고서(2007년 8월 3일).
성원용, "푸틴 정부의 신극동지역 개발정책과 전망," 정여천 편, 『러시아 극동지역의 경제개발 전망과 한국의 선택』(서울: 대외경제정책연구원, 2008).
성원용, "러시아 극동지역 개발과 교통·물류 인프라 발전 전망," 2011년 한림대학교 러시아 연구소 제8차 정기학술회의(2011년 10월 13일) 발표 논문.
이성규, "러시아 동부지역의 에너지 자원 개발전략과 한·러협력," 정여천 편, 『러시아 극동지역의 경제개발 전망과 한국의 선택』(서울: 대외경제정책연구원, 2008).
이영형, "러시아의 극동지역 개발정책이 환동해에 미치는 영향," 경희대학교 국제지역연구원 주최 제4차 환동해 국내학술회의(2011.5.20.) 발표 논문.
이영형, "러시아의 에너지 정책과 동부러시아의 위상 변화," 『동북아 문화연구』 제27집(2011).
이영형, "남·북·러 가스관 연결 프로젝트의 가능성과 한계: 북·러 관계를 중심으로," 『아태연구』 제18-3호(2011).
Вахненко Р.В., *География морских портов Дальнего Востока России* (Владивосток: Дальнаука, 2002).
Глушкова В.Г., Симагин Ю.А., *Федеральные округа России. Региональная Экономика* (Москва: КНОРУС, 2009).
Федеральная служба государственной статистики, *Россия в цифрах. 2010: Краткий статистический сборник* (Москва: Росстат, 2010)
IA Novosti.
Vladivostok Times.
http://gov.khabkrai.ru/invest2.nsf/pages/ru/amur_2011_11_inf_o_conf.htm(검색일: 2012년 2월 17일)
http://pre.keca.or.kr/(검색일: 2011년 4월 17일).
http://www.dvforum.ru/(검색일: 2012년 2월 17일).
http://www.emerics.org/(검색일: 2011년 4월 22일)
http://www.kremlin.ru/news/18851(검색일: 2013년 8월 8일)
http://www.kremlin.ru/transcripts/18824(검색일: 2013년 8월 8일)
http://www.mintrans.ru/activity/detail.php?FOLDER_ID=439(검색일: 2011년 3월 29일).
http://www.mintrans.ru/documents/detail.php?ELEMENT_ID=13016(검색일: 2011년 3월 29일).

∙ ∙ ∙ ∙ ∙ ∙ ∙ ∙ ∙ ∙

http://www.mintrans.ru/upload/iblock/78e/russia_koridor_2030.jpg(검색일: 2012년 2월 17일).
http://www.roszeldor.ru/feder_programms/feder_programms_zabaykal(검색일: 2012년 2월 16일).
http://www.roszeldor.ru/search?query=2020(검색일: 2012년 2월 17일).
http://www.roszeldor.ru/search?query=2030(검색일: 2011년 3월 29일).

## 제2절. 《블라디보스톡 APEC-2012》와 지역 개발

### 1. 들어가는 말

아시아 태평양 경제협력체(APEC, Asia-Pacific Economic Cooperation)는 환태평양 국가들의 경제적·정치적 협력을 위해 만들어진 국제기구이다. 1989년 11월 5일부터 7일까지 오스트레일리아[1])의 캔버라(Canberra)에서 12개 국가의 관련 담당자들이 모여 결성했고, 그 이후 남북아메리카와 아시아 국가들이 추가로 가입하면서 현재 21개 국가들이 참여하고 있다. APEC은 1989년 미국, 캐나다, 호주, 뉴질랜드, 일본, 한국과 ASEAN 6개국 등 12개국 각료회의로 출범했으며, 1993년 빌 클린턴 미국 대통령의 제안으로 정상회의로 격상되었다. 1993년부터는 매년 각 나라의 정상들이 모여 회담을 개최하고 있다. 러시아는 1998년 APEC에 가입했다.

러시아는 APEC의 활동이 개방적이고 자발적인 성격을 띠고 있고, 무역 및 투자 자유화, 경제 및 기술협력 등 사실상 모든 범위를 포괄하고 있다는 점을 높이 평가하면서 APEC을 다각적 협력을 위한 효율적인 메카니즘으로 바라보고 있다. 러시아는 1993년 말부터 아태지역 국가들과의 협력 증진에 노력을 기울여 왔고, 이와 함께 APEC에 가입을 추진해 왔다. 러시아가 APEC에 가입한 주된 요인으로는 아태지역에서의 정치 및 경제 협력과정에 대한 러시아의 역할과 영향력 증대; APEC 국가들과의 호혜적인 무역, 투자 및 과학기술 협력의 확대; 시베리아 및 극동지역의 사회 경

---

[1]) 정식 국호는 오스트레일리아 연방(Commonwealth of Australia)이다. 이름이 너무 길고 비슷한 이름의 오스트리아와 혼동되는 경우가 많아 한국에서는 호주(濠州)라는 이름이 더 많이 통용되고 있다. 한국 주재 오스트레일리아 대사관에서도 주한 호주 대사관을 공식 명칭으로 사용하고 있다.

제적 문제 해결을 위한 유리한 조건 창설 등을 들 수 있다.2)

APEC정상회의는 매년 개최된다. 제24회 APEC-2012 회의는 블라디보스톡市에서 개최되었다.3) 푸틴은 여론의 거센 비판에도 불구, 수도인 모스크바나 제2도시 상트페테르부르크가 아닌 극동의 블라디보스톡을 APEC 회의 장소로 고집했다. 블라디보스톡 APEC 회의를 기회삼아 러시아 극동과 시베리아 지역에 대한 회원국들의 관심을 키워 낙후된 극동지역 개발에 필요한 투자를 유도하고, 장기적으로 극동지역을 아시아·태평양 국가들과의 협력을 위한 교두보로 삼겠다는 계산이 깔려 있었다. 아·태 지역에서 러시아의 입지를 키우겠다는 정치 및 경제적 의도가 반영된 것으로 보인다..

러시아는 2012 APEC 정상회담 개최 장소로 블라디보스톡市의 루스키 섬으로 최종 확정했고, 2008년부터 블라디보스톡市 일원과 루스키 섬을 집중적으로 개발하기 시작했다. 따라서 본 글은 2012 블라디보스톡 APEC 정상회의 준비를 위한 지역개발에 관련된 내용을 중심으로 정리한다.4) 2007년 12월 당시, 블라디보스톡 APEC 정상회담 개최를 위해 루스키 섬까지 2개의 연육교 건설과 市정비 사업 등을 위해 연방예산에서 1,000억 루블, 그리고 연해주 예산에서 480억 루블 등 총1,480억 루블 (60억2,000만 달러)을 투자할 계획을 가지고 있었다.5) 2008년부터 본격적인 건설공사가 시작되었고, 블라디보스톡市를 아·태 경제협력센터의 중심축으로 개발하기 위한 노력을 계속해 왔다.

본 글은 블라디보스톡 일원이 개발되고 있는 현장을 되돌아보고, 개발과정과 함께 나타난 블라디보스톡 지역의 성격 변화를 살펴보는 것으로 한다. 블라디보스톡 개발을 위한 법적 및 제도적 장치를 살펴보고, 지역개발에 관련된 다양한 내용을 다룬다. 루스키섬(Остров Русский) 연륙교 건설, 연해주 풍력발전소 건설 계획, 연해주 가스화 사업, 연해주 석유화학단지 건설 사업 등을 개괄한다. 그리고 이를 토대로 연해주의 성격 변화 양상을 정리하기로 한다.

---

2) 이재유·이재영, 『러시아의 APEC 가입 배경과 對APEC 정책』(서울: 대외경제정책연구원, 1998) 참조.
3) 보통 APEC 정상회담은 11월에 개최되지만, 연해주 정부가 2012년 9월 8~9일로 날짜 변경을 제안했다. 9월이 추위 등으로부터 보다 자유롭기 때문에 정상회담 참가자 및 손님들의 편리함을 위한 조치로 날짜가 변경된 것으로 보인다.
4) 블라디보스톡 총영사관 및 블라디보스톡 무역관의 자료를 중심으로 정리했음을 밝힌다.
5) Ten major news events of 2007 in the Russian Far East, *Vladivostok News* (Dec. 28, 2007)

## 2. 개발을 위한 법적 및 제도적 장치 마련

### 1) APEC-2012 준비사업관련 특별법 제정

블라디보스톡 APEC 정상회의 개최 준비 및 아태지역 국제협력센터로서의 블라디보스톡市 개발에 관련된 법안(APEC 특별법안)이 2009년 1월 러시아 국가두마에서 다루어졌다. 특별법안의 주요 내용은 다음과 같다. APEC 정상회의 시설물 건설에 필요한 부지의 제공과 관련한 제반 절차 간소화; 외국 인력 유치시 인·허가 절차의 간소화; 시설물 설계 문서에 대한 국가 감리 수행 기간 단축(2개월 이내); 국가 또는 지방정부에 관련 상품 공급, 노동 및 서비스 제공 관련 발주 공고에 관한 연방법 개정 등이다. 동 연방법 개정에 따라 국가 발주자는 APEC 정상회의 개최를 위한 시설물 건설 또는 재건사업 입찰, 또는 입찰 없이 정부 단독으로 시행자를 지정 및 이행할 수 있는 권한을 갖게 되었다.

APEC 특별 법안이 2009년 4월에 하원인 국가두마에서 최종 통과되었다. 그리고 동 법안이 상원의 의결을 통과했고, 메드베제프 대통령이 5월 7일 서명했다. 그리고 메드베제프 대통령이 2009년 5월 19일 이샤예프(V.I.Ishaev) 극동연방지구 대통령 전권대표 및 다르킨(Darkin) 연해주 주지사와 화상회의를 갖고, 2012년 블라디보스톡 APEC 준비사업 추진 현황과 극동지역의 사회·경제 상황을 점검했다. 메드베제프 대통령은 자신이 서명한 APEC 특별법을 언급하면서, 동 특별법이 APEC 정상회의 준비와 블라디보스톡 개발의 근간이 될 것이며, 동 특별법의 채택으로 관련 사업들이 조속히 추진될 수 있을 것이라고 했다. 특히, 메드베제프 대통령은 APEC 정상회의를 차질 없이 준비하는 것도 중요하지만, 더욱 더 중요한 것은 열악한 주거 및 공공 환경의 블라디보스톡市를 번창하는 국제도시로 탈바꿈시키는 것이라고 했다.

다르킨 연해주 주지사는 메드베제프 대통령에게 APEC 특별법 제정에 대해 감사의 뜻을 전하고, 동 특별법의 제정으로 극동연방대학교 건설사업 등 APEC 준비사업 추진에 탄력을 받게 된 만큼, 촉박한 준비 일정에도 불구하고 APEC 정상회의의 성공적인 개최를 위해 진력하겠다고 보고했다. 또한, 이샤예프 극동연방지구 대통령 전권대표는 2012년 블라디보스톡 APEC 정상회의의 개최는 블라디보스톡市의 새로운 성장계기가 될 뿐 아니라 극동지역의 전반적인 발전을 견인하게 될 것이라고 언급하고, APEC 준비사업의 차질 없는 추진을 위해 전권대표부의 부대표 중 1인으로 하여금

APEC 준비 사업을 총괄 감독하게 할 계획임을 대통령에게 보고했다.

상기 화상회의에서 다르킨 연해주 주지사는 금년 1/4분기 중 연해주의 GRP는 2.5% 감소, 실업률 3.6%를 기록하였으나, 현재 연해주에서 진행 중인 APEC 준비사업과 가스프롬·로스네프트·트란스네프트社의 에너지 프로젝트 등으로 금년 말에는 GRP의 획기적인 증가와 이에 따른 실업률 해소가 전망된다고 보고했다. 이에 대해, 메드베제프 대통령은 연해주의 현재 경제상황은 긍정적이지는 않지만, 타 지역에 비해 그렇게 나쁜 상황은 아니라고 평가하고, 공식 통계에 잡히지 않는 실업률도 존재하는 만큼 연해주 실업문제와 근로자의 임금지급 상황 등을 면밀히 관찰할 것을 다르킨 연해주 주지사에게 지시했다.

상기 APEC-2012 준비사업관련 특별법 제정은 중앙정부가 지역개발을 위해 취할 수 있는 법적장치였다. 낙후된 블라디보스톡 일원을 개발하여 국제행사가 가능한 지역으로 변모시키려는 중앙 정부의 고민을 담고 있다. APEC-2012 정상회의를 준비하기 위한 특별법 제정으로 인해 블라디보스톡 일원이 보다 안정적으로 개발될 수 있는 법적 장치가 마련되었다. 중앙정부의 법적 지원을 받으면서, 블라디보스톡市 일원이 다양한 형태로 개발되는 모습을 보이기 시작했다.

2) 극동연방지구 대통령전권대표 교체

2009년 4월 30일 메드베제프 대통령이 이샤예프(V.I.Ishaev) 하바롭스크 주지사를 극동연방지구 대통령전권대표로 임명했다. 사포노프(O.Safonov) 전권대표의 해임과 이샤예프 전권대표의 임명 배경에는 러시아 극동지역의 특수 사정에 밝은 경제·행정 전문가를 필요로 했기 때문인 것으로 보인다. 신임 이샤예프 전권대표에 대해 마르코프(S.Markov) 정치분석연구소 소장은 극동지역 경제분야에서 가장 능력 있는 인물로 현 상황에 적합한 인물이라고 평가하고 있다. 니코노프(V.Nikonov) 정치기금 대표도 극동지역의 특수성을 가장 잘 대변해 온 이샤예프 신임 대표는 극동지역에서 뿐만 아니라 모스크바에서도 정치적으로 영향력이 큰 인사인 만큼 동인의 전권대표 임명은 올바른 결정이라고 평가했다.

메드베제프 대통령의 신임 극동연방지구 전권대표 임명은 극동지역 경제 활성화 및 지역개발 과정에서 강력한 리더쉽을 갖춘 인사가 필요하다는 인식에 따른 결과로 보인다. 일부 언론에서는 금번 사포노프 전권대표의 교체가 2012 블라디보스톡

APEC 준비사업의 지연과 관련이 있다는 평가를 내리고 있다. 그리고 Ria Novosti 통신에 따르면, 사포노프 전권대표 교체는 이미 예상된 일이었으며 이샤예프 신임 전권대표에게는 오는 5월 말 하바롭스크에서 개최되는 러시아-EU 정상회의와 2012년 블라디보스톡 APEC 정상회의를 성공적으로 준비 및 마무리해야 하는 과제가 주어졌다.

<표 1> 극동연방지구 대통령 전권대표

| 이름 | 재임기간 | 비고 |
| --- | --- | --- |
| 풀리코프스키(K.B.Pulikovsky) | 2000.5~2005.11 | ・북한문제 원활한 해결[남북관계에 기여] |
| 이스하코프(K.Iskhakov) | 2005.11~2007.10 | ・ |
| 사포노프(O.Safonov) | 2007.10~2009.4 | ・APEC 준비사업 지연[문책성] |
| 이사예프(V.I.Ishaev) | 2009.5~현재 | ・극동지역 전문가[하바롭스크 주지사 역임]<br>・[과제]블라디보스톡 APEC정상회의 준비 및 마무리 |

### 3) 바사르긴(Basargin) 지역개발부 장관의 블라디보스톡 방문

바사드긴(Basargin) 장관은 2008년 11월 14~15일 양일간 블리디보스톡을 방문하여, APEC 준비사업 관련 점검회의를 주재했다. 금번회의에서 촉박한 사업 공기 준수, 시설물 설계 작업, 루스키 섬(Остров Русский) 부지 용도변경 문제, 일부 사업에 대한 선금 지급 등에 대한 논의가 이루어졌으며, 일부 지체되고 있는 사업에 대해서는 일정 단축을 위한 구체적인 방안이 논의되었다. 바사르긴 장관은 계약이 체결된 사업에 대해서는 사업비의 30% 정도를 선금 형식으로 지급하는 방안도 고려하고 있다고 했다. 또한, 동 장관은 루스키 섬에서의 공사 착수에 따라 동 주민의 이주 문제가 현안으로 대두되고 있으나, 러시아 중앙정부는 주민의 피해가 없도록 조치할 것이라고 했다.[6]

블라디보스톡 방문 일정을 마친 바사르킨(Basargin) 지역개발부 장관은 2008년 11월 19일 그 결과를 푸틴 총리에게 보고했다. 바사르킨 장관은 APEC 준비를 위한 36개 사업 중 현재 루스키 연륙교 및 금각만 대교 건설 사업 등 총5개 사업이 진행

---

[6] 아쉴라포프 지역개발부 차관은 11월 11일 개최된 블라디보스톡 루스키 섬 주민 이주와 관련한 회의에서 섬 주민 이주사업에 3억 루블의 예산이 책정되었다고 밝혔다.

중이며, 교통 및 전력 인프라 구축사업 부문에서 예산부족 현상이 나타나고 있음을 강조했다. 교통 인프라 시설에서 250억 루블, 전력 인프라 사업에서 400억 루블 등 총650억 루블의 예산부족 현상이 나타나고 있다고 보고했다. 그리고 바사르킨 장관은 향후 건축자재 등 원자재 가격 하락에 따라 예산 절감이 가능할 것으로 보면서, 시공사들에게는 가급적 러시아 국내산 자재와 장비를 구입하여 사용하도록 유도하면서 예산절감 효과를 얻을 수 있을 것이라고 했다.

### 4) 스테파신(S.Stepashin) 감사원장의 연해주 방문과 APEC 준비사업 점검

2009년 5월 4일, 스테파신(S.Stepashin) 감사원장은 블라디보스톡 APEC 준비사업 등 연해주에서 추진 중인 대규모 프로젝트 진행 상황 등을 점검하기 위해 현지를 방문했다. 스테파신 감사원장은 4일 루스키섬 연륙교 및 금각만 대교 건설현장, 극동연방대학교 건설 예정지 및 블라디보스톡 하수정화 시설 사업현장 등을 현지 점검했고, 5일에는 동시베리아-태평양 송유관(ESPO) 종착지인 나호트카 코즈미노 원유선적 터미널 사업현장 등을 방문했다.

블라디보스톡을 방문한 스테파신 감사원장은 극동지역 개발이 러시아 연방정부에서 추진하는 사업들 중에서 최우선 정책 과제임을 강조하면서, APEC 준비사업이 블라디보스톡市 뿐만 아니라 극동지역 전반의 경제·사회발전을 촉진시키는 촉매가 될 것이라고 했다. 그리고 스테파신(S.Stepashin)은 블라디보스톡이 과거 폐쇄 군사도시로서 오랫동안 발전의 계기를 갖지 못했음을 지적하고, 현 상황에서 블라디보스톡의 발전 잠재력이 충분하다고 했다. 이와 힘께, 향후 블라디보스톡을 칼리닌그라드 유형의 경제특구 도시로 발전시키는 방안에 대해 논의가 필요할 것이라는 개인 의견을 피력했다.

스테파신 감사원장은 전년(2008.4)의 블라디보스톡 방문을 상기하면서, 불과 1년 전만 하더라도 APEC 준비사업 중 일부 사업에 대해서 공기 내 완공 여부에 강한 의구심을 가지고 있었으나, 금번 방문을 계기로 극동연방대학교 건설사업 등 APEC 관련 준비사업이 모두 공기 내에 완공될 것으로 90% 확신한다고 했다. 그러면서, 스테파신은 APEC 준비사업에 배당된 연방예산 지원 전액이 적기에 이루어질 것이라고 했다.

## 3. APEC 준비사업과 지역개발 현장

1) 중앙정부의 개발 의지와 개발사업 개황

블라디보스톡市 개발은 2007년 8월의 정부 각료회의에서 최종안이 확정되어 동년 11월 승인된 『극동 및 자바이칼 경제 및 사회 발전 2013』 연방특별 프로그램에서 중요하게 인식되었다. 그리고 2008-2012년간 블라디보스톡市 개발을 위한 각종 프로그램에 총1485억 루블이 책정되었다. 이는 『극동 및 자바이칼 경제 및 사회발전 2013』 연방특별 프로그램 전체 예산의 약1/4을 넘는다. 이는 APEC 정상회담을 계기로 블라디보스톡市을 <동방의 진주>로 키우려는 러시아 중앙정부의 의지를 반영한 것이기도 하다. 총사업 규모 1485억 루블 중 연방재정 분담이 무려 1000억 루블에 달한다.7)

<표 2> 《아태지역 국제협력센터로 블라디보스톡市 발전》 프로그램의 연도별 재원

단위: 백만 루블

| 재원 | 2008~2012 | 개별 년도 | | | | |
|---|---|---|---|---|---|---|
| | | 2008 | 2009 | 2010 | 2011 | 2012 |
| 전체 | 148522.5 | 22299.8 | 31635.9 | 45620.5 | 46366.3 | 2600 |
| 연방예산 | 100000 | 15000 | 20000 | 30000 | 34400 | 600 |
| 연방주체예산 | 10821 | 1944.3 | 3225.9 | 4157.5 | 1493.3 | - |
| 지방예산 | 32 | 2 | 10 | 10 | 10 | - |
| 예산외 재원 | 37669.5 | 5353.5 | 8400 | 11453 | 10463 | 2000 |

러시아 중앙정부는 블라디보스톡市를 비롯한 인접 지역에 대규모 물류, 학술, 비즈니스, 관광센터를 건립하려 한다. 이러한 개발 사업을 구체화하기 위해서 도시의 기초 인프라(교통, 에너지, 공공부문)가 지속적으로 개발되어야 한다. 이러한 과제를 해결하기 위해 《아태지역 국제협력센터로 블라디보스톡市 발전》8)이라는 하위 프로그램이 수립되었다. 동 프로그램에 컨퍼런스 센터, 프레스 센터, 의료 센터, 오페라 · 발레

---
7) 성원용, "푸틴 정부의 신극동지역 개발정책과 전망," 정여천 편, 『러시아 극동지역의 경제개발 전망과 한국의 선택』(서울: 대외경제정책연구원, 2008), p. 39.
8) «Развитие г. Владивостока как центра международного сотрудничества в Азиатско-Тихоокеанском регионе»

극장, 호텔(숙박시설), 교통인프라 건설 등이 다양하게 계획되었으며, 에너지 및 공공부문 인프라 시설을 재건하고 현대화하는 사업이 포함되었다. 이와 함께, 예산 조달 범위와 방법 등이 구체화되었다.

블라디보스톡市 개발을 위해 준비된 대표적인 사업은 다음과 같다. 고급 숙박시설, 국제컨벤션 센터, 루스키섬 교량 연결, 신규 대규모 주택단지, 각종 레저시설 등의 신규 건설, 그리고 기존의 도로 및 항만시설의 확충 및 현대화 사업 등이다. 또한 중앙정부와 지방정부는 조선업을 국가전략산업 중의 하나로 지정하여 조선업의 국제경쟁력 강화를 위해 노력하고 있다. 그리고 블라디보스톡市 주변에 대한 개발 사업으로 하산지역 국제생태관광지, 보스토치니항・나호트카항・코즈미노항의 교통 및 물류기지, 그리고 인근 지역에 중화학공업단지(정유, 석유화학, 알루미늄) 등을 조성하는 사업들이 있다. 특히, 코즈미노항은 ESPO 송유관의 종착지로 연간 5000만 톤 규모의 원유를 아태지역으로 수출할 수 있는 원유수출터미널이 건설된다. 또한 연해주 지방의 산업단지에 전력을 공급하기 위해 블라디보스톡市 북쪽에 있는 아르세니예프스키(Arsenievski) 지역에 원자력 발전소를 건설하려는 계획을 추진하고 있다.[9]

<표 3> 연해주의 주요 개발사업

| 주요 사업 | 현황 | 비고 |
|---|---|---|
| 블라디보스톡 공항 현대화 사업 | • 사업의 시공자로 모스크바 소재 인지트란스스트로이(Inzhtransstroy)사가 선정 | • 시간당 승객1,500명 입출국 가능한 여객터미널 건설, 대형항공기 계류장 신설, 기존활주로 개・보수 및 신규활주로 건설, 공항내부 도로개량사업 등. |
| 루스키섬 개발사업 | • 블라디보스톡市에서 APEC개최지인 루스키섬으로 이어지는 연륙교 건설 사업을 비롯하여, 행사 장소 및 관련 부대시설 사업이 진행 | |
| 블라디보스톡 오페라・발레 극장 건설 | • 2010년 11월 현재, 준비 작업이 끝나고 건물 기초설치가 시작됨.<br>• 2012년 9월쯤 APEC 정상회담 시작 전쯤 완공될 예정 | • 오페라・발레 극장은 APEC정상회담 준비차원의 구조물 중 가장 복잡한 작업 중 하나임 |
| 연해주 풍력발전소 계획 | • APEC 정상회의 시설물 및 주민 전력공급용량 확충 차원에서 루스키 섬과 포포프 섬에 풍력발전소 건설 계획 | |

---

[9] 이성규, "러시아 동부지역의 에너지 자원 개발전략과 한・러협력," 정여천 편, 『러시아 극동지역의 경제개발 전망과 한국의 선택』 (서울: 대외경제정책연구원, 2008), pp. 148-149.

| | | |
|---|---|---|
| 연해주 가스관 연결사업 [사할린-하바롭스크-블라디보스톡] | • 연해주 정부와 가스프롬이 블라디보스톡(루스키섬 포함)과 연해주 가스화 사업 준비. <br> • 2009년 1월, 사할린-하바롭스크-블라디보스톡 가스관 건설 사업을 시행·조정하는 시행본부 설치 | • 사할린-하바롭스크-블라디보스톡 가스관 건설 사업은 러시아 동부 통합가스공급시스템 조성의 근간이며, 극동 및 자바이칼 경제·사회개발 프로그램의 핵심 사업임 |
| 연해주 석유화학단지 조성 | • Rosneft사가 파르티잔스크 지역(나호트카市 인근)에 석유화학단지 건설 프로젝트 추진 <br> • 석유화학단지 건설은 2단계에 걸쳐 진행되며, 2017년 까지 석유화학 콤플렉스를 완공할 계획. | • 동 프로젝트는 단순한 정유공장 건설이 아니라, 다양한 석유화학제품을 생산하는 대규모 석유화학단지를 조성하는데 초점을 맞추고 있음. |
| 조선업 발전 | • 푸틴총리, 극동지역 조선업계의 발전이 지역경제 활성화 및 주민 복지 향상에 중요한 요인임을 강조 | • 현재의 선박 노후화 상태가 개선되지 않을 경우, 2020년에 이르러 러시아 수산물 생산량이 1/3감소할 것으로 전망 |

2) 주요 개발 사업 Report

블라디보스톡 APEC-2012 정상회의 개최와 관련되어 연해주 일대에서 30~40개에 달하는 준비사업이 진행되고 있다. 도로 및 항만 건설 및 개보수 사업을 비롯하여 다양한 사업이 실행 및 준비되고 있다. 이들 사업들 중에서 대표적인 대규모 사업들은 블라디보스톡 공항 현대화 사업·APEC 정상회의 관련 건설사업·에너지 개발 사업·루스키섬(Остров Русский) 개발사업·풍력발전소 건설사업·석유화학단지 및 조선업 발전사업 등이다.

(1) 블라디보스톡 공항 현대화 사업

바사르긴(Basargin) 지역개발부 장관은 블라디보스톡 APEC 준비사업 진행 상황 점검을 위해 2008년 11월 14~15일 양일간 블라디보스톡을 방문했다. 바사르긴 장관은 11월 14(금) 블라디보스톡 공항에 도착한 후 현장에서 다르킨 연해주 주지사로부터 블라디보스톡 공항 현대화 및 신규 활주로 건설사업 계획을 보고 받았다. 다르킨 주지사는 블라디보스톡 공항 현대화 사업은 내년 하반기에 착수될 예정이며, 향후 최신 공항 장비를 갖춘 21세기형 허브 공항으로 변모할 것이라고 설명했다. 그리고 2009년 5월 러시아연방 항공청이 지난 4월 입찰 공고한 블라디보스톡 공항현대화 사업의 시공자로 모스크바 소재 인지트란스스트로이(Inzhtransstroy)사를 선정했다.[10]

공항현대화 사업에는 활주로 재건, 조명시그널 장비교체, 공항내부도로 재건, 대형항공기 계류장 확장, 무선장비 현대화, 신규 국제 여객터미널 건설 등이 포함된 것으로 알려졌다.

### (2) 루스키섬(Остров Русский) 연륙교 건설

러시아 지역개발부 아쉴라포프(N.Ashilapov) 차관은 2008년 12월 3일 러시아 정부가 <2012년 블라디보스톡 APEC 정상회의> 장소인 루스키 섬 개발 계획을 승인했다고 공식 발표했다.11) 동 개발 계획에 따르면, 총 2,800ha의 부지에 일반시설 및 호텔·비즈니스 구역, 공공시설 구역, 저층건물 구역 등의 토지 이용계획에 따라 관련 시설물이 건설될 계획이다.12) 아쉴라포프 차관은 금번에 승인된 루스키섬 개발 계획은 지난 9월 15일 채택된 블라디보스톡 도시개발 계획을 고려하여 매우 촉박한 일정으로 작성되었음을 주장했다. 이와 함께, 아쉴라포프 차관은 루스키섬 국방부 소유 부지의 용도 전환 문제와 관련하여 동 부지가 빠른 시일 내에 건설부지로 용도 전환될 것이라고 했다.

연해주와 루스키 섬을 연결하는 연륙교 건설관련 정보이다. 루스키섬 연륙교 설계 및 건설은 MOST사가 사업 시행자로 참여했다. 연방예산은 330억 루블(2011년 책정 예산: 63억 2,670억 루블)로 발주처는 러시아 도로청이다. 교량 총 연장은 1,885.53m 이고, 차도 폭은 21m(왕복 4차선 도로)이다.13) 푸틴 총리가 주재한 각료회의(2010년 3월 31일)에서 밝힌 바와 같이, 루스키 섬이 경제특구(SEZ)로 조성될 예정으로 준비되었다. 그리고 APEC정상회의 준비에 따른 교량, 도로, 에너지 관련 시설 등 관련 인프라 시설의 확충을 활용해 루스키 섬을 관광레저특구로 개발할 계획으로 준비되었다.14) 러시아는 루스키 섬을 관광 특구로 육성하여 연간 약 50만 명의 관광객을 유치할 계획을 가지고 있다. 이와 함께, 관광레저 특구에 필요한 호텔, 위락시설 등 인프라 건설에 민간 자본을 유치하기 위해 노력해 왔다.

---

10) Inzhtransstroy사는 공항, 철도, 터널, 교량, 항만 등 교통시설 전문 시공업체로 공항 활주로 건설, 조명시설 설치 등의 시공 경험이 있는 업체이다.
11) 루스키 섬은 블라디보스톡 남부 8km 지점에 위치해 있으며, 섬의 전체 면적은 97.6k㎡이다.
12) APEC 정상회의 이후, 동 시설물이 극동연방대학교 캠퍼스로 활용될 예정으로 준비되었다.
13) 이옥남, "APEC 정상회의 대비 러시아 극동의 교통 인프라 개발 동향 분석," 『동북아·북한 연구센터 ISSUE PAPER』 제2012-12호, (한국교통연구원 동북아·북한 연구센터, ), p. 15.
14) ПОСТАНОВЛЕНИЕ Правительства РФ от 31.03.2010 N 201 "О СОЗДАНИИ НА ТЕРРИТОРИИ ОСТРОВА РУССКИЙ ВЛАДИВОСТОКСКОГО ГОРОДСКОГО ОКРУГА ПРИМОРСКОГО КРАЯ ТУРИСТСКО - РЕКРЕАЦИОННОЙ ОСОБОЙ ЭКОНОМИЧЕСКОЙ ЗОНЫ"

중국, 한국, 일본 등 외국기업들이 APEC 프로젝트 수주에 많은 관심을 표명하고 있으나, 지역개발부 극동 건설청은 기본적으로 러시아 내에서 건설 경험이 없는 사업과 러시아 업체들이 보유하고 있지 않은 설비 구입 외에는 러시아 업체, 특히 연해주 소재 업체에 사업 참여 우선권을 부여한다는 방침을 세웠다. 이와 함께, 시멘트 공급은 '보스톡시멘트'사와 철강 공급은 '아무르메탈'사와 공급 관련 MOU 등을 체결했다. 다만, 교량 건설에 필요한 강철 와이어 등 특수자재는 해외에서 수입하여 조달한 것으로 알려지고 있다.

### (3) 연해주 풍력발전소 건설계획

연해주 정부는 APEC 정상회의 시설물 및 對주민 전력공급 용량 확충 차원에서 루스키 섬과 포포프 섬에 풍력발전소를 건설할 계획을 갖고 있다. 동 풍력발전소 건설 사업은 루스기드로(RusGidro)社의 제안으로 검토가 시작되었다.15) 동 사업의 소요 경비는 약 30억 루블(9천만 미불)로 예상되었다. 바실리 주바킨(Vasiliy Zhubakin) 루스기드로社 대표이사 대행은 투자 소요액의 절반은 자체 자금으로 충당하고 나머지 절반은 해외 투자를 유치할 예정이며 일본의 Mitsui사와 J-Power의 투자 진출을 기대하고 있다고 했다. 풍력 발전소 건설 계획안에 따르면, 2012년까지 40메가와트의 전력(블라디보스톡 전력공급의 15%)을 생산할 수 있다. 이와 함께, RusGidro사의 주바킨(V.Zhubakin) 사장은 연해주 해안의 풍력 잠재력을 감안할 경우 발전용량을 2015년까지 약 200메가와트 규모로 확대 가능할 것으로 보고 있다.

---

15) RusGidro사는 러시아 최대(수력발전 부문 세계 2위) 발전 회사로 극동지역 부레야 수력발전소, 제야 수력발전소, 캄차카 지열발전소 등을 포함하여 러시아내에 55개 발전소를 보유하고 있으며 러시아 전력생산량의 12%를 차지하는 조력, 풍력, 지열 등 재생에너지 분야의 선두 기업이다.

### (4) 연해주 가스관 연결사업

러시아의 가스포럼은 러시아 극동지역 가스관 연결사업을 추진해 왔다. 2006년 말에 1차로 사할린에서 하바롭스크까지 연결되는 502㎞ 길이의 이스턴 라인(Eastern Line) 가스 파이프가 4년 만에 완성되었다. 그리고 2009년 7월부터 하바롭스크에서 블라디보스톡까지 연결되는 가스파이프라인 건설을 시작했다. 2011년 완공 예정으로 준비되었다. 하바롭스크에서 블라디보스톡까지 건설되는 파이프라인은 957㎞에 이른다.

2009년 1월 사포노프 대통령 전권대표의 승인으로 사할린-하바롭스크-블라디보스톡 가스관 건설 사업을 시행·조정하는 시행 본부를 설치했다. 시행 본부는 사포노프 전권대표를 본부장으로 하고, 말코프 부전권대표(부본부장), 콘스탄틴 사할린주 정부 제1부지사, 포포프 하바롭스크주 정부 제1부지사, 코스텐코 연해주 정부 제1부지사, 쉘레호프 Gazprom Invest Vostok 사장 및 대통령전권대표부 직원 등으로 구성되었다. 사포노프의 지적처럼, 사할린-하바롭스크-블라디보스톡 가스관 건설 사업은 동부러시아 통합가스공급시스템 조성의 근간이며, 극동 및 자바이칼 경제·사회개발 프로그램의 핵심 사업이다.

사할린-하바롭스크-블라디보스톡 가스관 건설사업의 추진 과정은 다음과 같다. 2011년 9월 1,300㎞에 해당하는 1차노선이 완공되었다. 해당 가스관은 보스포르 해협을 지나 루스키섬까지 연결된다. 그리고 가스 간선망에서 각 시군으로 가스를 수송하는 가스공급시설이 개·보수되었다. 파이프라인 총 연장은 1,837㎞이다. 이중 블라디보스톡 연계 노선 연장이 115.3㎞이며, 루스키섬 연계 노선이 16.9㎞이다. 가스관 지름은 1,220㎜로 설계되어 있다. 수송 능력은 60억 입방미터이다.16) 연해주 가스화 사업을 결

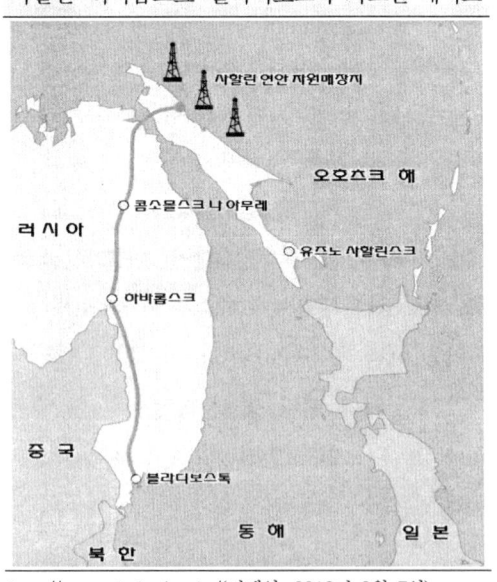

사할린~하바롭스크~블라디보스톡 가스관 배치도

http://www.nk-koti.re.kr/(검색일: 2013년 8월 7일)

---

16) ДВ-РОСС, Объекты энергетики саммита АТЭС 2012 года в основном готовы, заявил заммини

정할 당시, 2012년 블라디보스톡 APEC 정상회의 시설물에 대한 가스공급 필요성을 감안, 가스관 건설 사업이 최대의 당면 과제였다.

### (5) 석유화학단지 조성 계획

러시아 국영 석유회사인 Rosneft사는 언론 브리핑을 통해 2009년 내 연해주 석유화학단지 건설을 위해 러시아 에너지부로부터 최종 사업 승인을 취득할 계획이라고 했다. 보그단치코프(Bogdanchikov) 로스네프트 사장은 연해주 석유화학단지 건설에 관련된 사업 절차를 설명하면서, 동 프로젝트는 단순한 정유공장 건설이 아니고 다양한 석유화학제품을 생산하는 대규모 석유화학단지를 조성하는 것이라고 강조했다.

Rosneft사가 나호트카市 인근의 파르티잔스크(Partizansk)시17)에 석유화학단지를 건설할 프로젝트를 추진하고 있다. 동 석유화학단지의 총사업비는 약220억$로 추정되며 운영시 3,500명이 고용될 것으로 예상된다. 주요 생산품은 디젤유, 항공유, 석유화학 제품으로 향후 러시아 중앙지역 및 아·태지역 국가로 수출될 전망이다. 석유화학단지 건설은 2단계에 걸쳐 진행되며, 2017년 까지 석유화학 콤플렉스를 완공할 계획이다.

### (6) 조선업 발전 계획

푸틴 총리는 지난 2009년 5월 11일 하바롭스크州의 콤소몰스크-나-아무레(Комсомольск-на-Амýре)市를 방문하여 조선업 발전에 관련된 회의를 주재하고, 연해주 가스화 사업 및 2012 블라디보스톡 APEC 준비사업 추진 상황 등을 점검했다. 동 회의에서 푸틴은 극동지역 조선업계의 발전이 지역경제 활성화 및 주민복지 향상에 중요한 역할을 담당할 수 있음을 강조하고, 극동지역 조선업 진흥을 위해 관계자들이 진력해 줄 것을 당부했다. 이와 함께 각종 선박이 건조되어야 하며, 선박 노후화 상태를 개선하여 수산물 생산량을 증대할 것을 주문했다.

동 회의에는 D.Manturov 산업통상부 차관, A.Krainiy 수산청장, V.Pakhomov 통합조선회사 사장 등 연방정부 인사들과 다르킨 연해주지사, 쉬포르트 하바롭스크 주지사, 그리고 극동지역 조선업 및 수산업 관계자들이 참석했다. 극동 조선업 발전 방안에 관련된 푸틴 총리의 언급 요지는 다음과 같다. 푸틴은 관련 종사자가 1만5천명

---

стра регионального развития Панов, http://trud-ost.ru/?p=108642; 이옥남(2012), p. 5.
17) 파르티잔스크(Partizansk)시는 나홋카에서 50㎞, 블라디보스톡에서 동쪽으로 172㎞ 지점에 위치해 있다.

에 이르는 러시아 극동지역 조선업계의 발전이 지역경제 활성화 및 주민복지 향상에 중요함을 강조하면서 극동지역 조선업 진흥을 위해 관계자들이 진력해 줄 것을 당부했다. 푸틴은 극동 지역의 조선회사가 당면한 과제로 조선 및 선박수리업 인프라의 대대적인 현대화 추진; 경쟁력 있고 시대적 요구에 부응하는 제품 생산 준비; 러시아 태평양함대 사령부, 국경수비대 함정 등 군용선박 수리서비스 제공(극동조선센터에 국방부 산하 선박수리소 포함); 선박 건조시 안전사고 방지 대책 등을 언급했다.

푸틴은 일부 러시아 선박회사들이 빙해 유조선을 한국 조선업체에 주문하여 건조하고 있음을 유감스럽게 생각한다고 하면서 러시아 조선소 발전 차원에서 이를 지양해야 한다고 지적했다. 그리고 조선업의 재 국영화를 추진할 의향이 없음을 지적하면서, 심각한 부채로 운영난을 겪고 있는 아무르조선소에 대해서는 재정난 해소를 위해 정부차원에서 지원책을 마련할 계획이라고 밝혔다. 만투로프(D.Manturov) 산업통상부 차관은 러시아 극동지역 조선업 발전을 위해 즈베즈다(연해주) 및 소브가반(하바롭스크) 조선소 프로젝트를 전략 사업으로 검토하고 있음을 지적했다. 크라이니(A.Krayny) 수산청장은 극동지역 수산업이 지속적으로 발전하려면 2020년까지 562척의 각종 선박이 건조되어야 한다고 했다. 이와 함께 선박 현대화 사업 추진이 부진하고 현재의 선박노후화 상태가 개선되지 않을 경우, 2020년에 이르러 러시아 수산물 생산량이 1/3 감소할 것으로 전망했다.

푸틴 대통령을 비롯하여 러시아 정부가 우려하고 있는 상기 다양한 문제로 인해, 러시아 수산업 발전이 정부 정책의 현안 과제들 중에서 중요한 하나로 부각되고 있다. 러시아의 수산업 발전은 극동지역 경제를 활성화 하는 중요한 산업들 중에서 하나가 된다. 러시아 극동지역이 광범위하게 바다와 접해 있기 때문이다. 따라서 연해주를 비롯한 극동지역 개발을 강조하고 있는 푸틴 3기 정부는 지역내 수산업 발전을 위한 다양한 주문을 계속할 것으로 보인다.

(7) 발레 및 오페라 극장

러시아 정부가 추진하고 있는 발레 및 오페라 극장의 총 면적은 98,160㎢이다. 여기에는 대극장(1,500명 수용 가능)과 소극장(300명 수용 가능)이 들어설 예정이다. 건설 비용은 25억 루블이며, 건설 기간은 2008-2012년 이었다. 그러나 건설이 더디게 진행되면서 아직까지 개원되지 못한 것으로 알려져 있다.[18]

---

[18] 이옥남(2012), p. 4.

## 4. 연해주 개발과 극동지역 인구 변화 전망

지난 냉전기를 포함해서 2000년 직전까지, 러시아의 에너지 정책은 볼가・우랄・서시베리아를 중심으로 이루어졌다. 동일 지역에서 생산된 다량의 에너지 자원을 유럽으로 수출해 왔다. 이와 함께 상기 동일 지역에 각종 산업시설이 들어섰고, 다수의 인구가 거주하는 대도시들이 형성되기 시작했다. 2010년 1월 1일 기준으로 인구 100만 명 이상이 거주하는 대도시는 11개이다. 이들 중에서 러시아의 동시베리아 및 극동지역에 있는 도시는 하나도 포함되지 않는다.

<표 4> 100만 명 이상이 거주하는 대도시(기준: 2010년 1월 1일)

| 도시 | 인구(백만) | 소속 주체 | 소속 연방지구 |
|---|---|---|---|
| 모스크바(Москва)市 | 10.6 | 특별시 | 중앙연방지구 |
| 상트-페테르부르크(Сант-Петербург)市 | 4.6 | 특별시 | 북서부연방지구 |
| 로스토프 나 도누(Ростов-на-Дону)市 | 1.0 | 로스토프州 | 남부연방지구 |
| 우파(Уфа)市 | 1.0 | 바슈코르토스탄共和國 | 볼가연방지구 |
| 카잔(Казань)市 | 1.1 | 타타르스탄共和國 | 볼가연방지구 |
| 니즈니 노브고르드(Нижний Новгород)市 | 1.3 | 니제고로트州 | 볼가연방지구 |
| 사마라(Самара)市 | 1.1 | 사마르州 | 볼가연방지구 |
| 예카테린부르크(Екатеринбург)市 | 1.3 | 스베르들로프스크州 | 우랄연방지구 |
| 첼랴빈스크(Челябинск)市 | 1.1 | 첼랴빈스크州 | 우랄연방지구 |
| 옴스크(Омск)市 | 1.1 | 옴스크州 | 시베리아연방지구 |
| 노보시비르스크(Новосибирск)市 | 1.4 | 노보시비르스크州 | 시베리아연방지구 |

Федеральная служба государственной статистики, Россия в цифрах. 2010: Краткий статистический сборник (Москва: Росстат, 2010), с. 49.

2000년을 전후한 시기부터 아・태 중심의 국제정치경제 질서가 보다 선명해지면서, 러시아 중앙정부는 동부러시아(시베리아 및 극동지역) 지역에 보다 많은 관심을 갖기 시작했다. 이와 함께 시베리아 지역으로 명명되는 동부러시아가 버림받은 땅이라는 지난날의 오명에서 벗어날 수 있게 되었다. 러시아 중앙정부가 추진하는 개발 정책의 중심부에 위치해 있으며, 다양한 산업 시설들이 들어서고 있다. 러시아가 추진해 온 지난날의 개발정책과 그 파장을 보면, 개발 사업과 함께 각종 부대시설들이 건설되고 이와 함께 인구가 증가되는 그러한 모습을 보였다. 따라서 극동지역 개발이 강조되고 있는 현재, 지난날의 볼가 및 우랄지역처럼 극동지역에 대도시가 들어설 가능성이 높아졌다.

    러시아 중앙정부의 극동지역 개발정책이 하바롭스크市와 블라디보스톡市를 중심으로 추진되고 있다. 동일 지역에서 추진되는 개발정책은 보다 많은 일자리를 만들어 주게 되고, 일자리를 찾아 인구가 증가되는 모습을 보일 것이다. 인구 증가는 보다 넓은 시장을 형성하게 된다. 이러한 과정이 반복되면서 인구 성장이 자연스럽게 이루어질것이다. 특히, APEC 정상회의를 준비하는 과정에서 다양한 산업 시설들이 들어선 블라디보스톡市를 중심으로 인구가 증대되어질 가능성이 높아졌다. 인구 증가를 자극하는 또 다른 하나의 요인은 푸틴이 시베리아 및 극동지역을 순방하면서 항상 강조한 내용에서 '인구유출 방지'와 '인구유입 정책'을 주문하는 내용에서도 찾아진다. 이러한 현상을 반영하듯, 2008년 1월에 비해 2011년 동기의 블라디보스톡市 인구는 미미한 정도이기는 하지만 증가 추세를 보였다.

<표 5> 극동지역의 대도시 인구

| 도시 | 2008.1.1 | 2011.1.1. |
|---|---|---|
| 블라디보스톡市 | 57만9천 명 | 61만5천 명(추정) |
| 하바롭스크市 | 57만7천 명 | 57만8천 명 |

http://vlc.ru/(검색일: 2013년 8월 9일); http://gov.khabkrai.ru/(검색일: 2013년 8월 9일)

    결국, 중앙정부의 극동지역 개발정책으로 인해 동일지역의 대표 도시인 블라디보스톡市와 하바롭스크市, 그리고 그 주변부 도시에서 각종 산업 시설들이 들어서게 될 것이다. 이러한 현상으로 인해 동일 지역을 중심으로 인구가 증가되어질 수 있을 것이며, 이와 동시에 보다 넓은 시장이 형성될 것이다. 극동지역에서 건설되는 석유화학단지 등 다양한 산업시설들이 인구를 유입하는 역할을 담당하게 될 것이다. 그리고 동시베리아의 에너지 자원이 블라디보스톡에 집결되고, 이곳에서 유조선을 통해 아·태 국가로 수출된다. 이러한 경제 활동이 블라디보스톡市를 중심으로 전개될 것이기 때문에, 블라디보스톡市의 역동성은 다른 지역보다 왕성해 질 것으로 보인다.

## 5. 끝맺는 말

　　러시아가 APEC에 가입하면서 아태지역에 대한 관심이 높아졌다. 더 이상 러시아를 유럽 국가로만 분류할 수 없게 되었다. 러시아의 APEC 가입은 러시아를 아시아 국가로 인정한 결과이다. APEC의 원칙에 충실하겠다는 러시아의 원칙적인 입장에도 불구하고, 러시아의 APEC 가입은 단순히 APEC에 참여한다는 정치적인 의미가 강하다고 볼 수 있다. 따라서 APEC에서 러시아의 영향력이 크지는 않겠지만, 러시아의 관심이 동북아 지역으로 이동될 가능성이 높아졌음은 분명한 사실이다. 동북아 지역에 대한 러시아의 관심은 러시아 영토의 아시아 지역에 해당되는 시베리아 및 극동지역에 대한 인식을 변화시키고 있다.

　　APEC 준비사업과 연결되면서 연해주 일대에서 다양한 개발 사업이 진행되었다. 그러나 보다 중요한 것은 극동의 경제를 선진화된 산업구조로 개조할 수 있는 지속적인 노력이 필요해 보인다. 지역개발 사업이 일회성 국제행사에 머무르지 않고, 안정적이고 장기적인 지역개발 사업으로 연결될 수 있는 구체적인 개발 전략이 필요해 보인다. APEC 회의가 끝나면 중앙정부의 지원이 단절될 것이고, 극동지역이 여전히 버려진 땅으로 남게 될 것을 우려하는 일부의 목소리를 잠재울 수 있는 지속적인 관심이 필요해 보인다.

　　시베리아 및 극동지역의 다양한 지하천연자원을 활용하는 차원에서 개발 잠재력이 풍부할 뿐만 아니라, 동북아 지역의 대표적인 국가들과 지리적으로 연결되어 있기 때문에 시장확보 역시 용이한 이점을 가지고 있다. 블라디보스톡 APEC-2012를 준비하면서 시작된 개발 사업을 지역적 성장 잠재력 변수와 연계시킬 수 있는 구체적인 정책이 필요해 보인다. 지역경제를 견인할 수 있는 산업을 육성하려는 중앙정부의 정책적 의지가 더 없이 중요해 보인다. 중앙정부의 정책적 지원 없는 지역개발은 미미한 수준에서 이루어질 뿐만 아니라, 개발사업의 파급 효과 역시 미미한 수준에 그치기 때문이다.

　　지역을 개발하는 과정에 보다 많은 노동력을 필요로 한다. 따라서 보다 효과적인 인구정책이 필요해 보인다. 시베리아 및 극동지역으로부터의 인구유출을 방지하는 데 초점을 맞출 것이 아니라, 외부로부터의 인구유입을 자극할 수 있는 정책 마련에 초점을 맞출 필요가 있다. 러시아의 시베리아 및 극동연방지구에 거주하는 인구가 영토 크기에 비해 미미한 수준이기 때문에, 인구 유출을 차단하려는 중앙정부의 노력은 기대만큼의 효과를 거두기 힘들다. 중앙연방지구와 우랄연방지구 등에 거주하는 인구를 극동지역으로 유입시킬 수 있는 정책이 필요해 보이며, 중앙아시아 등 CIS로부터의 인구유입을 자극할 수 있는 전략 개발이 필요해 보인다. 극동지역의 인구부족 문제가 해결되어야 만, 지역개발과 역내 역동성이 담보될 수 있기 때문이다.

## 참고 문헌

성원용, "푸틴 정부의 신극동지역 개발정책과 전망," 정여천 편, 『러시아 극동지역의 경제개발 전망과 한국의 선택』 (서울: 대외경제정책연구원, 2008).

이성규, "러시아 동부지역의 에너지 자원 개발전략과 한·러협력," 정여천 편, 『러시아 극동지역의 경제개발 전망과 한국의 선택』 (서울: 대외경제정책연구원, 2008).

이옥남, "APEC 정상회의 대비 러시아 극동의 교통 인프라 개발 동향 분석," 『동북아·북한 연구센터 ISSUE PAPER』 제2012-12호 (한국교통연구원 동북아·북한 연구센터).

이영형, 『러시아, 정치체제 구축과 발전전략 Ⅱ. 정치과정, 개발정책, 안보정책』 (서울: 엠애드, 2012).

이재유·이재영, 『러시아의 APEC 가입 배경과 對APEC 정책』 (서울: 대외경제정책연구원, 1998).

Ten major news events of 2007 in the Russian Far East, *Vladivostok News* (Dec. 28, 2007).

Федеральная служба государственной статистики, *Россия в цифрах. 2010: Краткий статистический сборник* (Москва: Росстат, 2010).

http://government.consultant.ru/page.aspx?1056312(검색일: 2011년 5월 31일).

http://gov.khabkrai.ru/(검색일: 2013년 8월 9일).

http://trud-ost.ru/?p=108642.

http://vlc.ru/(검색일: 2013년 8월 9일).

http://www.nk-koti.re.kr/(검색일: 2013년 8월 7일).

## 제3절. 에너지 정책과 시베리아의 위상 변화*)

### 1. 들어가는 말

한반도와 국경을 접하고 있는 동북아 국가임에도 불구하고, 러시아는 유럽 국가로 인식되어 왔다. 수도를 비롯한 행정 중심지가 유럽에 위치해 있으며, 정치 및 경제관련 제반의 정책들이 유럽에 무게 중심을 두어 왔기 때문이었다. 러시아가 유럽 국가로 인식되어 온 중요한 이유들 중에서 하나는 에너지 정책이었다. 우랄과 서시베리아 지역의 에너지 자원을 개발하여 유럽으로 수출하면서, 에너지 협력 네트워크(network)을 유럽지역에 형성해 왔기 때문이었다. 반면에, 러시아의 아시아 지역에 대한 개발은 상대적으로 소홀히 다루어져 왔다.

2000년대 초부터 국제유가가 장기 상승하면서 러시아의 에너지 자원이 국가 경제를 견인해 가는 원동력이 되었다. 그리고 푸틴은 2003을 전후하면서 국내 에너지 기업에 대한 통제를 강화하는 조치를 취하기 시작했다. 에너지 관련법의 개정 및 제정을 통해 에너지 관련 산업에 대한 국가 통제를 강화하기 시작했다. 에너지 산업에 대한 국가통제 강화 정책은 국영 가스회사인 가즈프롬(Gazprom), 국영 석유회사인 로스네프트(Rosneft), 국영 파이프라인회사인 트란스네프트(Transneft), 그리고 통합 전력회사인 UES에 힘을 실어주는 방향으로 구체화되었다.

푸틴은 에너지 자원에 대한 국가통제 강화 움직임과 함께, 기존의 에너지 정책을 부분적으로 수정하기 시작했다. 지난 수십년 동안 볼가·우랄·서시베리아 지역의 에

---

\* 본 글은 『동북아문화연구』, 제27집(2011)에 게재된 논문을 수정 보완하였음.

너지 자원을 개발하여 유럽으로 수출하는 에너지 정책을 추진해 온 결과, 동일 지역 유전들의 생산량이 정체 내지 감소되는 추세를 보였다. 향후 안정된 원유 생산을 위해 신규 매장지 확보가 필요했다. 그리고 유럽을 대신하는 거대 경제시장으로 부상하고 있는 아·태(동북아) 지역으로의 수출로 확보가 요청되었다. 따라서 2000년 이후 발표된 러시아의 에너지 정책은 이러한 요구를 반영하고 있다. 동부러시아1)의 에너지 자원을 개발하여, 아·태 시장으로 수출하려는 정책으로 나타났다.

푸틴은 에너지 자원이 러시아의 사회·경제 발전은 물론 강대국 건설에 결정적인 요소로 작용할 것이라는 인식을 하게 되었고, 그 결과 에너지 외교를 강화시키는 조치를 추진하기 시작했다.2) 푸틴은 2005년 12월 22일 개최된 안보회의에서 에너지 시장에서 러시아가 보다 중요한 위치를 차지할 수 있는 상당한 정도의 경쟁력과 자연적 이점은 물론 기술적 기회를 갖고 있다고 했다. 그리고 그는 세계 에너지 시장에서 러시아가 어떠한 위치를 차지하느냐에 따라 러시아의 번영이 결정되어질 수 있음을 피력했다.3) 이는 에너지 자원에 대한 국가 통제를 의미하는 표현이기도 하다.

본 글은 러시아의 에너지 정책이 자신의 동부지역 개발과 아·태 시장 지향성으로 나타나고 있음을 밝히고, 이러한 정책 변화로 인해 러시아가 동북아 국가로 한 발짝 더 다가서고 있음을 강조한다. 본 글은 러시아의 《에너지 전략 2020》과 《에너지 전략 2030》을 살펴보고, 에너지 자원이 러시아 경제에 주는 위치를 해석한다. 그리고 에너지 정책에서 강조되고 있는 동부러시아의 위상 변화를 살펴본다. 러시아의 에너지 정책이 블라디보스톡市를 중심으로 하는 자신의 극동지역에 대한 의미를 변화시키고 있다. 블라디보스톡市에서 동해를 통해 아·태지역으로 에너지 자원이 수출되는 상황이 구체화되면서, 러시아가 동북아 국가로 성장하고 있음을 밝힌다.

---

1) 본 글에서 사용되는 《동부러시아》는 러시아의 동부지역을 의미한다. 러시아의 행정구역으로 설정된 연방지구들 중에서 시베리아연방지구와 극동연방지구를 의미한다.
2) Fiona Hill, "Moscow Discovers Soft Power," *Current History* (October 2006), pp. 341-347.
3) 고재남, "러시아 에너지 외교와 동북아," 기연수 편, 『러시아, 위대한 강대국 재현을 향한 여정』 (서울: 한국외국어대학교 출판부, 2009), p. 148 재인용.

## 2. 러시아의 자원민족주의와 에너지 의존의 경제 구조

### 1) 자원민족주의 대두

푸틴은 에너지 산업에 대한 통제 강화와 함께, 자원민족주의 정책을 추진해 왔다. 국가간 협력에 의해 에너지 자원을 개발하던 기존의 방식에서 가급적 자체적으로 개발하려는 방향으로 수정되었다. 러시아는 천연자원법 개정을 추진하는 등 천연자원의 전략 무기화를 겨냥하고 있다. 생산물분배법(PSA: Production Sharing Agreement)[4]을 통해 개발하는 방식이 아니라, 러시아의 일반 세법을 적용해서 국가의 영향력을 보다 강화시키는 방향으로 개발하려 한다. 푸틴정부 시절에 추진된 에너지 자원 통제 전략은 다음과 같은 몇 가지 유형으로 나타났다.

첫째, 에너지 기업의 수직적 통합과 자원 통제이다. 러시아에서 다양한 에너지 관련 기업들이 창설되어 경쟁적으로 활동을 시작했다. 따라서 푸틴은 이들 기업들을 통합시켜 국가가 에너지 자원을 관리하려 했다. 수직통합화 기업이 세계화 추세에 가장 효과적으로 대처할 수 있음을 인식하면서, 에너지·항만·항공·군수 등 다양한 분야에서 수직통합형 국영기업을 창설했다.[5] 석유산업은 Rosneft[6], 가스는 Gazprom[7], 수송 부문은 파이프라인 회사인 Transneft[8], 그리고 전력은 통합전력회사인 러시아 통합전력시스템(UES of Russia) 등과 같은 국영 기업을 중심으로 에너지 산업을 재

---

[4] 생산물분배법(Production Sharing Agreement)이란 석유나 가스 등 지하자원 개발을 위해 소유권자인 국가와 투자자간에 체결하는 계약의 일종이다. 투자자가 석유나 가스 등 자원개발에 대한 탐사·개발·생산 및 판매에 관련된 일체의 비용을 지불하고 자원을 생산한다. 그리고 생산물 분배는 지출된 비용만큼의 생산물을 차감한 나머지 생산물, 즉 이익생산물(profit production)을 국가와 투자자간 협상에 의해 체결된 분배율로 나누는 계약 형태를 말한다. 이때 투자자의 소유로 귀속되는 생산물은 분배에 의해 갖는 이익생산물과 투자비용의 대가로서 받은 비용생산물(cost production)로서 이 두 가지 형태의 생산물은 투자자의 의지대로 처분·판매가 보장되는 것이 일반적이다.

[5] 국영기업으로 통합하는 과정 및 결과에 대한 자세한 내용은 다음을 참조. 조영관, "푸틴 시기 러시아 경제의 국가 부문 확대," 기연수 편, 『러시아, 위대한 강대국 재현을 향한 여정』(서울: 한국외국어대학교 출판부, (2009), pp. 278-313.

[6] 국영석유회사인 Rosneft의 지분은 정부가 100% 소유하고 있으며, 러시아내에서 석유와 천연가스의 탐사 및 생산을 담당한다. Rosneft는 정유공장도 운영하고 있다. Rosneft는 2004년 Gazprom과 합병될 예정이었으나 2005년 5월 취소되었으며, 현재 푸틴의 측근인 세친(Igor Sechin)이 회장으로 있으면서 푸틴의 에너지 외교를 지원하고 있다. 최근에는 유간스크네프트가즈(Yuganskneftegaz)를 인수함과 동시에 중앙아시아 및 코카서스 지역에 산재한 석유회사들에 대한 투자를 확대해 가고 있다.

[7] Gazprom은 세계 천연가스 생산량의 20% 이상을 담당하면서 가스관을 통해 EU회원국을 비롯한 수많은 국가에 천연가스를 공급해 오고 있다. 참고로, Surgutneftegaz는 러시아의 제2위 천연가스 생산기업으로 크렘린과 긴밀한 협력을 유지해 오고 있다.

[8] 송유관 회사인 Transneft은 1992년 정부령에 의해 창설된 회사로 세계에서 가장 긴 송유관, 즉 약5만km의 송유관을 소유하면서 러시아 석유 운송의 99.6%를 담당하고 있다.

편했다.9) 그리고 주요 기업들에 대한 국가차원의 지원이 계속되고 있다.10)

둘째, 에너지 자원 개발권에 대한 중앙통제 정책이다. 1990년대 외국기업에 제공했던 러시아내 자원개발 사업들을 다시 환수하고 있다. 에너지 개발권을 가진 해외 기업들에 대한 세무조사 강화나 환경영향 평가 등 여러 가지 조처를 취하면서 반강제적으로 개발권을 회수하여 국영기업(Gazprom, Rosneft)에 저렴한 가격으로 매각하고 있으며, 외국 기업에 의한 러시아내 석유 및 가스전 개발 사업 추진을 허용하지 않고 있다.11) 옐친 시기에 외국 기업에 자원개발권이 이양되었던 4개 사업들 가운데 2007년 말 현재 <사할린-Ⅱ>와 코빅타(Kovykta) 가스전 개발 사업의 개발권이 Gazprom에게 이양되었다. 2006년 12월 <사할린-Ⅱ> 사업의 운영권을 로열 더치 셸(Royal Dutch Shell)로부터 매입한 Gazprom은 이후 TNK-BP가 주도하던 이르쿠츠크 코빅타(Kovykta) 가스전 사업의 개발권도 이양 받았다.12) 러시아는 이들 사업들에 대해 대대적인 환경 파괴 및 계약 위반 상황을 조사했고, 적발시 엄격한 제재를 가했다. 개발권이 아직까지 외국 기업체에 남아있는 <사할린-Ⅰ>과 하랴가(Kharyaga) 유전개발 사업의 경우에도 러시아 정부와 Gazprom으로 부터 일정한 활동 제약을 받고 있다. 러시아 정부와 Gazprom은 <사할린-Ⅰ>에서 생산되는 가스 전량을 Gazprom에 판매할 것을 요구해 왔다. 그리고 하랴가(Kharyaga) 유전개발 사업의 개발권을 갖고 있는 Total은 러시아 정부로부터 개발권 이양 압력을 받아 왔으나, 쉬토크만(Shtokman) 가스전 개발 사업에 협력하기로 하면서 위기 상황을 모면했다.13) 그리고

---

9) 기타 대표적인 국영 및 준국영 에너지 회사로 자루베쥐네프트(Zarubezhneft)와 루코일(Lukoil)이 있다. 1967년부터 석유부(Ministry of Oil Industry)에 존재하던 대외경제협력체인 자루베쥐네프트(Zarubezhneft)는 1994년 대통령령에 의해 연료 및 에너지부의 부속기구로 변화되었다. 그리고 푸틴이 2004년 대통령령을 공포하여 이를 정부가 100% 지분을 갖는 주식회사로 변화시켰고, 이후 푸틴 정부의 대외사업을 수행해 오고 있다. Zarubezhneft는 러시아의 주요 무기수출국인 베트남, 수단, 이란 등에서 러시아 해외 에너지사업을 추진해 오고 있다. 루코일(Lukoil)은 1991년 소련 각료회의의 결의안에 의해 출범한 국영석유회사로 소련해체 후 민영화 과정에서 지분이 14% 정도로 축소되었고, 최근에는 더 감소되었다. Lukoil은 국제사업을 추진하는 과정에서 크렘린의 지원을 받았으며, 핀란드, 독일, 이라크 등의 수개 기업을 인수하였다. Lukoil은 러시아 석유 생산의 19%, 러시아 석유 정제능력의 19%를 가진 세계적인 석유회사로 국영기업은 아니지만 크렘린과 비공식적인 긴밀한 유대관계를 유지하면서 러시아 에너지 외교를 직·간접적으로 지원하고 있다. 고재남(2009), pp. 157- 160 참조.
10) 러시아는 Gazprom과 Rosneft에 대한 전방위 지원을 통해 메이저 기업으로 육성시키고 있으며, 이들을 통해 직접적으로 국제에너지 시장에서, 그리고 간접적으로 국제무대에서 러시아의 영향력을 증대시키려 하고 있다. 현재 러시아의 에너지 기업들은 정부의 지원 아래 해외 시장에 적극적으로 진출(제3국에서의 자원개발 사업 참여, 수출 시장 개척)하고 있다. Jonathan Stern, *The Future of Russian Gas and Gazprom* (Oxford: Oxford University Press, 2005).
11) 윤익중·이성규, "러시아-EU 에너지 갈등 연구: 공급국과 수요국의 입장에서," 『국가전략』, 제15권 3호 (2009년 가을), p. 119.
12) 이재영, "러시아 에너지 산업의 미래와 협력 방안," 고재남·엄구호 엮임, 『러시아의 미래와 한반도』 (파주: 한국학술정보(주), 2009), p. 323.
13) 이성규 외, 『러시아 에너지정책 변화 분석을 통한 한-러 에너지 협력방안 연구』 (정책연구보고서,

대부분의 유망한 신규 매장지들을 전략적 매장지로 규정하여, 이들 매장지에 대한 탐사 및 개발권을 국영기업에게 부여하기도 했다.

셋째, 에너지 수송로의 중앙 통제 및 수출관리 정책이다. 러시아의 가스관과 송유관은 경제적 이익뿐만 아니라, 국가전략 차원에서 보호 및 관리되고 있다. 러시아는 석유 및 천연가스를 수송하는 파이프라인을 국영기업인 Gazprom, Transneft가 대부분 독점하도록 하면서 에너지 수출을 국가 차원에서 통제하고 있다. 실제로 가스관은 Gazprom이, 그리고 송유관은 Transneft가 거의 독점하다시피 하고 있다. 동시에 국내 중소기업 가스 생산자들이 생산한 가스를 Gazprom에 팔도록 강제하기도 한다. 지방의 일부 파이프라인이 부분적으로 사유화되어 있으나, 이 역시 연장 파이프라인을 소유한 국가에 의해 통제되고 있다. 그리고 국가가 파이프라인 네트웍의 통제 및 소유를 갖는 조건에서 외국인의 투자가 허용된다.14) 외국계 기업은 러시아 정부의 허가 없이 파이프라인 사업에 참여할 수 없는 상황이다. 2003년 러시아의 주요 석유기업인 루코일(Lukoil), 시브네프트(Sibneft), 티엔케이(TNK), 유코스(Yukos) 등이 석유 수출을 증대시키기 위해 서시베리아와 무르만스크를 연결하는 송유관을 건설하려 했으나, 푸틴 정부가 이를 거부했다. 러시아 국내 파이프라인은 국영기업 Transneft 만이 건설할 수 있다고 했다.15)

결국, 석유수출은 Transneft가 독점하고 있다고 할 수 있다. 그러나 기존 송유관의 운송량이 한정되었음은 물론 송유관의 노후화로 파이프라인을 통한 수출이 원활하게 이루어지지 않고 있다. 파이프라인이 감당하지 못하는 수출물량은 정제되어 비용이 많이 드는 철도나 배를 통해 수출되고 있다. 따라서 러시아 정부와 Transneft는 석유 수출 인프라(파이프라인)를 개선시키기 위한 노력, 즉 기존 노선의 개보수 및 신규노선 건설 등을 추진해 오고 있다. 신규 파이프라인 건설 사업은 러시아의 정치 및 경제적 영향력 증대를 고려해서 결정되고 있다. 기존의 파이프라인이 유럽으로 치우쳐 있음을 감안하여, 아·태지역을 비롯하여 다양한 방향으로 건설하려 한다. 동시베리아에서 아·태지역으로 연결되는 송유관 사업 등이 대표적이다.

---

　　　2007.12) (서울: 에너지 경제연구원, 2007), p. 11.
14) *MosNews*, April 29, 2004.
15) 고재남(2009), p. 155.

2) 에너지 자원 의존의 경제 구조

러시아의 국가 경제를 견인하는 원동력은 에너지 산업이다. 에너지 부문이 러시아 연방 재정 수입의 가장 중요한 원천이다. 연방 정부는 매년 연방 예산을 편성하고 집행하는 데 있어 우랄(Ural)산 유가를 준거 지표로 삼고 있다. 우랄산 유가가 배럴당 1달러 변동할 경우 연방 정부로 유입되는 세금 수입 또한 동일한 방향으로 14억$ 증감한다는 연구 결과가 있다.16) 실질적으로 우랄(Ural)산 유가가 지속적으로 상승하면서 러시아의 국가 예산이 증대되어 왔다.

<표 1> 연평균 우랄(Ural)산 유가 변동과 국가 예산수입에서 에너지 자원의 비중

|  | 2000 | 2001 | 2002 | 2003 | 2004 | 2005 | 2006 | 2007 | 2008 | 2009 |
|---|---|---|---|---|---|---|---|---|---|---|
| 연평균 우랄산 유가($/bbl) | 26.63 | 22.97 | 23.73 | 27.04 | 34.45 | 50.6 | 61.1 | 69.5 | 94.4 | 59.6 |
| 예산수입에서 석유/가스 부문이 차지하는 비중(%) | 24.7 | 25.5 | 24.2 | 21.0 | 30.2 | 42.2 | 46.9 | 37.2 | 47.3 | 40.7 |

В.Гаганов, "Макроэкономический обзор по итогам 2009 года: Кризис как час расплаты," *Фонд Конструктивный Проект*. № 2010/1. Март 2010 года

골드만(M.Goldman)이 1999년에 『Journal of International Affairs』지에 투고한 글에서 밝힌 바와 같이, 정치 및 경제적 의미에서 에너지 자원이 러시아에게 축복과 동시에 저주가 될 수 있다.17) 러시아의 경제 성장과 국가예산 수입 정도가 지나치게 에너지 자원에 의존되고 있기 때문에, 러시아는 국제유가로부터 자유롭지 못하다. 2003년까지 연방 예산 수입에서 에너지 부문이 차지하는 비중은 25% 미만에 머물렀으나, 2005년부터 40%를 넘어섰고, 2008년에는 절반 수준에 육박하는 47%를 기록하였다. GDP 대비 석유-가스 산업이 연방 세수에 기여하는 바는 2000년 4%에 불과했으나, 국제유가가 정점을 기록한 2008년에는 10.5%로 확대되었다.18)

러시아 민간경제연구소인 <거시경제 분석과 단기 예측센터>는 우랄(Ural)산 유가 상승이 러시아 경제 성장에 기여한 정도를 분석하고 있다. 2000년에 49%, 2001년 20%, 2002년 14%, 2003년 20%, 2004년 24% 기여한 것으로 분석했다. 그리고 러

---

16) Bernard A. Gelb, "Russian Oil and Gas Challenges," *CRS Report for Congress*. January 3(2006), p. 3.
17) Marshall Goldman, "Russian Energy: A Blessing and a Curse," *Journal of International Affairs*, Vol. 53, No. 1(1999), pp. 73-84.
18) 이종문, "러시아 경제의 에너지자원 의존과 네덜란드병 징후 분석," 『슬라브학보』, 제25권 4호(2010), p. 296.

시아 산업에너지부와 에너지전략연구소에 의하면, 러시아 국내총생산에서 연료에너지 부문이 차지하는 비중이 2005년 30.9%를 기록하는 등 2004~2007년 동안 30%대에 육박했다. 글로벌 금융 위기로 국제유가가 급락세로 전환된 2008년에 25%대로 축소되었으나, 여전히 높은 수준을 유지하고 있다.19)

결국, 2000년대 국제 에너지 가격의 장기 상승이 계속되면서 러시아 경제가 급속히 회복되기 시작했다. 2000~2008년 중반까지 러시아는 막대한 오일머니 유입에 힘입어 연평균 7%에 달하는 고도 경제 성장을 이어갔다. 에너지 부문이 러시아 산업의 근간을 이루며 경제 발전을 견인하는 구동축이 되었다. 러시아 경제에서 석유 및 가스 자원의 역할 증대는 경제의 에너지 자원 의존성 심화라는 부작용을 동반했다. 일반적으로 <에너지 자원 의존형> 경제 구조란 석유, 천연가스, 석탄, 전력 등의 에너지 부문이 국내총생산(GDP)의 10%, 수출의 40% 이상을 차지하는 경우를 지칭한다.20) 러시아 경제가 이러한 <에너지 자원 의존형> 경제 구조로 진입한 것은 1999년이며, 그 후 지금까지 의존도가 심화되고 있다.21)

## 3. 러시아의 에너지 정책, 노선 방향과 추진 전략

1) 《에너지 전략 2020》과 추진 경과

(1) 《에너지 전략 2020》 정책 노선
옐친 정부에 의해 마련된 에너지 정책22)이 2000년 11월 푸틴 정부에 의해 수정

---

19) 위의 글, p. 295 재인용.
20) 삼성경제연구소 외, 『황금시장 러시아를 잡아라』 (서울: 삼성경제연구소, 2007), p. 132.
21) 이종문(2010), p.291.
22) 옐친정부는 1992년 9월 <새로운 경제 상황에서의 에너지 정책 개념>(Concept for Energy Policy under New Economic Conditions)을 마련했다. 이 에너지 정책은 신뢰할 수 있는 에너지 공급자로의 자리 매김, 러시아의 독립과 안보 확립, 러시아의 에너지 수출 잠재력 지원 등과 같은 주요 목적 하에서 만들어졌다. 그리고 동일 에너지 정책은 에너지 생산을 위한 물적 토대의 개발, 효율성 증대, 대체 에너지원 개발 등을 강조하고 있다. 옐친 정부는 국내외 정세 변화에 기초해서 1994년 12월 <러시아 에너지 전략의 주요 시책>(Main Provisions of Energy Strategy of Russia)을 마련했다. Roman Kupchinsky, "Russia: Putin's Former Colleagues Make up Today's Energy Team," RFE/RL (February 15, 2006); Michael Fredholm, "The Russian Energy Strategy & Energy Policy: Pipeline Diplomacy or Mutual Dependence?" *Conflict Studies Research Center, Russian Series* 05/41 (September 2005), p. 2. 그리고 1995년 5월 이를 부분 수정하여 최초의 에너지 전략이라고 할 수 있는 <2010년까지 러시아연방의 연료 및 에너지 산업의 개혁과 에너지 정책의 주요 시책>(On the Main Provisions of Energy Policy and Restructuring of the Fuel and Energy Industry of the Russian Federation up to the Year 2010)을 공식 에너지 정책으로 채택했다. 고재남(2009) 참조.

되어 <2020년까지 러시아 에너지 전략의 주요 시책>이 만들어졌고, 러시아 에너지부는 2002년 5월 <2020년까지 러시아 에너지 전략의 주요 시책에 대한 설명>을 공개했다. 그리고 푸틴 정부가 2003년 5월 «에너지 전략 2020»(Энергетическая стратегия России на период до 2020 года)을 마무리 하여 동년 8월 공표했다. «에너지 전략 2020»은 푸틴정부 에너지 전략의 기초를 제공해 준다.

«에너지 전략 2020»은 에너지 자원에 대한 국가의 역할과 책임 등을 비롯한 다양한 내용을 포함하고 있다. «에너지 전략 2020»은 국내 차원에서 국가 경제에 안정적인 에너지 공급, 에너지 자원 개발 및 자원 효율성 제고, 에너지 절약기술 및 장비 사용, 국내 에너지 기업의 수출 가능성 최대한 활용, 에너지 상품의 생산과 유통 과정에서 나타나는 손실의 최소화, 자원의 생산・운송・판매・소비에 관련된 신기술 도입을 통해 에너지 산업이 환경에 미치는 영향을 최소화 하는 등의 내용이 포함되고 있다. 그리고 국제 차원에서는 세계 에너지 교역 체계에 편입, 국제시장에서 러시아 에너지 상품 및 서비스 경쟁력 제고, 새로운 에너지 수출로 확보, 해외에서 러시아 에너지 기업의 이익 보호, 국제 에너지 시장에서 러시아의 입지 강화, 에너지 안보를 저해하는 위기 사태 방지 및 위험 요인 제거, 러시아 에너지 분야에 대한 해외 투자 유도, 주변국 에너지 회사와 공조, 다양한 국제기구 및 개별 국가와 파이프라인 건설 등이 강조되고 있다.

푸틴은 동시베리아 및 극동지역의 에너지 자원을 개발할 필요성을 강조하면서, 아・태 지역 국가들과의 에너지 협력을 천명했다. «에너지 전략 2020»은 2005년 현재 러시아의 석유 수출에서 3%를 차지하고 있는 아시아 국가들에 대한 비중을 2020년까지 최대 30%(1억 톤)까지 높이고, 천연가스는 현재의 5%에서 25%(650억 입방미터)까지 확대할 수 있을 것으로 예상했다.23) 따라서 향후 전략적 방향은 동시베리아-태평양(ESPO, East Siberia Pacific Ocean) 송유관 프로젝트의 실현, 러시아 동부지역에 새로운 석유-가스 산지의 개발 및 운송 인프라 확충을 위한 투자 촉진, 응축가스 생산력 발전 및 수출 증대, 석유화학 제품의 생산력 증대 등을 도모해야 했다.24)

푸틴 정부는 시베리아 지역에서 러시아의 극동지역으로 향하는 원유 및 가스 수송을 위해 노후화된 기존의 파이프라인을 교체하는 작업을 비롯하여, 에너지 공급의 다변화, 주요 국가들과의 에너지 협력을 위한 파이프라인 연결 사업 등을 적극적으로

---

23) *Vedomosti*, № 19, February 6, 2006.
24) 이재영(2009), p.321.

추진해 왔다. 특히 «에너지 전략 2020»은 동시베리아·극동지역의 에너지자원 개발 문제를 비롯하여, 그동안의 유럽시장 편향을 탈피해 아·태 지역으로 수출을 늘려나가는 내용을 핵심으로 하고 있다.[25] 이와 함께, 높은 에너지 수요 증가율을 보이고 있는 중국·일본·한국 등 동북아 국가들과의 에너지 협력 사업을 적극 추진해 왔다.

(2) 에너지 자원 생산 현황

러시아의 에너지자원 생산/판매는 경제성장 정책 및 국제적 영향력 확장 등과 같은 정치적 현안으로 결정되는 경우가 많다. 러시아의 원유 수출량은 2000년에 1.45억 톤에서 2005년에 2.53억 톤,[26] 2008년에 2.43억 톤이었다.[27] 2008년의 원유 수출량은 2007년 대비 5.8%(1,500만 톤) 감소되었다. 천연가스 수출량은 2000년에 194bcm에서 2005년에 207bcm, 2008년에 188bcm으로 변동되었다.[28] 2008년의 천연가스 수출량은 2007년 대비 2.1%(4bcm) 감소된 수치이다.[29]

2009년 현재 러시아의 원유 매장량은 세계 매장량의 5.6%에 해당되는 742억 배럴(가채연수: 20.3년)이다. 아랍에미리트(UAE)에 이어 세계 7위에 해당된다. 2009년 현재 OPEC는 러시아의 확인 원유 매장량을 2008년보다 0.5% 늘어난 794.3억 배럴로 평가했고, BP(British Petroleum)는 2009년 러시아의 1일 원유생산량이 1,000만 배럴을 넘어서 처음으로 사우디아라비아(971.3만 배럴)를 제치고 세계 1위를 차지한 것으로 분석했다. 세계 원유수출에서 러시아가 차지하는 비율은 12%이다.[30] 그리고

---

25) 이영형, "시베리아 공간의 지정학적 의미와 러시아. 지정학적 요소/분석단위를 중심으로,"『한국과 국제정치』제20권 4호(2004), p. 160.
26) 러시아는 2005년에 전 세계 생산의 12.1%인 하루 평균 955만 배럴의 원유를 생산하여 680만 배럴을 수출했다. 이는 전 세계 석유 교역량의 8.5%로 사우디아라비아에 이어 세계 2위를 기록했다. 2006년에는 한 때 1위를 기록한 적도 있었다.
27) 러시아 전체 석유 매장량의 60%, 석유생산량의 70%가 우랄 및 서시베리아 지역에 편중되어 있다. 그리고 석유 및 가스 산지의 개발은 북카프카스 지역에서 70~80% 정도 이루어지고 있으며, 우랄 및 볼가강 연안 지역은 50~70%, 서시베리아 지역은 45% 이상 진행된 상태이다. 따라서 석유 및 가스 보유량을 증가시킬 수 있는 유력한 지역으로는 동시베리아, 야쿠티야, 바렌츠해 및 오호츠크해의 대륙붕 지역이다. 동시베리아 및 극동지역의 석유 매장량은 러시아 전체 매장량의 17.4%에 해당되는 19억 톤이다. 러시아는 장기적으로 동시베리아 및 극동지역의 대규모 유전개발을 계획하고 있다. 이재영(2009), p. 314.
28) 러시아의 천연가스 생산은 1998년부터 꾸준히 증가하기 시작했다. 2003년에는 5,786억 입방미터까지 증가되었다. 러시아는 2005년에 천연가스를 전 세계 생산량의 21.6%인 5,980억 입방미터를 생산하여 파이프라인을 통해 1,510억 입방미터를 수출했다. 이는 전세계 천연가스 교역량의 28%(세계 1위)를 차지한다. BP Statistical Review of World Energy (June 2006).
29) 이성규 외,『러시아의 에너지 자원 수출구조와 수출수송시스템 분석 연구』(동북아에너지연구 출연사업 정책연구사업 09-09) (서울: 에너지경제연구원, 2009), p. 3, 4.
30) 2009년에 러시아는 원유 생산량에서 세계 1위를 차지했고, 총955만 b/d를 생산하여 이중 52%인 495만 b/d를 유럽과 구소련 지역으로 수출했다. 러시아 전체 원유 수출에서 아시아 시장이 차지하는 비중은 10% 수준에 불과했다. 이성규, "ESPO원유공급과 동북아지역 석유시장 형성 전망," 한국슬라브학회 2010년 추계 정기학술회의(9.30) 발표 논문, p. 5.

러시아의 천연가스 확인 매장량은 세계 최고의 자리를 확고히 하고 있다. BP에 의하면, 2009년 현재 러시아 천연가스 확인 매장량은 전세계 매장량의 23.7%에 해당되는 44.38조㎥이며, 가채연수는 84년이다. OPEC는 러시아 천연가스 확인매장량을 44.9조㎥로 평가했다. 그리고 러시아 정부에 의하면 잠재매장량은 그 4배인 164.2조㎥에 달한다. 2009년 러시아의 천연가스 생산량은 5,275억㎥로 미국(5,934억㎥)에 처음 선두자리를 내주고 2위로 물러났다. 러시아는 세계 천연가스 수출의 25%를 담당하고 있으며, 거의 대부분이 유럽지역으로 공급된다.31)

<표 2> 러시아 에너지 자원 매장량 및 생산량 현황

|  | 확인 매장량(2009년) | | | | 생산량(2009년) | | |
| --- | --- | --- | --- | --- | --- | --- | --- |
|  | 매장량 | 세계에서의 비중(%) | 세계 순위 | 가채연수 | 생산량 | 세계에서의 비중(%) | 세계 순위 |
| 천연가스 | 44.38tcm | 23.7 | 1 | 84.1년 | 527.5bcm | 17.6 | 2 |
| 석유 | 742억bbl | 5.6 | 7 | 20.3년 | 10,032천bb/d | 12.9 | 1 |
| 석탄 | 1,570억톤 | 19.2 | 2 | 500년 | 140.7백만TOE | 4.1 | 7 |

2008년 현재 유럽의 러시아산 가스 의존도가 25%를 상회하는 정도에 머물러 있지만, 러시아의 가스 생산량 증대 등으로 인해 2030년에 이르러서는 약50%까지 증대될 것이라는 예측이 있다.32) «에너지 전략 2020»에 따르면, 러시아는 2020년에 최소 6,100억 ㎥, 최대 7,100억~7,300억 ㎥의 천연가스를 생산할 것으로 전망된다. 이들 천연가스는 서시베리아의 기존 가스 채굴지역에서 뿐만 아니라, 동시베리아, 극동, 야말반도, 유럽지역의 북부지방(극 대륙붕 포함) 등 새로운 석유·천연가스 부존지역에서도 생산될 것으로 전망된다.

BP에 따르면 러시아의 석탄은 매장량이 세계 확인 매장량의 19%에 해당하는 1,570억 톤으로 미국에 이어 세계 2위이며, 가채연수는 500년이 넘는 것으로 평가된다. 반면 러시아정부는 잠재매장량이 세계 매장량의 약50%에 해당하는 4조 톤이 넘으며, 확인매장량은 2,726억 톤에 달하는 것으로 자체 평가하고 있다. 석탄의 연간 생산량은 세계 생산의 약5%, 세계 수출의 12%를 담당하고 있다.

---

31) BP, *Statistical Review of World Energy 2010*. June 2010; 이종문, "러시아 경제의 에너지자원 의존과 네덜란드병 징후 분석," 『슬라브학보』, 제25권 4호(2010), pp. 292-293 참조. 이하 본문 내용인 <가스 및 석탄 의 매장량 및 생산량>은 상기 자료를 중심으로 정리되었음을 밝힌다.
32) *Financial Times*, November 3, 2008.

## 2) «에너지 전략 2030»과 추진 전망

러시아 정부는 2009년 11월 13일 «에너지 전략 2030»(Энергетическая стратегия России на период до 2030 года)을 최종 확정했다.[33] «에너지 전략 2030»은 국민 경제 발전과 복지 증진을 위한 국가 에너지 잠재력의 효율적 활용을 목적으로 하는 장기 전략을 수립해 놓고 있다. «에너지 전략 2030»에서의 전략 목표와 우선적인 과제는 신재생·대체에너지 개발과 경제 부문에서 에너지 비중을 감소시키는 데 있다. «에너지 전략 2030»은 1단계(2006-2010), 2단계(2011-2020), 3단계(2021-2030) 등으로 구분되며, 연방지구별 중점 사업은 다음과 같이 정리된다.

<표 3> 연방지구별 중점 사업

| 연방지구 | 중점 사업 |
|---|---|
| 중앙 및 남부 | • 원자력 발전 비중 증대<br>• 정유 산업 발전<br>• 야말-네네츠 자치구의 가스와 쿠즈네츠 탄전의 석탄 이용 증대 |
| 북서부 | • 티만-페초라해 및 북극해 대륙붕에서 유전 개발<br>• 세이딘스크 매장지(코미 공화국) 개발<br>• 쉬토크만 가스전 개발<br>• 칼리닌그라드주의 에너지 수급 안정을 위한 대책 마련 |
| 볼가 | • 기존 매장지에서 탄화수소 회수율 증대<br>• 야말-네네츠 자치구의 가스와 쿠즈네츠 탄전의 석탄 이용 증대<br>• 원자력 발전 비중 증대 |
| 우랄 | • 야말-네네츠 자치구와 한티-만시 자치구에서 안정적인 석유·가스 확보 |
| 시베리아 및 극동 | • 지역내 석유·가스 매장지 개발을 통해 지역내 공급<br>• 칸스크-아친스크 탄광 개발<br>• 남야쿠티야 탄전 지역내 엘가 탄광 개발<br>• 연해주내 기존 탄광에서 안정적인 석탄 생산 |

2003년에 발표된 «에너지 전략 2020»의 내용을 보완한 «에너지 전략 2030»은 지금까지 등한시 해 온 동시베리아 및 극동지역의 에너지 자원 개발을 강조하고 있다. 동시베리아 및 극동지역에 대한 지질조사 및 탐사를 수행할 경우, 2030년까지 석유는 120억 톤(880억 배럴), 천연가스는 최소 16조㎥ 이상의 확보가 가능할 것으로 보고 있다. 이와 함께, «에너지 전략 2030»은 국가의 경제적 잠재력에서 에너지 비중

---

33) <에너지 전략 2030>에 대한 자세한 내용은 러시아 에너지부(http://minenergo.gov.ru/) 참조.

을 감소시킴으로써 국민 경제와 에너지 산업의 혁신적인 발전을 보장하는 것을 목표로 하고 있다. «에너지 전략 2030»에서 제시되고 있는 국내총생산 대비 에너지의 비중은 점차적으로 낮추는 방향으로 설계되고 있다.

<표 4> 국내총생산에서 에너지의 비중(2005년 대비 %)

| 1단계 | 2단계 | 3단계 |
|---|---|---|
| 78% 이하 | 57% 이하 | 44% 이하 |

http://minenergo.gov.ru/activity/energostrategy/pr_2.php(검색일: 2011년 2월 18일)

«에너지 전략 2030»에 따르면, 2030년까지 원유 생산이 꾸준히 증가되고 있다. 지역별 생산 정도를 보면, 튜멘州에서의 생산이 압도적인 우위에 있다. 그러나 생산 정도는 점차적으로 감소되거나 감소된 상태에서 크게 변화됨이 없다. 그리고 볼가 및 우랄지역에서의 생산은 점차적으로 감소 추세로 접어든다. 반면에 동시베리아 및 극동지역에서의 생산은 꾸준히 증가 추세를 보이고 있다.

<표 5> 2030년까지 단계별 원유 생산 전망

| | 2005년 (실질수치) | 2008년 (실질수치) | 1단계 | 2단계 | 3단계 |
|---|---|---|---|---|---|
| 전체(백만. 톤) | 470.2 | 487.6 | 486-495 | 505-525 | 530-535 |
| 2005년 대비 % | 100 | 103.7 | 103-105 | 107-112 | 113-114 |
| 지역별 생산(백만 톤) | | | | | |
| 북부, 북서부 | 24.5 | 29.1 | 32-35 | 35-36 | 42-43 |
| 볼가 | 52.7 | 54.1 | 49-50 | 44-45 | 34-36 |
| 우랄 | 49.2 | 52.6 | 45-47 | 36-41 | 25-29 |
| 카프카스, 카스피해 연안 | 4.9 | 4.8 | 7-11 | 19-20 | 21-22 |
| 튜멘주 | 320.2 | 319 | 282-297 | 275-300 | 291-292 |
| 톰스크주 | 14.1 | 13.7 | 12-13 | 11-12 | 10-11 |
| 동시베리아 | 0.2 | 0.5 | 21-33 | 41-52 | 75-69 |
| 극동 | 4.4 | 13.8 | 23-25 | 30-31 | 32-33 |

http://minenergo.gov.ru/activity/energostrategy/pr_4.php(검색일: 2011년 2월 18일)

«에너지 전략 2030»에서 정리되고 있는 가스 생산량 역시 꾸준한 증가 추세를 보

인다. 가스 생산은 튜멘州에서 압도적인 우위를 차지한다. 특히, 튜멘州의 나딤-푸르타조프(Надым-Пуртазовский) 가스 산지에서 거의 대부분을 생산하고 있다. 그러나 시간이 지날수록 야말(Ямал) 지역을 비롯한 여러 가스 산지에서 생산이 꾸준히 증가된다. 러시아의 유럽지역에 있는 쉬토크만 산지(Штокмановское месторождение)에서의 생산은 타지역에서의 생산 증가에 비해 높은 증가 추세를 보인다. 극동지역(특히, 사할린)에서의 생산량 역시 증가된다.

<표 6> 2030년까지 단계별 가스 생산 전망(10억㎥)

|  | 2005년 (실질 수치) | 2008년 (실질 수치) | 1단계 | 2단계 | 3단계 |
|---|---|---|---|---|---|
| 전체 | 641 | 664 | 685-745 | 803-837 | 885-940 |
| 튜멘주 | 585 | 600 | 580-592 | 584-586 | 608-637 |
| 내부 지역 |  |  |  |  |  |
| 나딤-푸르타조프 (Надым - Пуртазовский) | 582 | 592 | 531-559 | 462-468 | 317-323 |
| 옵스코-타조프 만 (Обско-Тазовская губа) | - | - | 0-7 | 20-21 | 67-68 |
| 볼세헤트스크 계곡 (Большехетская впадина) | 3 | 8 | 9-10 | 24-25 | 30-32 |
| 야말(Ямал) | - | - | 12-44 | 72-76 | 185-220 |
| 톰스크주 | 3 | 4 | 6-7 | 5-6 | 4-5 |
| 유럽지역 | 46 | 46 | 54-91 | 116-119 | 131-137 |
| 내부 지역 |  |  |  |  |  |
| 카스피해 연안 (Прикаспий) | - | - | 8-20 | 20-22 | 21-22 |
| 쉬토크만 산지 (Штокмановское месторождение) | - | - | 0-23 | 50-51 | 69-71 |
| 동시베리아 | 4 | 4 | 9-13 | 26-55 | 45-65 |
| 극동 | 3 | 9 | 34-40 | 65-67 | 85-87 |
| 내부지역 |  |  |  |  |  |
| 사할린 섬 | 2 | 7 | 31-36 | 36-37 | 50-51 |

http://minenergo.gov.ru/activity/energostrategy/pr_4.php(검색일: 2011년 2월 18일)

2030년까지 석탄 생산량 역시 증가된다. 2008년의 지역별 실질 생산 수치를 보면, 쿠즈네츠 탄전(Кузнецкий бассейн)에서의 생산이 국가 전체 생산량의 절반 이상을 차지한다. 시간이 지남에 따라 칸스코-아친스크 탄전(Канско-Ачинский бассейн) 등 기타 탄전에서의 생산량이 증가되면서 쿠즈네츠 탄전의 비중이 상대적으로 줄어드는 모습을 보인다. 그러나 국가의 전체 석탄 생산에 있어서 쿠즈네츠 탄전은 여전히 중요한 위치를 차지하고 있다.

<표 7> 2030년까지 단계별 석탄 생산 전망(백만 톤)

|  | 2005년<br>(실질 수치) | 2008년<br>(실질 수치) | 1단계 | 2단계 | 3단계 |
|---|---|---|---|---|---|
| 전체 | 299 | 326 | 314-350 | 365-410 | 425-470 |
| 전체에서 코코스탄 | 69 | 66 | 70-84 | 90-94 | 101-106 |
| 도네츠 탄전<br>(Донецкий бассейн) | 8 | 7 | 5-6 | 7-8 | 5-8 |
| 우랄 탄전<br>(Уральский бассейн) | 5 | 4 | 2-3 | 3-4 | 5-8 |
| 페초르 탄전<br>(Печорский бассейн) | 13 | 13 | 12-13 | 12-13 | 12-13 |
| 쿠즈네츠 탄전<br>(Кузнецкий бассейн) | 166 | 184 | 174-186 | 190-195 | 201-205 |
| 칸스코-아친스크 탄전<br>(Канско-Ачинский бассейн) | 37 | 46 | 45-55 | 55-87 | 90-115 |
| 동시베리아 | 37 | 40 | 40-46 | 53-54 | 58-60 |
| 극동 | 32 | 32 | 32-38 | 39-46 | 44-57 |

http://minenergo.gov.ru/activity/energostrategy/pr_4.php(검색일: 2011년 2월 18일)

상기 에너지 자원(원유, 천연가스, 석탄)의 생산량 변화와 함께, 에너지 수출 전망 역시 변화되고 있다. 원유와 석탄의 수출은 제3단계를 시작으로 조금씩 정체/감소될 것이고, 천연가스와 전력 수출은 2030년까지 꾸준히 증대될 것으로 전망된다. 원유 수출은 2008년에 243백만 톤에서 2단계에 252백만 톤으로 증가하다가, 2030년에 248백만 톤으로 감소될 전망이다. 그리고 천연가스 수출은 2008년에 241bcm에서 꾸준히 증대되어 2030년에 최대 368bcm에 이를 것으로 전망된다.[34] 이러한 수출

---

[34] 2009년에 처음으로 러시아 LNG가 동북아 지역으로 수출되기 시작했다. 러시아의 총 가스 수출에서 LNG 수출이 차지하는 비중은 2015년에 5%에서 2022년에 11%, 그리고 2030년에 15%로 증가될 것으로 전망된다. 이성규 외(2009), p. 6.

전망은 에너지 생산 및 수출 구조에서 자신의 자원 매장량과 국제에너지 시장의 소비 패턴 변화 등을 종합적으로 고려한 결과에서 얻어진 것으로 보인다.

<표 8> 2030년까지 러시아의 에너지자원 수출 전망

| 내용 | 2005년 (실질 수치) | 2008년 (실질 수치) | 1단계 | 2단계 | 3단계 |
|---|---|---|---|---|---|
| 전체(백만. 조건부 연료 톤35)) | 865 | 883 | 913-943 | 978-1013 | 974-985 |
| 2005년 대비 % | 100 | 102 | 106-109 | 113-117 | 113-114 |
| 분야별 수출 현황 | | | | | |
| 원유(백만 톤) | 253 | 243 | 243-244 | 240-252 | 222-248 |
| 천연가스(10억 m³) | 256 | 241 | 270-294 | 332-341 | 349-368 |
| 석탄(백만. 조건부 연료 톤) | 58 | 70 | 72-74 | 74-75 | 69-74 |
| 전력(순 수출, 10억кВт·ч) | 12 | 17 | 18-25 | 35 | 45-60 |

http://minenergo.gov.ru/activity/energostrategy/pr_1.php(검색일: 2011년 2월 18일)

## 4. 러시아의 에너지정책과 동부러시아의 위상

### 1) 동부러시아의 에너지 자원 현황

러시아 원유 생산에 있어서 전통적인 핵심 지역은 볼가·우랄·서시베리아 지역이었다. 반면에 동시베리아 및 극동지역의 자원 개발은 거의 이루어지지 않았다. 2010년 현재 러시아의 주요 원유 생산 지역인 볼가·우랄·서시베리아 지역 내 유전들은 오랜 개발/생산으로 인해 정체 내지 생산 감소 상태에 있다. 향후 안정된 원유 생산을 위해 신규 매장지 확보가 필요했고, 북극지역을 포함하여 동시베리아 및 극동지역이 급부상했다. 그리고 ESPO 송유관 건설 프로젝트 등으로 인해 지역내 유전개발 사업이 활발하게 추진되고 있다.

2009년 현재, 동시베리아 및 극동지역(사할린 지역 제외) 원유 생산량은 30만 b/d(약1,500만 톤)로 러시아 전체 생산량의 3% 수준에 불과했다.36) 그러나 러시아

---

35) тонна условного топлива
36) 동부러시아에 소속된 개발 행정주체에서 1990~2006년 동안 생산된 에너지 자원 현황은 <별첨: 1> 참조.

정부의 전망에 따르면, 동 지역내 원유생산량이 빠르게 증대되어 2015년에 90만 b/d, 2020년에 150만 b/d(러시아 전체생산량의 15%)에 이른다. 현재까지 가장 큰 매장 지역은 시베리아의 이르쿠츠크 북서부 지역(동시베리아광구)이었으며, 톰스크 동부 지역부터 이르쿠츠크 서부 지역에 걸쳐 상당량의 원유를 생산할 수 있는 다수의 매장지가 있다. BP 등의 자료에 의하면, 동시베리아 및 극동지역의 석유 추정매장량은 122-124억 톤으로 세계 매장량의 10%에 달한다.

현재 러시아 최대의 개발 지역은 시베리아의 크라스노야르스크 유전지대이다. 2003년에 8만 톤의 생산에 그쳤으나, 2030년까지 연간 4천5백만 톤을 생산할 수 있을 것으로 전망되기도 한다. 그리고 이르쿠츠크市 북방 약450km에 위치한 코빅틴스크(Kovyktinsk) 가스전에 상당량의 가스가 매장된 것으로 알려지고 있다. 극동 지역의 가스 추정 매장량은 전세계 매장량의 20%에 이른다. 본격적인 시추 및 지질조사가 이루어진다면, 대규모의 천연 가스전들이 계속 개발될 가능성이 높다. 사하공화국 지역의 유전은 2003년에 440만 톤의 원유와 가스를 생산한 바 있다. 그리고 오호츠크해에 있는 사할린 섬 주변에는 총7억 톤의 석유와 컨덴세이트, 2조5천억 $m^3$의 천연가스가 해저에 매장된 것으로 추정되고 있다.

사할린 지역의 석유/가스전과 사하공화국의 가스전 개발 프로젝트가 추진되고 있다. <사할린 프로젝트>는 1,2,3 광구들을 비롯하여, 다수의 광구늘이 개발을 기다리고 있다. 개발이 가장 빠르게 진척되고 있는 <사할린-2> 프로젝트는 1999년에 원유 생산을 시작해 일본·중국·한국·미국 등에 수출하고 있다. <엑손네프테가스>가 개발하고 있는 <사할린-1>은 2005년 10월부터 본격적인 석유와 가스 생산을 시작했다. 그리고 가스를 하바롭스크 지방에 공급하기로 계약을 체결했다.[37] <사할린-1>에 포함되는 3개의 매장지(Chaivo, Odoptu, Arkutun-Dagi)에는 석유 약3억 700만 톤과 가스 4,850억 $m^3$가 매장되어 있을 것으로 추정되었다.[38] 국가전략 프로젝트의 일환으로 추진되고 있는 <사할린-3>에 포함되는 동 아돕투(East-Odoptu) 매장지에는 석유 7,000만 톤과 가스 300억 $m^3$, 아야쉬스키(Ayashsky) 매장지는 석유 9,700만 톤과 가스 370억 $m^3$, 킴스키(Kimsky) 매장지는 석유 4억 5,300만 톤과 가스 7,000억 $m^3$, 가스 콘덴세이트 5,300만 톤이 매장되어 있을 것으로 추정되었다.[39] 2010년

---

[37] 초기에 10억 $m^3$의 가스를 공급하는 것을 필두로 연간 30억 $m^3$까지 증가시킨다는 계획이다.
[38] *Нефтькапитал*, 19 сентябрь, 2005.
[39] *Там же*.

현재 사할린 지역의 다양한 광구에 대한 탐사 작업 역시 꾸준히 진행되고 있다.

    러시아는 2009년 11월에 발표된 <에너지 전략 2030>에서 원유 및 석유제품의 對아·태지역 수출 비중을 8%에서 2030년까지 22~25%까지 증대시킬 계획이라고 했다. 또한 2008년 현재 동시베리아-극동지역 원유 채굴이 러시아 전체에서 차지하는 비중이 3%에 불과하지만 2030년까지 18~19%까지 증대될 것으로 보고 있다. 향후 원유 채굴량이 지속적으로 증대될 지역은 동시베리아 및 극동지역일 것이다. 2030년에 극동지역에서의 원유 생산량은 33백만 톤, 동시베리아 지역에서 원유 생산량은 75백만 톤으로 전망된다.40) 동시베리아 및 극동지역에서 생산된 모든 원유 물량이 아·태지역으로 수출되지는 않겠지만, 상당량의 물량이 아·태지역으로 수출될 것으로 전망된다.

### 2) ESPO 송유관과 동부러시아의 위상 변화

    2004년 12월 시베리아의 타이셰트(Taishet)에서 극동의 나호트카(Nakhodka)를 연결하는 동시베리아 송유관 건설 사업을 최종 승인했다. 시베리아의 코빅타(Kovykta) 가스전을 포함하여 앞으로 건설될 모든 가스관과 송유관을 하바롭스크~나호트카 노선으로 단일화시키기로 결정했다. 그리고 2005년 송유관을 시베리아의 타이셰트에서 극동의 페레보즈나야(Perevoznaya)까지 2단계로 나누어 건설하되, 1단계 공사 종착점인 스코보르디노에서 중국의 다칭(Daqing)으로 연결되는 지선을 건설하기로 했다. 그리고 2단계 공사로 1단계 종착점인 스코보르디노에서 극동의 페레보즈나야(Perevoznaya)까지 송유관을 연결하기로 했다. 2005년 9월 푸틴은 극동으로 이어지는 원유 송유관은 타이셰트(Taishet)에서 나호트카(Nakhodka)에 이르는 송유관이 될 것이며, 타이셰트~나호트카 송유관 제1단계에는 타이셰트로부터 연3,000만 톤의 원유가 수송될 것이라 했다. 그리고 그중 2,000만 톤은 지선을 통하여 중국의 다칭(Daqing) 지역으로 수송될 것이고, 나머지 1,000만 톤은 철도를 통하여 나호트카 항에 도달할 것이라 했다. ESPO 1단계 공사는 2006년 4월 착공되었다.

---

40) 이성규(2010.9.30) 발표 논문, p. 8.

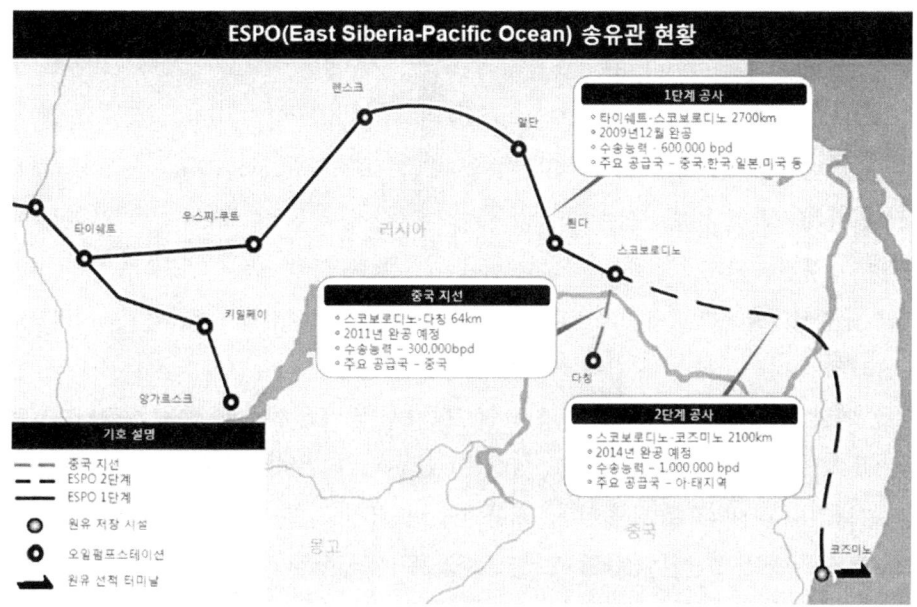

http://www.emerics.org/posts/postPrint/1/1257131/HR.do(검색일: 2011년 4월 22일)

    2009년 12월 ESPO 송유관 1단계 구간[이르쿠츠크州의 <타이셰트>에서 아무르 州의 <스코보로디노>까지]과 블라디보스톡 인근의 코즈미노(Kozmino) 원유수출 터미널이 완공되었다. ESPO 송유관 공사의 1단계 구간에 부설된 파으프라인의 총 연장은 2700㎞이며, 수송능력은 60만 b/d(연간 3,000만톤)이다.41) 그리고 블라디보스톡에서 동쪽으로 100㎞ 떨어진 곳에 위치한 코즈미노 원유수출터미널에는 최대 15만 dwt급 유조선이 정박할 수 있고, 일일 처리 능력이 30만 b/d에 달한다. 코즈미노 원유터미널에는 원유 수출을 위한 항만시설과 주변에 트란스네프트(Transneft) 소유의 원유 저장시설이 건설되었다. 총7개의 저장탱크가 있으며, 1개의 원유 저장용량이 5만㎥이기 때문에 전체 원유 저장 용량은 35만㎥이다. 이러한 저장시설에 저장된 원유는 코즈미노 터미널에 정박되어 있는 유조선으로 보내어진다. 그리고 코즈미노 원유 수출 터미널에서 유조선을 통해 아·태지역으로 수출된다.42) ESPO 2단계 구간[<스코보로디노>에서 <코즈미노> 터미널까지] 공사는 2,100㎞의 건설 사업이다. 현 시점에서 공급물량이 미미한 수준에 있지만, 2014년으로 예정된 ESPO 2단계 구간 공사

---

41) 중국은 중-러 접경지역에서 중국의 다칭까지 연결되는 파이프라인(990㎞)을 건설 중에 있으며, 조만간 완성될 예정이다.
42) ESPO Blend라는 이름으로 수출된다.

가 마무리되면 최대 160만 b/d(연간 8,000만톤)의 원유가 러시아 동부지역과 동북아 지역으로 공급될 전망된다.43)

ESPO 2단계 구간 공사가 마무리될 때까지 Transneft가 동시베리아의 원유를 스코보로디노에서 코즈미노 터미널까지 TSR을 이용해서 운송하게 된다. 2010년 현재 동부러시아(시베리아 및 극동지역) 내 여러 유전들에서 하루 약35.5만 배럴 정도가 ESPO 송유관 1단계 구간에 공급되고 있는 데, 그 중 일부 물량이 TSR을 통해 코즈미노 수출터미널까지 운송되고 있다. 그리고 이곳에서 유조선을 통해 아·태지역으로 수출되고 있다.44) 한편, 사할린 지역에서 생산된 원유는 사할린 지역과 극동지역 본토를 연결하는 송유관을 통해 하바로프스크 지방 내 De Kastri 석유 수출터미널과 콤스몰스크 정유공장으로 수송되고 있다. De Kastri 터미널로 수송된 원유는 유조선을 통해 아·태지역으로 수출된다. 또한 사할린-II의 필툰-아스토흐스코예 유전, 룬스코예 유전에서 생산된 석유도 프리고로드노예(Prigorodnoye) 석유 수출터미널까지 송유관을 통해 전송된다. 그리고 이곳에서 아·태지역으로 수출되고 있다. 동 송유관은 현재 탐사단계에 있는 다른 사할린 지역 해상 광구에서 생산된 원유도 수송하게 될 것이다.45)

### 3) 연해주의 위상 변화

《에너지 전략 2030》과 ESPO 송유관 건설 사업은 러시아의 유럽 지역에 비해 상대적으로 소외받아 온 동부지역(시베리아 및 극동지역)이 다양한 형태로 개발되도록 자극하고 있다. 사회간접자본 시설의 보완 및 신규 확충과 함께, 수송인프라 미비로 오랫동안 미개발 상태로 방치되어 있었던 동시베리아 및 극동지역 내 유전 개발을 촉진시키고 있다. 그리고 러시아는 동시베리아 지역의 유전 개발을 촉진하기 위해 일정 기간 동안 세제 혜택을 제공하고 있으며, 매장지 주변에 대규모 정제 및 석유화학단지 건설을 계획 및 추진하고 있다.

동부러시아(시베리아 및 극동지역)는 더 이상 버림받은 땅이 아니다. 러시아 정부

---

43) 이성규(2010.9.30) 발표 논문, p. 3, 4 참조.
44) ESPO 원유는 유럽 시장으로 수출되는 러시아의 Ural유 보다 품질이 좋으며, 중동산 원유와 비교해도 품질면에서 전혀 손색이 없다. 이성규, "ESPO 원유 등장으로 아시아 원유공동시장 가시화," 『Russia·CIS Focus』, 제68호(2010년 7월 19일).
45) 이성규(2010.9.30) 발표 논문, p. 5.

에서 추진하는 개발 정책의 중심에 위치하고 있다. 러시아의 극동지역에 보다 넓은 시장이 형성될 수 있다. 러시아가 추진해 온 지난날의 개발 역사를 보면 개발 작업과 함께 각종 부대시설들이 건설되었고, 이와 함께 인구가 증가되는 모습을 보였다. 극동지역의 개발은 하바로프스크市와 블라디보스톡市를 중심으로 하는 몇몇 지역에서 인구가 증대되어질 것이다. 인구 증가는 자연스럽게 보다 넓은 시장이 형성되어 진다.

<표 9> 100만 명 이상이 거주하는 대도시(기준: 2010년 1월 1일)

| 도시 | 인구(백만) | 소속 주체 | 소속 연방지구 |
|---|---|---|---|
| 모스크바(Москва)市 | 10.6 | 특별시 | 중앙연방지구 |
| 상트-페테르부르크(Санкт-Петербург)市 | 4.6 | 특별시 | 북서부연방지구 |
| 로스토프 나 도누(Ростов-на-Дону)市 | 1.0 | 로스토프州 | 남부연방지구 |
| 우파(Уфа)市 | 1.0 | 바슈코르토스탄共和國 | 볼가연방지구 |
| 카잔(Казань)市 | 1.1 | 타타르스탄共和國 | |
| 니즈니 노브고르드(Нижний Новгород)市 | 1.3 | 니제고로트州 | |
| 사마라(Самара)市 | 1.1 | 사마르州 | |
| 에키데린부르그(Екатеринбург)市 | 1.3 | 스베르들로프스크州 | 우랄연방지구 |
| 첼랴빈스크(Челябинск)市 | 1.1 | 첼랴빈스크州 | |
| 옴스크(Омск)市 | 1.1 | 옴스크州 | 시베리아연방지구 |
| 노보시비르스크(Новосибирск)市 | 1.4 | 노보시비르스크州 | |

*Федеральная служба государственной статистики, Россия в цифрах. 2010: Краткий статистический сборник* (Москва: Росстат, 2010), с. 49.

지난 냉전기를 포함해서 푸틴이 집권하는 2000년을 전후한 시기까지, 러시아의 에너지 정책은 볼가·우랄·서시베리아를 중심으로 이루어졌다. 그리고 동일 지역에서 개발된 에너지 자원을 유럽으로 수출해 왔다. 이와 함께 동일 지역을 중심으로 각종 산업시설이 들어섰고, 다수의 인구가 거주하는 대도시들이 형성되었다. 2010년 1월 1일 기준으로 인구 100만 명 이상이 거주하는 대도시는 11개이다. 이들 중에서 러시아의 극동지역에 있는 도시는 한 곳도 포함되지 않는다. 그러나 러시아의 개발 정책(에너지 정책 등)이 동부러시아에 보다 많은 관심을 기울이고 있는 현재, 지난날의 볼가 및 우랄지역처럼 극동지역에서도 대도시가 형성되어질 가능성이 높아졌다.

<표 10> 극동지역의 대도시와 인구 현황(기준: 2008년 1월)

| 도시 | 인구(천명) | 소속 주체 |
|---|---|---|
| 블라디보스톡市 | 578.8 | 연해주 |
| 하바롭스크市 | 577.3 | 하바롭스크 크라이 |

결국, 러시아 중앙정부의 극동지역 개발 정책으로 인해 동일 지역의 대표 도시인 블라디보스톡市와 하바롭스크市의 인구가 증대되어질 수 있을 것이며, 이와 동시에 보다 넓은 시장이 형성될 것이다. 극동지역에서 건설되는 석유화학 단지 등 다양한 산업시설들이 인구를 유입시키는 역할을 담당하게 될 것이다. 그리고 동시베리아의 에너지 자원이 블라디보스톡市 인근으로 집결되고, 이곳에서 유조선을 통해 아·태 국가로 수출된다. 동해의 중동부 지역을 거쳐 태평양으로 이어지는 유조선은 미국으로 향하게 되며, 동해를 타고 북한과 한국 그리고 일본으로 유조선이 순항하게 된다. 이러한 경제 활동은 블라디보스톡市를 중심으로 보다 넓은 시장이 형성됨을 의미한다.

## 5. 끝맺는 말

러시아의 《에너지 전략 2020》은 에너지 분야에 대한 국가역할 증대와 동시베리아 및 극동지역의 에너지 자원 개발에 보다 많은 관심을 가지도록 했다. 이와 함께, 에너지 수출 시장의 다변화를 모색하도록 했다. 러시아는 우랄·서시베리아 지역의 석유/가스자원 고갈 상황에 대비하여, 동시베리아 및 극동지역 개발에 보다 많은 관심을 가지지 시작했다. 극동지역을 포함하는 동부 시베리아 지역은 미개발 광구가 많으며, 매장량이 풍부할 것으로 전망되었기 때문에 새로운 개발 지역으로 주목받았다. 러시아는 《에너지 전략 2020》이 발표되는 2003년을 전후한 시기에 자원 개발에 필요한 막대한 자금을 외부로부터 조달하려 했고, 동북아 지역의 대표적인 에너지 소비국인 중국과 일본이 적극적인 입장을 보였다.

동시베리아에서 생산한 석유와 가스 운송을 위한 파이프라인 건설 사업에 중국과 일본이 경쟁적으로 뛰어들었고, 러시아는 아·태지역의 에너지 소비국들을 대상으로 하는 에너지 수출시장 다변화 전략으로 대응했다. 《에너지 전략 2020》의 연장선상에서 만들어진 《에너지 전략 2030》 역시 동시베리아에서 시작되는 에너지 파이프라인의 종착점을 블라디보스톡 인근으로 했다. 이와 함께 동시베리아의 타이셰트에서 극동의 나호트카로 연결되는 ESPO 송유관 건설 사업이 진행되고 있다. 2009년 12월 ESPO 송유관 중 1단계 구간과 블라디보스톡 인근의 코즈미노 원유수출 터미널이 완공되었다. 동시베리아에서 생산된 에너지 자원과 사할린을 비롯한 극동지역에서 생산된 에너지 자원이 이곳에서 아·태지역으로 수출되기 시작했다.

코즈미노 원유선적터미널 운영사인 Spetsmornefteport Kozmino社가 ESPO를 통해 수송된 원유의 대외수출을 담당하고 있다. Kozmino社는 코즈미노 터미널을 통해 2013년 1월~2월간 3백만톤의 ESPO원유를 일본, 중국 등 아·태 지역 국가로 수출했음을 밝히고 있다. 수출대상국별 비중은 일본 41.4%, 중국 24.1%, 필리핀 9.3%, 싱가포르8.4%, 한국 3.9%, 미국 3.5%, 타이완 3.4%, 인도네시아 3%였다.[46] 2014년으로 예정된 ESPO 2단계 구간 공사가 마무리되면, 보다 많은 에너지 물량이 아·태지역으로 수출되면서 역내 원유시장 벨트가 형성되어질 수 있다. 에너지 자원 매장량이 소비자의 욕구를 충족시켜 줄 수는 없겠지만, 러시아의 에너지 정책이 아·태 지향으로 변화되고 있음은 분명하다. 러시아의 에너지 정책이 동북아의 한 축을 담당하는 연해주 지역의 개발을 자극했고, 러시아를 거대한 아·태 시장으로 편입시키는 역할을 담당하고 있다.

결국, 러시아의 에너지 정책이 동부러시아를 개발하도록 자극하고 있다. 낙후된 사회간접자본 시설을 보수하거나, 새롭게 건설하도록 하고 있다. 그리고 이에 관련된 다양한 부대시설들이 들어서고 있다. 러시아의 에너지 정책이 동부러시아에 정유공장을 비롯한 에너지 관련 부대시설을 들어서게 만들면서 동일 지역이 발전될 수 있는 기회를 제공해 주고 있다. 이러한 사실은 동일 지역으로 보다 많은 인구 유입이 가능하도록 하고, 자연스럽게 대도시가 들어서게 만든다. 동부러시아는 더 이상 버림받은 땅이 아니라, 아·태지역 국가들과 함께하는 개발의 한 축으로 성장할 수 있게 되었다. 특히, 블라디보스톡 인근의 코즈미노 원유수출 터미널에서 유조선을 통해 아·태지역으로 에너지 자원이 수출되고 있다. 러시아가 동북아로 한 발짝 더 가까이 다가서고 있음을 의미한다.

---

[46] 2012년 코즈미노 터미널을 통해 총 16.3백만톤의 원유를 수출하였으며 주요 수출국은 일본(30%), 중국(25%), 미국(18%)이며, 한국, 태국, 필리핀 3개 국가로 약6백만톤의 원유를 수출했다. 2011년의 경우, 수출국 비중이 미국 27%, 일본 19%, 중국 18%였던 점을 감안한다면, 2012년 일본으로의 원유 수출물량이 전년대비 크게 증가되었다.

# 참고 문헌

고재남, "러시아 에너지 외교와 동북아," 기연수 편, 『러시아, 위대한 강대국 재현을 향한 여정』(서울: 한국외국어대학교 출판부, 2009).
삼성경제연구소 외, 『황금시장 러시아를 잡아라』(서울: 삼성경제연구소, 2007).
윤익중·이성규, "러시아-EU 에너지 갈등 연구: 공급국과 수요국의 입장에서," 『국가전략』 제15권 3호(2009).
이성규 외, 『러시아 에너지정책 변화 분석을 통한 한-러 에너지 협력방안 연구』(정책연구보고서, 2007.12) (서울: 에너지 경제연구원, 2007).
이성규 외, 『러시아의 에너지 자원 수출구조와 수출수송시스템 분석 연구』(동북아에너지연구 출연사업 정책연구사업 09-09) (서울: 에너지경제연구원, 2009).
이성규, "ESPO원유공급과 동북아지역 석유시장 형성 전망," 한국슬라브학회 2010년 추계 정기학술회의(9.30) 발표 논문.
이영형, "시베리아 공간의 지정학적 의미와 러시아. 지정학적 요소/분석단위를 중심으로," 『한국과 국제정치』 제20권 4호(2004).
이재영, "러시아 에너지 산업의 미래와 협력 방안," 고재남·엄구호 엮음, 『러시아의 미래와 한반도』(파주: 한국학술정보(주), 2009).
이종문, "러시아 경제의 에너지자원 의존과 네덜란드병 징후 분석," 『슬라브학보』 제25권 4호(2010).
조영관, "푸틴 시기 러시아 경제의 국가 부문 확대," 기연수 편, 『러시아, 위대한 강대국 재현을 향한 여정』(서울: 한국외국어대학교 출판부, 2009).
BP(2006), *Statistical Review of World Energy* (June 2006).
BP(2010), *Statistical Review of World Energy 2010* (June 2010).
Jonathan Stern, *The Future of Russian Gas and Gazprom* (Oxford: Oxford University Press, 2005).
Marshall Goldman, "Russian Energy: A Blessing and a Curse," *Journal of International Affairs*, Vol. 53, No. 1(1999).
Fiona Hill, "Moscow Discovers Soft Power," *Current History* (October 2006).
Bemard A. Gelb, "Russian Oil and Gas Challenges," CRS Report for Congress. January 3(2004).
*MosNews*, April 29, 2004.
*Financial Times*, November 3, 2008.
Roman Kupchinsky, "Russia: Putin's Former Colleagues Make up Today's Energy Team", *RFE/RL* (February 15, 2006).
Michael Fredholm, "The Russian Energy Strategy & Energy Policy: Pipeline Diplomacy or Mutual Dependence?" *Conflict Studies Research Center, Russian Series*

05/41 (September 2005).

*Vedomosti*, № 19, February 6, 2006.

Федеральная служба государственной статистики, *Регионы России. Основные характеристики субъектов Российской Федерации. 2007. Официалнльное издание* (Москва: 2007).

Федеральная служба государственной статистики, *Россия в цифрах. 2010: Краткий статистический сборник* (Москва: Росстат, 2010).

В.Гаганов, "Макроэкономический обзор по итогам 2009 года: Кризис как час расплаты," *Фонд Конструктивный Проект*. № 2010/1(Март 2010 года).

*Нефтькапитал*, 19 сентябрь, 2005.

http://minenergo.gov.ru/activity/energostrategy/pr_1.php(검색일: 2011년 2월 18일)

http://minenergo.gov.ru/activity/energostrategy/pr_2.php(검색일: 2011년 2월 18일)

http://minenergo.gov.ru/activity/energostrategy/pr_4.php(검색일: 2011년 2월 18일)

http://www.emerics.org/posts/postPrint/1/1257131/HR.do(검색일: 2011년 4월 22일)

## <별첨: 1> 동부러시아의 주체별 에너지 자원 생산 현황

### 1) 시베리아연방지구

| 연방 주체 | | 자원 | 1990 | 1995 | 2000 | 2001 | 2002 | 2003 | 2004 | 2005 | 2006 |
|---|---|---|---|---|---|---|---|---|---|---|---|
| 알타이 공화국 | | | | | | | | | | | |
| 부랴티야 공화국 | | 석탄[백만 톤] | 4.5 | 4.2 | 3.9 | 3.9 | 3.9 | 4.3 | 4.4 | 5.2 | 5.8 |
| 티바 공화국 | | 석탄[천 톤] | 1068 | 710 | 523 | 575 | 521 | 563 | 564 | 659 | 684 |
| 하카시야 공화국 | | 석탄[백만 톤] | 6.8 | 7.2 | 5.4 | 6.8 | 5.9 | 8.2 | 9.2 | 11.3 | 10.5 |
| 알타이 크라이 | | | | | | | | | | | |
| 크라스노야르스크 크라이 | | 석탄[백만 톤] | 52.3 | 32.1 | 40.2 | 38.7 | 33.8 | 37.9 | 32.7 | 36.6 | 38.0 |
| | 타이므르(돌가노-네네츠)자치구 | 석탄[천 톤] | 77 | 56 | 37 | 46 | 28 | 44 | 43 | 43 | 35 |
| | 에벤키 자치구 | 원유(가스 콘덴사이트 포함)[천 톤] | 4.6 | 108 | 51.6 | 45.8 | 56.3 | 59.1 | 63.4 | 55.1 | 77.1 |
| 이르쿠츠크주 | | 석탄[백만 톤] | 24.3 | 15.0 | 14.9 | 15.3 | 12.0 | 12.5 | 11.7 | 12.1 | 11.1 |
| | 우스트-오르다 부랴트 자치구 | 석탄[천 톤] | 148 | 131 | 126 | 105 | 93 | 99 | 64 | 76 | 65 |
| 케메로프주 | | 석탄[백만 톤] | 150 | 99.3 | 115 | 126 | 131 | 144 | 155 | 164 | 175 |
| 노보시비르스크주 | | | | | | | | | | | |
| 옴스크주 | | | | | | | | | | | |
| 톰스크주 | | 원유(가스 콘덴사이트 포함)[백만 톤] | 10.3 | 6.7 | 6.9 | 7.8 | 10.6 | 13.7 | 15.9 | 11.7 | 10.1 |
| | | 천연가스[백만㎥] | 201 | 122 | 2595 | 3720 | 4444 | 5264 | 5338 | 5041 | 4638 |
| 치타주 | | 석탄[백만 톤] | 10.0 | 12.5 | 13.2 | 14.3 | 10.5 | 12.2 | 9.2 | 8.6 | 9.2 |
| 아가 부랴트 자치구 | | 석탄[천 톤] | | 8 | - | 12 | 22 | - | 24 | 25 | 30 |

---

47) 연방주체별 에너지 자원 생산 현황은 아래 통계청 자료를 중심으로 정리되었음. Федеральная служба государственной статистики, *Регионы России. Основные характеристики субъектов Российской Федерации. 2007. Официалнльное издание* (Москва: 2007).

## 2) 극동연방지구

| 개별 주체 | 자원 | 1990 | 1995 | 2000 | 2001 | 2002 | 2003 | 2004 | 2005 | 2006 |
|---|---|---|---|---|---|---|---|---|---|---|
| 사하공화국 | 석탄[백만 톤] | 16.9 | 11.8 | 10.1 | 9.7 | 9.9 | 10.5 | 11.1 | 11.2 | 11.4 |
| | 원유(가스 콘덴사이트 포함)[천 톤] | 108 | 185 | 419 | 436 | 418 | 365 | 359 | 412 | 411 |
| | 천연가스[10억㎥] | 1.4 | 1.7 | 1.6 | 1.6 | 1.6 | 1.6 | 1.6 | 1.6 | 1.6 |
| 캄차트카 크라이 | 석탄[천 톤] | 17 | 27 | 37 | 44 | 53 | 41 | 42 | 21 | 47 |
| 코랴크 자치구 | 석탄[천 톤] | 17 | 27 | 37 | 44 | 53 | 41 | 42 | 21 | 47 |
| 연해크라이 | 석탄[백만 톤] | 15.9 | 10.8 | 10.4 | 9.0 | 10.8 | 11.0 | 10.7 | 11.0 | 10.6 |
| 하바롭스크 크라이 | 석탄[백만 톤] | 2.1 | 1.5 | 2.0 | 2.3 | 2.6 | 2.5 | 2.5 | 2.1 | 1.9 |
| 아무르주 | 석탄[백만 톤] | 6.7 | 4.7 | 2.1 | 2.7 | 2.5 | 2.6 | 3.1 | 3.6 | 3.4 |
| 마가단주 | 석탄[천 톤] | 1932 | 1470 | 675 | 637 | 617 | 551 | 499 | 519 | 416 |
| 사할린州 | 석탄[백만 톤] | 5.0 | 2.7 | 2.7 | 3.3 | 3.0 | 2.8 | 3.3 | 3.4 | 3.6 |
| | 원유(가스 콘덴사이트 포함)[백만 톤] | 1.9 | 1.7 | 3.4 | 3.8 | 3.3 | 3.2 | 3.5 | 4.0 | 6.2 |
| | 천연가스[10억㎥] | 1.8 | 1.6 | 1.9 | 2.2 | 2.1 | 2.0 | 1.9 | 2.0 | 2.2 |
| 유태인자치주 | 석탄[천 톤] | | | 15 | 57 | 128 | 110 | 134 | 116 | 86 |
| 추코트카 자치구 | 석탄[천 톤] | 1222 | 874 | 331 | 403 | 477 | 578 | 525 | 634 | 547 |

## 제4절. 야말-네네츠(Yamal-Nenets) 자치구의 개발과 지역 원주민의 고뇌*

### 1. 들어가는 말

러시아 중앙정부의 시베리아 지역 개발정책이 다양한 형태로 추진되고 있다. 시베리아 개발 정책의 중심에 에너지 자원이 있다. 에너지 자원 채굴 및 수출 시장 다변화 노선에 기초해서 개발정책이 추진되고 있으며, 에너지 관련 개발정책의 일환으로 관련 시설 및 사회간접자본 시설이 확충되고 있다. 지구 온난화 현상이 시베리아 북부(북극) 지역을 개발하도록 유도하고 있으며, 역시 그 중심에 에너지 자원이 있다.

지구 온난화 현상이 북극의 곰들로 하여금 삶을 위한 투쟁에 나서도록 하고 있다. 러시아 중앙정부의 북극권 개발정책이 활발히 추진되고 있으며, 이러한 과정에서 지역 원주들의 삶이 변화되고 있다. 시베리아의 북서부 지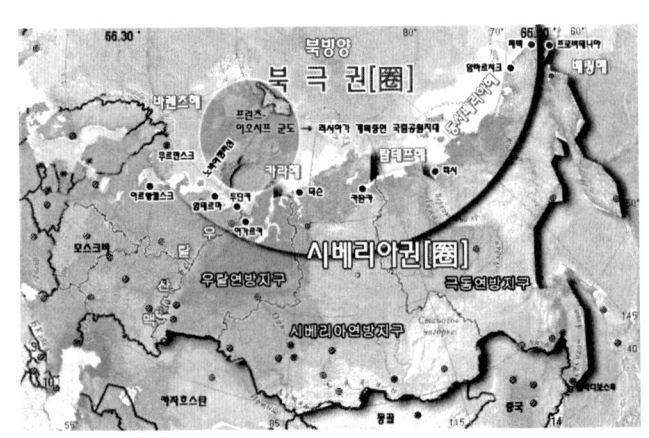

---

\* 본 글은 다음의 글을 요약 정리하였음. 이영형·정병선, 『러시아의 북극 진출과 북극해의 몸부림』 (서울: 엠애드, 2011).

역에 있는 야말[1] 반도(Yamal Peninsula)가 북극권 개발정책의 중심 무대들 중에서 중요한 한 곳으로 자리하고 있으며, 야말-네네츠 자치구(Yamal-Nenets Autonomous Okrug)가 그 중심에 위치해 있다.

모스크바에서 북동쪽으로 약2500㎞ 떨어진 툰드라 지대에 위치해 있는 야말-네네츠(Yamal-Nenets) 지역이 자원 개발로 몸살을 앓고 있다. 이와 함께, 순록(馴鹿)과 함께 살아 온 원주민 네네츠족의 생존이 위협받고 있다. 유전과 가스전에서 발하는 거대한 불기둥이 나딤(Надым)市 하늘을 밝히고 있다. 가조비키(газовики)와 네프챠니키(нефтяники)들이 지역 개발의 중심에 있다. 나딤市와 그 주변부는 북극해 개발의 전초기지이고, 자원 확보를 위한 전장으로 변하고 있다. 자원쟁탈전과 영유권 분쟁이 북극으로 전략폭격기, 핵잠수함, 대륙간탄도미사일(SLBM)이 날아들게 했다. 지상과 공중에서 울려 퍼지는 굉음에 놀란 순록 무리들이 무섭게 질주하는 모습이 보이기도 한다. 북극해의 소리 없는 전쟁이 New great game에 비유된다.

본 글은 시베리아의 야말-네네츠 자치구를 중심으로 북극권 개발정책의 문제점과 갈등구조 현상을 다룬다. 에너지 자원의 보고(寶庫)이자 북극해 쟁탈전의 전초 기지로 인식되고 있는 야말-네네츠 자치구(Yamal-Nenets Autonomous Okrug)를 분석하면서 논의가 시작된다. 그리고 북극권을 무대로 한 에너지 개발 경쟁, 북극해 영유권 확보 경쟁 등이 수세기 동안 잠자고 있던 북극의 얼음을 녹이고 있는 열기 현장을 찾아간다.

## 2. 야말-네네츠 자치구(Yamal-Nenets Autonomous Okrug) 개황

### 1) 야말-네네츠 자치구의 지리환경

#### (1) 자연지리 환경

야말-네네츠 자치구는 모스크바에서 북동쪽으로 약2500㎞ 떨어진 북극권 서(西)

---
[1] <야말>이라는 말은 네네츠어(語)로 '땅끝'이란 뜻이다

시베리아에 위치해 있다. 자치구의 중심지인 살레하르트(Салехард)市에서 모스크바까지의 거리는 2,436㎞이다. 영토 면적은 러시아연방 전체 면적의 4.39%에 해당되는 75만3백㎢이며, 2013년 현재의 전체 인구는 54만2천여 명이다. 인구 밀도는 약 0.7/㎢이다. 야말-네네츠 자치구의 서부는 우랄산맥의 동쪽 경사면을 이룬다. 자치구를 흐르는 주요 江은 옵(Обь)江2), 나딤(Надым)江, 타스(Таз)江, 푸르(Пур)江 등이다. 코미 공화국, 크라스노야르스크 크라이 등에 인접해 있으며,

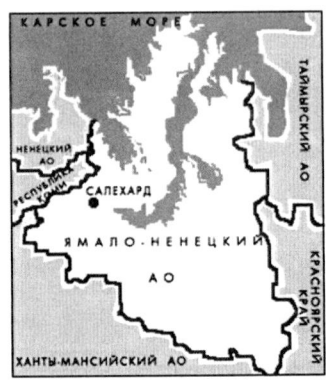

남부의 삼림지역을 제외한 나머지 4분의 3이 북극권에 속해 툰드라(tundra)로 덮여 있다.3)

　야말-네네츠 자치구의 겨울은 영하40도의 체감 온도를 느끼게 한다. 길거리에는 1m 이상의 눈이 쌓인다. 연중 260일 동안 눈이 땅을 뒤덮고 있다. 눈과 얼음 도시이다. 현지인은 곰과 순록 가죽으로 만든 옷과 신발을 착용하고 있다. 북극에 위치해 있는 이유로 인해 야말-네네츠 자치구의 겨울 날씨는 년간 182 ~ 224일이며, 1월의 평균 기온은 -22° ~ -26℃이다. 그리고 7월의 평균 기온은 +4℃ ~ +14℃이다. 겨울의 최저 온도가 -56℃를 기록하기도 했다.4) 야말-네네츠 자치구의 기온은 해마다 차이를 보이고 있지만, 2006년 1월 당시의 평균 기온은 -30.2℃였고, 7월의 평균 기온은 +13.4℃이었다.

　야말-네네츠 자치구는 네네츠 원주민이 수백 년 동안 자연 속에 묻혀 묵묵히 살아온 곳이다. 원주민 네네츠 족은 야말반도에서 수렵과 순록을 따라 유목생활을 하며 살아가고 있다. 모스크바에서 직선거리로 2400여㎞나 떨어져 있다. 약4시간 동안 비행기를 타고서야 도달할 수 있다. 야말-네네츠 유목민들은 순록을 신으로 숭상하고, 툰드라를 신비의 땅으로 여기며 살아왔다. 1m 50㎝ 정도 키의 네네츠 성인들은 햇볕이 없는 북극권에서 사는 사람들 특유의 핏기 없는 얼굴을 지니고 있다. 외모는 나이

---

2) 한국에서 명명되어 왔던 오비 강(Ob River; Obi River)은 러시아의 서시베리아 저지를 흐르는 강이다. 이 강의 러시아어 명칭은 옵(Обь)강으로 되어 있다. 따라서 오비가 아니라, 옵 강으로 명명하기로 한다.
3) 툰드라(tundra)란 최 고온의 달이 10℃ 이하이고, 식물의 생육기간이 60일 이하로 짧고 제한된 요인에 의해 큰 나무가 자라지 못하는 곳이다. 주로 작물의 키가 그 종(種)의 표준 크기에 비해 매우 작은 나무가 혼재한다. 식물은 지표가 녹아서 습지를 이루는 불과 2개월 동안 자란다. 낮은 구릉으로 배수가 잘 되는 땅에는 누운 향나무 등이 자란다. 이들 식물은 순록의 사료가 된다. 시베리아 북서부에 걸친 사모예드족(族), 시베리아 북동부의 추코트・코랴크족, 알래스카의 에스키모족 등은 툰드라에서 순록을 방목하면서 생활한다.
4) http://xn--80aealotwbjpid2k.xn--80aze9d.xn--p1ai/(검색일: 2013년 4월 3일)

에 비해 10년 이상 늙어 보인다.

   (2) 인문지리 환경
러시아의 다른 행정주체와 마찬가지로 야말-네네츠 자치구 역시 지방자치에 의해 운영되고 있다. 야말-네네츠 자치구는 자신

| 자치구 기(旗) | 자치구 문장(紋章) |
|---|---|
|  |  |

을 상징하는 기(旗)와 문장(紋章)을 가지고 있다. 기(旗)는 1996년 12월 9일 채택되었다. 문장(紋章)에는 북극 곰과 사슴이 선명하게 그려져 있다. 문장의 방패와 그 위에 씌워진 왕관을 두 마리의 북극곰이 받치고 있는 형상을 하고 있다. 그리고 푸른색 바탕에는 흰색 북부지방 사슴이 걷고 있는 모습이 묘사되어 있다. 검은 코와 검은 손톱의 흰색 북극곰은 은색으로 눈 덮인 얼음 위에 서있다.

지방자치는 1998년 12월 27일 야말-네네츠 자치구의 국가두마에서 채택된 헌장5)에 기초해서 실시되고 있다. 야말-네네츠 자치구의 최고 통치권자는 2010년 3월부터 주지사 활동을 시작한 코빌킨(Д.Н.Кобылкин)이다. 살레하르트(Салехард)市가 자치구의 중심지이고, 노야브리스크(Ноябрьск)는 자치구에서 가장 큰 도시이다. 기타 주요 도시는 노야브리스크, 노브이 우렌고이(Новый Уренгой), 나딤(Надым), 무라블렌코(Муравленко), 살레하르트(Салехард), 라비트난기(Лабытнанги) 등이다. 사람이 거주하기에는 매우 불편한 기후 조건을 가지고 있지만, 야말-네네츠 자치구의 전체 인구는 꾸준한 증가 추세를 보이고 있다.

<표 1> 야말-네네츠 자치구의 인구 증가 현황(매년 1월 1일 기준, 천명)

| 년도 | 2001 | 2002 | 2003 | 2004 | 2005 | 2006 | 2007 | 2008 | 2009 | 2010 | 2011 | 2012* | 2013 |
|---|---|---|---|---|---|---|---|---|---|---|---|---|---|
| 인구수 | 498 | 503 | 509 | 515 | 523 | 531 | 539 | 543 | - | 546 | - | 541.1 | 542.2 |

보기: * 2012년은 7월 1일 기준 인구임.

야말-네네츠 자치구의 인구 변화에 영향을 미치는 중요한 요인은 인구 유입 및

---

5) Устав(Основной закон) Ямало-Ненецкого автономного округа.

유출, 그리고 인구의 자연 성장률이다. 인구의 자연성장률이 높다. 사망자 수에 비해 출생자 수가 해마다 4,000명을 넘는 것이 보통이다. 예를 들어, 2007년의 경우 사망자 수가 2,937명이었고, 출생자 수는 7,700명이었다. 따라서 4,763명의 자연 성장이 있었다. 살레하르트(Салехард)市가 주도(州都)이기는 하지만, 다수의 인구는 노브이 우렌고이(Новый Уренгой)市와 나야브리스크(Ноябрьск)市에 거주하고 있다.

<표 2> 주요 도시별 인구 수(2007년 1월 1일 기준, 천명)

| 도시 | 인구(천명) | 도시 | 인구(천명) |
|---|---|---|---|
| 살레하르트(Салехард) | 40.3 | 노브이 우렌고이 (Новый Уренгой) | 117.0 |
| 나야브리스크(Ноябрьск) | 109.9 | 나딤(Надым) | 48.5 |
| 무라블렌코(Муравленко) | 37.0 | 기타 | |

야말-네네츠 자치구는 다양한 민족들이 자신들의 독특한 문화를 보존하면서 살아가고 있는 복합 문화 공간이다. 야말-네네츠 자치구에는 80여 민족이 함께 거주하고 있다. 토착 민족은 네네츠(Ненцы), 한티(Ханты), 셀쿠프(Селькупы)이지만, 이들 민족의 인구는 지역 내 소수에 불과하다. 러시아 민족이 절대 다수를 차지하고 있다. 주요 민족과 그 비율(%)은 다음과 같다.

<표 3> 민족구성 비율(%, 2002년 10월 9일 조사 기준)

| 민족 | 비율(%) | 민족 | 비율(%) |
|---|---|---|---|
| 러시아인 | 58.8 | 우크라이나인 | 13.0 |
| 타타르인 | 5.5 | 네네츠인 | 5.2 |
| 한티족 | 1.7 | 셀쿠프족 | 0.4 |
| 기타 민족 | 15.4 | | |

러시아연방에서 소수 민족인 네네츠족의 다수는 야말-네네츠 자치구 지역에 거주하고 있다. 2002년 통계 자료에 의하면, 러시아에 4만1,302명의 네네츠인들이 거주하고 있으며, 이들 중에서 27,000명이 야말-네네츠 자치구에서 생활하고 있었다.

## 2) 지역 원주민 네네츠(Nenets)의 삶

네네츠(Nenets)[6] 민족은 주로 북극해의 콜라 반도에서 타이미르 반도에 걸쳐 거주한다. 야말-네네츠 자치구에 다수가 거주한다. 야말-네네츠 자치구는 집단적으로 거주하는 네네츠 거주 지역이다. 네네츠족(유라크 사모예드족)은 시베리아에 살고 있는 여러 종족 중 가장

네네츠 아이들(http://www.google.co.kr/)

큰 종족이다.[7] 전통적으로 순록 유목민들이다. 네네츠인들은 북극해의 시베리아 해안을 따라 펼쳐진 툰드라 지역에 거주하고 있다. 이곳은 풍부한 가스와 유전이 있는 곳이다. 일부 네네츠족은 남쪽의 북극 산림지대에 살기도 한다.

전통적으로 네네츠인들은 샤머니즘을 숭배해 왔다. 보이지 않는 영혼의 세계를 믿는다. 그들은 무당이 인간과 영혼세계 사이의 중재자라고 믿었다. 소련시절 샤머니즘 전통이 억압을 받았기 때문에, 지난날의 전통이 많이 약화된 것은 사실이다. 그럼에도 불구하고 많은 네

순록을 따라 유목생활을 하며 살아가는 네네츠족

네츠인들은 여전히 과거의 종교에 연대감을 가지고 있다. 그들의 샤머니즘 신앙은 아직도 살아 숨 쉬고 있다.

네네츠족은 소비에트 통치기간 동안에 중앙 정부에 강력하게 저항해 왔고, 이러한 과정에서 많은 사람들이 희생되기도 했다. 소비에트 시절, 그들은 자신들의 생활양식

---

[6] 사모예드족, 유가기르족으로도 불린다.
[7] 사모예드(Samoyeds)라는 말은 네네츠, 에네츠족, 셀쿠프족, 응가나산족를 가리키는 말이다. 네네츠는 사모예드 사람의 일부를 말한다. http://ko.wikipedia.org/

을 바꾸도록 강요받아 왔다. 소련 정부가 네네츠인에게 의무교육을 시켜 왔지만, 적절한 의무교육을 받은 사람은 극소수이다. 네네츠인의 아이들은 가족들과 멀리 떨어진 마을의 기숙학교에 거주하면서 의무교육을 받았다. 도시의 아이들과 어울리지 못하는 경우도 많았다. 10년 동안 교육을 받고 나면, 아이들은 전통적인 생활양식과 자신들의 언어와 문화로부터 동떨어진 사고를 갖기도 한다. 이러한 모습은 2012년 현재에도 계속되고 있다.

순록과 함께하는 네네츠인(http://www.google.co.kr/)  냉기를 식혀주는 춤(Chum)(http://www.google.co.kr/)

북극의 툰드라를 지배하는 네네츠 원주민들은 100여명이 한 무리를 이루어 이동한다. 이들은 순록을 통해 이동한다. 그리고 이동 중에 휴식을 취한다. 휴식을 위해 이동이 멈추어지면, 장정 몇몇이 순식간에 거주지를 만든다. 긴 막대기를 기둥 삼아 순록 가죽으로 원추형 둘레를

정착지에서 잠시 휴식을 취하는 네네츠인

뒤덮은 <춤>(Chum, 이동식 천막)이라 불리는 천막을 세운다. <춤>을 설치하고 순록 무리를 가두는 네네츠인 남성들과 포대기에서 아이들을 꺼내는 여인들의 손길이 빠르게 이루어진다. 유목 행렬에는 갓난아이들도 예외가 아니다. 보통 60km를 이동한 뒤 잠시 휴식을 취한다. 여자들은 아이들을 <춤>으로 데려간 뒤, 난로에 불을 붙여 실내 온도를 높인다. 차를 끓이고 수프를 준비한다. <춤>에서 신비의 백어(白魚)로 불리는 <묵순>(현지 발음)으로 수프를 만드는 노인들도 바쁜 손놀림을 한다. 연중 유목을 하

는 이들은 순록을 따라 하루 60~200km를 이동하는 거친 툰드라 생활에 익숙하다. 이들은 휴식지에서 하루를 보낸 뒤, 다시 북쪽으로 행군을 계속한다.

네네츠 남자들은 전사(戰士)와 같다. 휴식지가 결정되면서 무리와 먼저 떨어졌던 남자들이 약250km 떨어진 옵강(Obi River) 발원지의 얼음을 깨고 낚은 물고기를 들고 <춤>(Chum)으로 찾아온다. <묵순>이라 불리는 40㎝~1m의 이 백어(白魚)는 북극해 인근에서만 잡힌다. 네네츠 여성 빅토리야 파나예프스카야(25)는 육질이 세상에서 가장 쫄

야말-네네츠의 신비한 백색 물고기

깃쫄깃하다고 했다. 유목민들이 <춤>을 설치한 곳은 야말-네네츠 자치구의 중심 도시인 나딤市 부근이었다. 하지만 행군을 멈춘 9시간이 오히려 더 바빠 보인다. 하루 종일 280km를 이동했다는 티모셰이(20)는 먹을 것과 생필품을 썰매로 나딤市로 향했다. 네네츠인들은 묵순을 1kg당 100루블에 도시민들에게 판매한다. 가족당 평균 200kg의 묵순을 판 목돈 2만 루블(약70만원)로 휘발유와 선글라스 등을 장만한다.

자치구 내 네네츠 유목민은 모두 4만5000명이다. 이들은 러시아 전역에 분포된 순록의 30%인 70만 마리와 함께 생활한다. 네네츠 전사(戰士)인 티모셰이 파나예프(37)는 도시가 개발되면서 북극해로 내몰리고 있지만 유목 생활은 네네츠인들의 유일한 생계유지 수단이라며 순록을 따라 유목하면서 순록 고기와 순록 젖을 내다 판다고 했다. 자치구 내

부족 대표들 간의 스포츠 경기

의 네네츠 부족들은 모두 모여 레슬링과 순록잡기, 순록 썰매 경주를 하며 부족 간 시합을 하는 축제를 즐기기도 한다.

북극권 지역에 거주하고 있는 대부분의 다른 민족들과 마찬가지로, 많은 네네츠인들이 알콜 중독으로 괴로워하고 있다. 그럼에도 불구하고, 의료 서비스는 미약한 실정

이다. 네네츠인들은 과거와 현재의 갈림길에 서 있으며, 유입되는 도시 문명에 조금씩 길들여져 가고 있다. 전통적인 생활양식을 고집하는 네네츠인들이 있기는 하지만, 유입되는 도시 문명을 멀리할 수 없는 상황으로 내몰리고 있다. 야말반도로 유입되는 도시의 문화/문명이 네네츠인들의 생활문화를 바꾸어 놓고 있다. 네네츠족은 더 이상 벌판을 돌아다니는 독립적인 순록 사육자가 아니며, 네네츠족 모두가 순록 사육자도 아니다. 일부의 남자들이 차례로 돌아가며 1500-2000마리의 순록 떼를 돌본다. 어부나 사냥꾼으로 일하는 경우도 있고, 지역에 들어선 다양한 기업체의 노동자로 살아가는 사람들도 있다.

야말-네네츠 자치구에 불어 닥친 외부 문명은 어느덧 그들의 생활상도 바꾸어 놓았다. 순록이 끌던 썰매는 스노 모빌(snow mobile)로 바뀌고 있으며, 유목민 중 도시에 정착하는 숫자도 갈수록 늘어 부족마다 위기감이 나돌고 있다. 에너지 개발은 이들의 순록 이동로를 잠식했다. <춤> 속에서 자작나무로 불을 지피던 네네츠인들은 "우리에겐 순록과 춤이 전부이고, 석유, 가스는 필요 없다"고 했다. 러시아의 에너지 개발은 북극해 주변에서 평생을 살아온 원주민 네네츠인들에게 생존의 위협이 되고 있다. 네네츠인들은 에너지 개발로 환경오염과 터전을 잃어가는 이중고에 시달리고 있다. 현지의 지나이다 담도바(53)는 "유전과 가스전이 개발되면서 러시아 정부는 배를 채우지만 우리에게 돌아오는 혜택은 없다"며 불만을 드러낸다. 드미트리 하룰랴(51) 네네츠인 민족대표는 "외지인들은 석유와 가스가 고갈되면 여기를 떠나겠지만, 네네츠인은 툰드라의 영원한 주인으로 남을 것"이라며 "무차별한 에너지 개발을 저지하겠다"고 했다.

### 3) 지역 경제의 질적 변화

#### (1) 어업과 수렵의 경제

야말-네네츠 자치구의 원주민인 네네츠 족이 살아 온 삶의 방식을 추적하면 지역의 경제활동이 어떻게 시작되었는지 알 수 있다.8) 이들은 북부 러시아와 서시베리아의 북쪽 변방에 퍼져 있는 툰드라 지대와 예니세이 강 중류지역 이북의 타이가 삼림지대에 사는 사모예드계 민족이다. 툰드라 지대에서 유목형 순록(馴鹿) 사육에 종사하

---

8) 현재의 야말-네네츠 자치구 땅에 사람이 살기 시작한 것은 중석기 시대로 거슬러 올라간다. 청동(靑銅)기, 기원전 3천년에 옵(Обь)강과 타즈(Таз)강 연안에 어업과 수렵을 위해서 최초로 사람이 나타났다. 기원전 1천년 말 ~ 2천년 초, 남부지역으로부터 동일한 지역으로 사슴을 사육하는 민족들이 이주해왔다.

는 툰드라 네네츠와 타이가의 수렵과 어로 민족인 삼림 네네츠로 크게 구분된다. 툰드라 네네츠는 순록 떼를 몰고 유목생활을 하며, 생활방식은 전적으로 순록에 의존한다.9) 순록사육, 수렵과 어로가 지역 주민들의 주된 생활방식이었으며, 여기에서 삶에 필요한 에너지를 충당한다. 그리고 순록모피로 만든 옷 마리차(Maritsa)는 혹독한 한랭 기후를 이겨낼 수 있는 주요한 수단이다.

자연과 함께 생활하던 이곳으로 순록 모피를 상품화하려는 외지인들이 들어오기 시작했다. 러시아인들이 야말 땅에 들어가기 시작한 시기는 11세기부터이다. 점차적으로 야말 지역에 상인들이 출현하기 시작했다. 그리고 1502년부터 영토팽창 정책을 추진하던 모스크바 공후에 의해 함락되었고, 1730년에 안나 이바노브나(Анна Иоановна) 여제의 명령에 의해 동일의 외곽지대에 요새가 구축되었다. 그리고 다양한 형태의 무역이 나타나기 시작했다. 20세기 초반에는 어업 무역이 발달하였다.

1917년 러시아 혁명에 의해 사회주의 정권이 들어섰지만, 야말-네네츠 지역에 직접적인 영향이 미친 것은 그로부터 10년이 지나서였다. 1926년에 최초의 지방 소비에트 대의원들이 선출되었고, 1930년에 중앙정부가 네네츠 인을 위해 자치구를 결성했다. 야말-네네츠 자치구(이전, 야말-네네츠 민족구)는 1930년 12월 10일 형성되었다. 그러나 야말-네네츠 지역이 독자적인 행정 단위로 성장하지는 못했다. 다른 행정구역의 일부로 존재했었다. 최초에는 우랄州(Уральская область), 차후에는 옴스크州(Омская область)에 소속되었다. 그리고 1944년 튜멘州(Тюменская область)의 형성과 동시에 동일州에 소속되어졌다. 야말-네네츠 자치구가 주변의 행정 단위체에 소속되기는 했지만, 어업을 중심으로 다양한 산업이 발달되기 시작했다.

야말-네네츠 자치구에서 가스 및 석유산업이 시작되면서 지역 경제의 성격이 변화되기 시작했다. 1960~70년대에 메드베지예(Медвежье)를 비롯한 다양한 지역에서 가스 및 원유 산지가 발견되면서 본격적으로 개발 사업이 시작되었다. 특히, 야말-네

---

9) 순록(馴鹿)은 사슴과의 동물이다. 아시아·유럽·북아메리카의 북극지방에 서식하는 동물로 유목민에 의해 사육되거나 길들여져 왔다. 순록은 북극권 주변의 툰드라 지대와 타이가 지대에서 사육 가능한 유일한 대형 짐승이다. 썰매를 끌거나 짐과 사람을 운반하기도 한다. 젖은 음료·유제품으로 가공되기도 한다. 가죽은 의복이나 텐트의 재료가 되고 뼈와 뿔은 골각기의 재료, 힘줄로는 끈을 만드는 등 이용 범위가 매우 넓다. 현재에도 순록의 방목은 북극권 주변지역의 주요 산업이다. 툰드라 순록의 몸은 작은 편이고 다리가 짧다. 털은 길고 부드럽다. 노르웨이 북부에서 시베리아 북부의 툰드라, 알래스카·캐나다 북부, 북극해의 여러 섬, 그린란드의 서안에 분포한다. 대부분 봄·가을에 큰 무리를 지어 장거리 계절 이동을 한다. 이동거리는 600-800km인데, 1년의 이동거리가 1,900-2,400km에 달한 예도 있다. 삼림 순록의 몸집은 크고 다리가 길다. 털은 짙은 밤색이다. 핀란드에서 시베리아 중남부, 캄차카 반도의 남반부, 아무르 유역, 사할린과 캐나다·뉴펀들랜드 등에 분포한다. 침엽수림에 서식하며, 장거리 계절 이동은 하지 않는다. http://ko.wikipedia.org/

네츠 자치구에 있는 우렌고이(Уренгой)를 비롯한 몇몇 지역에 상당량의 천연가스가 매장된 것으로 알려지면서 개발 사업에 더욱 더 활기를 띠기 시작했다. 이러한 개발 사업과 함께, 1980년대 초 수르구트-우렌고이간 철도 및 가스관이 부설되었다. 이러한 과정을 거치면서, 러시아 중앙 정부와 에너지 개발 업자들 사이에서 나딤(Надым), 노보이 우렌고이(Новый Уренгой), 타르코-살레(Тарко-Сале), 나야브리스크(Ноябрьск) 등의 지역들이 회자(膾炙)되기 시작했다.

1990년을 전후한 시기까지 야말-네네츠 지역에서 가스 및 원유산지가 개발되고 있었지만, 지역 주민들의 주된 생활 수단은 고기잡이와 순록, 그리고 모피동물 사육이었다. 지역의 주요 수산물은 철갑상어, 송어, 붕장어와 연어 등이다. 그리고 이와 관련된 어류 가공 및 통조림 제조업이 가동되기도 했다. 관련 업체에서 고용 노동자로 근무하는 경우가 점차적으로 늘어나기 시작했다. 혹한의 추위가 엄습하고 있지만 감자와 양배추가 재배되기도 하며, 삼림지역에서는 벌목이 이루어지기도 한다. 지역내 산업구조가 다양화되면서, 주민들의 전통적인 생활 방식이 조금씩 변화되기 시작했다.

(2) 에너지 자원에 의존되는 지역 경제

야말-네네츠 자치구에서는 가스와 원유 채굴 외에 농업, 어업, 모피업, 짐승사육, 그리고 사슴사육 등이 이루어 졌다.10) 야말-네네츠 자치구의 농업은 매우 저조하다. 농업을 위한 토양 조건이 좋지 않을 뿐더러 기후도 농작물 재배에 적절치 않다. 야말-네네츠 자치구의 농업에서 상대적으로 많이 생산되고 있는 것은 감자와 채소이고, 사료용 식물도 재배된다. 그러나 경쟁력을 갖는 곡물이나 특용작물은 거의 재배되지 않고 있다. 그리고 야말-네네츠 자치구의 남부와 강의 연안에는 시베리아 활엽수와 전나무, 서양 삼나무 등이 서식되고 있다.

야말-네네츠 자치구에서 생산되는 주요 에너지 자원은 원유와 가스 등이며, 지역 경제를 이끌어 가는 분야 역시 연료에 관련된 산업이다. 야말-네네츠 자치구의 경제 활동은 가스 및 원유 채굴과 관련된 산업에 직접적으로 연결된다. 산업구조에서 연료 공업이 93.8%를 차지하고 있다. 연료 공업은 가스 생산이 56.3%를 차지한다. 채굴된 가스의 운송은 가스프롬(Газпром)에 의해 이루어지고 있다. 야말-네네츠 자치구의 가스 채굴은 전체 러시아 대비 90%를 차지하며, 원유는 약12%를 생산하고 있다. 주

---

10) 야말-네네츠自治區에는 석유와 가스 이외에도, 금, 납, 여러 종류의 희귀한 대리석, 인회토, 중토, 석회석 등이 있고, 유색 및 희귀 금속인 보크사이트, 구리, 크롬철광, 구리 몰리브덴, 구리 아연광, 철광 등이 있다.

요 생산 지역은 하딤市와 노보이 우렌고이 市을 들 수 있다. 이들 지역 외에, 다량의 가스가 매장된 것으로 탐사되면서 개발되고 있는 곳도 76개 산지에 이른다. 이들 중에서 큰 가스 산지로 주목받고 있는 곳은 크루젠시체른스크와 南탐베이스크, 그리고 北탐베이스크 등지이며, 총 가스 축적량의 약 30% 정도에 이르는 것으로 추정된다. 석유는 나야브리스크市에 있는 홀모코르스크와 수토린스크 매장지에서 대부분이 채굴된다.

야말-네네츠 자치구의 약3,600개 지역에서 매장이 유력해 보이는 석탄층이 발견되었고, 이중에서 40개 정도는 석탄과 함께 가스가 매장되어 있을 것으로 추정되고 있다. 추정량은 약1,000억 ㎥이다. 또한 약30개 정도에는 석유가 있을 것으로 알려지고 있으며, 그 양은 약3,000만 톤으로 추정된다. 야말-네네츠는 에너지 천국이다. 영하 40도에서도 쉼 없이 계속되는 북극권 에너지 개발 현장은 중동의 영상 40도 보다도 더 진행형이다. 2006년을 기준으로, 야말-네네츠 자치구는 러시아 전체 천연가스 생산의 87.1%, 원유의 10.1%를 담당했다. 야말-네네츠 자치구가 내놓은 자료에 의하면, 2010년을 전후한 시기에 국가 전체 천연가스의 91%(전세계의 23.7%)와 러시아의 원유 및 가스콘덴사이트의 14% 이상이 채굴되었다.

<표 4> 야말-네네츠 자치구의 에너지 자원 생산 현황

| 자원 | 1990 | 1995 | 2000 | 2001 | 2002 | 2003 | 2004 | 2005 | 2006 |
|---|---|---|---|---|---|---|---|---|---|
| 원유(가스콘덴사이트 포함)[백만 톤] | 59.4 | 32.4 | 32.0 | 36.3 | 43.4 | 49.1 | 53.0 | 50.8 | 48.4 |
| 천연가스[10억㎥] | 545 | 527 | 510 | 506 | 519 | 540 | 552 | 558 | 572 |

2010년 1월 1일 현재, 야말-네네츠 자치구에서 232개의 탄화수소 자원 산지가 문을 열었다. 밝혀진 최초 보유량은 가스 58조 6870억 ㎥이며, 채굴되어진 원유는 53억8천7백만 톤이다. 그리고 콘덴사이트는 20억3천8백만 톤에 달했다. 발표 기관

및 시기에 따라 조금씩 차이는 보이고 있지만, 야말 지역에서 국가 전체 천연가스의 평균 85%, 원유 및 가스콘덴사이트의 약15% 정도가 생산되는 것으로 파악되고 있다. 2011년에 야말-네네츠 자치구 영토에서 실질적으로 채굴(채취)된 탄화수소 원료는 86개 산지에서 32개 기업에 의해 행해졌다. 그 정도는 다음과 같다.

<표 5> 2011년 야말-네네츠 자치구의 에너지 자원 생산

|  | 채취량 | 전년(2010) 대비 % |
|---|---|---|
| 가스 | 409,233.600 백만 m³ | 105 |
| 원유 | 17,233.262 천 톤 | 94 |
| 콘덴사이트 | 8,461.929 천 톤 | 110 |

　원유 채굴은 54개 산지에서 15개 기업이 참여했다. 자치구 전체 원유 채굴의 62%에 달하는 10,704.340 천 톤 이상을 «가스프롬»(Газпром)에 의해 채굴되었고, «로스네프트»(Роснефть)는 자치구 전체의 29%에 달하는 5,050.147 천 톤의 원유를 채굴했다. 그리고 기타 원유 채굴 기업이 9%(1,478.775천 톤)를 채굴했다. 가스는 86개 야말지역 산지에서 32개 기업체가 채굴에 참여했다. 2011년 10월 1일 당시 «가스프롬» 자매회사가 자치구 전체 채굴의 85%에 달하는 346,888.361 백만 m³의 가스를 채굴했다. 기타 기업체는 지역내 전체 채굴량의 15%인 62,345.239 백만 m³의 가스를 채굴했다. 그리고 가스 콘덴사이트의 채굴에는 23개 산지에서 17개 기업체가 참여했다. 대표적인 기업은 2011년 10월 1일 당시 자치구 전체 채굴량의 65.1%에 해당되는 5,507.256천 톤의 콘덴사이트를 채굴한 OAO «가스프롬»이었다. 그리고 OAO «노바텍»(НОВАТЭК)에 의해 채굴된 콘덴사이트 몫은 전체의 24.6%(2,082.915천 톤)이었고, ЗАО «로스판 인터네셔날»(Роспан Интернешнл) - 5.9%(495.587천 톤), OAO «НК «로스네프트»(НК «Роснефть») - 2.2%(182.470 천 톤) 등이었다. 기타 기업체가 채굴한 가스 콘덴사이트는 자치구 전체에서 생산된 량의 2.3%인 193.701천 톤이었다.11)

　야말-네네츠 자치구의 에너지 자원이 지역 경제를 이끌어 가는 원동력이다. 중앙정부로부터의 보조금 없이 지역 행정이 가능할 정도이다. 2007년 1월, 러시아 지역개발부는 전체 연방 주체들 중에서 연방 보조금으로부터 자유로울 수 있는 몇몇 주체를

---

11) http://xn--80aealotwbjpid2k.xn--80aze9d.xn--p1ai/ (검색일: 2013년 4월 3일).

발표했다. 개별 주체의 예산에서 중앙 정부로부터 1% 미만의 연방보조금을 받고 있는 주체는 한티-만시스크 자치구와 야말-네네츠 자치구 밖에 없었다. 러시아연방의 개별 행정 주체들 중에서 재정 자립도가 가장 높은 주체임을 의미한다.

<표 6> 개별 행정주체의 재정자립 정도(조사 기간: 2006년 1~10월)

| 주 체 | 주체예산에서 연방의 재정지원 정도(%) | 재정자립 순위 | 소속 연방지구 |
|---|---|---|---|
| 한티-만시스크 자치구 | 0.08 | 1 | 우랄 |
| 야말-네네츠 자치구 | 0.97 | 2 | 우랄 |
| 듀멘주 | 1.15 | 3 | 우랄 |
| 네네츠 자치구 | 1.42 | 4 | 북서부 |
| 모스크바 시 | 2.39 | 5 | 중앙 |
| 사마르주 | 4.31 | 6 | 볼가 |
| 페름 크라이 | 5.03 | 7 | 볼가 |
| 상트-페테르부르그 시 | 5.30 | 8 | 북서부 |
| 코미 공화국 | 5.32 | 9 | 북서부 |
| 리페츠크주 | 5.49 | 10 | 중앙 |

야말-네네츠 자치구의 높은 재정 자립도는 지역내 에너지 자원 개발과 직접적으로 관계된다. 에너지 자원이 지역 경제를 이끌어가는 원동력이다. 그리고 에너지 자원뿐만 아니라, 지역 개발을 위한 다양한 정책들이 추진되고 있다. 대표적인 개발 관련 문건은 2009년 5월 12일 러시아연방 대통령 명령 제536호 «러시아연방에서의 전략적 계획의 기초에 관하여»에 따라 만들어진 «야말-네네츠 자치구 사회경제 발전전략 2020»[12]이다. <발전전략 2020>은 교통, 에너지, 농업, 산림, 환경 등 다양한 영역에서의 지역 개발을 목적으로 한다. 상기 전략에 따르면, 자치구는 천연가스 등과 같은 탄화수소 자원의 세계적인 기지이다.

---

12) «СТРАТЕГИЯ социально-экономического развития Ямало-Ненецкого автономного округа до 2020 года».

## 3. 야말-네네츠 지역의 자원 개발 현장

### 1) 밤의 공화국으로 변하는 나딤(Надым)市

야말-네네츠 자치구에 나딤(Надым)市가 있다. 겨우내 영하 40℃를 넘나드는 혹한지이다. 인구가 5만 명에도 미치지 못하는 소도시이다. 사방이 호수 천지라 한여름에도 외부에서 접근이 쉽지 않다. 그런데 이곳으로 외지인들이 들어오면서 개발의 진통을 겪고 있다. 나딤市 주변에 거대한 불기둥이 솟아나는 유전과 가스전이 있다. 러시아 루코일(Lukoil)사가 운영하는 유전 지대와 가스프롬(Gazprom)이 운영하는 가스전 등 에너지 개발 현장이다. 거대한 불기둥이 곳곳에서 하늘로 치솟는다. 북극권이 더 이상 잠자는 빙토(氷土)가 아니다. 러시아에게는 북극해 개발의 전초기지이고, 주변국에는 자원 확보를 위한 전장으로 변하고 있다.

루코일(Lukoil)사는 2001년부터 이곳에서 원유를 생산해오고 있다.13) 연간 100만t의 원유가 생산되는 이곳에는 6MW 전기를 생산하는 발전소와 석유 저장소, 송유관으로 원유를 내보내는 펌프시설이 갖춰져 있다. 루코일(Lukoil)사의 유전을 관리하고 있는 이반 비트코(47)는 "지하 3000m에서 원유를 끌어올리고 있다"며 "원유는 곧바로 정제해서 600㎞ 이어진 송유관을 통해 저장소에 보내거나 송유관을 통해 수천㎞ 떨어진 유럽으로 수출된다."고 했다.

유전지대 인근에 가스프롬의 천연가스 압축기지가 있다. 직경 1200~1400㎜짜리 대형 가스관을 통해 유럽으로 가스를 보내고 있는 에너지 공급 창이다. 2005년 초 우크라이나로 향하는 가스 공급을 중단하며 유럽을 공포에 몰아넣은 가스기지였다. 니콜라이 코로셀료프(56) 기지장은 가스 압축시설을 공개하면서 "표준기압 수치 75를 유지하고 있다"며 "이곳에서 가스 압을 떨어뜨리면 유럽으로 향하는 가스 공급은 감소된다."고 했다. 러시아가 한겨울에 가스 압을 낮추면 유럽은 얼어붙는다는 것을 의미하는 의미심장한 말이다. 그야말로 러시아가 핵무기 아닌 가스 밸브 하나만으로 유럽을 지배하고 있는 셈이다.

나딤(Надым) 지역은 1970년대 초반까지만 해도 오지였다. 유전·가스전 발견과

---

13) 루코일(Lukoil)은 1991년 소련 각료회의의 결의안에 의해 출범한 국영석유회사로 소련 해체 후 민영화 과정에서 지분이 14% 정도로 축소되었고, 최근에는 더 감소되었다. Lukoil은 크렘린의 지원을 받으면서 국제사업에 뛰어들고 있다. Lukoil은 러시아 석유 생산의 19%, 러시아 석유정제능력의 19%를 가진 세계적인 석유회사로 국영기업은 아니지만 크렘린과 비공식적인 긴밀한 관계를 유지하고 있다.

함께 도시가 형성되었지만, 낙후된 시추·채굴 환경으로 보잘 것 없는 도시로 취급받았다. 하지만 유가가 폭등하자 러시아 정부가 지난 5년 동안 유전·가스전 개발에 집중 투자하면서 이곳은 러시아를 움직이는 에너지 심장부가 되었다. 작은 관목과 호수만 있던 산지 벽촌에 아파트가 들어섰고, 호수 주변으로 도시가 형성되었다. 타마라 아야비요바(42) 市행정실 직원은 "나딤은 가스·원유 개발이 시작되면서 순식간에 튜멘 등 시베리아 여러 도시에서 노동자들이 몰려들었다"며 "많은 시민들이 원유·가스와 관련된 업종에서 일하고 있다"고 했다. 市의 평균 노동자 임금은 900유로 이상으로 러시아에서 모스크바 다음으로 높다는 다소 과장된 자랑거리를 펼쳐놓기도 한다.

나딤(Надым)을 비롯한 서시베리아 지역은 세계 1위의 가스 매장량(47조㎥), 세계 6위 원유 매장량(99억t)을 가진 자원 대국 러시아에서 가스 생산량의 90% 이상, 원유 매장량의 상당 부분을 담당하는 막강 파워를 자랑한다. 이곳에서 생산된 원유의 80% 이상이 유럽으로 수출되고 있다. 그리고 유럽은 전체 천연가스 소비량의 25%를 이곳에서 공급받고 있다. 러시아는 2005년 하루 석유 생산량 940만 배럴로 사우디아라비아에 이어 2위를 차지하며 산유국 입지를 다지기 시작했다. 러시아를 산유국으로 부각시키는 지역이 서시베리아 지역이며, 야말-네네츠 자치구가 그 중심에 있다. 야말-네네츠 자치구는 러시아 북극권 자원 개발의 중추에서 북극해 자원 쟁탈전의 전진기지로 탈바꿈되고 있다.

2) 가조비키(газовики)와 네프챠니키(нефтяники)

야말-네네츠는 거대한 에너지 공급 기지이다. 나딤시 상공 헬기에서 바라본다면, 유전과 가스전이 시야를 가득 채운다. 대형 특수 크레인과 시추장비, 대형 파이프 보관 창고 등이 끝없이 펼쳐져 있다. 이곳에서 유럽까지 이어지는 수십 개의 파이프라인은 아득히 지평선 너머로 꼬리를 감추고 있다. 직경 1200~1400㎜짜리 대형 가스관도 사방으로 어지럽다.

코빌킨(Д.Н.Кобылкин) 주지사에 따르면, 이곳은 가조비키(газовики, 가스업 종사자들)와 네프챠니키(нефтяники, 석유업계 종사자들)가 개발하고 있다. 제정러시아 시대 황제의 명령을 받아 국경을 확장했던 코사크14)인과 같이, 가조비키와 네프챠니

---

14) 러시아의 영토팽창은 이반Ⅳ세부터 시작되었다. 러시아는 주변의 이민족을 차례로 복속시켰고, 1583년 경에는 코사크족의 예르막(T.Ермак)을 앞세워 대부분의 시베리아를 러시아 영토에 편입시켰다.

키들이 에너지 개발이라는 대통령 특명을 받고 활약하는 21세기 첨병이다. 가조비키는 세계 최대 가스회사 가스프롬 출신들을 두고 하는 말이다. KGB와 내무부 같은 권력부서 출신들이 집권하면서 나왔던 신조어 실로비키(силовики)를 빗댄 말이다. 당시 푸틴 총리가 실로비키의 대부(代父)라면, 가스프롬 출신인 메드베제프 대통령은 가조비키의 리더 격이다.

러시아의 자원개발 전선(戰線)은 야말-네네츠에 멈추지 않고 북극해 대륙붕과 해저로 뻗어가고 있다. 2007년 북극해 심해에 러시아 국기를 꽂으면서 에너지 개발 야심을 감추지 않았고, 에너지 확보를 위한 영유권 전쟁에도 뛰어들었다. 드미트리 치호프(42) 야말-네네츠 행정실 정치과학 담당관은 "지구 온난화와 첨단기술 개발로 에너지 개발 권역이 점차 북상하고 있다"고 했다. 이곳의 가조비키(газовики)와 네프챠니키(нефтяники)는 지금 북극해로 떠나는 에너지 노마드(nomad)를 자처하고 있다.15)

야말-네네츠 지역의 진주를 찾아 헤매는 가조비키(газовики)와 네프챠니키(нефтяники)들은 러시아 중앙정부에서 길러낸 에너지 탐험 및 개발자들이다. 에너지 정책에 대한 국가 통제가 강화되고 있기 때문에, 민간인의 탐사 및 개발은 사실상 인정되지 않으며 국가에 의해 선택된 요원들만이 그 자격을 부여받고 있다. 따라서 국영 가스회사인 가스프롬(Gazprom), 국영 석유회사인 로스네프트(Rosneft), 국영 파이프라인회사인 트란스네프트(Transneft)의 요원들이 그들이다.

러시아의 대표적인 국영 에너지 회사인 Gazprom은 세계 천연가스 생산량의 20% 이상을 담당하면서 가스관을 통해 EU회원국을 비롯한 수많은 국가에 천연가스를 공급해오고 있다. 그리고 국영 석유회사인 Rosneft는 러시아내에서 석유와 천연가스의 탐사 및 생산을 담당한다. Rosneft는 정유공장도 운영하고 있다. 푸틴의 측근인 세친(I.Sechin)이 Rosneft의 회장을 맡고 있다. 최근에 유간스크네프트가즈(Yuganskneftegaz)를 인수하기도 했다. 송유관 회사인 Transneft은 1992년 정부령에 의해 창설된 회사로 세계에서 가장 긴 송유관, 즉 약5만km의 송유관을 소유하면서 러시아 석유 운송의 99.6%를 담당하고 있다. 그리고 Lukoil16)은 크렘린의 지원을 받으면서 국제 사업을 추진하고 있다. Lukoil은 러시아 석유 생산의 19%, 러시아 석유 정제능력의 19%를 가진 세계적인 석유 회사이다. Lukoil이 국영 기업은 아니지만 크렘린과 비공식적인 긴밀한 관계

---

15) 노마드(nomad)는 유목민, 유랑자를 뜻하는 용어로 프랑스의 철학자 들뢰즈(Gilles Deleuze)가 그의 저서 ≪차이와 반복≫(1968)에서 노마드의 세계를 '시각이 돌아다니는 세계'로 묘사하면서 철학적 개념으로 자리 잡은 용어이다. 네이버 백과사전
16) 루코일(Lukoil)은 1991년 출범한 국영 석유회사였지만, 소련 해체 이후 민영화 과정을 걸어왔다.

를 유지해 오면서 북극을 포함하는 시베리아 지역의 에너지 사냥에 뛰어들었다.

### 3) 초대형 에너지 기업의 개발 경쟁

미국 로스앤젤레스 캘리포니아 주립대(UCLA)의 로렌스 스미스 교수는 최근 저서 『2050년의 신세계』에서 북극권 툰드라지대는 자원 공급의 새로운 전초 기지이자 글로벌 경제 허브로 떠올라 기존과 다른 새로운 북부로 건설될 것이라고 주장했다. 러시아 북극해 주변 야말-네네츠 자치구는 이미 그가 주장하는 논리의 중심에 서 있다. 노브이 우렌고이(Новый Уренгой) 등 툰드라의 도시들은 스미스 교수가 지적한 북극권 개발의 현장이자 북극해 쟁탈전의 중심지이다.

야말-네네츠의 행정수도 살레하르트와 나딤, 노브이 우렌고이 등 주요 도시는 <가스프롬(Gazprom) 공화국>, <로스네프트(Rosneft) 공화국>, <루코일(Lukoil) 공화국> 등으로 불리고 있다. 가스프롬과 로스네프트, 루코일 등 러시아 초대형 에너지 기업들이 도시를 지탱하고 있기 때문이다. 에너지 개발로 도시 모습이 갖추기 시작했고, 에너지 수출로 도시 재정이 확보되고 있다. 그리고 주민들의 대부분은 석유와 가스관련 업체에 종사하고 있다.

나딤市 상공에서 바라본 가스프롬의 가스전 건설 현장

2010년 11월 29일 노브이 우렌고이(Новый Уренгой)에 눈이 폭우처럼 쏟아졌다. 도심 한복판에는 여전히 레닌 동상이 우뚝 서 있다. 이곳은 30여 년 전만 해도 수렵과 목축 그리고 순록을 따라 유목하는 네네츠인 등 원주민 세상이었다. 하지만 1970년대 초 가스전과 유전이 잇따라 발견되면서 문명의 공격을 받았다. 에너지 개발은 환경변화를 가져왔고, 지역 원주민의 생존을 위협하기 시작했다. 네네츠 여인 라리사 디야코바(53)는 "네네츠인들은 이곳에서 북으로 내몰렸다"며 "유목민 대신 에너지 맨들이 이곳을 장악하면서 새로운 도시가 형성됐다"고 했다. 순록을 몰고 다니는 유목민이 아니라 에너지를 찾아다니는 에너지 유목민 세상이 된 것이다.

야말-네네츠에 있는 주요 도시의 관공서 건물과 거리 담벼락에는 <러시아! 전진!

(Россия! в перед!)>이라는 구호들이 내걸려 있다. 이 구호는 2000년 푸틴 정부가 등장한 뒤 <강한 러시아>를 표방하면서 사용해온 러시아 재건의 상징이었다. 하지만 지금은 시베리아 최북방에서 에너지 맨들의 자부심을 고취시키는 상징으로 자리 잡고 있다. 야말-네네츠는 가는 곳마다 출입 허가증을 받아야 했고, 경찰들은 외지인들의 비자와 여권을 수시로 확인했다. 에너지 전략 기지로 선정된 뒤 외지인을 철저히 차단하는 등 아직도 소비에트 시대를 연상시키는 검문검색이 계속되고 있다.

야말-네네츠는 빙토(氷土)에서 유전·가스전으로 변하고 있다. 도심 외곽에 <우렌고이 가스전>이 있다. 1978년 가스전 개발이 시작된 뒤 30여 년 동안 하루도 빠짐없이 24시간 가스를 생산하면서 야말-네네츠 최대의 가스전 명성을 유지해 왔다. 500여명의 직원들은 15명씩 조를 이뤄 24시간 가스 밸브의 압력을 확인하고 있다. 이 가스전의 두브 보치간(54) 사장은 야말의 가스는 러시아를 넘어 세계의 에너지라며 러시아를 알려면 가스프롬을 알아야 하고, 가스프롬을 이해하려면 야말을 이해해야 한다고 했다.

노브이 우렌고이(Новый Уренгой)에서 북쪽으로 약300㎞ 떨어진 타르코-살레는 유목민 네네츠인들의 집단 정착지가 조성되고 있는 곳이다. 이곳에서 북극해까지 거리는 불과 200㎞ 남짓이다.17) 유목민들은 석유와 가스전이 개발되기 전에는 북극해 연안 카라해에서 600㎞ 남쪽까지 순록 루트를 따라 유목을 했지만, 순록 루트가 절반으로 줄어들고 생계가 위협받으면서 정착을 시작했다. 이 험지에 러시아 석유기업 로스네프트의 유전 현장이 곳곳에 포진해 있다. 직원들은 눈이 내리는 동안에도 거대한 시추장비와 대형 크레인을 이동시키는 데 여념이 없다.

로스네프트(Rosneft)의 유전

에너지 회사들은 유목민에게 정착촌을 만들어주면서, 유목민 터전을 에너지 개발 현장으로 바꿔나가고 있다.

초대형 에너지 기업의 개발 경쟁이 유목민의 터전을 앗아가고 있는 것은 사실이

---

17) 노브이 우렌고이를 거쳐 북극해로 흘러드는 옵강(江)은 순록 루트이다. 알타이 산맥에서 발원하여, 시베리아를 거쳐 북극해까지 3,680㎞ 연결된다. 이 강이 얼어붙기 시작하면 설원(雪原)의 고속도로로 탈바꿈한다.

지만, 지역 주민들의 생활수준은 높아가고 있다. 야말-네네츠 자치구의 한 고위 공직자는 이 지역의 월평균 임금이 1,345유로(한화 약 203만원)라며 모스크바와 상트페테르부르크를 능가한다고 했다.[18] 가스프롬의 직원인 옐레나 다닐로바(33)는 "유럽은 러시아를 비즈니스 황금지대로 생각할지 모르지만, 러시아는 야말-네네츠를 황금지대로 생각한다고 했다. 이와 함께 그녀는 "우리는 석유와 가스 고갈론을 믿지 않는다"고 했다.

---

[18] 이러한 금액은 일반 노동자의 그것이 아니라, 고급 경영인 및 기술 전문가의 그것으로 생각된다.

# 제4장. 시베리아의 역동성: 주변 국가와의 협력과 갈등

시베리아 및 극동지역은 국제정치 환경의 변화와 함께 중요한 지정학적 가치를 지니게 되었다. 국제정치의 중심 무대가 유럽이었던 냉전시기의 시베리아는 소외되었다. 그러나 국제정치경제의 중심이 아·태지역으로 이동되고 있는 현재의 시베리아는 그 어느 때보다 중요한 지정학적 위치를 점하게 되었다.

동일 지역의 지정학적 위치에 더해서, 각종 자원에 대한 가치가 동북아 주요 국가들의 관심을 자극하고 있다. 시베리아 및 극동지역은 한반도 2개의 정부를 비롯하여, 중국과 일본이 국가 차원에서 관심을 갖는 대상지들 중에서 중요한 하나가 되었다.

## 제1절. 중국의 시베리아 진출. 협력과 갈등

> 러시아는 시베리아 및 극동지역을 개발하기 위해 노력하고 있다. 중국의 자본과 노동력이 지역 개발에 긍정적인 역할을 수행하고 있다. 그러나 중국인의 합법 또는 불법적 유입에 따르는 사회불안(저질상품 공급·위조상품 판매·범죄율 증가의 원인 제공·소매시장에서의 투매 행위 등)을 우려하고 있다.
>
> 러시아의 입장에서는 시베리아/극동지역의 개발을 위해 중국인 노동력을 필요로 하고 있지만, 경계심속에서 이들 중국인을 바라보고 있다. 중국인의 대량 이주로 인해 중국인이 지역 상권을 장악하고 있으며, 궁극적으로 이루어질지도 모르는 <시베리아 없는 러시아>, 즉 <시베리아의 중국화>를 두려워하고 있다.

## 제1항. 중국의 시베리아 경제 진출과 러시아의 고민

### 1. 들어가는 말

러시아와 중국은 1992년 우호국가로 출발해서, 94년의 건설적 동반자 관계, 96년에는 전략협력동반자관계, 2001년 7월부터는 근린우호협력관계로 발전했다. 그리고 2004년 10월에는 2005~2008년 기간 동안 근린우호협력 조약의 구체적 현실화가 강조되어졌다.[1] 러·중 양국 정치지도자들의 상호방문이 빈번하게 추진되고 있으며, 정치/군사 및 경제협력이 한층 강화되고 있다. 러시아의 對동북아 정책이 강화되고 있다. 기존의 서구 일변도에서 동북아에 보다 많은 관심을 갖는 방향으로 수정되었다. 역동적인 동북아 국가들과의 적극적인 협력이라는 경제적 변수가 주요 원인으로 작용하고 있다. 러시아의 아시아 지역에 포함되는 시베리아 및 극동지역이 러시아 경제발전의 중심지 중에서 한 곳으로 인식되기 시작했다.

2000년 이후 양국 정상간 정기적으로 상호 방문하는 등 양국 고위인사의 정례협의 채널을 구축하여 긴밀한 양자관계를 유지하고 있다. 2001년 7월 강택민(江澤民)이 러시아를 방문하였을 때 '중국·러시아 선린우호협력조약'이 체결되면서 양국관계 발전을 위한 틀이 마련되었다. 후진타오(胡錦濤) 주석은 2003년 러시아를 방문했다. 이 방문에서 러시아 석유회사 유코스(Yukos)와 중국석유공사(CNPC, China National Petroleum Corporation)는 앙가르스크(Angarsk)-다칭(大慶)간 약 2,400km에 이르는

---

[1] Леонид Коротков, "Китай цы заинтересованы в нас не меньше, чем мы в них," *Дальнево-сточный Капитал*, № 10(62) октябрь 2005, с, 74.

송유관 건설 사업에 합의했다.

2004년 10월에는 푸틴(Vladimir Putin) 대통령이 중국을 방문하여 후진타오 주석과 양국간 전략적 동반자 관계를 심화·발전시켜 나가기로 했다. 그리고 타이완(臺灣), 티베트(Tibet), 체첸(Chechen) 문제 등 주권 및 영토보존과 관련된 중대 문제에 대해서 상호 지지 입장을 표명했다. 또한, 양국은 '동부국경조약보충협정'을 체결하고, 2005년 6월에 동 비준서를 교환했다. 지난 1969년 3월 양국간 무력충돌까지 불러왔던 국경선 문제가 해결되었다. 국경선 문제의 해결로 양국관계 발전의 가장 큰 장애가 해소됨에 따라, 양국간 전략적 협력 동반자 관계가 심화되었다.

후진타오 주석이 2005년 5월과 2005년 7월에 연이어 러시아를 방문하고 '21세기 국제질서에 관한 공동성명'을 발표했다. 중국이 2006년을 <러시아의 해>로 정해 다양한 행사를 실시했다. <러시아의 해>로 지정된 2006년에 각계각층의 러시아 대표단이 중국을 방문해 양국간 구매계약, 통상 및 투자협력에 관련된 많은 협정을 체결했다. 러시아 역시 2007년을 <중국의 해>로 선포하여 다양한 문화 및 예술 행사를 진행했다. 특히, 2007년 3월 27일 모스크바에서 개최된 양국 정상회담에서 양국간 전략적 협력 동반자 관계의 확대/발전을 골자로 하는 공동 성명서를 발표했다. 2009년 6월에 후진타오 주석이 러시아를 방문하고, 동년 10월에는 블라디미르 푸틴 총리가 중국을 방문하는 등 양자간 관계가 보다 긴밀해 졌다.

러시아와 중국의 관계는 정치 및 경제적으로 상호간 Win-Win이 가능한 영역이 다양하게 발견되면서 보다 긴밀해 지고 있다. 본 글은 양국간 관계가 긴밀해 지는 시기에 형성 및 발전되는 경제협력 문제를 다룬다. 특히, 러시아 극동지역을 대상지로 해서 이루어 지고 있는 양자간 경제관계 현상을 다룬다. 러시아 극동지역으로 중국의 교역 및 투자가 증대되고, 다양한 산업 부문에 중국인의 진출이 활발하게 진행되고 있는 모습을 정리한다.

본 글은 러시아 극동지역과 중국의 경제관계를 분석하면서, 양국간 경제관계가 러시아를 불안하게 만드는 변수를 도출하는 방식으로 전개된다. 러시아 극동지역이 필요로 하는 자본과 노동력을 중국이 제공해 주면서 지역개발에 긍정적인 효과를 만들어 내기도 하지만, 중국의 경제 진출(자본과 노동력)에 러시아가 불안해하기도 한다. 따라서 러시아 극동지역의 자원 및 시장 독점, 그리고 중국의 노동력 유입에 따르는 불안 요인 등을 도출하는 방식으로 논의를 전개하기로 한다.

## 2. 러시아와 중국의 경제협력 요인

1) 노동력 수급의 문제

러시아의 시베리아 및 극동지역에 대한 개발정책이 다양하게 추진되고 있다. 개발정책은 많은 자본과 노동력을 필요로 한다. 그럼에도 불구하고, 러시아의 시베리아 및 극동지역 인구는 희박하다. 그리고 러시아 극동지역 주민들은 육체노동을 회피하는 경향을 보이고 있다. 따라서 지역 개발 과정에서 노동력 확보가 중요한 문제로 제기되었고, 현재에도 그러한 모습이 계속되고 있다.

러시아의 극동연방지구에 거주하는 지역 주민은 아래 도표와 같다. 극동연방지구의 전체 인구는 6백44만 명 정도에 불과하다. 극동연방지구의 남부 지역을 중심으로 개발 정책이 활발히 추진되고 있기 때문에, 동일 연방지구의 남부 지역에서 노동력 부족 현상이 심각하게 나타나고 있다.

<표 1> 러시아 극동지역의 면적 및 인구 분포

| 주체 명 | 면적(천㎢) | 인구(기준: 2010년 1월 1일) | | 노동력 부족 지역 |
|---|---|---|---|---|
| | | 인구수(천명) | 인구밀도(명/㎢) | |
| 전체 | 6169.3 | 6440.4 | 1.1 | |
| 사하共和國 | 3083.5 | 949.3 | 0.3 | |
| 캄차트카 크라이 | 464.3 | 342.3 | 0.7 | |
| 연해 크라이 | 164.7 | 1982.0 | 12.1 | v |
| 하바롭스크 크라이 | 787.6 | 1400.5 | 1.8 | v |
| 아무르州 | 361.9 | 860.7 | 2.4 | v |
| 마가단州 | 462.5 | 161.2 | 0.4 | |
| 사할린州 | 87.1 | 510.8 | 6.0 | v |
| 유태인自治州 | 36.3 | 185.0 | 5.1 | v |
| 츄코트카自治區 | 721.5 | 48.6 | 0.1 | |

러시아 극동지역의 노동력 부족 문제를 중국의 동북 3성 지역 노동자들이 일정 부분 메꾸어 주고 있다. 중국뿐만 아니라 북한, 중앙아시아 등 다양한 지역에서 노동자들이 유입되고 있지만, 중국의 동북3성에서 보다 적극적으로 유입되고 있다. 러시

아 동부지역이 중국과 4,300km에 이르는 국경선을 맞대고 있으며, 중국의 동북3성 인구가 1억 8백만 명 정도에 달한다. 러시아 극동지역과 국경을 접하고 있는 이들 노동자들이 러시아의 극동지역으로 수시로 드나들고 있다. 중국의 동북3성은 중국의 북서부 지역과 마찬가지로 중국내에서 낙후된 지역이다. 중국정부가 자신의 동북3성 지역을 개발하기 위해서 분주히 움직이고 있지만, 지역 노동자들을 수용하기에는 한계가 있어 보인다. 따라서 이들 지역 노동자들이 러시아 극동지역으로 진출하면서 노동력을 제공해 주고 있다.

<표 2> 중국 동북3성의 인구 현황

| 성 | 인구(명, 2010년) | 중심지(명, 2013.4월) | 비고 |
| --- | --- | --- | --- |
| 흑룡강성(黑龍江省, 헤이룽장 성) | 3천8백31만 | 하얼빈市(3백40만) | 러시아와 경계 |
| 길림성(吉林省, 지린 성) | 2천7백46만 | 창춘市(2백58만) | 북한과 경계 |
| 요녕성(遼寧省, 랴오닝 성) | 4천3백75만 | 선양市(4백27만) | 북한과 경계 |

러시아의 입장에서는 자신의 극동지역 개발 과정에 필요한 노동력 확보 문제가 중요한 과제로 제기되고 있으며, 러시아 극동지역과 국경을 접하고 있는 중국 동부 3성의 입장에서는 노동 현장과 무역을 위한 시장 마련에 고민하게 된다. 이러한 양국의 경제환경이 인적 및 물적 교류를 유인하는 역할을 담당하게 되고, 이와 함께 러시아 극동지역과 중국의 동북 3성이 보다 긴밀한 경제관계를 유지하도록 유도하고 있다.

중국의 노동자 유입이 극동지역 개발에 긍정적인 역할을 담당하고 있기는 하지만, 러시아에서는 우려하는 목소리가 있다. 시베리아 및 극동지역으로 향한 다수의 중국인들이 일자리를 찾기 위한 일시적인 이주로 생각하지 않고, 자신들의 고토로의 정당한 귀환으로 생각한다. 시베리아 및 극동지역이 '중국화' 되는 것을 우려하는 러시아의 경계심이 어쩌면 당연하다 하겠다. 인구 유입에 대한 안보 우려와 함께, 중국과 국경을 접하고 있는 러시아의 아무르주·하바롭스크 크라이·연해 크라이·유대인 자치주 등의 지역 경제가 중국에 종속되는 모습을 보이기도 한다.

2) 경제구조의 상호보완성 문제

러시아와 중국의 경제구조는 상호보완성 관계에 있다. 러시아는 구소련 체제하에서 유지된 계획체제의 영향을 받아 중공업이 발달했고 중국은 농업과 경공업이 발전되었다. 에너지 다소비 국가인 중국이 에너지 수급의 불안정성에 직면해 있는 반면, 러시아는 대표적인 에너지 수출 국가이다. 이러한 경제구조의 상호보완성이 양국간 경제 협력을 증대시키는 중요한 요인이 되고 있다. 양국간 교역 내용을 보면, 중국으로 수출의 절대다수가 석유·석유화학제품·목재, 그리고 수산물이다. 러시아 극동지역이 중국에 수출하는 원자재(석탄, 고철, 철강, 수산물, 목재)와 중국으로부터 수입하는 공산품(화학제품, 기계설비, 플라스틱 제품, 선박, 가구, 섬유, 잡화) 및 식품(육류, 곡류, 야채, 가공식품 등)이 양국간 교역에 중요한 위치를 차지하고 있다. 이는 양국간 경제구조의 상호보완성에 기인한다.

양국 경제의 상호 보완성에 기초해서, 러시아와 중국의 무역은 꾸준히 증가되어 왔다. 2005년에는 전년 대비 37.1% 증가한 $291억에 달했고,[2] 2006년의 교역량은 334억 $로 전년보다 14.8% 증가했다. 이러한 증가 추세와 함께, 2010년까지 양국의 교역량이 600~800억 $ 규모까지 증가될 것이라는 예상치가 나오기도 했다. 이러한 예상치를 뒷받침 하듯, 양국간 교역 및 투자 증대, 에너지 협력 등 다방면에 걸쳐 협력이 확대되어 왔다. 2006년 중국 베이징에서 개최된 <러시아의 해> 행사에서 양국 정부·경제·무역 대표들이 대대적으로 참석하면서 러시아·중국간 협력이 더욱 확대될 수 있는 환경을 조성했다. 행사에 참가한 러시아 알렉산더 주코프 부총리는 양국간의 경제협력 전망에 대해 매우 낙관적으로 평가했다. 물론 낙관적 경제협력은 양국 경제가 지닌 경제구조의 상호보완성과 지리적 인접성에 기인한다.

러시아와 중국의 무역은 경제구조의 상호 보완성에 기초해서 활발하게 이루어지고 있다. 2006년에 이루어진 양국간 교역 내용을 보면 보완성 경제 정도를 엿볼 수 있도록 한다. 중국으로 수출의 70%가 석유·석유화학제품·목재이며, 기계와 기계제품 수출은 1%에 불과했다.[3] 러시아 극동지역에서 중국에 수출하는 원자재(석탄, 고철, 철강, 수산물, 목재)와 중국으로부터 수입하는 공산품(화학제품, 기계설비, 플라스틱 제품, 선박, 가구, 섬유, 잡화) 및 식품(육류, 곡류, 야채, 가공식품 등)이 양국간 교역에 중요한 위치를 차지했다.

양국간 상호 보완성 무역에서 중요한 의미를 지니는 분야가 에너지이다. 세계 2위의 에너지 소비대국인 중국으로서는 러시아와의 에너지 협력이 절대적으로 필요한 상

---

[2] 1990년의 $100억에 비해 배 이상 증가한 것이다.
[3] *China Daily*, March 2, 2007.

황이다. 2008년 말까지 동시베리아의 타이세트(Taishet)에서 중국 국경과 인접하고 있는 아무르주의 스코보로지노4)까지 건설될 동시베리아 송유관 1단계 노선에서 중국의 다칭으로 지선을 건설하기로 했다. 러시아 Transneft와 중국 CNPC는 동시베리아-태평양(ESPO) 송유관 건설에 착수하고 가스 수출 선적을 위한 방안을 모색해 왔다. ESPO 송유관으로 연간 8000만 톤의 석유를 운송할 예정인데, 그 중 3000만 톤이 중국으로 공급될 예정이다. 프로젝트 1단계 공사인 Taishet-Skovorodino 송유관 건설이 이미 완료되어 양국간 에너지 협력 관계가 구체화되고 있다.

러시아의 중국전략연구소장 Aleksey Maslov의 지적처럼, 러시아와 중국의 경제 협력은 러시아의 원자재와 중국의 기술력(자본)에 기초된다. 러시아는 극동지역을 효과적으로 개발하기 위해 현지의 지하자원과 중국의 기술(자본)을 결합시키려는 전략을 구사하고 있으며, 러시아 극동 및 동부시베리아 지역은 인구가 적어 노동 집약적인 산업보다는 풍부한 지하자원을 활용한 투자 유치에 의존할 수밖에 없다. 러시아 입장에서 중국 자본을 적극적으로 유치해야 할 필요가 있으나, 중국의 노동력을 이용한 개발에는 신중한 입장을 보인다. 시베리아 지역의 지하자원 개발 등에 필요한 자금 규모는 러시아 자체적으로 감당하기에 부담이 너무 커 중국 자본을 끌어들이지만, 향후 영토분쟁 소지가 될 수 있는 중국의 노동력 투입에는 신중해야 한다는 입장이다. 중국과의 경제협력은 적극적으로 추진하되, 중국의 노동력 유입을 견제하는 등 극동지역의 중국 예속화에 대해 신중하게 접근해야 한다는 목소리가 제기된다. 한편 중국은 러시아 극동지역으로 적극적인 진출을 통해 자원 확보와 시장 진출이라는 두 마리 토끼를 노리는 상황이다.5)

## 3. 러시아 극동지역의 경제 구조와 중국의 진출

1) 러시아 극동지역의 경제 및 무역 구조

러시아 국동지역의 주요 교역 대상국은 아시아·태평양 연안 국가(한국, 중국, 일본, 싱가포르, 미국 등)들이다. 2006년 러시아 극동지역(연해주 등 9개 행정 주체)의

---

4) 중국 동북부 국경지역에서 불과 70㎞ 떨어진 지역에 있는 도시이다.
5) Vedomosti № 192(www.vedomosti.ru), 기타 코트라 노보시비르스크 정보를 종합한 다음을 참조. http://www.globalwindow.org/(검색일: 2013년 7월 9일).

· · · · · · · · · ·

대외 교역은 수출이 전년대비 10.2% 증가한 62억 달러, 수입은 19.8% 증가한 70억 달러로 총 132억 달러에 달했다. 원자재 중심의 수출과 완제품 위주의 수입이라는 대외교역 구조가 극동러시아 지역에서 뚜렷하게 나타났다. 러시아의 극동지역은 필요한 완제품을 사실상 전량 수입에 의존하고 있다. 러시아에서 생산된 자국산 통조림·과일·야채 등의 가격이 인근 중국 등지로부터 수입된 상품보다 오히려 더 고가에 판매되는 현상도 발생하고 있다. 러시아 극동지역의 대외 교역에서 차지하는 주요 수출 품목은 석유제품(전체 수출의 32.8%), 원유(22%), 원목·목제품(18.4%), 철(7%), 수산물(4%) 등이고, 주요 수입 품목은 전기·전자제품(전체 수입의 30%), 운송기기(17%), 플라스틱 제품(7%), 철강제품(6%) 등의 순이었다.[6]

극동지역 개별 행정주체의 무역 구조를 보면 다음과 같다.[7] 연해주의 2006년 대외 무역은 41억 달러로, 중국(38%), 일본(30%), 한국(14%), 미국(3%)이 주요 교역 상대국이었다. 2006년 러시아 극동지역 수산물 수출(65만 톤)의 ⅓이 연해주로부터 이루어졌다. 사실상 2005년을 전후한 시기에 중국 기업들이 러시아 수산회사 주식을 매입해 지역 생산 수산물의 35% 가량을 통제해 왔으며, 적지 않은 러시아 수산 회사들도 중국에 가공 공장을 설치해서 가공 후 러시아로 재수입하는 그러한 모습을 보였다.

하바롭스크주의 수출 구조는 연해주와 차이를 보인다. 전체 수출에서 석유제품이 차지하는 비중이 65%에 달하고, 이 외에 원목(20%), 철(4%), 수산물(3%), 고철(2%), 기계류(1%) 등의 순으로 나타났다. 하바롭스크주 석유제품의 주요 수출 대상국은 중국·스위스·싱가포르·한국·일본·베트남·미국 등이었다. 2006년에 기계류의 수출은 82%, 전동기·발전기는 56%, 선반은 16배 증가했으나, 고철 수출은 크게 감소했다.

<표 3> 2005~2006년 러시아 극동지역의 대외교역 동향

(단위 : 백만 달러)

| 주체 명 | 2005년 | | | 2006년 | | |
|---|---|---|---|---|---|---|
| | 수출 | 수입 | 합계 | 수출 | 수입 | 합계 |
| 하바롭스크주 | 2,807 | 560 | 3,367 | 3,436 | 876 | 4,313 |
| 연해주 | 1,043 | 2,376 | 3,420 | 1,069 | 3,064 | 4,133 |

---

[6] 박기원, "극동러시아의 대외무역 동향 - 원자재 수출, 완제품 수입구조 불변 -,"
  http://www.globalwindow.org/(검색일: 2013년 7월 9일).
[7] 블라디보스톡 총영사관, Dalnevostochniy capital 2007년 8월호 등의 자료를 종합하여 정리된 다음의 글 참조. http://www.globalwindow.org/(검색일: 2013년 7월 9일).

| 사할린주 | 1,063 | 2,492 | 3,555 | 1,041 | 2,578 | 3,620 |
|---|---|---|---|---|---|---|
| 사하공화국 | 421 | 68 | 489 | 403 | 81 | 485 |
| 아무르주 | 157 | 114 | 271 | 127 | 145 | 272 |
| 캄차트카주 | 153 | 41 | 195 | 146 | 57 | 203 |
| 마가단주 | 20 | 81 | 101 | 20 | 85 | 105 |
| 추코트카 자치구 | 1 | 71 | 72 | 1 | 64 | 65 |
| 유대인 자치주 | 7 | 9 | 16 | 11 | 17 | 28 |
| 총 계 | 5,674 | 5,815 | 11,489 | 6,256 | 6,971 | 13,228 |

박기원, "극동러시아의 대외무역동향 - 원자재 수출, 완제품 수입구조 불변 -,"
http://www.globalwindow.org/(검색일: 2013년 7월 9일).

사할린주의 2006년 무역 역시 증가 추세를 보였다. 주요 수출 품목은 석유로 전체 수출의 61.4%를 차지했다. 주요 수출 대상국은 일본(72%), 한국(11%), 태국(10%), 미국(7%) 순이었다. 그리고 주요 수입 품목은 기계·운송수단·철·금속제품·화학제품 등이다. 아무르주의 2006년 교역은 전년과 큰 차이를 보이지 않았지만, 중국이 전체 교역량의 85%를 점유했다. 주요 수출 품목은 목재·목탄·철 등이고, 주요 수입 품목은 일반 소비재·기계장비 등이다. 그리고 사하 공화국의 대외교역은 전년에 비해 미미한 수준의 감소 추세를 보였다. 주요 수출 품목은 다이아몬드·석탄 등이다.

<표 4> 2009년 러시아 극동지역의 대외무역

(단위 : US$ 백만)

| 구분 | 2008 | 2009 | |
|---|---|---|---|
| | | 금액 | 증가율(%) |
| 대외무역 | 22,868 | 16,943 | -25.9 |
| 수출 | 14,060 | 11,962 | -14.9 |
| 수입 | 8,808 | 4,981 | -43.4 |

http://www.globalwindow.org/(검색일: 2013년 7월 9일).

세계 금융위기로 인한 경기 하락으로 러시아 극동지역의 석유 및 가스, 제지 및 펄프, 귀금속, 금속 등의 수출이 전년 대비 감소했다. 그러나 수산물, 피혁, 자동차, 기계, 화학제품의 수출은 증가했다. 그리고 자동차, 기계, 금속, 화학제품, 섬유, 신발,

광물 등 주요 품목의 수입 역시 감소되었다.[8] 2009년의 대외무역은 전년대비 25.9% 감소한 169억4300만 달러에 그쳤고, 수출은 14.9% 감소한 119억6200만 달러, 수입은 43.4% 감소한 49억8100만 달러로 69억7900만 달러의 무역흑자를 기록했다.

러시아 극동지역이 2009년 수출 및 수입한 주요 품목들을 보면, 지난 날의 그것과 큰 차이를 보이지 않는다. 지하천연자원 및 원자재 수출이 절대 우위에 있었고, 자동차, 기계, 화학제품, 섬유 및 신발류 등과 같은 완제품의 수입이 다수를 차지했다. 수출입 품목의 이러한 구조는 지난 10년여 동안 큰 변화가 없었다.

<표 5> 2009년 러시아 극동지역의 주요 수출입 품목

(단위 : US$ 백만)

| 품목 | 수출 | | 수입 | |
|---|---|---|---|---|
| | 금액 | 증가율 | 금액 | 증가율 |
| 석유, 가스 | 7,424 | -20.2 | 81 | -42 |
| 제지, 펄프 | 892 | -33.7 | 90 | -29.4 |
| 귀금속 | 1,211 | -35.5 | 5 | -45.6 |
| 금속 | 346 | -57 | 452 | -30.8 |
| 수산물 | 1,596 | 502.4 | 37 | -14.8 |
| 피혁 | 1 | 215.7 | 56 | -40.8 |
| 자동차, 기계 | 256 | 110.6 | 1,956 | -58.8 |
| 화학제품 | 58 | 110.1 | 407 | -30 |
| 섬유, 신발 | 1 | -13.4 | 828 | -16.4 |
| 광물 | 7,535 | -19.8 | 105 | -53.3 |

http://www.globalwindow.org/(검색일: 2013년 7월 9일)

2009년도 대외무역에서 지역별 구조 역시 유사한 모습을 보였다. 러시아 극동지역의 대외무역에서 차지하는 비중을 보면, 석유, 가스 등의 지하자원이 풍부한 사할린주가 50.4%를 차지해 대외무역 비중이 가장 높은 것으로 나타났다. 그 다음으로 항만 인프라가 발달해 주변국과 교역이 많은 연해주는 23.7%, 사하공화국은 9.2%, 하바롭스크주 8.9%이며, 그 외 캄차트카주, 아무르주, 마가단주, 추코트카자치구, 유대인자치주는 각각 3.6%, 2.3%, 1%, 0.8%, 0.2%의 대외무역 비중을 보였다.[9]

---

[8] http://www.globalwindow.org/(검색일: 2013년 7월 9일).

2009년 연해주의 대외무역은 전년대비 39.7% 감소한 40억1100만 달러였다. 수출은 22.6% 증가한 10억6600만 달러, 수입은 49% 감소한 29억4500만 달러로 18억7900만 달러의 무역수지 적자를 기록했다. 사할린주의 대외무역은 전년대비 11% 감소한 85억4400만 달러에 달했는 데, 수출은 11.4% 감소한 76억900만 달러, 수입은 6.9% 감소한 9억3500만 달러로 66억7400만 달러 흑자를 기록했다. 하바롭스크주의 대외무역은 전년대비 46.2% 감소한 15억500만 달러에 달했는 데, 수출은 43.5% 감소한 9억6700만 달러, 수입은 40.5% 감소한 5억3800만 달러로 4억2900만 달러의 무역흑자를 기록했다. 그리고 사하공화국의 대외무역은 전년대비 35% 감소한 15억5700만 달러였다. 수출은 35.9% 감소한 14억6900만 달러, 수입은 14.1% 감소한 8800만 달러로 13억8100만 달러의 무역흑자를 기록했다.10)

<표 6> 2008~2009년 러시아 극동지역 주요 행정 주체의 대외무역 현황

(단위: US$ 백만)

| 지역 | 2008 | | | 2009 | | |
|---|---|---|---|---|---|---|
| | 수출 | 수입 | 대외무역 | 수출 | 수입 | 대외무역 |
| 연해주 | 869 | 5,778 | 6,648 | 1,066 | 2,944 | 4,011 |
| 사할린주 | 8,592 | 1,004 | 9,596 | 7,609 | 935 | 8,544 |
| 하바롭스크주 | 1,712 | 1,086 | 2,798 | 967 | 537 | 1,505 |
| 사하공화국 | 2,291 | 102 | 2,394 | 1,469 | 88 | 1,557 |
| 전체 | 14,060 | 8,808 | 22,868 | 11,961 | 4,981 | 16,943 |

http://www.globalwindow.org/(검색일: 2013년 7월 9일)

상기와 동일한 방법으로, 2011~2012년 동안의 러시아 극동지역 대외교역 동향을 정리한다.11) 러시아의 극동지역 관세청에 따르면, 2012년 극동지역 무역수지는 364억 달러를 기록했다. 이는 전년 대비 6.6% 증가한 수치이다. 수출은 258억 달러(전년 대비 3.3% 증가), 수입 106억 달러(전년 대비 15.9% 증가)였다. 주요 교역 거래국은 한국·중국·일본 순이다, 이 3개국이 극동지역 대외교역에서 차지하는 비중은 78.9%에 달한다.12)

---

9) http://www.globalwindow.org/(검색일: 2013년 7월 9일).
10) http://www.globalwindow.org/(검색일: 2013년 7월 9일).
11) 러시아의 극동지구 관세청 자료를 활용하여 정리된 다음을 참조. http://www.globalwindow.org/(2013년 7월 9일) 참조.

<표 7> 2011~2012년 러시아 극동지역과 한중일 교역 현황

(단위: %)

| 구분 | 한국 | | 중국 | | 일본 | |
|---|---|---|---|---|---|---|
| | 2012년 | 2011년 | 2012년 | 2011년 | 2012년 | 2011년 |
| 극동지역 전체 수출 중 비중 | 32.4 | 33.8 | 19.8 | 15.9 | 28.9 | 27.4 |
| 극동지역 전체 수입 중 비중 | 17.9 | 14.4 | 46.3 | 46.4 | 9.3 | 9.9 |
| 극동지역 전체 교역 중 비중 | 28.2 | 28.6 | 27.5 | 24.0 | 23.2 | 22.7 |

http://www.globalwindow.org/(2013년 7월 9일)

2012년 러시아 극동지역의 주요 수출입 품목 역시 지난 10여년과 거의 유사한 모습을 보였다. 수출에서는 에너지·광물 제품이 전체 비중에서 67.5%를 차지했고, 수입에서는 기계장비·차량이 50.2%, 신발·섬유제품·식료품 등 소비재 물품이 22%를 차지했다.13) 러시아 극동지역에서 이루어지는 수출입 구조를 보면, 원자재 수출과 완제품 수입이라는 지난날의 모습이 반복되고 있음을 알 수 있다.

<표 8> 2012년도 러시아 극동지역의 주요 수출입 품목

(단위: 백만 달러, %)

| 구분 | 수출 | | | 수입 | | |
|---|---|---|---|---|---|---|
| | 금액 | 비중 | 증가율 | 금액 | 비중 | 증가율 |
| 광물제품 | 17,434 | 67.5 | 4.2 | 195 | 1.8 | -3.3 |
| 기타 제품 | 3,666 | 14.2 | 0.2 | 605 | 5.7 | 24.4 |
| 식료품 및 원재료 | 2,332 | 9.0 | 10.3 | 1,114 | 10.5 | 2.5 |
| 목재펄프 및 종이 제품 | 988 | 3.8 | -14.4 | 188 | 1.8 | 17.6 |
| 기계장비 및 차량 | 693 | 2.7 | 17.7 | 5,290 | 50.2 | 24.8 |
| 화학제품 | 104 | 0.4 | -27.4 | 924 | 8.8 | 26.4 |
| 금속 및 금속 제품 | 612 | 2.4 | -1.9 | 882 | 8.4 | 9.8 |
| 신발 및 섬유 제품 | 3 | 0.0 | 119.8 | 1,218 | 11.5 | -3.8 |
| 가죽 및 모피 제품 | 1 | 0.0 | 76.8 | 139 | 1.3 | 1.7 |
| 총계 | 25,833 | 100.0 | - | 10,555 | 100.0 | - |

http://www.globalwindow.org/(2013년 7월 9일)

---

12) http://www.globalwindow.org/(2013년 7월 9일).
13) http://www.globalwindow.org/(2013년 7월 9일).

러시아 극동지역에 있는 9개 행정 주체들 가운데 수입을 가장 많이 하는 주는 연해주였다. 극동지역 전체 수입 금액 중 연해주가 차지하는 비중은 63.7%에 달했다. 연해주가 다른 주에 비해 수입을 많이 하는 이유는 연해주에 소재한 수입상들이 블라디보스톡 항 등 연해주 지역 내 항만을 통해 제품을 수입해서 다른 지역으로 유통시키기 때문이다. 대외 수출에 있어서는 사할린과 사하공화국의 비중이 압도적으로 높았다. 극동지역 전체 수출 금액 중 사할린이 차지하는 비중은 63.4%, 사하공화국 비중은 17.9%에 달했다. 사할린・사하공화국이 천연가스 등 에너지 수출기지이기 때문에 수출 금액이 높게 나타난 것으로 보인다.[14]

<표 9> 2012년도 러시아 극동지역 행정 주체별 무역수지 동향

(단위: US$ 달러, %)

| 구분 | 수출 | | 수입 | | 무역수지 | |
|---|---|---|---|---|---|---|
| | 금액 | 증감률 | 금액 | 증감률 | 금액 | 증감률 |
| 극동지역 전체 | 25,833 | 3.3 | 10,555 | 15.9 | 36,388 | 6.6 |
| 연해주 | 1,984 | 18.3 | 6,728 | 17.9 | 8,712 | 18.0 |
| 사할린 | 16,372 | 2.3 | 1,362 | 19.8 | 17,734 | 3.4 |
| 하바롭스크 | 1,521 | -7.8 | 1,083 | -1.5 | 2,604 | -5.3 |
| 아무르 | 369 | 57.3 | 759 | 44.1 | 1,128 | 48.1 |
| 마가단 | 187 | -5.3 | 189 | 32.0 | 376 | 10.4 |
| 추코트카 자치구 | 48 | 5.1 | 161 | 14.7 | 209 | 12.3 |
| 사하공화국 | 4,630 | 1.1 | 128 | -32.2 | 4,758 | -0.3 |
| 캄차트카 | 706 | 16.1 | 100 | -6.7 | 806 | 12.7 |
| 유대인 자치주 | 16 | 41.1 | 45 | -24.9 | 61 | -14.5 |

http://www.globalwindow.org/(2013년 7월 9일)

결국, 2000년 이후 러시아 극동지역의 대외 교역은 꾸준히 성장해 왔다. 러시아 극동지역과 활발한 교역 대상국이 한・중・일이다. 2006년 연해주의 대외 교역은 46억 달러인 데, 중국과의 교역이 17억 달러로 전체의 약 40%를 차지했다. 연해주의 對중국 수출은 7억 달러, 수입은 10억 달러였다. 이는 전년대비 각각 16%, 27% 증가한 수치이다. 주요 수출품은 금속광물자원・목재・수산물・석유제품 등이고, 주요

---

14) http://www.globalwindow.org/(2013년 7월 9일).

수입품은 신발·식품·화학제품 등이다. 2006년 하바로프스크주와 중국간 교역은 27% 증가한 20억 달러로 전체 대외교역의 46%를 차지했다. 수출은 15억 달러, 수입은 5억 달러이다. 수출 품목은 석유제품(전체의 68% 차지)·목재·수산물·제재목·기계장비·금속 등이고, 주요 수입품은 직물·의류·신발·가죽제품·펄프 제지·벙커유 등이다.

러시아 극동지역의 수출입 구조가 아·태 지역으로 확장되는 모습을 보이고 있다. 그럼에도 불구하고, 2012년 현재까지는 지리적으로 인접한 한국·중국·일본 등과의 교류가 상대적으로 활발했다. 특히, 중국과의 교역이 두드러졌다. 국경 무역을 통해 수입되는 중국 제품이 러시아 극동지역 시장에 범람하고 있으며, 중국에 대한 경제적 의존도가 심화되는 모습을 보이고 있다.

2) 러시아 극동지역과 중국의 교역 규모 및 형태

중국은 흑룡강성과 길림성을 중심으로 러시아 극동과 경제적 연계 구조를 강화시켜 왔다. 이 성들은 러시아 극동지역을 새로운 수출시장으로 인식해 왔다. 중국과 러시아간의 교역에서 국경 무역이 상당한 영향을 미쳤음을 부정할 수는 없다. 1990년대 초, 중국과 러시아의 국경을 통한 바터 무역이 확대되었다. 이로 인해 중·러간의 무역이 급격히 증가하였다. 그러나 1994-95년 국경무역에 따르는 여러 가지 부정적인 결과로 인해, 국경이 강화(비자발급 요건 강화와 국경무역에 대한 제약)되면서 교역이 큰 폭으로 감소하였다. 중국과 무역에 크게 의존하고 있던 러시아 극동지역의 아무르주가 큰 타격을 입었다.

1995년 이후, 중·러 국경무역은 다시 회복되기 시작했다. 경화결제가 보편화되면서 기대만큼의 교역 증대는 이루어지지는 않았지만 국경무역은 계속되었다. 1997년의 중국 측 통계에 의하면, 중·러 무역의 감소에도 불구하고, 흑룡강 성과 러시아 극동사이의 국경 무역은 10억 달러에 이르러 1996년보다 42% 증가했다.15) 1998년에 러시아의 금융위기에도 불구하고, 러시아의 극동지역과 흑룡강의 국경무역은 전년도 보다 높은 13억 달러까지 증가하였다.16) 중국은 연해주를 비롯한 대부분의 극동지역에서 최대 교역 상대국으로 부상하였다. 수출입 상품 구조는 양국간 강한 상호보

---

15) 엄구호, "러시아 극동에서의 남북한과 러시아의 경제협력 방안," 제11차 한·러 국제학술회의(2000년 10월 5-6일) 발표 논문, p. 4.
16) 비공식 국경무역은 이러한 공식적 통계치 보다 훨씬 많다는 점을 기억할 필요가 있다.

완성을 보여준다. 중국은 주로 식품과 소비재를 수출하고, 원목-펄프 등 러시아 극동지역의 자원을 수입해 왔다.

<표 10> 중국과 러시아 극동지역 및 연해주의 교역액 추이

(단위: 백만 달러)

|  | 1992 | 1993 | 1994 | 1995 | 1996 | 1997 | 1998 | 1999 | 2000 |
|---|---|---|---|---|---|---|---|---|---|
| 극동지역의 교역액 | 996 | 1,188 | 254 | 328 | 926 | 663 | 1,049 | 515 | 1,125 |
| 연해주의 교역액 | 427 | 303 | 83 | 111 | 202 | 315 | 250 | 244 | 376 |

주: 연해주의 1996-1998은 서비스 부문 제외
자료: 국토연 2003-6, "러시아 연해주에서의 자원·인프라 개발을 위한 한·러 협력방안," 참조

양국간 공식 및 비공식 무역의 확대에도 불구하고, 중국의 러시아 극동에 대한 투자는 미미한 수준에 머물러 있었다. 투자 금액은 미미하지만, 러시아 극동에서 활동하고 있는 중국의 기업 수는 타국가의 그것보다 월등히 많았다. 중국의 소규모 투자이기는 했지만 경험 축적과 자금조달 능력 증대로 인해 극동지역에서 상당한 영향력을 행사할 수 있었다. 러시아 극동지역과 중국의 동북 3성간 경제관계에 있어서 부정적인 현상들이 노출되고 있었지만, 경제적 상호보완성 및 지리적 인접성 등으로 인해 양지역간 거래는 활발히 이루어졌다.

<표 11> 중국의 러시아 극동 지역별 투자

|  | 1997-99 | 2000 | 2001 | 2002 | 2003 | 2004 | 2005 |
|---|---|---|---|---|---|---|---|
| 극동 전체 | 100 | 100 | 100 | 100 | 100 | 100 | 100 |
| 사하공화국 | - | - | 68.69 | - | - | - | - |
| 연해주 | 72.38 | 89.24 | 25.04 | 3.91 | 17.37 | 11.33 | 9.11 |
| 하바롭스크주 | 3.97 | - | - | 91.12 | 74.35 | 76.07 | 67.35 |
| 아무르주 | 16.85 | 2.84 | 0.15 | 2.12 | 3.31 | 7.37 | 7.57 |
| 캄차트카주 | - | - | 5.66 | - | 0.01 | 0.02 | 0.68 |
| 마가단주 | - | - | - | - | - | - | - |
| 사할린주 | - | 5.24 | - | - | 0.97 | - | 6.08 |
| 유대인 자치주 | 6.80 | 2.69 | 0.46 | 2.85 | 3.98 | 5.21 | 9.21 |

고재남, "주변국(중국, 일본, 미국)의 극동지역 정책," 정여천 편, 『러시아 극동지역의 경제개발 전망과 한국의 선택』(서울: 대외경제정책연구원, 2008), p. 262 재인용.

중국의 극동지역에 대한 투자 및 교역 정도는 중국의 경제규모에 비해 매우 낮은 수치이다. 중국의 극동지역에 대한 투자는 미국과 일본보다 저조한 편이나, 시간이 지날수록 점차적으로 증가되었다. 그럼에도 불구하고, 중국의 對극동 투자규모는 2000~2005년 사이에 전체 외국기업의 투자 중 0.4%에도 미치지 못한다. 그리고 이러한 투자 역시 중국과의 접경지역인 연해주와 하바롭스크주 등에 집중되었다.

<표 12> 중국의 러시아 극동지역 투자 동향

|  | 2000 | 2001 | 2002 | 2003 | 2004 | 2005 |
|---|---|---|---|---|---|---|
| 투자액(백만$) | 2.1 | 1.9 | 15.8 | 13.4 | 9.2 | 20.2 |
| 극동전체 외국인 투자액 대비 중국의 비중(%) | 0.36 | 0.25 | 1.39 | 0.47 | 0.18 | 0.34 |

고재남, "주변국(중국, 일본, 미국)의 극동지역 정책," 정여천 편, 『러시아 극동지역의 경제개발 전망과 한국의 선택』(서울: 대외경제정책연구원, 2008), p. 263 재인용.

2000년까지 중국의 對러시아 극동지역 투자는 연해주에 상당한 비중을 두었다. 이와 함께, 연해주와 중국의 경제관계가 급속히 발전하였다. 중국의 對연해주 중소규모 합작투자가 활발히 진행되었다. 그리고 통과화물 수송을 위한 양 지역간 협력사업도 전개되었다. 연해주의 대외교역 및 경제협력에 있어서 가장 심각한 문제는 금융 인프라가 구축되어 있지 않다는 점이다. 특히 국경무역이 활발한 중국과의 신속한 결제 수단이 없었고, 투자안전 보장 미흡, 돈세탁 방지책 부재 등이 문제점으로 대두되었다. 그 결과 상품 및 서비스 교역에 현금 밀거래가 횡행하고, 전선 및 설비로부터 불법 채취한 고철 등을 불법 수출하는 회사와 밀수가 증가하고 있었다. 연해주의 對중국 밀수품으로는 해삼, 웅담, 사향, 녹용, 호피 등이며, 대부분의 러시아 업체들은 원자재 수출대금을 돈세탁 과정을 거쳐 미국이나 서방 은행으로 빼돌렸다.17)

하바롭스크와 동북 3성간의 2003년도 무역거래 실적을 보면, 2002년과 비교하여 145%가 증가된 약 1억 달러였다. 그리고 2003년에 비해, 2004년의 거래는 더욱 왕성했다. 2004년 하반기 들어, 제3국 통화가 필요 없는 직접적인 은행 거래가 시작되었다. 양국간 거래가 미화나 유로화가 아니라 러시아와 중국의 통화로 가능하게 되었다.18) 양국 금융기관의 노력으로, 2004년도에만 1142건에 총 3,050만 달러의 거래

---

17) http://www.globalwindow.org/(검색일: 2013년 7월 9일).
18) 하바롭스크의 Vnyeshtorg Bank는 아무르강(흑룡강)을 사이로 중국과 국경을 마주하고 있는 블라고베센스크(Vlagovecshensk)市에 2003년부터 중국 통화로 바꿀 수 있는 환전시스템과 송금체계를 시범적으로 운

· · · · · · · · · · ·

가 이루어졌다. 금융 사고는 단 한 건도 발생하지 않았다.

중국과 러시아 극동지역은 양지역간 교역 증대를 위한 다양한 움직임을 보여 왔다. 양국 변경지역에 10k㎡의 준 자유무역지대(Quasi-free trade zone)를 설치하기로 했고, 2003년부터 건설 공사가 시작되었다. 자유무역지대는 흑룡강성 수이펀허(Suifenhe)와 러시아 연해주의 포그라니치니(Pogranichny)에 설치되었다.19) 이곳이 양국의 상품무역, 관광, 오락, 서비스무역, 저장가공, 운송무역과 하이테크 단지를 위한 기지 기능을 담당하게 되며, 전체 조성 공사는 10년간에 걸쳐 완공될 예정이다. 이 지대에서는 모든 상품이 특혜 혹은 제로관세 혜택을 받게 되며, 통행에 비자도 필요 없다.20) 2006년 6월부터 중국-러시아 자유무역지대 ≪수이펀허-포그라니치니≫가 활동을 시작하면서 이 구역 내로 자유로운 무비자 출입이 가능하게 되었다. 자유무역지대에는 양국 주민들이 30일간 무비자로 체류할 수 있으며, 수량 제한을 받지 않고 상품을 반출입 할 수 있다.

중국에서 <러시아의 해>로 지정된 2006년의 행사에 러시아 경제관료 및 다수의 경제인이 중국을 방문하여 양국간 구매계약, 통상 및 투자 협력에 관한 협정들을 체결했다. 러시아 송유관/가스관 회사인 트란스네프트와 중국국영석유회사(CNPC)가 에너지 협력에 합의했다. 그리고 러시아의 석유 회사인 로스네프트와 중국의 CNPC는 러시아와 중국내 합작회사 설립에 관한 협상을 진행했다.21) 양국은 에너지 협력을 비롯한 다양한 협력 협정을 체결했다. 그리고 중국의 자본 투자로 러시아 극동지역 개발 사업이 활력을 받게 되었다. 2006년 당시 중국의 자본 투자로 연해주의 우수리스크市, 하산市 등지에 산업공단 및 과학기술 단지를 조성하고, 하바롭스크州에 화학 내열제 공장, 제재소 건설, 쇼핑센터 건축 등에 관련된 문제들이 집중 논의되었다.22) 그리고 아무르주에 벽돌공장 건설, 블라고베셴스크 지역내 주택건설, 인회석 광산개발 사업 등에 관한 협상이 진행되기도 했고, 사할린의 에너지 사업에 대한 중국의 관심이 계속되었다.23)

---

용했다. 중국 동북 3성 측에서도 농업은행과 상업은행이 Heihe 지역에 유사한 기구를 설치하고 시범 서비스를 개시했다.
19) 중국과 러시아 국경지대에 총 25개의 통과 지점이 있고, 이를 통해 양국간 교역이 진행되고 있다. 이들 통과지점 중 가장 큰 통과 지점은 수이펀허-포그라니치니이다. 2005년도 수이펀허의 대외 교역량은 30억 달러였으며, 이중 러시아 극동지역과의 교역량이 28억 달러를 차지했다. http://www.globalwindow.org/ (검색일: 2013년 7월 9일).
20) http://www.onbao.com/news.php?code=&mode=view&num=963(검색일: 2013년 7월 11일)
21) 박기원, "중국, 극동러시아 진출 활발 - 무역 및 투자 확대 -," http://www.globalwindow.org/(검색일: 2013년 7월 9일).
22) 2007년 1월 기준, 하바롭스크州에 약200개에 달하는 중국투자기업이 활동하기 시작했다.

••••••••••

중국은 러시아 극동지역 개발 사업에 대한 지속적인 관심과 함께, 투자 규모를 늘려나가기 시작했다. 자신의 경제력에 비해 투자 규모가 낮은 수준이기는 했지만,24) 2006년 극동러시아·중국간 교역량이 41억 달러(수출 24억 달러, 수입 17억 달러)에 이르렀다. 러시아 극동지역의 전체 교역에서 중국이 차지하는 비중이 2005년 28%에서 2006년 31%로 높아졌다. 2006년 당시 중국이 극동·시베리아 지역의 임업시장을 사실상 독점하고 있으며, 극동 수역에서 포획되는 러시아 수산물의 약⅓을 수입했다. 일부 언론 보도에 따르면, 지난 2~3년 사이에 중국 기업들이 제3자를 통해 극동 굴지의 수산회사 주식을 대거 매입함에 따라 극동 수산자원의 35% 이상이 그들의 통제 하에 들어갔다.

극동지역 개별 주체와 중국의 교역이 증가되었다. 하바롭스크주·연해주·아무르주 등지에서 교역 정도가 강하게 나타났다. 2006년 연해주의 대외 교역은 46억 달러인 데, 중국과의 교역은 17억 달러에 달해 전체의 약 40%를 차지했다. 연해주의 對중국 수출은 7억 달러, 수입은 10억 달러이다. 이는 전년대비 각각 16%, 27% 증가한 수치이다. 주요 수출품은 금속광물자원·목재·수산물·석유제품 등이고, 주요 수입품은 신발·식품·화학제품 등이다. 2006년 하바롭스크주와 중국간 교역은 27% 증가한 20억 달러로 전체 대외교역의 46%를 점유하고 있다. 수출은 15억 달러, 수입은 5억 달러이다. 수출 품목은 석유제품(전체의 68% 차지)·목재·수산물·제재목·기계장비·금속 등이고, 주요 수입품은 직물·의류·신발·가죽제품·펄프 제지·병 커유 등이다.

2006년 아무르주의 중국과 교역은 2억 3000만 달러로 수출 1억3000만 달러, 수입 1억 달러를 기록했다. 對중국 수출은 전년대비 25% 감소했다. 이는 비철금속 수출이 급감한데 기인한다. 주요 수출품은 원목·목탄·비철금속 등이고, 주요 수입품은 식료품·소비제품·기계 장비 등이다. 그리고 사할린 주와 중국은 양측간 경제협력에 대한 관심이 고조되고 있음에도 불구하고, 2006년 교역 규모는 사할린 교역의 2.6%에 해당하는 1억 달러에 불과했다. 사할린주의 주요 교역 대상국은 한국(54%)·일본(8%)·미국(7%) 등이다. 사할린주의 對중국 주요 수출품은 수산물·목재·금속·비

---

23) http://www.globalwindow.org/(검색일: 2013년 7월 9일).
24) 극동러시아를 대상으로 하는 외국의 투자는 네덜란드(사할린주 원유 개발 프로젝트에 최다 금액을 투자)·미국·일본 등이며, 중국의 투자는 미미한 수준이다. 2007년 초 기준 중국의 對연해주 투자총액은 1500만 달러이다. 2006년 도소매업(300만 달러), 건설업(8만 달러), 가공업(3만 달러) 등에 신규투자가 이뤄졌다. 전문가들은 중국의 對연해주 투자가 음성적으로 이뤄지고 있음을 감안할시 실제 투자규모는 상기 수치를 크게 상회한다고 주장하고 있다. 자세한 내용은 *Дальневосточный Капитал* № 6(2007) 참조.

철금속・선박 등이고, 주요 수입품은 철골조물・건축자재・화학제품・의류・신발・직물 등이다. 그리고 캄차트카주와 중국의 교역은 전체의 ¼에 해당하는 5100만 달러를 기록했다. 주요 수출품은 수산물・어선 등이고, 주요 수입품은 폐리선박・화물선・불도저・전기제품 등이다.

<표 13> 러시아 극동지역의 對중국 교역 추이(2005~06)

(단위 : 백만 달러)

|  | 수출 | | 수입 | | 교역액 | | 비중(%) | | 증가율 | | |
|---|---|---|---|---|---|---|---|---|---|---|---|
|  | 2005 | 2006 | 2005 | 2006 | 2005 | 2006 | 2005 | 2006 | 수출 | 수입 | 전체 |
| 극동 | 2,037 | 2,372 | 1,188 | 1,702 | 3,256 | 4,077 | 28 | 31 | 116 | 143 | 126 |
| 아무르주 | 135 | 101 | 87 | 131 | 222 | 231 | 82 | 85 | 76 | 151 | 104 |
| 유대인자치주 | 7 | 11 | 8 | 17 | 15 | 28 | 93 | 96 | 140 | 212 | 176 |
| 캄차카주 | 26 | 41 | 1 | 10 | 27 | 51 | 14 | 25 | 157 | 718 | 184 |
| 마가단주 | 2 | 0.4 | 3 | 5 | 5 | 6 | 6 | 6 | 19 | 164 | 104 |
| 연해주 | 584 | 672 | 771 | 978 | 1,355 | 1,650 | 40 | 40 | 115 | 127 | 122 |
| 사하공화국 | 7 | 3 | 2 | 5 | 9 | 8 | 2 | 1.6 | 45 | 199 | 83 |
| 사할린주 | 31 | 40 | 40 | 32 | 71 | 72 | 2 | 2 | 128 | 80 | 101 |
| 하바롭스크주 | 1,243 | 1,504 | 274 | 524 | 1,517 | 2,028 | 45 | 47 | 121 | 191 | 133 |
| 추코트카자치구 | 0.04 | 0.06 | 1.8 | 2.1 | 1.8 | 2.1 | 2.5 | 3.3 | 135 | 119 | 119 |

\* 비중(%)은 극동 주의 대외 교역에서 중국이 차지하는 비중임.
Дальневосточный Капитал № 6(2007), 블라디보스톡 총영사관 등의 자료를 취합하여, KOTRA & globalwindow.org가 정리한 다음 내용을 참조, http://www.globalwindow.org/(검색일: 2013년 7월 9일).

러시아 극동지역과 중국의 무역관계는 2007~2008년 동안에도 다양한 수준에서 계속되어 왔다. 러시아 극동지역과 중국의 2009년 무역은 전년대비 7.1% 감소한 44억8500만 달러에 달했는 데, 중국으로의 수출은 45.6% 증가한 24억400만 달러, 수입은 34.5% 감소한 20억8100만 달러로 3억2300만 달러의 무역 흑자를 기록했다. 對중국 주요 수출품목은 석유, 냉동어류, 가공되지 않은 목재 등이며, 이들 품목의 비중은 각각 27.2%, 26.4%, 25.2%에 달했다. 그리고 주요 수입 품목은 신발, 가죽 신발 등으로 각각 11.2%, 8.5%를 차지했다.[25]

러시아는 자신의 극동지역 개발을 위해 중국과의 경제 협력을 확대하고 있다. 러

---

[25] http://www.globalwindow.org/(검색일: 2013년 7월 9일).

시아의 극동 개발과 중국의 자원 확보 및 시장진출이라는 전략이 맞아 떨어지면서 중국의 진출이 공격적으로 확대되었다. 낙후된 지역인 극동지역 개발이 목적인 러시아와 극동 및 시베리아 지역의 원자재를 확보하려는 중국은 중국의 북동부 지방과 러시아 극동 및 동시베리아 지역의 경제협력(2009~18년) 계획안을 확정했다. 경제협력 계획안에 따르면, 중국은 러시아 극동지방의 원자재 개발 및 가공 분야에 투자하고, 러시아는 이에 대한 대가로 중국에 원자재를 제공하는 방식으로 약 205개의 프로젝트를 추진하게 된다.26)

2011년 12월 현재, 중국의 對러시아 극동지역 주요 투자 및 진출 동향을 정리하면 다음과 같다. Xinhua 통신에 따르면, 중국 투자 업체들은 투자 유망 지역을 연해주 및 아무르주를 포함한 극동 러시아 지역에서 찾고 있다. 총 투자 금액은 30억 달러 이상으로 평가된다. 특히, IRC limited社는 극동 러시아에 지난 20년간 지속적으로 광산개발을 위해 투자해 온 중국 업체이다. 이 회사는 아무르 주의 Kuranakh와 Garinskoye에, 그리고 유대인 자치주의 Kimkanskoye와 Sutarskoye에 광산 투자를 진행 중이다. 이 업체는 광산 개발뿐 아니라, 광산 현대화 및 인프라 투자도 병행하고 있다. IRC의 최종 목적은 매해 철광석 1000만 톤 이상을 중국에 공급하는 것이다. 이는 2013년 중국과 러시아를 연결하는 아무르강 철로 대교 완공 후 실현될 것으로 전망되었다.27)

<표 14> 러시아 극동지역과 중국의 교역 규모

(단위: 백만 달러, %)

| 수출 | | | 수입 | | |
|---|---|---|---|---|---|
| 2011년 | 2012년 | 증감률 | 2011년 | 2012년 | 증감률 |
| 3,968 | 5,111 | 28.8 | 4,224 | 4,892 | 15.8 |

러시아 극동지역 관세청 자료를 토대로 정리된 다음 참조. http://www.globalwindow.org/(2013년 7월 9일)

2013년 3월 시진핑 중국 주석이 러시아를 방문, 푸틴 대통령을 면담하고 에너지

---

26) http://www.globalwindow.org/(검색일: 2013년 7월 9일).
27) 아무르 철로 대교 건설 프로젝트는 2007년에 아무르 주에서 논의되었다. 2008년 11월 양 국가의 건설부가 건설안에 합의 후, 2010년 9월 착공에 들어갔다. 2013년 완공 예정이다. 이 프로젝트는 아무르 강을 통해 중국과 러시아를 연결하는 철로 대교를 건설하는 것이다. 이 대교는 러시아 Nizhnelenincskoe市와 중국 Tongjiang市를 연결하는 것이고, 총 길이는 2197미터이다. 총 3억 달러 이상 투자된다. 대교 완성으로 유대인 자치주나 아무르주로 수많은 중국의 투자 비즈니스가 유입될 것이다. http://www.globalwindow.org/.

자원개발 분야에서 협력을 확대하기로 했다. 이번 중·러 정상회담에서 석유·천연가스 등 에너지자원 분야를 축으로 한 경제관계 확대에 합의했다. 중·러 정상회담에서 러시아가 對중국 석유 수출량을 약 3배로 확대하는 것에 합의했다. 양국은 동시베리아 광구개발 등 자원생산 분야에 대한 협력 확대에도 합의했고, 러시아는 사할린 대륙붕 개발에 중국 석유회사를 참여시킬 의향을 표명했다. 그리고 러시아 극동지역 인프라 정비에 대한 중국의 투자도 합의했다.[28]

## 4. 중국의 러시아 극동지역 경제 진출에 대한 러시아의 고민

1) 중국의 시장 독점

중국의 자본과 노동력이 러시아의 동부지역으로 강력히 유입되면서, 극동 지역에서의 중국인 상행위[29] 및 지방 정부에 대한 중국인의 통제에 대한 러시아의 경계심이 높다. 중국과 국경을 접하고 있는 극동 및 자바이칼 지역 개별 주체들 중에서 2004년에 중국과의 국경무역에서 가장 큰 성장을 보인 주체는 치타주(시베리아연방지구)이며, 그 다음으로는 아무르주, 부랴트 공화국(시베리아연방지구), 연해주 등이다.[30] 이들 주체와 함께 유대인 자치주 역시 중국과 국경을 접하고 있으며, 동일 지역에 대한 중국의 시장 독점 현상이 지속되었다. 이들 지방 정부로 향하는 중국의 경제 및 문화적 침투력은 동일 지역의 주체성을 해체시키기에 충분하다. 특히, 아무르주에 대한 중국의 경제 및 문화 침투가 강하게 나타나고 있다.

러시아 극동지역에 체류하고 있는 합법 및 불법적인 중국 경제인들은 극동지구내 개별 주체의 지방 엘리트들에게 상당한 영향력을 행사하고 있다. 2005년을 전후한 시기, 중국인이 리더하고 있는 지역의 마피아 조직이 지역의 행정 및 경제 정책에 상당한 영향력을 행사하고 있다는 소문이 조심스럽게 흘러나왔다.[31] 러시아 극동지역

---

28) http://www.ois.go.kr/portal/(검색일: 2013년 7월 9일).
29) 러시아 중앙정부 및 극동지역 지방정부는 중국인의 합법적 또는 불법적 유입에 따르는 사회 불안(저질상품 공급·위조상품 판매·범죄율 급상승의 원인제공·소매시장에서의 투매 행위 등) 확산 문제에 고민하고 있다.
30) Леонид Коротков, "Китайцы заинтересованы в нас не меньше, чем мы в них," *Дальневосточный Капитал*, № 10(62) октябрь 2005, с. 74.
31) 이영형, "중국의 러시아 극동진출에 대한 러시아의 의식 구조 분석," 『한국 시베리아연구』 제10집 06-2호 (2006년), p. 53.

은 중국인들에게 중요한 경제활동 공간이 되고 있다. 중국의 접경지대에 펼쳐진 러시아 극동지역은 중국에게 있어서 생활공간의 탐구 및 자원을 위한 출구가 된다.32) 이러한 현실은 중국내에서의 실업 문제가 중국인들을 밖으로 몰아내는 압력으로 작용한 결과이기도 하다.

중국인 노동자의 러시아 극동지역 시장 잠식은 계속되고 있다. 러시아 극동지역에서 필요로 하는 중국의 각종 생필품 및 경공업 제품들이 극동러시아의 시장을 점령하게 될 것이다. 장기적으로 극동지역은 시장·노동력·소비재 수요로 인해 중국 경제에 의존할 수밖에 없다.33) 러시아 중앙 정부는 중국인의 대량 이주로 인해 중국인이 지역 상권을 장악하고 있으며, 약 10만여 명의 중국 보따리 상인들이 국경지대에서 장사해 오고 있음을 지적해 왔다. 이와 함께, 궁극적으로 이루어질지도 모르는 동부러시아 지역의 중국화를 두려워하고 있다. 특히, 극동러시아 지역은 동남아시아, 아프리카, 남아메리카 등과 함께 중국이 정부 차원에서 추진하는 자국의 노동인력 송출 대상 국가군에 포함된다.

러시아는 중국인 노동자 진출에 대한 제한 조치를 취해 왔다. 2006년 11월 <외국인 근로자 고용 제한 조치>가 러시아 정부에 의해 채택되었다. 이러한 조치에 따라, 2007년 4월부터 노점 및 시장에서 외국인이 일할 수 없게 되었다. 그러나 러시아 정부가 2007년 초에 취한 소매시장 내 외국인 판매원 영업금지 조치가 곧바로 중국 상인의 대폭적인 감소를 가져오지는 않았다. 중국 상인 중 대다수는 법적 규제를 받지 않는 업종, 즉 쇼핑센터, 도매시장 판매원 등으로 재계약해 체류하고 있기 때문이다. 뿐만 아니라, 중국이 2007년 3월 해외 거주 중국인 단체의 활동 강화를 목적으로 '취업 지원법'을 채택하면서 그동안 민간단체가 전담해 왔던 인력 송출 업무가 정부 소관 업무로 이양되면서, 국가차원에서 러시아 동부지역으로의 중국인 진출이 계속되었다.

러시아가 중국인 노동자 유입에 대한 제재 조치를 취하고는 있지만, 어쩔 수 없이 그들을 수용해야만 되는 상황이 만들어지고 있다. 러시아 정부는 2007년 8월 2일 4260억 루블($168억)의 연방 예산을 투입해 극동러시아를 개발하는 『2013년까지의 극동러시아 및 바이칼지역 사회경제개발 프로그램』을 채택했다. 극동러시아 개발프로

---

32) Олег Иващенко, "Россия 2010-2020 — без Сибири?...(краткий прогноз на ближайшие десяти летия)," http://politics.in.ua/index.php?go=News&in=view&id=5315(검색일, 2006년 10월 16일).
33) 김원배·박영철·김경석·이성수 외, 『러시아 연해주에서의 자원·인프라 개발을 위한 한·러협력 방안』 (국토연 2003-6) (경기도 안양: 국토연구원, 2003), p. 112 참조.

그램은 1996년에 처음 채택되었으나, 그 후 동시베리아의 바이칼 지역이 포함되었고, 2010년까지 개발을 추진하는 내용을 담고 있었다. 그리고 2012년 블라디보스톡 APEC 회의 유치 추진과 관련한 내용이 추가되어 프로그램 시행 기간을 2013년까지로 연장했다.

러시아 정부의 극동러시아 개발프로그램은 2013년까지 지역총생산을 2.6배 증대시키고, 상대적으로 낙후된 극동러시아를 아태지역 경제권의 한 축으로 육성하는 것을 핵심으로 한다. 카밀 이샤꼬프 前극동러시아 대통령 전권대표가 공개한 프로그램 내용을 보면, 2013년까지 4260억 루블($ 168억)을 투입해 6600km²의 도로와 800km²의 가스관을 건설하며, 17개의 공항, 10개의 항만, 8개 병원을 신규로 건설하거나 개보수하는 것이 포함되어 있다. 이와 같은 인프라 개발을 위해 이미 2008년에 300억 루블($12억)의 예산이 배정된 상태였다.34) 이러한 개발 사업을 주목하고 있는 중국 정부는 극동지역 개발을 위해 자국의 자본과 노동력 파견을 준비해 왔다.

결국, 러시아 극동지역의 개발 사업은 자본과 노동력을 필요로 하고, 러시아가 담당하기 어려운 자본과 노동력을 중국이 제공해 주고 있다. 2012년 말 현재 극동러시아는 중국인 상인과 상품 그리고 중국인 노동자들에 의해 지역시장이 독점되는 그러한 상황에 직면해 있다. 물론, 러시아가 자신의 현지 노동력과 북한 및 베트남 그리고 일부 중앙아시아 CIS 국가들의 노동자들을 활용하고 있지만, 그 정도는 중국의 그것에 비하면 미미한 수준일 수밖에 없다. 그리고 밀려들고 있는 중국의 경공업 제품들이 극동러시아 시장을 잠식하고 있는 그러한 현실을 막을 수는 없다. 극동러시아 시장에 대한 중국의 통제력이 당분간 더 지속될 수밖에 없는 현실에 직면해 있다.

2) 중국의 자원 독점

중국의 러시아 시베리아 및 극동지역 경제 진출은 자신의 인력 자원 송출을 통한 시장 독점과 아울러, 동부 러시아에 산재한 다양한 자원을 독점해 가는 모습으로 이루어지고 있다. 시베리아 및 극동지역의 에너지 자원에 대한 중국의 영향력 확장 노력을 예외로 하더라도, 산림자원을 거의 독점해 가는 분위기이다. 이러한 현상에 대해 러시아 내부에서 제기되는 우려의 목소리에도 불구하고, 중국의 자원 독점 현상은 계속되고 있다. 산림자원을 중심으로, 중국의 진출과 러시아의 고민 문제를 정리하기로

---

34) *Vladivostok Times* 등 블라디보스톡 무역관 자료 종합

한다.

중국은 1998년부터 장강(長江)·황허(黃河) 상류의 산림 벌목을 금지함과 아울러 전국적으로 천연림 보호 정책을 실시했다. 채벌 금지 후 중국의 목재시장은 공급부족 현상에 직면했다. 중국에는 경제 발전에 따라 전례 없는 건축 붐이 일고 목재가공·목재제품 수출이 확대되면서 목재 수요가 급증하고 있다. 동북 3성 등 주요 목재 산지에서 삼림 벌채가 금지되면서 목재 구하기가 어려워졌고, 이러한 문제를 러시아의 시베리아 및 극동지역 산림자원을 확보하면서 해결하려 했다. 중국은 1999년 2월 당시 총리 주용기(朱鎔基)가 러시아를 방문하여 러시아 정부와 러시아 산림 합작 개발에 합의했다. 임업자원 협력개발은 중국의 임업부분 유휴 노동력과 설비를 이용하여 새로운 벌목 지대를 개척하는 것을 의미했고, 더 나아가 중국 국내의 수요를 만족시키려는 노력의 일환으로 나타났다.[35]

러시아는 세계 산림 면적의 22%를 점유하고 있으며, 세계 임산자원의 $\frac{1}{4}$을 공급하고 있다. 상당 량의 산림자원이 시베리아[36] 및 극동지역에 분포되어 있다. 2007년 당시의 산림 면적은 808.8백만 ha(국토 대비 47.4%)였고, 이용 가능한 임목 축적량이 804.8억 $m^3$에 이르렀다. 러시아 산림은 낙엽송, 소나무, 가문비, 전나무 등 침엽수종이 전체 임목 축적량의 약 76%를 점하고, 자작나무, 포플러류, 참나무류의 활엽수가 약 21%, 나머지는 관목류로 구성되어 있다.[37]

시베리아 지역에서는 이르쿠츠크주와 크라스노야르스크주가 보다 많은 산림자원을 보유하고 있다. 이르쿠츠크주의 산림면적(전체 州면적의 79.3%)은 약 61.5백만 ha이며, 총 임목 축적량이 87.7억 $m^3$에 이른다. 주요 벌채 수종은 소나무(Scots pine)로 좋은 품질과 가공성으로 타 수종에 비해 경제적 가치가 높다. 그리고 극동지역에는 러시아 전체 산림자원의 약 ⅓이 분포되어 있으며, 하바롭스크주와 연해주에서의 목재 수출이 왕성하다. 주요 목재 수종은 낙엽송, 가문비, 전나무, 그리고 참나무류와 사시나무류와 같은 활엽수종 이다.[38]

---

[35] http://www.anychina.net/info/28339(검색일: 2013년 7월 14일).
[36] 시베리아의 산림은 침엽수가 대부분이며, 동쪽으로 갈수록 낙엽송이 많다. 서시베리아 지역의 60%가 산림이며, 소나무와 자작나무가 가장 일반적이다. 동시베리아는 전체지역의 70%가 산림이다. 목재의 85%는 침엽수로 자작나무가 대부분이다. 시베리아의 목재 산업은 공업용 재목과 제재목의 벌채와 생산에 치중되어 있다. 펄프나 종이 그 밖의 중요한 부가가치 생산품은 동시베리아의 남부지역에서 생산된다. 시베리아 지역에서 목재 생산량이 많은 지역은 튜멘州, 이르쿠츠크州이다.
[37] (사)한국산림정책연구회, 『러시아 산림자원 현황 및 개발 타당성 조사 연구』(서울: 산림청, 2009), p. iii.
[38] V.P.Roshchupkin, *The modern state of the forest sector of the Russian economy. Forestry of Russia: the beginning of the third millennium. Towards the World Forestry Congress* (Moscow: Ministry of Natural, 2003); *Russian Forests and Forestry. 2007.*

하바롭스크주가 러시아에서 산림자원이 풍부한 지역들 중에서 한 곳이다. 하바롭스크주의 산림면적은 55천250만 헥타아르이며,39) 산림자원 전부가 국가 소유이다. 목재관련 산업이 하바롭스크주의 주요 산업이다.40) 하바롭스크주 산업 총생산에서 목재산업은 다년간 10%의 비중을 유지했다. 2002년에 하바롭스크주에서 800만 입방의 목재가 채벌되었으며, 2010년 까지 1천만~1천2백만 입방의 목재가 수출될 것으로 전망되었다. 그리고 하바롭스크 등지에서 품질 좋은 백송(소나무)이 출하되고 있다. 러시아는 원목 수출로 2003년 17억 7천만 달러를 벌어들였다.41) 이들 원목의 주요 수출 국가는 중국(40.52%), 핀란드(24.98%), 일본(16.97%) 등 이었다.42)

중국의 동북지방과 마주하고 있는 러시아의 시베리아 및 극동지구에 풍부한 산림자원이 있지만, 이 지역의 목재공업은 매우 빈약한 실정이다. 그리고 2005년을 전후한 시기, 시베리아 및 극동지역에 대한 중앙정부의 관리 소홀로 인해 산림자원에 대한 효율적 관리가 제대로 이루어지지 못했다.43) 러시아 중앙정부가 다양한 형태의 산림정책을 만들어내고 있지만,44) 이러한 정책을 뒷받침할 수 있는 노동력과 자원이 부족한 실정이다. 따라서 중국이 대규모 산림 개발권을 확보하면서 진출해 왔다. 러시아 중앙정부의 우려에도 불구하고, 중국이 극동·시베리아 지역의 임업자원을 사실상 독점하고 있는 실정이다. 중국 정부가 벌목을 금지하면서 나타난 목재·펄프 자원 난을 극복하기 위해, 보다 적극적으로 극동지역 삼림 산업에 진출하고 있는 것이다. 그리고 동일 지역의 산림자원을 대대적으로 수입하고 있다. 2007년 극동러시아가 수출한 목재의 총량은 15.5백만㎥었으며, 하바롭스크주와 연해주가 극동러시아 전체 수출 중의 65%와 23%를 각각 차지했다. 목재의 대부분이 중국, 일본, 그리고 한국으로 수출되었다.45)

---

http://www.iiasa.ac.at/Research/FOR/forest_cdrom/index.html: (사)한국산림정책연구회, 『러시아 산림자원 현황 및 개발 타당성 조사 연구』 (서울: 산림청, 2009).
39) 1헥타르(hectare)는 1아르의 100배로 1만㎡이다. 그리고 입방미터는 세제곱미터(㎥)를 의미하며, 1세제곱미터(㎥)는 가로, 세로, 높이가 각각 1미터인 정육면체의 부피이다.
40) 하바롭스크주 주정부는 목재산업에 특별한 관심을 가지고 있다. 하바롭스크 정부는 현지 목재산업의 안정적 발전, 산림자원 복원, 목재가공업 발전, 효율적 산림자원 이용, 수출 구조의 개선, 자연 환경과 생물 환경의 다양성 보호를 기본 방침으로 채택했다.
41) 산림자원들 중에서 백송과 낙엽송 등의 침엽수림은 러시아 원목 수출의 77.68%를 차지하며, 활엽수 중에서 백양나무 등이 약 20% 정도 수출되고 있다. 그리고 떡갈나무가 전체 수출의 2%를 차지하고 있다.
42) KOTRA, 『극동 러시아, 이것만은 꼭 알아두자』 (서울: 학림사, 2006), p. 277.
43) 산림자원은 정부의 지원 부족으로 효율적인 관리가 이루어지지 못했다. 벌채 된 산림자원의 단지 51%만이 소비자에게 도달되며, 목재 부스러기 중의 8%만이 활용된다. 산림을 관리하고 있는 기관들의 관리 미흡으로 무분별하게 벌목되어지고 있다. 또한 투자가 제대로 이루어지지 않아, 많은 산림자원이 개발되지 못하고 그대로 방치되고 있는 실정이다.
44) http://www.rosleshoz.gov.ru/docs(검색일: 2013년 7월 14일) 참조.

중국은 서시베리아의 우랄연방 지구에 소속된 튜멘(Tyumen)주의 100만ha에 달하는 삼림 개발권을 넘겨받았다.46) 중국은 25년간 튜멘주의 삼림 개발권을 갖는 대신 10억 달러의 사용료를 러시아에 지급하기로 했다. 중국은 이와는 별도로 시베리아의 치타州와 극동의 하바롭스크州에 각각 연산 40

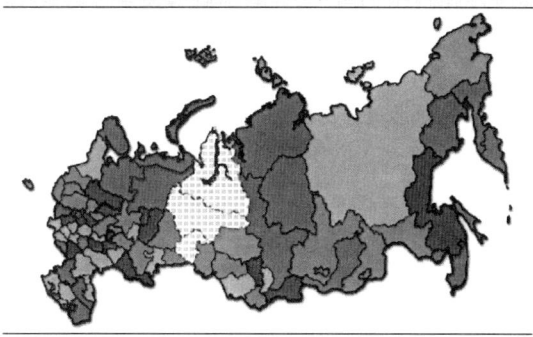

[그림1] 튜멘州의 위치

http://www.admtyumen.ru/

만t, 30만t 규모의 펄프·제지공장도 건설하고 있다.47) 튜멘 주를 비롯한 시베리아 및 극동지역의 산림 개발권이 중국에 넘어가면서, 중국 기업과 노동력이 산림을 벌채해가기 시작했다. 이러한 현실에 대해 러시아 국내에서 불만의 목소리가 높지만, 밀려드는 중국의 힘을 마지못해 수용하는 듯하다.

시베리아와 극동지역 원목이 중국과 일본, 그리고 한국으로 수출되어 가공된 후 역수입 되고 있다. 저렴한 가격으로 원목이 수출되고, 비싼 가격으로 완제품이 수입되는 것이다. 따라서 러시아는 목재가공 산업의 육성을 위해 2007년 이후부터 미가공 목재에 대한 수출 관세를 지속적으로 인상시켜 왔다.48) 2010년의 경우 러시아 원목

---

45) 일본 시장은 극동러시아의 가공된 목재를 희망하고 있다. 그리고 그 가격은 중국과 비교해서 2배, 한국과 비교해서는 1.5배 정도 더 비싸다. 그러나 일본 소비자는 생산품 질에 대한 요구가 매우 높아 러시아의 사업가들은 이들의 질적 수준에 대한 요구를 만족시키기 어렵다. 2000년도 초 빠르게 성장하고 있고, 목재의 질에 대한 요구가 상대적으로 덜 까다로운 중국 시장은 극동러시아 수출업자들에게 매우 매력적으로 다가왔다. 2005년, 원목의 시세가 일본 시장에서 떨어지고 중국 시장에서는 증가하자 러시아 수출업자들은 점차 중국 시장 쪽으로 옮겨갔다. (사)한국산림정책연구회, 『러시아 산림자원 현황 및 개발 타당성 조사 연구』 (서울: 산림청, 2009), p. 88.
46) 서시베리아의 듀멘주에는 우바트(Убат) 산림지대를 비롯하여 여러 곳의 산림 지대에 풍부한 산림자원이 있다. 튜멘주의 산림자원 구성은 소나무(22%), 가문비나무(6), 전나무(1), 삼나무(8), 자작나무(54), 사시나무(9) 등으로 구성되어 있다. 자세한 내용은 다음을 참조. http://admtyumen.ru/ogv_ru/finance/lk/inf_forest.htm(검색일: 2013년 7월 12일).
47) 『세계일보』 2006년 8월 3일.
48) 러시아는 임산자원의 효율적 활용에 관련된 정책을 내놓고 있다. 러시아 정부는 2007년 6월 30일 정부령 제419호인 <임산자원 이용에 있어서의 우선 투자 프로젝트에 관하여>에 따라 고부가가치 목재품 생산 및 수출을 촉진하기 위한 조치의 일환으로 원목의 대외 수출관세를 지속적으로 인상하고 있다. 2007년 7월 1일부로 원목 수출관세를 1㎥당 기존의 4euro(6.5%)에서 10euro(관세율 20%)로 인상하고, 2008년 4월 1일부터는 15euro(관세율 25%), 2009년부터 50 euro(관세율 80%)로 인상할 예정이었다. 푸틴의 지시에 따른 정부 조치로 이는 원목 수출을 억제하고, 자국내 목재가공 산업에 대한 투자를 활성화해 고부가가치 제품 수출을 촉진하기 위한 것이 목적이다. 『세계일보』 2006년 8월 3일. 그러나 이러한 조치는 현실화되지 못했다. 2010년 당시 러시아의 WTO 가입이 임박하면서 EU는 러시아의 WTO 가입 조건에 세율 인하를 요구했다. 2012년 8월 러시아가 WTO 회원국이 되면서, 유럽산 가문비나무, 적송의 세율을 25%에서 각각 13%, 15%로 인하했고, 이외 수종에 대해서는 25%를 유지하고 있다. 『한국목재신문』, 2012년 12월 05일.

수출이 최저로 떨어졌다. 글로벌 경제위기로 인한 경기 불황으로 목재 수요 감소 추세가 지속되어 가공되지 않은 목재의 수출이 3년 연속 감소한 원인도 있지만, 한파와 벌채업자들의 자금난 등으로 인한 벌채 량 감소가 러시아산 원목 가격의 상승을 초래해 중국을 비롯한 주변국들의 수입이 감소한 것이다.

결국, 2006년을 전후한 시기부터 중국이 대규모 자원을 투자해 시베리아 및 극동지역 벌목 시장을 대부분 장악했다. 특히, 아무르주가 중국과 국경을 접하고 있기 때문에 중국 산림 노동자들의 유입이 보다 활발하게 이루어지고 있다.[49] 러시아 중앙정부가 자신의 산림자원을 스스로 상품화하려 하고 있지만, 이에 필요한 자본과 노동력이 문제로 지적되고 있다. 러시아의 이러한 상황을 기회삼아, 중국이 대대적으로 진출하고 있는 것이다. 물론, 러시아 정부는 미래 세계 임업시장의 수요를 예측하고, 러시아 산림자원 잠재력을 극대화하기 위한 "2020 러시아 산림발전 계획"을 수립해 놓고 있다.

## 5. 끝맺는 말

국제정치경제의 중심축이 아시아·태평양으로 이동되면서, 러시아는 자신의 아시아 지역에 대한 관심이 높다. 블라디보스톡에서 개최된 2012년 APEC 정상회의가 시베리아 및 극동지역을 개발하는 중요한 하나의 시발점이었다. APEC 정상회의를 준비하는 과정과 그 이후에 수많은 개발 프로젝트들이 만들어 졌다. 그리고 블라디보스톡 市를 아·태 경제권의 중심지로 육성하려 한다. 이와 함께, 자본 유치를 위한 다양한 법적 및 제도적 장치를 마련해 가고 있다.

극동러시아에서 사회 인프라 구축(도로, 항만, …)을 비롯하여, 주택 정비 등 다양한 사업들이 진행되고 있다. 대표적인 투자 프로젝트는 다음과 같다. 동시베리아~태평양 송유관을 통해 공급되는 원유를 기반으로 하는 대규모 정유·석유화학 공장을 야쿠티아(사하공화국)·연해주·아무르주·사할린주에 건설할 계획이며, 야쿠티야·연해주·하바로브스크주 등에 가스 가공화학단지를 건설할 계획이다. 그리고 사할린주의 갈탄 처리공장을 포함한 석탄 생산시설을 조성할 계획이며, 45억 톤의 철광석이

---

[49] 하바롭스크州와 아무르州 벌목 현장을 장악하고 있는 중국의 영향력에 밀려 북한 노동자들의 벌목 활동이 크게 위축되고 있다. 이영형, 『러시아의 극동개발과 북한 노동자』 (서울: 통일연구원, 2012) 참조.

매장되어 있는 야쿠티아에는 철강생산콤비나트를 건설할 예정이다. 뿐만 아니라, 캄차트카주에 '국제 레저관광지대'을 조성할 계획이며, 야쿠티아 남부·아무르주·하바롭스크주 등지에 대규모 수력발전소 건설 사업이 예상되며, 수력발전소 전력을 이용한 알루미늄 공장 건설 가능성도 있다.

중앙정부가 구상하고 있는 러시아 극동지역 개발 과정에는 막대한 자본과 노동력을 필요로 한다. 러시아는 지역 개발에 필요한 자금을 모스크바와 그 주변의 중앙 및 북부지역, 체첸을 비롯한 남부지역, 블라디보스톡을 비롯한 극동지역에 분산해야 되는 상황이다. 따라서 극동지역 개발에 필요한 자금이 절대적으로 부족하다. 외부로부터의 자금 유입이 급선무이다. 따라서 러시아는 자신의 극동지역과 인접한 한국·중국·일본 등으로부터 개발자금을 유입하려 한다. 이러한 과정에서 보다 적극적인 관심을 보이는 국가는 중국이다. 중국의 자금이 러시아 극동지역을 개발하는 데 기여하고 있다. 여기에서 러시아 정부의 고민이 있다. 중국의 자본과 노동자들이 과도하게 유입되면서, 러시아 극동지역의 시장과 자원이 중국에 의해 잠식되고 있기 때문이다.

극동지역 개발을 위해서는 이에 필요한 충분한 노동력이 확보되어야 한다. 그러나 극동연방지구 전체 인구가 2010년 1월 1일 기준으로 6백44만 여명에 불과하다. 소련 해체 이후 지난 20년 동안 지속적으로 인구가 감소되어 왔다. 노동력 부족 문제를 해결해야 되는 것이 중요한 과제로 남아있다. 극동지역의 다양한 개발 프로젝트가 인적 및 물적 자원을 필요로 하기 때문이다. 중국의 참여가 절실히 요청된다. 이러한 과정에서 러시아의 고민이 있다. 중국과 함께한다면 지역 개발에 탄력을 받을 수 있겠지만, 중국의 성장과 중국인들의 동부러시아 진출이 몰고 올 부작용을 우려하게 되는 것이다. 그러나 극동러시아의 개발이 노동집약형으로 이루어지기 때문에, 중국 노동자의 진출을 막을 수는 없다. 노동집약형 산업구조가 기술 집약형으로 전환되기 이전에는 중국 노동자와 함께할 수밖에 없다.

## 참고 문헌

고재남, "주변국(중국, 일본, 미국)의 극동지역 정책," 정여천 편, 『러시아 극동지역의 경제개발 전망과 한국의 선택』 (서울: 대외경제정책연구원, 2008).

김원배·박영철·김경석·이성수 외, 『러시아 연해주에서의 자원·인프라 개발을 위한 한·러 협력 방안』 (국토연 2003-6) (경기도 안양: 국토연구원, 2003).

박기원, "극동러시아의 대외무역 동향 - 원자재 수출, 완제품 수입구조 불변 -," http://www.globalwindow.org/(검색일: 2013년 7월 9일).

박기원, "중국, 극동러시아 진출 활발 - 무역 및 투자 확대 -," http://www.globalwindow.org/(검색일: 2013년 7월 9일).

사)한국산림정책연구회, 『러시아 산림자원 현황 및 개발 타당성 조사 연구』 (서울: 산림청, 2009).

엄구호, "러시아 극동에서의 남북한과 러시아의 경제협력 방안," 제11차 한·러 국제학술회의 (2000년 10월 5-6일) 발표 논문.

이영형, "중국의 러시아 극동진출에 대한 러시아의 의식 구조 분석," 『한국 시베리아연구』 제10집 06-2호(2006년).

이영형, 『러시아의 극동개발과 북한 노동자』 (서울: 통일연구원, 2012).

블라디보스톡 무역관, 『극동 러시아, 이것만은 꼭 알아두자』 (2005.11월).

KOTRA, 『동부 러시아의 관문. 하바로프스크를 공략하라』 (서울: 학림사, 2005).

KOTRA, 『극동 러시아, 이것만은 꼭 알아두자』 (서울: 학림사, 2006).

블라디보스톡 무역관.

블라디보스톡 총영사관.

KOTRA.

『세계일보』 2006년 8월 3일.

『한국목재신문』, 2012년 12월 05일.

В.В.Путин, "О перспективах развития Дальнего Востока и Забайкалья,"(2000.7.21)

Л.Коротков, "Китайцы заинтересованы в нас не меньше, чем мы в них," Дальневосточный Капитал, № 10(62) октябрь 2005,

О.Иващенко, "Россия 2010-2020 — без Сибири?...(краткий прогноз на ближайшие десятилетия)," http://politics.in.ua/index.php?go=News&in=view&id=5315(검색일, 2006년 10월 16일).

Russian Forests and Forestry. 2007. http://www.iiasa.ac.at/Research/FOR/forest_cdrom/index.html.

V.P.Roshchupkin, *The modern state of the forest sector of the Russian economy. Forestry of Russia: the beginning of the third millennium. Towards the World Forestry Congress* (Moscow: Ministry of Natural, 2003).

China Daily, March 2, 2007.

Дальневосточный Капитал № 6(2007).

Vedomosti № 192(www.vedomosti.ru).

Vladivostok Times.

http://admtyumen.ru/ogv_ru/finance/lk/inf_forest.htm(검색일: 2013년 7월 12일).

http://www.admtyumen.ru/.

http://www.anychina.net/info/28339(검색일: 2013년 7월 14일).

http://www.globalwindow.org/(검색일: 2013년 7월 9일).

http://www.onbao.com/news.php?code=&mode=view&num=963(검색일: 2013년 7월 11일).

http://www.ois.go.kr/portal/(검색일: 2013년 7월 9일).

http://www.rosleshoz.gov.ru/docs(검색일: 2013년 7월 14일).

## 제2항. 중국 노동자의 시베리아 진출에 대한 러시아의 의식구조*

### 1. 들어가는 말

러시아와 중국은 1992년 우호국가로 출발해서, 94년의 건설적 동반자 관계, 96년에는 전략협력동반자관계, 2001년에는 근린우호협력관계로 발전했다.1) 이러한 협력 관계에도 불구하고, 양국간 상호이익이 충돌될 수 있는 몇몇 영역이 존재한다. 양국간 관계에서 쟁점으로 부각되고 있는 대표적인 것은 국경문제·에너지 협력 문제·중국인 노동자의 러시아 시베리아/극동지역 진출 문제·북한에 대한 영향력 경쟁 문제 등이다.

러·중간 국경 문제는 리자오싱(李肇星) 중국 외교부장이 2005년 6월 2일 블라디보스톡에서 세르게이 라브로프 러시아 외무장관과 만나 타협하면서 해결되었다. 흑룡강(黑龍江)성 헤이샤쯔섬과 내몽고(內蒙古)자치구 만주리(滿洲里) 부근의 일부 땅 등 375㎢를 절반씩 나눠 갖기로 했다.2) 그리고 중국이 총력을 기울였던 시베리아산 석

---
\* 본 글은 『한국시베리아연구』 제10집 06-2호(2006)에 게재된 내용의 글을 수정 보완한 것임.
1) 2001년 7월에 근린우호협력조약(Treaty on Good-Neighborliness, Friendship and Cooperation)이 체결되었다.
2) 중국의 동쪽 끝(흑룡강과 우수리강의 합류 지점)에 위치한 헤이샤쯔섬은 1929년 옛 소련군이 진주한 이래 러시아가 76년간 점유해 왔다. 3개의 섬과 93개의 부속 도서 및 모래톱으로 이루어진 헤이샤쯔섬은 길이 70㎞, 폭 5~6㎞, 넓이 327㎢에 달한다. 헤이샤쯔섬은 극동의 최대 도시인 하바로프스크에서 65㎞ 떨어져 있다. 헤이샤쯔섬은 러시아의 하바로프스크와 중국의 흑룡강(黑龍江)성 푸위안(撫遠)현의 행정구역으로 각각 표시되어 왔다. 헤이샤쯔섬을 구성하는 3개의 섬은 러시아측에서는 타라바로프, 볼쇼이, 우수리스크섬으로 호칭되어 왔다. 리자오싱(李肇星) 중국 외교부장과 세르게이 라브로프 러시아 외무장관은 2005년 6월 2일 양국 국경획정문제에 대한 추가협정 비준서를 교환하고 협상을 종결했다. 중국과 러시아는 중국 흑룡강성 우수리강의 헤이샤쯔섬과 내몽고자치구 만주리 부근의 아바가이투저우 등 넓이 375㎢의 지역을 절반씩 나눠 갖는 것으로 결론 내렸다. 이로써 지난 1964년 2월에 시작된 총연장 4300㎞의 국경획정 교섭을 40년 만에 마무리 지었다. 중국은 이번 협정에 따라 타라바로프섬 전체와 볼쇼이 및 우수리스크섬의 일부 등 174㎢를 러시아로부터 양도받게 되었다.

유 확보도 러시아가 송유관 건설을 중국선과 일본선의 절충안을 내는 것으로 매듭지었다. 흑룡강성 다칭(大慶)에서 60km 떨어진 러시아 국경지대까지만 먼저 송유관을 건설하기로 한 것이다.3) 즉, 동시베리아의 타이세트에서 중국과의 국경 지역인 스코보로디노까지 송유관을 건설하기로 했다.

러·중간 협력관계의 발전에도 불구하고, 새로운 문제가 발생되어 양국간 관계를 불편하게 만들고 있다. 러시아 극동지역으로 향하는 중국인 노동이민 문제가 양국간 새로운 쟁점으로 부각되고 있다. 중국이 인구 증가로 골치를 않고 있다면, 국경을 마주하고 있는 러시아에서는 줄어드는 인구가 국가 장래를 위협하는 최대의 문제로 부각되고 있다. 푸틴은 극동지역을 순시하는 자리에서 외국인의 불법적인 이주가 늘어나고 있는 데 대해서, 이 지역 지도자들과 같이 깊은 우려를 나타내고 있다.4) 그는 이들 외국인이 누구인지는 밝히지 않았으나, 이곳으로 이주하고 있는 외국인 노동자의 주종을 이루고 있는 중국인을 염두해 둔 것임이 분명하다.5)

본 논고는 양국관계의 다양한 이슈와 쟁점들 중에서 중국인의 러시아 극동진출에 관련된 문제를 다룬다. 동일 문제를 다룸에 있어서 우선적으로 지적하고 싶은 것은 중국인 이주자에 대한 러시아의 공식적인 통계가 없다는 점이다. 중국인 이주자 중 불법 이주자가 상당수이기 때문에, 그 수를 정확히 파악하기는 사실상 불가능하다. 따라서 본 논고는 중국인 이주자의 정확한 수를 파악하는 것에 목적을 두는 것이 아니라, 극동지역으로 이주하는 중국인 이주자가 상당수 존재하고 있음을 기본 전제로 하면서 중국인 이주에 대한 러시아의 인식을 분석하는 데 초점을 맞춘다. 극동지역으로 중국인 이주에 대해서 러시아가 어떻게 생각하고 있으며, 그러한 인식이 어떠한 동기에서 파생되고 있는가를 분석한다.

## 2. 러시아 극동지역으로의 중국인 진출

양국간 선린/우호관계의 강화는 러시아 극동지역과 중국 동북3성간의 협력을 활

---

3) 『연합뉴스』, 2005년 6월 6일.
4) В.В.Путин, "Стенограмма совещания по проблемам социально-экономического развития Дальневосточного федерального округа," Владивосток, 2002. 8.23.
5) 정한구, 『중국인 이민과 러시아의 대응. 러시아 동부지방의 중국화?』(세종 정책연구 2003-19), (세종연구소, 2003), p. 5-6 참조.

발하게 촉진시키는 자극제가 되고 있다. 경제협력은 양국의 경제구조 및 노동환경의 변화에 기초해서 이루어지고 있으며, 중국인 노동자들의 극동지역 노동 이민으로 구체화되고 있다.

1) 중국인 유인 변수. 인적자원의 불균형과 생존 공간의 모색

푸틴 대통령은 2000년 의회에서 행한 연설에서 '지금의 인구 감소 추세가 지속된다면, 러시아가 노쇠 국가로 추락하게 될 것'이라고 경고한 바 있다. 그리고 러시아 국가통계위원회가 2002년 초에 발표한 인구 전망에서, 러시아 인구가 2050년까지 30% 정도 줄어든 101.9백만 명이 될 가능성을 제시하고 있다. 최악의 경우 러시아 인구가 2050년까지 77.2백만 명으로 반감할 수도 있다고 덧붙이고 있다.6) 인구 감소 현상은 극동지역에서 두드러지게 나타난다. 극동지역은 광활한 면적과 풍부한 자원을 가지고 있으나, 지역 개발에 필요한 인구가 절대적으로 부족한 실정이다.7)

<표1> 극동연방지구의 면적 및 인구

| 연방주체 | 주체의 중심지 | 면적 (천км²) | 인 구 (천명) | |
|---|---|---|---|---|
| | | | 2004년 1월 1일 기준 | 2000년 1월 1일 기준 |
| 아무르 주 | 블라고베셴스크(Благовещенск) | 363.7 | 894 | 1,005.9 |
| 유대인 자치주 | 비로비잔(Биробиджан) | 36 | 190 | 199.1 |
| 캄차트카주 | 페트로파블로프스크-캄차츠키 (Петропавловск-Камчатский) | 170.8 | 355 | 363.9 |
| 코랴크 자치구 | 팔라나(Палана) | 301.5 | 24 | 29.3 |
| 마가단주 | 마가단(Магадан) | 461.4 | 178 | 232.8 |
| 연해주 | 블라디보스톡(Владивосток) | 165.9 | 2,051 | 2,174.4 |
| 사하(야쿠티야) 공화국 | 야쿠츠크(Якутск) | 3,103.2 | 949 | 976.4 |
| 사할린주 | 유즈노-사할린스크(Южно-Сахалинск) | 87.1 | 538 | 598 |

---

6) *Российская газета*, 2000.7.11.
7) 극동지역의 총면적은 622만 км²로서 남한 면적의 약 60배에 달한다. 연해주 지역만의 면적이 남한의 1.6배를 넘고 있다. 반면에 인구밀도는 평균 1км² 당 1.2명이며, 비교적 인구가 많은 지역인 연해주도 13명에 지나지 않는다.

| 하바로프스크주 | 하바로프스크(Хабаровск) | 788.6 | 1,427 | 1,517.4 |
| --- | --- | --- | --- | --- |
| 추코트카 자치구 | 아나디르(Анадырь) | 737.7 | 52 | 72.2 |
| | 극동연방지구 전체 | 6,215.9 | 6,658 | 7,169.4 |

극동지방의 인구는 2000년 1월 현재 717만 명에서 2004년의 같은 시기에 666만 명으로 감소되었다. 극동지방의 인구는 지난 10년 동안(1992년에서 2001년) 약 100만 명이 감소되었다. 인구 감소의 주요한 원인으로 출산율 저하와 외부로의 인구 유출 문제가 자주 지적되고 있다. 이러한 감소 추세가 계속된다면, 극동지방의 인구가 앞으로 20년 내에 절반으로 줄어들지도 모른다는 우려마저 나오고 있다. 이러한 사정은 극동지역내의 연해주·하바로프스크주·아무르주·유태인 자치주 등 중국과 국경을 접하고 있는 지역에서 강하게 나타나고 있다. 극동지역내 대표적인 인구 감소 지역인 상기 4개 지역이 중국인의 선호지역으로 꼽히고 있다.[8]

지리적으로 인접한 중국의 동북3성(흑룡강성, 길림성, 요녕성)에 거주하는 중국인들의 러시아 극동지역 진출이 두드러진다. 중국의 동북3성은 중국의 남부지역에 비해 성장률이 떨어지고 있다. 저성장의 원인은 상대적으로 높은 국유기업의 비중, 노후한 산업시설, 중국의 중심부에서 떨어진 위치 등이라고 할 수 있다. 이러한 상황이 동일 지역의 노동자로 하여금, 지리적으로 근접한 러시아 극동지역으로 진출하도록 자극하게 된다. 러시아 극동지역은 중국인들에게 있어서 중요한 경제활동 공간이 되고 있다.[9] 중국의 접경지대에 펼쳐진 러시아 극동지역은 중국에게 있어서 생활공간의 탐구 및 자원을 위한 출구가 된다.[10] 중국내에서의 실업문제가 중국인들을 밖으로 몰

---

[8] 정한구(2003), p. 19 참조.
[9] 중국은 흑룡강성과 길림성을 중심으로 러시아 극동과 경제적 연계 구조를 강화시켜 왔다. 이 성들은 중앙정부의 임해경제지역 강조에서 소외되어 있었기 때문에, 러시아 극동지역을 새로운 수출시장으로 인식하여 왔다. 1990년대 초, 중국과 러시아의 국경을 통한 바터 무역이 확대되었다. 이로 인해 중·러간 무역이 급격히 증가하였다. 그러나 1994-95년에 국경무역에 따르는 여러 가지 부정적 결과로 인해 국경이 강화(비자발급 요건 강화와 국경무역에 대한 제약)되면서 교역이 큰 폭으로 감소하였다. 이러한 과정에서 중국과의 무역에 크게 의존하고 있던 극동지역의 아무르州가 큰 타격을 입었다. 1995년 이후 중·러 국경무역은 다시 회복되기 시작했다. 1997년의 중국 측 통계에 의하면, 중·러 무역의 전반적인 감소에도 불구하고 흑룡강성과 러시아 극동사이의 국경 무역은 10억 달러에 이르고 있으며, 1996년보다 42% 증가하였다. 엄구호, "러시아 극동에서의 남북한과 러시아의 경제협력 방안," 제11차 한·러 국제학술회의(2000년 10월 5-6일) 발표 논문, p. 4. 1998년 러시아의 금융위기에도 불구하고, 러시아 극동과 흑룡강성의 국경무역은 전년도 보다 높은 13억 달러까지 증가하였다. 특히, 비공식 국경무역은 이러한 공식적 통계치 보다 훨씬 많다는 점을 기억할 필요가 있다.
[10] Олег Иващенко, "Россия 2010-2020 — без Сибири?...(краткий прогноз на ближайшие десятилетия)," http://politics.in.ua/index.php?go=News&in=view&id=5315(검색일, 2006년 10월 16일).

아내는 압력으로 작용한 결과이기도 하다.

<표2> 중국 동북 3성의 면적 및 인구

| 주체 | 면적(천km2) | 인 구(천명, 2000년) |
|---|---|---|
| 흑룡강성 | 454 | 38.070 |
| 길림성 | 187 | 26.273 |
| 요녕성 | 148 | 41.353 |
| **동북 3성 전체** | **789** | **105.696** |

　인구 밀집지대인 동북3성의 실업이 이웃하고 있는 러시아 극동지역으로의 노동이민과 직접적으로 연결되는 경향이 강하다. 트레닌(Д.Тренин)은 경제적 침체를 면치 못하고 있는 중국 동북부 지방은 1990년대 후반에 700-800만 명에 이르는 높은 실업률을 기록하고 있었으며, 이들 실업자가 인접한 러시아 지역으로 밀려들게 될 가능성을 지적해 왔다.11) 중국의 실업자 및 비정규직 근로자들 중에서 상당수가 러시아로 진출할 수 있는 잠재적 이주자로 간주되었다. 바가노프(А.Ваганов)는 러시아 영토가 이들 수백만 중국인 실업자들에게 매력적인 이주지역이 되지 말라는 법이 없다고 경고하면서, 인접한 시베리아와 극동지역을 이들에게 내주지 않기 위해서 동일지역을 본격적으로 개발해야 할 것이라고 강조했다.12)

　비록 러시아 극동지역에서 중국에 대해 경계심이 높고 중국 상품의 질 문제와 불법이민 등으로 부정적인 인식이 있지만, 러시아 극동지역에 있어서 중국이 최대 무역 상대국임은 부정할 수 없다. 장기적으로 극동지역은 시장·노동력·소비재 수요로 인해 중국 경제에 의존할 수밖에 없다.13) 중국의 러시아 극동에 대한 투자 액수는 미미하지만, 러시아 극동에서 활동하고 있는 중국의 기업 수는 타국가의 그것보다 월등히 많다. 따라서 중국의 소규모 투자이기는 하지만, 극동지역에서 상당한 영향력을 행사할 수 있는 위치에 있다. 노동력을 중심으로 하는 중국의 영향력 확대는 러시아를 불안하게 만들기도 한다.

---

11) Дмитрий Тренин, *Китайская проблема России* (Москва: Московский Центр Карнеги, 1998), с. 12-15.
12) Андрей Ваганов, "Да! Азиаты мы ...," *Независимая газета*, 2002.8.6.
13) 김원배·박영철·김경석·이성수 외, 『러시아 연해주에서의 자원·인프라 개발을 위한 한·러 협력 방안』 (국토연 2003-6) (경기도 안양: 국토연구원, 2003), p. 112 참조.

## 2) 중국인 노동자 진출 현황

서두에서 밝힌 바와 같이, 중국인 이주자에 대한 러시아의 공식적인 통계가 없다. 그리고 이주자 중 불법 이주자가 상당수이다. 따라서 극동지역에 체류 중인 중국인 이주자의 정확한 수를 파악하는 것은 사실상 불가능하다. 러시아 정부 기관 및 각종 언론사, 그리고 동일문제 전문가들이 내놓는 수치는 수십배의 차이를 보이는 경우가 종종 있다. 발표자/기관에 따라 수치의 편차가 심하기 때문에, 언론보도 및 인구문제 전문가들이 제시하는 수치를 참조하면서 가능한 한 정부관련 기관에서 제시되고 있는 수치를 중심으로 중국인 이주 정도를 살펴보기로 한다.

### (1) 극동지역과 중국인 노동자

2002년 중반 러시아 내무부가 러시아 전역에 체류 중인 중국인을 200만 명으로 추산하고 있다.[14] 그리고 체르넨코(А.Черненко) 연방이민국 국장은 2002년 러시아에 체류 중인 중국인의 숫자는 지난 5년간 증가하지 않았다고 밝히고 있다. 이는 1990년대 후반 이후의 내무부 추산치인 200만 명 내외가 유지되고 있다는 뜻으로 해석된다. 그러나 2000년과 2001년에 러시아 거주 중국인을 50만 명 정도로 추산하는 인구문제 전문가들도 있다.[15] 국가 기관 및 인구문제 전문가들이 서로 다르게 제시하는 수치를 감안할 때, 2000년을 전후하여 50-200만 명 규모인 것으로 보인다.[16] 이들 중국인 체류자들은 중국에 인접한 러시아 동부지방에 집중되어 있는 것으로 파악되고 있다.

1990년대 중반 러시아 언론은 중국인 이주자 200만 명 중에서 30-100만 명이

---

14) 주간신문 베르시야(Версия)는 체류 중국인이 500만 명에 이른다는 다른 시각이 있음을 덧붙였다. *Версия*, No. 23, 2002. 6.10-16. 그리고 러시아로 중국인의 유입이 계속된다면, 2010년까지 800-1,000만 명의 중국인이 러시아로 들어 올 것이라고 전망하기도 한다. Андрей Ваганов, "Да! Азиаты мы ..." *Независимая газета*, 2002.8.6. 뿐만 아니라, 현재와 같은 추세가 지속될 경우 2050년까지 700-1,000만 명의 중국인이 러시아로 유입되어 러시아에서 러시아 민족에 이어 두 번째 다수민족으로 자리 잡게 될 것이라고 전망하기도 한다. Ж.Зайончковская, "Возможно ли организовать переселение на Дальний Восток?" *Миграция*, No.3(1997), с. 13-14; Дмитрий Тренин, *Китайская проблема России* (Москва: Московский Центр Карнеги, 1998), с. 38.

15) *Интерфакс*, 2002.6.13. 한편, 러시아 인구문제 전문가는 2000년 현재 50만 명 미만의 중국인이 러시아에 정착중인 것으로 추산하고 있으며, 2001년에는 러시아에 상주하는 중국인을 20-45만 명으로 계산하고 있다. 비라 겔브라스, "Национальная безопасность России: Вызов китайской миграции," Г.Витковская и С.Панарин(ред.), *Миграция и безопасность в России* (Москва: Московский центр Карнеги, 2000), с. 209; В.Г.Гельбрас, *Китайская реальность России* (Москва: 2001), с. 39-40; А.Ларин, "К вопросу о китайской 'демографической экспансии'," *Проблемы Дальнего Востока* No. 6(2002), с. 56.

16) 정한구(2003), pp. 10-11 참조.

극동지역에 체류하고 있다고 보도했으며, 일부 신문은 40-200만 명의 중국인이 극동지방으로 들어와 이중 15만 명 정도가 연해주에 정착한 것으로 보도한 바 있다.17) 그리고 1996년 말 - 1997년 초에 카네기 모스크바 본부에서 밝힌 연구 자료가 현재에도 종종 활용되고 있다. 카네기 모스크바 본부에서 밝힌 연구 자료에 의하면, 이르쿠츠크주에서 연해주에 이르는 국경지대에 20-30만 명의 중국인이 정착하고 있다.18) 그리고 한 지방 신문은 2001년 극동지방과 시베리아로 이주한 중국인을 공식적으로 25만 명으로 추산하면서, 실제로는 약 100만 명에 이르고 있는 것으로 보도하고 있다. 이 밖에도 2001년 중 23.7만-40만명까지의 수치가 제시되고 있다.19)

2004년 4월 극동연방지구 대통령 전권대표인 풀리코프스키(Пуликовский)의 지적에 의하면, 극동지역에 20만 명 이상의 중국인이 일시 거주하고 있다. 이들 중에서 다수는 극동지역에서 경제활동을 하며, 일부는 제3국으로 진출하고 있음을 밝히고 있다. 또한 그는 하바로프스크州에는 중국인들이 그렇게 많지 않으며, 주지사와 주정부가 중국인의 이주에 대한 보다 확실한 통제를 준비하고 있음을 밝혔다.20) 풀리코프스키의 지적에 의하면, 유태인 자치주(Еврейской автономной области)에 많은 중국인이 거주하고 있으며, 그들은 농업관련 활동을 하고 있다. 이들 중국인들은 감자·콩·옥수수 등을 재배하고 있다. 풀리코프스키는 중국인들이 다수 거주하는 지역으로 연해주와 아무르주를 지적하고 있다.21)

불법 노동자의 수는 파악조차 힘들다. 이바노프(Виктор Иванов)22)는 러시아에 체류 중인 외국인 1,000여 만 명 중에서 절반 이상이 불법 체류자이고, 불법 체류자 중 380만 명이 취업 중이라고 밝히고 있다.23) 또 다른 보도에 의하면, 불법 체류자

---

17) 위의 글, p. 11 재인용.
18) Галина Витковская, Жанна Зайончковская, "Новая стольшинская политика на Дальнем Востоке России: надежды и реалии," Под ред. Г.Витковской и Д.Тренина, *Перспективы Дальневосточного региона* (М.: Гендальф, 1999), с. 126.
19) 2002년에 또 다른 지방신문은 극동지방에 중국인 이주자가 100만 명에 달하는 것으로 보도하고 있다. 정한구(2003), pp. 11-12 재인용.
20) 하바로프스크州에 공식 등록된 중국인 노동자들은 2003년까지 4천여명이다. 그리고 불법 체류자 까지 포함하게 되면, 연간 약 15,000여명에 달한다. 이들은 농업이나 상업 등을 목적으로 하바로프스크州에 체류하고 있는 상태이다. 실질적으로 하바로프스크 주정부에서는 1995년부터 중국 국적을 가진 사람들의 자국 정착 주민등록을 전면 불허하고 있기 때문에, 불법적인 중국인의 유입이 급증하고 있는 상태이다. 물론, 중국인 불법 이주자 문제는 하바로프스크에 한정된 것이 아니라, 극동지역 전체에 걸친 문제이다.
21) http://www.moigorod.ru/news/details.asp?n=886686(검색일, 2006년 10월 17일). 한편, 풀리코프스키는 모스크바와 샹트-페테르부르그에는 극동지역에서보다 더 많은 중국인이 거주하고 있음을 지적하고 있다.
22) 빅토르 이바노프(Иванов Виктор Петрович)는 2000년부터 대통령 행정실의 부실장(заместитель Руководителя Администрации Президента)을 역임했으며, 2004년 3월부터 대통령 비서관으로 재직하고 있다.
23) Николай Зятьков, "Каких гостей ждет Россия," *Аргументы и Факты*, No.15, 2002.4.10. 그리즐로

는 러시아 전체 이주자의 80%까지 차지하는 것으로 추정된다.24) 러시아 내무부는 극동지방 내 중국인 불법 이주자는 40-70만 명으로, 동일 지역에 합법적으로 정착하고 있는 중국인의 2-3배에 이르는 것으로 추정하고 있다.25) 특히, 2002년 12월 조린(Владимир Зорин)장관은 공식 비자 없이 불법적으로 러시아 극동지역으로 이주한 중국인이 39만명이라는 자료를 공개했다. 그러나 다른 평가에 의하면, 실질적으로 불법 이주자들은 장관이 제시한 수치보다 5-30배 많다고 한다.26)

상기 언급된 수치상의 불일치는 극동지역에 체류 중인 중국인 이주자의 수치 파악을 어렵게 만든다. 그러나 이들 수치의 평균치를 중심으로 극동지역에 체류 중인 중국인 이주자를 정리하면 다음과 같은 결과로 귀결된다. 극동지역에 체류 중인 합법적 중국인 25만±α 명과 불법 노동자 40-70만을 합쳐 약 80만±α 명 정도인 것으로 추산된다. 그리고 이들 수치의 상당수가 연해주·하바로프스크주·아무르주 등 중국과 지리적으로 인접한 지역을 중심으로 분포되어 있다. 특히, 다수의 중국인이 연해주에 거주하는 것으로 파악되고 있다.

### (2) 연해주와 중국인 노동자

중국의 노동자/비즈니스맨/여행가들은 러시아 극동지역으로 수시로 드나들고 있다. 1996년에 연해주 출입국(паспортно-визовая служба)과 호텔 등에 공식 등록된 중국인은 약3만7천명이었다. 그리고 2000년에는 그 수가 15만 명으로 증가되었다.27) 물론, 이들 중국인 전체가 연해주에 체류하지는 않는다.28) 2000년 현재 연해주에 체

---

프(Борис Грызлов)내무부 장관은 2002년 4월 러시아에 체류 중인 불법 이주자를 150만 명이라고 밝힌 바 있다. RIA-Novosti, 2002.4.24. 그리고 조린(Владимир Зорин)민족정책 담당 장관은 같은 해 12월 불법 체류자를 300만 명 수준으로 발표했으며, 체르넨코(Андрей Черненко) 연방이민국 국장은 러시아 전국에 300-1,000만 명 정도의 불법 체류자가 있는 것으로 추산된다고 밝히고 있다. *Интерфакс*, 2002.12.16; 2003.2.16.

24) Екатерина Игнатова, "На деревню к бабушке," *Сегодня*, 2001.2.16.
25) Виктория Авербух, "Бег с барьерами. Правительство занялось переселением душ," *Известия*, 2001.2.16.
26) http://www.inosmi.ru/print/171992.html(검색일, 2006년 10월 24일)
27) А.Н.Богаевская, "Китайская миграция на Дальний Восток России," *ИМТиГ ДВГУ* (Владивосток, 2002); http://politics.in.ua/index.php?go=News&in=view&id=5315(검색일, 2006년 10월 16일).
28) 올레그 조토프(Олег Зотов)는 다음과 같이 주장하고 있다. "1995년에 연해주에 3만5천명의 중국인이 유입되었다. 그리고 1998년에는 7만3천명이 이주했다. 이들은 주로 블라디보스톡·나호트카·우수리스크 등을 비롯한 연해주의 주요 도시에 거주했다. 연해주에 거주하는 최소의 중국인 노동자 수는 1997년에 1만5천명, 1998년에 3만5천명에 이르렀다. 그러나 이 수는 실제보다 5-7배 높게 산정된 것이다. 실제 수는 5천명을 넘지 않는다. 즉, 연해주 평균 인구의 0.3-1.1%이다." Олег Зотов, "Китайцы на российском Дальнем Востоке: норма или угроза?" http://www.iicas.org/articles/ks_26_04_01.htm(검색일, 2006년 10월 10일); *Русский журнал*, 25 апреля, 2001 г.

류 중인 합법적인 중국인 노동자 수는 7천7백여 명에 불과했고, 2001년에는 연해주 전체 외국인 노동자의 65%에 달하는 9,639명 이었다.

연해州 행정부의 언론 담당 비서에 따르면, 2004년 연해州에서 활동하고 있는 외국인 노동자는 26,242명이다. 이는 전년도인 2003년의 그것보다 2.2% 증가된 수치이다. 연해주 외국인 노동자의 절대다수가 중국인이었지만, 북한과 베트남 노동자들의 유입 역시 적지 않다. 이들 노동자들은 연해주내의 건설・무역・농업・임업 등의 분야에서 필요한 노동력을 제공해 왔다. 연해주에서 활동하고 있는 외국인 노동자의 분야별 노동자 수는 다음과 같다.

<표3> 2004년 연해州 외국인 노동자의 활동분야

| 분야 | 노동자 수 | 전년 대비 증감 % |
|---|---|---|
| 건설 분야 | 10739 | +30.3 |
| 무역(식료품 관련) | 7033 | -12.4 |
| 공업 분야 | 4046 | -16.3 |
| 농업 분야 | 3086 | -8.2 |

(출처: http://nelegalov.net/events/news/1307/(검색일 2006년 4월 20일)의 내용을 재구성

연해州로 유입되는 외국 노동자들 중에서 무역업에 종사하는 노동자를 제외하면, 상당수가 건설 현장에 투입되고 있다. 이는 페레스트로이카(재건축)과정에 있는 연해州 지역의 현재 상황을 단적으로 보여주는 것에 다름 아니다. 연해주로 유입되고 있는 외국인 노동자 수의 절대 다수는 중국 노동자들이다. 중국인 노동자는 2003년에 약1만9천명 정도였으나, 2004년에는 1만7천7백여 명 정도였다.

<표4> 2004년 국가별 연해州 외국인 노동자 수

| 국가 | 노동자 수 | 전년 대비 증감 % |
|---|---|---|
| 중국 | 17675 | -10.8 |
| 북한 | 4149 | +8.3 |
| 베트남 | 1229 | 1.9배 증가 |

(출처: http://nelegalov.net/events/news/1307/(검색일 2006년 4월 20일)의 내용을 재구성

연해주에 체류하는 외국인 노동자수 파악 역시 발표자 및 발표 기관에 따라 다양

하지만,29) 이들 노동자들 중에서 중국인 노동자의 수가 압도적 다수임은 부정할 수 없다. 상기 도표에서 보여주고 있는 중국인의 수치는 단순 노동자 수에 불과하며, 이러한 수치 역시 공식 등록된 최소한의 수치에 불과하다. 따라서 단순 노동자 외에 연해주에 체류 중인 중국인은 상기 수치의 최고 5-10배에 달할 것으로 추산된다.

## 3. 중국의 러시아 진출에 대한 러시아 국민들의 인식

### 1) 여론조사에서 나타난 러시아 국민들의 인식

(1) 전문가 집단에 대한 인터뷰

합법 및 불법적인 형태로 러시아에 진출하고 있는 중국인에 대한 러시아 엘리트의 입장을 묻는 인터뷰가 있었다. 2000년 11월 8일, 지방권력 수장 및 지식인 그룹의 대표, 그리고 언론계 엘리트(медиаэлит) 등 130명의 전문가들과 가진 인터뷰 내용을 정리하면 아래와 같다.30)

질문: 많은 사람들이 극동지역에서의 복잡한 인구학적 상황에 대해서 이야기 하고 있다. 최근에 그곳에 중국인의 수가 눈에 띄게 증가되었다. 중국에서 극동지역으로의 이주자 집중이 직접적으로 당신을 불안하게 하는가? 불안하게 하지 않는가?

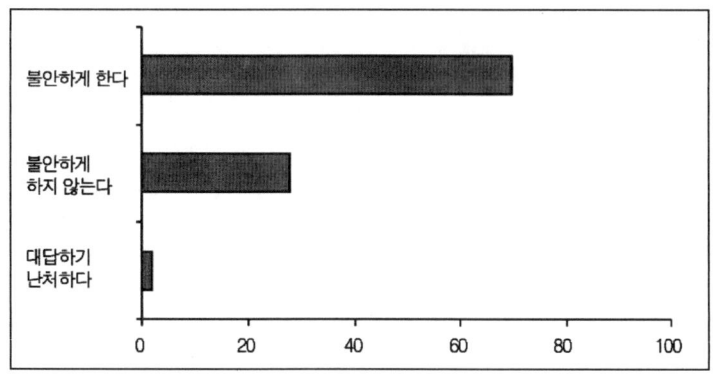

---

29) 2006년 현재 연해주에는 1만6천5백명의 외국인 노동자들이 유입되었다. 중국과 베트남 그리고 북한 노동자들이다. *Российская газета*, 30 сентября 2005 г.
30) http://bd.fom.ru/report/cat/nation/xenophobia/chinese/d003036(검색일, 2006년 10월 2일)

질문: 러시아 극동지역으로 중국인들의 이주에 대해서 일부에서는 자연현상으로 보기도 하고, 다른 일부에서는 이를 중국의 국가 정책으로 보기도 한다. 전자 및 후자의 입장에 대해서, 당신은 어느 입장에 동의하는가?

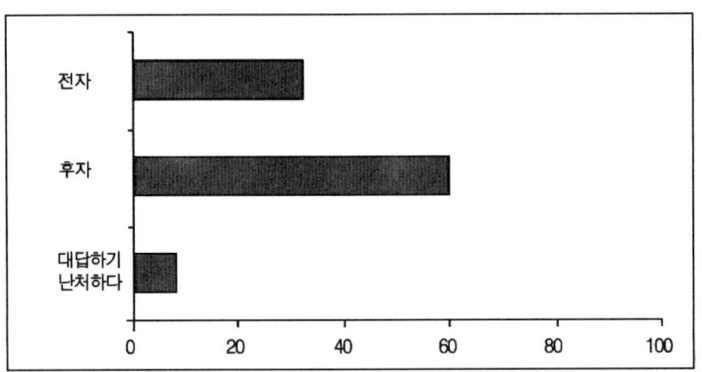

질문: 러시아와 중국간에는 무비자 협정(договор о безвизовом режиме)이 체결되어 있다. 당신은 러시아와 중국간 비자 제도를 도입해야 된다고 생각하는가? 그렇지 않다고 생각하는가?

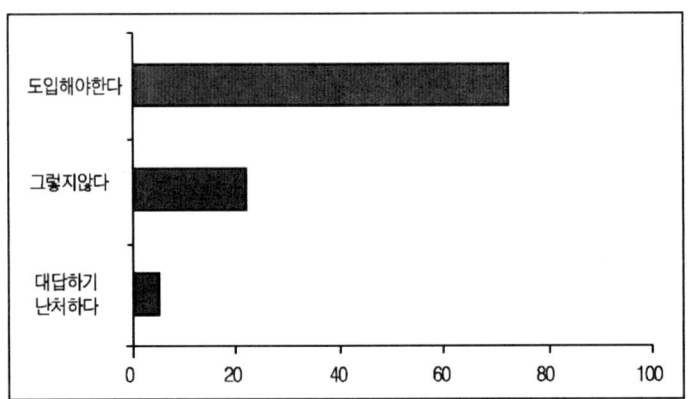

질문: 극동지역으로 중국인의 유입이 동일 지역의 경제에 영향을 미친다고 생각하는가? 만약에 그렇다면, 그 영향이 긍정적인가? 부정적인가?

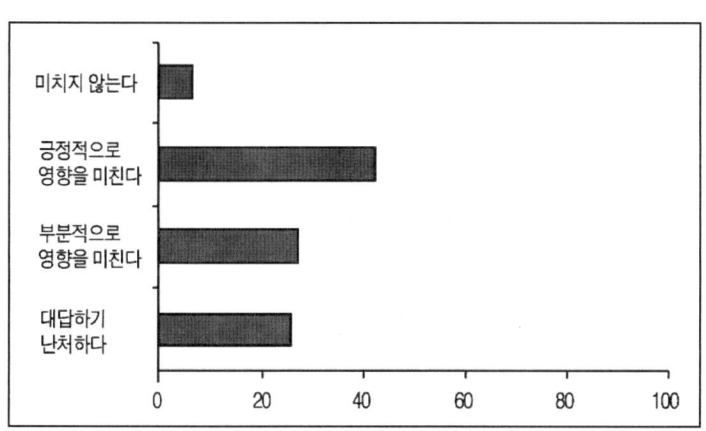

문제: 극동지역에 중국인의 수적 증가가 장래에 러시아의 동일 영토가 중국에의 탈취로 이어질 수 있다고 생각하는 일부의 견해가 있고, 또 다른 일부에서는 극동지역에서의 중국인 인수 수 증가가 동일 영토를 러시아로부터 탈취하는 그러한 결과로 이어지지는 않을 것이라는 견해가 있다. 전자 및 후자의 입장에 대해서, 당신은 어느 쪽에 동의하는가?

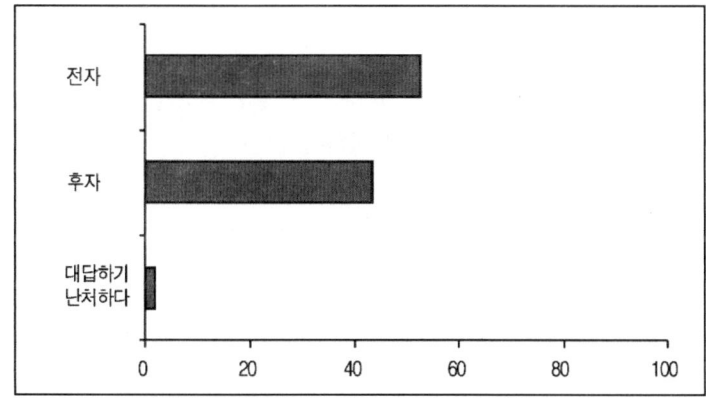

(2) 일반 주민에 대한 여론 조사

2000년 11월 11-12일, 러시아내 공화국·주·크라이 등 29개의 주체에 있는 56개 거주 지역에서 1500명의 응답자를 대상으로 설문조사를 했다. 인터뷰 대상자 1500명에게 제시된 질문과 그들의 답변을 정리하면 다음과 같다.[31]

---

31) http://bd.fom.ru/report/map/themes/812_5150/d003018(검색일, 2006년 10월 4일)

질문: 최근 5년 동안 극동지역으로의 중국인 이주자 수가 증가되었다. 극동지역으로의 중국인 이주자 집중이 직접적으로 당신을 불안하게 하는가? 불안하게 하지 않는가?

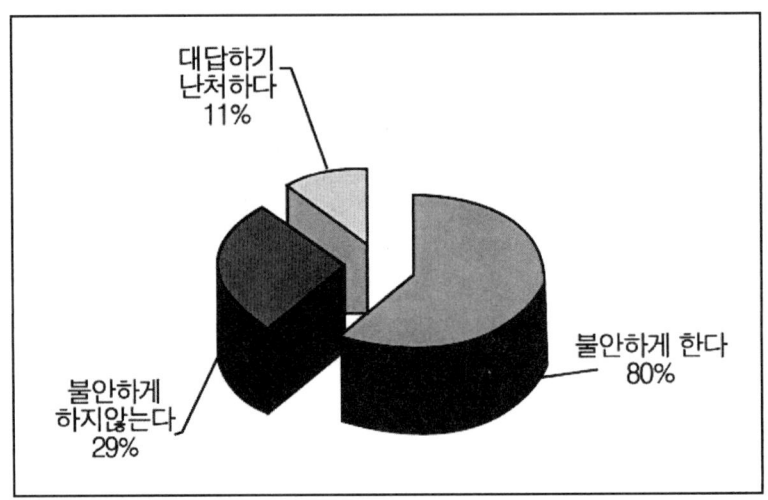

문제: 극동지역에 중국인 인구의 증가가 미래에 러시아의 동일 영토가 중국에 탈취당할 수 있는 결과로 유도될 수 있다고 생각하는 일부의 견해가 있고, 또 다른 일부에서는 탈취당하는 결과가 만들어질 수 없다는 입장을 보인다. 전자 및 후자의 견해에 대해서, 당신은 어느 쪽의 입장에 동의하는가?

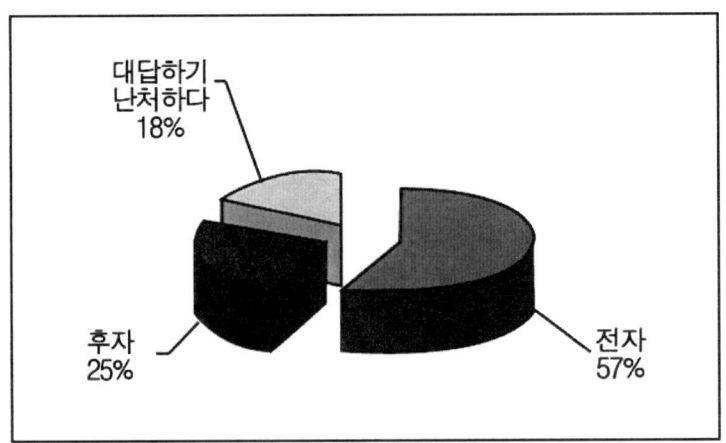

## 2) 러시아 국민들의 세부 영역별 인식

극동지역으로 향하고 있는 중국인에 대해서, 러시아 국민들의 인식은 대체로 부정적이다. 이러한 인식을 보다 구체적으로 정리하기로 한다. 러시아내의 대표적인 도시에 거주하는 지역 주민들의 인식, 그리고 양국간 관계에 대한 해석과 이에 기초된 중국에 대한 제한 조치에 대한 입장을 정리한다.

첫째, 러시아내의 대표적인 지역을 중심으로 중국인 이주에 대해서 그들 주민들이 갖는 입장이다. 러시아의 중심부인 모스크바와 극동지역의 대표적인 도시인 하바로프스크 및 블라디보스톡에서 중국인의 이주 현상에 대해서 어떻게 인식하고 있는가를 정리한 것이다. 여론 조사는 러시아의 서부지역보다 중국과 국경을 접하고 있는 동부지역에서 중국인의 이주에 대해서 민감한 반응을 보이고 있음을 알려준다.

<표 5> 중국인 이주에 대한 러시아 개별 도시별 입장

| 중국인 이주자에 대한 러시아인의 입장 | | 모스크바 | | 하바롭프스크 | | 블라디보스톡 | |
|---|---|---|---|---|---|---|---|
| 긍정 | | 16.0 | | 14.6 | | 13.0 | |
| 변화 없음 | | 39.0 | | 28.3 | | 23.1 | |
| 부정 | 중국인이 없는 것이 더 좋음 | 31 | 20.0 | 35.4 | 15.1 | 42.8 | 14.9 |
| | 부정 | | 10.0 | | 15.6 | | 24.0 |
| | 매우 부정 | | 1.0 | | 4.7 | | 3.9 |
| 무관심 | | 12.0 | | 17.5 | | 16.8 | |
| 대답하기 곤란 함 | | 1.5 | | 4.2 | | 4.3 | |
| 무응답 | | 0.5 | | 0 | | 0 | |
| | | 100 | | 100 | | 100 | |

(출처: Elizabeth Wishnick, "Explaining chinese migration to the russian far east," http://gsti.miia.edu/CEAS-PUB/2003-wishnick.pdf(검색일, 2006년 9월 22일)의 내용 재구성.

둘째, 양국간 관계에 대한 입장이다. 전러시아 여론 조사센터(Всероссийский центр изучения общественного мнения, ВЦИОМ)는 2005년 7월 23-24 양일간 러시아내의 공화국·주·크라이 등 46개 주체내의 153개 거주지에서 1600명을 대상으로 여론 조사를 실시했다.[32] 통계 오차는 3.4%를 넘지 않는다. 여론 조사센터(ВЦ

ИОМ)는 다음의 질문에 대한 러시아인들의 의식을 조사했다. 러시아와 중국의 관계 전망과 양국의 발전에 대해서 어떻게 생각하는가? 중국인의 비즈니스와 중국 노동자가 러시아로 확장되는 것을 어떻게 생각하는가?

러시아와 중국의 관계에 대한 입장을 정리하면 다음과 같다. 응답자의 단지 4%만이 중국이 러시아에 대해서 적의를 품고 있다고 생각하고 있으며, 24%는 중국이 러시아의 정치 및 경제적 측면에서 그리고 국제무대에서의 경쟁자로 생각하고 있다. 그리고 34%가 중국이 러시아의 전략적 파트너로 생각하고 있으며, 22%가 우호-동맹국으로 생각하고 있다.

<표 6> 양국간 관계에 대한 입장

| | 양국간 관계 형태에 대한 인식 | % |
|---|---|---|
| 부정적 인식 | 중국이 러시아에 대해서 적의를 품고 있음 | 4% |
| | 경쟁관계 | 24% |
| 긍정적 인식 | 전략적 파트너 관계 | 34% |
| | 우호-동맹국 관계 | 22% |

여론조사 결과는 상기 도표와 미미한 수치상의 차이를 보이면서 설명되고 있다. 응답자의 거의 절반이 21세기에 있어서 러시아와 중국의 관계가 긍정적인 것으로 보고 있다. 22%는 양국간 관계가 우호-동맹관계(союзническое и дружественное отношение)로, 26%는 파트너 관계로 생각하고 있다. 그리고 중국이 적(6%)은 아니지만 위험한 이웃 경쟁자(25%)로 인식하는 사람도 적지 않다. 중국과의 경쟁에 대한 우려(경계)의 목소리는 시베리아 및 극동연방지구(러시아 전체 평균인 25%에 반하여 37%와 44%) 거주자들에 의해서 보다 높게 제기된다. 러시아 서부지역에 해당되는 북서연방지구 거주자들은 러시아 평균 수치보다 낮은 22%가 중국과의 경쟁관계를 경계하고 있다.

셋째, 2005년 7월 23-24 양일간 실시된 상기 여론 조사센터(ВЦИОМ) 결과에 기초해서, 경제관계에 대한 주민들의 입장을 정리한다. 만약 러시아와 중국간 관계가 긍정적으로 발전된다면, 경제협력에 있어서 중국의 이익이 되는 불균형 관계로 이루어진다는 견해가 응답자의 53%로 나타났다. 단지 8%의 응답자만이 양국간 경제관계에

---

32) http://www.regions.ru/news/1863994/ (검색일, 2006년 10월 4일).

서 러시아에 더 큰 이익이 배당된다고 보고 있다. 그리고 25%는 경제협력에서 양국 간 균등한 수준의 이익을 생각하고 있다. 양국간 협력으로 인해 러시아보다 중국이 더 많은 이익을 확보하는 것으로 나타났고, 그러한 이익이 극동지역(75%)에서 가장 확연히 드러났다.

시베리아 및 극동지역의 노동력 부족에도 불구하고, 응답자의 2/3에 해당하는 66%가 동일 지역의 자원 이용(활용)에 있어서 중국 회사 및 중국인 노동자의 참여는 러시아를 위해 위험한 것으로 생각하고 있다. 특히, 시베리아와 극동지역 주민들 가운데는 각각 71%와 81%가 그렇게 생각하고 있다. 단지 17%만이 그러한 이민화 과정이 러시아를 위해서 유용한 것으로 생각하고 있다.

넷째, 중국에 대한 제한의 범위 및 정도에 관련된 문제이다. 응답자의 다수가 러시아에서 중국의 경제 활동에 따르는 주요 형태(러시아 상점에서의 중국 상품 수 증가, 러시아 회사에 중국인 노동자 취업, 러시아에서의 중국인 비즈니스맨에 의한 소유의 획득)에 대해서 부정적으로 생각하고 있다. 러시아인의 다수는 러시아 시장으로 중국 상품/중국인의 비즈니스/중국 노동력의 유입에 대해서 제한적 조치를 요구하고 있다.

<표7> 중국인의 경제행위에 대한 제한 영역

| 구분 | 찬성(%) | 반대(%) |
|---|---|---|
| 중국 상품의 제한적 도입 | 61 | 35 |
| 중국인의 비즈니스 제한 | 66 | 33 |
| 중국 노동력의 유입 제한 | 69 | 28 |

상기 도표에서 보는 바와 같이, 중국인의 경제활동에 대한 제한으로 제기되고 있는 영역은 중국인 노동력과 직접 관계되고 있다. 중국 노동력의 유입을 제한하자는 의견이 가장 높게 나타났으며, 그 다음으로 중국인 비즈니스를 제한해야 한다는 것이다. 그리고 중국 상품의 제한에 가장 낮은 찬성표를 던지고 있다. 이러한 현상은 중국 노동자의 유입에 대한 우려 현상과 직접 관계된다. 중국 노동자 진출을 제한하자는 목소리가 크다는 것을 의미한다.

## 4. 러시아의 의식구조에서 나타난 현상적 속성

중국인의 시베리아/극동지역 이주에 대한 지역 주민들의 인식은 이주자에 대한 수용·관용의 입장과 이주자에 대한 경계의 입장으로 양분되어 진다. 전자는 러시아의 통치능력에 대한 자신감과 경제개혁의 필요성에 기초된 측면이 강하고, 후자는 중국의 성장에 대한 경계심에 초점이 맞추어진 것으로 보인다.

### 1) 중국인 이주자의 수용 또는 관용

중국의 동북3성과 러시아 극동지역의 인적교류가 활발하다. 물론, 중국에서 러시아 극동으로 유입되는 인구가 절대적으로 다수를 차지한다. 중국 동북부 지방의 실업난이 노동력이 부족한 연해주 지방을 비롯한 러시아 극동지역으로 중국인을 진출시키고 있다. 러시아 극동은 노동인구의 감소와 역외/해외로의 유출 증대로 인해서 외국인 이주 노동력이 필요한 실정이다. 중국인의 시베리아/극동지역 이주는 동일지역의 개발과정에 긍정적인 역할을 담당하고 있다.

중국인의 다량 유입은 부족한 소비재와 생필품 그리고 노동력을 해결해줌으로써 연해주를 비롯한 극동지역의 지역경제에 활력을 불어넣고 있다. 극동지역의 개발에 중국이 긍정적인 역할을 수행하고 있으며, 또한 그러한 역할이 계속될 수 있다는 인식이 제기된다. 중국인의 이주에 대해서 수용 도는 관용의 자세를 보이고 있는 지역 주민의 의식은 지역 개발에 대한 중국인의 긍정적 역할에 토대를 두고 있다. 중국인의 이주를 받아들이고 이를 동부지역의 발전에 활용해야 한다는 입장이 그것이다.

러-중관계 전문가 회의에서, 고위 경제학교 학술분과 책임자(Научный руководитель Высшей школы экономики)인 야신(Евгений Ясин)이 2006년 8월에 밝힌 내용은 중국인 진출에 대해서 긍정적인 입장을 대변하는 듯하다. "현재 러시아의 시베리아 및 극동지역에 공식적으로 거주하고 있는 중국인은 8만-10만 명이다. 연해주·하바로프스크주·아무르주·치타주 등이 주요 거주지이다. 중국인의 다수는 무역을 위해 잠시 유입되고 있다. 그리고 그들은 곧 출국한다. 따라서 러시아에 있어서 어떠한 실질적인 위험이 되지 않는다."라고 지적하고 있다. 오히려 그는 "우리는 러시아-중국 국경을 따라 중국 인구가 집중되는 지역을 만들어주지 않는다. 중국인들이 이주되어 그들이 우리의 가치 없는 영토를 이용하고, 생산물을 만들어내고, 세금을 지불하고, 지역 주민들에게 일자리를 만들어 주는 그러한 지역을 만들 것이다. 이것이 나쁜 것인가? 라고 했다.33)

결국, 중국인 이주에 대해서 수용 또는 관용의 입장을 보이는 것은 러시아 국가 능력에 대한 자신감과 이를 통한 지역개발에 초점이 맞추어진다. 극동지역의 개발을 위해서 보다 많은 노동력이 필요하며, 지리적으로 인접한 시장이 필요하다는 논리이다. 이러한 측면에서 본다면, 중국의 인적 자원과 시장은 극동지역의 개발에 중요한 의미를 부여하게 된다. 특히, 러시아가 필요로 하는 식품 및 의복 등을 비롯한 다양한 소비재를 중국이 보다 낮은 가격으로 공급해 줄 수 있다. 그리고 러시아의 시베리아 및 극동지역 개발 정책에 중국의 노동력이 긍정적인 영향력을 미칠 수 있다. 동일지역에서 개발된 에너지에 대한 중국의 수요 역시 극동지역의 개발에 긍정적이다. 따라서 극동지역과 동북3성간의 인적교류는 지역개발에 긍정적이기 때문에, 중국인의 이주에 대해 수용 또는 관용의 입장을 보인다.

## 2) 중국인 이주자에 대한 경계

중국노동자의 이주에 대한 우려/경계심은 2단계 인식에 기초된다. 첫 번째의 그것은 동일지역에서 행해지는 중국 이주자에 대한 수용 또는 관용의 입장을 또 다른 시각에서 바라보는 관점이고, 두 번째의 그것은 국가안보에 관련된 문제이다.

첫째, 극동지역에서의 중국인 상행위에 관련된 문제이다. 중국인들의 러시아 극동 진출은 소련 붕괴 이후 지금의 시간에 가까워질수록 더욱 적극적으로 이루어지고 있다. 중국인들에게 무비자 상태로 노동/무역/비즈니스/관광 등의 목적으로 러시아 극동지역으로 유입될 수 있도록 허가한 1988년부터 중국인들의 극동진출이 급속히 증가되어졌다. 이러한 중국인 이주자들이 극동 및 시베리아 지역의 개발에 긍정적인 역할을 담당한 것이 사실이지만, 극동지역에서의 상행위에 대해서 경계심이 높다.34) 경계심속에서 이들 중국인을 바라보고 있는 것이다.

---

33) 야신(Ясин)은 러시아를 불안하게 할 수 있는 엄청난 인적자원이 유입되지 않을 것으로 본다. 그는 러시아로 1천만-1천5백만 명 이상의 중국인이 유입되지 않는다고 생각하고 있다. 그리고 그는 "우리 나라의 기후는 매력적이지 못하다. 뿐만 아니라, 그들은 우리의 스킨 헤드족에 대해서 알고 있다. 따라서 우리에게는 아무 것도 위협이 되지 않는다."라면서 끝을 맺는다. http://www.lentacom.ru/comments/5718.html(검색일, 2006년 10월 10일)

34) 러시아 중앙정부 및 극동지역 개별정부는 중국인의 합법적 또는 불법적 유입에 따르는 사회 불안정(저질상품 공급·위조상품 판매·범죄율 급상승의 원인제공·소매시장에서의 투매 행위 등)확산 문제에 고민하고 있다.

• • • • • • • • • •

중국인의 대량 이주로 인해 중국인이 지역 상권을 장악하고 있으며, 궁극적으로 이루어질지도 모르는 '극동/시베리아 지역의 중국화'를 두려워하고 있는 것이다. 러시아 극동지역에 체류하고 있는 합법 및 불법적인 중국인들이 극동지구내 개별 주체의 지방 엘리트들에게 상당한 영향력을 행사하고 있다. 중국인이 리더하고 있는 지역의 마피아 조직이 지역의 행정 및 경제일반에 걸쳐 상당한 영향력을 행사하고 있다는 소문이 조심스럽게 흘러나오고 있다. 결국, 극동지역 지방정부에서 활동하고 있는 정치 및 경제엘리트에게 상당한 영향력을 행사할 수 있는 중국인의 성장, 지방 시장을 잠식해 들어가고 있는 중국 상인들, 중국인 입국자의 증대 등은 러시아 극동 지역내 개별주체의 독자성을 무디게 만들고 있다. 극동지역 러시아인이 중국에 대해 갖는 경계심의 이유가 여기에 있는 것이다.

둘째, 국가안보에 관련된 문제이다. 러시아 과학아카데미 극동분과 역사연구소(Институт истории Дальневосточного отделения РАН) 소장인 라린(В.Ларин)은 1993-95년 기간 동안 러시아 언론계에서 '황색인종의 위협(желтая опасность)'이라는 단어가 약150회 사용되었음을 지적하고 있다. 많은 보도문의 핵심은 중국인이 이전보다 훨씬 많이 극동지역으로 이주하게 된다면, 중국인에 의한 동일지역의 식민화, 그리고 동일지역이 중국에의 급속한 통합을 피할 수 없다는 것이다.

2000년 7월 중국 접경도시인 아무르주의 주도인 블라고베셴스크(Благовещенск)를 방문한 푸틴은 '우리가 진정으로 노력하지 않는다면, 이곳의 토착 러시아 주민조차도 몇 십년 뒤에는 일본과 중국 그리고 한국의 언어를 사용하게 될 것'35)이라고 경고하면서, 극동지방에 대한 중국의 진출을 우려하고 있다. 뿐만 아니라, 러시아 상원의원을 역임한 나자로프(Александр Назаров)는 중국인 이주문제를 중국과의 가장 중요한 외교 문제로 제기했다. 그리고 일부에서는 구소련 지역에서 슬라브계의 이민을 장려하고, 중국인 이주를 억제하도록 촉구하고 있다.36) 중국인에 대한 두려움과 혐오는 이주문제를 담당하는 정부 당국과 언론이 중국의 위협을 언급하면서 더욱 증폭되고 있는 것으로 관찰되고 있다.37)

사실, 러시아에서는 지난 십여 년에 걸쳐 중국인의 러시아 이주에 대해 우려하고 있었다. 러시아 언론은 중국의 인구팽창, 황색인종의 위협(желтая опасность), 러시

---

35) В.В.Путин, "О перспективах развития Дальнего Востока и Забайкалья,"(2000.7.21) 참조.
36) *Росбалт*, 2002.8.22; Ларин(2002), с. 67.
37) Ларин(2002), с. 60; 정한구(2003), p. 27 참조.

아에 대한 중국의 위협, 러시아 극동지방에 대한 중국의 조용한 점령 등과 같은 표현을 사용하면서 중국인의 진출에 대한 경고성 기사를 다투어 게재했다.38) 그리고 정치 및 군사 문제조사 연구소의 분석실장(Заведующий аналитическим отделом Института политического и военного анализа)인 허람치힌(Александр Храмчихин)은 2006년 3월 러시아 극동지역에서의 러-중 협력에 대해 언급하면서, 중국이 러시아에 중요한 위협이라고 설명하고 있다. 그의 논리에 의하면, 중국인 이주자들은 러시아의 이익이 아니라 중국의 통제하에서 중국의 이익을 위해 노력하고 있다는 것이다.39)

결국, 많은 러시아 사람들은 중국인 이주를 자신의 국가안보에 심각한 위협으로 받아들이고 있으며, 최악의 경우 중국인 이주자들에 의해 러시아 영토의 일부가 상실될지도 모른다는 두려움을 안고 있다. 시베리아 및 극동지역에 중국인이 차고 넘치게 될 것을 우려하고 있는 것이다. 러시아의 동부지역(우랄 산맥 동쪽에서 극동연안)이 중국의 지배하에 놓이게 될 것을 우려하고 있는 것이다. 특히 중국과 국경을 접하고 있는 동부지역인 치타주·아무르주·하바로프스크주·연해주·유태인자치주 등에서 중국인 이주에 대한 우려와 경각심이 높다.

## 5. 끝맺는 말

중국의 성장이 러시아의 극동지역을 불안하게 만드는 새로운 요인으로 부상하고 있다. 러시아는 자신의 극동지역으로 유입되는 중국인의 이주에 대해 경계심을 갖고 있다. 많은 러시아 사람들은 중국인 이주를 자신의 국가안보에 심각한 위협으로 받아들이고 있으며, 최악의 경우 중국인 이주자들에 의해 러시아 영토의 일부가 상실될지도 모른다는 두려움을 안고 있다. 러시아의 동부지역이 중국의 지배하에 놓이게 될 상황을 우려하고 있는 것이다. 특히 중국과 국경을 접하고 있는 치타주·아무르주·하바롭스크주·연해주·유태인자치주 등에서 중국인 이주에 대한 우려와 경각심이 높다.

러시아의 인구문제 전문가들 뿐만아니라, 러시아 동부지역의 일반적 분위기는 향

---

38) В.Карлусов и А.Кудин, "Китайское присутствие на Российском Дальнем Востоке: историко-экономический анализ," *Проблемы Дальнего Востока*, No. 3(2002), с. 76.
39) http://www.lentacom.ru/comments/550.html(검색일, 2006년 10월 10일).

후 중국인의 이주가 늘어날 것이라는 점에 인식을 같이하고 있다. 물론, 중국에 대한 경계론자들은 극동지역으로의 중국인 진출을 과장하여 그 수치를 부풀리는 경향이 있다. 중국의 '인구 제국주의' 또는 '조용한 팽창' 등과 같은 단어를 사용하면서, 중국인의 진출을 경계하려 한다. 이들은 앞으로 10년을 전후한 시기에 중국인에 의한 '폐쇄적인 중국인 촌'이 만들어 질 것을 우려하고 있다. 러시아 국경도시에 대한 중국의 경제적 침투는 동일 지역이 중국 상권의 영향력 하에 종속될 것이고, 궁극적으로 이들 도시가 중국의 도시로 전환될 가능성에 대해서 우려하고 있는 것이다.

러시아 극동지역에 있는 중국인 노동자의 다수는 현지 러시아인들이 기피하는 건설·농업·산림·어업 등을 비롯한 지역 상거래에 종사하고 있다. 현지 러시아 주민들의 동일 업종에 대한 기피 현상이 지속되는 한, 중국인의 진출은 계속될 것이다. 러시아의 동부지역이 중국의 통제 하에 놓일 수 있다는 일부의 목소리가 힘을 얻게 될 것이다. 이바셴코(Олег Иващенко)의 지적처럼, 2010-2020년 사이에 '시베리아 없는 러시아'가 만들어 질 수도 있을 것이다. 물론, 이러한 환경을 러시아가 바라만 보고 있지는 않을 것이다. 중국의 극동진출에 대응할 수 있는 다양한 공간개발 전략과 인구 정책을 준비하게 될 것이다.

## 참고 문헌

김원배·박영철·김경석·이성수 외, 『러시아 연해주에서의 자원·인프라 개발을 위한 한·러 협력 방안』(국토연 2003-6) (경기도 안양: 국토연구원, 2003).

박정민·A.스타리치코프, 『러시아 극동을 주목하라』(서울: 한울, 2005).

주 블라디보스톡 대한민국 총영사관, 『러시아 극동·동시베리아 지역별 개황』(2005년).

이영형, 『지정학』(서울: 엠-애드, 2006).

정한구, 『중국인 이민과 러시아의 대응. 러시아 동부지방의 중국화?』(세종정책연구2003-19), (세종연구소, 2003).

엄구호, "러시아 극동에서의 남북한과 러시아의 경제협력 방안," 제11차 한·러 국제학술회의 (2000년 10월 5-6일) 발표 논문.

이영형, "북한과 러시아 극동지역의 경제협력 변수. 북한 노동자의 러시아 극동지역 진출 문제를 중심으로," 한국슬라브학회 발표(2006년 6월 17일) 논문.

『연합뉴스』, 2005년 6월 6일.

Elizabeth Wishnick, "Explaining chinese migration to the russian far east," http://gsti.miia.edu/CEAS-PUB/2003-wishnick.pdf(검색일, 2006년 9월 22일).

Г.Витковская и С.Панарин(ред.), *Миграция и безопасность в России* (М.: Московский центр Карнеги, 2000).

В.Г.Гельбрас, *Китайская реальность России* (Москва: 2001).

Р.Саква, *ПУТИН. выбор россии* (Москва: Олма пресс, 2006).

В.Авербух, "Бег с барьерами. Правительство занялось переселением душ," *Известия*, 2001.2.16.

А.Н.Богаевская, "Китайская миграция на Дальний Восток России," *ИМТиГ ДВГУ* (Владивосток, 2002).

А.Ваганов, "Да! Азиаты мы ..." *Независимая газета*, 2002.8.6.

Г.Витковская, Жанна Зайончковская, "Новая столыпинская политика на Дальнем Востоке России: надежды и реалии," Под ред. Г.Витковской и Д.Тренина, *Перспективы Дальневосточного региона* (М.: Гендальф, 1999).

В.Гельбрас, "Национальная безопасность России: Вызов китайской миграции," Г.Витковская и С.Панарин(ред.), *Миграция и безопасность в России* (М.: Московский центр Карнеги, 2000).

Ж.Зайончковская, "Возможно ли организовать переселение на Дальний Восток?" *Миграция*, No.3(1997).

О.Зотов, "Китайцы на российском Дальнем Востоке: норма или угроза?" http://www.iicas.org/articles/ks_26_04_01.htm(검색일, 2006년 10월 10일).

Н.Зятьков, "Каких гостей ждает Россия," *Аргументы и Факты*, No.15, 2002.4.10.

О.Иващенко, "Россия 2010-2020 — без Сибири?...(краткий прогноз на ближайшие десятилетия)," http://politics.in.ua/index.php?go=News&in=view&id=5315(검색일, 2006년 10월 16일).

Е.Игнатова, "На деревню к бабушке," *Сегодня*, 2001.2.16.

В.Карлусов и А.Кудин, "Китайское присутствие на Российском Дальнем Востоке: историко-экономический анализ," *Проблемы Дальнего Востока*, No. 3(2002).

А.Ларин, "К вопросу о китайской 'демографической экспансии'," *Проблемы Дальнего Востока* No. 6(2002).

Д.Тренин, *Китайская проблема России* (М.: Московский Центр Карнеги, 1998).

В.В.Путин, "Стенограмма совещания по проблемам социально-экономического развития Дальневосточного федерального округа," Владивосток, 2002.8.23.

В.В.Путин, "О перспективах развития Дальнего Востока и Забайкалья,"(2000.7.21); http://president.kremlin.ru.

*Версия*, No. 23, 2002. 6.10-16.

*Русский журнал*, 25 апреля, 2001 г.

*Российская газета*, 2000.7.11.

*Российская газета*, 2005.9.30.

*Интерфакс*, 2002.6.13; 2002.12.16; 2003.2.16.

*RIA-Novosti*, 2002.4.24.

*Росбалт*, 2002.8.22

http://zavtra.ru/cgi/veil/data/zavtra/03/488/62.html(검색일, 2006년 10월 17일).

http://www.moigorod.ru/news/details.asp?n=886686(검색일, 2006년 10월 17일).

http://www.inosmi.ru/print/171992.html(검색일, 2006년 10월 24일).

http://bd.fom.ru/report/cat/nation/xenophobia/chinese/d003036(검색일,2006년 10월2일).

http://bd.fom.ru/report/map/themes/812_5150/d003018(검색일, 2006년 10월 4일).

http://www.regions.ru/news/1863994/(검색일, 2006년 10월 4일).

http://www.lentacom.ru/comments/5718.html(검색일, 2006년 10월 10일).

http://www.lentacom.ru/comments/550.html(검색일, 2006년 10월 10일).

http://nelegalov.net/events/news/1307/(검색일 2006년 4월 20일).

http://politics.in.ua/index.php?go=News&in=view&id=5315(검색일, 2006년 10월 16일).

## 제2절. 일본의 시베리아 진출. 협력과 갈등

시베리아/극동지역에서 일·러 경제관계는 경제적 상호보완성에 기초된다. 일본이 자본과 기술을 제공하고, 러시아는 에너지 및 천연자원을 제공하는 방식이다. 시베리아 및 극동지역 개발 과정에서 일본의 경제지원이 중요하다. 다양한 프로젝트와 함께, 양국간 경제관계가 지속되고 있다.

쿠릴열도 때문에 경제관계가 단절된 적은 없었다. 쿠릴열도가 양국간 경제관계를 유인하는 정치적 흥정의 대상물이었다. 일본의 러시아 극동 진출은 자원확보와 시장개척이라는 경제적 목적과 쿠릴열도 반환이라는 정치적 목적이 함께하면서 이루어지고 있다. 이러한 관점에서 본다면, 양국간 정치 및 경제관계를 자극하는 중요한 변수의 하나가 쿠릴열도이다.

## 제1항. 일본과 시베리아의 경제관계

### 1. 들어가는 말

　일본의 러시아 시베리아 및 극동지역 경제 진출은 대륙세력과 해양세력간 팽창과 봉쇄정책이 대립각을 세우고 있던 지난 냉전 시절부터 시작되었다. 일본의 러시아 극동지역에 대한 경제 진출은 사할린 등 극동지역의 에너지 자원을 비롯하여, 광물자원, 산림자원, 수산자원 개발에 집중되었다. 지난 냉전기부터 일본의 자금이 러시아 극동지역으로 유입되는 등 양국간 경제관계가 구체화되었다. 일본의 경제 진출이 정치관계로 인해 제동이 걸리는 경우가 있기는 했지만, 일본의 기본 구상은 분명해 보였다. 시베리아 및 극동지역에 있는 다종의 자원 확보와 시장 개척이었다.

　제2차 세계대전 이후부터 현재에 이르기까지 양국간 정치 및 경제관계에 쿠릴열도 소유권 문제가 핵심 이슈로 자리하고 있지만, 쿠릴열도 때문에 경제관계가 완전히 단절된 적은 없었다. 쿠릴열도가 양국간 경제관계를 유인하는 '정치적' 흥정의 대상물이었다. 일본의 러시아 극동 진출은 자원 확보와 시장 개척이라는 경제적 목적과 쿠릴열도 반환이라는 정치적 목적이 함께하면서 이루어지고 있다. 이러한 관점에서 본다면, 양국간 정치 및 경제관계를 자극하는 변수들 중에서 중요한 하나가 쿠릴열도 문제이다.

　일본의 러시아 극동지역 경제 진출은 한반도에 많은 시사점을 준다. 일본의 경제력이 쿠릴열도를 거쳐 러시아 극동지역에 안착하게 된다면, 한반도의 북방진출로가 차단되는 형국을 하게 된다. 한반도의 남쪽에서 동쪽으로 펼쳐진 일본이 자신의 영향력을 북쪽으로 확장한다면, 한반도의 남-동-북부지역이 일본에 의해 봉쇄되는 그러한 모습으로 한반도를 감싸게 된다. 한반도 2개의 정부가 러시아 극동지역으로 진출하고 있기는 하지만, 일본의 정치 및 경제적 진출 전략에는 미치지 못하고 있다. 한국 정부는 일본의 러시아 극동지역 경제 진출을 바라만 보고 있을 수는 없다. 일본의 경제 진출을 안보 차원에서 분석할 필요성이 제기되는 이유이다.

본 글은 일본의 러시아 극동 및 시베리아 지역 경제진출을 3단계로 구분하여 설명하고 있다. 냉전기, 탈냉전기, 그리고 향후 전망 등으로 구분된다. 지난 냉전기 양국간 경제관계를 무시할 수 없기 때문에, 냉전기의 양국간 경제 관계를 간략히 기술하면서 논의를 시작한다. 본 글의 핵심 내용은 탈냉전기 양국간 경제관계 현황 분석이다. 양국간 무역규모 및 특징을 파악한다. 그리고 2003년 1월 고이즈미 준이치로(小泉純一郎, Koizumi Junichiro) 수상[1]이 러시아를 방문한 이후 10년 만인 2013년 4월 말 120여 명으로 구성된 대규모 일본 기업 대표단을 동행하여 러시아를 방문한 아베 신조(安倍 晋三, Abe Sinzo) 수상의 행보와 그 이후의 양국간 경제관계를 전망해 보는 순으로 한다.

## 2. 일본의 시베리아 경제 진출 약사. 냉전기의 시베리아 진출

지난 냉전기 일본이 시베리아로 경제 진출을 시도한 내용을 간략히 정리한다.[2] 일본은 1957년부터 통상조약을 비롯한 정부간 협정을 체결하면서 소련과 경제 교류를 시작했다. 일본은 1960년대의 냉전체제하에서 소련에 대한 장기 신용 공여국이 되었다. 1973년 10월에는 다나카 가쿠에이(田中角榮, Tanaka Kakuei) 수상의 소련 방문을 계기로 양국간 시베리아·극동지역 자원개발 프로젝트가 추진되었고, 일본 정부는 공적 자금을 이용하여 소련에 대규모 은행 융자를 제공했다. 그리고 소련은 이 자금을 이용하여 일본 기업으로부터 대량의 자원개발용 기기를 구입했다. 소련에 대한 은행 융자는 대규모 철강 수출이나 석유화학 플랜트 수출에 대해서도 제공되었고,

---

[1] 본 글에서는 일본의 최고 국정 책임자를 수상으로 통일시켜 정리하기로 한다. 대통령 중심제에서의 총리와 구별하기 위함이다.
[2] 냉전기 일본의 러시아 극동 및 시베리아 경제 진출에 관련된 연구는 한국가스공사의 정기철 박사와 영산대학교 홍성원 박사가 적극적으로 연구 활동을 수행했다. 따라서 이들 두 학자의 글을 중심으로 정리하기로 한다.

이러한 융자는 일본의 수출 확대에도 기여했다.

제2차 세계대전 중에 사할린을 점유한 적이 있는 일본은 사할린 지역에 매장되어 있는 에너지 자원에 대해 많은 관심을 가졌고, 사할린 지역의 자원개발을 통해 재정수입 및 지역 개발을 도모하려 했던 소련은 일본의 자본을 유치하는 정책을 실시했다. 양국은 1974년에 SODECO(Sakhalin Island Development Corporation)를 설립하여 사할린 인근 대륙붕 지역의 석유 및 가스탐사를 시작했다. 이러한 탐사 활동은 1977년에 Odoptu 유전을, 그리고 1979년에는 Chaivo 유전을 발견하는 성과를 올렸다. 이들 광구는 현재 활발히 개발되고 있는 사할린-1프로젝트의 대표적인 광구들이다.

1956년부터 70년대 말까지 양국의 경제관계가 비약적으로 발전했다. 동일 기간은 양국간 상호협력의 필요성이 일치했던 시기였다. 소련은 동시베리아와 극동지역을 개발해야 할 필요성에 직면해 있었고, 자원 빈국인 일본 역시 자원을 필요로 했다. 당시의 협력 형태는 일본이 자본과 기술 그리고 기자재를 제공하고, 러시아는 일본 자금에 대해 천연자원(주로 원목)을 제공하는 방식으로 진행되었다. 개발된 자원을 대가로 가져가는 보상무역(compensation trade) 방식이 주류를 이루었다.

양국간 경제관계는 계속되었다. 1970년대와 1980년대에 양국간 무역 규모가 급격히 증가하는 모습을 보였다. 그 이유는 당시 소련이 천연자원과 관련 산업에 중점을 둔 극동지역 개발전략을 추진하고 있었고, 일본의 경제정책은 천연자원의 수입을 원활히 하고, 제조업 제품을 수출하는 것에 초점을 두었기 때문이다. 양국간 수출입 품목은 다음과 같다. 일본의 對극동 주요 수출품은 기계류·장비류·자동차 등이었다. 그리고 러시아 극동의 對일본 수출은 원목·연료·광물자원·식료품 등이 주종을 이루었다.

1970년대에서 1980년대 중반의 기간 동안 양국간 다양한 프로젝트가 체결되었다. 일본이 러시아 극동지역과 체결한 프로젝트 유형 및 체결 년도를 정리하면 극동지역에 대한 일본의 관심 부분을 짐작할 수 있도록 한다. 극동 삼림자원개발(1968), 우란겔항 항만건설(1970), 펄프재-칩 개발(1971), 남야쿠츠크 원료탄 개발(1974), 야쿠츠크 천연가스 개발 프로젝트(1974, 개발 프로젝트 보류), 제2차 극동 삼림자원개발 프로젝트(1974), 사할린 대륙붕 석유가스전 개발(1975), 제3차 극동 삼림자원개발 프로젝트(1981), 제2차 펄프재-칩 개발 프로젝트(1985) 등이 대표적이다.

소련 극동지역에 대한 일본의 투자는 1960년대부터 목재·지하자원·에너지 등의 천연자원 개발 위주로 이루어졌다. 투자에 대한 반대급부로 러시아는 극동지역의 공업화에 필요한 설비 및 기계 등을 일본으로부터 구입하고, 결제수단으로 생산물의 일부를 일본에 공급하는 형식을 취했다. 물론, 1980년대 소련의 對일본 대외채무가 미지급 상태로 남게 되면서 일본이 러시아산 석탄구매를 중단하는 조치를 취하기도 했다. 그럼에도 불구하고, 시베리아 및 극동지역에 존재하는 다양한 자원에 대한 일본의 관심은 계속되었다.

고르바쵸프가 시장경제를 위한 개혁정책을 추진하기 시작했다. 경제개혁 정책의 일환으로 1987년에 합작기업법이 제정되었다. 일본의 기업들이 보다 적극적으로 소련에 진출하기 시작했다. 이와 함께 양국간 무역액이 증가되었다. 1989년 양국간 무역액은 60억 달러로 최고조에 달했다. 고르바쵸프 시기에 일본의 對소련 외교 노선은 중층적 접근 노선으로 수정되었다. 1996년 이후부터 본격화되고 있는 중층적 접근 노선이란 북방영토 반환을 최우선 목표로 하지만, 일·러 관계가 중층을 형성하고 있다는 것이다. 러시아 시장화를 위한 협력, 극동지역과의 경제교류 촉진, 문화교류 확대 등의 노력도 병행하는 것이 기본 방침이 되었다.

## 3. 일본의 러시아 극동지역 경제 진출 행태

### 1) 2000년 이후, 극동지역 투자 환경 및 진출 현황

1997년 11월 러·일 정상은 시베리아의 크라스노야르스크(Krasnoyarsk)에서 비공식 정상회담을 갖고 양국간 포괄적 경제협력을 구체화하기 위한 <옐친·하시모토 플랜>을 추진하기로 했다. 일본이 시베리아 및 극동지역 진출을 적극화하는 신호탄이었다. 동 플랜에는 양자간 다양한 협력 문제가 포함되어 있지만, 시베리아 및 극동지역에 관련된 내용은 시베리아 및 극동지역 에너지 개발 협력, 투자보호협정 체결을 위한 교섭 개시,[3] 러시아

크라스노야르스크 위치

http://terms.naver.com/

---

3) 1998년 10월 모스크바를 방문한 오부치 게이조(小淵 惠三) 수상은 옐친 대통령과 정상회담을 갖고 <옐친-

극동의 수송 시스템 정비 및 시베리아 철도 근대화 지원 등이다.4)

옐친의 러시아가 시장경제 체제로 전환되면서 일본은 미국 및 독일과 더불어 유력한 對러시아 경제 지원국으로 부상했다. 그러나 일본을 비롯한 주요 국가의 투자에 대한 러시아의 경제시스템은 이들을 만족시키지 못했다. 예를 들어, 1993년 러시아 대외경제은행이 일본 투자자의 외화계좌(약 10억 달러)를 동결시킴으로써 일본의 對러시아 투자 심리가 크게 위축되었다. 그리고 많은 일본 기업들이 투자하고 있었으나, 투자자 및 외환 보호를 위한 러시아 측의 장치 부재, 그리고 관세 및 조세제도의 미비 등으로 인해 러시아와 자주 분쟁이 발생했다.

러시아 정부 측의 불합리한 조치에도 불구하고, 일본 정부는 1990년대에 러시아 경제개혁을 위해 다양한 경제지원 프로그램을 가동시켰다. 1998년 9월 말까지 일본은 러시아에 총 3억 5680만 달러를 투자했고, 그 중에서 1억 3730만 달러가 직접투자 형식으로 이루어졌다. 러시아에 대한 일본의 직접 투자에서 러시아 극동지역에 대한 투자 금액이 정확히 밝혀지지는 않았지만, 일본의 투자가 주로 목재·어류·비철금속에 치중되었기 때문에 러시아 극동지역에 대한 투자 정도는 어느 정도 짐작이 된다. 1999~2000년 기간 동안의 투자는 계속적으로 감소되는 추세를 보였다. 그러나 2001년과 2002년에는 사할린 주를 중심으로 투자 금액이 증가되는 모습을 보였다.

러시아 정부는 '1996-2005 극동 및 자바이칼 지역 경제사회 개발 프로그램'을 수립하면서 일본의 투자 유치를 위해 노력해 왔다. 동 계획에서 일본과의 우선적 협력 대상 사업으로 인식된 부분은 가스파이프라인(사할린~콤소몰스크 나 아무르~하바롭스크~블라디보스톡을 연결하는 가스 파이프라인) 건설사업을 비롯하여, 동시베리아와 극동지역의 (부레야)수력발전소·가스전 개발·가스 파이프라인 건설·하바롭스크와 블라디보스톡 국제공항 터미널 건설 사업 등이 포함되었다. 또한, 러시아 극동지역은 일본이 극동지역의 인프라 건설 부문에 투자해 줄 것을 희망해 왔다. 그러나 일본의 참여는 선택적이었다. 일본은 블라디보스톡·하바롭스크·유즈노 사할린의 공항 재건 사업을 비롯하여, 자루비노(Zarubino)5) 항구의 개보수 작업에 참여하고 있다.

---

하시모토 플랜>에서 제안한 투자보호협정을 체결 및 서명했다. 정여천 편, 『러시아 극동지역의 경제개발 전망과 한국의 선택』(서울: 대외경제정책연구원, 2008), p. 265.
4) 고재남, "푸틴 정부의 對일본 정책과 러·일관계 전망," 『新亞細亞』 (Winter 2000), p. 14.
5) 자루비노(Zarubino)은 러시아 연해주에 있는 항구 도시이다. 블라디보스톡에서 220km 떨어진 거리에 있으며, 해로로 104km 떨어져 있다. 현재 (주)동춘항운의 페리가 속초와 자루비노를 운항한다. 운항거리 및 소요시간은 다음과 같다. 속초 → 자루비노(585km, 17시간 소요), 자루비노 → 블라디보스토크(104km, 5시간 소요).

1999년 5월 일본은 자루비노의 곡물저장과 콘테이너 선적을 위해 자루비노의 시설 건립에 1천만 달러를 투자한다는 합의서를 연해주 정부와 체결했다. 그리고 2000년 일본 정부는 부레야 수력발전소 건설 타당성 조사에 40만 달러를 지원하는 등 협력 사업 추진을 위해 노력했다. 그러나 기자재 사용 문제를 비롯한 구체적인 사업조건에서 양국간 입장차가 보이면서 사업에 차질이 발생하기도 했다.

일본은 수력·화력 발전소 개보수와 건설에 참여하기 위해 노력해 왔다. 사하공화국 및 사할린주 등지에서 철도·도로·공항 등 운수분야에 직접적으로 참여하고 있다. 일본의 러시아 극동지역에 대한 투자 현황을 보면, 2001년의 총투자 액(직접투자, 포트폴리오투자, 차관공여, 기타)이 200백만 달러를 넘어섰다. 그 중 직접투자는 103.6백만 달러였다. 투자의 대부분은 원목·목재가공·어업·수산가공·호텔·요식업에 집중되어 있다. 루불화 기준 투자와 사할린 대륙붕의 원유와 천연가스 프로젝트에 투자한 금액을 포함할 경우 총액은 276.4백만 달러였다. 러시아 극동은 일본의 투자를 희망해 왔고, 일본 역시 투자를 신중하게 결정했다. 일본의 투자와 차관 공여는 일본의 수출입을 보호하고, 중요한 원자재에 대한 일본의 영향력 확보차원에서 이루어졌다.

일본은 러시아 극동지역으로의 수출 및 투자 기회를 꾸준히 모색해 왔다.[6] 자동차 수출·건설 및 기타 기계·수산분야·해안어업선단의 근대화·일부 농업부문·연해주와 하바롭스크에서의 목재가공·펄프 및 제지·주택건설자재 등을 유망 분야로 생각해 왔다. 뿐만 아니라, 일본은 자루비노(Zarubino)항 정비 및 하산지역 개발에 많은 관심을 기울여 왔다. 일본정부와 수많은 기업 단체들은 바니노(Vanino)와 사할린 섬에 있는 항구들을 포함한 극동지역 항구들의 시설을 개선할 것을 제안해 왔다. 바니노에 있는 항구는 일본에서 650마일도 채 안되며, 연중 운영되고 있다. 바니노는 TSR로 접근이 용이하기 때문에 더욱 선호되는 루트이다. 항구 개선은 일본으로의 에너지 수송(특히, 석탄 수송)을 촉진시킬 수 있으며, 러시아 철도에 대한 일본의 접근을 용이하게 할 것이며, 일본과 유럽의 교역에 더욱 효율적이고 경제적이다. 따라서 일본정부 및 기업의 동일 항구에 대한 개보수 욕구는 자연스럽다.

일본이 2002년까지 극동지역의 3개 가스 파이프라인 프로젝트에 대한 타당성 조사를 완료했지만, 러시아 정부가 자금보증 제공을 거절함에 따라 협력 사업이 진척되

---

[6] 일본은 사할린에 많은 합작회사를 설립 및 운영하고 있다. 연해주 및 하바롭스크주에서 목재합작회사를 운영하면서, 높은 품질의 건설자재를 생산하고 있는 것으로 알려지고 있다.

지 못했다. 그럼에도 불구하고, 러시아 극동지역에 대한 일본의 투자는 동북아 주요 국가의 그것을 앞섰다. 동북아 주요 국가들을 대상으로 러시아 극동지역에 투자된 금액을 비교하면, 일본이 단일 국가로는 극동지역 최대 투자국이 되고 있음을 알 수 있다.

<표 1> 러시아 극동지역에 대한 국가별 투자 현황

(단위: 백만 달러, %)

|  | 2001 | | 2002 | |
|---|---|---|---|---|
|  | 금액 | 비중 | 금액 | 비중 |
| 일본 | 204.1 | 34.3 | 262.5 | 31.2 |
| 미국 | 44.3 | 7.4 | 26.7 | 3.2 |
| 한국 | 33.2 | 5.6 | 33.3 | 4.0 |
| 중국 | 0.6 | 0.1 | 15.1 | 1.8 |
| 기타 | 313.6 | 52.6 | 502.5 | 59.8 |
| 계 | 595.8 | 100.0 | 840.1 | 100.0 |

일본무역진흥회; 한국수출입은행 해외경제연구소

<표 1>의 수치와는 다소 차이가 있지만, 2000~2005년 기간 동안 일본의 러시아 극동지역 투자액 및 극동지역 전체 외국인 투자대비 그 정도(%)를 정리하고 있는 자료가 있다. 일본의 극동지역 투자는 2003년 사할린 석유 및 가스 프로젝트에 대규모로 이루어지면서 약 8억 3,000만 달러를 기록했다. 전체 외국인 투자의 약 30%에 달했다. 그러나 그 이후 투자 규모가 급격히 감소되었다. 2004년과 2005년에는 극동지역 외국인 전체 투자액 비중에서 일본이 차지하는 정도는 각각 1.13%와 1.28%에 불과했다.

<표 2> 일본의 러시아 극동지역 투자 현황

|  | 2000 | 2001 | 2002 | 2003 | 2004 | 2005 |
|---|---|---|---|---|---|---|
| 투자액(백만$) | 103.76 | 207.64 | 265.59 | 833.47 | 57.29 | 75.82 |
| 극동전체 외국인 투자액 대비 일본의 비중(%) | 17.98 | 27.07 | 23.27 | 29.28 | 1.13 | 1.28 |

고재남, "주변국(중국, 일본, 미국)의 극동지역 정책," 정여천 편, 『러시아 극동지역의 경제개발 전망과 한국의 선택』(서울: 대외경제정책연구원, 2008), p. 270 재인용.

2005년 11월 푸틴은 100명 이상의 러시아 경제인을 대동하고 일본을 방문했다. 금번의 방문에서 양국은 경제 및 실무 분야에서의 협력 사항을 담고 있는 12개 문서를 채택했다.7) 이러한 시기, 일본의 러시아 극동지역에 대한 투자는 특정 지역에 편중되는 모습을 보였다. 사할린 석유가스 개발 프로젝트에 많은 관심을 보이면서 대대적인 투자가 이루어졌다. 일본의 對러시아 극동지역에 대한 투자는 극동지역 현지의 다양한 행정 주체로 이어졌지만, 주로 사할린주, 캄차트카주, 하바롭스크주, 연해주 등에 집중되었다.

<표 3> 일본의 극동지역 개별 주체에 투자 현황

(단위: 백만 달러)

| 지역 | 1998 | 1999 | 2000 | 2001 | 2002 | 2003 |
|---|---|---|---|---|---|---|
| 사할린주 | 1.2 | 2.7 | 85.2 | 175.5 | 233.4 | 783.8 |
| 하바롭스크주 | 4.3 | 1.1 | 3.1 | 5.8 | 2.2 | 1.8 |
| 연해주 | 13.0 | 15.0 | 11.0 | 29.7 | 19.8 | 25.9 |
| 캄차트카주 | - | 2.0 | 3.6 | 11.1 | 7.2 | 6.8 |
| 계 | 18.5 | 20.8 | 102.9 | 222.1 | 262.6 | 818.3 |

한국수출입은행 해외경제연구소

극동지역의 투자 환경에 따라 차이를 보이기는 했지만, 일본의 극동지역에 대한 투자는 계속되었다. 일본의 필요성 여하에 따라 투자 규모가 지역별 차이를 보이고 있다. 연해주와 사할린, 그리고 하바롭스크에 상대적으로 많은 투자가 이루어졌다. 그러나 2004~2005년에는 사하공화국에 대한 투자가 상대적으로 높게 나타났다. 이러한 현상은 사하공화국의 에너지 및 광물자원 개발에 대한 일본의 기대치가 그만큼 높아지고 있음을 반증한다.

2003년 러시아 극동지역에 대한 일본의 투자는 2002년의 263백만 달러에 비해 크게 증가되었다. 2003년 현재 125개의 러·일 합작기업이 사할린 주에 등록되었고, 하바롭스크 주에는 58개 기업이 투자하고 있었다. 일본이 러시아 극동지역에 투자하는 선호 대상 지역 및 분야는 사할린의 석유·가스 개발이다. 에너지 부문에 대한 일본의 투자는 소련 시절부터 시작되어 80-90년대 초반 소강 상태에 접어들었지만, 최

---

7) 김덕주, "러일관계의 현황과 발전 전망," 『현지정책연구 시리즈 2007-1』 (서울: 외교통상부 외교안보연구원, 2007), pp. 13-14.

근 다시 활기를 띠고 있다. 단일 프로젝트 중 가장 규모가 큰 것이 사할린 대륙붕의 원유와 천연가스 개발을 위한 사할린 프로젝트이다. 뿐만 아니라, 일본은 사할린 남부에 액화 기지를 건설하고, 사하공화국의 엘가 석탄광산 개발과 타라칸(Talakan) 석유 가스전 개발 및 처리소 건설사업 등에 많은 관심을 보여 왔다.

<표 4> 일본의 러시아 극동지역별 투자 분포 정도(%)

| 지역 | 1997-99 | 2000 | 2001 | 2002 | 2003 | 2004 | 2005 |
|---|---|---|---|---|---|---|---|
| 극동전체 | 100 | 100 | 100 | 100 | 100 | 100 | 100 |
| 사하공화국 | 0.1 | - | - | - | 0.1 | 11.1 | 63.2 |
| 연해주 | 70.8 | 11.3 | 14.3 | 7.5 | 4.6 | 66.5 | 17.8 |
| 하바롭스크주 | 8.7 | 3.0 | 2.8 | 0.8 | 0.2 | 5.2 | 5.8 |
| 아무르주 | - | - | - | - | - | - | - |
| 캄차트카주 | 5.4 | 3.6 | 5.3 | 2.7 | 0.8 | 9.5 | 1.4 |
| 마가단주 | 1.5 | - | 1.7 | 1.1 | 0.2 | - | 0.01 |
| 사할린주 | 13.5 | 82.1 | 75.5 | 87.9 | 94.1 | 7.7 | 12.5 |
| 유대인 자치주 | - | - | - | - | - | - | - |

고재남, "주변국(중국, 일본, 미국)의 극동지역 정책," 정여천 편, 『러시아 극동지역의 경제개발 전망과 한국의 선택』(서울: 대외경제정책연구원, 2008), p. 269 재인용.

결국, 러시아 극동지역과 일본간 경제관계가 상호보완성을 지니고 있음에도 불구하고 기대만큼의 큰 성과를 보이지는 못했다. 일본의 투자가 선택적으로, 그리고 최소 수준에서 이루어졌기 때문이다. 이를 일본의 입장에서 본다면, 다음과 같은 원인에 기초된다. 양국간 영토(쿠릴열도) 문제, 일본의 러시아에 대한 부정적 인식, 투자 환경의 미흡(러시아의 불투명한 법제도 및 세제, 외국인 직접투자에 대한 우대조치의 미흡, ... ...) 등으로 인해 극동지역에 대한 일본의 투자가 미온적이었다. 일본의 투자 대상 지역 역시 선택적이었다. 연해주와 사할린 주에 대한 투자가 절대적인 우위에 있음을 알 수 있다. 그리고 2005년에는 사하공화국이 새로운 투자 대상지로 부각되었다.

2) 협력 프로젝트와 일본의 참여

극동 및 시베리아 지역의 개발을 위해, 러시아는 일본에 다양한 협력 프로젝트를 제안해 왔다. 사할린 자원개발 프로젝트를 제외하고도, 1990년 후반기부터 극동지역의 경제개발, 특히 천연가스 수송 파이프라인 건설, 수력발전소 근대화, 비철금속자원개발 등 합계 10건이 넘는 프로젝트에 대해 일본으로부터 자금 및 기술 협력을 요청했다. 일본 정부는 러시아 정부의 요청을 받아들여, 1998년 1월에 최우선 6개 프로젝트를 선정했다. 그리고 몇 가지 안건에 대해서는 이미 타당성 조사를 마친 상태이다. 일·러 경제위원회는 러시아 측과 함께 '일·러 극동 워크숍'을 설치하여 1997년 10월 제1차 회의를 가졌다. 그리고 매년 1-2회씩 여러 안건에 대해 신중한 교섭을 계속해 왔다. 러시아가 일본 측에 제시한 10건이 넘는 사업 프로젝트는 모두 기초 인프라를 정비하는 차원의 프로젝트였다. 에너지 파이프라인 건설, 화력 및 수력 발전소 개보수, 철도 및 도로 건설(재보수), 자원개발 등에 치중되었다.

자원개발 프로젝트는 계속되었다. 사할린 인근 연안의 해저 석유·가스전 개발과 이용에 관련된 양국간 협력 사업이 계속되고 있다. 일본은 사할린-1과 2 프로젝트에 활발히 참여하고 있다. 일부 프로젝트의 경우, 개발을 완료하고 석유를 생산하고 있다. 사할린 지역의 가스전 개발은 당초 배관을 통해 일본에 공급할 목적으로 시작되었으나, 일본으로의 파이프라인 가스 수송은 일본 내 전국 배관망이 건설되어 있지 않기 때문에 실현 가능성이 없었다. 따라서 천연가스 액화 기지를 건설하여 LNG로 일본과 한국 등에 판매하고 있다. 원유와 가스자원뿐만 아니라, 시베리아의 광물, 유연탄, 목재, 수산물 등의 분야에도 적극적으로 참여하고 있다.

2009년을 전후한 시기에 있었던 러시아 극동지역 개발사업과 일본에의 지원 요청 현황은 다음과 같다.8) 푸틴 총리는 2009년 5월 일본을 방문하여 일본 정부에 총 180개 사업, 사업비용만 총 2조 5000억엔(약 33조원)에 달하는 경제협력·투자 프로젝트를 제안했다. 러시아의 투자 요청은 캄차카반도

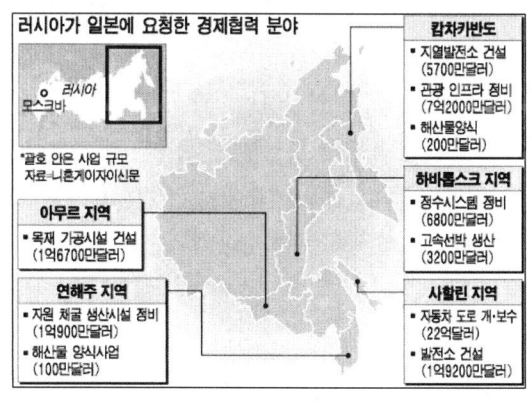

·하바롭스크·사할린·연해주·아무르 지역 등 러시아 전체 영토의 약 25%에 해당하는 극동·사할린 연안지역에 집중되어 있었고, 사업 내용도 지열발전소, 자동차 도

---
8) 『매일경제』, 2009년 6월 1일자 내용을 중심으로 재정리.

로 건설 등 경제 인프라 구축과 목재 가공, 자원 채굴 생산시설 정비 등 자원협력 분야 등이 총망라되어 있었다. 양국 간 경제·투자 협력이 예정대로 진행된다면, 극동·사할린 지역이 사실상 일본의 경제 식민지로 전락할 수 있다는 전망도 나왔다.

러시아는 일본의 참여를 유도하기 위한 다양한 개발 프로젝트를 제시하고 있다. 일본 역시 보다 긍정적으로 검토하기 시작했다. 극동지역 경제개발을 매개로 한 러시아와 일본의 양자관계에 정치적 목적이 개입되기도 한다. 극동지역 경제발전에 많은 관심을 갖고 있는 러시아의 입장과 아시아 역내에서 중국의 급부상을 견제하고 에너지 자원을 최대한 확보해 놓으려는 일본 측 의도가 맞물린 결과로 해석된다. 러시아는 일본으로부터 경제지원을 받는 대가로 2차 대전 이후 점령 중인 북방 4개 섬 중 일부를 일본 측에 반환한다는 방안도 신중하게 검토하고 있는 것으로 알려졌다.

2010년 11월 11일, 일본의 대표적 중공업 기업인 가와사키 중공업(Kawasaki Heavy Industries, Ltd., 川岐重工業)이 러시아 극동지역에 가스터빈(gas turbine) 발전 설비 수주를 성사시켰다.9) 러시아 극동지역은 현재 석탄 보일러로 발전기를 돌려 지역 주민에게 전기와 온수를 공급하는 열악한 상황에 놓여 있다. 게다가 현재 운영 중인 설비는 노화현상으로 발전 효율이 저하되고 있다. 따라서 러시아는 효율성 향상 및 이산화탄소 절감을 위해 발전 설비를 가스터빈으로 교체하는 사업을 준비하고 있다. 따라서 가와사키 중공업의 수주는 이러한 상황에 어울리는 저비용, 고효율, 그리고 소형화의 장점을 모두 갖춘 가스터빈 발전설비로 높은 평가를 받아 대형 플랜트 수주에 성공했다. 가와사키 중공업이 세계 최고의 천연가스 보유국인 러시아에서 가스터빈 발전 플랜트 사업을 추진하게 된 것이다. 가와사키 중공업은 2014년까지 사할린, 하바롭스크, 블라디보스톡 등 극동지역을 중심으로 총 35개의 가스터빈 발전설비를 공급하게 될 것으로 보인다.10)

2010년 11월 현재, 극동지역 진출을 희망하고 있는 있는 일본 기업체는 다음과 같다.11) 일본 미츠이社는 야쿠티야 우라늄 광산(엘콘스코예) 개발에 관심이 많다. 그

---

9) 가스터빈(gas turbine) 발전이란 에너지 발전 방식 중 하나로 고온, 고압의 연소가스를 통해 터빈을 가동시키는 회전형 열기관이다. 일반적으로 압축기, 연소기, 터빈으로 이뤄진다. 압축기로 공기를 압축시키고 압축된 공기를 연소실로 이끌어 연료를 분산해 연소시키는 원리이다. 이때 생긴 고온, 고압의 가스를 터빈에 내뿜으면서 팽창시켜 터빈을 회전시킨다. 가스터빈 발전은 바로 이 가스터빈을 원동기로 사용하는 방식으로 아주 큰 출력에는 어울리지 않지만 출력 10만kW 정도까지는 무난하게 만들어낼 수 있어 큰 공장의 전원으로 주로 사용되곤 한다.
10) http://www.globalwindow.org/gw/(검색일: 2013년 7월 15일)
11) 극동연방지구 대통령전권대표부, 연해주 통계청, 극동세관, 러시아정부 발표자료, 극동캐피탈紙 등의 자료 분석을 토대로 작성된 <러시아 극동지역-APEC 국가간 경제협력 동향 분석>에서 일본과의 협력 내용만을 별도로 정리함. http://rus-vladivostok.mofa.go.kr/webmodule/(검색일: 2013년 7월 15일) 참조.

리고 임업 분야에서는 일본 수미토모社가 연해주 테르네이레스社와 임업 분야 협력을 추진 중에 있다. 수미토모사의 참여 하에 2009-2010년간 테르네이군에 목재가공공장(주택건축용 목재생산) 사업이 완료되었다. 총 사업비 1억 7,700만 불이었다. 제조업 분야에서는 마즈다(Mazda Motor Corporation)가 러시아 솔러스社와 블라디보스톡에 MAZDA-SOLLERS社(마즈다자동차 조립생산 공장)를 설립했다.12) 최초 단계에서 연간 5만대 생산 계획이다. 도요타, 혼타 자동차 측에서도 마즈다와 유사한 형태의 조립생산 방안을 검토 중에 있다. 그리고 2010년 12월 현재, 일본은 러시아 극동지역에서의 교통망, 전력망, 통신망 구축 등 다자 프로젝트 분야에 많은 관심을 보인다. 현재 구상 중인 러-일 간 전력망 사업은 사할린에 4,500메가와트급 열병합발전소를 건설하여 홋카이도 섬으로 약 100-300억 KV/h 규모의 전력을 송출한다는 계획이다. 그리고 통신분야 협력의 출발은 2007년 일본 NTT 통신社와 러시아의 트란스 텔레콤社 간 체결된 홋카이도-사할린 해저케이블 매설에 관한 MOU이다.

2013년 4월 아베 신조(安倍晉三) 수상이 러시아를 방문하여 양국 간 자원분야 협력 강화와 함께 10억 달러 규모의 투자펀드 조성에 합의했다. 러시아 대외무역은행과 일본 국제협력은행(JBIC) 간 50:50으로 투자해 10억 달러 규모의 투자펀드를 조성하기로 했다. 투자펀드는 러시아의 극동·시베리아 개발 및 관련 인프라 건설에 투자될 예정이다. 이 펀드를 통해 일본의 대리 투자 확대는 물론 극동·시베리아 개발에 일본 측의 보다 적극적인 참여가 예상된다. 일본이 1990년대 초부터 에너지, 자동차, 목재 등 다양한 분야에 걸쳐 對러시아 투자 움직임을 보여 왔으나, 공장 건설 등과 같은 직접투자는 상대적으로 활발하지 못했다.13) 금번의 러-일 투자펀드 조성은 자원수입 확대를 비롯하여, 일본이 대러 투자 및 극동지역 개발과정에 보다 적극적으로 참여할 수 있는 하나의 계기로 작동될 수도 있다.

## 4. 러시아 극동지역과 일본의 경제 관계

### 1) 무역 현황

1990년대 초, 일본이 러시아 극동지역(특히, 연해주)에 많은 관심을 갖고 기업인

---

12) 푸틴 대통령이 2012년 9월의 블라디보스톡 APEC 정상회담 기간 중에 동 합작기업 설립 기념식에 참석했다.
13) http://www.globalwindow.org/(검색일: 2013년 7월 15일)

들이 진출하기 시작했다. 그러나 러시아인들과 접촉하면서 이들의 비합리적인 비즈니스 관행에 실망을 느낀 많은 일본의 기업들이 연해주 진출에 대한 열의를 상실하기 시작했다. 이러한 시기인 1995년에 러시아 극동의 총 해외무역이 42억 달러였으며, 그 중 11억 달러가 일본과의 무역이었다. 러시아 극동지역 목재수출의 80%, 해산물 수출의 60%, 석탄 수출의 30%가 일본에 집중되었다. 이러한 공식 수치는 당시의 비즈니스 관행에 기초되면, 그 정도가 달라진다. 당시 러시아 극동지역과의 무역관계에 있어서 불법거래가 만연한 상태였기 때문에 상당량의 밀수출이 이루어졌을 것으로 보이기 때문이다.

<표 5> 일본과 러시아 극동지역 개별 주체의 무역 추이

(단위: 백만 달러)

|  | 1997 | 1998 | 1999 | 2000 |
|---|---|---|---|---|
| 사하공화국 | 177.1 | 43.4 | 96.6 | 118.1 |
| 연해주 | 410.6 | 324.0 | 198.5 | 170.0 |
| 캄차트카주 | 126.2 | 86.7 | 37.5 | 40.7 |
| 하바롭스크주 | 318.9 | 195.7 | 255.3 | 224.6 |
| 아무르주 | 15.3 | 27.8 | 0.014 | 9.4 |
| 마가단주 | 19.8 | 12.6 | 6.3 | 13.5 |
| 사할린주 | 174.3 | 142.4 | 137.0 | 160.0 |

Bouryi, Anatoliy, "Economic links between the Far Eastern Provinces and Japan," *ERINA REPORT*, 44(2002), pp. 8-11.

1998-9년 러시아에 진출하고 있던 일본 기업체의 철수가 계속되었다. 이와 함께, 2000년을 전후한 시기에 양국간 무역 규모가 감소되는 추세를 보였다. 러시아 측의 원목·어류·자원 등에 대한 부분적인 통제 및 기계류·장비류·부품 등에 대한 수입 감소 경향이 두드러졌고, 일본 측에서는 경제협력을 정치현안 문제(쿠릴열도 문제 등)와 연결시키려는 움직임이 보였기 때문이었다. 양국간의 이러한 움직임은 자연히 경제관계를 위축시키는 역할을 하게 된다. 양국간 경제관계에 따라 무역규모가 달라지기는 했지만, 러시아 극동지역 몇몇 주체와의 경제관계는 꾸준히 유지되었다. 일본과 러시아 극동의 주(州)별 무역 관계를 보면, 연해주·하바롭스크·사할린주가 주요한 무역 파트너였다.

2000년 이후 러시아 시장의 규모가 커지자 일본 전자업체들이 러시아 시장에 다시 뛰어들었지만, 이미 자리를 잡고 있는 한국과 유럽의 업체들과 힘겨운 경쟁을 벌일 수밖에 없었다. 러시아 전자제품 시장에서 소니의 캠코더를 제외하고 1위를 차지하는 일본 업체가 없다는 사실이 이를 대변하기도 한다.14) 2004년 당시의 공식 통계에 의하면 일본 기업들의 현지 지사나 합작 법인 수가 81개에 달했으나, 이후 계속 줄면서 2006년 전반기에는 20개도 채 되지 않았다. 일본 기업들의 연해주에 대한 진출 노력이 시들해지고 있는 이유는 관리들의 부패, 외국인들에게 까다로운 법적 규제, 투명하지 못한 비즈니스 관행 때문인 것으로 알려졌다.

2006년 전반기 현재 연해주에서 활동하고 있는 주요 일본 기업들은 목재에 관련된 Sumitomo사가 있고, 토요타 자동차 판매를 담당하고 있는 Summit Motors, Tsusho Vostok Auto Co.(나호트카 소재)사가 있으며, 이밖에 Mitsui&Co., Kinsho Corporation, Japan Sea Network Co.사와 합작회사인 Vostoktelecom사 등이 있다. 전체적으로 보면 대부분 자동차 수출, 그리고 목재 및 수산물 수입 등의 사업에 관여하고 있다.15)

2009년 러시아 극동지역과 일본의 대외교역은 전년대비 40.5% 감소한 40억6700만 달러였다. 일본으로의 수출은 13.9% 감소한 35억8200만 달러, 수입은 81.9% 감소한 4억8500만 달러로 30억9700만 달러의 무역흑자를 기록했다. 일본으로 수출된 주요 품목은 전체 수출 비중에서 67.9%를 차지한 석유였다. 對일본 수입은 자동차, 자동차 부품이 주종을 이루는 데, 이들 품목의 수입 비중은 각각 21.2%, 14.9%에 달했다.16) 그러나 2010년 이후부터는 교역량이 다시 증가 추세를 보이기 시작했다. 2011~2012년의 교역 규모는 전년 대비 약 9% 정도 성장했다.

---

14) 윤성학, "시베리아는 열강의 각축장…노무현 정부는 시베리아로 눈을 돌려라," 『신동아』, 2004년 03월호, pp. 346 ~ 360
15) 2005년 러시아에 수출된 일본 자동차는 총 26만8000대였는데, 이는 일본이 외국으로 수출한 중고 자동차 중 가장 많은 수치였다. 러시아에 수출된 대부분의 일제 중고차는 연해주를 비롯한 극동 러시아 지역에만 수출되고 있는데, 현지에 진출하고 있는 수입품 중 단일품목으로는 최고의 수치를 나타내고 있다. 아울러 자동차 부품 수출도 꾸준히 지속될 수밖에 없다. 연해주에서 일본이 가장 실속 있는 비즈니스를 하고 있는 것으로 간주되고 있다. 고지찬, "극동 연해주, 일본 진출 동향," 블라디보스토크 무역관 보고(2006.4.12.) 자료, http://www.globalwindow.org/gw/(검색일: 2013년 7월 15일).
16) http://www.globalwindow.org/(검색일: 2013년 7월 9일).

<표 6> 러시아 극동지역과 일본의 교역 규모

(단위: 백만 달러, %)

| 수출 | | | 수입 | | |
|---|---|---|---|---|---|
| 2011년 | 2012년 | 증감률 | 2011년 | 2012년 | 증감률 |
| 6,855 | 7,455 | 8.7 | 903 | 986 | 9.2 |

http://www.globalwindow.org/(2013년 7월 9일)

일본과 러시아 극동지역의 교역 규모는 국제경제 및 지역간 경제상황 여하에 따라 수시로 변화되는 모습을 보여 왔지만, 몇몇 품목을 중심으로 꾸준한 교역관계가 유지되어 왔다. 그리고 2013년 4월 아베 신조(安倍晉三) 수상이 러시아를 방문하여 양국 간 자원분야 협력 강화에 합의하면서, 러시아 극동·시베리아 개발사업이 보다 활성화되면서 양국간 교역 규모가 보다 확대될 것으로 예상된다. 그러나 러시아 극동지역의 관점에서 보다 중요한 것은 수출입 구조를 혁신적으로 변화시키는 작업일 것이다. 기존처럼 각종 자원 수출에만 의존한다면 지역 개발이 매우 더디게 이루어질 것이다. 현지에 생산 시설들을 확충하여 경공업을 비롯한 중화학 공업 제품을 수출할 수 있는 교역 환경을 조성하는 것이 더욱 더 중요해 보인다.

2) 에너지 자원 확보 전략

일본은 러시아 극동지역과의 경제관계에서, 특히 국가전략 산업에 해당되는 부분에 대해서는 철저한 경제논리에서 그 해답을 찾고 있다. 일본 정부가 에너지 확보 문제를 영토 문제와 분리시켜 접근하고 있을 뿐만 아니라, 양국의 지방정부(특히 일본의 홋카이도와 러시아 사할린 지방정부) 차원에서 우호적인 관계를 위해 노력하고 있다. 일본은 지리적으로 근접한 사할린과 극동 및 시베리아 지역에 있는 풍부한 자원에 많은 관심을 갖고 있다. 따라서 일본은 동시베리아의 에너지 자원을 러시아 극동의 나호트카(Nakhodka)로 연결시키는 송유관을 희망해 왔다. 앙가르스크~나호트카 송유관 계획은 부랴트 공화국~이르쿠츠크주~치타주~아무르주~하바롭스크주~연해주 등을 가로지르는 길이 약 3,765km의 송유관을 건설하는 계획이다.

일본은 앙가르스크~나호트카 송유관 건설을 위해 정부차원에서 적극적으로 로비활동을 전개했다. 2002년 말부터 일본의 고위층 인사들이 모스크바와 러시아 극동의 도시들을 방문하면서 수십억 달러의 차관과 여러 가지 개발지원을 약속해 했다. 당시에 일본이 제안한 내용은 파이프라인 건설비용으로 50억 달러 재정지원; 나호트카로 이어지는 주변의 러시아 극동 도시들의 재건 비용으로 10억 달러 제공; 동시베리아의 석유개발에 75억 달러 투자 등이다. 고이즈미 수상이 2003년 1월 러시아를 방문하여 쿠릴열도 반환 등 양국의 해묵은 정치 현안이 아닌 에너지 문제에 보다 많은 관심을 보이기도 했다. 이후 일본은 시베리아 에너지 자원 확보를 위해 중국과 치열한 경쟁을 벌였다. 일본이 에너지 안보와 일본 자본의 새로운 탈출구로서 시베리아의 가능성을 염두에 두고 있기 때문이었다.17)

2003년 8월 25일 러시아와 중국은 양국 정부간 분과별 회의(교역·과학 및 기술·교통·핵에너지·우주·은행·통신 및 정보기술·인적교류·에너지 등 9개 분과회의)를 개최했다. 동 분과별 회의에서 에너지 분과회의 만 러시아에 의해 취소되었다. 에너지 분과회의 만 취소된 이유는 아래에서 선명하게 찾아질 것이다. 2003년 5월 28-29일, 가와구치 요리코(川口順子) 일본 외상이 블라디보스톡에서 빅토르 크리스텐코(Viktor Khristenko) 러시아 부총리와 긴급 회담을 갖고, 11시간에 걸친 협상을 벌였다. 일본 외상은 나호트카로 이어지는 태평양 라인 건설비용 50억 달러와 시베리아 동부 유전 개발비용 75억 달러를 낮은 이자로 빌려줄 용의가 있다고 밝혔다. 곧이어 이바오 오카모토 자원에너지 청장이 수차례 모스크바를 방문했고, 7월 중순에는 이세이 노무라 주러 일본대사가 시베리아연방지구의 대통령 전권 대표인 레오니드 드라체프스키(Leonid Drachevskiy)를 만났다. 모두가 러시아 극동지역으로 파이프라인을 건설하자는 제안을 논의의 중심에 올려놓았다. 그리고 2003년 7월, 일본의 경제사절단이 시베리아 원유개발과 관련한 송유관 건설문제로 블라디보스톡을 방문했다. 이 사절단이 극동 및 중부 시베리아 지역과의 경제협력 확대 방안을 모색한 것으로 알려지고 있다.

2004년 9월 28일, 하바롭스크주 의회와 외무성이 초청하여 일본 의원연맹 회원들이 러시아를 방문했다. 하바롭스크를 방문한 의원 대부분이 극동러시아에 대하여 관심이 많고, 실제로 경험도 있는 2선 이상의 의원들이었다. 일본 의원들의 하바롭스크 방문은 송유관 문제에 직간접적으로 관계되었다. 의원연맹 회원들은 하바롭스크에서 약 일주일 머물다가 송유관 노선을 따라 이르쿠츠크로 이동했으며, 이르쿠츠크에서 매장지역 답사 및 철도와 송유관 노선에 대해 보고를 받았다. 이들은 투자여건 및 기타 가능성에 대해 조사를 마치고 일본으로 돌아갔다.

---

17) 윤성학(2004), pp. 346~360.

일본은 앙가르스크 송유관 노선이 중국 단일 시장을 지향하는 다칭(Daqing)[18] 노선이 아니라, 극동지역의 나호트카(Nakhodka)로 연결되어야 하는 이유를 시장경제 논리로 설명해 왔다. 나호트카 송유관으로 연결되면 한국·일본·중국·미국에 이르는 대규모 시장에 접근하기 용이하며, 석유수출과 관련된 항구와 선적 업무에서 비롯되는 새로운 수많은 일자리 창출이 가능하다는 것이다. 러시아가 일본의 제안에 적극적으로 나서지 못한 이유는 있다. 중국의 '다칭 송유관'이 훨씬 짧고, 개발비용이 적게 든다는 것이다. 바이칼 호수 옆 앙가르스크에서 시작될 시베리아 유전 송유관은 다칭까지 길이 2400km, 건설비 20억 달러로 추정되고 있었다. 그러나 앙가르스크에서 나호트카까지는 길이 3,765km, 건설비 36억-50억 달러 규모의 대공사였다. 경제성을 계산한다면, 다칭 송유관은 연간 2000만t을 수출하면 되지만 나호트카 송유관은 연간 5000만t을 수출해야 되는 상황이었다.

러시아는 2004년 12월 시베리아의 타이셰트(Taishet)에서 극동의 나호트카(Nakhodka)를 연결하는 동시베리아 송유관 건설 사업을 최종 승인했다. 시베리아의 코빅타(Kovykta) 가스전을 포함하여 앞으로 건설될 모든 가스관과 송유관을 하바롭스크~나호트카 노선으로 단일화시키기로 결정했다. 그리고 2005년 송유관을 시베리아의 타이셰트에서 극동의 페레보즈나야(Perevoznaya)까지 2단계로 나누어 건설하되, 1단계 공사 종착점인 스코보르디노(Skovorodino)에서 중국의 다칭(Daqing)으로 연결되는 지선을 건설하기로 했다. 그리고 2단계 공사로 1단계 종착점인 스코보르디노에서 극동의 페레보즈나야(Perevoznaya)까지 송유관을 연결하기로 했다.[19]

동시베리아-태평양(ESPO, East Siberia-Pacific Ocean)송유관 프로젝트 이외에, 일본의 對러시아 에너지 사업 진출은 사할린 1, 2 프로젝트를 중심으로 활발히 추진되고 있다. 일본의 사할린-1과 사할린-2 사업에의 참여 비중이 매우 높다. 2000-2005년 일본의 대러시아 극동 투자는 15억 4,357만 달러였으며, 그중 FDI는 13억 8,522만 달러를 기록했다. 2000-2003년까지 일본의 대러시아 극동 투자는 사할린 지역에 집중되었다. 동기간 러시아 극동지역 전체 FDI 투자액 중에서 일본의 투자 비중이 30-40%였다. 러시아연방 통계청에 따르면, 2011년 상반기 일본의 대 러시아 투자의 대부분인 78% 이상이 에너지 분야인 석유 개발(원유 추출)에 치중되었다.

---

[18] 다칭(Daqing)은 중국 흑룡강성(黑龍江省) 남서부에 위치한 도시이며 석유생산지로 유명하다.
[19] 이영형·김승준, "러시아의 에너지정책과 동부러시아의 위상 변화,"『동북아문화연구』, 제27집(2011), pp. 459~481 참조.

<표 7> 사할린 대륙붕 유가스전 현황

| 프로젝트 | 주요 광구 | 개발(지분)참여사 | 비고 |
|---|---|---|---|
| 사할린-1 | Chaivo<br>Arktun-Dagi | ExxonMobil, SODECO(일), Rosneft, ONGC(인) | 개발 중 |
| 사할린-2 | Kirin<br>Lunsk<br>Piltun Astokh | 가즈프롬, Shell, Mitsui, Mitsubish | 개발 중 |
| 사할린-3 | Veninsky<br>Ayashsky<br>Vostochno-Odoptinsky<br>Kirinsky | 로즈네프트, SINOPEC<br>가즈프롬<br>가즈프롬<br>가즈프롬 | 2014-2015년 |
| 사할린-4 | Zapadno-Shmidtovsky | 미분양 | - |
| 사할린-5 | Kaygansko-Vasjukansky<br>Vostochn-Shmidtovsky | 로스네프트, BP | 2018년 |
| 사할린-6 | Pogranichny Prospect | 페르로싸흐 | 육상유전 |

http://rus-vladivostok.mofa.go.kr/(검색일: 2013년 7월 15일).

    2013년 5월 29일, 일본의 국제석유개발주식회사(INPEX)와 러시아의 국영 석유기업 로스네프트는 러시아 극동 마가단주 오츠크해의 해저유전을 공동으로 개발하기로 했다. INPEX의 기타무라 도시아키(北村俊昭) 사장과 세친 로스네프트 사장이 일본 경제산업성에서 협력문서에 서명했다. 개발이 결정된 곳은 마가단주 인근 약 50~150km 해역의 대륙붕에 위치하는 심광광구(深鉱鉱区) 마가단-2와 마가단-3로 광구면적은 약 2만 8천km에 달한다. 일본은 일본 석유, 천연가스・금속광물자원기구(JOGMEC, Japan Oil, Gas and Metals National Corporation)를 통해 출자 및 채무보증을 지원받게 된다. 광구의 매장량 및 개발 일정 등 구체적인 내용에 대한 최종 합의는 INPEX와 러시아가 교섭 중이다.[20]

    결국, 일본과 러시아는 사할린 섬 주변의 사할린-1 및 사할린-2에서 유전 및 가스전 공동개발을 추진하고 있을 뿐만 아니라, 극동 및 시베리아 지역을 다상으로 하는 다양한 에너지 협력 사업을 추진하고 있다. 에너지 자원 확보를 위한 일본 정부의 관심과 노력을 엿볼 수 있도록 한다.

---

20) http://www.47news.jp/korean/economy/2013/05/067156.html(검색일: 2013년 7월 15일).

## 5. 아베 수상의 러시아 방문과 양국간 경제협력 전망

푸틴 대통령은 2013년 4월 28~30일 2박 3일 일정으로 러시아를 방문한 아베 신조(安倍 晋三, Abe Sinzo) 수상과 정상회담을 가졌다. 2003년 1월 고이즈미 준이치로(小泉純一郎, Koizumi Junichiro) 수상이 러시아를 방문한 이후 일본의 최고 국정 책임자로는 10년 만의 방문으로 120여 명으로 구성된 대규모 일본 기업 대표단도 동행했다. 아베 신조의 러시아 방문과 러·일 정상회담 배경에는 최근 푸틴의 쿠릴열도 문제에 대한 유연한 접근21), 푸틴 3기 극동지역 개발정책의 적극화 등에 따른 상호 협력 필요성 증대 등과 같은 정치 및 경제적 요인이 내재된 것으로 보인다.

양국 정상은 4월 29일 정상회담을 갖고 공동성명을 발표했다. 주요 내용은 쿠릴열도 4개 섬 반환에 대한 교섭 재개 합의, 외교·국방 협력 강화, 경제협력 확대 등이다.22) 금번 러·일 정상회담에서 합의된 경제협력분야는 주로 투자 및 금융 부문에 집중되었다. 이는 러시아 극동  지역 인프라 개발 등을 비롯하 다양한 프로젝트 추진의 가시성과 효율성을 보장한다는 차원에서 중요한 의미를 지닌다. 양국은 극동지역 개발을 위한 10억 달러 규모의 러·일 투자 플랫폼 설립과 금융, 에너지 등의 협력 협정을 체결했다.

러시아 직접투자펀드(RDIF), 대외경제은행(VEB)과 일본 국제협력은행(JBIC)은 양국 공동투자 플랫폼 조성에 관한 양해각서를 체결했다.23) 이는 주로 극동 지역의 인프라, 의료, 첨단기술 분야 등에 투자될 것으로 보인다. 또한 러시아 대외경제은행과 일본 국제협력은행은 러시아 내 투자 프로젝트 금융지원에 관한 양해각서를 체결했으며, 러시아 수출신용보험청과 일본 무역보험공사(NEXI)간 협력 협정도 체결했다. 뿐만 아니라, 러시아 에너지부와 일본 경제산업성은 에너지 분야 협력에 관한 양해각서

---

21) 2012년 3월의 대선 직전에 가진 외신과의 인터뷰에서, 푸틴 3기에 쿠릴열도에 대한 긍정적인 논의 가능성을 시사했다.
22) http://www.kremlin.ru/news/17997(2013년 7월 26일).
23) 2012년 4월 러시아 직접투자펀드와 중국 투자회사(CIC)가 총 40억 달러 규모의 공동투자기금을 조성한데 이어 2012년 12월 러시아 직접투자펀드와 인도국립은행(SBI)이 20억 달러 규모의 투자협정을 체결한 바 있다. http://www.kremlin.ru/news/17997(2013년 7월 26일); 강부균, "러시아-일본 정상회담의 성과와 시사점,"(2013년 5월 7일), http://www.emerics.org/mobile/(2013년 7월 26일).

를 체결했고, 극동 지역에서 양국이 민관합동(PPP) 경제협력을 확대할 수 있도록 협의회를 개최하는 데 합의했다. 그 외 농업, 의료, 보건 등의 분야에서도 협력을 강화하는 데 합의하고, 일본 기업대표단과 러시아 지방정부간 협력 협정도 체결했다.

빅토르 이샤에프 극동연방지구 전권대표는 '요미우리'사와 '니케이'사와의 인터뷰를 통해, 아베 신조 수상의 러시아방문이 양국가간 관계발전에 유리하게 작용할 뿐만 아니라 비즈니스 협력분야를 새로운 수준으로 나아가게 할 것으로 평가했다. 그리고 전권대표는 러시아는 극동지역 투자개발 관련, 외국인 투자가를 포함한 개인 투자자 유치에 관심을 갖고 있으며 일본 측에 극동프로젝트 참여를 제안했다. 이 외에도 이샤에프 전권대표는 러시아가 일본과 석유, 가스, 철광 채굴을 비롯해 자동차 산업, 생명기술공학, 우주 및 선박제조 분야 등 다양한 협력분야에 관심을 기울이고 있음을 밝혔다. 극동전권대표는 일본이 극동지역 무역량 크기에 있어 3위 안에 들어가고 있음을 지적하면서, 2012년 무역거래량이 2008년과 비교해 14억 달러 증가해 84억 달러를 기록했다고 덧붙였다.24)

2013년 5월 23일 사할린 주의 알렉산드르 호로샤빈(Alexander Khoroshavin) 주지사는 일본 경제산업부 부장관을 만났다. 일본이 호혜적 에너지 프로젝트에 대한 지원에 더욱 박차를 가해 줄 것을 제안했다. 이번 회담에는 예브게니 아파나시예프(Evgeni Afanasiev) 주일 러시아대사는 물론 <사할린2> 프로젝트에 참가하는 기업의 대표들도 참석했다. 호로샤빈 지사는 사할린에 있는 LNG 공장에 제3라인을 건설하는 문제와 <사할린1> 프로젝트의 LNG 공장 건설, 사할린에서 생산되는 석탄의 대일본 수출 확대 문제등에서 일본이 적극적으로 협력해 줄 것을 당부했다. 뿐만 아니라 사할린주는 <사할린-홋카이도> 에너지 브릿지(energy-bridge) 건설을 비롯하여, 농업·어업·건설 분야 등에 대해 일본 측의 지원을 당부했다.25)

결국, 아베 신조 수상의 모스크바 방문과 이에 파생된 다양한 협력 움직임은 일본의 러시아 극동 지역 경제 진출에 긍정적으로 작용하게 될 것으로 보인다. 극동지역 개발과정에 일본의 자금이 보다 많이 투입되는 그러한 모습으로 구체화될 가능성이 커졌기 때문에, 러시아 극동지역에서 일본의 영향력은 더욱 더 커질 것으로 전망된다. 경제영역에서의 영향력 확장은 자연스럽게 양국간 관계를 보다 긴밀하게 만들 것이고, 이러한 정치 환경이 조성된다면 오랜 기간 동안 양국 관계에 걸림돌로 작용해 왔던 북방영토 반환 문제에 대한 협력 움직임에도 긍정적인 영향을 미치게 될 것이다.

---

24) http://korean.ruvr.ru/2013_04_29/112055089/(검색일: 2013년 7월 15일)
25) http://sakhalinmedia.ru/news/politics/(검색일: 2013년 7월 26일).

## 참고 문헌

강부균, "러시아-일본 정상회담의 성과와 시사점,"(2013년 5월 7일), http://www.emerics.org/mobile/(2013년 7월 26일).

고재남, "푸틴 정부의 對일본 정책과 러·일관계 전망,"『新亞細亞』(Winter 2000).

고재남, "주변국(중국, 일본, 미국)의 극동지역 정책," 정여천 편,『러시아 극동지역의 경제개발 전망과 한국의 선택』(서울: 대외경제정책연구원, 2008).

고지찬, "극동 연해주, 일본 진출 동향," 블라디보스토크 무역관 보고(2006.4.12.) 자료, http://www.globalwindow.org/gw/(검색일: 2013년 7월 15일).

김덕주, "러일관계의 현황과 발전 전망,"『현지정책연구 시리즈 2007-1』(서울: 외교통상부 외교안보연구원, 2007).

윤성학, "시베리아는 열강의 각축장…노무현 정부는 시베리아로 눈을 돌려라,"『신동아』, 2004년 03월호.

이영형·김승준, "러시아의 에너지정책과 동부러시아의 위상 변화,"『동북아문화연구』, 제27집 (2011).

정여천 편,『러시아 극동지역의 경제개발 전망과 한국의 선택』(서울: 대외경제정책연구원, 2008).

『매일경제』, 2009년 6월 1일.

Bouryi, Anatoliy, "Economic links between the Far Eastern Provinces and Japan," *ERINA REPORT*, 44(2002).

Под редакцией П.А.Минакира, *Тихоокеанская Россия - 2030: сценарное прогнозирование регионального развития* (Хабаровск: ДВО РАН, 2010).

http://rus-vladivostok.mofa.go.kr/(검색일: 2013년 7월 15일).

http://rus-vladivostok.mofa.go.kr/webmodule/(검색일: 2013년 7월 15일).

http://korean.ruvr.ru/2013_04_29/112055089/(검색일: 2013년 7월 15일).

http://sakhalinmedia.ru/news/politics/(검색일: 2013년 7월 26일).

http://www.emerics.org/mobile/(2013년 7월 26일).

http://www.globalwindow.org/(검색일: 2013년 7월 9일).

http://www.globalwindow.org/gw/(검색일: 2013년 7월 15일).

http://www.kremlin.ru/news/17997(2013년 7월 26일).

http://www.kremlin.ru/news/17997(2013년 7월 26일).

http://www.47news.jp/korean/economy/2013/05/067156.html(검색일: 2013년 7월 15일).

## 제2항. 일본과 러시아의 지정전략과 쿠릴열도(Kuril'skie Ostrova)

### 1. 들어가는 말

국가 공간이 갖는 지정학적 성격 때문에 인접하고 있는 국가간 외교 마찰이 종종 발생하게 된다. 러시아가 관할(러시아의 사할린州가 관할)하고 있는 쿠릴열도 내 북방4도(北方4島)에 대한 소유권 문제가 양국 간 관계를 불편하게 만들고 있는 것이다.1) 지난 역사를 되돌아 볼 때, 러시아의 극동지역 일부와 쿠릴열도가 일본과 러시아간 힘의 강약에 따라 주인을 달리하여 왔음을 알 수 있다. 이는 쿠릴열

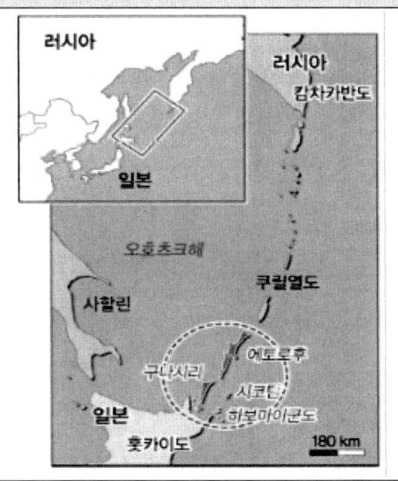

<그림 1> 러시아와 일본, 쿠릴열도 분쟁지역

http://app.yonhapnews.co.kr/

---

1) 북방4도(北方4島)란 일본의 북해도(홋가이도)와 러시아의 캄차카 반도를 잇는 쿠릴열도 22개 도서 중 최남단의 두 섬 에토로푸(擇捉島)와 쿠나시리(國後島), 그리고 북해도 북동쪽에 인접해 있는 하보마이제도(齒舞諸島)와 시코탄(色丹島)을 말한다. 이 4개 섬의 총면적은 약 5천㎢ 정도인데, 북해도로부터 5㎞ 거리에 있는 하보마이가 102㎢이며, 시코탄이 255㎢, 쿠나시리가 1천5백㎢, 에토로푸가 3천139㎢의 넓이를 가지고 있다. 러시아와 일본은 상기 4개의 섬을 각기 자국의 관점에서 서로 다르게 그 명칭을 부여하고 있다. 러시아는 이들 섬이 쿠릴열도 남쪽에 위치한다고 하여 '(남)쿠릴4도'(four southern Kuril Islands)라 칭한다. 반면 일본인들은 북방영토(Northern Territories) 또는 북방4도라고 부른다. 따라서 본 논고에서는 러시아의 입장에서 표현할 때는 '쿠릴'이라는 용어를, 일본의 입장에서 설명할 때는 '북방'이라는 용어를 사용하여 기술하기로 한다.

도 내 북방4도(北方4島)가 중요한 지정전략/지경학적 의미를 지니고 있기 때문이다.

북방4도를 포함하는 쿠릴열도는 오호츠크해에서 태평양으로 이어지는 러시아 극동함대의 통로인 전략적 요충지이다. 부동항 확보를 위해 노력하고 있는 러시아의 안보전략에 중요한 가치를 부여해 준다. 그리고 인근 해역은 풍부한 수산자원을 보유하고 있는 세계 최대 어장이다. 이러한 정치 및 경제적 의미는 러시아와 일본간 쿠릴열도를 둘러싼 소유와 반환의 지정전략을 더욱 복잡하게 만들고 있다. 소유와 반환을 위한 줄다리기가 지난 160년 동안 계속되도록 하고 있다.

북방4도에 대한 소유와 반환의 문제는 미국의 지정전략에 깊숙이 관계되고 있다. 쿠릴열도가 미국의 對소 봉쇄정책의 최전선으로 활용될 수 있기 때문이다. 러시아가 북방영토의 반환조건으로 제시한 평화조약 체결 문제 역시 미국의 지정전략에 대한 대응 논리 차원에서 바라보아야 할 것이다. 이러한 관점에서 본다면, 쿠릴열도 문제가 단순히 러시아와 일본의 문제가 아니라, 미국의 지정전략이 개입되는 국제적인 문제로 둔갑하게 된다.

러시아가 쿠릴4도 중에서 2개의 섬을 우선적으로 반환할 의사를 종종 비추어 왔지만, 그러한 움직임이 구체화되지 못했다. 러시아가 쿠릴4도 양보를 주저하는 중요한 이유 중의 하나가 동일 지역에 미국의 지정전략이 침투되는 과정에서 나타나게 될 안보위협 문제인 것이다. 따라서 일본이 미국의 지정전략에 대해 NO라고 이야기 할 수 있을 때, 미국의 안보우산에서 벗어나 독자적인 지정전략을 구사할 수 있을 때, 그 때 영토문제 해결이 보다 선명해 질 것이다.

본 논고는 지난 역사를 되돌아보면서, 러시아와 일본의 관점에서 쿠릴열도가 갖는 지정학적 의미를 분석한다. 분석 방법은 지정학에 기초하기로 한다. 쿠릴열도 분쟁이 지정학적 가치에서 비롯되고 있기 때문에, 지정학적 분석 방법이 가장 유효할 것으로 인식된다. 물론, 분석 방법을 별도의 항이나 절로 독립시키지 않고, 전체 논문 속에 융해시키기로 한다.

## 2. 일본의 지정전략과 사할린, 그리고 대동아 전쟁

1) 일본의 지정전략과 사할린의 운명

(1) 일본의 주권선(主權線)과 이익선(利益線)

일본은 미국 페리 제독의 무력시위 앞에 굴복하여, 1854년 문호를 개방하게 된다. 문호를 개방한 일본은, 인도처럼 식민지화되거나 중국처럼 분할 점령되지 않으려면, 모든 면에서 서구를 모방해야 함을 깨닫게 되었다. 따라서 헌법을 제정하고, 프러시아 형의 군대를 정비하였다. 이와 함께, 아시아 대륙의 혼란을 이용하여 패권을 장악하려는 움직임을 보이기 시작했다. 러시아와의 국경선 관계를 명확히 하는 작업이 선행되었다.

1855년 일본과 러시아간 최초의 국경선 획정 조약이라고 할 수 있는 시모다(下田)조약[러・일 우호통상조약]이 체결되었다. 본 조약에서 북방도서상의 22개 도서에 대한 분할 문제가 합의되었다. 북방4도는 일본의 영토로, 나머지 18개 도서는 러시아 영토로, 사할린은 러시아와 일본이 공동관리 하기로 했다.

동아시아 패권을 향한 일본의 야심이 노골적으로 들어나기 시작한다. 일본의 외교 정책에서 아시아연대론[2] 및 탈아시아론[3] 등이 고개를 들고 있었다. 이러한 시기에, 일본은 북방도서 전체를 장악하기 위한 움직임을 보이고 있었다. 1875년에 러시아와 일본 간에 영토교환 조약이 성립되었다. 양국은 이 조약을 통해 당시 공동 관리하고 있던 사할린을 러시아에 귀속시키는 대신, 북방4도를 포함하는 북방도서 전체를 일본에 귀속시키기로 합의했다. 이와 함께, 일본은 자신의 국가방위선을 구획하는 작업에 착수하고 있었다.

1880년대 후반, 일본은 자신의 주권선(主權線)과 이익선(利益線)을 생각하고 있었다. 내각 총리대신 야마가타 아리토모(山縣有朋)의 의회 시정방침 연설(1890.12)에서, 주권선과 이익선에 대해서 다음과 같이 설명하고 있다. "국가 독립자위의 길에는 두

---

[2] 아시아연대론에 따르면, 아시아에 침략하는 유럽 문화권의 백인종에게 대항하기 위해서는 아시아의 황인종이 단결하여야 한다. 그러나 당시에 중국은 혼란에 빠져있었기 때문에, 일본이 앞장서서 먼저 조선을 복속시키거나 합병하고 중국을 개명시켜서 이에 동참시킨다. 이와 함께, 일본이 아시아 황인종의 맹주가 되어야 한다는 것으로 요약된다.
[3] 탈아시아론의 입장은 다음과 같다. 일본이 후진상태에 있으며 야만과 혼돈 상태에 있는 황인종을 개명시키는 과정에서 사용되는 노력과 시간의 낭비가 적지 않을 것이다. 따라서 일본은 이러한 황인종을 개명시켜서 일본이 맹주가 되는 것보다는 차라리 일본이 빨리 서양화되어서 아시아 침략에 유럽의 백인종과 함께 해야 하며, 그 첫 단계로 조선을 정복해야 한다는 내용이다.

가지가 있다. 첫째는 주권선을 수호하는 것이고, 둘째는 이익선을 보호하는 것이다. 주권선이란 강역(疆域)을 말함이요, 이익선이란 주권선의 안위에 밀접한 관계를 갖는 구역을 말하는 것이다."4)

　일본은 자신의 주권선을 효과적으로 보호하기 위해, 이익선을 견고히 구축하려 한다. 근린지역에서 본토의 안위와 서로 밀접하게 관계되는 방면도 방어해야 한다는 논리이다. 열강들 가운데 일본 본토를 침입하려는 국가는 없지만, 이익선을 확보하지 않는 한 본토의 안전을 확실히 보장할 수 없다는 것이다. 즉, 자국의 안전과 발전을 위해서는 이익선에서 각국의 행위가 충돌하게 되어 일본에게 불리하게 작용할 경우에, 일본은 책임을 느끼고 이를 배제하여야 하며 부득이한 경우에는 무력을 사용하여 일본의 의지를 달성할 필요가 있다는 것이다.

　일본은 러시아의 남진정책(특히, 대한반도 정책)을 우려하고 있었다. 1891년에 러시아 정부가 시베리아 철도를 건설한다는 계획을 발표하게 되자, 일본 정부는 처음으로 대륙으로부터의 위협을 크게 느끼기 시작했다.5) 러시아의 시베리아 철도가 완성될 경우에, 조선의 독립이 위태롭게 될 것이고, 일본의 주권선은 매우 위험한 형태로 변화될 것이라고 판단되었다. 이러한 상황에 대응하기 위해서, 일본은 육·해군을 충실히 증강시켜 만인의 사태에 대비하려 한다.

　결국 야마가타의 의견서는 새로운 과학기술(철도 부설 등)로 인하여 서양 국가들의 아시아 진출이 보다 용이하고 현실화될 수 있음을 우려하고 있다. 1890년대에 접어들면서, 일본은 서양의 열강이 아시아 공간에 대한 영토적 진출을 노리고 있을 뿐만 아니라, 군사력을 앞세워 시장과 이권의 획득을 요구하고 있다는 인식을 가지고 있었다. 따라서 일본이 구획한 국가의 이익선 설정은 당시의 국제정세를 분석하면서, 이에 대한 자신의 정치 및 경제안보 문제를 동시에 해결하려는 논리의 결과물이었다.


　(2) 러·일 전쟁과 사할린의 운명
　일본은 아시아 대륙에 대한 유럽 국가들의 침략정책에 동조하면서, 그들과 함께

---

4) 야마가타는 시정연설에서 이익선에 해당하는 지역을 구체적으로 언급하지 않았다. 그러나 그가 집필한 『外交政略論』에서 일본의 이익선을 조선으로 규정하고 있다. 이는 당시에 러시아가 시베리아 철도를 준비하고 있었으며, 철도가 완성되면 조선의 정치상황이 복잡해질 것을 우려한 시대적 상황의 결과물인 것이다.
5) 1881년 알렉산더르 III세가 즉위한 뒤, 러시아 근대화의 상징이라 할 수 있는 시베리아 횡단철도 부설을 구상하고 있었다. 당시 재무장관이었던 비테(Сергей . Ю.Витте)는 시베리아의 자율성과 독창성보다는 중앙집권화와 러시아화를 열망했으며, 이를 위한 수단으로서 시베리아횡단철도의 부설을 자신의 최우선 정책으로 간주했다. 이는 동북아 지역에서 러시아 국력의 급속한 증대로 인식될 수밖에 없었다. 따라서 대륙에서의 생활공간 확보를 준비하고 있던 일본이 가장 민감하게 반응을 보이고 있었다.

아시아 지역을 잠식해 들어가는 탈아시아론의 대외팽창정책을 추진했다. 아시아 국가 사이의 우두머리 다툼이었던 1894년의 청·일 전쟁이 발발했다. 전쟁에서 승리한 일본은 대륙 공간에 한쪽 날개를 걸칠 수 있게 되었다.6) 1900년에 접어들어, 조선을 둘러싼 러·일 양국의 세력분할 경쟁이 본격화되었다. 먼저 주한 러시아 공사 파블로프는 동년 7월 주한 일본공사 하야시 가오루(林薰)에게 조선에 대한 러·일 양국의 영향력 분할 문제를 제의했다. 이외에 러시아는 아오키 슈조(靑木周藏) 외상 및 야마가타 수상 등에게 동일한 내용의 제안을 했다. 이에 대해, 동년 8월 20일 야마가타는 조선에서의 러·일 양국간 세력범위를 대동강에서 원산항을 잇는 선을 경계로 하여 설정하는 것이 타당하다고 논했다. 야마가타는 이미 1896년에 뻬쩨르부르그에서 러시아와 교섭을 하는 가운데 38선을 기준으로 한 세력범위 분할을 러시아 측에 제안한 바 있었다.7)

일본의 아오키 외상은 러시아가 만주 점령을 계속하고 있는 한, 일본이 조선을 확보해야 한다는 입장을 보이고 있었다. 이와 함께 만한교환론(滿韓交換論)을 주장하기도 했다. 그리고 1900년 말, 러시아는 일·러 양국에 의한 조선의 중립화와 공동 관리를 제안했다. 이에 대해 일본은 만주로부터 러시아의 철수를 필수 전제조건으로 제시하기도 했다. 아시아 대륙에서 러시아의 패권야욕을 우려하고 있는 것이다.

러시아 제국이 부동항을 찾아 계속 남진하고 있는 가운데, 유럽과 아시아를 연결하는 시베리아 철도가 완성된다면, 그 위기는 더욱 절박해질 것이라는 경고가 있었다. 러시아의 위협에 대응하고, 황인연대인 '한·일연대론'이 고개를 들고 있었다.8) 이러한 시기인 1903년에 러시아는 조선반도에 대한 새로운 제안을 하게 된다. 동년 10월

---

6) 청일전쟁에서의 승리 이후, 일본은 조선 지배를 계속 유지하기 위한 군사상의 필요에서 요동반도의 점거를 시도하였다. 일본의 최대 관심사는 조선반도였다. 조선반도에 일본의 우위를 확립하여 조선을 일본의 세력범위 안에 넣는 일에 신경을 쓰고 있었다. 일본은 조선반도에 대한 자신의 지위를 열강이 인정해주도록 외교적 노력을 하고 있었다. 1903년 러시아와의 교섭이 있었다. 러시아가 일본의 조선 지배를 시인할 것이라는 낙관론을 가지고 있었다. 그러나 이러한 낙관론은 하나의 환상이었던 것이다. 조선에 일본의 지배권을 확립하는 것은 일본이 조선반도에 출병하여 주변해역을 지키고, 철도를 부설하며, 그 외의 각종 경제 사업에 종사하는 것을 의미했기 때문에, 이것은 남만주와 연해주의 러시아 세력을 위협하는 것이었다.
7) 남기정, "지정학의 시대와 러일관계의 전개," 강성학 외 공저, 『시베리아와 연해주의 정치경제학』(서울: 리북, 2004), p. 113 참조.
8) 우치다 료헤이(內田良平)가 1901년 『러시아론』을 출간했다. 우치다는 『러시아론』에서 세계사를 대륙세력과 해양세력의 투쟁으로 일반화하여 설명하고자 했다. 해양세력인 일본이 대륙으로 진출해야 하는 당위성이 언급되고 있는 것이다. 우치다 료헤이(內田良平)의 『러시아론』은 러시아와의 전쟁을 생각하고 있었다. 우치다 료헤이(內田良平)가 『러시아론』을 저술한 목적은, 일본 국민이 청일전쟁 이후 러시아의 간섭에 분개하면서도, 일본의 지도층이 러시아를 실력 이상으로 과대평가하여 러시아와 직접 대결하기를 두려워하고 있는 데 대해, '또 다른 하나의 중국'에 지나지 않는 '노대국(老大國)' 러시아의 실정을 알리고, 대러 개전 분위기를 고취하기 위한 것이었다. 한상일, 『아시아연대와 일본제국주의. 대륙낭인과 대륙팽창』(서울: 오름, 2002), pp. 134-148 참조.

3일, 러시아가 일본 측에 제시한 내용을 보면 다음과 같다. 조선과 만주를 일본과 러시아가 각각 자신의 세력범위로 하되, 북위 39도선 이북의 조선영토를 중립지대로 하자는 제안이었다. 러시아의 제안에 대해서, 일본은 한반도에서 자신의 특수이익에 대한 심각한 도전으로 간주했다. 이와 함께, 일본은 중립지대를 만한(滿韓)국경 양측 각각 50Km로 할 것을 역제안했다.9) 양국의 주장은 한반도의 지정학적 위치를 고려한 결과였다. 조선반도에 대한 양국간 포기할 수 없는 이권 경쟁은 전쟁 상황으로 치닫고 있었다. 결국 1904년 러·일전쟁으로 확산되었다.

1904년 2월 인천 앞바다에서 일본의 선제공격과 함께 전쟁이 발발하게 된다. 러·일전쟁에서 일본이 승리하게 된다. 그리고 주요 강대국들의 중재에 의해서, 일본과 러시아는 1905년 9월 '포츠머드 강화조약'을 체결했다.10) 일본은 그 전리품으로 북위 50도 이남의 남부 사할린을 러시아로부터 강제 할양 받았다. 일본은 과거에 관리한 바 있는 사할린 남부지역을 다시 차지하게 된 것이다. 그 결과 일본은 북방도서 전체와 남부 사할린까지 확보하게 되었다. 러·일전쟁은 명치유신 이후 지속적으로 전개된 일본의 대외팽창정책과 러시아의 남하정책이 충돌한 전쟁이었다. 또한, 러시아로 대표되는 대륙세력과 일본이라는 해양세력의 충돌이었다.

2) 대동아공영권(Greater East Asia Co-prosperity Sphere)과 대동아 전쟁11)

(1) 일본의 지정학과 대동아공영권

1900년을 전후한 시기, 일본은 비약적인 발전과 근대 국가의 형성, 그리고 높은 인구증가 현상을 경험하게 된다. 당시에 일본의 국토가 자국 민족에게 충분한 생활공간을 제공하고 있었지만, 닥쳐 올 국토의 협소함에 대비하여 일본 민족은 외부로 팽창할 필요성을 느꼈다. 이러한 지정학적 인식에 기초하여, 일본은 생활공간을 해외에서 확보하고자 한다.12) 경제적으로 자급자족이 가능한 생활공간을 찾고 있었다. 지정

---

9) 남기정(2004), p. 114.
10) 일본의 고무라 외상과 러시아의 비테(Sergei Witte)는 1905년 포츠머드에서 한 달 가량의 협상을 벌인 끝에 러·일강화조약(포츠머드조약)을 체결했다. 러·일 강화조약의 주요 내용은 다음과 같다. 첫째, 러시아는 한국에 대한 일본의 우월권 및 보호권을 승인한다; 둘째, 러시아는 만주로부터 철병하고, 청국의 영토보전 및 문호개방을 승인한다; 셋째, 러시아는 관동(關東)의 조차지 및 철도 남만지선(장춘-여순간)을 청국의 동의하에 일본에 양도한다; 넷째, 러시아는 북위 50도 이남의 사할린을 일본에 양도한다; 다섯째, 러시아는 동해·오호츠크해 및 베링해 연안의 어업권을 일본에 양도한다. 박현모(2000), pp. 503-504.
11) 이영형, 『지정학』(서울: 엠-애드, 2006), pp. 265-276.
12) K.A.베슬러 저, 安在鶴 역, 『정치지리학』(서울: 명보문화사, 1995), p. 34.

학적 특수성에 따라, 일본의 외교 전략이 현실화되는 것이다.

일본에서의 지정학은 이모토 노부유키(飯本信之)에 의해서 활발하게 연구된다.13) 이모토는 1935년에, 기존의 『정치지리학』을 수정 보완하여, 『정치지리학 연구』라는 제목의 상하권으로 나누어진 2권의 단행본을 출간했다. 그럼에도 불구하고, 그는 지정학 일반에 대한 이해의 정도가 부족하다는 이유로 자신의 연구 체계를 지정학이라 부르지 않고 정치지리학으로 소개하고 있다. 그러나 그가 시도했던 정치지리학은 아시아 인종의 '생활공간' 확보 문제를 기본 과제로 하면서 체계화되었다. 따라서 후에 이모토의 사상이 지정학의 계보에 포함된다.14)

일본에 본격적으로 지정학이 소개되는 시기는 1930년대이다.15) 일본이 국제연맹에서 탈퇴한 1933년에 아베 이치고로(阿部市五郎)의 『지정학 입문』이 출간되었다. 최초의 본격적인 독일 지정학의 소개서였다. 아베의 관찰에 따르면, 세계 민족의 대다수가 자급자족 경제와 블록 경제에 집착하고 있는 현실에서, 일본이나 독일처럼 공간 없는 민족이 몰락을 피하기 위해서는 생활공간을 확장하기 위해 노력해야 하며, 국가의 번영을 위해 식민지를 영유하는 것이 당연한 권리로 인정되어야 한다는 것이었다.16) 결국, 생존과 발전을 위해 생활권을 확장해 가는 행위야말로 민족 고유의 속성으로 인식되었다.

하우스호퍼(Karl Haushofer, 1869-1946)의 지정학적 사고가, 특히 하우스호퍼의 생활권(Living space) 이론이 일본으로 전파되고 있는 것이다. 하우스호퍼의 범지역주의(Pan Regions) 논리에 따르면, 소국의 경제단위는 통상과 통신면에서 파괴되어야 한다. 하우스호퍼는 '비경제적인 단위는 제거되어야 한다'고 주장하면서, 독일이 이를 통합할 것을 논리적으로 전개시키고 있는 것이다. 하우스호퍼의 이러한 논리가 동아시아에서 일본에 의해 구체화 된다. 일본은 아시아지역의 통합화 정책을 '대동아공영권'이라는 이름으로 추진하게 되며, 궁극적으로 동아시아 지역이 일본에 의하여 통합되어야 한다는 논리로 귀착된다.

---

13) 1929년 이모토 노부유키(飯本信之)가 『정치지리학』을 출간하게 된다. 이는 일본 지정학의 선구적 작업으로 평가된다. 그러나 이모토의 『정치지리학』은 지정학과 구별지우면서 과학으로서의 정치지리학을 체계적으로 소개하는 것을 목적으로 한 것이었다. 이모토는 지리학 발전에 공헌한 리히트호펜(Ferdinand von Lichthofen) 및 쉬리터(Otto Schluter) 등과 같은 학자들의 공적을 높이 평가하고 있으며, 하우스호퍼 등의 지정학은 이를 보완한 이론으로 소개된다.
14) 남기정(2004), pp. 120-121 참조.
15) 만주사변 전후, 이시바시 고로(石橋五郎)의 『정치지리학과 지정학』, 요시무라 다다시(吉村正)의 『게오폴리틱의 기원, 발달 및 본질』, 아베 이치고로(阿部市五郎)의 『지정학의 사적 발전에 대해』 등을 통해 독일 지정학의 본격적이 소개가 이루어졌다. 이들 저술에서 정치지리학으로부터 지정학의 분리/독립이 명확해진다.
16) 남기정(2004), p. 121 재인용.

일본에서 지정학 관련 전문 잡지가 출간되고 있었다. '일본지정학협회'에서 발간된 <지정학 잡지>에 수록된 논문의 대부분이 전쟁정책과 관련된 것들이었다. <지정학 잡지> 창간호 서문에서 나타나듯, 일본에서의 지정학 연구는 국방과학체계 확립에 있었다. 그리고 지정학의 목적은 대동아 건설을 완수하기 위한 원동력으로 활용되는 것이었다.17) 1930년대 그리고 1940년대 초에 제국주의적 야심이 극에 달했던 일본이 만주와 통킹의 석탄・인도차이나의 고무・네덜란드령 인도제도의 석유 등에 기초된 자급자족의 광활한 제국을 꿈꾸었다. 일본이 계획하고 있는 광활한 생활공간에 남부 사할린과 쿠릴열도가 포함되고 있었다.

1940년 7월, 제2차 고노에 내각의 성립에 즈음하여 기본국책요강(基本國策要綱)이 채택되었다. '기본국책요강'에서 '일만지(日滿支, 일본・만주・중국)의 견고한 결합을 근간으로 하는 대동아의 신질서를 건설할 것'이 제시되었다. 한편, 동년 8월 1일 외무상이던 마즈오가(松岡洋右)는 "천왕의 뜻을 받들어, 일본・만주국・중국을 연결하는 대동아시아의 공동번영을 위한 고리를 만들어야 한다"고 말하면서, 이것을 대동아공영권(Greater East Asia Co-prosperity Sphere)이라고 하였다.18)

1941년에 중국・만주・일본의 결합을 중추로 하는 대동아 신질서 건설을 위한 생존권(生存圈)이 설계되었다. 대동아공영권 구상은 1940년을 전후한 시기에 영국과 미국이 버마를 통하여 행하던 對장개석 지원 루트를 차단한다는 것과 남방에 대한 석유 및 기타 자원을 확보한다는 것이 실제적인 목적이었다. 이를 위해서는 태평양의 남방에 있는 프랑스나 네덜란드의 식민지에 적극적으로 간섭을 해야 한다는 것과 경우에 따라서는 영국과 미국과도 전쟁을 각오해야 한다는 것이었다.19)

대동아 공영권의 범위에는 일본・한반도・중국・프랑스령 인도차이나・영국령 말라야・미얀마・필리핀・동인도 등이 포함되고 있다. 그리고 대동아공영권을 보호하기 위하여, 북쪽으로 쿠릴열도・남쪽으로는 마리아 군도・웨이크섬・마셜군도・길버트 군도・비스마르크 군도를 포함하는 방위 벽 설정을 계획하였다.20)

결국, 일본은 자급자족의 생활공간을 준비하려 했다. 이러한 정책을 국민들에게 납득시킬 수 있는 이데올로기가 필요했다. 그것이 바로 '아시아인을 위한 아시아 경

---

17) 李基鐸, 『現代國際政治理論』(서울: 博英社, 1997), p. 100 참조.
18) 일본의 대동아공영권에 기초된 아시아 침략정책에 대한 자세한 내용은 다음을 참조. Russell H. Fifield and G.Etzel pearcy, *Geopolitics in principle and practice* (Boston: Ginn and company, 1944), pp. 94-126.
19) 李基鐸(1997), p. 116.
20) 김우현, 『세계정치질서』(서울: 한울, 2001), p. 207.

제'라는 이데올로기적 내용을 담은 '대동아공영권'이라는 발상이었다. 대동아공영권이란 일본을 중심으로 공존공영(共存共榮)하는 동아시아의 여러 민족과 그 거주 범위를 뜻하며, 태평양 전쟁 당시 일본이 중국 및 동남아시아에 대한 침략을 합리화하기 위해 내건 슬로건이다. 일본의 남방진출 및 동아시아 지배의 지정학적 구실이었던 것이다.

&lt;그림 2&gt; 대동아 공영권의 명분으로 계획된 지도

(2) 자급자족의 생활권과 대동아 전쟁

일본은 1920년 세계적인 경제공황과 1923년의 관동대진재(關東大震災), 1927년의 금융공황을 거치면서 여러 가지 모순에 직면했다. 사회적·정치적 불안에 직면하고 있었다. 특히, 1929-32년의 세계경제공황에 대한 여파는 심각했다. 1929-31년까지 일본의 수출은 거의 절반으로 줄어들었고, 실업·임금저하·파업이 다반사가 되었다. 1937년까지 일본의 경제자립은 완성되지 못했다. 면화·철·석유·구리 등은 여전히 미국과 영국 그리고 네덜란드의 식민지에서 수입하고 있었고, 미국 석유에 대한 의존도는 컸다.

일본이 자급자족 체제를 갖추어 본토 주위에서 국방의 안전을 도모하려면, 만주에서 소련과의 전쟁에 대비해야 했고, 남지나해에서 제해권을 획득하고, 인도차이나와 네덜란드의 자원을 확보할 필요가 있었다. 이것은 중국과의 전면전을 의미하는 것이었으며, 프랑스령 인도차이나와 필리핀 군도 그리고 동인도 제도 등에서 미국·영국·프랑스·네덜란드 등과 충돌할 가능성도 내포되고 있었다. 지정학에 기초된 자급자족의 생활권 확보는 전쟁 이외의 다른 방법은 없었다.

일본 지정학의 현실화는 1937년에 시작되는 중일전쟁에서부터 제2차 세계대전이 종식(1945)되는 시기까지 활기를 띠었다. 특히 1941-43년 동안, 일본 내에서 크게 주목받고 있었으며 응용학문으로 전성을 누렸다.21) 일본에서의 지정학 연구는 아시

---

21) 하우스호퍼의 『태평양 지정학』이 1940년에 번역되어 소개되었으며, 일본 지정학자인 京都大 지리학 교수

아에 대한 패권적 지위를 확립하려는 '대동아공영권'이라는 외교정책에 직접적으로 연결되면서, 일본의 생활공간 확립에 이론적 역할을 수행하고 있었다. 아시아 침략정책을 국민에게 납득시켜 국민의 동원을 위해서 활용되었던 대동아공영권 논리는 대동아전쟁(大東亞戰爭)으로 현실화되고 있었다.

제2차 세계대전의 일환으로 태평양지역(특히 중국대륙・동남아시아・서남태평양지대)에서 전쟁이 행해진다. 일본과 영・미의 전쟁이 중심이었으나, 중국을 비롯한 동아시아 제민족에 대한 일본의 침략전쟁과 이에 대한 제민족의 항일전쟁으로 전개되었다. 전쟁 중 일본정부는 이 전쟁을 대동아전쟁(大東亞戰爭)이라고 불렀다. 그러나 전후 미국 측이 이 명칭을 금지시켰기 때문에, 태평양전쟁이라는 용어가 일반적으로 사용되었다.

1941년 12월 8일, 일본정부는 개전을 단행했다. 육군은 영국의 식민지인 말레이반도 북부를 기습했으며, 해군은 하와이 진주만을 공격했다. 일본 정부는 미국과 영국에 선전포고를 함으로써 태평양 전쟁을 개시했다. 개전 후에도 일본군은 육군주력 부대를 중국대륙에 두고 있었다. 일본군의 작전 전개는 매우 빨랐다. 1942년 5월까지 홍콩・말레이반도・싱가폴・버마・네덜란드령 인도제도・필리핀제도 등을 점령하였다. 점령권은 거의 동서 5000Km, 남북 6000Km라는 광대한 지역과 수역에 이르렀다.22)

일본은 태평양전쟁을 침략전쟁이 아닌 일본을 맹주로 한 대동아전쟁이라 부르고 있다. 이는 서구 제국주의의 식민지로 허덕이는 아시아 국가들을 해방시킨다는 논리로 선전되고 있다. 일본의 전쟁 목적은 자존자위와 아시아를 구미의 지배로부터 해방시키면서 대동아공영권을 건설한다는 것이었다. 1942년 중반기까지는 개전 전에 세운 작전계획에 따라 전국(戰局)을 주도했다. 1942년에 일본은 서태평양 전역을 장악하였으며, 중국의 자원지대나 인구밀접지대 전부를 장악한 상태였다. 이어서 인도차이나 반도와 동남아를 장악했다. 일본은 만주와 통킹의 석탄・인도차이나의 고무・네덜란드령 인도제도의 석유 등에 기초해서 자급자족의 광활한 제국(대동아공영권)으로

---

小牧實繁이 『日本 地政學 宣言』(1940)을 출간하였고, 1941년에는 米倉二朗의 『東亞 地政學 序說』을, 1943년에는 井口一郎의 해양 논의 중심의 『地政動態論: 現代 地政學의 諸問題』를 출간하였다. 小牧은 일본 지정학의 지도이념은 곧 세계 모든 나라, 모든 국민을 일본의 皇道속에 존재하도록 하는 것이라고 주장했다. 그는 또한 라디오 방송을 통해 유럽 및 아프리카 그리고 태평양은 모두 아시아의 일부이며 세계 모든 대양은 태양이 떠오르는 일본에 연결된 하나의 바다로 존재하는 것이라고 역설했다. 任德淳, 『地政學: 理論과 實際』(서울: 법문사, 1999), p. 28; 金鍾斗, 『韓半島 海洋地政學』(서울: 文永社, 2000), pp. 30-31 참조.

22) http://www.sshok.net/study/rekisi/196.html

등장할 수 있는 환경을 만들어가고 있었다.[23]

## 3. 러시아의 지정전략과 쿠릴열도

### 1) 소련의 對일전 참전과 쿠릴열도

동아시아에 대한 지배권을 확보하려는 일본 제국주의, 그리고 중국 대륙에 대한 교두보 확보 및 동남아에 대한 영향력 확보라는 미국의 지정전략이 강력하게 충돌되고 있었다. 1940년대 초반(1942-1944년)에 아시아·태평양지역에 대한 미국의 정책은 완강하게 저항하던 일본을 패배시키는 것이었다. 사실 범아시아적 블록 설정인 대동아공영권 논리에 기초한 일본의 자급자족적 광활한 제국 건설 움직임은 미국이 주장하고 있든 '모든 시장은 누구에게나 개발되어야 한다'는 문호 개방의 원칙에 걸림돌로 작용하게 되는 것이었다.

1942년 여름부터 미군을 주력으로 하는 연합군의 공격이 개시되어, 미드웨이海戰 이래 전국의 주도권은 미-영측으로 넘어갔다. 일본의 패전 분위기가 감지되고 있었다. 1944년 1년간에 미국 잠수함의 공격으로 일본 상선이 거의 격침되었으며, 해상수송에 위기를 맞이하였다. 그리고 1944년 10월에 필리핀 근처의 해전에서 일본 함대가 완패하게 된다. 1944년부터 45년 사이에 일본의 대도시들이 공중폭격을 당하게 된다. 이와 함께 일본은 심각한 식량난과 철강 산업의 파괴로 거의 마비상태가 되었다. 이러한 시기에 독일이 항복을 하게 되고, 연합국은 태평양으로 군사력을 전환시키게 된다.

1945년 2월에 크리미아 반도의 얄타에서 루우즈벨트·처어칠·스탈린이 회담을 가졌다. 얄타회담에서 미국의 주요 목적은 대일전쟁 참가에 대한 소련의 명확한 약속을 받아내는 것이었다.[24] 이는 미국이 일본의 전투 능력을 과대평가했기 때문이었다.

---

[23] 필립 모로 드파르쥐 지음, 이대희·최연구 옮김, 『지정학 입문. 공간과 권력의 정치학』 (서울: 새물결, 1997), p. 69 참조.

[24] 제2차 대전 중인 1941년 4월 13일 소련과 일본은 5년 동안의 불가침 조약을 체결하여 서로 공격하지 않고 중립을 지킬 것을 약속했다. 상호우호 관계를 지지하고, 영토적 통일성과 불가침을 상호 존중할 책임이 쌍방에게 주어졌다. 또한, 만약에 쌍방 중 일방이 일국 또는 소수의 다른 국가와의 군사 활동에서 주체로 확인되었을 경우에 타일방은 모든 분쟁에 중립을 지킬 것을 약속했다. *Известия*, 13 апреля, 1941 г. 그러나 일본은 독일에게 소련의 군사력과 극동지역에서 소련의 군사 활동 및 군사적 잠재력 등에 관한 정보를 전달했다. Ф.А.Волков, *Взлет и падение Сталина* (М.: Спектр, 1992), с. 221. 따라서 소련은

··········

일본 본토에서 전투가 발발할 경우, 수십만명에서 100만명의 미군 사상자가 발생할 것을 예상하고 있었던 것이다.

    1945년 4월에 트루먼은 일본으로 하여금 무조건 항복을 요구하였다. 그러나 일본의 저항은 계속되었다. 이러한 시기에 미국에서 원자폭탄이 완성되었다. 원자폭탄 제조과정에 10만명 이상의 사람들이 고용되었고, 20억 달러 이상의 비용이 소요되었다.25) 미국은 일본열도 상륙 작전에서 미군의 희생을 감소시켜야 하며, 소련의 극동에 대한 정치적 개입을 사전에 완화시키기 위해서, 가까운 장래에 일본열도에 원자폭탄의 사용을 결정하고 있었다.

    1945년 8월 6일, 최초의 원자폭탄이 히로시마에 투하되었다. 그리고 이틀 후인 8월 8일 소련은 일본에 대한 선전 포고를 했다. 소련이 개입한 날에 제2의 원자폭탄이 나가사키에 투하되었다. 이러한 시기인 8월 9-10일 소련군은 중국의 북동지역과 북한 그리고 사할린과 쿠릴열도를 공격하고 있었다.26) 소련이 대일 참전에서 만주를 점령하여 일본군의 전략을 약화시키고 있었으나, 소련이 참전하지 않아도 일본의 항복은 필연적인 것이었다. 그러나 소련의 참전과 쿠릴열도 및 만주지역의 점령은 중국과 북한에서 영향력을 확대시킬 수 있는 좋은 기회가 되었다. 소련의 참전은 쿠릴열도에 대한 영유권 주장의 새로운 시발점이 된다.

    태평양전쟁 초기, 일본이 동남아시아 일대와 남태평양의 일부를 장악하였으나, 1945년 8월 15일 연합군에 무조건 항복하게 되었다. 그리고 동년 9월 3일 항복문서에 조인했다. 결국, 자급자족의 생활공간을 건설하려는 일본의 대동아공영권(大東亞共榮圈) 구상은 제2차 세계대전에서의 패배와 함께 수포로 돌아갔다. 해양세력간의 지정전략적 충돌이 중심을 이루었던 일본 지정학의 사생아인 대동아공영권 논리가 사라졌다.

### 2) 쿠릴열도와 사할린의 장악

    제2차 세계대전 말기, 미국과 영국은 소련의 對일본전 참전을 희망했다. 미국과 영국은 1945년 2월의 얄타회담에서 스탈린에게 "독일이 항복한 후 3개월 이내에 소

---

    1945년 4월 5일 일본과 체결된 중립조약의 폐기를 통보했다. 일본과의 전쟁을 의미하게 되었다. 일본과의 전쟁에 참여하는 소련의 입장은 자신의 국경지역에 대한 안전 보장을 확립하는 것이었다.
25) 조지 바살라 지음, 김동광 옮김, 『기술의 진화』 (서울: 까치, 1996), p. 243.
26) Ф.А.Волков(1992), c. 221.

련이 對일본전에 참전한다면, 1905년 포오츠머드 조약의 결과로 상실당한 북위 50도 이남의 남사할린 및 쿠릴열도에 대한 소련의 영토권을 인정하겠다"고 약속하였고,27) 동년 7월 포츠담 회담에서도 이를 재차 확인하였다.28) 소련은 1945년 8월 對일본전에 참전하였고, 남부 사할린 및 쿠릴열도 전체를 점령하였다.

<표 1> 시기별 러·일간 영토 소유 변천사

| 시기\귀속 여부 | 북방도서 | | | 사할린 |
|---|---|---|---|---|
| | 하보마이, 시코탄 | 쿠릴열도 | | |
| | | 남쿠릴 (에토로프, 쿠나시리) | 북쿠릴 | |
| 1855년, 러·일 화친조약 (최초 국경획정) | 일본 | 일본 | 러시아 | 러·일 공유 (북위 50도 기준) |
| 1875년, 쿠릴·사할린 교환 협정 | 일본 | 일본 | 일본 | 러시아 |
| 1905년, 러·일전쟁 후 (포오츠머드 조약) | 일본 | 일본 | 일본 | 러·일 공유 (북위 50도 기준) |
| 2차대전 종결시(일본 패전) 1951년 샌프란시스코 조약 | 러시아 | 러시아 | 러시아 | 러시아 |

(출처) 배진수, "동북아시아지역에서의 해양영토 분쟁의 배경 및 현황. 동해, 서해 및 일·러간 해양 분쟁," 이춘근 편, 『동아시아의 해양 분쟁과 해군력 증강 현황』(서울: 한국 해양전략 연구소, 1998), p. 40 참조.

소련은 1951년 샌프란시스코 강화조약29)에 의거 러시아의 구(舊)영토(쿠릴열도와 사할린 남부)를 회복하게 되었다. 러·일 전쟁시(1905) 침해당한 러시아의 구(舊)영토인 남사할린의 반한과 쿠릴열도의 양도를 미국과 영국으로부터 보장받게 된 것이다. 이러한 과정에서 원래 일본 영토였던 쿠릴열도의 두 섬(에토로프, 쿠나시리)은 물론 하보마이 군도와 시코탄섬 등 북방 4개 도서를 모두 차지하게 되었다.30) 현재 러시아가 북방 4개 도서 모두를 장악하고 있다.

---

27) В.К.Зиланов, *Русские курилы: история и современность* (М.: Сампо, 1995), с. 17.
28) 홍완석, "쿠릴4도 분쟁 영속화 요인 고찰," 『한국정치학회보』, 제36집 2호 (2002년 여름), p. 329.
29) 샌프란시스코 강화조약 제2조 (c)항에 "일본은 쿠릴열도 및 일본이 1905년 9월 5일 포오츠머드 강화조약의 결과로서 주권을 획득한 사할린 일부 및 이에 인접한 제도에 대한 모든 권리, 권원 및 청구권을 포기한다."라고 기록되어 있다.
30) 배진수(1998), p. 40.

## 4. 쿠릴열도를 둘러싼 소유와 반환의 정치 협상과 개입·확산 지정학

1) 소유와 반환의 정치협상

(1) 냉전기의 소유와 반환 논쟁

2차 대전에서 일본의 패전과 함께 사할린과 쿠릴열도는 모두 소련으로 넘어갔다. 북방4도에 대해, 일본은 자국의 영토임을 주장하며 소련으로부터의 반환을 집요하게 요구하고 있다. 특히, 북방4도 중 하보마이와 시코탄의 경우는 1951년 맺은 샌프란시스코 강화조약에 명시되지 않은 도서라는 이유로 이의 영유권을 주장하여 왔다. 이에 대해 소련은 양보하는 듯 했다. 1956년 소련과 일본은 국교정상화를 위한 '러·일 공동선언'을 채택했다. 동 선언 제9항에 "소련은 향후 평화조약이 체결 되면, 일본에게 하보마이와 시코탄을 양도한다"고 기록되어 있다. 이후 일본은 점진적으로 역사적 연고권을 제기하면서 북방4도 전체의 반환을 요구하게 되었다.[31]

북방4도의 반환문제를 둘러싸고 양측의 신경전은 계속되었다. '소유'와 '반환'을 주장하는 양국 간 입장 차는 쿠릴열도에 대한 양측의 해석이 다르다는 데 있다. 러시아는 샌프란시스코 강화조약상 일본의 영토포기 조항에 '쿠릴열도'가 명시되어 있는 만큼 당연히 러시아 영토로 복귀되어야 한다는 것이다. 그러나 일본 측 주장은 여기서 말하는 '쿠릴열도'에 원래의 일본 영토였던 두 섬(에토로프, 쿠나시리)이 포함되지 않는다는 것이다.[32]

북방4도에 대한 러·일 두 당사자의 '소유'와 '반환' 관계에 미국의 이해관계가 얽혀있다. 1956년 러·일 공동선언에서 소련이 하보마이와 시코탄 두 섬만의 반환을 제의하자, 일본도 그 선에서 합의를 보려 하였다. 그러나 미국의 반대로 무산되고 말았다. 당시 미국은 일본이 하보마이와 시코탄 등 두 섬의 반환에 만 합의하고 나머지 에토로프와 쿠나시리를 소련에 양보하게 되면, 오키나와의 영구 점령도 불사한다고 강력히 경고하는 등 강경한 입장을 표시했다.[33] 이후 1960년 1월 19일 미·일간 안보조약이 체결되자, 소련의 입장은 180도 선회하게 된다. 영토문제 존재 자체를 거부하게 된다. 그리고 1956년 공동선언에서 북방영토의 반환조건으로 제시한 '평화조약

---

31) 서남열, 『지구촌 시대 세계 지역문제의 이해』(일산: 해문사, 1999), p. 161.
32) 배진수(1998), p. 41.
33) 한영구, "일·소관계에 있어서의 북방영토(4개 도서) 문제," 『주요 국제문제분석』(외무부 외교안보연구원), 1989.4.6, p. 5.

체결'에 더해서 일본 영토로부터의 '외국군대 철수'를 추가하는 등 강경해졌다.

미국과 소련간의 지정학적 국가전략에 기초되어, 소련은 1970년대 중반이후 북방 4개 도서에 군사기지를 건설하는 움직임을 보였다. 이러한 일련의 과정 속에서 일본이 소련을 비난하기 시작했다. 결국 양국 간 관계가 악화되었다. '영토문제 부재'라는 소련의 입장과 '북방4개 도서 반환'이라는 일본의 주장이 맞서면서 냉전시기를 거쳐 왔다.

1985년 고르바쵸프가 등장하면서 일본과의 관계개선 및 경제협력 문제가 현실화되기 시작했다. 이와 동시에 잠재된 영토문제 해결을 위한 움직임이 시작되었다. 고르바쵸프는 1991년 4월 18일 일본을 방문했다. 당시에 발표된 '소·일 공동성명'에서, 양국간 현안 문제로 북방4도가 언급되고 있다.[34] 그러나 실질적인 영토 반환 논의는 소련이 해체되고, 옐친이 집권한 러시아 시절에 시작되었다.

(2) 탈냉전기의 소유와 반환 논쟁

1993년 10월 도쿄선언에서 러시아 정부가 북방 4개 도서에 따르는 영토문제를 최초로 인정했다.[35] 이러한 분위기 속에서, 1996년 2월 22일 일본이 북방 4개 도서를 포함한 200해리 경제수역을 선포하는 실수를 저지르게 된다. 따라서 러시아의 입장이 강경해지기도 했다.[36] 러시아는 1996년 11월 일본에 북방영토의 공동개발을 공식적으로 제의했으며, 1997년 6월 북방 4개 도서 중 쿠나시리 주둔 2개 부대를 철수하기로 하는 등 도서문제에 대한 가시적 조치를 취하였다.

1997년 11월 러시아와 일본은 크라스노야르스크(Krasnoyarsk)에서 열린 정상회담을 통해, 2000년까지 북방도서 영유권 문제의 해결을 포함한 평화협정 체결을 위해 노력하기로 했다. 1998년 1월에 러시아가 쿠릴열도의 병력감축을 약속하였고, 2월에는 1956년 당시 러·일 공동선언에서 러시아가 제시한 하보마이(齒舞)와 시코탄(色丹) 두 섬의 반환이 법적으로 유효함을 공식화하기도 했다. 이와 함께, 1998년 2월 22일 양국간 새로운 어업협정을 체결하고, 러시아는 일본 어선의 쿠릴열도 조업을

---

34) *Известия*, 19 Апреля, 1991 г.
35) 러시아는 그동안 쿠릴4도 문제에 대해서, 일본은 북방4도가 러시아의 영토임을 인정할 것, 북방4도의 자유경제 지역화, 북방4도 지역의 비군사화, 평화조약 체결, 다음 세대에 귀속문제 해결 등과 같은 입장을 보여왔다.
36) 1996년 8월에 하보마이 군도해상에서 러시아 영해를 침범한 일본 어선에 대해 러시아 순시선이 발포하는 한편 동년 10월 12일에는 쿠릴열도 부근 북부 러시아 영해에서 불법 어로 작업을 하던 일본 어선을 나포한 적도 있었다.

허용하기도 했다. 이러한 일련의 조치를 취한 뒤, 1998년 4월 옐친 대통령이 일본을 방문했다. 쿠릴열도 문제의 조속한 해결에 합의했다. 또한, 1998년 11월 오부치 게이조(小淵 惠三) 일본 수상이 러시아를 방문하여 모스크바 공동선언을 발표하고, 창조적 동반자관계 구축 및 북방4도 국경획정 소위원회 구성에 합의했다.

2000년 9월에는 푸틴(V.Putin) 대통령이 일본을 방문하여 북방4도 귀속문제 해결 및 평화조약 체결을 위한 교섭을 계속하기로 했다. 그리고 2001년 3월의 이르쿠츠크 정상회담에서 푸틴은 1956년 2도 반환을 명기한 소·일 공동성명의 유효성을 확인하고, 시코탄(色丹)과 하보마이(齒舞)의 인도 관련 조항을 이행할 방침을 암시한 바 있다.37) 이에 대해 일본 측은 나머지 2개 섬에 대해서도 동시 교섭을 해야 한다고 주장했다. 2002년 이후에도 쿠릴열도 문제를 중심으로 하는 양국관계가 계속되고 있으나, 경제지원과 영토반환이라는 서로 다른 입장에서 영토문제에 대한 합일점을 도출하지 못하고 있다. 현재에도 남쿠릴 열도 영유권 문제에 대한 특별한 진전 상황 없이 지난날과 유사한 입장이 반복되고 있다.

러·일 양국은 영토문제 해결을 위해 양국 간 합의한 평화조약 체결, 그리고 일본의 對러 경제협력이 핵심이라는 공통된 인식하에 있다. 그러나 영토 반환 문제에 대해, 해가 거듭될수록 러시아내의 반대 입장이 더욱 강하게 나타난다.38) 특히, 북방4도를 관할하고 있는 사할린州가 영토 반환문제에 가장 강력하게 반발하고 있다.39) 사할린州의 반발 분위기를 잠재우기 위해, 일본은 사할린州에 대한 투자 및 교류확대

---

37) 게오르기 쿠나제, "북방영토문제 해결방안," 『극동문제』 2001년 11월호, p. 123.
38) 윤영미, "탈소비에트 시기 러시아와 일본의 영토분쟁: 옐친시대를 중심으로," 강성학 외 공저, 『시베리아와 연해주의 정치경제학』 (서울: 리북, 2004), p. 156. 영토문제에 대한 러시아 국내 여론조사에 대한 자세한 내용은 동일의 글 pp. 155-163 참조.
39) 북방4도의 반환문제에 대해서 러시아 정부가 우려하고 있는 문제들이 있다. 첫째, 사할린 자치주의 반대이다. 영유권 변경을 위해서는 북방4도를 관리하고 있는 사할린자치주의 동의가 필요하다. 그러나 북방4도 주민 및 자치주는 이에 절대 반대 입장을 보이고 있다. 이유는 북방4도가 일본에 귀속될 경우, 입어료(入漁料)가 막대하여 사할린 주민의 수입 손실이 예상되고, 어장이 황폐화될 가능성이 높다는 것이다. 둘째, 러시아 의회가 동의하는가의 문제이다. 영토변경과 관련된 문제는 러시아 상원 및 하원의 절대적인 동의가 필요하다. 하원에서 2/3 이상의 찬성과 상원 3/4 이상의 찬성이 있어야 한다. 이러한 절대적인 국회의 동의를 얻기는 쉽지 않을 것으로 보인다. 특히, 러시아 민족주의 성향의 의원들은 영토 반환 문제에 대해서 거의 모두 부정적이다. 셋째, 국민감정의 문제이다. 러시아는 일본의 투자 유치가 필요한 입장이다. 그러나 영토문제 해결 없이는 일본의 투자 유치가 보다 소극적일 수밖에 없을 것이다. 따라서 러시아의 입장에서는 이와 같은 문제에 고민하고 있다. 영토반환과 경제지원에 대한 국민의 입장이 문제이다. 러시아의 지식인 및 언론인을 비롯한 다양한 사회계층들은 경제적 이유로 영토를 흥정하는 데 반대 입장을 표명하고 있다. 그리고 군부에서도 북방4도의 전략적 가치를 중시하고 이의 반환에 반발하고 있다. 넷째, 영토문제 해결의 선례가 된다는 점이다. 현재 러시아는 북방4도 문제 이외에도 체첸, 중국, 에스토니아, 라트비아, 폴란드, 독일, 핀란드 등과 해결해야 할 약 20여개에 달하는 영토문제를 안고 있다. 북방4도의 처리는 이 같은 외국과의 영토문제 처리의 선례가 될 수 있고, 경우에 따라서는 악영향을 미칠 수도 있기 때문에 러시아로서는 신중한 입장을 보이지 않을 수 없는 입장이다. 서남열(1999), pp. 162-163 참조.

에 적극적이다.

일본은 도서 분쟁이 해결될 경우, 러시아에 대한 경제지원 가능성을 직·간접적으로 표명하고 있다. 러시아에서는 하보마이와 시코탄을 우선적으로 해결하고, 기타 2개섬(에토로프, 쿠나시리)를 차후에 해결하자는 주장이 제기되기도 한다. 이에 대해, 일본은 '4개 섬 반환'을 전제조건으로 구체적인 문제를 논의하자는 입장을 고수하고 있다.40)

일본의 집요한 반환요구에도 불구하고, 북방4도(北方4島)의 반환 문제는 쉽지 않을 것으로 보인다. 북방4도(北方4島)를 포함하는 쿠릴열도는 수심이 깊은 부동해이다. 오호츠크해에서 태평양으로 이어지는 러시아 극동함대의 통로인 전략적 요충지이다. 그리고 인근 해역은 쿠릴해류와 일본해류가 만나는 세계최대 어장이기 때문에, 명태·대구·청어·연어·가재·털게·다시마 등 일본 전체 어획량의 10% 이상을 생산할 수 있는 풍부한 수산자원을 보유하고 있는 곳이다.41) 이러한 정치 및 경제적 의미는 양국간 쿠릴열도를 둘러싼 '소유'와 '반환'의 지정전략을 더욱 복잡하게 만들고 있다.

(3) 메드베제프의 남쿠릴 실효지배 강화와 극동 군사력 강화

극동지역 개발에 박차를 가하고 있는 러시아는 2007년부터 <쿠릴열도 사회경제발선계획 2007-1015>에 기초해서 2015년까지 6억 달러 이상을 투입하여 인프라를 정비하는 등 쿠릴열도에 대한 실효지배 강화에 나섰다. 러시아는 쿠릴열도의 4개 섬 가운데 에토로후와 쿠나시리에서 준비되고 있는 인프라 건설 사업에 한국기업의 참여를 유도해 지역 개발에 박차를 가하려 했다. 인프라 정비 사업과 함께, 러시아는 2010년 6월말 극동·시베리아 지역에서 '동방 2010' 훈련을 대규모로 거행하면서 남쿠릴 4도 중 하나인 에토로프를 훈련장으로 사용했다. 뿐만 아니라, 2010년 11월 메드베제프 대통령이 남쿠릴 열도의 쿠나시리 섬을 방문하기도 했다.

2010년 11월 1일 메드베제프 대통령의 북방4도 방문, 동년 12월 13일 이고르

---

40) 2005년 1월 14일 모스크바에서 러·일 외무장관 회담이 개최되었다. 본 회담에서 세르게이 라브로프 러시아 외무장관은 4개 섬 중 2개 만 반환한다는 방침을 밝히면서, 일본 측이 이를 거부할 경우 반환 자체에 응하지 않겠다는 강력한 입장을 일본 측에 통고했다. 이에 마치무라 노부다카(町村信孝) 일본 외상은 북방 4개 섬의 영유권 문제해결을 통한 평화조약의 조기체결을 골자로 한 '도쿄선언'(1993년)에 근거해 협상을 진행할 것을 주장하면서, "2개 섬만의 반환은 받아들일 수 없다"고 했다. 그리고 그는 "4개 섬의 귀속을 확인해주면, 반환시기와 방법은 유연히 대응하겠다"고 했다. 이에 대해 라브로프 외무장관은 "2개 섬만의 반환으로 마무리 짓고 싶다. 러시아의 태도는 분명하다"며, 일본이 4개 섬 반환을 고집할 경우 2개 섬 반환 방침도 철회할 것임을 시사했다. 라브로프 외무장관이 언급한 2개 섬은 러시아가 2차 대전 후 강점한 하보마이와 시코탄이다. 『연합뉴스』; 『동아일보』 2005년 2월 2일.
41) 서남열(1999), p. 160.

슈발로프(Igor Shuvalov) 제1부총리의 북방4도 방문 등과 함께 남쿠릴 열도에 대한 실효 지배 강화에 들어가면서 러·일 관계가 급속히 냉각되었다. 메드베제프 대통령의 분쟁 섬 방문 이후, 푸틴 총리가 12월 6일 하바롭스크를 방문하여 에토로프와 쿠나시리를 포함한 공항 정비를 주문하는 등 쿠릴열도와 극동지역 발전에 적극적인 관심을 보였다. 그리고 빅토르 바사르긴(V.Basargin) 지역개발부 장관, 아나톨리 세르듀코프(A.Serdyukov) 국방장관, 세르게이 이바노프(S.Ivanov) 부총리 등 러시아 지도부가 연이어 쿠릴열도를 방문하여 쿠릴열도 발전을 약속했다.[42]

쿠릴열도를 포함한 극동지역 군사력도 강화되고 있다. 러시아 참모총장 니콜라이 마카로프(Nikolay Makarov)는 2011년 2월 최대 규모 함정인 미스트랄급 헬기상륙함 4척 중 적어도 1척이 2013년 이후 태평양함대에 배치되어 남쿠릴열도 등의 방위 임무에 사용될 가능성을 언급했다. 그리고 러시아 군은 2010년 10월 시험발사에 성공한 신형 잠수함 발사 탄도 미사일(SLBM, Submarine-launched ballistic missile)[43] 불라바(Bulava)[44]를 장착한 보레이급 잠수함 '유리 돌고루키'를 캄차카반도 해군 기지에 배치할 계획이다. 아나톨리 세르듀코프(A.Serdyukov) 국방장관은 2011년 2월 4일 에토로프와 쿠나시리를 방문하고 두 섬의 군 장비를 교체할 것임을 밝혔으며, 메드베제프 대통령은 2011년 2월 9일과 3월 18일 남쿠릴섬이 러시아의 전략지역이고 충분한 무기와 적절한 병력 및 군 시설 현대화를 통해 이 지역 안보를 보장해야 한다고 강조했다.[45]

메드베제프 정부의 상기와 같은 남쿠릴 실효지배 강화 및 극동 군사력 강화 움직임은 쿠릴열도 방어에 만 한정된 것은 아니다. 러시아 극동지역에 대한 안보 태세 강화 움직임의 일환으로 영토 분쟁화 되고 있는 쿠릴열도에 대한 지배권 강화 조치의 일환이다. 그리고 쿠릴열도의 실효지배를 위해 일본에 강력한 메시지를 전달하기 위한 목적에 만 한정된 것도 아니다. 중국의 성장에 대한 견제 심리 역시 작용한 것으로 보인다.

---

[42] 홍현익, "중국의 부상과 러시아의 극동정책 강화에 따른 중·러 관계의 변화 및 전망," 평화재단 평화연구원 주최 세미나(2011년 10월 11일) 발표 논문 참조.
[43] SLBM은 대륙간 탄도 미사일을 전략 핵 잠수함에서 발사가 가능하도록 개량한 탄도 미사일이다.
[44] 사거리가 1만km에 이르러 사실상 전 세계가 공격권인 불라바는 6개의 핵탄두를 동시에 싣고 마하 5의 초음속으로 비행하며 발사 뒤에도 고도와 방향을 자유자재로 바꿀 수 있는 러시아의 차세대 주력 핵미사일이다.
[45] 홍현익(2011) 참조.

(4) 쿠릴열도에 대한 제3기 푸틴정부의 인식과 평화조약 체결의 문제

2010년 11월 메드베제프 대통령이 분쟁 섬인 구나시리섬을 방문한 이후, 쿠릴섬 전지역에 대한 현대화 작업을 통해 실효지배를 강화하는 방향으로 나아갔다. 이와 함께 러-일 양국관계는 악화되었다. 그러나 2011년 3월 11일 동일본 지진 재해 후에 러시아 측이 일본에 에너지 지원 책을 제안했던 것을 계기로 양국간 관계개선 움직임이 진행되었다. 2012년 1월 말 러시아 외무장관 세르게이 라브로프(Sergei Lavrov)가 3년 만에 일본을 방문했다.[46] 그리고 푸틴은 2012년 3월 1일 대선을 앞두고 세계 주요 언론사 편집장들과 회견에서 분쟁4도와 관련해서 자신의 입장을 분명히 밝혔다. 그는 서로 받아들일 수 있는 가능한 타협점을 찾아 '최종 해결하고 싶다'고 했다.[47] Itar-TASS 통신에 의하면, 푸틴 총리는 영토문제 해결을 위해 러-일 양국이 서로 양보할 필요가 있다고 했다.

푸틴이 재집권하면서 러·일 관계가 변화의 시기를 맞이하는 듯하다. 이러한 현상은 동북아의 지정학적 환경에 기초된다. 강국으로 부상하는 중국, 다자안보의 기반이 취약한 동북아 지역에서 북한 핵문제, 그리고 에너지 협력 문제 등에 비추어 볼 때, 러·일간 전략적 동반자 관계를 구축할 시기가 도래했다.[48] 동북아 정세변화를 토대로 푸틴 3기는 전략적 동반자로 양국관계를 구축하고자 한다. 대일관계를 악화시켜 중국과의 밀월모습을 보여순 메드베제프 정부에 비해, 푸틴 정부는 중국과 일본의 세력균형을 보다 중시하고 있다.

2012년 6월 18일, G20 정상회의가 열린 멕시코 로스카보스에서 푸틴 대통령과 노다 요시히코(野田佳彦) 수상간 정상회담이 있었다. 본 회담에서 쿠릴열도 4개 섬에 대한 영유권 문제를 본격 협의하기로 합의했다. 그럼에도 불구하고, 동년 7월 3일 메드베제프 총리가 분쟁 섬 구나시리를 재차 방문하면서 실효지배 의지를 보였다. 메드베제프 총리의 이러한 행보는 분쟁 섬에 대한 실효지배를 강화하고 있음을 보여줌으로써 향후 영토교섭에서 유리한 협상력을 갖기 위한 하나의 포석으로 인식되었다.[49] 그리고 2012년 7월 28일 러시아 남부 소치에서 외상회담이 개최되었고, 겐바 고이치로(玄葉光一郎) 외상은 평화조약의 체결로 러-일은 강력한 파트너가 될 수 있다고 했

---

46) 최태강, "제3기 푸틴정부의 동북아 정책: 시베리아와 극동 러시아 개발을 위한 전략적 선택," 『新亞細亞』, 19권 3호(2012년, 가을), pp. 142~143 참조,
47) *Yomiuri Shimbun*, March 2, 2012.
48) Jonathan Berkshire Miller, 'It's Time for a 'Grand Bargain' Between Japan and Russia,' *Global Asia*, Vol. 7, No. 2(Summer 2012).
49) *Sankei Shimbun*, July 3, 2012.

다.50)

2013년 4월 28~30일 2박 3일 일정으로 아베 신조(安倍 晉三, Abe Sinzo) 수상이 러시아를 방문하여 정상회담을 가졌다. 2003년 1월 고이즈미 준이치로((小泉純一郎, Koizumi Junichiro) 수상이 러시아를 방문한 이후 일본의 최고 국정 책임자로는 10년 만의 방문으로 120여 명으로 구성된 대규모 일본 기업 대표단을 동행했다. 아베 신조의 러시아 방문과 러·일 정상회담 배경에는 최근 푸틴의 쿠릴열도 문제에 대한 유연한 접근51), 푸틴 3기 극동지역 개발정책의 적극화 등에 따른 상호협력 필요성 증대 등과 같은 정치 및 경제적 요인이 내재된 것으로 보인다. 양국 정상은 4월 29일 정상회담을 갖고 공동성명을 발표했다. 주요 내용은 쿠릴열도 4개 섬 반환에 대한 교섭 재개 합의, 외교·국방 협력 강화, 경제협력 확대 등이다.52) 양국은 쿠릴열도 4개 섬 반환에 대한 교섭 및 2004년 이후 중단된 평화조약 체결을 위한 협상을 재개하기로 합의했다.53)

결국, 아베 신조의 모스크바 방문을 계기로 모스크바와 도쿄는 가능한 한 빨리 평화조약을 체결하고 양국이 인정하는 범위에서 영토문제를 해결하려 했다. 그럼에도 불구하고, 영토 문제에 대해 양국간 미묘한 인식 차가 계속되고 있다. 푸틴은 분쟁 4도 문제에 있어서 기본적으로 2도 반환을 주장하는 사람이다. 푸틴은 평화조약 체결 후 시코단과 하보마이 2도를 인도하기로 한 1956년 일·소 공동선언의 기본 틀 내에서 최종 영토문제를 해결하려 한다. 여기에서 문제시 되는 중요한 부분은 영토교섭과 평화조약의 선후 문제일 것이다. 러시아의 입장에서는 평화조약이, 그리고 일본의 입장에서는 영토교섭이 우선시되는 듯하다. 그리고 러시아가 주장하는 2도 반환과 일본이 주장하는 4도 반환이 평행선을 걷고 있다는 점이다. 이러한 인식 차가 좁혀지지 않는다면, 푸틴의 쿠릴열도 2개 섬 반환과 평화조약 체결의 문제는 또 다시 정치적 수사에 머무르게 될 것이다.

---

50) 최태강(2012), pp. 146-147.
51) 푸틴은 2012년 3월의 대선 직전에 가진 외신과의 인터뷰에서 자신의 제3기 정부에 쿠릴열도에 대한 긍정적인 논의 가능성을 시사했다.
52) http://www.kremlin.ru/news/17997(2013년 7월 26일).
53) 1956년 10월 당시 소련이 평화조약 체결 후에 쿠릴 4개 섬 중 하보마이 열도와 시코탄 섬을 일본에 반환한다는 데 합의했지만, 2004년 고이즈미 총리가 4개 섬 일괄 반환을 주장하면서 양국간 논의가 중단된 바 있다.

## 2) 쿠릴열도와 개입·확산 지정학

러시아는 NATO와의 완충지대였던 동유럽을 비롯하여, 영토의 서쪽 날개에 위치해 있던 구소연방 구성공화국들을 상실했다. 따라서 러시아의 지정 전략적 중심이 동쪽으로 대폭 후퇴하였다.54) 그리고 흑해와 발틱해에 위치한 주요 군사 항구의 상실은 극동 항구와 태평양 함대의 전략적 중요성을 상대적으로 증대시켜 주었다.55) 유라시아를 둘러싼 이러한 지정학적 환경변수가 러시아에게 쿠릴열도에 대한 군사전략적 가치의 상대적 중요성을 일러준다.

쿠릴 4도는 러시아 태평양 함대가 오호츠크해로부터 대양으로 진출하는 것을 보장해 주는 출구이자, 미·일 해군이 남부 쿠릴 해협 구역을 통해 오호츠크해로 들어오는 것을 차단시켜 주는 방위선이 된다. 쿠릴 4도가 일본으로 넘어갈 경우, 러시아의 전략적 위상과 극동지역의 방위력은 현저한 타격을 입게 될 것이다. 요컨대 러시아 태평양 함대의 성역인 오호츠크해의 제해권은 물론, 북한 수역의 동해와 베트남의 캄란 만 있는 러시아 해군의 아시아 세력권이 위협받게 되어, 동북아 방위체계를 대폭 수정해야 하는 어려움에 직면하게 된다. 이러한 연유로 인해, 러시아 군부 및 안보 전문가들은 일본 측의 쿠릴 4도 반환 요구에 대해 강력하게 대응하고 있다.56) 자신의 안보이익을 침해하는 중대한 지정 전략적 행위로 인식하고 있는 것이다.

미국은 지난 냉전기 동북아 對소 봉쇄전략의 거점으로 일본을 활용해 왔다. 쿠릴열도는 미국의 동북아 지정전략에 포함되고 있다. 미국이 러·일 북방영토 분쟁의 원인 제공자라고 해도 과언이 아니다.57) 제2차 대전 말기에 소련의 對일본전 참전을 유도하기 위해, 미국과 영국이 영토 카드를 활용했다. 그리고 전쟁이 종결된 이후, 1951년 샌프란시스코 강화회담에서 미국은 모스크바가 요구한 '남부 사할린 및 쿠릴열도에 대한 소련의 주권 인정'을 묵살하면서 새로운 반공 동맹국이 된 일본의 손을 들어주었다. 따라서 당시 소련이 샌프란시스코 강호조약에 서명을 거부한 채, 쿠릴 4도를 강점해 버린 역사적 사실을 가지고 있다.

---

54) К.Брутенц, *О внешнеполитической концепции России в Азиатско-Тихоокеанском регионе* (М.: Апрель-85, 1995), с. 30.
55) С.Солодовник, "Стабильность в Азии. Приоритет России," *Международная жизнь* (No. 1, 1992), сс. 85-88.
56) А.В.Загорский , "Потребности безопасности в Азиатско-Тихоокеанском регионе," *Россия в поисках стратегии безопасности* (Москва: Наука, 1996), сс. 317-319.
57) 홍완석(2002), pp. 341-342 참조.

1955년 일본은 소련이 제의한 2도(하보마이, 시코탄)를 우선적으로 반환 받고, 평화조약을 체결하면서 나머지 2도(쿠나시리, 에토로프)를 반환 받는다는 입장을 취하고 있었다. 그러나 미국이 제동을 걸고 나섰다. 미국은 1951년 샌프란시스코 조약에 의거하여 자국이 관할하고 있던 오키나와 섬의 반환문제와 연계하여 일본의 對소 접근을 차단시키고 있었다. 미국은 "일본이 시코탄 및 하보마이 2도 반환으로 소련과 평화조약을 체결한다는 것은 에토로프와 쿠나시리를 포기한다는 것과 연관된다. 따라서 이러한 사태가 발생한다면, 미국으로서도 오키나와의 병합을 주장하게 될 것이다"라며 강경한 반대론을 펼쳤다.[58] 미국의 개입에 강제당한 일본은 2도 반환의 '실리론'에서 4도 일괄 반환이라는 '강경론'으로 방향을 선회하지 않을 수 없었다. 영토협상 타결과 평화조약 체결은 더 이상 진전을 볼 수 없었다.

탈냉전의 지정학적 환경의 변화에도 불구하고, 미국은 북방 영토문제를 정치적으로 활용하고 있다. 미국은 공식적으로 러·일 영토분쟁을 당사자 문제로 간주하고 조속한 해결을 지지하고 있으나, 내면적으로는 미·일 안보체제 강화를 통해 러시아를 자극하면서 영토협상을 집요하게 방해하고 있다.[59] 만일, 러·일이 영토문제를 극복하고 양국관계가 전략적 동반자 내지는 밀월관계로 전환된다면, 미국은 자신의 아시아 전략을 근본적으로 수정할 수밖에 없다. 미국은 러시아와 일본이 가까워지는 것을 원하지 않는다. 따라서 양국간의 영토 문제에 어떠한 형식을 빌려서든 개입하려 할 것이다. 영토 문제에 미국이라는 힘이 개입되면, 러·일간의 양자게임이 아니라 미·러·일 3자간 지정 전략적 게임으로 확대된다.

결국, 러시아는 태평양 출구를 자신에게 유리하게 조성하려 할 것이다. 쿠릴열도는 러시아의 태평양 진출로가 된다. 따라서 쿠릴열도 문제에 대한 러시아의 입장은 자신의 지정전략 차원에서 결정되어질 수밖에 없다. 미국의 극동전략, 미·일 관계, 중·일 관계 등에 민감하게 대응하면서, 쿠릴열도 문제를 해결하려 할 것이다. 러시아가 쿠릴 4도 양보를 주저하는 중요한 이유 중의 하나가 이 지역에 미군의 주둔 가능성에 대한 안보위협인 것이다. 그런 측면에서 본다면, 일본이 미국의 지정전략에 대해 'NO'라고 과감하게 이야기 할 수 있을 때, 미국의 안보우산에서 벗어나 독자적인 지정전략을 구사할 수 있을 때, 그 때 영토문제 해결이 보다 선명해 질 것이다.

---

58) 김명주, "소련의 대일 정책," 『소련연구』 제9호(1990), p. 32.
59) С.Л.Тихвинский, *Россия - Япония: обречены на добрососедство* (Москва: Памятники исторической мысли, 1996), сс. 220-231.

## 5. 끝맺는 말

상기에서 살펴본 바와 같이, 쿠릴열도에 대한 양국간 이해관계가 충돌되는 시기는 거의 160년을 거슬러 올라간다. 양국간 최초의 국경 획정 조약인 1855년의 러·일 화친조약에서 시작된다. 이 시간 이후부터 2013년 현재에 이르기까지 쿠릴열도는 러시아와 일본 간 힘의 크기에 따라 주인을 달리해 왔다. 이는 동일의 지리적 공간이 갖는 지정학 및 지경학적 가치와 함께한다.

쿠릴열도 일부에 대해 러시아 역시 그것이 일본의 영토임을 인정한다. 지난 냉전 기간 동안, 러시아가 일본에 대해 영토 반환 의사를 계속해서 비추어 왔음은 이를 증명한다. 그러나 아직까지 문제가 해결되지 못한 것은 동일 공간이 갖는 지정학적 중요성 때문이다. 쿠릴열도에 대한 일본의 반환 요구는 경제력을 앞세워 계속되고 있으나, 러시아는 동아시아 지정전략을 고려해서 동일 문제에 접근하고 있다. 미국의 지원 하에 있는 일본의 지정전략을 주시하고 있는 것이다. 쿠릴열도에 대한 소유와 반환의 문제는 다음과 같은 두 가지 지정전략이 최대의 장애물이다.

첫째, 일본이 미국의 지정전략에 대해 NO라고 이야기 하지 않는다는 점이다. 제2차 대전 이후부터 지난 냉전기간 동안 일본은 미국의 안보 우산아래 있었다. 따라서 자신의 뚜렷한 지정전략을 제시하지 못했다. 미국의 시성전략에 밀려 자신의 목소리를 낼 수도 없었다. 북방4도에 대한 소유와 반환의 문제는 미국의 지정전략에 깊숙이 관계되고 있다. 쿠릴열도가 미국의 對소(러) 봉쇄정책의 최전선으로 활용될 수 있었기 때문이었다. 러시아가 북방영토의 반환조건으로 제시한 평화조약 체결 문제 역시 미국의 지정전략에 대한 대응 논리 차원에서 바라보아야 할 것이다.

러시아가 쿠릴4도 양보를 주저하는 중요한 이유 중의 하나가 동일 지역에 미군의 주둔 가능성에 대한 안보 위협인 것이다. 동일 지역에 미군이 주둔하게 된다면, 태평양으로 향하는 러시아의 해양 출구가 봉쇄되는 최악의 상황이 만들어 질 수도 있다. 따라서 영토문제 해결을 위해서 일본이 취해야 될 입장은 분명해진다. 일본이 미국의 지정전략에 대해 NO라고 이야기 할 수 있을 때, 미국의 안보우산에서 벗어나 독자적인 지정전략을 구사할 수 있을 때, 그 때 영토문제 해결이 보다 선명해 질 것이다.

둘째, 일본의 보수 우경화 행보가 문제이다. 고이즈미 준이치로(小泉純一郞) 정부 하에서 일본은 군사력 보유를 정당화 하고 있었을 뿐만 아니라, 해외분쟁 개입 금지를 규정한 평화헌법 제9조의 개정을 가능하게 만들어가고 있었다. 그리고 미국을 등에 업고 군사력 증강에 박차를 가하는 모습을 보였다. 일본의 우경화 행보는 국방비 부담으로부터 벗어나기 위해 미국이 관리하고 있던 태평양 지역 관할권 일부를 일본에게 전가시키려는 미국의 손익계산과도 맞아떨어졌다. 미국은 저 멀리 말라카 해협까지 일본에게 맡기려 했다.

　일본의 보통국가화 움직임은 아베 신조(安倍 晋三) 정부에서도 계속되고 있다. 야스쿠니(靖國) 신사 참배는 물론이고, 헌법 개정을 통해 강력한 군사력을 가진 보통 국가로 거듭나려 한다. 이러한 정책 행보가 계속된다면, 러시아의 입장에서도 고민거리가 아닐 수 없다. 쿠릴열도가 포함된 자신의 극동지역 주변에 중국과 일본의 군사력이 확장된다면 러시아의 안보 불안이 가시화될 수 있기 때문이다. 일본의 보통국가화 움직임이 계속된다면, 일본과 러시아사이의 평화관계 정립은 요원해 진다. 영토 반환을 향한 지정전략은 더욱 더 꼬여만 가게 될 것이다.

## 참고 문헌

김경일, 하영수, 『한일관계의 이해』 (대구: 대구대학교 출판부, 2000).
김우현, 『세계정치질서』 (서울: 한울, 2001).
金鍾斗, 『韓半島 海洋地政學』 (서울: 文永社, 2000).
李基鐸, 『現代國際政治理論』 (서울: 博英社, 1997).
이영형, 『지정학』 (서울: 엠-애드, 2006).
任德淳, 『地政學: 理論과 實際』 (서울: 법문사, 1999).
서남열, 『지구촌 시대 세계 지역문제의 이해』 (일산: 해문사, 1999).
한상일, 『아시아연대와 일본제국주의. 대륙낭인과 대륙팽창』 (서울: 오름, 2002).
K.A.베슬러 저, 安在鶴 역, 『정치지리학』 (서울: 명보문화사, 1995).
필립 모로 드파르쥐 지음, 이대희·최연구 옮김, 『지정학 입문. 공간과 권력의 정치학』 (서울: 새물결, 1997).
조지 바살라 지음, 김동광 옮김, 『기술의 진화』 (서울: 까치, 1996).
김명주, "소련의 대일 정책," 『소련연구』 제9호(1990).
게오르기 쿠나제, "북방영토문제 해결방안," 『극동문제』 2001년 11월호.
남기정, "지정학의 시대와 러일관계의 전개," 강성학 외 공저, 『시베리아와 연해주의 정치경제학』 (서울: 리북, 2004).
배진수, "동북아시아지역에서의 해양영토 분쟁의 배경 및 현황. 동해, 서해 및 일·러간 해양 분쟁," 이춘근 편, 『동아시아이 해양 분쟁과 해군력 증강 현황』 (서울: 한국해양전략연구소, 1998).
윤영미, "탈소비에트 시기 러시아와 일본의 영토분쟁: 옐친시대를 중심으로," 강성학 외 공저, 『시베리아와 연해주의 정치경제학』 (서울: 리북, 2004).
최태강, "제3기 푸틴정부의 동북아 정책: 시베리아와 극동 러시아 개발을 위한 전략적 선택," 『新亞細亞』, 19권 3호(2012년, 가을).
한영구, "일·소관계에 있어서의 북방영토(4개도서) 문제," 『주요 국제문제분석』 (외무부 외교안보연구원), 1989.4.6.
홍완석, "쿠릴4도 분쟁 영속화 요인 고찰," 『한국정치학회보』, 제36집 2호(2002년 여름).
홍현익, "중국의 부상과 러시아의 극동정책 강화에 따른 중·러 관계의 변화 및 전망," 평화재단 평화연구원 주최 세미나(2011년 10월 11일) 발표 논문.
Russell H. Fifield and G. Etzel pearcy, *Geopolitics in principle and practice* (Boston: Ginn and company, 1944).
Jonathan Berkshire Miller, 'It's Time for a 'Grand Bargain' Between Japan and Russia,' Global Asia, Vol. 7, No. 2(Summer 2012).
N.J.Spykman, The Geography of the Peace (New York: Harcourt, Brace, 1944).
Ф.А.Волков, *Взлет и падение Сталина* (М.: Спектр, 1992).

К.Брутенц, *О внешнеполитической концепции России в Азиатско-Тихоокеанском регионе* (Москва: Апрель-85, 1995).

В.К.Зиланов, Русские курилы: история и современность (Москва: Сампо, 1995).

С.Л.Тихвинский, *Россия - Япония: обречены на добрососедство* (М.:Памятники исторической мысли, 1996).

А.В.Загорский, "Потребности безопасности в Азиатско-Тихоокеанском регионе," *Россия в поисках стратегии безопасности* (М.: Наука, 1996).

С.Солодовник, "Стабильность в Азии. Приоритет России," *Международнаяжизнь* (No. 1, 1992).

*Известия*, 13 апреля, 1941 г.

*Известия*, 19 Апреля, 1991 г.

*Yomiuri Shimbun*, 2 March, 2012.

*Sankei Shimbun*, 3 July, 2012.

http://airwar.hihome.com/airwar/ww2-pacific/part-1/ww2-pac-1-3.htm).

http://www.kremlin.ru/news/17997(2013년 7월 26일).

http://www.sshok.net/study/rekisi/196.html.

## 제3절. 북한의 시베리아 및 극동지역 진출과 협력 행태

 러시아는 2000~2002년과 2011년의 북·러 정상회담을 통해 자신의 극동지역 개발에 유익한 안보환경을 조성하면서 보다 안정적으로 개발사업을 추진할 수 있게 되었고, 북한은 경제난 해결과 3대 세습으로 이어지는 불안한 정치환경을 안정화시키는 데 기여할 수 있는 외부환경을 구축할 수 있게 되었다.
 러시아의 극동 및 시베리아 지역과 북한의 관계는 북한노동자 변수를 중심으로 하는 경제협력에 초점이 맞추어져 있다. 북한이 외화벌이 수단으로 노동력을 파견하면서 양국간 경제관계를 유지해 오고 있다. 연해주, 사할린, 하바롭스크주, 아무르주 등 다양한 지역에 수많은 북한의 외화벌이 노동자들이 파견되고 있다.

## 제1항. 북한·러시아간 정치 및 경제관계와 시베리아의 의미 변화

### 1. 들어가는 말

　　러시아와 북한은 2000년 2월 9일 <친선, 선린 및 원조 조약>을 체결하면서 정상적인 관계를 유지하기 시작했다. 러시아와 북한은 2000년에 평양에서, 2001년에는 모스크바에서, 그리고 2002년에 블라디보스톡에서 정상회담을 가졌다. 그리고 메드베제프 대통령의 초청을 받은 김정일 국방위원장이 2011년 8월 24일 시베리아 동부의 바이칼 호수 인근에 있는 부랴티아 공화국(Republic of Buryatia)의 수도인 울란우데(Ulan-Ude)를 방문하여 정상회담을 가졌다. 정상회담을 통해 정치, 경제, 사회 등 다양한 분야에서 우호 관계를 증진시키고 있다.

　　정상회담의 배경과 목적은 서로 달랐다. 북한의 관점에서는 <2012년 강성대국 진입>이라는 다소 허황된 꿈을 실현하려는 정책 행위로 인해 파생된 국가안보 위협 및 경제난 극복이라는 국가이익 확보에 있었고, 러시아의 관점에서는 미국의 MD정책[1]에 대응하면서 동북아시아 지역에서의 영향력 확보와 자신의 극동지역 개발이라는 국가이익 달성에 있었다. 양국간 이러한 국익 설정이 정상회담을 가능하게 했고, 정상회담을 통해 상호 신뢰구축과 이를 바탕으로 하는 경제협력이 보다 건설적으로 발전되

---

[1] 부시 행정부(G.W.Bush, 2001.01~2009.01)는 미사일 방어(MD, Missile Defense)체제 구축을 미국 안보정책의 핵심 사업으로 인식했다. 미국의 MD 정책에는 미국 본토의 방어를 위해 미국에 구축되는 국가미사일 방어(NMD, National Missile Defense) 시스템과 특정지역의 동맹국을 보호하기 위해 특정지역에 구축되는 전역미사일 방어(TMD, Theater Missile Defense) 시스템으로 분류되며, 부시 행정부는 NMD와 TMD 시스템을 동시에 추진했다. 미국이 추진하고 있는 MD란 미국 또는 자신의 우방국을 향해 날아오는 탄도미사일(Ballistic Missile)을 요격하여 떨어뜨리는 방어미사일체계를 말하며, 이때 사용되는 방어미사일을 ABM(Anti-Ballistic Missile)이라고 한다.

도록 했다.

 수차례의 정상회담에서 다루어진 핵심 의제들 중에서 러시아 극동지역이라는 공간이 배제된 적은 없었다. 북·러 정상회담이 개최된 당시의 국내외 정치 환경에 따라 서로간의 국가이익이 다르게 설정되었지만, 러시아 극동지역이라는 공간을 둘러싼 국가이익 모색이라는 기본적인 틀은 계속적으로 유지되었다. 양국 정상들의 만남을 위한 공간이 러시아 극동지역인가?, 아니면 극동지역이라는 지리적 공간을 개발 및 활용하면서 자신의 국익을 증진시키려는 목적이 정상회담을 가능하게 했는가? 다소 철학적인 의미를 지니기도 하지만, 본 논고는 상기와 같은 문제의식을 풀어가는 방식으로 전개된다.

 양국간 정치관계(정상회담)는 경제협력 문제와도 직결된다. 따라서 미미한 수준이기는 하지만 북·러 경제관계를 살펴보고, 이러한 경제관계에서 러시아 극동지역이 갖는 의미를 파악한다. 북·러 교역 및 투자 실태, 북·러 경제협력과 러시아 극동지역의 위치 등을 다룬다. 그리고 러시아 극동지역과 북·러 관계, 이러한 관계가 한반도에 미치는 의미를 진단하기로 한다. 『로동신문』으로 보는 양국관계와 러시아의 시베리아 및 극동지역 변수를 살펴보고, 북·러 관계를 통해 러시아가 의도하는 내용을 정리하기로 한다. 러시아 극동지역을 통한 북·러 관계, 북·러 관계를 통한 남·북·러 3자 협력 사업, 이러한 협력 사업이 러시아 극동지역 개발에 미치는 의미 등을 정리하기로 한다.

## 2. 2000~2002, 2011년 북·러 정상회담과 러시아 극동지역의 의미

 러시아와 북한의 정상회담은 2000(평양), 2001(모스크바), 2002(블라디보스톡), 그리고 2011년(울란우데, Ulan-Ude)에 개최되었다. 상기 4차례 정상회담에서 논의된 주요 내용을 분석하면서, 양국관계에서 러시아 극동지역이 갖는 의미를 정리한다.[2]

---

[2] 4차례 정상회담에 대한 내용은 다음의 글을 요약했음을 밝힌다. 이영형, "북한·러시아 정상회담과 러시아 극동지역의 성격 변화: 2000~2002, 2011년 정상회담 비교 분석," 『시베리아 극동연구』 제7호(2011), pp. 5-34.

1) 2000~2002년 정상회담과 러시아 극동지역의 의미

(1) 정상회담 분석
① 2000년 7월의 평양정상 회담

2000년 7월 19-20일 푸틴 대통령이 평양을 방문하여 김정일 국방위원장과 정상회담을 갖고 11개 조항으로 구성된 <북한·러시아 공동선언>(이하 '평양선언')을 발표했다.3) 평양선언은 상호간 관심사로 제기되고 있는 국제문제 현안들에 대해 의견을 교환하면서, 양국간 쌍무관계를 다각적으로 발전시키려 하는 정치적 의지를 엿볼 수 있도록 한다. 평양선언에서 다루어진 주요 논제와 협력 형태는 다음과 같다.

평양선언문 제1항에 따르면, 2000년 2월 9일 체결된 북한과 러시아간 <친선, 선린 및 원조 조약>에 기초해서 양국간 전통적인 우호관계 및 선린·상호신뢰, 그리고 다방면적인 협조를 강화함은 물론이고, UN 헌장의 목적과 원칙을 존중하고 국제안보와 안정을 위해 상호 협력한다. 그리고 동북아 및 국제무대에서 평등하고 호혜적인 협력을 강조했다. 제2항에는 북한 또는 러시아에 침략위협 상황이 발생하거나 평화와 안전에 위협이 발생할 경우에 지체 없이 접촉하여 문제를 해결하기로 했다. 그리고 본 선언문 제3항과 5항에는 러시아가 북한의 기존 입장을 반영하여, 한반도 통일문제와 국내정치 상황에 제3자의 개입을 반대하고 있다.

국제정치 현안에 대한 양국간 협력은 제6항, 7항, 9항에서 보다 구체적으로 열거되고 있다. 북한은 미국의 MD체제 구축에 빌미가 되고 있는 자국의 핵·미사일 개발 문제로 인해 미국과 국제사회로부터 제기되는 강력한 압력을 러시아와 함께하면서 모면하고자 했다. 러시아는 전략적 안정의 초석인 요격미사일제한(ABM) 조약4)의 유지 및 강화를 강조하고, 제2차 전략공격무기감축조약(STRAT-II)5)의 이행과 제3차 전략공격무기감축조약(STRAT-III)6)의 조속한 체결을 요구했다. 그리고 ABM조약의 수정

---

3) 공동선언문(Совместная Российско-Корейская декларация)의 원문 및 번역문은 다음을 참조. *Дипломатический вестник*, № 8(2000), cc. 38-40; 이영형, 『조선/북한/한국과 舊소련/러시아간 주요 외교자료집. 1884-2001년 12월 자료』(서울: 엠애드, 2002), pp. 411-413.
4) 탄도탄요격미사일제한조약(ABM Treaty; ABMT)이란 1972년 미국과 소련이 방어미사일 배치를 상호 금지·제한하기로 합의한 것이다. ABMT는 미·소의 방어미사일을 각각 100기 이하로 제한하고 지상기지도 두 곳까지만 허용하는 내용이었다. 그리고 1974년 개정을 통해 지상기지를 한 곳으로 제한했다.
5) 1993년 1월 모스크바에서 러시아의 이익에 반하는 《START-II》에 서명했다. Михаил Виноградов, "Договор СНВ-2 необходим", *Независимая газета*, 17 ноября, 1995г. 핵탄두 수를 각각 3,000~3,500여 기로 감축하는 내용을 포함하고 있다. 양국은 모든 다탄두미사일(MIRV; Multiple Independently Targetable Reentry Vehicle)을 2003년까지 폐기하고, 잠수함 발사미사일(SLBM)의 수량도 1,750개로 제한하기로 했다. 그러나 전략무기 감축을 위한 양정상의 움직임은 양국의 의회에서 제동이 걸렸다. 미국의 상원이 이를 비준하지 않았다. 러시아 두마 역시 비준하지 않았다.

• • • • • • • • • • •

계획을 합리화하기 위한 명분으로 제기되고 있는 일부 국가의 미사일 위협이 그 근거가 되지 못함을 강조하고 있다.

푸틴과 김정일은 평양 정상회담에서 양국간 경제협력에 대한 다양한 문제들에 대해 논의했다. 원조(援助)·수혜(受惠) 형식이기는 했지만 양국간의 경제협력에 관련된 문제는 제10항에 열거되고 있다. 러시아와 북한은 쌍무적인 무역-경제 및 과학기술 관계를 발전시키며, 이에 유익한 법적 및 제도적 조건을 조성할 것을 약속했다. 이를 위하여 쌍방은 부수적인 경제관련 협정들을 체결하기로 했다. 금속·동력·운수·임업·석유 및 가스 산업·경공업 등 여러 분야에서의 대규모 협력 계획을 구체화하고, 공동으로 건설한 북한의 공장들을 재건하는 데 특별한 관심을 갖기로 했다.

북한과 러시아의 평양 정상회담은 <친선, 선린 및 원조 조약>을 기반으로 향후 양국간 관계발전의 기틀을 다지는 데 그 의의가 있었다. 정상회담에서 논의된 핵심적인 의제는 북한의 핵·미사일 문제와 미국의 MD체제 구축에 관련된 문제였다. 푸틴은 MD체제 구축의 명분이 되는 북한의 핵·미사일 개발문제에 개입하면서 한반도와 동북아지역에서 자신의 입지를 강화하려 했다.[7] 푸틴은 김정일로부터 미사일 개발 계획의 조건부 포기[8] 의사를 이끌어 내면서 국제무대에서 자신의 위치를 확인받았고, 북한은 자신의 핵·미사일 문제에 대한 러시아의 이해를 구하고 국제사회에서 위축된 입지를 보다 넓혀 나길 수 있는 기틀을 마련했다. 또한 북한은 러시아와 경제협력 관계를 발전시킬 수 있는 토대를 구축하면서, 러시아 극동지역을 대상으로 하는 양국간 관계 발전에 보다 많은 관심을 가질 수 있게 되었다.

② 2001년 8월의 모스크바 정상회담

푸틴 대통령의 초청으로 김정일 국방위원장이 2001년 7월 26일부터 열차 편으로 러시아를 방문했고, 동년 8월 4일 단독 및 확대 정상회담을 가진 후 그 결과를 8개항으로 구성된 공동선언(이하: 모스크바 선언)[9]을 통해 발표했다. 모스크바 선언은

---

[6] 1997년부터 미국과 러시아는 핵탄두를 2,000~2,500여기로 감축하는 《START-III》의 체결을 시도했다. 그러나 동 협정의 전제 조건인 《START-II》가 정식 발효되지 못한 상태이기 때문에 구체적인 협상에 도달하지는 못했다.

[7] 이동형, "북·러 관계발전의 성격 고찰: 2000-2002년 김정일·푸틴 정상회담을 중심으로," 『통일정책연구』, 제11권 2호(2002), pp. 147-178 참조.

[8] 1998년의 탄도탄미사일 발사는 인공위성 발사 실험이었으며, 다른 국가가 인공위성 발사에 협력해 준다면 북한은 탄도미사일 실험을 중지할 수도 있다는 것이다. Независимая газта, 2000. 07. 20.

[9] 공동선언문(Московская декларация Российской Федерации и Корейской Народно-Демократической Республики)의 원문 및 번역문은 다음을 참조. Дипломатический вестник, № 9(2001), cc. 8-9; 이영형(2002), pp. 418-420.

2000년 7월의 평양 선언을 재확인하는 내용을 중심으로 하면서, 국제환경의 변화에 따르는 양국간 협력 내용을 추가 또는 변경하는 모습으로 구성되어 있다.

제2항에서 북한의 미사일 프로그램이 평화적인 성격을 띠고 있기 때문에 북한의 자주권을 존중하는 그 어느 국가에도 위협이 되지 않는다고 주장함과 동시에, 1972년에 체결된 ABM 조약이 세계 평화에 기여해 왔음을 강조하고 있다. 이는 북한의 미사일 프로그램에 대한 미국의 對북 압박과 ABM 조약의 준수 및 보존을 위해 공동으로 노력한다는 의미를 지닌다. 제7~8항에서는 외부의 개입 없는 한반도 통일문제와 북한이 주장해 왔던 주한 미군의 철수 문제에 대해 러시아가 긍정적으로 받아들이면서 비군사적 수단을 통한 한반도의 평화와 안정의 필요성을 강조했다. 그리고 북·미 및 북·일 회담의 진전과 북한의 對미·일 관계정상화 의지에 대한 지지와 그 과정에서 일정한 역할이 강조되고 있다.

모스크바 선언 제3~6항은 양국간 협력관계에 초점이 맞추어져 있다. 양국간 친선관계를 위한 법적 및 제도적 장치에 기초해서, 정치·경제·군사 등 다양한 영역에서 현실적인 협력관계를 강화하기 위한 구체적인 방향과 조치들에 대해 합의했다. 경제협력을 비롯해 공동의 노력으로 건설된 북한의 전력관련 기업의 재건 계획을 실현하기로 했고, 러시아와 북한의 철도연결 사업에 관련된 구체적이고 실천적인 문제에 대해 심도 있게 논의하기로 했다. 전자는 북한의 주장을 러시아가 받아들인 것이며, 후자는 러시아의 요구 사항을 북한이 수용한 것으로 보인다. 제6항에서 양국은 철도 수송로 창설 계획을 실현하기 위해 필요한 모든 노력을 기울일 것을 공약하면서, TKR-TSR 연결 사업이 본격적인 실현 단계에 진입했음을 강조하고 있다. 러시아는 북한 철도의 현대화를 비롯하여, TKR-TSR 연결 사업에 보다 많은 관심을 보였다. 그리고 제7항에서 러시아는 2000년 6·15 남북 정상회담의 합의 사항과 한반도 통일 문제에 대한 외부의 불간섭을 지지하면서 한반도에서 건설적이며 책임 있는 역할을 수행할 용의가 있음을 밝혔다.

결국, 모스크바선언에서 나타난 양국간 협력은 동북아 현안 문제에 대한 러시아의 참여 폭 확대, 러시아 극동지역 개발에 필요한 안보 환경 조성, 그리고 TKR-TSR 연결사업의 구체화를 통한 국익 증대에 맞추어져 있고, 북한의 입장에서는 체제안정에 대한 러시아의 지원과 극동지역을 중심으로 하는 경제협력에 초점이 맞추어져 있다. 정상회담에 참여하고 있는 김정일의 의도는 군사협력[10]을 통한 군사력 현대화, 경제

---

[10] 군사협정에 관련된 내용이 공개되지 않아 정확히 알 수는 없지만, 러시아 방문과정에서 보여준 김정일의

협력을 통한 전력난 해소와 낡은 산업시설의 재건에 있었다.

③ 2002년 8월의 블라디보스톡 정상회담

2001년 8월의 모스크바 정상회담 이후 1년 만인 2002년 8월에 푸틴이 직접 북한과 인접한 블라디보스톡(Владивосток)市를 방문하여 김정일을 만났다. 2002년 8월 23일의 블라디보스톡 정상회담은 비공식 실무회담으로 개최되었기 때문에 공동선언이 발표되지 않았다. 따라서 정상회담에서 합의된 구체적인 내용은 파악되지 않는다. 그러나 정상회담 이후에 푸틴이 기진 기자회견 내용이 러시아 외무부 홈페이지에 등록되어 있다.11) 따라서 외무부 홈페이지에 기록된 기자 회견 내용을 중심으로 정상회담에서 논의된 내용을 정리하기로 한다.

양국 정상은 지난 2차례의 정상회담과 마찬가지로 국제문제와 한반도 문제, 그리고 양국간 정치 및 경제협력 문제를 논의했다. 미국의 ABM조약 탈퇴12)와 MD체제 구축 강행에 대한 입장과 한반도에서 러시아의 영향력 강화에 초점이 맞추어져 있다. 푸틴은 남북관계 발전에 러시아의 적극적인 개입 의사를 표명하고, 한반도에서 자국의 영향력이 보다 확장될 수 있음을 재확인했다. 경제협력 분야에서는 전력분야를 중심으로 한 산업시설들의 개·보수를 위한 러시아의 지원과 협력뿐만 아니라, 임업·어업·광업·농업·건설 등 다양한 분야에서 협력을 발전시키기로 합의했다.13) 김정일은 금번의 극동 방문에서 상기의 합의 사항에 관련된 구체적인 실현 방안을 집중적으로 논의했다.

푸틴은 정상회담에서 철도연결 사업을 최우선 의제로 내세웠다. 6·15 남북 정상회담 이후 경의선과 동해선 연결 사업이 실현 단계로 발전되고 있기 때문에, 만약 러시아가 적극적으로 나서지 않는다면 철도연결 사업을 중국에게 빼앗길 수 있다는 우

---

행보를 추적하면서 러시아에 전달하려는 북한의 의도를 파악한다. 김정일은 옴스크의 '트란스마쉬'사를 방문(7월 29일)하여 T-80탱크 등의 생산품과 조립 과정을 살펴보고, 모스크바 근교의 흐루니체프 우주센터와 우주지상통제소를 참관(8월 5일)했으며, 노보시비르스크에서는 시베리아 제1의 과학단지인 아카뎀고로독의 핵물리학연구소와 SU-34 전폭기를 생산하는 츠칼로프 공장을 참관(8월 11일)했다. 『연합뉴스』, 2001년 8월 18일. 김정일의 군수산업 순방은 러시아 중앙정부에 자신의 요구 사항을 간접적으로 전달하려는 성격을 지닌다고 할 수 있다.

11) Выступление Президента Россий ской Федерации В.В.Путина перед журналистами по окончании беседы с Председателем Государственного Комитета обороны КНДР Ким Чен Иром. http://www.ln.mid.ru/(검색일: 2011년 10월 4일).
12) 2001년 12월 13일 미국이 일방적으로 러시아에 ABM조약 탈퇴를 통보하였고, 통고일로부터 6개월 후인 2002년 6월 13일 이 조약은 자동으로 폐기되었다.
13) 정상회담 직전에 러시아의 RIA Novosti는 크렘린의 한 소식통을 인용해 정상회담에서 양국은 벌목, 석유 채굴, 광업, 수산업 분야 등에서의 협력문제가 논의될 것이라고 보도했다. Правда, 2002. 08. 22.

려 때문이었다.14) 사실 러시아는 2001년 모스크바 정상회담 직후부터 철도연결 사업을 위한 실사작업을 시작으로 북한 철도 현대화와 동해선 연결 사업에의 참여를 지속적으로 희망해 왔다. 철도연결 사업은 남·북한의 협력이 필수적이며, 북·러 경제협력과 극동지역 개발을 위해서도 중요하기 때문에 푸틴은 정상회담 후의 기자회견에서 "남·북한의 협력은 곧 러시아를 위한 것이기 때문에 러시아는 이 협력을 계속해서 시도할 것"15)이라고 강조했다.

결국 2002년 8월의 블라디보스톡 정상회담 역시 러시아 극동지역 개발과 양국간 경제협력에 관련된 문제들이 주요 의제로 다루어졌다. TKR-TSR 연결 사업을 비롯하여, 북한과 러시아 극동지역을 중심으로 하는 구체적인 경제협력 방안을 논의했다. 푸틴은 TKR과 TSR이 연결되면 운송비 수입과 같은 경제이익 외에도, 한국과 일본의 자본과 물류가 극동지역으로 유입되어 지역개발을 촉진하는 견인차 역할을 할 수 있을 것으로 인식했다. 그리고 러시아의 극동지역 개발은 북한의 안정화가 필수적이며, 러시아의 북한에 대한 지원과 협력을 바탕으로 한국과의 경제협력에 보다 유익한 환경을 조성하려 했다. 남·북·러 3자 경제협력은 북한의 경제난 극복과 극동지역 개발, 그리고 러시아의 한반도에 대한 영향력 확장에도 유익하다. 따라서 러시아는 북한과 정상회담을 추진하면서, 극동지역을 보다 적극적으로 북한에 개방해 왔다.

(2) 러시아 극동지역의 의미

푸틴이 집권하는 2000년을 전후한 시기부터 러시아는 자신의 극동지역을 개발하려는 움직임을 활발히 추진하기 시작했다. 러시아의 극동지역 개발은 동일 지역과 인접한 북한과의 관계 증진 및 북한체제의 안정이 필수적이다. 따라서 러시아는 북한과의 관계 강화를 위해 자신의 극동지역을 활용하기 시작했고, 북한과의 관계 강화를 통해 한반도에서 자신의 영향력을 확장시키려 했다. 2000년 2월 북한과 러시아는 새로운 우호 조약을 체결하면서 지난 10여년간 단절된 양국관계가 정상화될 수 있는 토대를 마련했다.16) 새로운 안보조약 체결과 함께, 2000~2002년 동안 3차례의 정상

---

14) 푸틴은 김정일과의 정상회담을 앞두고 가진 <극동발전 대책회의>에서 철도 연결사업을 제대로 추진하지 않으면 중국에 빼앗기게 될 것이라며 "러시아는 중국보다 좋은 조건을 제시해 TKR-TSR 연결 사업을 성사시켜야하고, 이것이 바로 내가 김정일 위원장을 만나는 이유"라고 역설했다. 『연합뉴스』, 2002년 8월 25일.
15) Правда, 2002. 08. 23.
16) 2000년 7월(19-20일) 푸틴의 북한 방문을 전후한 시기에 러시아 국가두마(하원)와 연방의회(상원)가 지난 2월 북한과 체결했던 「친선, 선린 및 원조 조약」을 비준했다. 북한이 2000년 4월, 그리고 러시아가 7월에 각각 본 조약을 비준함으로써 양국관계를 우호협력 관계로 전환시킬 수 있는 토대가 마련되었다.

회담을 개최하면서 양국관계를 활발하게 개선시켰다. 3차례 정상회담에서 제기된 주요 의제에서 러시아 극동지역이 제외된 적은 없었다. 3차례의 정상회담에서 러시아 극동지역이 갖는 의미를 정리한다.

첫째, 2000년 7월 푸틴의 방북과 정상회담 개최는 양국의 서로 다른 입장이 결합되면서 만들어 놓은 결과이다. 북한의 입장에서는 자신의 핵·미사일 개발 문제에 대한 러시아의 이해와 지지를 얻기 위함이고, 러시아의 입장에서는 북한의 핵·미사일 문제와 MD 문제를 연계시킴으로써 국제사회와 동북아 및 한반도 지역에서 자신의 입지강화와 지역 안정을 도모하려는 목적이 강했다.17) 북한의 핵·미사일 문제가 미국의 MD체제 구축뿐만 아니라 동북아 국가들의 군비경쟁을 유발시켜 한반도와 동북아 지역의 불안정을 초래할 수 있기 때문에, 극동지역의 안정과 경제발전을 꾀하고 있는 러시아의 입장에서는 이 문제의 해결이 중요했다. 정상회담을 가능하게 만든 또 다른 중요한 하나는 북한이 당면한 경제난과 에너지난을 완화시키려는 입장과, 한반도와 동북아 지역의 안정에 기초된 극동지역 개발이라는 경제 논리가 만들어 준 결과이다.

둘째, 김정일의 러시아 방문(2001.7.26.~8.18)과 모스크바 정상 회담 역시 국제 현안에 대한 공조와 러시아 극동지역을 중심으로 하는 경제협력이 중요한 의제로 다루어졌다. 푸틴의 입장은 미국의 ABM조약 퇴되와 MD체제 구축 강행에 반대하는 국가[중국, 북한 등]들과 함께 反MD연대를 강화하려 했고, 북한은 자신의 강성대국 건설 노력에 위협적인 미국의 MD체제 구축 움직임에 러시아 및 중국과의 연대를 통해 대응하고 이를 통해 해양세력(한·미·일)과의 협상력 강화를 모색하려 했다. 그리고 평양 정상회담에서 합의한 경제 협력을 구체화하고자 했다. 특히, 푸틴은 6·15 남북정상회담을 계기로 남북한 간에 교류가 활성화되고 있는 협력적 정치 상황을 이용해 남·북·러 3자간 협력 사업을 본격화하려 했다.

셋째, 2002년 8월 23일 블라디보스톡에서 개최된 비공식 정상회담 역시 양국의 필요에 의해 마련되었다. 러시아의 입장은 북한 및 한반도에서의 입지를 지속 및 강화시키려는 정치적인 목적과 함께 극동지역의 안정과 개발정책을 위해 북한과의 협력이 필요하다는 경제논리에 기초된다. 그리고 한국이 참여하는 3각 경제협력[TKR-TSR 연결 사업 등]의 활성화를 위해서도 북한과의 관계 강화가 필요했다. 북

---

17) 푸틴은 중국(7월 17-19일)과 북한을 방문하여 미국의 독자적인 MD체제 구축에 반대하는 힘을 결집하였고, MD체제 구축에 명분을 제공하는 북한의 핵·미사일 개발 문제에 자신의 의지를 투사한 이후 오키나와 G-8 정상회의(2000년 7월 21-23일)에서 자신의 외교력을 과시했다.

한의 입장에서는 2002년 들어 더욱 강경해진 미국의 對북 압박 및 9·11 테러 이후 전개되고 있는 미국의 反테러 전쟁이 자신의 국가 안보에도 위협이 되었기 때문에 러시아와의 협의와 정치적 신뢰 증진이 필요했다. 그리고 또 다른 하나는 2002년 7월 1일부터 임금인상 및 물가현실화, 공장 및 기업소 경영개선 등 7·1경제관리 개선조치를 단행하여 제한적인 경제 개혁을 추진하고 있는 김정일은 러시아 극동지역 도시들에 대한 시찰을 통해 경제개혁 프로그램과 성과를 확인하고, 극동지역 경제와의 협력관계를 더욱 강화하려는 목적이 내재되어 있었다.18)

결국, 2000~2002년의 3차례 정상회담에서 논의된 주요 의제는 국제안보 이슈에 대한 공조와 러시아 극동지역 개발에 관련된 문제들이었다. 러시아는 북한과의 만남을 위해 러시아 극동지역을 활용해 왔다. 러시아는 북한 노동자의 러시아 극동 진출에 관련된 경제협력 영역을 확장시키면서, 북한의 체제안정과 이를 통한 극동지역 개발 환경을 조성하려 했다. 북한의 핵과 미사일 문제는 지역 국가들의 군비경쟁을 자극하는 민감한 사안이기 때문에, 한반도와 동북아 지역의 안정을 저해할 수 있으며, 나아가 러시아 극동지역의 안보를 훼손하는 위협적인 요인이 될 수 있다. 따라서 러시아는 극동지역의 안정과 개발을 위해 북한의 핵과 미사일 문제에 개입해 왔다. 3차례 정상회담에서 나타난 특징은 러시아 극동지역이 2중적인 의미를 지닌다는 데 있다. 북·러간 안보협력과 극동지역 개발이라는 정치 및 경제적 의미가 그것이다. 그리고 러시아는 북한과의 만남을 위해 공간을 활용했고, 북한은 공간에의 참여를 위해 정상회담에 임했다.

### 2) 2011년의 정상회담과 러시아 극동지역의 의미

(1) 정상회담 분석

김정일 국방위원장은 메드베제프 대통령의 초청을 받아 2011년 8월 24일 시베리아 동부의 바이칼 호수 인근에 있는 부랴티야 공화국의 수도 울란우데(Улан-Удэ)市 외곽에서 정상회담을 가졌다. 금번의 정상회담은 2002년 블라디보스톡 정상회담 이후 9년 만이다. 양국 정상들은 해결되지 않은 많은 문제들에 대하 논의했지만,19) 정상회담 직후 메드베제프 대통령이 기자 간담회에서 나눈 질의 및 응답문을 중심으로

---

18) 이동형(2002), p. 168.
19) Российская газета, 2011.08.25.

그 내용을 정리하기로 한다.20) 금번의 정상회담에서 합의된 중요한 내용은 6자회담 재개, 경제협력 확대, 남·북·러 3자 경제협력 문제 등에 대해 긍정적인 입장을 보였다는 사실이다.

첫째, 러시아는 6자회담 재개에 관련된 기존의 북한 입장을 부분적으로 지지하는 모습을 보였다. 사실, 북핵문제 해결을 위한 6자회담은 2008년 12월 이후 북한의 거부로 중단된 상태이다.21) 북한이 2009년 5월 2차 핵실험을 실시하고 농축우라늄을 이용한 핵개발까지 강행하면서 핵문제가 더욱 악화되었다. 미국은 2011년 7월 재개된 북미고위급회담에서 6자회담 재개를 위해서는 북한이 국제원자력기구(IAEA) 사찰단 복귀를 포함한 구체적이고 불가역적인 비핵화 사전 조치를 취해야 한다는 입장을 취해 왔다.22) 6자회담 재개 문제와 관련, 한·미 양국은 핵과 미사일 실험 중단·핵과 농축우라늄 시설들에 대한 IAEA 전문가들의 사찰 등 북한의 진정성 있는 가시적 조치를 촉구해 왔다. 반면 북한은 전제조건 없는 6자회담 재개의 입장을 고수해 왔다. 그러나 금번 회담에서 북·러 양국 정상은 전제조건 없이 6자회담을 하루빨리 재개해 9·19공동성명을 동시 행동의 원칙에 기초해 이행함으로써 전 조선반도의 비핵화를 앞당겨야 한다는 데 의견을 같이했다. 이는 러시아가 북한의 기존 입장을 지지한 것이다.23)

정상 회담 이후 메드베제프 대통령이 밝힌 내용에 따르면, 김정일 위원장은 아무런 조건 없이 6자회담에 복귀할 준비가 되어 있으며, 6자회담 과정에서 핵물질 생산 및 핵실험을 잠정 중단할 준비가 되어 있다고 했다. 물론, 2011년 3월 러시아가 비핵화 조치 6개항24)을 제시할 당시 북한은 조건 없는 6자회담 복귀와 IAEA사찰단의 영변 핵시설 복귀 등을 받아들일 수 있다고 했다. 그런데, 금번의 정상회담에서 논의된 내용은 이때보다 더 진전된 내용이 담겨져 있다. 금번의 정상회담에서 핵물질 생산

---

20) 메드베제프의 기자간담회(Встреча с журналистами по итогам переговоров с Председателем Государственного комитета обороны КНДР Ким Чен Иром) 내용은 다음을 참조. ИНФОРМАЦИОННЫЙ БЮЛЛЕТЕНЬ от 24 августа 2011г., p. 2; http://www.mid.ru/bdomp/bl.nsf/(2011년 10월 8일)
21) 6자회담의 전개과정 및 중단 직전의 상황에 관련된 주변국의 입장은 다음을 참조. 이영형·김승준, "유라시아 동부지역 Pivot area의 성격과 북핵 6자회담에 참가하는 주변4강의 개입전략에 대한 지정학적 해석," 『OUGHTOPIA』, Vol. 22, No.1(Summer 2007), pp. 203-230.
22) 김갑식, "북·러 정상회담의 합의 내용과 의미," 『이슈와 쟁점』(국회입법조사처), 제288호(2011.8.30.), p. 1.
23) 여인곤, "울란우데 북·러 정상회담의 러시아 측 의도와 평가," 통일연구원 KINU현안분석 온라인 시리즈(2011-08-25), p. 2.
24) 비핵화 6개 조항은 다음과 같다. 조건 없는 6자회담 복귀, 핵무기 생산과 실험 중단, 탄도미사일 발사 중단, 농축우라늄 프로그램(UEP) 시설에 대한 IAEA의 조사, 6자회담에 UEP 안건 포함, IAEA 사찰단의 영변 핵시설 복귀 요구 등이다.

및 실험 중단에 관련된 내용이 지적된 것은 한・미・일이 농축우라늄 프로그램(UEP) 중단 및 IAEA 사찰단 복귀와 함께 6자회담 재개의 전제조건으로 북한에 요구했었던 사안들이다.25) 금번의 정상회담에서 이러한 내용의 일부가 포함된 것이다.

둘째, 경제협력 확대 및 남・북・러 3각 경제협력 사업에 대해 보다 긍정적인 결과를 도출한 것이다. 김정일 위원장은 정상회담을 전후한 시기에 경제협력에 많은 시간을 할애했다. 극동지역 최대 수력발전소인 <부레이 발전소>(Бурейская ГЭС)를 방문하면서 전력 확보 등에 관심을 보였다. 금번의 정상회담에서 러시아의 대북 원유 지원과 나선 경제무역지대에 대한 투자 확대, 러시아 극동지역으로 북한 노동자 파견 확대 문제 등에 대해 합의가 이루어진 것으로 보인다. 물론, 경제협력에 임하는 양국의 입장은 서로 달랐다. 러시아는 북・중 관계의 긴밀화와 이에 따르는 러시아의 북한에 대한 영향력 약화 현상을 극복할 목적에서, 북한의 입장은 김정은으로 이어지는 안정적 후계체제 구축에 대한 러시아의 지지와 중・러간 경쟁구도를 자극하여 러시아로부터 보다 유용한 경제지원을 획득할 목적에서 시작된 것으로 보인다.

셋째, 금번의 정상회담에서 주목할 만한 또 다른 중요한 하나는 남・북・러 가스관 건설 사업이다. 메드베제프 대통령은 회담 뒤 가진 기자회견에서 가스협력에 대한 결과물이 도출되었음을 밝혔다. 그는 북한이 3자 협력의 현실화에 대해 관심을 갖는 것으로 이해했음을 밝혔다. 메드베제프는 북한이 자신의 영토를 거쳐 남한으로 이어지는 천연가스(PNG, Pipeline Natural Gas) 수송관 건설을 낙관적으로 받아들임에 따라 가스관 건설을 위한 3자 특별위원회의 발족에 합의했다고 했다. 러시아에서 북한을 거쳐 한국으로 이어지는 천연가스 수송관 건설 사업이 현실화될 가능성이 한층 높아졌다.

북한을 거쳐 사할린産 천연가스를 한국으로 들여오는 파이프라인 건설은 이명박 대통령이 2008년 9월 29일부터 10월 1일까지 러시아를 방문하여 가진 한・러 정상회담에서 추진하기로 합의한 사안이다. 당시 양국 대통령이 참석한 가운데 한국 가스공사와 러시아 가즈프롬(GAZPROM)이 러시아산 천연가스의 한국 공급에 관한 양해각서(MOU)를 체결했다. 양해각서의 핵심은 북한을 통해 러시아산(産) 천연가스(PNG)를 2015년부터 30년 동안 한국으로 도입하는 내용이었다.26) 따라서 금번의 북・러

---

25) 김갑식(2011), p. 2.
26) 천연가스 도입이 성사될 경우, 국내 소비량의 20%에 달하는 연간750만 톤의 천연가스가 한국에 2015년부터 30년 동안 안정적으로 공급된다. 자세한 내용은 다음을 참조. 이영형, "이명박 정부의 러시아 외교정책 평가 및 한・러 관계 발전전략," 『국제문제연구』 제9권 4호(2009.12), pp. 96-138.

정상회담에서 논의된 천연가스 파이프라인 건설 사업이 현실화된다면, 러시아 극동지역에서 유조선을 통해 한국으로 들여오는 방식이 아니라 부설된 육로 파이프라인을 통해 한국으로 들여올 수 있게 된다.

### (2) 러시아 극동지역의 의미

2011년 8월의 울란우데市 정상회담은 러시아의 극동지역 개발정책과 북한의 안정적 후계체제 구축을 통한 체제유지 정책이 맞물리면서 추진된 것으로 보인다. 2012년 9월로 예정된 블라디보스톡 APEC 정상회의를 성공적으로 개최하면서 《아태지역 국제협력센터로서 블라디보스톡市의 발전》 계획을 구체화하려는 러시아, 경제와 외교문제가 해결되지 않고서는 체제유지 및 후계체제 구축작업이 불안해질 수 있을 뿐만 아니라 <2012년 강성대국 진입>이 난관에 봉착될 수 있다는 북한의 우려가 정상회담을 가능하도록 했다.

러시아는 2012년 9월로 예정된 블라디보스톡 APEC 정상회의의 성공적인 유치를 통해 자신의 극동지역을 아·태 경제권(특히, 동북아 경제권)에 편입시키려 했다. 러시아 극동지역의 개발과 APEC 회의의 성공적 유치를 위해서는 북한을 중심으로 하는 동북아 지역의 안정이 필수적이다. 그러나 북한의 돌출 행위가 이에 걸림돌로 작용하고 있다. 북한의 돌출 행위가 APEC 정상회의 개최뿐만 아니라, 자신의 극동지역 개발에도 부정적인 영향을 미친다. 따라서 러시아는 북한에 대한 각종 지원 및 경제협력 확대를 통해 지역 질서를 안정화시키고, 1년 앞으로 다가온 APEC 회의에 만전을 기하려 한다. 북한 역시 안정적인 3대 세습을 위한 러시아의 지지와 에너지 등을 지원받으면서 2012년에 시작되는 강성대국 원년을 준비하려 한다. 그리고 중국에 편향되었던 정책을 재조정하여 중국과 러시아 양국으로부터 정치, 경제, 외교적 실익을 확보하려는 계산이 깔린 것으로 보인다.27)

울란우데市 정상회담에서 합의된 내용은 실무진을 중심으로 보다 구체적으로 논의되기 시작했다. 정상회담 직후인 2011년 9월 28~30일 데니소프(А.И.Денисов) 러시아 외무부 제1차관이 김계관 외무성 제1부상의 초청으로 북한을 방문했다.28) 지난 8월 24일 울란우데 정상회담에서 합의된 사항들을 발전시키는 실무차원의 방북이었

---

27) 여인곤(2011), p. 2.
28) 데니소프의 북한 방문에 관련된 내용[О визите первого заместителя Министра иностранных дел России А.И.Денисова в КНДР]은 다음을 참조. *ИНФОРМАЦИОННЫЙ БЮЛЛЕТЕНЬ* от 30 сентября 2011 года, p. 3.

다. 러시아 외무부의 보도문에 따르면, 9월 29일 데니소프 러시아 외무부 제1차관이 김계관 외무성 제1부상 등 북측 인사들과 회동을 갖고 러시아에서 출발해 북한 영토를 거쳐 한국으로 이어지는 가스관 건설과 유사한 노선의 송전선 건설, 그리고 러시아와 남북한 철도연결 문제 등을 논의했다. 그리고 양측은 6자회담 재개 방안 등에 대해서도 의견을 교환한 것으로 알려졌다.

결국, 2011년 8월의 울란우데市 정상회담에서 합의된 주요 내용과 이에 파생된 변수들은 대부분 러시아 극동지역에 관계되고 있다. 북핵 6자회담 재개, APEC 정상회의와 극동지역 개발, «아태지역 국제협력센터로서 블라디보스톡市의 발전», 북한에 대한 에너지 등 경협 확대, 북한 노동자의 러시아 극동지역 파견 확대, 남·북·러 가스관 건설 등이 그들이다. 러시아 극동지역의 개발이라는 당면 과제와 양국간 정상회담 개최라는 정치적 상황이 분명히 어떠한 형태로든 관계되고 있는 것으로 보인다.

## 3. 북·러 경제관계와 러시아 극동지역

### 1) 북·러 교역 및 투자 실태

1990년 북한의 전체 무역에서 50%를 넘게 차지하던 대소 무역량이 1991년에는 14%에 불과했다. 1991년 한·소 수교 이후 교역량이 급격히 감소했다. 1992년 이후부터 옐친이 대통령 직을 사임하는 1999년 12월까지 양국간 교역은 회복될 기미를 보이지 않았다. 한·소 수교 직후 교역량이 급격히 감소되어 왔고, 1993년의 양국간 총무역량은 2억2천만 달러 정도에 불과했다. 그 이후부터 2000년까지 년간 총교역량이 1억 달러를 넘지 못하는 등 양국간 경제관계가 거의 중단되는 모습을 보였다.

<표 1> 러시아의 對북한 교역량(단위: 100만 $)

| 구 분 | 1992 | 1993 | 1994 | 1995 | 1996 | 1997 | 1998 | 1999 |
|---|---|---|---|---|---|---|---|---|
| 총무역량 | 311.5 | 222.2 | 95.1 | 85.4 | 64.8 | 90.7 | 65 | 56.3 |
| 수 출 | 239 | 168 | 51.4 | 70.1 | 35.8 | 73.5 | 56.5 | 49.1 |
| 수 입 | 72.5 | 54.2 | 43.7 | 15.3 | 29.0 | 17.2 | 8.5 | 7.2 |

Госкомстат России, *Российский статистический ежегодник. Статистический сборник* (Москва: 1996), с. 343; Госкомстат России, *Российский статистический ежегодник 2001. Статистический сборник* (Москва, 2001), с. 607.

• • • • • • • • • •

한국과 러시아의 수교 이후 북한과 러시아 사이의 군사 동맹관계가 약화됨은 물론 경제협력도 대부분 중단되었다. 소련/러시아에 절대적으로 의존한 북한 경제는 사실상의 국교 단절로 회복불능의 상태로 접어들기 시작했다. 북한의 대표적인 공업 시설인 김책제철소나 동평양화력발전소 등을 비롯한 기간산업의 70%가 러시아의 돈과 기술로 건설되었지만, 에너지와 원자재가 제때 공급되지 못해 생산에 차질을 빚었다. 노후화된 설비를 개보수할 지원도 기대할 수 없게 되었다. 이러한 모습은 한국과의 관계를 선호한 옐친 집권 전 기간(1992-1999년) 동안 계속되었다.

2000년 푸틴의 방북을 전후하면서 양국간 경제 협력 활성화를 위한 다양한 조치들이 취해졌다. 북한과 러시아는 쌍무적인 경제 및 과학기술 연계를 강조하면서, 이에 따르는 법적 및 재정적 조건을 형성해 나갔다. 2000년 이후의 북·러 경제 관계는 북한 공장의 재건 및 보수, 현대화, 그리고 극동지역에서의 경협 문제 등에서 활발히 논의되는 수준으로 나타났다. 그동안 석유정제공장, 4개 화력발전소 재건,29) 김책제철소 복구 등 북한 공장의 개보수 및 현대화 논의가 계속되어 왔지만, 구체적인 경협에는 이르지 못했다. 그 이유들 중에서 중요한 하나는 북한 측의 차관 요청 및 현금 지급 거부 등이었다.

2000년 이후 북·러간 협의 채널이 복원되었지만 여전히 양국의 교역 상황은 침체를 벗어나지 못했다. 2002년의 경우, 북한의 대러 무역량이 총6천8백만 달러로 1990년의 약30%에 불과했으며 러시아가 차지하는 비중도 4%가 되지 못했다. 아래의 도표에서 보는 바와 같이, 러시아 경제가 성장하고 있던 푸틴 집권기(2000~2008.4)에도 양국간 경제관계는 미미한 수준에 머물렀다.

<표 2> 러시아의 대북한 교역량(단위: 100만 $)

| 구 분 | 2000 | 2003 | 2004 | 2005 | 2006 | 2007 |
|---|---|---|---|---|---|---|
| 총무역량 | 46.1 | 114 | 209.8 | 232.9 | 210.1 | 159.7 |
| 수 출 | 38.4 | 111 | 205 | 226 | 190 | 126 |
| 수 입 | 7.7 | 3.0 | 4.8 | 6.9 | 20.1 | 33.7 |

Госкомстат России, *Российский статистический ежегодник 2001. Статистический сборник* (Москва, 2001), с. 607, Федеральная служба государственной статистики, *Российский статистический ежегодник 2008. Официальное издание* (Москва: 2008), с, 767.

---

29) 2000년 10월 양국은 평양화력발전소, 동평양화력발전소, 청진화력발전소, 북창화력발전소의 재건에 합의했다. 그러나 북한이 발전 설비의 추가 건설, 재건, 설비 공급을 위해 총 2억 달러의 차관을 요구하자 러시아가 이를 채무와 연계시키면서 지원 사업이 답보 상태에 들어갔다.

북·러간 경제 협력이 거의 이루어지지 않는 이유는 러시아의 북한에 대한 원조 중단이 중요한 역할을 담당했다. 그리고 북한의 경제구조가 시장경제에 적극적으로 대처하지 못한 상황임에도 불구하고, 러시아의 대북한 경제관계가 시장 논리에 기초되었기 때문이다. 러시아의 시장경제 체제로 이행, 북한 경제의 어려움, 양국 경제관계에 상업적 원칙의 적용 등 여러 요인이 복합적으로 작용한 결과이다. 2010년을 전후한 시기까지 북·러간 경제협력은 미미한 수준이며, 북한의 대러 무역 비중이 2%를 밑돌고 있었다.

<표 3> 북·러 경제협력 현황 및 주요 특징

| 구분 | 북한 | | | 러시아 |
|---|---|---|---|---|
| 경제 관계 | ·북한과 러시아의 교역 현황[단위: 백만$] | | | |
| | 년도 | 총교역액 | 북한의 교역 점유율(%) | 비고 |
| | 2005 | 232.9 | 5.7 | 북한의 대러 무역 비중이 최대 5.7%로 중국에 비해 매우 낮은 수준 |
| | 2006 | 210.1 | 4.8 | |
| | 2007 | 159.7 | 3.4 | |
| | 2008 | 110.5 | 2.0 | |
| | 2009 | 62 | 1.2 | |
| | 2010 | 110 | 1.8 | |
| 주요 수출품 | 토석류, 소금, 철강 등 | | | 광물성 연료, 에너지, 목재, 목탄, 펄프 등 |
| 협력 대상지 | 러시아 동부지역[시베리아 및 극동지역] | | | |
| 비고 | 노동력 송출 | | | ·극동/시베리아 지역 개발에 필요한 노동력 부족[북한 노동자 선호]<br>·남북러 3자 협력사업[철도, 에너지, 전력] 희망 |

이영형, 『러시아의 극동개발과 북한 노동자』(서울: 통일연구원, 2012), pp. 74-75 참조.

2) 북·러 경제협력과 러시아 극동지역

2000년 7월의 정상회담은 러시아 극동지역에서 북한의 경제활동이 보다 활발해질 수 있는 토대를 마련해 주었다. 2000년 10월 17-21일 북한과 러시아가 '경제무역 및 과학기술 협력위원회'를 개최하여 경제협력 확대 방안을 논의했고, 동년 11월 28일-12월 6일에는 리인규 북한 외무성 부상이 극동지역을 순회하면서 러시아 극동의 지방정부와 경제교류 활성화 방안을 모색했다. 그리고 2002년 3월 말 최태복 북

∙ ∙ ∙ ∙ ∙ ∙ ∙ ∙ ∙ ∙

한 최고인민회의 의장이 러시아를 방문하여 북한에 원자력 발전소를 건설하는 문제와 모스크바 소재 공장에서 북한 노동자들의 전문교육을 실시하는 문제 등을 포함한 경제협력 방안을 논의했다.

2002년 4월(4-12일)에는 조창덕 내각 부총리가 경제대표단을 인솔하여 러시아 극동지역을 방문하여 경제협력 방안을 모색했다. 조창덕 내각 부총리는 김정일 국방위원장의 지시로 블라디보스톡(연해州)·하바롭스크(하바롭스크州)·블라고베셴스크(아무르州) 등 극동의 여러 도시들을 방문했다. 북한 경제대표단은 러시아 극동지역을 상대로 다양한 협력 프로젝트를 제시했다.30) 2002년 8월의 블라디보스톡 정상회담에서 극동지역을 중심으로 한 임업(벌목)·어업·건설·석유채굴·광업 분야 등에서의 협력 문제가 논의되었고,31) 2003년 들어 북한의 임업성·경공업성·금속기계공업성·철도성대표단이 러시아 극동지역을 방문했다. 동년 <북-러(연해주)간 경공업 협력 의정서>(7월), <과학기술협조 의정서>(9월), <세관분야에서의 협조에 관한 협정>(10월)을 체결하는 등 경제협력을 위한 움직임이 활발히 추진되었다. 2004-5년에도 다양한 수준의 접촉이 계속되었다. 이러한 일련의 접촉에서 러시아의 북한에 대한 경제지원 차원의 협력, 그리고 북한의 러시아에 대한 노동력 제공 차원의 협력 등이 중요한 문제로 제기되었다.

세르게이 라브로프(S.V.Lavrov) 러시아 외무장관이 2004년 여름에 서울과 평양을 방문했고, 2004년 9월에는 연방회의 의장인 미로노프(S.M.Mironov)를 단장으로 하는 방문단이 북한을 방문했다. 그리고 2005년 5월에는 국회 국제관계위원장 콘스탄틴 코사체프(K.Kosachev)가 북한을 방문했다. 2005년 8월 연해州 부지사인 빅토르 고르차코프( V.B.Gorchakov)가 함경북도를 방문하여 북한 측과 어업·농업·무역·문화·스포츠 등 다양한 분야에서의 양국간 협력 및 발전에 대한 약정서를 체결했다. 북한은 연해州와의 성공적인 협력이 가능한 분야로 어업·농업·목재가공·조선·석유화학·에너지·운송·관광·노동력 공급·과학기술 협력 등을 생각해 왔고, 러시아의 연해주 측에서는 북한의 노동력 공급을 중심으로 하는 협력을 선호한 것으로

---

30) 연해州를 상대로 해서는 구소련의 기술과 자본으로 건설된 공장설비의 현대화 및 전력공급 문제를 비롯하여, 공동벌목 및 북한의 벌목인력 공급 확대, 수산물 가공, 농업협력 등을 주요 내용으로 하고 있다. 그리고 하바롭스크州를 상대로 해서는 목재 생산량 확대를 비롯하여, 건설 및 원유가공 그리고 관광협력에 필요한 협력을 주요 내용으로 하고 있다. 아무르州에서는 벌목량 확대 및 북한 노동력을 활용한 농업협력 문제를 비롯하여, 건설-무역-관광 등에 관련된 경협 프로젝트가 제안되었다.
31) 2002년 8월에 북한·아무르州간 농업 및 임업분야 협력 의정서가 조인되었다. 이와 함께, 북한의 벌목 노동자들이 다수 진출하여 왔다. 특히, 발찌잔스카야 지역에 다수의 북한 벌목 노동자들이 활동하고 있다.

알려지고 있다.32)

2005년 10월 10일 북한 노동당 창립 60주년을 기념하는 자리에 러시아 극동대학교 총장 쿠릴로프(В.И.Курилов)를 비롯한 다수의 극동대학교 일행이 참석하여 김정일에게 극동대학교의 명예박사 학위를 수여했다. 이는 러시아 극동지역과 북한의 관계 발전에 필요한 환경 조성에 유익하게 작용하게 된다. 러시아는 북한 경제를 지원할 수 있는 다양한 위원회를 결성하고 있으며, 철도 및 전력 등 국가 기간 산업 재건에 필요한 프로젝트를 전달하고 있다. 전력 생산을 위한 발전소 개보수에 따르는 다양한 협력 방안들이 모색되고 있다. 특히, 하바롭스크시에 있는 <VOSTOKENERGO>社는 2006년 9월 현재, 북한에 전력을 공급하기 위해 북한 관련 인사와 수차례 회담을 가졌다.33) 북한 역시 극동지역과의 경제협력에 특별한 관심을 가지고 있다. 북한의 경제 무역 사절단이 러시아 극동지역을 수시로 방문하고 있으며, 평양시내에 유리공장 설립을 합작 사업으로 추진할 것을 제안하기도 했다. 합작사업의 일환으로 준비되는 유리공장 설립에 대한 양해각서는 이미 체결된 상태이다.

세르게이 스토르착(Сергей Сторчак) 러시아 재무차관과 김영길 북한 재무성 부상은 2006년 12월 17~22일까지 모스크바에서 열린 재무성 차관급 회담을 통해 지난 2000년 10월 3차 이후 중단됐던 북-러 통상경제협력위원회(경제협력위)를 개최하기로 했다. 2007년 3월 23일에 그동안 중단되었던 북·러간 <경제통상협력위원회>가 모스크바에서 개최되었다. 본 위원회 회의에서 러시아 잉여전력의 북한 수출 문제·러시아산 원유의 북한내 가공 문제·양국간 철도연결사업 문제·러시아의 북한 노동력 확대 이용 방안 문제 등이 논의되었다.34)

북·러 양국의 철도기관들은 하산~라진사이의 철도와 라진항 개건을 위하여 여러 차례의 협상과 현지 조사를 진행해 왔으며, 빠른 시일 내에 착공할 수 있는 준비를 하여왔다.35) 북한의 라진항 운영에 필요한 전력제공 방안과 하산과 라진간 철도연결

---

32) 빅토르 고르차코프(Виктор Горчаков) 연해州 부지사에 의하면, 2005년 연해州 건설 현장에 3320명의 북한 노동자들이 활동하고 있었다. 연해州 정부의 입장에서 본다면, 이들이 동일지역의 재건사업에 상당한 기여를 했다. 따라서 연해州 정부는 2006년의 연해州 건설 현장에 동원될 수 있는 북한 노동자의 한계를 5천명으로 증가 결정했다. 특히, 2005년 나호트카市에 <북-러 무역경제 협력 폰드>가 결성되었다. 본 폰드의 주된 업무들 중에서 하나는 러시아 극동지역의 건설 현장에 북한 노동자들을 동원하는 작업이다. 본 폰드는 북한의 건설 회사인 <젠코(ZENKO)>와 함께 일하고 있다. 이와 함께, 해를 거듭할수록 노동자의 수가 증가하고 있다.
33) <VOSTOKENERGO>社의 사장인 미나코프(Минаков В.Н.) 및 부사장 코로프코프(Коровко П.А.)가 북한에 전력을 공급하기 위해서 분주히 움직이고 있다. 특히, 미나코프(Минаков В.Н.) 사장은 수차례 북한을 방문하였으며, 북한에의 전력 공급 문제로 2차례 김정일과 면담을 가졌다. 이영형, 슬라브학회 발표(2006) 논문, p. 12.
34) *RIA Novosti*, December 11, 2006; 『중앙일보』 2006년 12월 13일

문제를 북한측과 협의하기 위해 러시아 전력회사인 인테르 라오 UES(Unified Energy System) 회사 대표단이 2008년 1월 26일 평양에 도착했다.36) 그리고 알렉세이 메르시야노프 부총사장을 단장으로 하는 주식회사 <러시아 철도> 대표단이 2008년 3월 11일부터 15일까지 평양을 방문했다. 양국의 철도기관은 빠른 시일 내에 하산~라진사이의 철도와 라진항 개건에 착공하기로 합의했다. 양국의 철도기관은 라진항에 부두를 건설하고, 하산~라진사이의 철도를 개건하여 시베리아횡단철도를 통한 국제화물 중계수송망 건설을 담당하게 될 합영기업을 창설하기 위한 법적·기술적 문제들에 대해 논의했다.37)

　북한은 그동안 러시아 극동지역의 임업·어업·농업·광산업 등에서 북한 노동력을 매개로 한 협력을 제안해 왔으며, 이러한 협력 사업이 구체화되고 있다.38) 그리고 러시아는 북한지역에서 전력 생산을 위한 발전소 개보수를 비롯하여, 통신·항만건설 등 인프라 구축을 위한 협력을 모색해 오고 있다. 뿐만 아니라, 북한과 러시아 양국의 정부차원에서 TSR-TKR 연결사업·광물자원의 공동개발·북한에서 러시아 원유가공·북한에 전략 공급·벌목과 농업분야에서의 협력 문제 등에 많은 관심을 보이고 있다. 이러한 다양한 협력 방안들 중에서, 북한 노동력의 러시아 극동지역 파견에 관련된 경제협력 사업이 가장 현실적인 대안으로 제기된다. 러시아 극동지역의 개발 과정에 북한 노동자의 참여는 서로가 서로를 원하는 Win-Win 사업이 된다. 현지 노동자가 부족한 러시아 극동지역은 중국 노동자의 지나친 진출을 차단하는 차원에서, 외화벌이에 목말라하는 북한의 노동력 유입을 선호하고 있기 때문이다.

　결국, 시베리아 및 극동지역의 개발정책을 비롯하여, 지하천연 자원, 산림자원, 수산자원, 그리고 농업차원 개발에 러시아 다음으로 큰 기대를 걸고 있는 국가는 북한이다. 일찍이 북한은 노동력이 부족한 극동 시베리아 벌목장에 노동자를 파견하면서 극동과 인연을 맺었다. 러시아가 부족한 노동력을 보충하기 위해 중국인이 아니라 북한인을 끌어들인 것은 중국의 거대한 인구 유입 압력에 대처하기 위해서이다. 북한은 부족한 외화 자원을 획득하기 위해 극동 시베리아의 자원개발에 큰 기대를 걸고 있다.39) 양국간 경제관계에서 북한이 제공할 수 있는 유일한 자원은 노동력이다.

---

35) 『로동신문』, 2008년 3월 12일.
36) 『조선중앙통신』, 2008년 1월 26일.
37) 『로동신문』, 2008년 3월 21일.
38) 북한 노동자의 러시아 극동지역 진출 현황 및 그 영향력에 대한 평가 내용은 다음을 참조 바람. 이영형, "북한 노동자의 러시아 극동지역 진출 현황 및 그 역할 분석," 『국제정치연구』 제10권 2호(2007년).
39) 윤성학, "시베리아는 열강의 각축장…노무현 정부는 시베리아로 눈을 돌려라," 『신동아』, 2004년 03월호,

## 4. 러시아 동부지역과 북·러 관계, 그리고 한반도

### 1) 『로동신문』으로 보는 시베리아 및 극동지역과 북한

2012년 들어 북한과 러시아는 다양한 수준에서 정치 및 경제관계 발전을 위한 움직임을 보여 왔다. 양국간 정치 및 경제관계 일반을 시간 순으로 정리하면 다음과 같다. 2012년 1월 30일 모스크바에서 북한과 러시아는 <해양자원 불법채취 예방 영역에서의 협력 협정>40)을 체결했다. 본 협정에는 북한의 박태원 수산상과 러시아의 안드레이 크라이니(Крайний А.А.) 수산청장이 서명했다.41) 그리고 양국은 2012년 4월 평양에서 무역, 경제 및 과학기술 협조위원회 임업 분과위원회 제16차 회의를 개최하여 경제협력 문제를 논의했고 이에 관련된 의정서가 17일 평양에서 조인되었다.42) 동년 6월 27일에는 모스크바에서 북한 외무성과 러시아 외무성이 <2012~2014년 교류 계획서>에 조인했다. 북한의 궁석웅 부상과 러시아의 이고리 모르굴로브(И.В.Моргулов) 외무부 차관이 교류 계획서에 서명했다.43) 뿐만 아니라, 양국 정부는 7월 5일 모스크바에서 <조로 국경질서에 관한 조약>에 서명했다.44)

북한과 러시아는 지난 2007년 8월 31일 체결하고 2009년 12월 1일 메드베제프 대통령이 최종 서명한 상대방 영토에서의 노동 활동에 관한 협정에 기초해서 상대방 영토에서 경제활동을 추진해 오고 있다. 그리고 이에 관련된 실무그룹 회의가 수시로 개최되고 있다. 상대방 국가에서의 노동활동을 점검하고 평가하는 성격을 지닌다. 2012년 10월에 평양에서 일방 국가 영토에서 타방 국가 국민들의 임시 노동 활동에 관한 협정의 이행에 관련된 문제들을 논의하기 위한 공동 실무그룹 제3차 회의가 개최되었다. 실무그룹 회의 결과는 10월 5일 조인된 의정서에 정리되었다. 조인식에는 북한의 리명산 무역성 부상을 비롯한 관계자, 그리고 쿠즈네초프(A.Kuznetsov) 부국장을 단장으로 하는 러시아연방 이민국 대표단 등이 참가했다.45)

---

pp. 346 ~ 360
40) <СОГЛАШЕНИЕ МЕЖДУ ПРАВИТЕЛЬСТВОМ РОССИЙСКОЙ ФЕДЕРАЦИИ И ПРАВИТЕЛЬСТВОМ КОРЕЙСКОЙ НАРОДНО-ДЕМОКРАТИЧЕСКОЙ РЕСПУБЛИКИ О СОТРУДНИЧЕСТВЕ В ОБЛАСТИ ПРЕДУПРЕЖДЕНИЯ НЕЗАКОННОГО, НЕСООБЩАЕМОГО И НЕРЕГУЛИРУЕМОГО ПРОМЫСЛА ЖИВЫХ МОРСКИХ РЕСУРСОВ>의 원문 내용은 다음을 참조. http://www.mid.ru/BDOMP/spd_md.nsf/(검색일: 2013년 1월 21일).
41) 『로동신문』, 2012년 2월 2일.
42) 『로동신문』, 2012년 4월 18일.
43) 『로동신문』, 2012년 6월 29일.
44) 『로동신문』, 2012년 7월 7일.

러시아연방 국가회의의 <지역정책, 북방 및 원동문제 위원회> 소속 국회의원과 관련 담당자들로 구성된 국가회의 4개 정당 연합 대표단이 2012년 11월 5일 평양을 방문했다.46) 러시아 극동지역을 중심으로 양국간 정치 및 경제관련 문제를 조사 및 분석하기 위한 목적의 방북이었다. 이와 함께, 북한의 강영철 수산성 부상을 단장으로 하는 조로어업공동위원회 대표단이 러시아에서 진행되는 어업공동위원회 제26차 회의에 참가할 목적으로 12월 21일 평양을 출발했다.47) 이들은 8박 9일의 일정을 마치고 12월 29일 귀국했다.

러시아와 북한의 협력 관계에서 중요한 의미를 지니는 하나는 교통관련 문제이다. 시베리아 및 극동지역의 철도를 개보수하거나 신규 확장하는 문제를 비롯하여 북·러간 철도를 연결하는 문제가 이에 포함된다. 러시아는 북·러간 철도 연결 문제에 보다 많은 관심을 갖고 있으며 러시아 철도주식회사 대표단이 7월 24일 평양에 도착하여 철도 협력에 관련된 문제를 논의해 왔다.48)

러시아와 북한의 협력 움직임이 양국의 중앙정부가 추진하는 국가차원의 정치 및 경제관계 활성화 조치와 함께 다양하게 이루어 지고 있으며, 지역차원에서는 시베리아 및 극동지역을 대상지로 하는 북·러 지방간 경제협력 움직임이 활발하게 전개되고 있다. 북한은 러시아 극동지역의 주요 도시를 대상으로 하는 다양한 협력관계를 희망하고 있다. 러시아 극동시역과 북한의 관계가 긴밀해 질 수 있는 문화행사를 개최하면서 정치경제 및 문화적 연대감을 부각시키려 노력하고 있다. 북한과 러시아 극동지역 주요 도시간 협력 움직임과 러시아 극동지역에서 개최되는 북한의 주요 문화행사를 살펴보기로 한다.

첫째, 북한과 러시아 극동지역 주요 도시간 협력 움직임이다. 2011년 10월 31일 북한의 함경북도 청진시와 러시야 하바롭스크市 사이의 친선관계 설정에 관한 협정이 하바롭스크市 행정부에서 조인되었다.49) 그리고 하바롭스크에서 진행되는 제1차 원동 국제군악 축전에 참가하고 아무르 주를 방문하기 위해 강일남 대좌가 인솔하는 조선인민군 군악단이 2012년 5월 22일 평양을 출발하여 현지에서 활동했고, 6월 1일 귀국했다.50) 2012년 5월 2일에는 아무르州 정부의 문화관련 일행이 평양을 방문하

---

45) 『로동신문』, 2012년 10월 6일.
46) 『로동신문』, 2012년 11월 6일.
47) 『로동신문』, 2012년 12월 22일.
48) 『로동신문』, 2012년 7월 25일 참조.
49) 『로동신문』, 2011년 11월 5일.
50) 『로동신문』, 2012년 5월 23일; 2012년 6월 2일.

여 양국간 문화협력을 논의했고,51) 안극태 평안남도 인민위원회 위원장을 단장으로 하는 친선대표단이 2012년 5월 25일 아무르州를 방문했다.52) 이들은 아무르州와의 경제협력 문제를 논의한 뒤 6월 8일 귀국했다.

북한의 대외문화 연락위원회 부위원장인 서호원 위원장과 한영복 부총국장을 단장으로 하는 사업총국 대표단 등 조러 친선협회 대표단이 2012년 8월 17일 9박 10일 일정으로 러시아의 아무르州를 방문하기도 했다.53) 겐나디 아이다예프(Г.А.Айдаев) 시장을 단장으로 하는 울란-우데市 대표단이 9월 28일 평양에 도착했으며,54) 북한의 해주시와 러시아의 부랴티야 공화국 울란-우데市 사이의 자매결연 설정에 관한 합의서가 9월 30일 조인되었다.55) 이와 함께, 노비코프(В.М.Новиков) 시장을 단장으로 하는 연해주의 아르쫌市 대표단이 10월 27일 평양에 도착하여,56) 경제협력 문제를 논의하고 30일 귀국했다.

둘째, 러시아 극동지역에서 개최되는 북한의 주요 문화 행사 현황이다. 북한은 러시아 극동지역과 북한의 긴밀한 관계를 강조하는 다양한 문화행사를 거행하고 있다. <김정일화 전시회>가 러시아 극동지역의 여러 도시를 순회하면서 이루어지고 있다. 2012년 1월 27일 극동지역의 나호트카市에서 <김정일화 전시회>가 열렸다. 전시회장 정면에는 김일성과 김정일이 백두산에 함께 있는 립상화가 설치되어 있었다. 로동신문의 내용에 따르면, 금번의 전시회는 "나호트카 시민들이 태양의 꽃이 자기 고장에 활짝 피어 난 데 대하여 커다란 자부심을 가질 수 있도록" 기획된 것이다.57) 그리고 <김정일화 전시회>는 2월 9일 블라디보스톡에서도 진행되었고, 동일한 방식으로 전시회장 정면에 김일성과 김정일의 초상화가 설치되어 있었다.58)

뿐만 아니라, 북한의 <도서, 사진 및 수공예품 전람회>가 2012년 2월 15~18일까지 하바롭스크市 원동미술박물관에서 개최되었다. 김정일과 김정은의 혁명 활동관련 사진들과 회고록 『세기와 더불어』, 『주체사상에 대하여』 등과 같은 작품, 그리고 선군 조선의 강성국가 건설 성과를 소개하는 도서, 사진, 북한 주민들의 창조적 재능

---

51) 『로동신문』, 2012년 5월 3일.
52) 『로동신문』, 2012년 5월 26일.
53) 『로동신문』, 2012년 8월 18일.
54) 2012년 12월 11일의 제52차 울란우데(Улан-Удэ)시 대의원 소비에트에서 골코프(Голков А.М.)를 울란우데(Улан-Удэ)시장으로 선출했다. http://www.ulan-ude-eg.ru/(검색일: 2013년 1월 21일).
55) 『로동신문』, 2012년 9월 29일; 2012년 10월 1일.
56) 『로동신문』, 2012년 10월 28일.
57) 『로동신문』, 2012년 2월 6일.
58) 『로동신문』, 2012년 2월 22일.

이 깃든 수공예품들이 전람회에 전시되었다.59) 그리고 동년 6월 16일 콤스몰스크-나-아무례市 미술 박물관에서 북한의 도서 및 미술 전람회가 시작되어 7월 중순까지 진행되기도 했다.60) 이러한 움직임은 북한과 러시아 극동지역의 연대감을 자극함과 동시에, 향후 양국간 정치경제 및 문화교류 확대를 유도하기 위한 정책적 고려인 것으로 보인다.

2) 남·북·러 3자 협력 사업을 통한 시베리아 및 극동지역 개발

러시아와 북한의 관계에서 걸림돌로 작용해 온 문건들 중에서 중요한 하나는 북한의 對러 채무 문제였다. 2000년대 들어 북한과 러시아 사이에 채무 문제에 대한 협상이 진행되었지만, 양측의 견해 차로 진전을 이루지 못했다.61) 2011년에 그동안 중단된 채무 협상이 재개되었다. 2011년 8월, 김정일 국방위원장과 드미트리 메드베제프 러시아 대통령간 정상회담을 계기로 협상이 재개되기 시작했다. 2012년 6월 마침내 양측 간에 잠정 합의가 이뤄졌다. 세르게이 스토르착(Sergei Storchak) 재무부 차관이 2012년 5월 31일부터 6월 2일까지 평양을 방문해 북한 재무당국과 채무 문제 해결에 합의하고 부처간 의정서에 서명했다. 그리고 이를 뒷받침할 정부간 협정서에 가조인했다. 이후 양국은 내각 차원의 내부 협의를 거쳤다.

2012년 9월 18일자 러시아 신문(Российская газета)은 РИА Новости의 보도 자료를 인용해, "러시아와 북한이 110억 달러의 채무 조정 협정에 서명했다."62)고 밝혔다. 재무부 차관인 스토르착(Сергей Сторчак)의 발표에 따르면, 9월 17일 러시아에 대한 북한의 부채(Северокорейский долг перед Россией)가 110억 달러로 공식 조정되는 협정이 이루어졌다. 스토로착(Сторчак)의 지적에 따르면, 그동안 양측은 루블을 달러로 환산하는 문제에 대해 논의해 왔고,63) 전체 채무의 약90%를 제1차로 감액하기로 했다. 그리고 10억 달러가 조금 넘는 잔여 채무는 북한에서 실시될 교육, 보건, 에너지 등 공동 프로젝트 실현 영역에서 <원조 전환 부채>(долг в обме

---

59) 『로동신문』, 2012년 3월 1일.
60) 『로동신문』, 2012년 6월 29일.
61) 양측은 북한 외채에 적용할 환율을 둘러싸고 첨예하게 대립해 왔다. 러시아는 1991년 구소련 해체 당시의 환율(1달러=0.6루블)을 적용하자고 주장한 반면, 북한은 현재의 환율(1달러=28.9루블)을 적용할 것을 고집해 왔다.
62) Россия и КНДР подписали соглашении об урегулировании долга на 11 млрд долларов.
63) 1달러=60코페이카(러시아 화폐 단위. 100분의 1 루블)로 환산한 것으로 알려지고 있다.

н на помощь) 방식으로 사용하도록 결정되었다.64) 10억 달러가 조금 넘는 잔여 채무가 <원조 전환 부채>로 사용되기 때문에, 북·러간 공동 프로젝트가 추진될 수 있는 자원으로 활용될 수 있게 되었다.

러시아와 북한이 합의한 <원조 전환 부채>의 사용 용도는 정해지는 듯하다. 러시아는 한반도를 경유하는 가스관 건설, 송전선 건설, TSR과 TKR 연결 등 남·북·러 3각 협력 프로젝트를 희망해 오고 있기 때문에, 여기에 북한의 참여를 유도하면서 북한의 대러 채무 잔금이 사용될 가능성이 높아졌다. 이러한 관점에서 그동안 남·북·러 3국이 양자간 회담에서 3자 협력 사업의 일환으로 논의되어 온 에너지 협력 사업을 개괄한다.

2011년 8월 24일 시베리아 동부의 바이칼 호수 인근에 있는 부랴티아 공화국의 수도 울란우데市 외곽에서 북·러 정상회담이 개최된 사실을 기억할 필요가 있다. 메드베제프 대통령은 울란우데 정상회담 뒤 가진 기자회견에서 가스협력을 중심으로 하는 3자 협력에 북한이 관심을 갖는 것으로 이해했음을 밝혔다. 북한을 거쳐 사할린산(産) 천연가스를 한국으로 들여오는 파이프라인 건설 사업은 이명박 대통령이 2008년 9월 28-30일 러시아를 방문하여, 29일 가진 한·러 정상회담에서 추진하기로 합의한 사안이다. 당시 양국 대통령이 참석한 가운데 한국 가스공사와 러시아의 가스프롬이 러시아산(産) 천연가스의 한국 공급에 관한 양해각서(MOU)를 체결했다. 러시아로부터 천연가스(PNG) 도입이 성사될 경우, 2015년부터 30년 동안 100억㎥의 러시아산(産) 천연가스가 북한을 통해 안정적으로 한국에 공급된다는 내용이었다.65)

2011년 울란우데 북·러 정상회담에서 논의된 남·북·러 가스관 연결 프로젝트는 2008년 9월 한·러 정상회담에서 합의한 내용을 러시아가 북한에 전달하는 성격을 지녔다. 따라서 북·러 정상회담에서 논의된 가스관 연결 프로젝트의 구체적인 일정은 러시아의 가스프롬과 한국의 가스공사에 의해 논의되어 왔다. 2012년 1월-4월 사이에 가스공급 협정을 체결하고, 2012년 3월부터 2013년 9월까지 가스관 노선 설계안을 마련하고, 2013년 9월부터 가스관 공사에 착수해 2016년 12월까지 공사를 마무리한 뒤 2017년 1월부터 가스 공급을 시작하는 일정에 대해 한국 가스공사와 러시아의 가스프롬이 2011년 9월에 잠정 합의했다. 가스프롬의 부회장(зампред правления)인 알렉산드르 메드베제프(А.Медведев)66)가 한국의 가스공사와 협의를 거

---

64) *Российская газета*, 18.09, 2012.
65) *Российская газета*, 24.06, 2009.

처 2011년 9월 27일 밝힌 내용에 따르면, 2017년부터 매년 기존의 100억㎥에서 120억㎥가 북한 영토를 통해 한국으로 들어오게 된다.67)

남·북·러 3국을 연결하는 가스파이프라인의 전체 길이가 약 1,200㎞이며, 이중 60%가 넘는 700㎞가 북한의 영토를 통과한다.68) 북한을 통과하는 700㎞의 가스배관공사 비용이 $25억으로 추산되었다.69) 또 다른 보고서는 남·북·러를 연결하는 전체 파이프라인 길이를 1,122㎞로 본다. 그 노선이 블라디보스톡~북·러국경~원산~평택/인천으로 되어 있으며, 파이프라인 길이는 러시아 구간이 150㎞, 북한구간 740㎞, 남한구간 232㎞이다. 보고서에 따라 북한 영토를 거치는 길이가 조금씩 차이를 보이고 있지만, 700㎞가 조금 넘는 것으로 평가된다.

남·북·러 가스관 연결 프로젝트가 현실화되기 위해서는 러시아가 북한에 요구하는 3자 협력 사업의 큰 틀을 직시할 필요가 있다. 러시아가 남·북·러를 연결하는 철도연결, 가스관 부설, 송전선 건설 등을 패키지로 묶는 경제협력 방안을 북한 측에 제시하고 있다. 이러한 사실은 울란우데 정상회담 직전의 『로동신문』에서도 목격된다. 한반도의 8·15 독립과 관련해서 메드베제프 대통령이 김정일 국방위원장에게 보낸 축전에서 찾아진다. 축전에서 철도연결, 가스관 부설, 송전선 건설 등을 패키지로 묶는 경제협력 방안이 북한 측에 제시되었다. 2011년 8월 15일 메드베제프 대통령이 심성일 위원장에게 보낸 축전의 전문은 다음과 같이 되어있다.

> 우리는 조선민주주의 인민공화국에서 식민지 통치로부터 조선을 해방하기 위한 위업에 큰 기여를 한 소련 군인들에 대한 추억을 소중히 간직하고 있는데 대하여 사의를 표합니다. ....(중략).... 우리는 가스화와 에네르기, 철도건설 분야에서 로시아, 조선민주주의 인민공화국, 대한민국 사이의 3자 계획을 비롯하여, 호상 관심사로 되는 모든 방향들에서 조선민주주의 인민공화국과의 협조를 확대할 용의가 있습니다. 이 계획들을 실현하는 것은 중요한 경제적 의의를 가지게 될 것이며, 동북아시아의 정세를 안정시키고 조선반도의 비핵화에 이바지하게 될 것입니다.70)

2011년 8월 24일의 울란우데(Улан-Удэ) 정상회담을 평가하고 있는 『로동신문』

---

66) 당시의 대통령은 드미트리 메드베제프(Д.Медведев)였고, 가스프롬의 부회장은 알렉산드르 메드베제프(А. Медведев)이다.
67) *Российская газета*, 28.09, 2011.
68) *Ibid.*
69) *Российская газета*, 11.02, 2011.
70) 『로동신문』, 2011년 8월 15일.

에서도 이와 유사한 내용이 목격된다. 『로동신문』은 전제조건 없는 6자회담의 조속한 재개를 강조하면서, "가스를 비롯한 에너지와 철도를 연결시키는 문제 등 경제 협조 관계를 여러 분야에 걸쳐 더욱 발전시킬 데 관련된 공동 인식이 이루어 졌고, 이를 실현하기 위한 실무 그룹들을 조직 운영하여 두 나라가 이 방향에서 계속 협력해 나가기로 하였다."71)고 기록하고 있다. 러시아의 요구 조건이었는지는 모르지만, 북한 역시 에너지와 철도 등 다양한 영역에서의 경제협력을 희망하는 것으로 『로동신문』에 정리되고 있다.

2011년 9월 28-30일 데니소프(А.И.Денисов) 러시아 외무부 제1차관이 김계관 외무성 제1부상의 초청으로 북한을 방문했다.72) 8월 24일 울란우데 정상회담에서 합의된 내용을 발전시키는 실무차원의 방북이었다. 러시아 외무부의 보도문에 따르면, 9월 29일 데니소프 외무부 제1차관이 김계관 외무성 제1부상 등 북측 인사들과 회동을 갖고, 러시아에서 출발해 북한 영토를 거쳐 한국으로 이어지는 가스관 건설과 유사한 노선의 송전선 건설, 그리고 러시아와 남북한 철도연결 문제 등을 논의했다.73)

실무진 회동이 진행되고 있던 시기에 라진-하산 철도구간 시범 열차운행 행사가 거행되었다. 2001년 모스크바 정상회담 이후 계속된 양국 간 철도연결 사업을 위한 노력이 결과물을 만들어 내고 있던 시기에 가스관 연결사업 문제가 구체화되고 있는 것이다. 2011년 10월 13일 라선시 두만강 역 지구의 조로 친선각 앞에서 라진-하산 철도구간 시범 열차운행 행사가 진행되었다.74) 행사에는 주재덕 철도성 부상, 왈레리 레쉐트니코프 러시아철도주식회사 상급 부총사장 등이 참가했다. 이들의 연설 내용에는 라진-하산 철도구간에서의 화물 수송이 양국뿐만 아니라, 동북아와 유럽사이의 경제교류에 이바지 할 수 있음이 강조되었다.75)

2011년 10월 18일 양국 외교관계 설정 63돌에 즈음하여 러시아 주재 북한대사

---

71) 『로동신문』, 2011년 8월 25일.
72) 데니소프의 북한 방문에 관련된 내용(О визите первого заместителя Министра иностранных дел России А.И.Денисова в КНДР)은 다음을 참조. ИНФОРМАЦИОННЫЙ БЮЛЛЕТЕНЬ от 30 сентября 2011, p.3.
73) 김계관 외무성 제1부상이 2011년 10월 28일 모스크바를 방문하여 러시아 외무성 제1부상 등과 회동하여, 울란우데(Улан-Удэ) 정상회담에서 논의된 합의 사항 등의 실천에 관련된 구체적인 문제들에 대해 논의했다. 『로동신문』, 2011년 10월 30일.
74) 2001년 8월의 러-북 정상회담 이후 한반도철도(TKR)와 시베리아횡단철도(TSR)를 연결하는데 문제에 보다 적극적인 입장을 보였다. 그 이후 러시아와 북한은 하산과 라진간 54km 철도연결 사업을 마무리 했고, 연결된 구간에 화물열차를 이용한 상업운행을 준비하고 있다. 2008년에 시작한 하산-라진 구간 보수공사 종료로 2011년 10월에 첫 화물열차 시험운행이 있었다. 북한에는 나진항 지역의 경제특구, 나진 선봉의 개발, 러시아에는 시베리아철도의 화물노선 활성화를 기대하고 있다.
75) 『로동신문』, 2011년 10월 14일.

관에서 연회가 개최되었다. 연회에는 알렉세이 보로답킨 러시아 외무성 부상과 정부 관련 인사들이 참석했고, 러시아 철도주식회사 관계자들도 초대되었다.76) 이러한 시기에 이타르-타스 통신사가 울란우데(Улан-Удэ) 정상회담에 대한 김정일의 의지를 묻는 메시지가 통신사로 전달되었고, 그 답장이 보도 되었다. 그 핵심 내용은 전제조건 없는 6자회담 복귀와 가스관 부설에 대한 북한의 지지 입장이었다. 그리고 김정일 위원장은 양국 간 가스관 부설을 비롯한 에너지 부문 협조를 실천하기 위한 실질적인 조치들이 활발히 추진되고 있다고 했다.77)

결국, 러시아는 경제현대화와 시베리아/극동지역 개발을 위한 가장 믿을 수 있는 파트너로 한국을 주목하고 있다.78) 이러한 관점에서 3자 협력 사업에 높은 비중치를 두고 있다. TKR-TSR 연결 사업, 에너지 협력사업, 송전선 사업 등이 주된 협력 사업으로 인식되고 있다. 한·러 및 북·러 정상회담에서 밝힌 바와 같이, 러시아산 천연가스를 북한을 통해 한국으로 수출하는 가스관 연결 사업을 기획하고 있다. 뿐만 아니라, 극동지역의 임업·어업·농업·광산업 등에서 북한 노동력을 매개로 한 협력 사업을 모색해 오고 있다. 따라서 푸틴 집권 3기는 남북한 어느 한쪽에 치우치지 않는 실용주의적 외교노선을 추진하게 될 것이고, 북한 핵문제로 인한 한반도의 긴장상태를 완화하는 방안의 하나로 3각 경제협력을 더욱 적극적으로 추진해 나갈 것이다.

## 5. 끝맺는 말

러시아는 2000~2002년과 2011년의 정상회담을 통해 자신의 극동지역 개발에 유익한 안보환경을 조성하면서 극동지역 개발정책을 보다 적극적으로 추진할 수 있게 되었고, 북한은 러시아 극동지역과의 경제협력을 통해 어려운 경제상황을 조금이나마 해결할 수 있게 되었다. 평양 정상회담에서 경제협력을 위한 환경조성 작업이 이루어졌고, 모스크바 정상회담에서는 전력부문 합작기업 및 TKR-TSR 연결 사업에 관련된 구체적인 사업들이 논의되었고, 블라디보스톡 정상회담에서는 극동지역을 중심으

---

76) 『로동신문』, 2011년 10월 21일.
77) 김정일 위원장이 이타르-타스 통신사에 보낸 서문 형식의 답변 전문은 다음을 참조. 『로동신문』, 2011년 10월 23일.
78) 『연합뉴스』, 2012년 3월 5일.

로 한 임업·어업·농업·건설 등 실질적인 협력 방안이 논의되었다. 그리고 2011년의 울란우데市 정상회담에서는 극동지역의 안정에 기여하는 차원에서 북한의 6자회담 복귀, 그리고 남·북·러 3자 경제협력[가스관 건설 사업 등] 사업이 현실화될 수 있는 토대를 구축했다.

러시아는 자신의 극동지역 개발을 위해 한반도 정세의 안정이 필요했다. 따라서 북한의 요구를 전적으로 무시할 수는 없었고, 북한의 핵·미사일 문제 등에 대해서도 자제를 요구하는 정도에서 합의를 도출했다. 북한은 심각한 경제난과 전력난 등 총체적 위기로부터의 탈출을 위해서 러시아와의 협력이 필요했다. 북한은 경제재건의 성공적인 추진을 위해 러시아 극동지역과 북한을 잇는 경제협력, 즉 극동지역의 임업·어업·농업·광산업 등에서의 북한 노동력을 매개로 한 협력, 북한지역의 통신·항만 건설 등 인프라 구축을 위한 협력, 그리고 전력생산을 위한 발전소 보수 및 재건을 위한 협력 등을 요구해 왔다. 북한은 자신의 국가안보 및 경제발전 문제를 러시아 극동지역과 연계시켜 해결하려 한다.

러시아는 북한과의 관계발전을 통해 TKR-TSR 연결 사업을 긍정적으로 유도할 수 있었고, 극동 및 시베리아지역의 자원 개발에 한·중·일 등 주변 국가들을 끌어들여 지역의 경제 발전을 꾀할 수 있는 환경을 조성할 수 있게 되었다. 러시아는 북한과 수시로 개최되는 정상회담을 통해 북한뿐만 아니라 한국을 포함한 3자 경제협력으로, 나아가 주변 국가들을 참여시키는 다자간 경제협력으로 발전될 수 있는 극동지역 개발 환경을 조성했다. 러시아 극동지역은 양국간 정치 및 경제 협력의 중심지였으며, 국제사회뿐만 아니라 동북아 및 한반도에서 러시아의 입지 강화에 유용한 전략적 요충지였다.

러시아와 북한은 4차례의 정상회담을 거치면서 서로에게 Win-Win이 가능한 협력 사업을 모색해 왔다. 북한은 핵과 미사일 개발 문제 등 돌발적인 정치 행위로 인해 국제적으로 고립되고 있는 상황을 러시아의 도움으로 극복할 수 있게 되었고, 러시아와의 경제협력을 통해 북한 내의 노후화된 기업들을 개보수하고, 부족한 외화 문제를 부분적이나마 해결할 수 있게 되었다. 러시아는 북한과의 협력을 통해 자신의 극동지역 안보환경을 구축할 수 있었고, 지역 개발에 필요한 국제적 안보 환경을 창출해 낼 수 있었다. 남·북·러 3자간 경제협력을 유도하면서 자신의 국익 증대 방안을 모색할 수 있었다. 블라디보스톡 APEC 정상회의의 성공적 개최와 블라디보스톡市를 《아태지역 국제협력센터》로 발전시키려는 중앙정부의 계획이 탄력을 받게 되었다.

결국, 2000~2002년에 개최된 3차례의 정상회담과 2011년 8월에 개최된 시베리아의 울란우데市 정상회담에서 다루어진 핵심 의제에서 러시아 극동지역이 제외된 적은 없었다. 물론 정상회담이 진행되면서 회담의 성격과 극동지역이 갖는 의미가 다소 변화되는 모습을 보였다. 러시아의 지정전략에서 시작된 2000~2002년의 정상회담은 러시아가 보다 적극적인 입장을 보이면서 북한의 요구를 수용하는 방식으로 진행되었고, 2011년의 회담은 북한이 자신의 당면 과제[3대 세습에 대한 지지, 경제협력 등]를 해결하기 위한 목적에서 러시아의 요구를 수용하는 방식으로 진행되었다.

　　양국간 정상회담에서 러시아 극동지역에 대한 의미는 만남을 위한 공간에서 공간을 위한 만남으로 그 성격이 변화되었다. 2000~2002년에는 만남을 위한 공간적 성격이 강했고, 2011년의 그것은 공간을 위한 만남에 가깝다고 할 수 있다. 2000~2002년의 정상회담은 미국의 지정전략에 대응하는 정치적인 변수가 중심이 되었고, 극동지역을 중심으로 하는 경제협력 문제는 만남을 위한 탄력적인 변수에 불과했다. 그러나 2011년의 만남은 내년으로 다가온 블라디보스톡 APEC 정상회의의 성공적 개최와 《아태지역 국제협력센터》로 향한 블라디보스톡市 개발 사업에 관련된 변수가 중심이었고, 정상회담은 그 자체는 극동지역이라는 특정 공간의 개발에 관련된 정치적 행위에 불과했다.

## 참고 문헌

고재남, "김정일 방러의 평가와 러·북 관계 전망," 『주요국제문제분석』 (외교안보연구원, 2001년 8월 23일).
고재남, "김정일의 극동 방문 평가 및 러·북 관계 전망," 『주요국제문제분석』 (외교안보연구원, 2002년 9월 24일).
김갑식, "북·러 정상회담의 합의내용과 의미," 『이슈와 쟁점』 (국회입법조사처), 제288호 (2011.8.30.).
여인곤, "울란우데 북·러 정상회담의 러시아 측 의도와 평가," 통일연구원 KINU현안분석 온라인 시리즈(2011-08-25).
우평균, "김정일-푸틴 시대의 북·러 관계: 결정요인, 전개과정과 제약요소," 『북한조사연구』, 제8권 1·2호 합본(2004).
윤성학, "시베리아는 열강의 각축장…노무현 정부는 시베리아로 눈을 돌려라," 『신동아』, 2004년 03월호.
이동형, "북·러 관계발전의 성격 고찰: 2000-2002년 김정일·푸틴 정상회담을 중심으로," 『통일정책연구』, 제11권 2호(2002).
이영형, 『조선/북한/한국과 舊소련/러시아간 주요 외교자료집. 1884-2001년 12월 자료』 (서울: 엠애드, 2002).
이영형, "러시아의 對한반도 지정전략과 한국의 대응," 『북한조사연구』 제10권 2호(2006).
이영형·김승준, "유라시아 동부지역 Pivot area의 성격과 북핵 6자회담에 참가하는 주변4강의 개입전략에 대한 지정학적 해석," 『OUGHTOPIA』, Vol. 22, No.1(Summer 2007).
이영형, "북한 노동자의 러시아 극동지역 진출 현황 및 그 역할 분석," 『국제정치연구』, 제10집 2호(2007).
이영형, "북한·러시아 정상회담과 러시아 극동지역의 성격 변화: 2000~2002, 2011년 정상회담 비교 분석," 『시베리아 극동연구』 제7호(2011).
이영형, 『러시아의 극동개발과 북한 노동자』 (서울: 통일연구원, 2012).
이지수, "북한과 극동러시아의 협력관계 연구," 『국가전략』, 제10권 1호(2004).
Z. Brzezinski 지음, 김명섭 옮김, 『거대한 체스판. 21세기 미국의 세계전략과 유라시아』 (서울: 삼인, 2003).
『중앙일보』 2006년 12월 13일.
『연합뉴스』, 2001년 8월 18일.
『연합뉴스』, 2002년 8월 25일.
『연합뉴스』, 2012년 3월 5일.
『e-Kiet 산업경제정보』 제399호(2008.05.06).
『로동신문』, 2008년 3월 12일.

『로동신문』, 2008년 3월 21일.
『로동신문』, 2011년 8월 15일.
『로동신문』, 2011년 8월 25일.
『로동신문』, 2011년 10월 14일.
『로동신문』, 2011년 10월 21일.
『로동신문』, 2011년 10월 23일.
『로동신문』, 2011년 10월 30일.
『로동신문』, 2012년 2월 2일.
『로동신문』, 2012년 2월 6일.
『로동신문』, 2012년 2월 22일.
『로동신문』, 2012년 3월 1일.
『로동신문』, 2012년 4월 18일.
『로동신문』, 2012년 5월 3일.
『로동신문』, 2012년 5월 23일.
『로동신문』, 2012년 5월 26일.
『로동신문』, 2012년 6월 2일.
『로동신문』, 2012년 6월 29일.
『로동신문』, 2012년 7월 7일.
『로동신문』, 2012년 7월 25일.
『로동신문』, 2012년 8월 18일.
『로동신문』, 2012년 9월 29일.
『로동신문』, 2012년 10월 1일.
『로동신문』, 2012년 10월 6일.
『로동신문』, 2012년 10월 28일.
『로동신문』, 2011년 11월 5일.
『로동신문』, 2012년 11월 6일.
『로동신문』, 2012년 12월 22일.
『조선중앙통신』, 2008년 1월 26일.

James Fairgrieve, *Geography and World Power* (University of London Press, 1915).

Э.А.Поздняков, *Геополитика* (Москва: Прогресс-культура, 1995).

Peter J. Taylor(edited), *Political Geography of the Twentieth Century. A Global Analysis* (London: Belhaven Press, 1993).

George B. De Huszar(ed.), *Soviet power and policy* (New York: Thomas Y.Crowell Co., 1955).

*RIA Novosti*, December 11, 2006.

Глушкова В.Г., Симагин Ю.А., *Федеральные округа России. Региональная Экономика* (Москва: КНОРУС, 2009).

Госкомстат России, *Российский статистический ежегодник. Статистический сборник* (Москва: 1996).

Госкомстат России, *Российский статистический ежегодник 2001. Статистический сборник* (Москва, 2001).

Федеральная служба государственной статистики, *Российский статистический ежегодник 2008. Официальное издание* (Москва: 2008).

*ИНФОРМАЦИОННЫЙ БЮЛЛЕТЕНЬ* от 30 сентября 2011.

Михаил Виноградов, "Договор СНВ-2 необходим", *Независимая газета*, 17 ноября, 1995г.

*Дипломатический вестник*, № 8(2000).

*Дипломатический вестник*, № 9(2000).

*Дипломатический вестник*, № 9(2001).

*Бюллетень международных договоров*, № 4(2001).

*ИНФОРМАЦИОННЫЙ БЮЛЛЕТЕНЬ*, от 24 августа 2011г.

*ИНФОРМАЦИОННЫЙ БЮЛЛЕТЕНЬ* от 30 сентября 2011г.

*Известия*, 23.01, 1997.

*Независимая газта*, 20.07, 2000.

*Правда*, 22.08, 2002.

*Правда*, 23.08, 2002.

*Российская газета*, 24.06, 2009.

*Российская газета*, 11.02, 2011.

*Российская газета*, 24.08, 2011.

*Российская газета*, 25.08, 2011.

*Российская газета*, 18.09, 2012.

*Российская газета*, 28.09, 2011.

http://www.ln.mid.ru/(검색일: 2011년 10월 4일).

http://www.mid.ru/bdomp/bl.nsf/(검색일: 2011년 10월 8일).

http://www.mid.ru/BDOMP/spd_md.nsf/(검색일: 2013년 1월 21일).

http://www.ulan-ude-eg.ru/(검색일: 2013년 1월 21일).

## 제2항. 북한 노동자의 러시아 극동지역 경제 진출 현황

### 1. 들어가는 말

북한과 러시아간 유력한 경제협력 분야는 건설, 농업, 산림, (광물)채취산업, 어업, 경공업, 교통, 조선업 등이다. 북한과 러시아 극동지역의 경제협력에서 상호간 Win-Win이 가능한 분야는 북한의 노동력을 활용한 경제관계일 것이다. 이를 뒷받침하듯, 북한은 외화벌이 수단으로 자신의 노동자들을 러시아의 극동 및 시베리아 지역으로 파견하고 있다. 북한 노동자들이 하바롭스크주, 연해주, 사할린주, 아무르주 등에 파견되어 현지의 삼림, 건설, 농업 관련 노동자로 활동하고 있다.

중국의 인적 및 물적 자원이 대대적으로 유입되면서 극동지역 시장과 자원을 독점해 가고 있다. 러시아의 동부지역이 중국의 통제 하에 놓일 수 있다는 일부의 목소리가 힘을 얻고 있다. <극동지역의 중국화> 문제를 우려하고 있다. 상당수의 중국 노동자들이 극동지역으로 진출하면서 북한 노동자의 일자리가 위협받고 있다. 현지의 북한 노동자들이 더욱 열악한 노동 현장으로 추방당하고 있다. 이러한 상황에서, 현지에 파견된 북한 동자들은 상납금을 채우기 위해 분주히 움직이고 있다. 바사예프(С.Басаев)의 지적처럼, '시베리아에 있는 북한의 강제노동수용소'로 파견된 북한 노동자들이 '노예'와 같은 생활을 하고 있으며, 벌목 노동자들의 일부는 북한 감독기관의 감시를 피해 탈출하고 있다.

러시아 극동지역의 개발과정에 북한 노동자의 참여는 서로가 서로를 원하는 협력사업이 된다. 러시아 극동지역은 다양한 형태의 개발 과정에 있지만, 노동력이 절대적으로 부족한 실정이다. 그럼에도 불구하고, 중국의 노동력 유입이 달갑지가 않다. 근면한 북한의 노동력이 러시아의 고민을 일정 부분 해결해 주는 역할을 담당하고 있다. 북한이 러시아 극동지역의 개발 과정에 참여할 수 있는 자원과 기술력은 없지만, 근면한 노동력을 갖고 있기 때문이다. 북한 역시 러시아 극동 및 시베리아 지역으로 파견되고 있는 자신의 노동자들이 외화벌이 역할을 담당해 주기 때문에 국가 경제에 긍정적으로 기여한다.

본 글은 러시아의 시베리아 및 극동지역으로 파견되고 있는 북한 노동자 현황을 조사한다. 북한의 노동자들이 러시아 극동 및 시베리아 공간의 전 지역으로 파견되고 있지만, 광범위한 공간 전체를 파악할 수는 없었다. 시베리아 및 극동지역 전체에 파견되고 있는 북한 노동자의 수와 노동 상태를 조사하기 위해서는 상당한 시간과 어려움이 뒤따르기 때문이다. 따라서 북한 노동자들이 가장 많이 진출하고 있는 연해州 지역을 비롯하여, 이웃하고 있는 하바롭스크州 및 아무르州에 대한 조사 작업에서 끝맺으려 한다.

본 글은 다음과 같이 구성된다. 우선적으로 북한 노동자의 러시아 극동지역 유입과 북·러간 경제 협력 문제를 간략히 소개한다. 러시아의 관점에서, 중국 노동자 유입에 따르는 안보 위협과 북한 노동자의 선호, 그리고 북한 노동자 유입을 위한 법적 장치 마련 등을 다룬다. 그 다음으로 북한 노동자들이 진출하고 있는 주요 도시 상황을 정리한다. 연해주의 북한 노동자 실태, 아무르주의 북한 노동자 현황, 그리고 하바롭스크주의 북한 노동자 실태를 파악한다. 마지막 결론 부분에서는 러시아 극동지역에서 활동하는 북한 노동자 실태와 이에 따르는 한국의 정책적 고려 사항을 정리하는 것으로 한다.

## 2. 북한 노동자의 러시아 극동지역 유입과 북·러간 경제협력

1) 중국 노동자 유입에 따르는 안보위협과 북한 노동자의 선호

러시아 극동지역의 인구 감소가 지역 개발에 부정적인 요인으로 작용해 왔다. 푸틴 대통령이 2000년 의회에서 행한 연설에서 '지금의 인구 감소 추세가 지속된다면, 러시아가 노쇠 국가로 추락하게 될 것'이라고 했다. 러시아 극가통계위원회가 2002년

초에 발표한 인구 전망에서, 러시아 인구가 2050년까지 30% 정도 줄어든 101.9백만 명이 될 가능성을 지적했다. 최악의 경우 2050년까지 77.2백만 명으로 반감할 수도 있다고 덧붙이고 있다.[1] 인구 감소 현상은 시베리아 및 극동지역에서 두드러지게 나타났다. 극동지역은 광활한 면적과 풍부한 자원을 가지고 있으나, 지역 개발에 필요한 인구가 절대적으로 부족한 실정이다.

극동지방의 인구는 2000년 1월 당시 717만 명에서, 2004년의 같은 시기에 666만 명으로 감소되었다. 극동지방의 인구는 지난 10년 동안(1992년에서 2001년) 약 100만 명 감소되었다. 2010년 1월 현재의 인구는 644만 명이다. 인구 감소의 주된 원인으로 출산율 저하와 외부로의 인구유출 문제가 거론되고 있다. 이러한 감소 추세가 계속된다면, 극동지방의 인구가 앞으로 20년 내에 절반으로 줄어들지도 모른다는 우려마저 나오고 있다. 인구 감소 현상이 두드러지게 나타나는 지역은 극동지역내의 연해주·하바롭스크주·아무르주·유태인 자치주 등 중국과 인접된 지역이다.

<표 1> 러시아 극동지역 인구 현황

| 극동연방지구 주체 명 | 면적(천㎢) | 인구(기준: 2010년 1월 1일) | |
|---|---|---|---|
| | | 인구수(천명) | 인구밀도(명/㎢) |
| 전체 | 6169.3 | 6440.4 | 1.1 |
| 사하공화국 | 3083.5 | 949.3 | 0.3 |
| 캄차트카 크라이[2] | 464.3 | 342.3 | 0.7 |
| 연해 크라이 | 164.7 | 1982.0 | 12.1 |
| 하바롭스크 크라이 | 787.6 | 1400.5 | 1.8 |
| 아무르주 | 361.9 | 860.7 | 2.4 |
| 마가단주 | 462.5 | 161.2 | 0.4 |
| 사할린주 | 87.1 | 510.8 | 6.0 |
| 유태인자치주 | 36.3 | 185.0 | 5.1 |
| 츄코트카자치구 | 721.5 | 48.6 | 0.1 |

Федеральная служба государственной статистики, *Россия в цифрах. 2010: Краткий статистический сборник* (Москва: Росстат, 2010), с. 40, 44, 46.

---

1) *Российская газета*, 2000.7.11.
2) 2006년 7월 12일의 연방 법률 «캄차트카주와 코랴크자치구의 통합 결과에 따른 러시아연방의 새로운 주체 형성에 관하여»에 따라 2007년 7월 1일부터 «캄차트카 크라이»가 형성되었다.

극동지역의 인구감소에 따르는 노동력 부족 문제에 더해서, 지역 주민들의 노동의식이 지역 개발에 부정적인 영향을 미치고 있다. 극동 지역에 거주하는 현지 주민들의 다수가 육체노동에 참여하지 않으려 한다. 노동력이 많이 필요한 건축업·농업·임업·수산업 등의 영역에서 근로 활동을 피하려 한다. 이러한 사실이 노동력 부족 현상을 부추기는 결과로 작용하고 있다. 지역개발을 위해 외국 노동력을 수입해야 되는 상황에 직면해 있다.

상당수의 외국인 노동자들이 유입되고 있다. 극동지역으로 유입되는 외국인 노동자 수를 정확하게 파악하기는 사실상 어렵다. 불법 노동자가 합법적인 노동자 수를 최대 10배 이상 상회하는 지역도 있기 때문이다. 합법적으로 유입되어 공식 등록된 외국인 노동자를 중심으로 극동지역의 외국인 노동자 현황을 파악하려 한다. 극동지역으로 유입되는 외국인 노동자의 다수가 연해주로 유입되고 있기 때문에, 연해주를 주요 분석 대상지로 한다. 연해주 행정부의 언론 담당 비서에 따르면, 2004년 연해주에서 활동하고 있는 외국인 노동자는 26,242명이다. 이는 전년도인 2003년의 그것보다 2.2% 증가된 수치이다. 분야별 노동자 수는 다음과 같다.

<표 2> 2004년 분야별 연해주 외국인 노동자 수

| 분 야 | 노동자 수 | 전년 대비 증감(%) |
| --- | --- | --- |
| 건설 분야 | 10739 | +30.3 |
| 무역(식료품 관련) | 7033 | -12.4 |
| 공업 분야 | 4046 | -16.3 |
| 농업 분야 | 3086 | -8.2 |

http://www.regnum.ru/news/435900.html(검색일: 2012.9.10) 내용 재구성.

연해주로 유입되는 외국인 노동자들 중에서 무역업에 종사하는 노동자를 제외하면, 상당수가 건설 현장에 투입되고 있다. 이는 2004년 당시 연해주 지역에서 추진되고 있는 개발 사업의 정도를 엿볼 수 있도록 한다. 2004년 당시에 진출해 있는 외국인 노동자들 중에서, 중국 노동자가 절대 다수를 점했다. 그리고 북한 노동자 수는 전년보다 8.3% 증가된 4,149명에 달했다.

&lt;표 3&gt; 2004년 국가별 연해주 외국인 노동자 수

| 국가 | 노동자 수 | 전년 대비 증감(%) |
|---|---|---|
| 중국 | 17675 | -10.8 |
| 북한 | 4149 | +8.3 |
| 베트남 | 1229 | 1.9배 증가 |

연해주를 비롯한 극동지역에 중국인 노동자 진출이 절대적으로 많다. 중국의 동북부 접경지대에 펼쳐진 러시아 극동지역은 중국인에게 생활공간 탐구 및 자원을 위한 출구가 된다.3) 2005년을 전후한 시기, 극동지역에 체류 중인 중국인 노동자 수는 합법적 중국인 25만±α명과 불법 노동자 40~70만을 합쳐 약 80만±α명 정도인 것으로 추산되었다. 그리고 이들 중 상당수가 연해주·하바롭스크주·아무르주 등 자신과 지리적으로 인접한 지역에서 활동했다. 많은 러시아 사람들은 유입되는 중국인 이주가 자신의 국가안보에 심각한 위협을 초래하게 될 것으로 생각했다. 최악의 경우 중국인 이주자들에 의해 러시아 영토의 일부가 상실될지도 모른다는 두려움을 안고 있었다. 특히 중국과 국경을 접하고 있는 치타주·아무르주·하바롭스크주·연해주·유태인자치주 등에서 중국인 이주에 대한 우려와 경각심이 높았다. 러시아의 동부지역이 중국의 통제 하에 놓일 수 있다는 일부의 목소리가 힘을 얻고 있다. 이바셴코(Олег Иващенко)의 지적처럼, 2010~2020년 사이에 '시베리아 없는 러시아'가 만들어질 수도 있음을 우려하고 있다.4)

러시아 극동지역으로 파견되고 있는 북한 노동자들이 러시아의 고민을 다소나마 해결해 주는 역할을 담당하고 있다. 러시아 극동지역과 북한의 경제관계에서 하바롭스크주, 연해주, 사할린주, 아무르주가 중요한 위치를 차지한다. 기타 사하공화국. 부랴트 공화국, 옴스크주, 케메로프주, 마가단주, 노보시비르스크주 등이다. 이들 중에서 아무르주와 하바롭스크주에서는 북한의 산림, 건설, 농업 관련 노동자들이 파견되어 활동하고 있다. 러시아 외무부의 자료에 따르면, 2010년 현재 러시아 극동지역을 대상으로 하는 북·러 간 협력 형태는 야채재배(연해주, 아무르주), 주택건설(연해주, 크라스노야르스크 크라이, 튜멘주, 노보시비르스크, 사할린, 케메로프주), 공단건설(하바

---

3) Олег Иващенко, "Россия 2010~2020 — без Сибири?...(краткий прогноз на ближайшие десятилетия)," http://politics.in.ua/index.php?go=News&in=view&id=5315(검색일: 2006.10.16).
4) 중국인의 러시아 극동지역 진출 현황 및 이에 대한 러시아의 입장은 다음을 참조. 이영형, "중국의 러시아 극동진출에 대한 러시아의 의식 구조 분석," 『한국 시베리아연구』, 제10집 06-2호(2006), pp. 29-62; 정한구, 『중국인 이민과 러시아의 대응. 러시아 동부지방의 중국화?』(세종정책연구 2003-19).

롭스크주, 연해주, 크라스노야르스크 크라이, 첼랴빈스크 주, 부랴트 공화국), 수산관련 산업(연해주 해안, 사할린주, 마가단주, 캄차트카주) 등이다.5) 이들 영역을 중심으로 북한의 노동자들이 대거 파견되고 있다.

2012년 블라디보스톡 <APEC 정상회담>과 함께, 동일 지역을 아·태 경제 협력의 중심지로 육성하려 한다. 따라서 러시아 중앙정부가 시베리아 및 극동지역 개발을 국가 정책의 핵심 과제로 선정하고 있다. 그러나 사하공화국, 아무르주, 자바이칼 크리이 및 유대인 자치구 등은 항구, 철도 등 교통 인프라가 열악해 경제수준이 낮으며, 인구밀도도 가장 낮은 지역 중 하나이다. 해당 지역들은 산업 발전과 처녀지 개간을 위해 노동력을 필요로 하고 있다. 중국 인력 외에, 북한 및 동남아시아 노동자 유입을 선호해 오고 있다. 북한이 이들 지역으로 자신의 농업 및 산림 노동자를 파견하기 위해 분주히 움직이고 있다.

결국, 지리적으로 인접한 중국의 동북3성으로부터 대대적인 노동력 이주가 시작되었다. 러시아는 중국인 노동자의 과도한 진출을 차단하면서, 자신의 극동지역을 개발해야 되는 상황에 직면해 있다. 러시아(특히 극동지역 지방 정부)는 북한 노동자의 극동지역 유입을 선호하고 있다. 러시아는 북한의 값싼 노동자들이 극동지역의 삼림 채벌 및 건설 현장 등에서 노동력을 제공해 주기를 바라고 있다. 러시아의 입장에서 본다면, 북한 노동자들은 중국인 노동력 진출에 따르는 잠재적인 안보위협의 극복과 극동지역 개발에 필요한 노동력 부족분을 보충해 주는 역할을 담당할 수 있을 것으로 본다. 근면한 북한의 노동자들은 중국 노동자들의 극동지역 노동현장 및 지역시장 잠식에 어느 정도 제동을 걸어주면서, 러시아가 우려하고 있는 '극동지역의 중국화' 문제를 해결하는 데 긍정적인 역할을 담당하게 될 것이다.

2) 북한 노동자 유입을 위한 법적 장치 마련

1995년 연해주 주지사 나즈드라첸코(Е.Наздратенко)가 평양을 방문했을 때, 러시아 극동지역의 아르쫌(Артем)시에 북한농업조합(корейское сельскохозяйственное общество) 대표부 설립에 관한 협정을 체결했다. 본 대표부는 북한 노동자의 러시아 취업 알선과 연해주 건설 현장 등에 노동자들을 파견하는 업무를 담당하게 된다. 상기 대표부는 지난 10년 동안 1만 여명의 북한 노동자들에게 일자리를 제공해

---

5) http://www.vneshmarket.ru/(검색일: 2012.9.4).

주는 등,6) 북한 노동자의 극동진출을 유인하는 역할을 담당해 왔다.

카라신(Г.Карасин) 외무부 차관이 1997년 1월에 평양을 방문했을 때, 러시아와 북한 양국 주민이 비자를 소지하고 상호 국경을 이동할 수 있도록 하는 협정에 서명했다.7) 이러한 조치는 북한 노동자의 불법 체류 문제를 해결하면서, 합법적으로 노동할 수 있는 법적 환경을 만들어주려는 목적에서 이루어졌다. 이와 함께, 1997년 러시아연방 이민국은 북한 주민의 러시아 입국 및 출국, 그리고 러시아 영토에서의 이동을 엄격히 제한하는 조치를 취했다. 러시아의 지방정부가 북한 노동자를 유입하는 러시아의 관련 회사, 그리고 북한 노동자의 러시아내 활동 연장 및 출국 등에 관련된 모든 업무를 관장하도록 했다.

지난 2000년까지 러시아 극동지역으로 유입된 북한 노동자 대부분이 시베리아 벌목공으로 활동했지만, 그 이후부터 건축업·농업·수산업 등 다양한 분야로 활동 범위가 확장되고 있다. 북한과 러시아간 가장 전망되는 협력 분야는 건설·농업·산림·(광물)채취산업·어업·경공업·교통·조선업 등이다. 상당수의 노동력을 필요로 하는 업종들이다. 노동력을 필요로 하는 연해주 지방정부는 러시아로 유입되는 북한 노농력의 질적 향상을 위해, 연해주에 북한 노동자들을 상대로 교육을 담당할 연구소 개설 문제를 제기하기도 했다. 북·러 간 경제협력 양태는 러시아의 북한에 대한 경제지원, 그리고 북한의 러시아에 대한 노동력 제공이 중요한 위치를 차지해 왔다. 북한은 러시아 극동지역의 개발 사업에 자신의 노동력을 수출하면서 양자간 경제협력관계를 유지해 왔다.

양국 간 정치관계가 소원했던 시기에도 북한 노동자의 러시아 극동 진출은 계속되었다.8) 2000년에 공식 등록된 북한의 노동자 수는 농업 부문에 10,000명, 건설부문에 2,000명 정도였다. 2000년을 전후한 시기에 하바롭스크주와 아무르주 지역에 15,000여명이 벌목공으로 등록되어 있었다. 이와 함께, 러시아는 2000년에 연해주의 건설과 임업분야 등에 5,000명의 북한 노동자 사용을 허가했다. 뿐만 아니라, 2000년 10월 양국 간 '경제무역 과학기술 협력 위원회'에서 극동지역에서의 북한 노동력

---

6) Л.В.Забровская, *Корейская Народно-Демократическая Республика в эпоху глобализации: от затворничества к открытости: Монография* (Владивосток: Изд-во Тихоокеанского центра стратегических разработок, 2006); http://www.korusforum.org/PHP/STV.php?stid=57(검색일: 2007.12.4).
7) *Ibid.*
8) 1995년 4월 러시아 연해주 정부와 북한 농업위원회 간에 체결된 협력 협정에 기초해서, 북한의 농업 인력이 연해주 지역에 진출하게 되었다. 이들은 주로 종묘사업, 콩 및 야채 재배, 가축사육, 농촌주택 건설 및 보수, 농기계 수리를 담당했다. 그리고 임업분야 협력은 극동지역의 벌목사업으로 구체화되었다. 1997년 9월 제1차 임업분과회의를 개최하면서 본격적으로 실시되었다.

사용에 대해 합의했다. 농업·임업·건설업·광업 등 4개 부문에 걸쳐 북한의 노동력 파견이 보다 활기를 띠게 되었다. 2000년 10월에는 북한 임업사절단이 러시아를 방문하여 하바롭스크주 및 아무르주에서의 목재 생산을 2003년부터 2배로 확대하기로 합의했고, 2001년 4월의 4차 임업분과회의에서 하바롭스크주와 아무르주 지역으로 북한 벌목 노동력 송출 문제에 대해 협의했다.

북한은 러시아 극동의 개발 사업에 적극적으로 참여하면서 경제협력의 폭을 확장시켜 왔다. 연해주·하바롭스크주·사할린주·아무르주 등에 수십 개에 달하는 북한의 기업이 진출해 왔다. 이들 기업이 담당한 주요 업종은 건설·농업·요식업·자동차 정비업 등이다. 북한은 러시아의 시베리아 및 극동 지역(케메로보주, 사하 공화국, 이르쿠츠크주 등)을 중심으로 자신의 건설 노동자를 파견해 왔다. 또한, 탄광 공동개발 등을 통한 석탄/코크스 확보 노력을 전개해 왔다.9) 그 밖에 임업·수산업 부문의 협력사업도 꾸준히 추진해 왔다.

2002년 4월 북한대표단(단장: 조창덕 내각 부총리)이 김정일 국방위원장의 지시로 블라디보스톡(연해주)·하바롭스크(하바롭스크주)·블라고베쎈스크(아무르주) 등 극동의 주요 도시를 방문했다. 북한 경제대표단은 러시아 극동지역을 상대로 다양한 협력 프로젝트를 제시했다. 연해주를 상대로 해서는 구소련의 기술과 자본으로 건설된 공장설비의 현대와 및 전력공급 문제를 비롯하여 공동벌목 및 북한의 벌목인력 공급 확대·수산물 가공·농업협력 등을 제안했다. 하바롭스크주를 상대로 해서는 목재 생산량 확대를 비롯하여, 건설 및 원유가공, 그리고 관광협력에 주력했다. 아무르주에서는 벌목량 확대 및 북한 노동력을 활용한 농업협력 문제를 비롯해서 건설·무역·관광 등에 관련된 경협 프로젝트가 제안되었다.10)

2002년 8월 23일 개최된 블라디보스톡 정상회담에서 극동지역을 중심으로 한 임업(벌목)·어업·건설·석유채굴·광업 분야 등에서의 협력 문제가 논의되었다. 2002년 8월 당시까지, 다수의 북한 노동자들이 하바롭스크주와 아무르주에서 목재공급 관련 업무에, 그리고 연해주와 사할린주 등지에서는 건설 및 농업 현장에서 주로 활동했다. 양국 간 정상회담이 진행되고 있던 2001~2002년에 북한 측은 극동지역에 노동력을 수

---

9) 북한과 러시아는 1997년 이래 러시아 사하공화국내에 있는 코크스 탄광 공동개발을 추진하고 있다. 한편 1998년 4월에는 김책제철소에 대한 코크스탄 공급을 주요 내용으로 하는 '김책공장현대화에 관한 협정'을 체결한 바 있다. 2000년 9월에 북한의 전기·석탄 공업성 대표단이 러시아를 방문하여, 동 탄광 개발의 실태 및 운영상 문제를 파악한 바 있다.
10) 이영형, "러시아의 對한반도 지정전략과 한국의 대응," 『북한조사연구』, 제10권 2호(2006), p. 150.

출하는 문제에 많은 관심을 가져 왔다. 러시아 측 자료에 의하면, 연해주에서 북한 노동자의 비율은 2001년 기준으로 중국 다음으로 많은 13.6%를 차지했다. 러시아 관리의 지적에 의하면, 2001년에 북한 노동자 2천여 명이 연해주에 투입되었고, 2002년에는 2,500명이 새롭게 투입되었다. 그리고 2003년 들어 양국 간 경제협력을 위한 다양한 협력 협정이 체결되었고, 이러한 과정에서 노동력 파견 문제가 제외된 적은 없었다.

2005년 8월에는 연해주 부지사인 고르차코프(В.Горчаков)가 함경북도를 방문하여, 북한과 어업·농업·무역·문화·스포츠 등 다양한 분야에서 양국 간 협력 및 발전에 관한 약정서를 체결했다. 고르차코프 연해주 부지사에 의하면, 2005년 연해주 건설 현장에 3,320명의 북한 노동자들이 활동하고 있었다. 그리고 연해주 정부는 2006년의 연해주 건설 현장에 동원될 수 있는 북한 노동자의 한계를 5천명으로 증가 결정했다. 이러한 시기인 2005년 나호트카시에 <북-러 무역경제 협력 폰드>가 결성되었다. 본 폰드의 주된 업무들 중에서 하나는 러시아 극동지역의 건설 현장에 북한 노동자들을 동원하는 일이었다. 본 폰드는 건설 회사인 <젠코(ZENKO)>와 함께 일하고 있다.11) 2005년 10월 초에는 북한 무역성 대표단(단장: 김영재 무역성 부상)이 사할린을 방문해 <경제·무역협력 공동실무단> 결성에 따르는 합의서를 체결했다. 그리고 북한과 러시아의 아무르주 사이에 임업공동위원회를 개최했고, 연해주 정부와는 경제협력 의정서를 체결했다. 이러한 협력 협정의 주된 내용은 러시아의 극동지역 개발과정에 북한의 건설 노동자들이 참여하는 것이었다.12)

푸틴 정부가 들어서면서 양국 간 경제협력을 위한 법적 장치들이 다양하게 준비되었고, 이들 중 다수가 북한 노동력 진출과 직간접적으로 관련된 것들이다. 러시아 극동지역으로 북한 노동자들이 파견되면서 양국 간 경제협력이 보다 강화되고 있었지만, 러시아 극동 현지로 파견된 북한 노동자들의 탈출 행위가 계속되면서 러시아와 북한의 입장이 미묘해졌다. 러시아 극동지역으로 파견된 북한 노동자들의 이탈 현상이 계속되면서, 미국과 UN 등에서 동일 문제에 개입하기 시작했다. 2006년 6월 러시아 외무부가 미국을 상대로 한 보도 자료에 의하면, 당시 러시아 극동지역에 약 1만 명의 북한 노동자들이 활동하고 있었고, 이들 중에서 매년 20~30명씩 한국으로 정치적 망명을 신청한 것으로 나타났다.13)

---

11) 북한 노동자의 러시아 극동진출에 관련된 자세한 내용은 다음을 참조. 이영형, "북한 노동자의 러시아 극동지역 진출 현황 및 그 역할 분석," 『국제정치연구』, 제10집 2호(2007).
12) 서보혁, "강화되는 북·중·러 협력관계와 북한의 전략적 선택," 평화재단 평화연구원 주최 <심화되는 북·중·러 삼국의 협력관계: 북방삼각의 복원 움직임인가?> 전문가 포럼(2011.10.11) 발표 논문 참조.

2007년 3월에는 그동안 중단되었던 북·러 간 <경제통상협력위원회> 회의가 모스크바에서 개최되었다.14) 본 회의에서 러시아 잉여전력의 북한 송출 문제, 러시아산 원유의 북한 내 가공 문제, 철도연결사업 문제, 러시아로의 북한 노동력 확대 진출 문제 등이 논의되었다.15) 그리고 양국은 2007년 8월 31일 모스크바에서 «러시아와 북한간 양국 주민의 상대방 영토에서 일시적 노동 활동에 관한 협정»16)을 체결했다. 본 협정은 북한의 불법 노동이민자 수를 줄임과 동시에 러시아의 노동정책을 투명하게 할 수 있다는 의미에서 체결되었다. 동 협정이 2009년 11월 18일 러시아 국가두마에서 승인되었고, 동년 11월 25일 연방소비에트에서 통과되었다. 이와 함께, 메드베제프 대통령이 2009년 12월 1일 «러시아와 북한 간 양국 주민의 상대방 영토에서 일시적 노동 활동에 관한 협정의 비준에 관하여»라는 연방 법률에 서명했다.17)

상기 협정이 체결될 당시의 러시아연방 이민국(ФМС, Федеральная миграционная служба) 자료에 따르면, 2007년을 전후한 시기에 합법적으로 등록한 북한의 노동이민자 수가 3만 명을 넘었다. 그러나 당시의 불법 이민자 수는 정확히 파악되지 못했다. 이러한 현상을 극복할 목적에서 상기 협정이 체결된 것으로 보인다. 제2기 푸틴 집권기의 공식 통계자료에 기초된 연도 별 북한 노동 이민자 수는 다음과 같다.

<표 4> 푸틴 집권 2기, 연도별 북한 노동자 수

| 년도 | 노동 이민자 수(명) |
|---|---|
| 2004 | 14,700 이상 |
| 2005 | 20,000 이상 |
| 2006 | 27,600 이상 |
| 2007 | 32,600 이상 |

http://www.kadry.ru/news/detail.php?ID=32903(검색일: 2012.8.28)의 내용 정리

---

13) http://www.inopressa.ru/article/(검색일: 2012.9.4).
14) 북·러 간 <경제통상협력위원회>회의는 2000년 10월 평양에서 제3차 회의가 개최된 이후 지난 6년 동안 중단되었다. 2007년 3월의 회의 이후, 2009년 5월에 동 위원회 회의가 평양에서 개최될 예정이었으나 2009년 5월 25일 북한의 핵실험으로 무기한 연기되었다. 그 뒤 2010년 8월에 <경제통상협력위원회> 러시아 측 위원장인 바사르긴(V.F.Basargin) 지역개발부 장관이 북한을 방문하여 양국 간 경제 분야 협력 재개 및 경제통상협력위원회 개최 방안 등에 대해 논의했다.
15) *RIA Novosti*, December 11, 2006.
16) «Соглашение между Правительством Российской Федерации и Правительством Корейской Народно-Демократической Республики о временной трудовой деятельности граждан одного государства на территории другого государства»
17) http://www.kremlin.ru/acts/6197(검색일: 2012년 8월 28일)

2010년을 전후한 시기에도 상당수의 북한 노동자들이 러시아의 시베리아 및 극동지역으로 파견되었다. 극동지역으로 파견된 노동자 수는 30,000±α명 정도인 것으로 조사되었다. 이들 중의 상당수는 연해주, 하바롭스크주, 아무르주 등에 거주했다. 이와 함께, 파견된 노동자의 노동 역량 강화를 위해 현지에서 노동교육이 병행되었다. 예를 들어, 2010년 10월 현재 130명의 북한 노동자들이 알타이 크라이에 있는 전문학교(«전문학교 № 16»)에서 건축 관련 교육을 이수했다. 이들은 알타이 크라이의 건축 회사에 소속되어 근로 활동을 시작했다. 이들 130명이 이수한 전문 분야는 아래와 같다.

<표 5> 알타이 크라이의 건축 전문학교에서 교육 이수(2010년 10월)

| 분야 | 인원 수(명) |
| --- | --- |
| 미장공 3급 | 89 |
| 외장공-판(板) 3급 | 24 |
| 도장공 3급 | 17 |

http://www.fms.gov.ru/press/news/news_detail.php?ID=38951(검색일: 2012.8.28).

북한은 러시아의 극동지역뿐 아니라, 이웃하고 있는 시베리아 지역으로 자신의 노동자를 파견하기 위한 움직임을 계속해 오고 있다. 러시아의 부랴티아 공화국(Republic of Buryatia) 등을 비롯한 다양한 지역으로 파견하려 한다. 부랴티아 공화국은 북한에게 정치적 의미가 있는 지역이다. 상기 공화국의 수도인 울란우데는 지난 2011년 8월 메드베제프 대통령과 김정일 국방위원장이 정상회담을 개최한 지역이다. 정상회담 이후, 김정일 국방위원장이 방문했던 아무르 강 지역을 중심으로 양국 간 경제협력 움직임이 강화되기 시작했다. 물론 양자 간 경제협력에 북한 노동자 파견 문제가 자연스럽게 제기되었다.

결국, 러시아와 북한의 경제협력 관계에서 북한의 노동력 변수가 제외된 적은 없었다. 양국은 외교관계를 통해 북한 노동자의 시베리아 및 극동지역 파견에 관련된 다양한 법적 및 제도적 장치를 마련해 가고 있다. 지금까지 시베리아 및 극동지역으로 파견된 북한 노동자들의 상당수가 건설 및 벌목관련 업무에 종사해 왔지만, 시간이 지남에 따라 활동 영역 및 장소가 다양화되고 있다. 북한의 경제 현실이 다수의 북한 노동자들로 하여금 당분간 더 건설 및 벌목 관련 노동 영역에 잔류하도록 하고 있다. 푸틴 집권 3기에도 북한의 노동력 변수가 양자 간 경제관계를 이끌어 가는 주된 역할을 담당하게 될 것으로 보인다.

## 3. 러시아 극동지역 주요 도시별 북한 노동자 진출 현황

북한 노동자들은 시베리아 및 극동지역의 다양한 행정 단위[공화국, 주(州), 구(區) 등]로 파견되어 활동하고 있다. 특히 극동지역의 연해주·하바롭스크주·아무르주 등지에 다수의 노동자들이 파견되어 있다. 따라서 이들 지역을 중심으로 북한 노동자 실태를 파악한다. 북한 노동자 실태 파악은 필자가 2006년 4월 1개월간 러시아 극동지역 현지를 조사하면서 얻은 자료에 더해서,[18] 2011년을 전후한 시기에 러시아 극동지역 지방 행정부 및 주요 언론 매체에서 보도되고 있는 노동자 진출 현황을 종합하는 방식으로 정리한다.[19]

### 1) 연해주의 북한 노동자 실태

연해주와 북한의 경제협력 관계에서 북한의 노동력 진출이 중요한 역할을 담당한다. 이러한 협력은 북한의 값싼 노동력을 필요로 하는 연해주의 경제적 이해에도 모순되지 않는다. 북한 노동자들은 보다 쉽게 일자리를 찾을 수 있는 연해주의 주요 도시로 유입되었다. 1992년부터 2003년까지 연해주에 유입되어 활동한 북한 노동자의 수 및 전체 외국인 노동자에 대한 비율(%)은 다음과 같다.[20]

---

[18] 북한노동자 현황은 약 1개월(2006년 4월)간의 극동지역 현지 조사를 통해 파악되었다. 노동자 현황 조사는 2가지의 방법으로 이루어졌다. 첫째, 현지의 관련 기관으로부터 자료를 수집했다. 연구 범위에 소속된 대상 지역 주(州) 단위의 행정부 및 개별 시(市) 행정부의 관련 담당자들에게 도움을 요청했으며, 극동지역에 상주하고 있는 한국의 관련 기관(총영사관, 교육관, 코트라 등)에 도움을 요청했다. 그리고 러시아 극동대학교의 <한국학 센터>로부터 자료를 요청했다. 둘째, 북한 노동력 수입에 관련된 현지 회사 및 기관의 담당자와 인터뷰를 통해서 자료를 보강했다. 이곳에서 분명히 밝혀 둘 것은 극동지역에 있는 북한 관련 기관(기업)이 1-2 곳이 아니라는 점이다. 보다 많은 담당자들과 인터뷰를 거쳐야 만 보다 정확한 정보 수집이 가능하겠지만, 북한 노동자들과 직접 관련된 몇몇 기업 담당자와의 인터뷰에 한정되고 있다. 이러한 사실은 수집된 자료의 신빙성과 정확성에 의문이 제기될 수 있음을 인정한다. 지역별 북한 노동자 진출 현황 및 상황은 필자가 현지에서 직접 인터뷰한 내용을 기준으로 하고, 이에 현지 기관으로부터 수집된 자료를 첨가하는 방식으로 정리되었다. 따라서 제시되고 있는 지역별 노동자 현황 및 보수 정도가 동일 지역의 전체 노동자 수 및 평균 보수를 의미하지 않을 수도 있음을 밝힌다.
[19] 러시아 극동지역의 주요 도시에 진출하고 있는 북한 노동자 현황 분석은 다음의 자료를 중심으로 정리되었음. 이영형, 『러시아의 극동개발과 북한 노동자』(서울: 통일연구원, 2012), pp. 59~70.
[20] Л.Забровская, "Трудовая миграция из КНДР в Россию (середина 1940-х~2003гг.)," Проблемы Дальнего Востока, № 5(2003), с. 67

<표 6> 연해주의 북한 노동자 수 및 전체 외국인 노동자에 대한 비율(%)

| 년 도 | 1992 | 1993 | 1994 | 1995 | 1996 | 1997 | 1998 | 1999 | 2000 | 2001 | 2002 | 2003 |
|---|---|---|---|---|---|---|---|---|---|---|---|---|
| 북한 노동자 수 | 1774 | 1181 | 1421 | 3956 | 4144 | 3119 | 2134 | 2373 | 1469 | 2013 | 1780 | 1441 |
| 전체 외국인 노동자에 대한 비율 | 20.1 | 15.2 | 25.5 | 30.8 | 30.6 | 27.6 | 20.6 | 23.5 | 12.5 | 13.6 | 12 | 9.3 |

연해주로 파견되는 북한 노동자 수는 양국 간 정치관계에 크게 좌우되지 않는 모습을 보였다. 양국관계가 소원했던 시기에도 북한 노동자의 연해주 유입이 계속되어 왔고, 이들 노동자들은 주로 건설과 농업분야에 고용되었다. 고르차코프(Виктор Горчаков) 연해주 부지사에 의하면, 2005년 연해주 건설 현장에 3,320명의 북한 노동자들이 고용되었다. 연해주 정부의 입장에서 본다면, 이들이 동일 지역의 재건사업에 상당한 기여를 했다. 따라서 연해주 정부는 2006년에 연해주 건설 현장에 동원될 수 있는 북한 노동자의 한계를 5,000명으로 증가하는 결정을 내렸다.

연해주의 주도(州都)인 블라디보스톡 시(市)에 다양한 건설 현장(아파트 및 상가 건설 또는 재건축, 집수리, 도로 보수, 각종 정거장 공사)이 있었고, 동일 시(市)에 체류하고 있는 다수의 북한 노동자들이 건설 현상에서 활동하고 있었다. 2006년 4월 현재, 블라디보스톡 시에 약 2,500~3,000명(장기 체류자: 2,500~2,800명) 정도가 노동 현장에 투입되고 있었다. 이들 노동자 대부분(약 97%)이 건설 현장에 투입되었고, 단지 3% 정도만이 어업 및 사업에 종사했다. 인터뷰 대상자인 이안톤(李安東) 사장의 건축 회사에도 30~40명의 북한 노동자가 근무하고 있었다.

노동 현장에 투입된 북한 노동자들은 자신이 소속된 북한의 관련 회사에 매달 일정 금액을 상납해 오고 있었다. 상납 금액은 현지에서의 노동 보수 등에 따라 조금씩 차이를 보였다. 2006년 당시의 1인당 상납 액인 $500을 초과하는 노임을 확보하는 노동자는 전체 노동자의 약 20% 정도에 불과했다.[21] 북한 노동자들은 상납금을 초과하는 노임을 확보하기 위해, 노동시간과 환경에 상관없이 다양한 건설 현장에서 활동하고 있었다.[22]

---

21) 2004년 말 현재, 연해주 현지 주민의 평균 임금은 약250$(약7,180루블) 정도였다.
22) 현지의 북한 노동자는 매우 열악한 상황에서 생활하고 있었다. 집단적으로 숙식이 이루어지고 있으며, 비좁은 방 1칸에 5명씩 거주하고 있었다. 그리고 거의 모든 시간을 노동에 투자해야 만 하는 상황에 있었다. 1주에 한번 전원 소집되며, 이때 정치교육이 이루어진다. 그리고 상납금에 대한 결과 여부가 전달된다. '누구는 얼마를 상납하고, 누구는 상납하지 못하고 ….'라는 형식으로 전달되고 있기 때문에, 상납금을 독촉하는 소집에 다름 아니다.

<표 7> 블라디보스톡시에 있는 북한 노동자들의 1인당 상납 금액

| 시 기 | 상납 금액 |
|---|---|
| 2000년 전후 | $200 |
| 2003년 전후 | $300 |
| 2006년 | $500 |

2006년 4월 당시, 블라디보스톡 전역에 상당수의 북한 불법 노동자들이 거주하고 있었다. 블라디보스톡 시(市)의 시몬카(Шмонька) 지역에 있는 기숙사에 다수의 불법 노동자들이 집단적으로 거주하고 있었다.23) 동일의 기숙사는 '신한촌'에서 멀지 않은 지역에 위치해 있으며, 북한 및 베트남 노동자들이 주로 거주하고 있었다. 동일 기숙사에 거주하는 북한 노동자의 수는 800~1,000명 정도인 것으로 알려지고 있지만, 이들 중 상당수가 불법 노동자인 것으로 추측되었다. 이들 역시 북한 정부에 상납금을 지불해야 됨은 물론이다.

2010년을 전후한 시기, 이웃하고 있는 아무르주와 하바롭스크주에 있는 북한 노동자들이 블라디보스톡 지역으로 유입되는 모습이 종종 목격된다. 이는 상납금을 확보하기 위한 경쟁에서 비롯되는 것으로 보인다. 보다 많은 노동 현장이 있고, 보다 많은 노임을 확보할 수 있는 지역으로 이동하는 것이다. 현지에 파견된 북한의 관련 담당자들이 이러한 이동 상황을 차단하는 경우가 종종 있지만, 수입금의 일부를 몰래 건네주는 방식으로 노동 현장을 이탈하고 있다. 블라디보스톡시는 북한 노동자들이 선호하는 지역들 중에서 한 곳이기 때문에 보다 많은 노동자들이 유입되고 있다. 2010년을 전후한 시기의 현지 언론 보도를 평균하면, 블라디보스톡시 건설 현장에서 일하는 북한 노동자는 약 3천명으로 추산되었다.

APEC-2012 블라디보스톡 정상회담 개최와 관련되어 다양한 사업이 진행되고 있음을 밝힌바 있다. 블라디보스톡 <APEC 정상회담>를 성공적으로 개최하면서, 블라디보스톡시를 아·태지역 국제협력센터로 발전시키려는 계획의 일환으로 다양한 사업이 진행되고 있다. 도로 및 항만 건설 및 개·보수 사업을 비롯하여, 다양한 형태의

---

23) 기숙사 주변에 거주하고 있는 다수의 러시아인에게 자료를 요청했으며, 이들의 자료를 취합하여 정리한다. 기숙사에 있는 다수의 노동자들은 기숙사의 작은 방 한 곳에 4~6명 씩 합숙하고 있으며, 1인당 한 달에 600루블(약 $22~23)을 방값으로 지불하고 있었다. 이들은 지역 광고지 <달 프레스>에 광고를 내고, 아파트 개·보수 작업을 비롯한 각종 건설 현장에 동원되고 있었다. 이들 중 불법 노동자들은 러시아 현지 경찰의 검문을 피해, 아침 일찍 어디론가 노동을 나가서 저녁 늦게 돌아오곤 했다. 이들에게 인권의 문제는 생각조차 어려운 실정이다. 현지 주민들에 의하면, 이들은 마치 '노예'와 같은 생활을 하고 있었다.

건설 사업이 추진되고 있다. 블라디보스톡 공항 현대화 사업, <APEC 정상회담> 관련 건설사업, 루스키 섬(Остров Русский) 개발사업, 풍력발전소 건설사업, 석유화학단지 및 조선업 발전사업 등이 대표적인 사업 내용들이다. 이들 사업을 준비하는 과정에 수많은 노동력을 필요로 한다. 2012년 전반부에 블라디보스톡 현지를 돌아보고 귀국한 동료들은 '상당수의 북한 노동자들이 곳곳의 공사 현장에서 목격되었다.'고 강조했다. 이들 동료들은 APEC 회의 장소인 루스키 섬에 파견된 북한 건설 노동자의 진술을 인용해, '연해주 일대에 수천 명이 파견되고 있다.'고 했다.

연해주의 기타 도시 상황은 어떠한가? 2005년 연해주 제2의 도시인 나호트카 시(市)에 <북-러 무역경제 협력 펀드>가 결성되었다. 본 펀드의 주된 업무들 중에서 하나는 러시아 극동지역의 노동 현장에 북한 노동자들을 동원하는 사업이다. 그리고 나호트카 시(市)에 북한 총영사관 무역부 및 젠코(ZENKO)라는 회사의 총본부가 위치해 있다. 젠코(ZENKO)는 <북-러 무역경제 협력 펀드>와 함께 북한 노동자들을 수입해서 나호트카 시(市)를 비롯한 극동지역의 다양한 건설 현장에 파견하고 있다. <북-러 무역경제 협력 펀드>에 의해, 나호트카 시 노동 현장에 참여하고 있는 북한 노동자 수는 해를 거듭할수록 증가되고 있다.[24]

<표 8> <북-러 무역경제협력 펀드>에 의해 나호트카시 건설 현장에 투입된 북한 노동자

| 년 도 | 노동자 수(명) |
| --- | --- |
| 2004년 | 150 |
| 2005년 | 250 |
| 2006년 | 350 |

우수리스크 시(市)와 자루비노 시(市)에도 상당수의 북한 노동자들이 파견되어 활동하고 있다. 다수 노동자들이 우수리스크시의 농업 노동자로 활동해 왔지만, 현재에는 건설 노동자들이 다수를 차지하고 있다. 우수리스크시에 있는 북한 노동자의 수를 정확히 파악할 수는 없지만, 동일 지역으로 초청된 북한 노동자의 다수는 건설 및 방직 공장에서 근무하고 있는 것으로 알려지고 있다. 우수리스크시의 한 방직 공장에 약 40여명에 달하는 북한 여성 노동자들이 2005년 말까지 근무해 왔다. 그 이후의

---

[24] <북-러 무역경제협력 펀드>의 창립자 겸 사장인 두드닉(С.А.Дудник)과 가진 인터뷰 내용에 기초해서 정리되었음.

정확한 노동자 수는 파악되지 않지만, 다양한 건설 현장에서 소규모 단위로 활동하고 있는 노동자들이 자주 목격되곤 한다. 그리고 자루비노시에 있는 북한 노동자들은 보통 2가지 업종에 종사하는 경우가 많다. 자루비노시에 거주하는 다수의 북한 노동자들은 아침에 어업에 종사하고, 저녁에는 건설업에 참여하고 있다. 이들의 2중적인 노동은 상납금을 채우고, 초과되는 노임을 확보하기 위한 삶의 투쟁에 다름 아니다.

### 2) 아무르주의 북한 노동자 현황

블라고베셴스크(Благовещенск) 시(市)(인구: 약 22만 4천명)를 주도(州都)로 하고 있는 아무르주의 경제적 자원은 광물자원과 임업, 그리고 농업이 주종을 이루고 있다. 석탄 및 임업자원이 풍부하며, 러시아의 주요 농산물(특히 콩) 생산지이다. 아무르주 영토의 60%가 산지(북부)이다. 2002년 8월에 북한·아무르주간 농업 및 임업 분야 협력 의정서가 조인되면서, 북한의 벌목 노동자들이 상당수 진출해 왔다. 벌목 노동자들의 수는 시기에 따라 차이를 보이고 있지만, 푸틴이 집권한 지난 2000~2008년 초 기간의 평균 노동자 수는 년 1,000명이 넘는다. 이들 벌목 노동자들은 북한에서 파견된 보안기관 요원들에 의해 엄격히 감시되고 있다.

북한 노동자들이 지난 수십 년 동안 하바롭스크주와 아무르주의 벌목 현장에서 활동해 왔고, 북한은 그들의 노동에 대한 대가로 벌목된 산림의 일정량을 수령해 갔다.25) 그러나 2006년을 전후한 시기부터 중국이 대규모 자원을 투자해 동일 지역의 벌목 시장을 대부분 장악했다. 아무르주가 중국과 국경을 접하고 있기 때문에 중국 노동자들의 유입이 보다 활발하게 이루어지고 있다. 벌목 현장을 장악하고 있는 중국의 영향력에 밀려 북한 노동자들의 벌목 활동이 크게 위축되고 있다. 북한의 벌목 노동자들이 상납금을 확보하기 위해 다른 지역과 다른 노동 현장을 찾아다니고 있다. 연해주(특히 블라디보스톡시) 등 다른 지역으로 이동하고 있으며, 그곳의 건설 팀에 합류되고 있다. 이러한 현실이 아무르주의 농업 및 임업 그리고 건설 현장에서 활동하고 있는 북한 노동자 현황 파악을 어렵게 만들고 있다.26)

아무르주 현지에 파견된 외국 노동자들의 대부분이 중국과 북한 인력이라고 현지

---

25) Ирина Дробышева, "Корейский ориентир", *Дальневосточный Капитал*, No 1(41) январь 2004, с. 17.
26) 통일부 자료에 따르면, 2007년 기준 아무르주에 2천여 명, 사할린에 3천여 명의 북한 노동자들이 파견되어 있었다. 서보혁(2011.10.11) 발표 논문 참조.

언론은 전하고 있다. 2009년을 기준으로 아무르주에 1,100명 정도의 북한 노동자들이 진출해 있는 것으로 알려졌다. 그리고 아무르주는 북한에게 20만ha의 농지를 제공할 계획을 수립해 왔다. 아무르주는 거의 무상에 가까운 조건으로 4개 지역의 처녀지를 북한에 임대할 계획을 가져 왔고, 북한은 토지임대를 통해 다량의 곡물을 생산할 수 있을 것으로 기대해 왔다. 아무르주는 북한의 벌목, 건축, 농업관련 노동자들이 대거 파견된 지역이며, 북한의 외화벌이 대상 지역들 중에서 중요한 한 곳이기도 하다.

아무르주에서 근무하던 북한 근로자 12명이 2009년 9월 한국에 집단 망명한 사실이 알려졌다. 이들은 유엔난민고등판무관실(UNHCR)의 지원을 받아 망명했다. 이와는 별도로, 북한 근로자 4명이 추가로 한국으로 망명을 신청한 사실이 알려지고 있다. 아무르주 북한 노동자들의 이탈 문제가 북한으로 하여금 더욱 강화된 감시 체제를 유지하도록 했고, 러시아연방 이민국 역시 북한 근로자의 집단 망명을 계기로 향후 이 같은 움직임이 재발될 가능성을 우려해 경계를 강화하고 있다.

북한 노동자 현황을 조사해 온 바사예프(С.Басаев)는 북부 시베리아와 극동지역에 있는 노동자들이 북한 감독기관의 감시를 피해 러시아의 다른 지방이나 외국으로 탈출하고 있음을 밝히고 있다. 그는 현지의 북한 노동자 집단을 "시베리아에 있는 북한의 강제노동수용소"(Северокорейский ГУЛАГ в Сибири)27)로 설명하면서, 그들이 마치 노예와 같은 생활을 하고 있음을 전하고 있다.28) 현지에서 탈출한 노동자의 주장에 따르면, 1994~1999년 동안 아무르주의 틴다(Тында) 시(市)에 본부를 두고 있는 산림회사인 <틴다 산림>«Тындалес»)으로부터 약 700~800명의 북한 노동자들이 탈출했다. 블라고베셴스크 시(市)에 있는 인권보호센터의 자료에 기초해도, 탈출 노동자가 500명 이상이었다.29)

2010년을 전후한 시기, 아무르주에 있는 3개의 회사30)에 1,300명의 북한 산림 노동자들이 근무하고 있다. 그들 중에는 알려지지 않은 북한의 호위대 요원이 포함되어 있다. 이들 회사에서 벌목된 목재의 약 9% 정도는 북한 벌목 노동자의 노동 대가로 북한으로 보내어진다.31) 이와 함께 러시아 측은 산림 재조림(복구) 사업에 북한과

---

27) 쿨락(ГУЛАГ)은 소련 시절에 존재해 왔던 강제노동수용소를 일컫는다.
28) 자세한 내용은 다음을 참조. Сергей Басаев, "Северокорейский ГУЛАГ в Сибири," http://sarvarupa.livejournal.com/40234.html(검색일: 2012.8.28).
29) http://druzbanarodov.ru/humanrights/271-2011-04-11-12-25-35.html(검색일: 2012.9.9).
30) ОАО «ЛПК «Тындалес», ОАО "Зейский ЛПК", ЗАО "Туранлес" 등이다.
31) http://druzbanarodov.ru/humanrights/271-2011-04-11-12-25-35.htm(검색일: 2012.9.9).

의 협력을 제안해 왔으며, 목재가공관련 북·러 합작회사 설립 및 북한 노동자 직업교육 센터 설립에 대해서도 긍정적으로 검토해 왔다. 그러나 북한은 농업 관련 협력사업에 보다 많은 관심을 가져 왔다.

2012년 2월 13일 북한 사절단이 아무르주를 방문해 농업 및 목재가공 분야에서 합작회사를 설립하는 문제에 대해 논의했다. 북한은 아무르주 국영회사 Agro와 공동으로 2013년부터 자비츠콤 지역에 1천ha 규모의 농지에 콩, 감자, 야채를 경작할 예정이다. 그리고 북한노동자 40명이 근무할 것으로 전해졌다. 또한 아무르주 로멘스코 지역에 1,500 평방미터의 농장을 2012년까지 구축하여 2013년에 수백 마리의 젖소를 포함해 2천 마리의 가축을 사육할 계획을 갖고 있다.

### 3) 하바롭스크주의 북한 노동자 실태

하바롭스크주의 북한 노동자 현황이다. 동일 지역에 있는 북한 노동자들은 주로 건설 현장에, 일부는 산림 현장에 동원되고 있다. 1995년에서 2003년까지 하바롭스크주에서 활동한 북한 노동자의 수 및 전체 외국인 노동자에 대한 비율(%)은 다음과 같다.[32] 북·러관계가 회복되기 시작하는 1997년 시점부터 하바롭스크로 파견되는 북한 노동자 수가 1,000명을 넘어 선 이후, 줄곧 수천 명씩 파견되고 있다. 특별한 시기를 제외하고는 하바롭스크로 유입된 외국 노동자의 평균 20%를 북한 노동자들이 차지해 왔다.

<표 9> 하바롭스크주의 북한 노동자 수와 전체 외국인 노동자에 대한 비율(%)

| 년 도 | 1995 | 1996 | 1997 | 1998 | 1999 | 2000 | 2001 | 2002 | 2003 |
|---|---|---|---|---|---|---|---|---|---|
| 북한 노동자 수 | 319 | 296 | 1050 | 1065 | 2020 | 1363 | 1383 | 1735 | 1600 |
| 전체 외국인 노동자에 대한 비율 | 6.9 | 5 | 27 | 29.6 | 46.1 | 19 | 20 | 20.9 | 19 |

하바롭스크 시(市)에 북한의 <원동림업대표부>가 있다. 이곳에서 하바롭스크주에 파견되고 있는 북한의 임업 노동자들을 관리해 왔다. 하바롭스크 지역에 북한의 대규모 임업 노동자들이 진출해 있음을 간접적으로 확인시켜 준다. 하바롭스크주의 삼림

---

32) Л.Забровская. "Трудовая миграция из КНДР в Россию (середина 1940-х ~ 2003гг.)," *Проблемы Дальнего Востока*, № 5(2003), c. 69.

면적은 6,203만ha에 달하며, 목재 채벌 가능 량은 53억㎥이다. 2001~2003년에 하바롭스크주에서 활동한 북한 노동자들 중에서 목재공급에 관련된 분야에서 활동한 노동자(약 1천~2천명)들이 가장 많은 월급을 받았다. 이들은 3~5천 루블($100~170)을 공식적으로 수령했으며,33) 이들 월급의 상당 부분이 북한 정부에 상납금 형태로 유입되었다.

2006년 5월 당시 하바롭스크주에 있는 북한 노동자가 1,000명을 넘는다는 사실은 분명하지만, 정확한 수치는 파악되지 않았다.34) 공식 등록된 북한 노동자 수는 1,040명이었지만, 동록 되지 않은 유동 인구가 상당수에 달하기 때문이었다. 파악된 1,000여 명 가운데 약 절반 정도가 하바롭스크시에 있는 것으로 알려졌다. 하바롭스크시에 있는 노동자들은 주로 건설 현장에, 그리고 일부는 산림산업 현장에 동원되고 있었다. 2006년 5월 당시 하바롭스크주에서 활동하고 있는 북한 노동자들이 실제로 수령하는 월급은 파악되지 않았고, 이들의 상납 액은 지역 및 업종에 따라 차이를 보였다. 하바롭스크시에 노동자를 공급하는 북한의 관련 회사는 보통 노동자 1인당 $300씩 상납금으로 수령한 것으로 파악되었다.

하바롭스크시의 북서부 652㎞ 지점에 있는 베르흐네부레인스크(Верхнебуреинский) 지역의 체그도민(Чегдомын)에 벌목장이 있다. 동일 지역에 상당수의 북한 벌목 노동자들이 진출해 왔다. 이들 노동자들이 북한 경제에 긍정적인 영향을 미치는 것은 사실이지만, 동일 벌목장으로 파견된 노동자들의 이탈 문제가 북한을 괴롭히고 있다. 동일 벌목장에서 탈출하는 사례가 자주 발생해 왔고, 그러한 상황이 2010년을 전후한 시기에도 계속되었다. 따라서 북한은 파견 노동자들에 대한 선발 기준을 강화하고 있다.

결국 2010년을 전후한 시기 하바롭스크주 전역에 중국 노동자들이 상당수 진출하면서 북한 노동자들의 일자리가 점차적으로 위축되고 있다. 중국 노동자들이 하바롭스크시를 비롯한 여타 도시의 대규모 건설 현장을 거의 장악하고 있다. 하바롭스크주 및 아무르주의 벌목 사업이 북한 노동자들에게 일자리를 제공해주었지만, 중국 노동자들이 동일 지역으로 대거 진출하면서 북한 노동자의 일자리가 위협받고 있다. 이러한 상황이 북한 노동자 수를 제한하는 결과로 작용하게 될 것이며, 현지의 북한 노동

---

33) *Ibid.*, c. 69
34) 2006년 당시의 북한 노동자 파견 현황은 <VOSTOKENERGO>社의 사장인 미나코프(В.Н.Минаков) 및 부사장 코로프코프(П.А.Коровко)와의 인터뷰 내용을 중심으로 정리되었다. 특히 미나코프(В.Н.Минаков) 사장은 수차례 북한을 방문하였으며, 북한에의 전력 공급 문제로 2차례 김정일과 면담을 가졌다.

자들을 더욱 열악한 노동현장으로 추방시키는 역할을 하고 있다. 북한의 외화벌이 사업에 큰 타격으로 와 닿고 있다.

## 4. 북한 노동자 실태와 한국의 선택: 결론에 대신해서

러시아의 극동지역으로 상당수 북한 노동자들이 파견되고 있다. 국가 차원의 외화벌이가 주된 목적이다. 파견되는 대표적인 지역들은 연해주, 하바롭스크주, 아무르주, 그리고 사할린주 등이다. 파견된 북한 노동자들은 주로 농업·임업·건설업·광업 등 4개 부문에서 적극적으로 활동하고 있다. 이들 파견 노동자들은 중국의 인적 및 물적 자원 침투로 인해 일자리를 상실해 가고 있다. 이러한 상황임에도 불구하고, 현지의 노동자들은 상납금을 채우기 위해 노예와 같은 생활을 강요당하고 있다.

러시아 극동지역에서 생활하고 있는 북한 노동자들의 열악한 노동 현실을 종합적으로 정리하면서, 한국 정부가 새로운 시각에서 북한과 러시아 극동지역을 바라볼 것을 주문하려 한다. 이는 북한 경제 및 노동자들에 대한 인권문제 뿐만 아니라, 한반도의 국가안보 정책에도 영향을 미칠 수 있기 때문이다. 북한의 경제문제(노동자 문제)에서 시작해서, 동북아 시대의 한반도가 나아가야 될 방향성 문제로 연결시킨다.

첫째, 북한의 경제문제(노동자 문제)와 관련된 부분이다. 북한은 외화벌이를 위해 러시아 극동 및 시베리아로 자신의 노동자를 파견하고 있다. 공식적으로 파견된 노동자뿐만 아니라, 불법 노동자 역시 상당수에 이르고 있다. 러시아 극동지역으로 파견된 북한의 노동자들은 칼잠을 자야 될 정도의 좁은 방에서 생활하고 있으며, 저임금 노동에 시달리고 있다. 그들은 북한의 관련기관에 상납해야 될 금액을 확보하기 위해서 새벽부터 밤늦게 까지 노동을 강요당하고 있다. 러시아 극동지역 현지인들의 지적처럼, 북한 노동자(특히, 불법 노동자)들은 마치 노예와 같은 생활을 강요당하고 있다. 중국의 노동력 진출이 북한 노동자들을 더욱 열악한 노동 현장으로 몰아가고 있다. 북한의 노동력이 중국의 힘에 밀려나고 있는 것이 현실이다. 이러한 문제를 해결할 수 있는 정책적 사고가 필요해 보인다.

둘째, 인도주의 차원에서 한국 정부가 러시아 극동 현지에서 북한 노동자들을 지원해 주는 정책이 필요해 보인다. 중국의 힘에 밀려나고 있는 북한 노동자들에게 노동할 수 있는 공간을 한국 측이 제공해 주는 것이 하나의 방법이다. 러시아 극동 및 시베리아 지역을 대상지로 하여, 한국·북한·러시아 등 3각 경제협력의 틀을 강화하고, 이를 통해서 북한 노동자들에게 노동할 수 있는 공간을 만들어 주는 작업이 필요할 것이다. 3자 협력 사업을 준비 하려면, 한국 정부의 신사고가 요청된다. 한국의 대북정책이 지속성을 지닌 협력정책으로 수정되고, 북한을 대등한 협력 파트너로 인식하는 정책적 배려 속에서 3자간 협력 사업을 개발할 필요성이 있어 보인다.

셋째, 러시아 극동지역으로 진출하고 있는 중국과 일본의 지정전략을 생각하면서, 동북아 시대를 준비해야 할 것이다. 중국 노동자들이 극동지역 전체에 진출하고 있으며, 중국인이 지역 시장을 잠식하고 있다. 현지인들이 중국의 노동 진출에 대해 다소 거부 반응을 보이고 있지만, 밀려드는 중국의 힘을 마지못해 수용하고 있다. 일본 역시 러시아 극동지역에 많은 관심을 보이고 있다. 일본 제품(특히 자동차)이 지역 전체를 누비고 있으며, 사할린을 중심으로 극동지역 전체에 일본 문화가 강력히 침투되고 있다. 중국과 일본에 비해 한국의 북방진출 노력이 미흡해 보인다. 러시아의 시베리아 및 극동지역 진출을 통해, 보다 안정적으로 북방시장을 개척할 수 있어야 될 것이다. 리시아 극동지역에 관심을 갖는 <동북아 시대>를 준비하는 것이 바람직 해 보인다.

## 참고 문헌

서보혁, "강화되는 북·중·러 협력관계와 북한의 전략적 선택," 평화재단 평화연구원 주최 <심화되는 북·중·러 삼국의 협력관계: 북방삼각의 복원 움직임인가?> 전문가 포럼 (2011.10.11) 발표 논문 참조.

이영형, "중국의 러시아 극동진출에 대한 러시아의 의식 구조 분석,"『한국 시베리아연구』, 제10집 06-2호(2006).

이영형, "러시아의 對한반도 지정전략과 한국의 대응,"『북한조사연구』, 제10권 2호(2006).

이영형, "북한 노동자의 러시아 극동지역 진출 현황 및 그 역할 분석,"『국제정치연구』, 제10집 2호(2007).

이영형,『러시아의 극동개발과 북한 노동자』(서울: 통일연구원, 2012).

정한구,『중국인 이민과 러시아의 대응. 러시아 동부지방의 중국화?』(세종정책연구 2003-19).

С.Басаев, "Северокорейский ГУЛАГ в Сибири,"
http://sarvarupa.livejournal.com/40234.html(검색일: 2012.8.28.).

И.Дробышева, "Корейский ориентир", *Дальневосточный Капитал*, No 1(41) январь 2004.

Л.Забровская, "Трудовая миграция из КНДР в Россию (середина 1940-х~2003гг.)," *Проблемы Дальнего Востока*, № 5(2003).

Л.Забровская, *Корейская Народно-Демократическая Республика в эпоху глобализации: от затворничества к открытости: Монография* (Владивосток: Изд-во Тихоокеанского центра стратегических разработок, 2006);
http://www.korusforum.org/PHP/STV.php?stid=57(검색일: 2007.12.4).

О.Иващенко, "Россия 2010~2020 — без Сибири?...(краткий прогноз на ближайшие десятилетия)," http://politics.in.ua/index.php?go=News&in=view&id=5315(검색일: 2006.10.16).

*Российская газета*, 2000.7.11.

*RIA Novosti*, December 11, 2006.

Федеральная служба государственной статистики, *Россия в цифрах. 2010: Краткий статистический сборник* (Москва: Росстат, 2010).

http://www.vneshmarket.ru/(검색일: 2012.9.4).
http://www.inopressa.ru/article/(검색일: 2012.9.4).
http://www.kremlin.ru/acts/6197(검색일: 2012년 8월 28일).
http://druzbanarodov.ru/humanrights/271-2011-04-11-12-25-35.html(검색일: 2012.9.9).
http://www.regnum.ru/news/435900.html 내용 재구성(검색일: 2012.9.10).
http://www.regnum.ru/news/435900.html 내용 재구성(검색일: 2012.9.10).
http://www.kadry.ru/news/detail.php?ID=32903(검색일: 2012.8.28).
http://www.fms.gov.ru/press/news/news_detail.php?ID=38951(검색일: 2012.8.28).

## 제4절. 한국의 러시아 극동지역 진출. 기대와 실망, 그리고 도전의 역사

러시아의 극동지역 변수에 기초해서, 한·러 관계를 체계화한다. 한·러 정상회담 및 지자체 협력에 있어서 러시아 극동지역이 제외된 적이 없었던 사실을 도표로 정리하면서 논의를 시작한다.

한국은 러시아 극동지역과의 경제협력에 기대를 걸면서, 다양한 협력사업을 모색해 왔다. 그러나 모든 기대가 실망으로 와 닿았다. 이러한 일련의 과정을 정리하면서 새로운 도전의 역사를 개괄한다.

한국과 러시아 극동지역의 경제협력 관계를 분석한다. 러시아 극동지역에 진출하고 있는 한국의 대표적인 기업체의 활동상황을 정리하면서 문제점과 과제를 찾아낸다. 그리고 한국 기업체의 러시아 극동진출이 활성화될 수 있는 전략을 모색한다.

## 제1항. (도표로 보는)한국·러시아 정상회담 및 지자체 협력과 시베리아 변수

### 1. 정상회담과 공동선언, 시베리아·극동지역에서의 경제협력

| 일자 | 문건 | 주요 내용 | 비 고 |
|---|---|---|---|
| 1990.06.04 | · 한·소 정상회담 (샌프란시스코) | | |
| 1990.09.30 | · 국교 수립 | | |
| 1990.12.14 | · 모스크바선언 (노태우, 고르바초프) | · 경제, 통상, 산업, 수송 분야에서 호혜적인 협력을 심화시키고, 합작기업과 새로운 형태의 협력을 발전시키고자 하는 양국 기업인을 각기 지원하고 호혜적인 사업 개발과 투자 환영 조성.<br>· 아이디어와 정보 및 정신적, 문화적 가치를 교환하고, 문화, 예술, 과학, 교육, 체육, 언론, 관광분야에서의 인적교류를 확대하며, 양국 국민의 상호 여행 권장. | · 양국관계 일반원칙에 관한 선언<br>· 고르바쵸프, 평화적이고 민주적인 방법으로 한국문제 해결을 위한 남북대화 지지. |
| 1992.11.19 | · 서울선언 (노태우, 옐친) | · 옐친, 나호트카 지유무역지역에 한국기업공단 설치와 시베리아 및 극동 그리고 사할린 등에 매장된 천연자원 탐사·개발 등을 포함한 23개 대형 프로젝트 제시<br>· 옐친, 나호트카 자유경제지대에 한국의 자본투자를 위한 법적·제도적 기반 구축 강조.<br>· 옐친, 시베리아·극동(사할린 등)에 매장된 석유, 가스 등을 포함한 자원 개발에 한국 참여 강조. | ·「한-러 기본 관계 조약」 체결 |

| | | | |
|---|---|---|---|
| 1994.06.03 | ・모스크바선언<br>(김영삼, 옐친) | ・양국 정상간 긴밀한 대화를 위해 청와대와 크레믈린 간 직통전화(Hot Line) 설치에 합의.<br>・과학기술, 에너지, 어업, 건설 등의 분야에서 양국간 실질적인 협력이 증진되고, 이를 위한 제도적 기반이 마련되고 있음에 만족을 표명(환경 분야에서 협력 중요성 강조).<br>・러시아의 첨단 기초과학기술과 한국의 응용 및 산업기술을 상호 연관시켜 발전시키고, 러시아의 천연자원 개발을 위한 공동노력 강조.<br>・한국과 러시아 극동지역간의 직접적인 접촉 증대를 장려하기로 합의. | |
| 1999.05.28 | ・모스크바선언<br>(김대중, 옐친) | ・무역, 투자, 에너지와 천연자원, 제조업, 중소기업, 과학기술, 전기통신, 어업, 해운, 환경보호, 지역협력 등 광범위한 분야에서 협력강화에 합의[무역 및 경제협력에서 차별을 방지하고, 무역과 투자를 더욱 확대해 나가기 위한 적절한 조치를 취하기로 결정]<br>・한국과 러시아 극동 및 시베리아 지역간 무역과 투지 및 여타 경제협력을 증진하기 위하여 양국 정부와 러시아 지방관리가 참여하는 위원회 설치 가능성 검토[양국 업계에서도 동 위원회에 참여 가능].<br>・나호트카 자유무역지대 한・러 공업단지(Korea-Russia Industrial Complex)가 양국의 경제협력을 증진하는 유용한 사업이라는 데 인식 공유.<br>・중소기업 부문에서의 협력을 위한 기구로 '실무위원회'를 설치하여 이 부문에서 협력을 강화하기로 합의.<br>・환경보호 협력 증진을 위해 공동 노력. | ・러시아 방문 중, 다음 협정이 서명(형사사법공조조약; 원자력협력협정; 나호트카 수출자유 지역내 한러공단 설립에 관한 협정; 산업 협력에 관한 양해각서). |
| 2001.2.27 | ・서울선언<br>(김대중, 푸틴) | ・무역과 투자, 에너지와 자원, 산업, 중소기업, 과학기술, 정보기술과 통신, 어업, 해운, 항공, 철도, 환경, 관광 협력을 포함한 다양한 분야에서 협력강화에 합의.<br>・나호드카 자유경제지역내 한・러 산업공단 건설 사업의 조속하고 성공적인 이행을 위해 노력. | |

| | | | |
|---|---|---|---|
| 2001.2.27 | • 서울선언<br>(김대중, 푸틴) | • 이르쿠츠크(코빅타) 가스전 개발에 긴밀히 협력하는 한편, 양국간 광물자원 교역 및 사할린과 여타 러시아 지역에서의 석유와 가스 개발 사업에 한국이 참여하는 문제 등 상호 관심사에 대해 계속 협의하기로 결정.<br>• 한국 선박들에게 러시아 수역 내에서의 안정적 조업 활동을 보장해 주기로 합의.<br>• 항공 및 우주, 신소재, 기계공학을 포함한 첨단기술 분야에서의 협력 확대 합의.<br>• 한·러 극동시베리아 분과위원회가 한국과 극동 및 시베리아 지역간 협력 증진 방안 등 논의.<br>• 양국간 교통협력위원회 설치에 합의. | |
| 2004.09.21 | • 모스크바선언<br>(노무현, 푸틴) | • 투자 및 경제협력 증진을 위해 노력 (경제·통상 분야에서의 우선적인 협력분야를 선정, 한·러 경제 동반자관계의 장기적 비전을 위한 행동계획을 마련하기로 합의).<br>• 첨단기술 분야를 포함한 군사기술 협력을 지속적으로 추진하기로 합의. 또한 방산기술 분야에서 양국의 지적재산권 보호의 중요성을 인식하고 관련 협정을 통해 그러한 권리 보호를 위해 노력하기로 합의.<br>• 극동 및 시베리아 지역의 유전·가스전 개발과 석유·가스 운송 및 한반도 종단철도와 시베리아 횡단철도 연결 사업 등 양자 및 다자 차원의 대규모 경제사업 개발을 위한 협력 강화에 합의. | • 한·러 포럼을 비롯한 기존의 각급 협의 채널을 활성화하고, 양국 국민간 상호이해 증진을 위해 문화, 교육, 청소년, 체육 등 다양한 분야에서 교류 활성화 합의. |
| 2008.09.29 | • 모스크바선언<br>(이명박, 메드베제프) | • 광물자원 조사, 합리적 이용 및 개발 분야의 구체적 사업 실현을 위해 노력.<br>• 한국의 소형 위성발사체(KSLV-1) 개발을 포함하여, 양국간 우주분야 협력의 지속적 확대에 합의.<br>• TKR-TSR 연결사업의 지속적 추진에 합의.<br>• 러시아산 천연가스 도입 등 에너지 분야 협력에 합의(서캄차카 해상광구 공동개발에 합의).<br>• 농수산 및 임업협력 등에 대한 긴밀한 협력에 합의.<br>• 해운협력 확대에 합의. | • 외교·안보 분야에서 새로운 협의 채널로서 양국 외교 당국간 제1차 관급 전략대화 개최에 합의. |

| | | | |
|---|---|---|---|
| 2008.09.29 | • 모스크바선언 (이명박, 메드베제프) | • 1991년 9월 16일 정부간 협정에 따라 수산업분야에서 호혜적 협력을 강화하고, 수산물 채취, 양식, 가공 및 마케팅 관련 공동사업 발굴에 협조하며, 해양생물자원 보존 및 관리를 위해 상호 협력하기로 합의. | • 군 인사교류, 군사기술 등 국방 분야 교류협력 발전에 합의.<br>• 사증 발급 간소화 등 관련 법적 기반에 합의. |
| 2010.11.10 | • 서울선언 (이명박, 메드베제프) | • 통신, 금융, 혁신·응용 기술 상용화, 녹색성장 및 에너지 절약을 비롯한 환경보호 분야를 중점 협력 분야로 결정.<br>• 러시아의 기초과학기술과 한국의 상용화 기술이 상호보완적이라는데 공감하고, IT, 나노, 바이오, 극지연구, 원자력, 신소재, 광학 등 첨단 과학기술 분야에서의 협력 확대에 합의.<br>• 유·가스전 공동개발, 러시아 광물자원 개발, 러시아산 천연가스 한국공급 및 러시아 지역의 전력망 현대화 분야에서 양국 기업간 협력 강화에 합의.<br>• 2010년 9월 6일 이르쿠츠크에서 개최된 <제6차 극동시베리아 분과위원회>에서의 협의 결과에 만족을 표하고, 극동시베리아 개발 관련 양국간 지속적 협력강화에 합의.<br>• 극동 러시아 항만 및 배후단지 개발을 위한 구체적인 프로젝트 마련을 위한 공동 노력에 합의.<br>• TKR과 TSR 연결, 한·러간 가스관 건설 및 송전망 부설 사업이 양국간 교류 증진 및 동북아 국가간 역내 협력 강화에 기여할 것이라는 데 의견을 같이 함.<br>• 해운분야에서 교류·협력 확대에 합의[해양생물자원 보존 및 관리를 위한 상호협력 강화에 합의(러시아 해양생물자원의 상태를 고려하여 러시아의 배타적 경제수역에서 한국 어선의 조업분야에서 협력과 러시아 극동지역의 수산물 가공분야에 대한 투자협력을 지속적으로 확대해 나갈 의향을 확인)].<br>• 농업기술 교류 및 한국기업의 대러시아 투자가 양국의 농업부문 발전에 기여할 것이라는데 인식 공유(동 분야에서 호혜적 협력 체제를 지원 및 개선해 나가기로 합의). | • 2008년 한국 최초 우주인 양성, 제1·2차 한국형 우주발사체(KSLV-1) 나로호 발사 등 양국간 우주기술 분야 협력증진 노력을 평가하고, 나로호(KSLV-I) 제3차 발사의 성공을 위해 적극 협력하기로 합의.<br>• 기후변화에 효율적으로 대처하기 위한 국제적 합의가 도출되도록 긴밀히 협력해 나가기로 하는 한편, 폐기물 재처리, 환경기술 개발경험 공유, 생물 다양성 복원 분야에서도 협력할 것에 합의. |

| | | | |
|---|---|---|---|
| 2011.11.02 | • 상트 페테르부르크 정상회담 (이명박, 메드베제프) | • 호혜적 투자 협력 강화를 통해 교역과 투자 확대에 합의(에너지·자원, 농·수산업, 산업·인프라, 우주·과학기술 등 다양한 분야에서 구체적인 성과를 이끌어내기 위해 공동으로 노력할 것에 합의).<br>• 극동 및 시베리아 지역에서 추진되고 있는 에너지, 조선, 자동차, 건설, 농업 등 분야에서의 실질협력 확대를 평가하고, 지리적 인접성과 상호보완적 경제구조를 바탕으로 극동 및 시베리아에서의 협력 잠재력을 최대한 실현해 나가기 위해 긴밀히 협력할 것에 합의.<br>• 북한을 경유하는 가스관을 통한 러시아 천연가스 도입 사업이 성공적으로 추진될 경우, 3국 모두에게 경제적 이익을 가져다 줄 것이라는데 공감하고, 이의 실현을 위해 긴밀히 협력하기로 합의(이명박 대통령, 북한을 통과하는 가스관의 안전성에 대한 걱정을 우려하면서 핵문제 등 북한 문제 해결을 위한 러시아 측의 역할 강조; 이 문제가 해결된다면, 극동지역의 잉여전력을 북한을 경유해 한국에 공급하는 사업도 검토 가능하다는데 의견을 같이 함). | |
| 2012.09.08 | • 블라디보스톡 <APEC 정상회담> 참석차, 한·러 정상회담(이명박, 푸틴) | • 경제협력, 과학기술협력, 남·북·러 가스관 연결 사업 등 3각 협력사업 등에 대해 논의.<br>• 우주 및 방산분야에서 협력 강화에 합의.<br>• 상호 인적교류 증대를 위하여 사증면제협정 체결을 위한 협상을 진행하기로 합의.<br>• 양국기업들의 경제적 부담을 경감하기 위한 사회보장협정체결 문제에 대해 협의.<br>• 남·북·러 가스관 연결사업 등 남·북·러 3자 협력사업과 관련한 그간의 실무 협상 결과를 점검하고, 향후 추진될 협력 사업에 적극 협력하기로 합의.<br>• 극동지역에서의 경제협력을 더욱 강화해 나가기로 했으며, 수산물 쿼터 확대와 수산분야 투자 증대를 위해 상호 노력하기로 합의. | • 이명박 대통령, 북 핵문제 해결이 남·북·러 가스관, 철도, 그리고 전력연결 사업과 극동 시베리아 개발을 위한 한·러 간 협력 강화에 긴요하다는 점 강조. |

## 2. 한국·러시아 지자체 협력 현황

| 구 분 | 한국 | 러시아 | 결연일자 | 자매/우호 | 비고 |
|---|---|---|---|---|---|
| 특별시 | 서울시 | 모스크바市 | 91-07-13 | 자매결연 | |
| 광역시 | 부산시 | 블라디보스톡市 | 92-06-20 | 자매결연 | 극동 |
| | 대구시 | 상트페테르부르크市 | 97-11-03 | 자매결연 | |
| | 대전시 | 노보시비르스크市 | 01-10-22 | 자매결연 | 시베리아 |
| | 울산시 | 톰스크市 | 03-11-12 | 자매결연 | 시베리아 |
| | 부산시 | 상트페테르부르크市 | 08-06-11 | 자매결연 | |
| | 인천시 | 예카테린부르그市 | 09-09-14 | 자매결연 | |
| | 제주도 | 사할린주 | 92-01-17 | 자매결연 | 극동 |
| 도 | 충청남도 | 아무르주 | 95-06-15 | 자매결연 | 극동 |
| | 경상북도 | 이르쿠츠크주 | 96-09-10 | 자매결연 | 시베리아 |
| | 경상남도 | 하바롭스크주 | 96-09-14 | 자매결연 | 극동 |
| | 경기도 | 모스크바주 | 97-05-10 | 자매결연 | |
| | 강원도 | 연해주 | 98-05-27 | 자매결연 | 극동 |
| | 충청남도 | 레닌그라드주 | 00-12-13 | 우호교류 | |
| | 전라남도 | 노보시비르스크市 | 05-09-28 | 우호교류 | 시베리아 |
| | 강원도 | 사하공화국 | 07-06-19 | 교류협력 | 극동 |
| | 충청북도 | 상트페테르부르크市 | 08-05-14 | 우호교류 | |
| 시 | 강원 동해시 | 연해주 나호트카市 | 91-12-10 | 자매결연 | 극동 |
| | 강원 속초시 | 연해주 핫산市 | 96-07-01 | 우호교류 | 극동 |
| | 경기 안양시 | 브랴티아공화국 울란우데市 | 97-07-23 | 자매결연 | 시베리아 |
| | 경남 마산시 | 연해주 우수리스크市 | 99-10-26 | 자매결연 | 극동 |
| | 충북 청주시 | 로스토프 나 도누市 | 99-05-16 | 우호교류 | |
| | 경기 부천시 | 하바롭스크市 | 02-06-24 | 자매결연 | 극동 |
| | 경기 안성시 | 아무르주 벨로고르스크市 | 03-05-25 | 우호교류 | 극동 |
| | 강원 삼척시 | 페름주 쿤구르市 | 03-05-30 | 우호교류 | |
| | 경남 창원시 | 사하공화국 야쿠츠크市 | 03-06-20 | 우호교류 | 극동 |
| | 경기 안산시 | 유즈노-사할린스크市 | 03-08-29 | 우호교류 | 극동 |
| | 경기 안산시 | 사할린주 홈스크市 | 03-08-30 | 우호교류 | 극동 |
| | 전남 여수시 | 하바로프스크주 와니노市 | 04-06-30 | 우호교류 | 극동 |
| | 경기 수원시 | 니즈니노브고로드 | 05-06-11 | 자매결연 | |
| | 전남 담양군 | 연해주 아르춈市 | 05-08-22 | 우호교류 | 극동 |
| | 경기 포천시 | 연해주 나호트카市 | 07-02-13 | 우호교류 | 극동 |
| | 경남 진주시 | 옴스크주 옴스크市 | 07-08-04 | 우호교류 | 시베리아 |
| | 경기 성남시 | 예카테린부르크市 | 08-05-23 | 우호교류 | |
| | 강원 속초시 | 핫산스키 라이온 | 09-07-01 | 우호교류 | 극동 |
| 구 | 서울 서초구 | 모스크바 남서구 | 92-03-31 | 자매결연 | |
| | 서울 중구 | 모스크바 중구 | 07-06-04 | 우호교류 | |

## 제2항. 한국과 시베리아/극동지역의 협력. 기대와 실망, 그리고 도전의 역사

### 1. 들어가는 말

1990년 9월 30일 한국·소련 수교가 이루어졌다. 한·소 수교에 임하는 양국의 입장은 서로 달랐다. 한국의 기본적인 입장과 관심은 사회주의 종주국이었던 소련으로 하여금 북한에 영향력을 행사하여 북한의 정책 변화를 유도하는 데 있었다. 그리고 소련은 자신의 경제적 어려움과 함께 한국의 자본을 유입하여 자신의 극동지역을 개발하려 데 근본 목적이 있었다. 이처럼 한국·소련의 수교가 이루어진 배경은 한국의 정치적 목적과 소련의 경제적 목적이 어우러지면서 가능했다. 서로 다른 목적에서 추진된 양국관계는 그 이후 많은 문제점을 낳았다.

1992년 옐친 대통령의 방한을 계기로 우호협력관계로 특징지어진 한·러 기본관계 조약이 체결되었다. 그리고 1994년 <모스크바 공동선언>을 채택하면서 양국관계를 건설적이고 상호보완적인 동반자 관계로 발전시켰다. 이러한 기간 동안 북한에 대한 러시아의 영향력이 추락하기 시작했다. 한·러 관계를 구축한 초기의 기대가 사라지고 있었다. 이와 동시에 러시아는 자신의 극동지역 개발에 관련된 한국의 소극적인 투자에 불만을 표출하기 시작했다. 한국과 러시아 관계는 1996년 한반도 평화체제 구축을 위한 4자 회담에서 러시아가 제외되면서 삐걱거리기 시작했고, 1998년 7월 한·러 외교관 맞추방 사건이 발생했다. 1999년 5월에 김대중 대통령이 모스크바를 방문하여 옐친과 정상회담을 거치면서 양국간 관계가 회복되는 듯 했다.

한·러 관계가 수립되면서 한국의 국제적 위상이 그 만큼 높아졌지만, 양자간 관계에 많은 문제점이 노출되었다. 서로의 서로에 대한 기대와 실망이 양국관계를 지배했다. 따라서 본 글은 수교 직전의 시기부터 시작된 지난 10여년 기간(1990~1999) 동안의 한·러 관계가 기대와 실망으로 이어지는 현상과 그 문제점을 다룬다. 그리고 2000년 이후에 새로운 모습으로 시작되는 양자간 경제관계 현상을 다룬다. 정치관계의 변화와 함께 파생된 한국의 對시베리아 및 극동지역 투자 및 진출 등에 관련된 제반의 문제를 다룬다.

본 글은 러시아 극동지역에 대한 한국의 투자 및 진출 행태를 분석하고 이를 평가하는 것으로 한다. 특히, 산림자원 개발사업에 대한 기대와 실망, 에너지 자원 개발 과정에서 나타난 기대와 실망, 나호트카(Находка) 한·러 공단 건설 사업에 대한 기대와 실망의 문제를 집중적으로 다루기로 한다. 그리고 기대에서 실망으로 이어진 상기 협력 프로젝트에 대한 추가 사항을 정리하는 차원에서, 2000년 이후 나타나는 새로운 도전의 역사를 개괄한다. 이러한 작업은 한국의 對러시아 정책과 이에 파생된 시베리아 및 극동지역 진출 전략을 보다 체계화할 것을 주문하려는 목적에서 시작된다.

## 2. 자원개발 과정에서의 기대와 실망, 그리고 도전의 역사

1990년 8월 모스크바에서 개최된 제1차 한·소 정부대표단 회의에서, 양국은 공동으로 자원개발사업을 검토하기로 합의했다. 한국은 동시베리아 및 극동지역을 중심으로 산림자원·에너지 자원·광물자원·해양수산자원·영농단지 개발 등 다양한 분야에 참여하려 했다. 그러나 그러한 기대는 실망으로 되돌아 왔다. 산림자원 및 에너지 자원 개발에 관련된 한국정주의 기대와 실망의 역사를 개괄한다.

1) 산림자원 확보를 위한 노력과 실망, 그리고 도전

(1) 산림자원 개발사업의 기대와 실망
1990년 6월, 연해주의 스베틀라야(Svetlaya) 지역 산림 개발을 추진하려는 현대그룹 측의 계획을 한국 정부가 승인했다. 현대그룹이 추진하는 스베틀라야 지역 산림

개발 계획은 연해주 산림청과 공동으로 각각 50%씩 투자하여, 매년 1백만 평 규모의 산림을 앞으로 30년 동안 개발하는 것을 골자로 하고 있다. 한국의 對러시아 산림개발 투자는 현대종합상사가 추진했다. 현대는 1990년 7월 연해주 산림청과 50:50의 투자 지분으로 스베틀라야(Svetlaya) 조인트 벤처라는 현지 법인을 설립했고, 동년 12월 당시 스베틀라야 지역 삼림 현장에서 2백여 명의 중국거주 교포들이 영하 30도의 추위 속에서 벌목작업을 시작했다.

<표 1> 스베틀라야(Svetlaya) 산림개발 계획 내용

| 구분 | 내용 |
| --- | --- |
| 회사명 | SVETLAYA JOINT VENTURE |
| 진출지역 | 연해주 스베틀라야 지역 |
| 투자자 | 한국측(50%): 현대종합상사(25%), 현대종합목재(25%)<br>러시아측(50%): 연해주 산림청, 테르네이 소비조합 |
| 투자금액 | 총 3,200만 달러(현대 측 1,600만 달러 출자) |
| 연간규모 | 100만 $m^3$(개발면적 83만 7천 ha) |
| 사업기간 | 30년(1990-2019년) |
| 사업내용 | 테르네이 북부와 연해지방 빠잘스키 지역의 목재생산 및 판매, 산림복구, 임도건설, 목재가공 생산 |
| 인원투입 | 561명(한국인 12명, 중국인 312명, 현지인 237명) |
| 장비/차량 | 224대 |

대외경제정책연구원, 『러시아 便覽. 1996』 (서울: 대외경제정책연구원, 1996) 참조.

1991년 5월 한국의 산림청장은 소련을 방문하여 한·러 임업협력에 합의했다. 동년 12월 18일 양국 정부는 임업협력 증진을 위한 양해각서를 체결했다. 그리고 산림 및 임목, 육종, 현지 산림상태 및 자원 파악, 산림보호, 정보 및 전문가 교환 등에 합의했다. 스베틀라야(Svetlaya) 산림 개발 사업은 1991년부터 연간 100만 $m^3$의 원목을 생산할 계획을 가지고 있었다. 그러나 러시아 측이 1991년 5월부터 수출 가격의 10%에 해당되는 수출세를 부과하고, 국제환경단체들(환경운동연합, 그린피스)의 반대, 산림개발에 대한 연해주 환경위원회에서의 벌목허가 불허, 토착 소수민족의 자원 이용권 주장, 고용인력 부족 및 벌채기술의 낙후, 합작사업의 사업 주체간 이견 노출 등으로 인해 생산실적이 매년 15만 $m^3$에 불과할 정도로 부진하였다.[1] 이러한 이유로 인해, 현대의 산림 개발사업이 난항에 봉착되었다.

산림자원 개발과정에서 나타나는 러시아 정부와의 마찰로 인해, 산림개발을 주도하던 현대 그룹의 계획이 구체화되지 못했다. 러시아 극동지역으로의 진출을 선도하고 있던 현대 그룹의 기대는 실망으로 이어지고 있었다. 1996년에 스베틀라야(Svetlaya) 조인트 벤처는 법정 관리에 들어갔고, 2001년 4월에 최종 청산이 결정되었다. 결국, 현대 측이 철수함으로써 산림개발 사업은 중지되었다. 스베틀라야(Svetlaya) 산림개발 사업이 중지되면서 러시아 극동지역에 대한 한국 정부의 기대가 사라졌다.

(2) 산림자원 확보를 위한 끈질긴 노력

산림개발에 대한 기대가 실망으로 이어졌지만, 현지의 산림자원에 대한 관심은 꾸준히 계속되었다. 2006년 10월 17일 한국의 국무총리실에서 양국의 총리가 배석한 가운데 서승진 산림청장은 러시아 로쉬프킨(Roschupkin) 산림청장과 함께 산림투자 및 기술협력을 위한 <한·러 임업협력 양해각서>를 체결했다. 양해각서는 산불 및 병해충 방제 등 산림보호기술, 원격탐사에 의한 산림자원조사 및 모니터링 기법, 산림 바이오매스의 이용, 산림생물 다양성 보전, 불법 벌채 금지, 훼손된 산림의 복원 및 각 분야 투자 확대 등 산림 협력 방안을 담고 있다.[2] 그 이후, 양자간 산림협력을 위한 움직임이 계속되었다.

2007년 6월 6일 모스크바에서는 한국 서승진 산림청장과 러시아 연방 발레리 로슈푸킨 산림청장을 수석대표로 <제1차 한국-러시아 산림협력회의>가 개최되었다.[3] 제1차 한-러시아 산림협력회의는 92년 이후 중단되었던 양국간 산림분야의 협력관계가 복원된 데 큰 의미가 있으며, 앞으로 2년마다 양국에서 번갈아 개최된다. 금번의 회의를 통해 기후변화 협약, 지속가능한 산림경영 등 국제적인 산림분야 현안에 대하여 양국이 긴밀한 협력관계를 유지해 나갈 수 있는 좋은 계기를 마련했다.[4]

2008년 이명박 대통령의 러시아 방문으로 한·러 양국간 자원 및 에너지 분야에서 협력할 수 있는 토대를 구축했다. 그리고 2009년 11월 25일 정부 대전청사에서 양국 산림청 차장이 공동으로 주재한 <제2차 한국-러시아 산림협력회의>가 개최되었

---

1) 김원배외, 『러시아 연해주에서의 자원·인프라 개발을 위한 한·러 협력방안』(서울: 국토연구원, 2003) 참조.
2) http://www.forest.go.kr/(검색일: 2013년 6월 28일)
3) 1991년 한국의 산림청과 소련 국가위원회간에 『임업분야에서의 협력증진을 위한 양해각서』를 체결한 바 있으나, 그 이후 러시아의 정치 불안 등으로 실질적인 협력관계에 진전이 없었다.
4) http://www.forest.go.kr(검색일: 2013년 8월 4일)

다. 본 회의에서 러시아 극동지역의 산림자원 개발에 관한 정보 제공과 임산물 통관 절차에 대한 협력 문제를 논의했다. 한국 정부가 러시아의 시베리아 및 극동지역을 대상지로 하는 협력 움직임을 계속해 왔지만, 산림분야에 있어 러시아에 대한 체계적인 자료 및 중·장기 계획이 미흡한 실정이다. 따라서 러시아에 대한 국가적 중·장기 정책 마련을 위한 자료구축 움직임이 필요했고, 이러한 필요성에 따라 한국 정부는 러시아로부터 산림자원 개발에 관한 정보 제공을 요청해 왔다.

산림청은 2011년 6월 24일 러시아 블라디보스톡에서 러시아 극동지역 산림자원의 효율적 개발 방안과 러시아와의 산림협력 전망 등을 설명하는 '극동러시아 산림자원개발 투자설명회'를 열었다. 이 자리에서 산림청은 러시아 극동지역 산림자원 현황과 투자 방안, 현지 진출 사례와 러시아 산림정책 및 협력분야 등을 소개했다. 또한, 극동지역 러시아 목재가공협회 회원사와 한국 기업간의 만남도 주선했다. 산림청은 앞으로 이 지역 투자정보 확보를 위한 네트워크 구축 기반을 마련해 국내기업의 러시아 극동지역 산림투자 진출을 지원할 계획이다.[5]

2012년 12월 10일 모스크바에서 한국의 산림청과 러시아연방산림청이 <제3차 한국·러시아 산림협력회의>를 개최했다. 이틀 동안 열린 금번 회의에서 한국 기업의 러시아 산림개발 진출확대를 위한 투자여건 개선, 산불진화·산림병해충 방제기술 협력, 산림전문가 인적교류 등 산림분야 협력방안을 폭넓게 논의했다.

러시아 극동지역은 산림자원이 풍부하지만 경제성 있는 산림은 개발이 거의 끝났다고 봐도 무방할 것이다. 그 나마 하바롭스크주가 가장 투자 환경이 유망한 것으로 판단된다. 러시아 극동지역 산림자원 개발을 위한 투자 여건이 좋지만은 않지만, 한반도와 육로로 연결되어 있고 목재자원 뿐 아니라 다량의 지하자원, 농업자원을 보유하고 있는 점과 그 동안 상대적으로 개발에서 소외되었지만 향후 사회간접자본(SOC) 및 인프라 개발 수요가 높다는 점 등은 여전히 러시아 극동지역이 투자 대상으로 가치 있음을 보여준다.[6] 따라서 정부나 대기업 차원에서 극동지역의 자원개발 정책의 일환으로 산림분야 투자 프로젝트를 가동시킬 수 있는 정책 개발이 필요해 보인다.

시베리아 지역은 이용 가능한 산림자원이 많기 때문에 향후 산림분야에 있어 한국의 투자전망이 밝은 곳이라 할 수 있다. 총 산림면적은 352백만 ha, 임목축적량은 약 311억 $m^3$로, 러시아 지역 중 가장 많은 산림자원을 보유하고 있다. 시베리아 지역

---

5) http://www.konetic.or.kr/(검색일: 2013년 6월 28일)
6) (사)한국산림정책연구회, 『러시아 산림자원 현황 및 개발 타당성 조사 연구』 (서울: 산림청, 2009), p. v.

은 벌채한 원목의 약 20%가 가공된 상태로 수출되고 있어, 러시아 극동지역에 비해 원목 공정율이 높다. 그러나 여전히 북유럽 선진국가에 비하면 크게 떨어지는 수준이다(평균 85%). 그리고 목재 수송은 항구와 접근성이 떨어지기 때문에 철도 시스템에 의존하고 있다. 시베리아 지역은 실제 벌채량이 허용량에 비해 여전히 16~17%로 낮은 점과, 러시아 연방정부의 관세감면과 같은 전폭적 지원으로 투자가 활성화되고 있다는 측면에서 외국의 투자 환경이 유망한 곳 중 하나라고 할 것이다.[7] 현대그룹의 산림자원 개발사업이 실패한 사실을 교훈삼아, 시베리아 및 극동지역이 기회의 땅으로 되살아 날 수 있도록 하는 전략 개발이 필요해 보인다.

2) 에너지 자원 확보를 위한 기대와 실망, 그리고 도전

1990년 한·소 수교 이후, 한국은 안정적인 에너지 공급망의 확보 및 에너지 자원 수입선 다변화라는 에너지 정책을 준비하고 있었다. 이의 실현을 위해, 러시아 극동 및 시베리아 지역을 대상으로 하는 자원협력 사업을 적극적으로 모색해 왔다. 1990년 8월부터, 한국정부는 자원 조사단을 파견하여 자원개발 사업에 대한 현지 조사를 실시해 왔다. 그리고 1991년에 '한·러 자원협력위원회'를 설치했다. 러시아 극동 및 시베리아 지역을 중심으로, 한국 정부가 에너지 자원을 확보하기 위해 노력한 흔적과 그 결과를 정리한다.

(1) 이르쿠츠크州의 코빅타(Kovykta) 가스전 개발 사업

시베리아의 이르쿠츠크州에 있는 코빅타(Kovykta) 가스전 개발 및 파이프라인 건설 사업에 대한 관심이다. 1994년 12월 이르쿠츠크주의 경제사절단이 한국을 방문하여, 코빅타 가스전 등 4개 에너지 개발 프로젝트를 공동으로 개발할 것을 제안했다. 이르쿠츠크 가스전 개발 사업은 동시베리아의 코빅타(Kovykta) 가스전을 러시아·한국·중국이 공동으로 개발하여 가스관을 통해 러시아 극동지역과 중국·한국에 공급하려는 국제에너지 개발 사업이다. 코빅타(Kovykta) 가스전은 약 10억 톤의 확인 매장량을 갖고 있었으며, 동일 지역의 가스전을 개발하여 동부 러시아 지역과 중국·몽골·북한·한국 등 동북아 지역에 4,200km의 파이프라인을 통해 가스를 공급하려는

---

[7] 위의 글.

사업이다. 이 사업에는 약 176억 달러(가스전 64.5억 달러, 배관 111.5억 달러)가 소요될 것으로 추정되었다.

1995년 6월 이르쿠츠크 가스전 개발사업에의 참여를 위해, 한국가스공사를 대표간사로 하는 한국 컨소시엄(한국가스공사, 유개공, 고합, 한라, 대우, 효성, LG)을 구성했다. 러시아, 한국 컨소시엄, 중국석유공사 등 3개국 사업 주체는 프로젝트의 타당성 조사를 준비했다. 1996년 12월부터 1997년 7월까지 동 사업에 대한 예비타당성 조사를 실시했다. 그 결과 동 사업은 타 에너지 개발 관련 프로젝트에 비해 상당히 실현 가능성이 높은 것으로 평가되었다. 코빅타 가스전 개발사업은 사하공화국의 가스전과 비교할 때, 개발 여건이 비교적 양호하며 인프라도 대체로 잘 갖추어져 있기 때문에 실현 가능성이 높은 사업으로 주목받았다.

<표 2> 이르쿠츠크 가스전 개발사업 관련 일지

| 일시(년, 월) | 내용 |
| --- | --- |
| 1995.7 | 가스 공사 등, 러시아 현지조사를 통해 사업 추진 가능성 확인 |
| 1997.12 | 한국 예비 타당성 조사, 경제성이 있는 것으로 판단 |
| 1999.2 | 중·러 정상회담, 양국 에너지·자원 협력 협정 체결 |
| 1999.5 | 김대중 대통령 러시아 방문, 이르쿠츠크 사업에 한국 참여 의사 표명 |
| 1999.9~2000.2 | 한·중·러 사업 주체, 3차례 실무회의 |
| 2000.7 | 푸틴 대통령 중국 방문, 중·러 양국간 한국 참여에 대한 양해각서 서명 |
| 2000.12 | 한국의 타당성 조사 참여 협정 체결 |
| 2001.9 | 5차 남북 장관급 회담, 북한통과 노선 검토하기로 논의 |
| 2001~2003.11 | 타당성 조사 |
| 2003.10 | 이르쿠츠크 가스전 개발 및 배관망 노선에 합의 |
| 2004~2008 | 가스전 개발 및 배관 공사(예정) |
| 2008 ~ | 가스 공급(예정) |

자료: 산업자원부

1997년 말, 한·러·중·일·몽골 등 동북아 5개국이 <이르쿠츠크 가스전 개발·파이프라인 프로젝트를 위한 양해 각서(MOU)>를 교환하면서 한국의 참여가 구체화되었다. 그러나 러시아의 경제위기로 협상이 중단되면서 진전을 이루지 못했다. 1999년 2월 주룽지 중국 총리가 러시아를 방문하였고, 러시아와 중국이 합작으로 개발한다는 협정이 체결되면서 다시금 급진전되었다. 한국도 1999년 5월 김대중 대통령의 러시아 방문시, 이르쿠츠크 가스전 개발 타당성 조사 사업에 한국의 참여를 요청했다. 그 후 한·러·중 3국 대표단 협상이 진행되어 왔다. 그리고 2000년 9월 모스크바에서 개최된 3국 사업 주체간 제5차 실무회의에서 3자간 협정에 서명했다. 한국의 이르쿠츠크 가스전 공동개발 참여가 확정되었다. 2000년 12월 한국가스공사가 9개사(한국가스공사, 석유공사, LG 상사, 고합물산, 효성물산, 대우, 대성산업, 현대상사, 한화)로 컨소시엄을 구성해서 중국 국영석유회사(CNPC), 그리고 러시아 측과 타당성 조사에 대한 합의안에 서명했다.

2003년 7월 제5차 한·러경제과학기술 공동위원회에서 이르쿠츠크 가스전 개발 타당성 사업을 조기 완료하기로 합의했다. 동년 10월에 이르쿠츠크 가스전의 개발 및 배관망 노선에 합의가 이루어졌다. 한·중·러 3자간에 합의된 노선은 이르쿠츠크에서 중국 장춘과 대련을 경유해 해저로 평택으로 이어지는 노선이며, 가격 등에 관한 최종 합의가 이루어지면 2008년부터 가스 도입이 가능하도록 설계되어 있었다. 그러나 2004년 5월 14일에 있었던 러시아 시베리아 에너지 개발 회의에서, 코빅타 가스전을 포함하여 향후 건설될 시베리아의 모든 가스관과 송유관을 하바롭스크·나호트카 노선으로 단일화시키기로 결정했다는 보도가 나왔다. 한국이 지난 10년 동안 국책사업으로 진행해 온 이르쿠츠크 가스전 개발사업이 중대한 위기를 맞게 되는 것이다. 한국은 "시베리아 가스를 중국의 대련과 서해를 지나는 가스관을 통해 한국의 평택항으로 공급하는 사업이 실현단계에 이르렀다"고 밝힌 바 있다. 그러나 러시아 측이 결정한 극동의 나호트카 노선은 한국 측의 이런 발표를 백지화시키는 것이었다. 평택항 노선을 실현시키기 위한 한국의 10년 노력이 물거품이 되고 있는 것이다.

2004년 9월 노무현 대통령이 러시아를 공식 방문했다. 한·러 정상회담에서 한국 측은 동시베리아 송유관 건설사업에의 참여를 요청했다. 러시아 측도 한국의 참여를 긍정적으로 검토해 나가기로 했다. 그리고 한국 석유공사와 러시아 국영석유회사인 Rosneft사는 9월 21일 양국 대통령이 지켜보는 가운데 크레믈린 궁에서 동시베리아/극동지역 유전을 공동개발하기로 하는 협력 약정(MOU)을 체결했다.[8] 또한, 석유공사

---

8) 2004년 9월 노무현 대통령이 러시아를 방문하면서 동시베리아 광물자원 개발 과정에 한국의 참여가 가시화되었다. 노무현 대통령의 러시아 방문을 수행한 이희범 산업자원부 장관은 러시아 천연자원부 트루트네프(Trutnev) 장관과 면담하고, 양국간 에너지 자원분야에서의 협력 방안에 대해 광범위하게 논의했다. 양국의 장관은 한-러 정상회담에서 합의된 바와 같이, 광물자원 개발 분야에서 양국간 협력 확대를 위해 적극 노력하기로 했다. 그리고 이를 제도적으로 뒷받침해 나가기 위해 조속한 시일 내에 한국의 산자부와 러시아의 천연자원부간 '한-러 광물자원 개발협력 약정'을 체결하기로 했다. 또한 양 장관은 한국광업진흥공사와 사하

는 사할린 및 캄차카 지역의 유망광구를 Rosneft 와 공동개발하기로 하고, 2004년 중 기술검토를 시작하고, 빠르면 2005년 중으로 탐사사업을 개시하기로 했다. 뿐만 아니라, 송유관 건설사업에서 양국의 구체적 협력 방안을 논의하기 위해 양국 관계기관(한국 석유공사, 러시아 트란스네프트)간 실무협의체(working group) 구성을 검토하기로 했다.

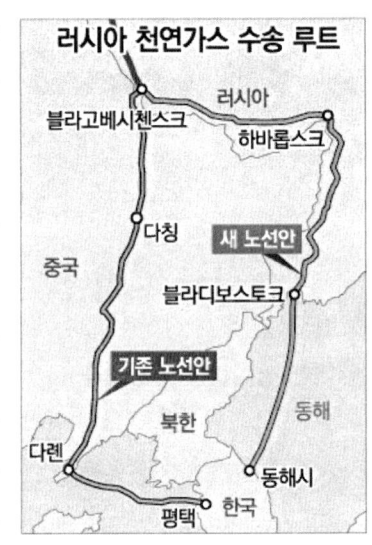

가스프롬의 알렉산드르 메드베데프 수출담당 부회장은 2007년 6월 27일 기자회견에서 "육상 가스관이 경제적이지만 남북한 관계와 관련된 제한 때문에 (건설이) 위축되고 있다"며 북한 영해를 우회하는 해저 가스관 건설 계획을 시사했다. 이와 함께, 러시아 국영 에너지 기업인 가스프롬은 2007년 6월 29일 발표한 연례보고서에 사할린과 동시베리아에서 생산되는 천연가스를 블라디보스톡에서 해저 가스관으로 한국의 동해안에 수출하는 가스 공급 계획을 포함시켰다. 최근까지 유력한 수출 루트로 검토된 동시베리아~중국 다롄(大連)~한국 평택 라인은 보고서에서 제외되었다.

(2) 사하공화국의 에너지 자원 개발 사업

극동연방지구의 중-북부 지역에 위치해 있는 사하공화국은 광범위한 영토[3,103,200㎢(러시아 전체의 18.17%)]를 가지고 있다. 한반도 크기의 14배에 달한다. 다종의 유용광물을 가지고 있다. 대표적인 광물은 금강석, 금, 운모, 무연탄과 갈탄, 철광석, 천연가스, 주석, 텅스텐, 다금속 광석, 석영(石英), 안티몬, 수은, 인회석 등이다. 사하공화국에는 다량의 에너지 자원(석유, 천연가스, 석탄)을 비롯하여, 다이아몬드, 금, 주석, 안티몬 등의 매장량이 풍부하다. 한국은 천연가스를 개발하려는 사하 프로젝트와 유연탄 자원을 개발하기 위한 엘가(Elga) 프로젝트에 대한 관심이 높다.

첫째, 사하 프로젝트이다. 사하공화국내에 있는 30여개의 가스전을 개발하고, 파

---

공화국이 유연탄 등 광물자원 공동개발 협력에 합의한 것을 높이 평가하고, 양국 정부가 이 사업의 추진을 적극 지원하기로 했다. 동년 9월 23일, 한국의 광진공과 사하공화국간 사하공화국 광물자원 개발협력에 관한 MOU을 체결했다.

이프라인을 통해 러시아 연해주·중국·한국·일본 등에 천연가스를 공급하려는 프로젝트이다. 30여개 가스전을 개발하여 북한을 경유해 한국에 가스를 공급하는 계획인 본 프로젝트에 한국이 많은 관심을 갖고 있었다. 한국과 러시아는 1992년 9월 사하 가스전 개발 프로젝트를 위한 공동위원회 설치 및 예비 타당성 조사 등에 합의했다. 1992년 11월 옐친 대통령이 한국을 방문했을 때, 양국간 사하공화국 가스전 공동개발에 대한 의정서가 체결되었다. 그리고 1994년 6월 김영삼 대통령이 러시아를 방문했을 때, 양국이 각각 1천만 달러를 투자하여 사하 공화국 가스전 개발에 대한 예비 타당성 조사를 실시하기로 합의했다. 이 합의에 따라, 1994년 11월부터 1995년 12월까지 예비타당성 조사가 실시되었다. 가스전 평가·파이프라인 건설 평가·시장 및 환경조사·종합평가 등 4개 분야에 걸쳐 예비타당성 조사를 실시했다.

동사업의 예비 타당성 조사 결과, 가스전 지역과 배관루트의 상당 부분이 영구 동토 지역이며, 가스전이 넓은 지역에 산재해 있어 대규모 개발 비용이 소요되어 경제성이 떨어질 뿐만 아니라, 사하 지역의 인프라가 부재하며, 사업 초기에 경제성의 기준이라고 할 수 있는 25백만 톤이라는 대규모 가스 시장이 부재한다는 이유로 사업성이 없다는 결론이 내려졌다.9) 투자비가 크기 때문에 경제성이 낮다고 판단하여 실제 개발로 이어지지는 못했다. 다만 이 지역의 가스전 중에 가장 왼쪽에 위치한 챠얀스코에의 가스매장량이 가장 많으며 향후 이르쿠츠크 가스전 개발 이후 장기적으로 가스공급량이 부족할 경우를 대비해 이르쿠츠크 사업과 연계해 개발할 가능성 있다는 여운만을 남겨두었다.

사하 프로젝트에 대한 한국의 관심과 기대는 사라져갔다. 그러나 사하공화국에 매장된 풍부한 자원에 대한 관심은 계속되었다. 에너지 자원을 비롯하여, 다양한 지하천연자원에 대한 관심이 계속되었다. 사하공화국 역시 지역 개발 과정에 한국의 참여를 위해 적극적인 홍보에 나서고 있다. 특히, 보리소프(Borisov) 사하공화국 대통령이 자원개발 프로젝트를 홍보하기 위해 한국을 방문했다. 40여명으로 구성된 민·관 경제사절단을 대동하고 2011년 4월 24일 한국을 방문하여 자원개발 프로젝트 등을 적극적으로 홍보했다.

둘째, <엘가(Elga) 프로젝트>가 있다. 엘가(Elga) 프로젝트란 엘가 지역에 있는 유연탄 매장량 22억 톤을 개발하여 2009년부터 본격 생산한다는 목표로 준비되었

---

9) 본 사업을 위한 가스배관 길이는 5800㎞가 넘고 투지 비용도 170억~250억 달러나 되며 연간 공급물량은 약 2천5백만 톤이 되어야 한다는 조사 결과가 나왔다.

다.10) 엘가(Elga) 프로젝트가 준비되고 있는 지역은 사하공화국의 수도 Yakutsk에서 남동쪽으로 1,300㎞ 지점에 있다. 주요 광종은 제철용 유연탄과 발전용 유연탄 등이다.11) 사하공화국의 에너지 자원에 진출한 대표적인 한국 기업체는 LG상사이다. 따라서 LG상사의 현지 진출에 관련된 내용을 중심으로 <엘가(Elga) 프로젝트> 등을 정리하기로 한다.

2005년 2월 알렉세예프(G.F.Alexseev) 부총리 등 사하공화국 대표단들이 한국을 방문했다. 이때, 이희범 산업자원부 장관은 알렉세예프(Alexseev) 사하공화국 수석부총리를 만나 한국 기업체가 엘가 유연탄광 개발사업에 참여할 수 있도록 지원해달라고 요청했다. 그리고 LG상사를 중심으로 엘가 프로젝트 공동 개발을 위한 양해각서(MOU)가 체결되었다. 엘가 탄광이 개발될 경우, 연간 3000만 톤의 유연탄이 생산되어 연간 7200만 톤을 수입하는 한국의 물량 공급에 큰 도움이 될 것으로 기대되었다.12)

LG상사는 2007년 10월 22일 여의도 LG트윈타워에서 사하공화국의 쉬티로프 대통령(V.A.Shtyrov)과 <남야쿠치야(Yakutia) 종합개발 프로젝트> 추진을 위한 양해각서(MOU)를 체결했다. <남야쿠치야 종합개발 프로젝트>는 "2020년까지 사하공화국의 생산력, 교통 및 에너지 종합 발전 계획" 실현을 목표로 추진되며, 총 투자금액이 1조 4천억 루블(약 USD 550억)에 달할 것으로 예상되었다. LG상사는 <남야쿠치야(Yakutia) 종합개발 프로젝트> MOU 체결과 별도로 사하공화국 자원개발사업에 대한 직접 투자의 일환으로 석탄 광산 <이나글린스카야(Inaglinskaya)프로젝트>에 대한 계약을 체결했으며, 우라늄 광산 <엘콘스키(Ellconsky) 프로젝트>에 참여하기로 했다. LG상사는 <남야쿠치야 종합개발 프로젝트>관련 MOU 체결을 계기로 사하공화국에서 유연탄광, 화력발전, 수처리, 송배전 사업 등을 추진 중이다.13) LG상사는 2011년 6월 현재 야쿠스크 시내에 <LG사하센터>를 준공하고 사세를 확장하고 있다. LG상사

---

10) 사하공화국은 지난 1960년 엘가 유연탄 탄층을 발견했지만, 인프라 미비 등으로 개발하지 못했다.
11) LG상사는 1993년 사하공화국의 에렐(Erel) 유연탄광 개발사업 참여에 성공했다. 에렐(Erel) 유연탄 지대는 사하공화국 네륜그리시 북동쪽 58㎞에 위치해 있다.
12) 참고로, 한국은 2004년 기준으로 연간 72백만 톤의 유연탄을 호주(40%), 중국(30%), 인니(16%), 러시아(7.2%), 캐나다(6.3%) 등으로부터 수입 중이었다.
<이나글린스카야(Inaglinskaya) 프로젝트>는 2억불 규모의 석탄 광산 투자/개발 사업으로, LG상사는 2008년 중순에 프로젝트 파이낸싱을 통해 금융조달을 완료하고 광산개발에 착수할 예정이다. 2010년부터 연2백만 톤 규모의 유연탄 생산을 시작으로, 연간 생산량을 9백만 톤까지 확대해 나갈 계획이다. 생산된 유연탄은 한국으로 공급되어 고품질 제철용 유연탄으로 사용될 예정이다.
20억불 규모의 <엘콘스키(Ellconsky) 프로젝트>는 러시아 전체 우라늄 매장량(60만톤 추정)의 50%(약30만톤)를 차지하고 있는 사하공화국 엘콘 우라늄 광산에 대한 대규모 투자/개발사업으로, 연간 5천톤 규모의 우라늄 생산을 목표로 2008년에 개발을 시작하여 2011년부터 본격적인 생산에 들어갈 계획이었다.
13) http://www.lgicorp.com/(검색일: 2013년 8월 5일).

는 도로·항만·플랜트 등 인프라 구축에 협력할 뿐만 아니라, 사하공화국 내의 석탄, 우라늄 등 자원 개발사업에 많은 관심을 갖고 있다.

(3) 사할린 에너지 자원 개발 사업

러시아 극동지역 오호츠크해에 있는 사할린 섬 주변에 상당량의 석유와 콘덴사이트, 그리고 천연가스가 해저에 매장되어 있는 것으로 알려졌다. 그리고 사할린 섬의 동쪽에 길게 늘어선 광구들을 따라 다수의 프로젝트가 제시되었다. 사할린 프로젝트는 러시아 사할린 주에서 진행되는 유전, 천연가스전 개발 프로젝트를 총칭한다. 광구는 사할린 섬 전역에 1~8구역으로 나눠 있고, 1, 2 구역은 각각 사할린-1 프로젝트, 사할린-2 프로젝트로 명명되었다. 1990년대 초반에 러시아 정부가 외국 자본을 도입하여 사할린 석유 개발을 추진하기로 결정하면서, 사할린-1 프로젝트, 사할린-2 프로젝트가 개발되기 시작했다. 1999년부터 사할린-2 프로젝트 지역에서 플랜트 가동을 개시하였고, 원유 생산이 시작되었다. 그러나 2006년에 환경 문제가 제기되고, 러시아 정부가 프로젝트 참여를 재검토하기 시작했다. 러시아 정부는 개발 허가를 취소하고, 사할린 에너지 관련 주식의 과반수를 국영기업 가스프롬에 매각했다.

<표 3> 사할린 대륙붕의 유전 및 가스전 현황

| 프로젝트 | 주요광구 | 개발(지분)참여사 |
|---|---|---|
| 사할린-1 | 차이보(Chaivo)<br>아르크툰-다기(Arktun-Dagi) | 엑슨모빌(ExxonMobil), SODECO(일본), 로즈네프트(Rosneft), ONGC(인도) |
| 사할린-2 | 키린(Kirin), 룬스크(Lunsk), 필툰 아스토흐(Piltun Astokh) | 가즈프롬, 셸(Shell), 미스이(Mitsui), 미스비시(Mitsubish) |
| 사할린-3 | 베닌스키(Veninsky) | 로즈네프트, SINOPEC |
| | 아야시스키(Ayashsky) | 가즈프롬 |
| | 보스토크노-오돕틴스키(Vostochno-Odoptinsky) | 가즈프롬 |
| | 키린스키(Kirinsky) | 가즈프롬 |
| 사할린-4 | 자팟노-시밋톱스키(Zapadno-Shmidtovsky) | 미분양 |
| 사할린-5 | 카이간스코-바슈칸스키(Kaygansko-Vasjukansky), 보스토크노-시밋톱스키(Vostochno-Shmidtovsky) | 로즈네프트, BP(British Petroleum) |
| 사할린-6 | 포그라니치니(Pogranichny) | 페르로싸흐 |
| ~ | … | … |

사할린의 각종 에너지 개발 프로젝트에 일본과 중국이 적극적으로 참여하고 있다. 한국의 참여는 지지 부진한 실정이었다. 1990년 중반에 한국의 (주)고합이 사할린-1 프로젝트에 투자를 시도하였으나, 일본의 사할린 오일/가스 개발회사인 SODECO 및 러시아 Rosneft의 거부로 투자가 이루어지지 못했다. 그러나 1998년 이후, 러시아 측에서 재원조달을 위한 투자 요청이 있었고, 한국의 가스공사 등이 사업 참여 타당성을 검토해 왔다. 러시아는 한국의 사할린-2 지분 참여를 제안해 왔다. 당시의 이반 말라호프 사할린 주지사도 한국의 가스공사가 사할린-2에 참여하는 것을 환영하며, 다른 프로젝트들에도 참여할 수 있음을 시사해 왔다.

국내의 다수 전문가들은 한국이 사할린-1 또는 사할린-2에 뒤늦게 참가하는 것보다 개발 시작 단계인 사할린-5와 개발권자를 다시 정할 사할린-3의 베닌스키, 키린스키 광구에 참여하는 것이 현실적이라고 주장해 왔다. 러시아 정부가 재입찰이나 경매보다 정부간 직접 협상을 암시하고 있기 때문에, 정부와 석유공사가 러시아 정부 및 로스네프트(Rosneft)와 협상을 추진하는 것이 바람직하다는 지적이 제기되기도 한다. 사할린의 많은 광구에 개발권을 갖고 있는 로스네프트(Rosneft)와 자회사 사할린 모르네프티 가스(SMNG: Sakhalin mornefte gas)와 긴밀한 협력 관계를 유지하는 것 역시 큰 도움이 될 것이다. 보다 중요한 것은 생산물분배법이 더 이상 적용되지 않고 러시아 국내 세법에 따라 개발된다는 사실을 기억할 필요가 있다. 러시아 국내 세법에 기초되면 세금과 광구 분할 등 복잡한 문제가 제기될 수 있고, 개발 이익 역시 감소될 수 있다. 따라서 이를 면밀히 검토해야 할 것이다.

한국이 사할린 프로젝트에 직접 참여하고 있지는 않지만, 에너지 관련 시설 정비 사업에 참여하고 있다. 한국기업 진출 동향을 살펴보면 대우건설이 사할린 LNG 액화기지 건설 사업에 약 1억 달러, 풍림산업은 가스 가압시설 공사(BS-2 Compression & Construction)에 2억 달러 규모로 참여했다. 그리고 한국투자증권이 사할린의 우글레고르스크(Углегорск) 유연탄광 개발에 참여하고 있다. 섬유 원단 생산과 유연탄 판매 등을 주력산업으로 하는 (주)에스아이리소스[SI RESOURCES CO.,LTD.] 역시 사할린의 우글레고르스크(Углегорск) 노천 탄광 지역에 2개의 광구를 개발하고 있다.

한국은 사할린으로부터 원유와 가스를 구입하고 있다. 2005년 2월 16일, 사할린 석유 및 천연가스 개발을 위해 설립된 다국적 컨소시엄 기업체 <사할린에너지社>[14]

---

14) 사할린에너지社는 Shell, Mitsui, Diamond Gas Sakhalin 3사의 지분으로 구성된 합작회사로 1994년에 설

가 한국으로 연간 150만 톤의 액화천연가스를 공급할 것이라고 했다. 그리고 2009년 4월, 한국가스공사는 사할린-2 프로젝트 액화천연가스(LNG) 액화기지로부터 LNG 약 6만 4106톤을 수입했다. 이후 2009년에 9항차 약 57만 8545.33톤의 LNG를 선적하였으며, 2010년에는 33항차 약 147만 7496.38톤의 LNG를 선적했다. 한국은 사할린산 원유와 가스를 수입하고 있으며, 그 정도는 일본 다음으로 많은 량이다.

<표 4> 2010년 사할린-2 프로젝트 원유/가스 수출 실적과 한국

| 구분 | 수출 현황 | 내용 |
|---|---|---|
| 원유(명칭: Vityaz) | 수출량 | 6.1백만톤, 전년대비 10% 증가 |
| | 수출국 | 일본(33.9%), 한국(33.6%), 중국(24.8%), 필리핀(1.6%), 태국(1.6%), 미국(1.5%) |
| LNG | 수출량 | 10백만톤 초과(설계상 생산능력 9.6백만톤) |
| | 수출국 | 일본(61.27%), 한국(30.34%), 대만(4.49%), 중국(3.26%), 쿠웨이트(0.65%) |

## 3. 연해주의 나호트카(Находка) 한·러 공단 건설 사업. 기대와 실망

1) 나호트카 한·러 공단 설립을 위한 노력

1992년 4월부터 상공부·토지공사 등 정부 관계부처 합동으로 현지 투자환경 및 기술적 타당성 조사를 실시했고, 현지조사를 실시한 결과 공단조성에 타당성이 있는 것으로 판단되었다. 1992년 11월, 서울에서 개최된 한·러 정상회담에서 나호트카 공단조성에 합의했다. 공단 조성시, 러시아 극동지역에 대한 한국의 투자 효과를 기대할 수 있었다. 한국 기업들이 유럽-중국-중앙아시아 등으로 진출할 수 있는 수출 전진기지로서의 교두보를 확보할 수 있다. 이러한 판단에 기초해서, 공단조성 사업을 추진하게 되었다.

나호트카 한·러 공단 건설사업이란 러시아 연해주에 있는 나호트카市의 파르티

---

립되어, 사할린-2 프로젝트를 주도하고 있다. 사할린에너지社는 한국가스공사와 이미 가스공급 계약을 체결한 상태이며, 2008년을 시작으로 향후 20년간 액화천연가스를 한국에 공급하게 된다. 뿐만 아니라, 사할린에너지社는 현재 사할린 Prigorodnoye에 건설 중인 액화천연가스 공장에서 생산될 LNG 공급 계약을 이미 70% 이상 마친 상태이며, 한국 이외에, 일본, 북미 등으로 LNG를 공급할 예정이다.

잔스크 지역에 100만평(330ha) 규모의 공단을 건설한다는 것이다. 공단 건설에 따르는 총사업비는 약 960억원(1단계: 약 60억원 소요)으로 추산되었다. 사업 내용 및 형태는 다음과 같다. 토지공사가 러시아로부터 49년간 토지를 임차하여, 공단을 개발한다. 그 이후 토지공사가 입주 업체에게 재임대하는 형태를 취한다. 공단부지 임차기간 종료 후, 5년간씩 자동 연장한다. 동일의 공단에 섬유·목재가공·수산물 가공·봉제·전기 및 전자·기계-금속 분야를 비롯한 100개 업체를 입주시킨다. 공단건설 사업은 한국 토지공사가 11년 내에 1백만 평의 공단을 조성하도록 하고 있다. 1단계로 6만평 공단을 협정 발효일로부터 6년내 건설하기로 되어 있다. 1단계로 보스토치니港 1km 지점에 시범적으로 6만평(20ha) 규모의 공단이 조성된다는 것이다. 그리고 2단계에서는 1단계 완료 후 5년 내에 나머지 94만평을 건설한다는 것이었다.

1995년 3월 한국의 토지공사와 나호트카 자유경제지역 행정위원회간 기본 합의서가 체결되었다. 1997년 7월 서울에서 제1차 경제공동위원회가 개최되었고, 정부간 협정에 가서명했다. 그리고 1999년 4월 공단조성 관련 투자에 대한 러시아 정부의 각종 우대조치를 규정하는 정부간 협정(안)에 합의하고 가서명했다.15) 1999년 5월 김대중 대통령이 러시아를 방문하여, 동 공단설립 협정에 서명하였다. 1999년 12월, 한국의 국회는 이를 비준하게 된다. 그러나 러시아 측은 자신의 국내법과의 충돌 문제로 비준을 지연시켜 왔다. 이러한 과정 속에서 동년 12월 토지공사와 나호트카 행정위간 기본 합의서를 체결하였다.

<표 5> 1999년 5월 28일 체결된 협정의 주요 내용

| 구분 | 내용 |
| --- | --- |
| 공단조성을 위한 일반 사항 | · 러시아 연해주 나호트카 자유경제지역내의 토지를 49년간 임차.<br>· 공단의 전체 면적은 100만평으로 하고, 1단계로 6만 평을 6년 내 건설.<br>· 공단 지역을 지유관세지역으로 설정.<br>· 토지 임대차 계약은 기본 계약 체결 후 6개월 이내에 체결.<br>· 양국 동수의 대표자로 구성된 감독위원회를 설치하고, 공단 운영에 관한 조언을 제공.<br>· 공단부지 임차기간 종료 이후 계속적으로 5년간씩 자동 연장.<br>· 토지공사는 공단 내부 기반시설을 건설하고, 나호트카 자유경제지역 행정위원회는 외부 기반시설 건설을 담당. |

---

15) 공단조성 관련 투자에 대한 러시아 정부의 우대조치는 다음과 같다. 건설공사 소요 기자재 반입시 관세 및 조세 면제; 공단내 생산제품의 50% 이상을 수출하는 기업에 대해 법인소득세 및 부가가치세 감면; 공단내 반입 원부자재에 대한 부가가치세 환급; 입주기업에 대해 이윤 발생시까지 부가가치세 50% 감면 등이다.

| 조세 및 세금 감면 | • 정부간 협정에 의한 입주기업 세금 감면 특혜<br>  - 연방이윤세: 이윤 발생일로부터 5년간 면제, 이후 3년간 50% 감면<br>  - 부가가치세: 이윤 발생 일까지 50% 감면<br>  - 공단에 대해 러시아연방 관세법상의 자유관세지역 지위 부여<br>• 연해주 정부의 감면 특혜<br>  - 주정부 이윤세: 이윤 발생일로부터 5년간 면제, 이후 3년간 50% 감면, 이후 청산시까지 25% 감면<br>  - 생산시설 현대화 및 생산기반시설 건설 등을 위한 재투자 부분에 대한 이윤세 과세 면제<br>• 기본 계약서에서 추가적으로 지방세 감면 조건과 범위 확정 예정 |
|---|---|

2001년 1월 양국간 실무협의를 개최하였고, 러시아 측은 협정상 세금감면 관련 사항을 양해각서 체결을 통해 수정할 것을 요구하였다. 그리고 동년 2월 한·러 경제공동위원회 및 서울에서 개최된 양국 정상 회담에서 러시아 측에 협정 비준을 촉구하였다. 2002년 6월, 러시아 측이 세금관련 해결 방안 검토 후, 그 결과를 통보할 것이라는 입장을 표명하였다. 그러나 한·러 양국간 체결된 공단 설립 협정을 러시아 의회에서 비준하지 않은 상태에 있었기 때문에, 공단조성 사업을 위한 본격적인 작업이 이루어지지 않았다.

2) 공단 건설 사업의 좌절

1992년 서울에서 개최된 한·러 정상회담에서 나호트카 공단 조성에 합의했다. 러시아 연해주에 있는 나호트카시에 330ha 규모의 공단을 건설하여 한국의 중소기업을 유치한다는 계획이었다. 사업 형태는 한국의 토지공사가 러시아로부터 49년간 토지를 임차하여, 공단을 개발하고 이를 한국 기업에게 재 분양하는 방식이다. 나호트카 공단 부지는 러시아 극동의 최대 컨테이너 화물 처리항인 보스토치니 항구와 러시아 전역과 유럽으로 연결되는 TSR역에 근접한 임해지역에 위치해 있다. 따라서 화물의 수출입이 용이하며, 러시아 및 유럽시장 진출을 위한 물류기지 역할을 담당할 수 있게 될 것이다. 공단이 조성되면, 러시아 극동지역의 개발은 자연스럽게 진행 될 것이며, 동일 공단에 진출하고 있는 한국기업은 보다 쉽게 유럽-중국-중앙아시아 등으로 진출할 수 있게 될 것이다. 연해주가 동북아 물류중심지로서의 역할 뿐만 아니라, 한국기업의 수출 전진기지 역할을 수행할 수 있게 될 것이다. 이러한 상황임에도 불구하고, 양국 간의 관련 회의가 여러 가지 난관에 봉착하게 되면서, 본 프로젝트가 거의

· · · · · · · · ·

사문화되어가는 분위기였다. 그 이유는 다음에서 찾아질 것이다.

첫째, 러시아 측이 정부간 협정에 대한 비준을 지연시켜 왔다. 1999년 5월 체결된 한·러 공단 조성을 위한 양국 정부간 협정이 동년 12월 한국의 국회에서 비준 통과되었다. 그러나 세금 감면에 관한 일부 조항이 러시아의 조세법 등 개혁 입법과 상충된다는 이유를 들어 러시아 국회에서는 상기 협정 비준을 거부해 왔다. 따라서 공단 건설을 위한 후속 조치가 뒤따르지 못했다.

둘째, 나호트카와 연해주 지역의 전력난과 용수난이 여전히 해결되지 못한 상태였다. 공단이 들어설 연해주 일대(나호트카 등)의 전력난과 용수난이 해결되어야 했다. 따라서 러시아 측에서 공단에 필요한 전력·용수·통신 및 교통시설 등 사회간접자본 시설을 제공하기로 했다. 그러나 러시아 내부에서 경제자유구역의 경제적 효과에 대한 회의적인 시각이 지배적이었기 때문에, 사회간접자본 시설을 구축하는 작업에 소극적이었다.

셋째, 정부간 협정의 세금감면 관련 조항의 수정 요구와 이에 대한 한국 측의 거부 의사표시가 문제였다. 러시아 측이 제의한 협정관련 양해각서 체결을 위한 양국 실무협의가 2001년 1월 30-31일 양일간 모스크바에서 개최되었다. 러시아 측은 양해각서 체결을 통해 이미 체결된 정부간 협정의 세금감면 관련 조항의 수정을 희망했다.16) 그리고 한국 측은 협정 비준 동의안이 이미 국회를 통과한 상태에 있기 때문에, 양해각서를 통한 협정내용 수정은 불가능하다는 의사를 러시아 측에 전달했다.

결국, 나호트카 한·러 공단 건설사업은 여러 가지 문제에 봉착되면서 구체화되지 못했다. 세금관련 문제가 중요한 이슈로 등장했지만, 양국 정부의 문제 해결 의지만 있었다면 충분히 해결 가능한 것이었다. 그럼에도 불구하고, 공단 건설 사업이 백지화된 것은 러시아 정부 측의 의지가 약했기 때문인 것으로 보인다. 공단 건설 사업에 대한 손익계산서에서 러시아의 이익이 한국의 그것에 미치지 못한다는 자체 평가가 문제로 제기되는 듯 했다.

---

16) 러시아 측이 수정 제의한 주요 내용은 다음과 같다. 첫째, 협정상에는 나호트카 한·러 공단을 자유관세구역으로 지정하고 공단에 반출입 되는 모든 재화에 대하여 일체의 관세 및 조세를 면제하는 것으로 되어 있음에도 불구하고, 동 공단으로부터 러시아 국내로 반출입 되는 모든 재화에 대하여 부가세와 물품세 등 내국세를 부과할 수 있는 것으로 수정 제의했다. 둘째, 협정상에는 공단 건설을 위해 공단내로 일시 반입된 건설 기자재(굴삭기 등)의 판매 및 취득에 제한을 두지 않고 있음에도 불구하고, 일시 반입된 건설기자재의 판매 및 취득의 경우에는 국내법으로 제한을 할 수 있는 것으로 수정 제의하였다.

## 4. 끝맺는 말

한·소 수교 이후 한국 정부가 러시아에 갖는 기대는 정치 및 경제 영역에서 나타났다. 소련과 그 이후 러시아의 국제적 영향력 변수를 활용해서 북한의 정책 행위를 변화시키려는 정치적 기대와 함께, 러시아의 시베리아 및 극동지역에 잠자고 있는 에너지를 비롯한 다양한 자원에 대한 기대가 그것이었다. 그러나 그러한 기대는 1990년대 중반이후 사라졌다. 러시아의 북한에 대한 영향력 상실에 따르는 실망, 시베리아 및 극동지역의 개발 과정에서 나타나는 실망감 등이 동시에 제기되었다. 에너지 자원 개발, 광물자원 개발, 공단건설 사업 등이 모두 한국 정부 및 기업체의 기대치를 벗어났다. 러시아 역시 한국의 소극적인 시베리아 및 극동지역 진출에 불만을 제기했다.

양자간 정치관계의 불신이 경제관계에서의 불신으로 이어졌고, 이러한 모습이 양국관계를 소원하게 만들었다. 한국은 러시아와의 협력 차원에서 많은 경제협력 프로젝트에 참여해 왔지만, 그 과정이 긍정적으로 유도되지는 못했다. 나호트카 공단사업 등의 실패 경험도 갖고 있다. 이러한 경험을 바탕으로 향후 정부 및 기업체, 그리고 연구기관이 협력하여 러시아 극동 및 시베리아 지역에 대한 투자 및 개발 참여 모델을 공동으로 개발할 필요성이 제기된다. 시베리아 및 극동지역 공간이 기대에서 실망을 안겨주는 공간으로 인식되었지만, 산·학·연에 기초된 새로운 도전의 공간으로 개발해야 될 것이다.

한국의 러시아에 대한 기대감이 실망으로 이어졌지만, 도전의 기회는 여전히 남아 있다. 러시아 중앙정부가 극동지역을 개발함과 함께, 연해주의 중심 도시인 블라디보스톡市를 아·태 경제협력의 중심지로 육성하려 한다. 이와 함께 다양한 개발사업이 진행되고 있기 때문에, 한국정부 및 기업체가 러시아 극동지역으로 진출해 얻을 수 있는 기회의 요소는 여러 곳에서 찾아진다. 이러한 기회의 분위기를 틈탄 새로운 도전이 필요해 보인다. 러시아 중앙정부의 에너지 산업 독점화 경향에 대한 체계적인 분석과 함께, 극동 및 시베리아 지역 전체로 시야를 넓힐 필요가 있다. 러시아의 극동/시베리아 공간을 향한 정부 차원의 진출 전략을 개발해야 만 한다.

극동/시베리아 공간에 에너지 자원 만이 존재하는 것은 아니다. 공간을 활용하는 방법이 다각도로 모색되어야 한다. 시베리아 및 극동지역 지리공간에 대한 1차적인 활용(지하/천연자원)에서부터 시작해서, 2차적인 공간적 관계(공간의 활용 방법)를 이용하는 문제를 동시에 고려해야 한다. 극동연방지구에 포함되는 개별 주체가 가지고 있는 에너지 자원을 비롯한 다양한 자원의 분포 현황을 분석하고 이를 적극적으로 활용할 수 있는 방법을 모색해야 할 것이다. 그리고 개별 주체의 지리적 위치를 적극 활용하여 국제경제관계에 적용시킬 수 있는 전략을 수립해야 할 것이다. 러시아 극동지역에서 제시되고 있는 각종 국제 협력 프로젝트를 분석하는 과정은 투자를 위한 기초 작업에 불과하다. 이들 프로젝트의 성격 및 프로젝트가 추진되는 공간적 특성 등을 분석하여 각각에 맞는 차별적인 전략이 요청되는 것이다.

한국 정부 및 기업체는 러시아 극동지역에서 추진 가능한 국제협력 프로젝트를 분석하고, 이에 부수된 영역으로의 진출을 모색할 필요가 있다. 첫째, 사회간접자본과 관련된 국제협력 프로젝트이다. 사회간접자본의 재구성·에너지 연료단지 조성·에너지 시스템의 기술적 개량·해상 운송의 발전·선박수리 시설의 건설·산지 채굴 단지들의 재구성이 그것이다. 둘째, 종합건설관련 부분들이다, 관광단지 조성·비즈니스 센터 조성·주택산업(특히, 효율적 건설/난방 시스템)·도로 및 항만분야가 유망하다. 극동지역의 건설관련 시설물들은 대부분이 노후화되어 있다. 따라서 거의 모든 시설물들은 보수 및 재건설되어야 할 상태에 있다. 셋째, 수산 및 농업 관련 국제협력 프로젝트이다. 농업 생산물(생산/가공/유통)의 공동 관리·어업생산물 가공 산업·해양 양식업의 발전·선박 건조 등이 대표적으로 포함된다. 넷째, 선박 수리 및 공작기계 제작 등에서 수출 및 수입 대체 구조를 창설하는 분야이다. 환경 상태를 개선시킬 수 있는 사업 역시 국제협력 프로젝트로 중요하게 제기될 수 있는 분야이다.

한국정부 및 기업체의 러시아 극동지역에 대한 투자에 만족하지 못하는 러시아는 최근 북한과 연해주를 연결시키는 경제협력에 상당한 관심을 표명하고 있다. 한국과 러시아 사이의 경제협력 가능성이 높은 분야로 TSR-TKR을 연결하는 철도 물류사업과 시베리아 및 사할린 지역의 에너지 개발 사업이 대표적으로 거론되고 있다. 이 사업들은 북한의 개방, 외국자본 투자 증가, 한국의 미래 에너지 자원 확보 등 많은 전략적인 효과가 기대되는 사업이다. 한·러간 정치적 안정을 바탕으로 대륙으로의 경제협력 여건이 완화됨에 따라 연해주 지역에 대한 체계적인 준비와 진출 전략이 요청되고 있다.

## 참고 문헌

김원배외, 『러시아 연해주에서의 자원·인프라 개발을 위한 한·러 협력방안』 (서울: 국토연구원, 2003).
대외경제정책연구원, 『러시아 便覽. 1996』 (서울: 대외경제정책연구원, 1996).
박정민·A.스타리치코프, 『러시아 극동을 주목하라』 (서울: 한울, 2005).
배수한, "연해주 지역의 한국 개발참여와 민관협력 가능성(NGO와 정부기관을 중심으로)," 해외한민족연구소 2007년 정기학술회의(2007년 6월 29일) 발표논문.
(사)한국산림정책연구회, 『러시아 산림자원 현황 및 개발 타당성 조사 연구』 (서울: 산림청, 2009).
정여천 편, 『러시아 극동지역의 경제개발 전망과 한국의 선택』 (서울: 대외경제정책연구원, 2008).
В.В.Путин, "О перспективах развития Дальнего Востока и Забайкалья,"(2000.7.21.).
Под редакцией П.А.Минакира, *Тихоокеанская Россия - 2030: сценарное прогнозирование регионального развития* (Хабаровск: ДВО РАН, 2010).
http://www.forest.go.kr/(검색일: 2013년 6월 28일).
http://www.konetic.or.kr/(검색일: 2013년 6월 28일).
http://www.lgicorp.com/jsp/kor/about/news/news_view.jsp?txtGubun=B&txtSeqNum=178 (검색일: 2013년 8월 5일).

## 제3항. 한국과 러시아 극동지역의 경제협력

### 1. 들어가는 말

　1992년 1월부터 러시아가 소련을 대신해서 한국과 경제관계에 나섰다.1) 한국은 러시아가 북한에 영향력을 행사하여 북한의 체제 개혁과 한국과의 관계개선을 모색할 수 있도록 설득해 줄 것을 희망해 왔으나, 러시아의 북한에 대한 영향력이 추락하게 되면서 그러한 기대가 수포로 돌아갔다. 반면에 러시아는 자신의 극동지역으로 한국의 투자 유치를 희망해 왔으나, 한국의 러시아에 대한 기대치가 충족되지 못하면서 러시아 극동지역으로의 진출에 대한 열의가 사라져 갔다. 이와 함께 국내 기업체의 현지 투자는 미미한 수준에 머물렀다. 지난 20년 동안의 무역관계는 꾸준히 발전해 왔지만, 이러한 경제관계가 서로의 기대에 미치지 못했다. 이러한 과정에서 외교관 맞추방 사건이 발생하기도 했다.

　지난 20년간의 양국관계에서 러시아 극동지역을 매개로 한 경협 문제가 제외된 적은 없었고, 그러한 모습이 지금도 계속되고 있다. 2013년 2월에 박근혜 정부가 들어선 이후에도 그러한 모습은 계속되고 있다. 박근혜 대통령이 2013년 2월 25일 이샤예프(V.I.Ishaev) 극동연방지구 대통령 전권대표 겸 극동개발부 장관을 접견했다. 이샤예프는 정치·경제통상·과학기술 등 제반 분야에서 한·러 협력을 강화시켜 나가고자 하는 푸틴 대통령의 의사와 금년 9월 상트-페테르부르크에서 개최되는 G20 정상회의 초청 서한을 전달했다. 이샤예프 전권대표는 푸틴 대통령이 2015년까지 양

---
1) 1990년 한·소 수교가 이루어졌고, 1991년 12월 소련이 해체되었다.

국 교역 300억$ 목표를 제시했음을 강조하면서 러시아 극동지역에서 양국간 협력이 더욱 활성화되기를 희망한다고 했다. 박 대통령은 러시아와 우주·에너지·농업·수산업 등 다방면에서 관계가 발전하고 있음을 평가했다. 그리고 극동지역을 비롯한 동북아 지역에서 한·러 협력의 중요성에 공감하면서, 남·북·러 가스관 연결사업 실현 방안 검토를 포함하여 유라시아와의 경제협력 확대 의지를 전달했다.

 본 글은 지난 20년간 추진된 양국간 경제관계 현상을 개괄하고, 2012년 러시아와 한국의 교역 현황을 정리한다. 2012년 러시아 극동지역과 한국의 교혁 현황을 되돌아보고, 한국 기업체의 극동 진출 상황을 정리하기로 한다. 그리고 결론 부분에서는 한국 기업체의 극동진출을 위한 문제점과 과제를 정리한다. 이러한 연구는 한국정부 및 기업체의 러시아(특히, 러시아 극동지역) 진출을 보다 적극화 하면서, 한국의 북방시장 진출이 보다 체계적으로 추진되기를 바라는 마음에서 준비되었다.

## 2. 한국·러시아 경제관계와 상호 보완성 경제구조

1) 경제관계 동향

 1990년 한·러 수교 이후, 양국간 경제협력 노력이 계속되어 왔다. 한국의 교역 규모에서 러시아의 비중은 1992년 0.12%에서 2011년 1.96%로 상승했고, 1992년 1억9천만 달러에서 2011년 212억 달러로 증가했다.[2] 수교 이후 양국간 경제교류 실적이 꾸준히 증가되어 왔으나, 한국과 러시아의 성장 잠재력 등을 고려할 때 양자간 경제협력은 매우 낮은 수준에 머물러 있다. 협력사업 발굴 및 추진을 위한 정치 및 경제적 의지가 미미한 관계로 인해 양자간 경제관계는 기대만큼의 성과를 내지 못했다.

<표 1> 한국의 對러시아 교역 추이

(단위 : 억불, 전년 동기대비 %)

| 구 분 | | 2006 | 2007 | 2008 | 2009 | 2010 | 2011 |
|---|---|---|---|---|---|---|---|
| 수 출 | 금액 | 51.8 | 80.9 | 97.5 | 41.9 | 77.6 | 103.1 |
| | 증가율 | 34.0 | 56.2 | 20.5 | △57.0 | 85.0 | 32.8 |

---

[2] 한국수출입은행 해외경제연구소, "한·러 경제교류 활성화 대책," 『개도국 지역이슈 리포트』 (지역이슈분석 2012-23), p. 8.

| 수 입 | 금액 | 45.7 | 69.8 | 83.4 | 57.9 | 99.0 | 108.5 |
|---|---|---|---|---|---|---|---|
| | 증가율 | 16.2 | 52.6 | 19.5 | △30.6 | 71.0 | 9.6 |
| 무역수지 | | 6.1 | 11.1 | 14.1 | -15.9 | -21.4 | -5.5 |

http://rus-moscow.mofat.go.kr/(검색일: 2013년 3월 20일)

한국의 對러시아 투자는 2006년 연중 투자 금액이 1억 달러를 초과한 이후 급증하기 시작했다. 2009년에는 세계 경기침체에 따른 불확실성 증대에도 불구하고, 대형 투자 사업으로 對러 투자가 전년 대비 20% 증가한 4억 2,798만 달러로 사상 최고치를 기록했다. 한국의 對러시아 투자는 2011년 말 기준(누계)으로 434건, 18억 8,895만 달러로 한국 총 투자 누계 액(51,449건, 1,903억 8,561만 달러)의 0.99%(금액 기준)를 차지하면서 한국의 제19위 투자 대상국이 되었다.3) 그러나 상호 보완성 경제구조와 성장잠재력 등을 종합할 때, 상기와 같은 투자 수치와 그 정도는 양자간 경제관계를 개선시키기에 너무나 제한적이었다.

<표 2> 연도별 한국의 對러시아 직접투자 추이

단위: 천 달러

| 2007 | 2008 | 2009 | 2010 | 2011 |
|---|---|---|---|---|
| 239,650 | 358,433 | 427,983 | 334,323 | 97,917 |

출처: 한국수출입은행 해외경제연구소

한국의 對러시아 업종별 투자는 제조업이 총 투자의 절반 이상을 차지하고 있으며, 최근 들어 도소매업, 광업, 건설업, 농림수산업 등으로 다양화되는 경향을 보이고 있다. 자동차 및 트레일러 제조업이 제조업 전체의 30% 수준을 차지하고, 그 다음으로 전자부품, 컴퓨터 제조업의 순으로 투자가 이루어졌다. 한국의 對러시아 투자는 모스크바와 상트페테르부르크 등을 비롯한 러시아의 유럽지역에 집중되었다.4) 러시아의 동부 지향성, 블라디보스톡 APEC 정상회담, 극동개발부 신설 등과 같은 러시아의 정치 및 경제 현실을 주목하면서, 연해주의 블라디보스톡市를 비롯한 러시아 극동지

---

3) 한국수출입은행 해외경제연구소, "러시아 외국인투자 유입동향과 우리 기업의 투자전략," 『개도국 지역이슈 리포트』 (지역이슈분석 2012-9), p. 3.
4) 모스크바에 진출한 한국 기업은 전자, 유통, 식품, 무역, 건축, 통신 등 비교적 다양한 분야에 걸쳐 투자하고 있다. 대표적인 기업으로는 롯데백화점, 롯데호텔, 삼성전자, 오리온, 진로, 한국야쿠르트, KT, LG전자 등이다. 한편, 상트페테르부르크에 진출한 한국 기업은 현대자동차의 러시아 자동차 제조공장 설립을 위해 동반 진출한 자동차부품 업체가 대부분으로 자동차 산업에 대한 투자가 대부분을 차지한다.

역에 보다 많은 관심을 기울일 필요성이 제기된다. 그리고 국내 기업체들의 다수가 러시아 극동지역에 대한 투자 및 진출을 선호하고 있다는 사실에 주목할 필요가 있다.

2) 2012년 한·러 교역 현황

러시아 주재 한국대사관 경제과에서 작성하여 블라디보스톡 총영사관 홈페이지[5]에 등록된 <2012년 연간 한-러 교역동향>에 따르면, 2012년 한-러 교역액은 224.5억\$로 전년 동기(211.6억불) 대비 6.1% 증가했다. 對러 수출 111.0억\$(전년 103.1억불 대비 7.7% 증가), 수입 113.5억\$(전년 108.5억불 대비 4.6% 증가)이었으며, 무역수지는 2.6억\$ 적자(전년 5.5억\$ 적자)를 기록했다.

<표 3> 2012년 한국의 對러시아 교역 추이

(단위 : 억불, 전년 동기대비 %)

| 구 분 | | 2012 |
|---|---|---|
| 수 출 | 금액 | 111.0 |
| | 증가율 | 7.7 |
| 수 입 | 금액 | 113.5 |
| | 증가율 | 4.6 |
| 무역수지 | | -2.6 |

http://rus-moscow.mofat.go.kr/(검색일: 2013년 3월 20일)

2012년 기준, 러시아는 한국의 10위 수출 대상국 및 12위 수입 대상국이다. 2011년(수출 11위, 수입 13위) 대비 교역 위상이 높아졌다. 주요 수출 품목은 자동차(16.7%), 자동차부품(21.4%), 무선통신기계(23.8%), 고무제품(56.2%)이며, 이 중 자동차 관련(부품 포함) 수출액이 약54.1억 달러로 총 수출의 48.7%를 기록했다. 그리고 주요 수입 품목은 원유(6.6%), 석유제품(91.6%), 알루미늄(8.7%) 등이며, 이 중 원유, 석탄, 천연가스의 총수입은 63.8억\$로 총 수입의 약56.2%를 차지했다.[6]

한국의 對러시아 경제관계는 특정 상품 및 특정 지역에 편중되는 모습이 강하게

---

[5] http://rus-vladivostok.mofat.go.kr/korean/eu/rus-vladivostok/news/news/index.jsp(검색일: 2013년 3월 10일).
[6] 한국무역협회 국제무역연구원, *Monthly Report BRICs INSIDE* (2013년 2월호), p. 22.

나타났다. 한국의 對러시아 수출 및 투자 품목은 자동차 및 자동차관련 부품, IT 및 가전제품, 합성수지 등에 집중되었고, 진출 대상 지역 역시 러시아의 서부지역인 모스크바와 상트페테르부르크에 집중되었다. 자동차 관련 품목의 대러 수출 비중은 증가한 반면, 에너지 관련 품목의 대러 수입 비중은 감소했다. 2012년도 한국의 對러 주요 수출 품목으로는 자동차 및 부품이 전체 수출의 50% 가까이 차지했으며, 주요 수입 품목으로는 광물・에너지 제품이 90% 이상을 차지했다. 한국의 對러시아 수출입 정도를 정리하면 다음과 같다.

첫째, 한국의 對러시아 수출 품목이다. 주요 수출 품목은 승용차(31.2억불), 자동차 부품(16.5억불), 합성수지(5.8억불), 화물 자동차(5.7억불), 건설 중장비(4.8억불) 등이며, 자동차 관련 품목(승용차・자동차 부품・화물 자동차)의 대러 수출 비중(금액)이 2011년 43.8%(45.2억$)에서 2012년 48.0%(53.3억$)로 증가했다. 한국의 對러시아 주요 수출 품목을 보면, 아래의 도표와 같다.

<표 4> 한국의 對러시아 20대 수출 품목

(단위: 백만 $, %)

| 순위 | 품목 | 2011년 | | 2012년 | |
|---|---|---|---|---|---|
| | | 금 액 | 전년비 | 금 액 | 전년비 |
| | 총계 | 10,305 | 32.8 | 11,099 | 7.7 |
| 1 | 승용차 | 2,666 | 41.3 | 3,119 | 17.0 |
| 2 | 자동차 부품 | 1,355 | 77.1 | 1,645 | 21.4 |
| 3 | 합성수지 | 584 | 30.1 | 578 | -1.0 |
| 4 | 화물 자동차 | 497 | 171.6 | 569 | 14.5 |
| 5 | 건설 중장비 | 461 | 145.2 | 478 | 3.6 |
| 6 | 칼라TV | 245 | -20.5 | 249 | 1.6 |
| 7 | 무선전화기 | 155 | -39.4 | 203 | 30.8 |
| 8 | 아연도강판 | 108 | 74.6 | 189 | 75.4 |
| 9 | 타이어 | 116 | 63.2 | 183 | 58.1 |
| 10 | 기타 플라스틱제품 | 137 | 22.1 | 166 | 21.1 |
| 11 | 기타 기계류 | 64 | -0.3 | 162 | 154.4 |

| 12 | 윤활유 | 94 | 40.1 | 104 | 10.5 |
| 13 | 의료용전자기기 | 79 | 46.5 | 102 | 29.0 |
| 14 | 운반하역기계 | 59 | 72.0 | 99 | 68.9 |
| 15 | 평판디스플레이 | 70 | -65.6 | 88 | 27.2 |
| 16 | 가열난방기 | 81 | 16.0 | 86 | 6.1 |
| 17 | 기타 가구 | 67 | 285.6 | 85 | 27.8 |
| 18 | 진공청소기 | 91 | -11.7 | 84 | -8.4 |
| 19 | 원동기 | 63 | 100.1 | 83 | 31.6 |
| 20 | 현금자동처리기 | 77 | 28.5 | 79 | 2.1 |

출처: http://rus-vladivostok.mofat.go.kr/(검색일: 2013년 3월 20일)

둘째, 한국의 對러시아 수입 품목이다. 한국이 러시아로부터 수입하는 주요 품목은 각종 자원이다. 원유 및 가스를 비롯하여 광물자원 및 수산 자원 등이 주종을 이룬다. 주요 수입 품목은 원유(39.0억$), 나프타(17.9억$), 유연탄(13.6억$), 천연가스(8.5억$), 알루미늄(8.4억$) 등이며, 에너지 관련 품목(원유·유연탄·천연가스·무연탄)의 대러 수입 비중(금액)이 2011년 59.9%(65.0억$)에서 2012년 55.7%(63.3억$)로 나타났다. 나프타 품목의 대러 수입이 전년 대비 93.9%로 급증한 반면, 유연탄(전년대비 -12.3%), 천연가스(-19.3%), 무연탄(-7.9%)의 대러 수입이 감소세를 보였다. 2011~2012년 동안의 주요 수입 품목은 아래의 도표와 같다.

<표 5> 한국의 對러시아 20대 수입 품목

(단위: 백만$, %)

| 순위 | 품목 | 2011년 | | 2012년 | |
| --- | --- | --- | --- | --- | --- |
| | | 금액 | 전년比 | 금액 | 전년比 |
| | 총계 | 10,852 | 9.6 | 11,355 | 4.6 |
| 1 | 원유 | 3,662 | -7.8 | 3,904 | 6.6 |
| 2 | 나프타 | 923 | 9.1 | 1,790 | 93.9 |
| 3 | 유연탄 | 1,544 | 84.5 | 1,355 | -12.3 |
| 4 | 천연가스 | 1,053 | 28.7 | 850 | -19.3 |

| 5 | 알루미늄 괴 및 스크랩 | 769 | 70.7 | 840 | 9.2 |
| 6 | 고철 | 482 | 54.5 | 392 | -18.6 |
| 7 | 명태 | 245 | 0.2 | 222 | -9.3 |
| 8 | 무연탄 | 237 | 199.1 | 218 | -7.9 |
| 9 | 합금철 | 179 | 7.0 | 174 | -3.0 |
| 10 | 우라늄 | 275 | 58.9 | 168 | -39.0 |
| 11 | 강반제품 | 137 | -64.4 | 148 | 8.4 |
| 12 | 게 | 82 | 74.6 | 113 | 37.5 |
| 13 | 어란 | 92 | 68.4 | 107 | 16.4 |
| 14 | 펄프 | 120 | 8.2 | 99 | -17.5 |
| 15 | 선철 | 83 | -33.3 | 91 | 10.3 |
| 16 | 제재목 | 67 | 32.4 | 70 | 5.1 |
| 17 | 기타 어류 | 84 | 176.8 | 70 | -16.7 |
| 18 | 기타 석탄 | 8 | 33.7 | 52 | 567.5 |
| 19 | 합성고무 | 50 | -22.7 | 48 | -2.8 |
| 20 | 건조수산물 | 43 | 47.3 | 42 | -2.9 |

출처: http://rus-vladivostok.mofat.go.kr/korean/eu/rus-vladivostok/news/news/index.jsp(검색일: 2013년 3월 20일)

## 3. 2012년 러시아 극동지역의 교역 현황과 한국의 위치

### 1) 러시아 극동지역의 2012년 교역 현황

2011년 중 러시아 극동지역의 대외교역량은 총340억$로 전년대비 29.4% 증가하여 2010년(53% 증가)에 이어 높은 성장세를 보이고 있다. 수출은 248억$로 전년대비 33.3% 증가했고, 수입은 92억$로 전년대비 19.9% 증가하여 156억$의 무역수지 흑자를 기록했다. 러시아 극동지역의 주요 수출품은 원유 및 천연가스 등 에너지 원료가 전체 수출액의 67%를 차지했고, 수산물(8.3%), 목재 펄프(4.7%) 등이 그 뒤를 잇고 있다. 2011년 한국과 러시아 극동 지역간 교역액은 93.6억$(전체교역액의 27.6%)로 전년대비 50.2% 급증하여 한국이 극동지역 최대 교역국으로 부상했다. 한국을 제외한 주요 교역국은 중국(24.9%), 일본(22.9%), 벨기에(6.7%), 미국(2.2%) 등이다.7) 그리고 지난 수년간 러시아 극동지역에 대한 외국인 투자는 일본, 영국, 룩셈부르크 등이 앞서 있으며, 한국의 러시아 극동지역 투자는 미미한 수준에 머물렀다.

2012년의 대외교역량 역시 전년도 성장세에 비해 다소 둔화되는 모습을 보이기는 했지만, 대외교역량은 증가 추세를 보였다. 러시아연방 관세청 극동세관이 발표한 자료를 중심으로 <2012년 러시아 극동지역 교역 동향>을 정리한다.8) 2012년 러시아 극동지역의 교역량은 총 363억 8,600만 $로 전년대비 6.6% 증가하면서 2010년 이후 3년 연속 성장세를 보이고 있다. 2011년(29.4%), 2010년(53%) 보다는 상대적으로 완만한 성장세에 그쳤다. 그리고 일부 州에 대한 편중 현상과 원유·천연가스 등 원자재 수출 중심의 교역 현상은 여전히 지속되고 있다. 극동지역 전체교역 중 사할린州(48.7%)와 연해州(23.9%) 등 2개 州가 차지하는 비중이 약 73%(2011년 72%)이며, 수출입 품목에서 원유·가스 수출 비중이 47.8%(2011년 48.6%)를 차지했다.

2012년 극동지역의 수출은 258억 3,120만$(전년대비 3.3% 증가)이었고, 수입은 105억 5,480만$(전년대비 15.9% 증가)이었다. 州별 현황을 보면, 사할린州가 177.3억 $로 1위에 올랐다. 이어 연해州(87.1억$), 사하공화국(47.6억$), 하바롭스크州(26억$), 아무르州(11.3억$), 캄차트카州(8.1억$), 마가단주(3.8억$), 추코트카자치구(2.1억$), 유대인자치주(6,130만$) 등의 순이다. 주요 수출품은 석유·천연가스 등 에너지·연료(전체 수출액의 67.5%), 수산물(8.6%), 목재·펄프(3.8%) 등이고, 주요 수입품은 자동차 관련 제품 및 운송기기(전체 수입액의 50.1%), 섬유제품·신발류(8.4%), 식료품·농산물(10.5%), 화학제품(8.8%) 등이다.

2012년 러시아 극동지역 대외교역에서 APEC 국가들이 차지하는 비중은 81% 이상이며, 주요 교역상대국은 한국(1위), 중국(2위), 일본(3위), 미국(4위) 등이다. 극동지역의 주요 교역국 현황 및 한국이 차지하는 위치는 다음과 같다. 한국(극동지역 전체 교역액의 28.2%로 최대 교역국, 103억$)이 앞서있으며, 중국(27.5%, 100억$), 일본(23.2%, 84.4억$), 벨기에(6.1%), 인도(2.1%), 미국(2.1%) 등이 뒤를 잇고 있다. 전년대비 한국은 5%, 중국은 22%, 일본은 8.8% 각각 증가했다. 주요 수출 대상국은

---

7) 한국수출입은행, "러시아 정부, 극동지역 개발 본격화," 『수은해외경제』 (2012.6), p. 55.
8) http://rus-vladivostok.mofat.go.kr/(검색일: 2013년 3월 10일) 참조.

한국(32.4%), 일본(28.9%), 중국(19.8%), 벨기에(8.5%) 등이었고, 주요 수입 대상국은 중국(46.3%), 한국(17.9%), 일본(9.3%), 노르웨이(2.4%) 등이었다. 한・중・일 3국이 러시아 극동지역 전체 교역에서 차지하는 비중은 78.9%(2011년 75.4%)이다. 북한과의 교역은 2,178만$(對北 수출 1,994만$, 수입 184만$)로 전년대비 32.2% 증가했다.

<표 6> 러시아 극동지역과 한국의 교역 규모

(단위: 백만 달러, %)

| 수출 | | | 수입 | | |
|---|---|---|---|---|---|
| 2011년 | 2012년 | 증감률 | 2011년 | 2012년 | 증감률 |
| 8,462 | 8,368 | -1.1 | 1,312 | 1,893 | 44.2 |

러시아 극동지역 관세청 자료를 토대로 정리된 다음 참조. http://www.globalwindow.org/(2013년 7월 9일)

2) 러시아 극동지역 교역 구조에서 한국의 위치

러시아의 극동지역을 대상지로 하는 한국의 투자 규모 및 그 정도는 활발하지 않지만,[9] 극동지역과 한국의 2012년 교역액이 103억$(28.2%)에 달했다. 2011년에 이어 2012년에도 한국이 러시아 극동지역의 최대 교역국으로 기록되었다. 2위는 중국(100억$, 27.5%)이며, 3위는 일본(84억$, 23.2%)이다. 한국의 최대 교역 대상지는 사할린州(한국-극동지역 교역의 70%)이고, 중국의 최대 교역대상지는 연해주(중국-극동지역 교역의 44%), 일본의 최대 교역대상지는 사할린州(일본-극동지역 교역의 84%)가 차지했다. 한국은 사할린州, 캄차트카州의 제1교역국이고, 연해州, 하바롭스크州, 마가단州의 제2교역국이다.

---

[9] 2013년 3월 11일 주블라디보스톡 총영사관 홈페이지에 등록된 <러시아 극동지역 외국인 투자동향(2012년)>에 따르면, 2012년 對극동 외국인 투자 유입액은 총 135억 8,310억불로 전년대비 약 37% 증가했다. 투자유형별로 직접투자 비중은 16%, 간접투자(국제금융기관 대출 등) 비중은 83.9%를 차지했다. 주요투자국을 보면, 네덜란드(84억 160만불), 룩셈부르크(12억 5,530만불), 사이프러스(11억 7,490만불), 일본(7억 8,800만불), 바하마(7억 5,600만불), 인도(4억 8,110만불) 등이다. 극동지역 개별 州단위의 투자는 사할린주에 대한 외국인 투자는 106억불로 극동 전체 외국인투자의 78.4%를 차지했고, 연해주(전년대비 6.9배), 사할린주(50%), 하바롭스크주(1.7억불, 40%) 등에서 투자 유입이 크게 증가했다. 對연해주 외국인 투자는 5억 5,610만불로 전년대비 6.9배 증가(2011년 8,100만불, 2010년 1억 1,400만불)했고, 금융(75.1%), 제조업(8.8%), 농업・임업(7.5%), 수산업(2.8%) 등에 투자되었다. 투자 대상은 사할린주, 사하공화국, 아무르주, 마가단주, 추코트카자치구 내 에너지・자원 개발에 집중되었으며, 동 분야에 대한 투자액은 126억불(전체 투자액의 93%)이었다. http://rus-vladivostok.mofat.go.kr/(검색일: 2013년 3월 20일).

한국의 러시아 극동지역 투자 및 개발사업의 대표적인 사례를 보면, 대우건설의 사할린 LNG플랜트 사업, 풍림산업의 사할린 가스 가압기지 공사 등에 참여 등이다.10) 에너지 관련 사업뿐만 아니라, 중화학 및 경공업[농업, 삼림, 수산업 등 포함]을 비롯한 다양한 건설 사업에 참여할 수 있는 영역을 개발할 필요성이 꾸준히 제기되어 왔다. 이러한 사업은 남・북・러 3자간 협력 사업으로 추진되는 것이 바람직해 보인다. 자본과 기술, 그리고 노동력 변수가 동시에 요구하는 영역이기 때문이다. 특히, 2011년 말 러시아의 WTO 가입을 계기로 對러시아 교역 및 투자 증대를 위한 환경이 대폭 개선되고 있다. 따라서 유통, 의료, 금융 등 서비스 시장으로 진출할 수 있는 전략 개발 역시 필요해 보인다.

러시아는 아시아・태평양 시장 진출을 위해 동부시베리아 및 극동지역의 에너지 자원 개발 사업에 많은 관심을 보여 왔으며, 시베리아 및 극동지역에 사회간접자본(SOC) 시설을 개보수 및 신규 확충하기 위한 노력을 계속하고 있다. 지리적 인접성 및 에너지 매장량 등을 감안하여 러시아 극동지역의 자원개발 사업에 한국이 적극적으로 참여하여 에너지 자원을 확보함과 동시에, 러시아 극동지역의 인프라(발전소, 도로, 철도, 항만, 수도 등) 개발을 위한 SOC 사업, 자원개발 플랜트를 연계하는 패키지 형태의 사업 추진에 적극성을 보일 필요가 있다. 러시아는 광구개발, 가스LNG 프로젝트, 항만 건설 등의 사업을 비롯하여, 남・북・러 가스관 협력 사업에 한국의 금융지원을 희망하고 있다. 이들 사업에 적극적으로 참여함과 동시에 북한의 참여를 유도할 수 있는 협력 사업을 개발할 필요가 있다.

러시아 중앙정부의 시베리아 및 극동지역 개발이 한국 기업체의 극동지역 진출 영역을 보다 확장시켜 준다. 한국의 진출 영역은 지하 및 천연자원에 의존된 기존의 경제관계에 한정될 것이 아니라, 지역 개발에 기초된 사회간접자본 시설 등에 진출할 수 있는 사업을 보다 적극적으로 개발할 필요성이 있어 보인다. 그리고 투자 및 진출 영역을 탐색하는 과정에서는 한국 정부 및 기업체가 독자적으로 움직일 것이 아니라 상호간 긴밀한 협조 속에서 진출 영역을 탐색 및 확보해야 할 것이다.

---

10) 러시아 진출 한국 기업의 직접투자 결정요인이 현지 경영 성과에 미치는 영향에 관한 자세한 내용은 다음을 참조, Kwang Ha Shin, Myung Chan Park, "The Management Performances affected from the Foreign Direct Investment Determinants of Korean Corporations in Russia: Focusing on the Location Advantages," 『국제지역연구』, 제16권 제4호(2012.12), pp. 101~122.

## 4. 한국 기업체의 러시아 극동지역 진출 현황

러시아 극동지역에서 추진되는 다양한 개발 사업이 극동지역과 인접된 주변 국가들의 관심을 자극하고 있다. 이와 함께, 한국·중국·일본 등이 다양하게 진출하고 있다. 중국이 가장 적극적으로 진출하고 있으며, 일본은 에너지와 자동차 관련 영역을 중심으로 집중 투자되고 있다. 한국은 에너지 협력 사업에 다소 미온적으로 진출해 왔지만, 오늘의 시간에 가까워질수록 물류·건설·제조업 분야로 진출 영역이 확산되고 있다.

<표 7> 동북아 주요 국가의 극동진출 현황

| 국가 | 진출 형태 | 진출 현황 및 내용 |
|---|---|---|
| 한국 | · 자원 분야, 물류·건설·제조업 분야로의 투자진출 확대 노력 중 | · 1997년 현대호텔 건설을 시작으로 농업분야와 사할린 LNG 수입 등의 자원분야 협력이 대부분이었으나, 최근 들어 물류, 건설, 제조업 분야로의 확대 노력 중<br>· 하바롭스크 주상복합 아파트 건설(계룡건설), 나홋카 컨테이너항 개발(부산 항만공사), 현대중공업의 고압차단기 공장 설립, 대우조선, 하나로조선의 한-러 합작조선소 건립 등[대부분의 진출이 한-러 합작 형태인 것으로 파악] |
| 중국 | · 에너지 협력 외에 중국의 동북3성과 러시아 극동지역 간 경제협력 다각화 추진 | · 2009년, 러-중 간 '2009~2018년 러시아 극동, 동시베리아와 중국 동북부 협력 프로그램' 발표<br>· ESPO 송유관 지선 건설<br>· 2007년부터 연해주(우스리스크) 지역에 러-중 경세통상지구 조성(2012년 10월 현재 54ha 건설 완공, 중국 기업 20개사 입주 완료)<br>· 유대인 자치주와 중국의 헤이룽장성 간 농축산물 분야 기술개발·도입센터 설립 협약 체결 |
| 일본 | · 에너지·자동차 분야 위주 진출 | · 에너지 분야 협력 외에 러시아 기업과 CKD 조립생산 구축과 유통체인점 진출 등 극동지역으로의 투자에 관심 증가<br>· APEC정상회담 중 가스프롬과 블라디보스톡에 LNG기지 건설 프로젝트 양해각서 체결<br>· 러시아 Sollers사의 블라디보스톡 공장에서 마쓰다, 도요타 사 차량 CKD 생산(2011)<br>· 미쓰비시의 극동지역 유통체인점 진출 검토 등 |

출처: 현지 언론, 러시아 극동지역 개발과 한국의 선택(윤성학), 코트라 모스크바, 블라디보스토크 무역관 자료 등을 종합하여 정리된 다음의 자료에 기초 됨. KOTRA 모스크바 한국투자기업지원센터 뉴스레터 제69호(2012. 12. 28).

1) 진출 기업체 개황

중국·일본 등 동북아 주요 국가들의 러시아 극동지역 투자 규모에 비하면, 한국의 그것은 다소 미미한 수준에 그치고 있다. 그럼에도 불구하고, 한국의 공기업과 일부 대기업의 극동지역 투자는 계속되고 있다. 극동지역의 연해주에 대한 투자가 가장 활발하지만, 기타 극동지역의 다양한 주체에 대한 투자가 계속되고 있다.

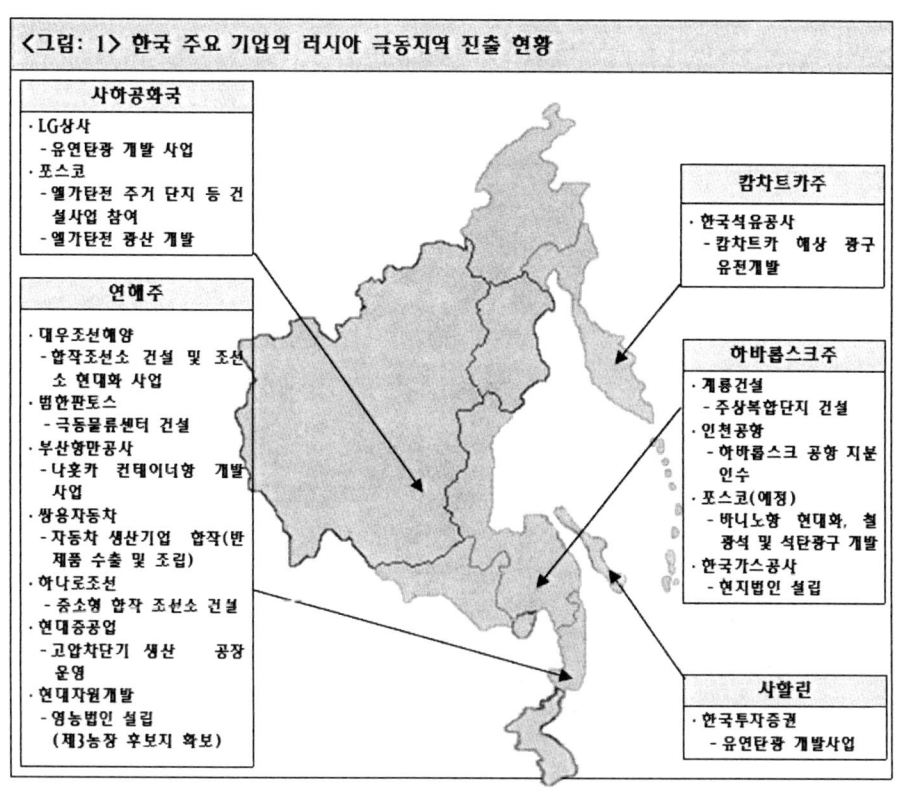

한국 기업체가 진출을 희망하고 있는 대표적인 지역은 연해주와 하바롭스크州, 그리고 사할린州 등이다. 특히, 하바롭스크는 송유·가스관이 교차하는 지점에 위치한 지리적 이점 때문에 정유 산업 및 가스·화학 생산시설 조성을 위한 기반 마련이 용이할 것으로 분석되고 있다. 이미 한국가스공사와 계룡건설 등이 하바롭스크에서 활동하고 있으며, 효성·현대자원개발·삼성물산·GS건설·대우인터내셔널·롯데상사·LS네트웍스·포스코건설·포스코엔지니어링 등 주요 대기업 등에서도 관심을 보이고 있다. 러시아 극동지역에 진출하고 있는 대표적인 국내 기업체는 아래의 도표와 같다.

<표 8> 러시아 극동지역에 진출하고 있는 대표적인 국내 기업체

| 기업 | 투자대상 | 투자구조 | 투자지역 | 비고 |
|---|---|---|---|---|
| LG상사 | 유연탄 광산 운영 | 에렐 탄광 지분 인수 | 사하공화국 | |
| KT | 이동통신 서비스 사업 | 이동통신 서비스 법인 자회사 설립 | 연해주 | 지분 재매각[3억4600만$] |
| 계룡건설 | 복합주택단지 건설 | 현지 건설사 설립, 주택건설 분양 | 하바롭스크주 | |
| 석유공사 | 해외자원개발 | 서캄차트카 해상유전 개발 | 캄차트카 | 사업철회 |
| 현대자원개발 | 영농법인 경영 | Khorol Zerno 법인 인수 아시노프카 제2농장 인수 투자 | 연해주 | 제3농장 후보지 확정 |
| 현대중공업 | 고압차단기(GIS) 생산 공장 건설 | Hyundai Electrosystems 현지 공장 | 블라디보스톡 | 러시아의 전력시스템 현대화 정책에 참여 |
| 쌍용자동차 | 반제품 형태 수출 조립 공장 합작 | 러시아 Sollers 자동차 생산기업과 <CKD 공급방식 합작> | 블라디보스톡 | |
| 대우조선해양 | 즈베즈다 조선소 현대화 사업 | Zvesda-DSME와 합작 조선소 설립 | 블라디보스톡 | 8억$ 원유/정유 운반선 건조 |
| 인천공항 | 하바롭스크공항 지분인수 | 지분인수 10% 투자 및 공항 운영사업자 선정 | 하바롭스크주 | 공항운영 자문사 선정 |
| 범한판토스 | 극동물류센터 운용 | 부지규모 2만7710㎡(8400평), 연면적5040㎡(1530평) 규모의 랙 시설을 갖춘 A-Class급 창고 건설 | 블라디보스톡 | |

박종호, 한국기업들의 러시아 극동진출 사례 및 전략 연구, KIEP 주최 2013년 극동러시아 이슈별 집중과정 세미나 자료(2013.3.7), p.9의 도표 재정리.

국내 공기업 및 민간 기업체의 러시아 극동지역 진출은 다양한 영역으로 확장되고 있다. 자원(에너지) 개발에서 물류와 건설, 제조업, 농업 등의 분야로 확산되고 있다. 업종별 현국 기업의 러시아 극동지역 진출 현황을 정리하면 다음과 같다.

<표 9> 업종별 한국기업의 극동진출 현황

| 업종 | 내용 |
|---|---|
| 에너지, 자원 분야 | • 한국가스공사[사할린 LNG 수입; 연해주 지역 가스화 사업 참여 추진]<br>• 한국석유공사[서 캄차트카 해상광구 유전개발 참여 추진; 캄차트카 육상 광구 공동 탐사]<br>• 한국투자증권[사할린 유연탄광(우글레골스크) 지분참여]<br>• LG 상사[야쿠츠크 유연탄 수입] |
| 물류. 건설 분야 | • 부산 항만공사[나호트카 컨테이너항 개발사업]<br>• 계룡건설[하바롭스크 주상 복합단지 건설 사업] |
| 제조업 분야 | • 대우조선해양[대형조선소 건설(15.5억불)]<br>• 하나로조선[어선건조 중소형 조선소 건설]<br>• 쌍용자동차 조립생산(솔러스사)[연간 1만 3천대 규모]<br>• 현대중공업[Hyundai Electrosystems 준공, 2015년까지 연간 350대의 고압차단기 생산 계획] |
| 서비스 분야 | • 현대호텔(현대중공업)[1997년 개업, 연해주 유일의 4성급 호텔; 사무실 임대; 객실규모 155실, 종업원 300명] |

박기원, "러시아의 WTO가입과 극동러시아 진출 전략," KIEP 주최 2013년 극동러시아 이슈별 집중과정 세미나 자료(2013.3.7), p. 16의 내용을 수정 보완.

연해주 진출 한국 농업기업 현황

| 명칭<br>(진출연도) | 실소유주 또는 모기업 | 현지대표<br>(법인장) | 경작면적<br>(확보면적) | 주작물 | 2012년산 생산량 |
|---|---|---|---|---|---|
| 아그로상생<br>(1999년) | 대순진리회 | 강명순 | 7천ha<br>(5만ha) | 벼, 콩, 귀리 등 | 벼 9천t, 콩 3천t |
| 유니젠<br>(1999년) | 유니베라<br>(남양알로에) | 최재영 | 300ha<br>(2천200ha) | 콩 | 콩 150t |
| 아로프리모리에<br>(2008년) | ㈜인탑스 | 김병구 | 2천200ha<br>(3천100ha) | 콩, 밀, 보리, 귀리 | 콩 800t,<br>하곡 1천200t |
| 에코호즈<br>(서울사료)<br>(2008년) | ㈜이지바이오 | 박광순 | 5천500ha<br>(1만3천ha) | 옥수수, 콩, 귀리, 젖소 | 옥수수 4천500t,<br>콩 3천500t,<br>하곡 2천t |
| 현대하롤·<br>미하일로브카<br>(2009년) | 현대중공업 | 윤병섭 | 1만ha<br>(2만4천ha) | 콩, 옥수수 | 옥수수 3천t,<br>콩 6천400t |
| 아그로아무르<br>(2009년) | 코리아통상 | 이성사 | 1천ha<br>(6천700ha) | 양돈, 콩, 옥수수, 딸기 | |

※자료: 주블라디보스토크한국총영사관. 2013년 6월 현재.

http://news20.busan.com/controller/newsController.jsp?newsId=20130723000059

2013년 초 현재, 러시아 극동지역에 진출하고 있는 국내 기업체는 60개가 넘는다. 이들은 현지에 법인을 설립하거나 지점(지사) 또는 연락 사무소를 개설하여 러시아 극동지역과의 경제협력에 관련된 다양한 정보를 수집해 오고 있다.

<표 10> 진출 형태 및 진출 기업

| 업종 | 진출 형태 | 진출기업(총 60여 개) |
| --- | --- | --- |
| 가전제품 도소매 유통업 | 지점, 연락사무소 | 삼성전자, LG전자 |
| 항공 서비스업(여객, 물류) | 연락사무소 | 대한항공, 아시아나항공 |
| 식품 제조, 판매 | 지점 | 농심, 한국야쿠르트, 롯데칠성, 롯데제과 (도시락, 오리온, 오뚜기) |
| 농업, 영농 | 생산법인 | 현대아그로(현대자원개발이 운영), 아그로상생(대순진리회), 알로프리모리예(인탑스), 유니젠(남양알로에), 에코호즈(이지바이오), 코리아통상 외 |
| 무역, 상사 | 지사 | 대우인터내셔널, LS네트워크, Rocky |
| 선박수리, 서비스업 | 지점 | 한국통산 |
| 철강제품, 물류, 무역 | 지점 | 포스틸, 다우스틸 |
| 광고 | 현지법인 | SOLRUS |
| 자원개발, 무역 | 지사 | 가스공사 |
| 물류, 운송 | 지사 | 범한판토스, 쉬핑랜드 |

박종호, 한국기업들의 러시아 극동진출 사례 및 전략 연구, KIEP 주최 2013년 극동러시아 이슈별 집중과정 세미나 자료(2013.3.7), p. 7의 내용 재정리

2) 주요 진출 기업체의 활동

러시아의 극동지역 개발 과정에 참여하고 있는 다수의 국내 기업체들이 있다. LG상사가 1993년 사하공화국 에렐(Erel) 유연탄광 개발사업 참여에 성공했으며, 1997년에는 블라디보스톡에 현대호텔이 건설되었다. 초기의 극동지역 진출은 자원과 건설, 그리고 농업 분야에 치중되었으나, 최근에는 물류, 건설, 제조업 등 다양한 분야로 확대되고 있다. LG상사의 사하공화국 에너지 자원 개발, 계룡건설의 하바롭스크 주상복합 아파트 건설, 부산 항만공사의 연해주 나홋카 컨테이너항 개발, 현대중공업의 고압차단기 공장 설립, 대우조선, 하나로조선의 한-러 합작 조선소 건립 등이 대표적으로 지적된다. 대부분의 진출이 한-러 합작 형태인 것으로 파악되고 있다. 다양한 기업체

들이 러시아 극동 현지로 진출하고 있지만, 보다 활발하게 진출하고 있는 몇몇 기업체 만을 소개하기로 한다.

첫째, LG상사의 사하공화국 에너지 자원 개발 참여이다. LG상사는 1993년 사하공화국 에렐(Erel) 유연탄광 개발 사업 참여에 성공했다.11) 그리고 2005년에는 LG상사가 주도적으로 참여할 수 있는 <엘가(Elga) 프로젝트> 공동 개발을 위한 양해각서(MOU)가 체결되었다.12) <엘가 프로젝트>는 대규모 유연탄광 개발 프로젝트이다. 엘가 탄광이 개발될 경우, 연간 3000만 톤의 유연탄이 생산되어 연간 7200만 톤을 수입하는 한국의 물량 공급에 큰 도움이 될 것으로 기대되었다. LG상사는 2007년 10월 22일 여의도 LG트윈타워에서 사하공화국의 쉬티로프 대통령(V.A.Shtyrov)과 <남야쿠치아(Yakutia) 종합개발 프로젝트> 추진을 위한 양해각서(MOU)를 체결했다. 동일의 MOU 체결과 별도로 석탄 광산 <이나글린스카야(Inaglinskaya)프로젝트>에 대한 계약을 체결했으며, 우라늄 광산 <엘콘스키(Ellconsky) 프로젝트>에도 참여하기로 했다. LG상사는 2011년 6월 현재 야쿠스크 시내에 <LG사하센터>를 준공하고 사세를 확장하고 있다. LG상사는 사하공화국에서 도로·항만·플랜트 등 인프라 구축에 협력할 뿐만 아니라, 유연탄광, 화력발전, 수처리, 송배전 사업 등을 추진 중이다.13)

둘째, 계룡건설의 복합주택단지 건설 사업이다. 국내 건설 경기가 어려워 50대 대기업들의 상당수가 부도 처리되는 상황에서 계룡건설이 하바롭스크 등 해외사업을 통해 건설 경기의 어려움을 극복하려 했다. 계룡건설은 2004년 5월 15일 하바롭스크 시청에서 한국형 아파트 건설을 위한 양해각서(MOU)를 체결하고, 계룡건설이 1백% 출자한 법인 설립 또는 현지 건설회사와의 컨소시엄 구성, 건설 인력 및 장비 제공 등에 관련된 협의를 마쳤다. 계룡건설과 하바롭스크市는 현지 법인을 설립한 뒤 1차 사업이 준공된 이후 발생될 영업 이익을 달러로 환전해 송금토록 보장하는 협의도 함께 체결했다. 계룡건설이 현지법인 <계룡-하바롭스크>를 설립한 것은 2004년 8월이며, 그 이후 토지 사용권 확보, 기본 설계 등의 절차를 마무리하는 데 2년이 걸렸다. 상하수도, 전기, 난방, 통신 등 인프라 시설들을 건설 부지로 끌어오기 위해 해당 관

---

11) 에렐(Erel) 유연탄 지대는 사하공화국 네륜그리시 북동쪽 58km에 위치해 있다.
12) 엘가(Elga) 프로젝트가 준비되고 있는 지역은 사하공화국의 수도 Yakutsk에서 남동쪽으로 1,300km 지점에 있다. 주요 광종은 제철용 유연탄과 발전용 유연탄 등이다. <에렐(Erel) 유연탄 프로젝트> 위치는 사하공화국 남부의 네륜그리市 북동쪽 58km에 위치해 있으며, <엘가(Elga) 유연탄 프로젝트>의 위치는 네륜그리 탄광으로부터 동쪽으로 420km 지점에 있다.
13) http://www.lgicorp.com/(검색일: 2013년 8월 5일).

청들을 찾아다녔다.

복합주택단지는 하바롭스크 시내 중심가에 들어서 있다. 지하 2층, 지상 23층 건물 2개 동에 전체 213가구 규모로 하바롭스크에서 가장 크고 현대적인 건물이다. 공급 평형은 24, 30, 40, 50, 60평형대로 중소형에서 중대형 평형대까지 다양하다. 계룡건설 홈페이지에 등록된 <하바롭스크 리슈빌(Richeville)> 프로젝트의 주요 개요는 도표와 같다. 계룡건설은 2010년 하바롭스크에 지사를 세우고 주택단지 건설 및 분양에 나서기 시작했다. 아파트와 오피스가 모두 분양되었다. 그리고 1차 아파트 단지에서 자동차로 10여분 거리에 2차 아파트 건설이 순조롭게 진행되고 있다. 2차 아파트 역시 시공과 동시에 분양을 시작했고, 2013년 6월 현재 2차 아파트 역시 높은 분양율을 보이고 있다.14)

| 프로젝트 명: 하바롭스크 리슈빌(Richeville) ||
|---|---|
| 공사기간 | 2007.1.1 ~ 2010.3.31 |
| 위치 | 하바롭스크市 디카폴체바 거리 26번지 |
| 규모 | 23층 건물 2개동(총 213세대) |
| 연면적 | 총44,781.1㎡ |

<그림 2> 계룡건설의 하바롭스크 리슈빌(Richeville) 아파트 단지

| 1차 아파트 단지 | 2차 아파트 단지(2013년 6월 현재) |
|---|---|

자료: 계룡건설 해외사업부 제공

셋째, 현대중공업의 사업 다각화 현장이다.15) 현대중공업이 한국 기업체의 러시아

---

14) 계룡건설 해외사업부 자료에 기초해서 정리됨.
15) 현대중공업은 2011년 4월 자원개발 전문회사인 현대자원개발(Hyundai Energy & Resources)을 설립하고, 자원·에너지 개발 분야에 대한 투자를 본격화하고 있다. 현대중공업과 현대종합상사, 현대미포조선, 현대오일뱅크 등 계열사들이 주주로 참여하고 있다. 현대자원개발은 현대중공업과 현대종합상사가 보유 중인 자원개발 관련 사업을 위탁받아 관리하는 한편, 원유와 가스, 바이오 연료 등 에너지 사업과 농림업, 광산업 등에 대한 신규 투자를 전담하게 된다. 현대중공업은 현재 현대종합상사와 함께 전 세계 8개국에서 광산, 에너지, 농림 등 분야의 11개 프로젝트를 수행하고 있다.

극동 진출을 견인해 가는 듯하다. 블라디보스톡 시내 중심가에 현대호텔이 건설되어 있다. 블라디보스톡의 현대호텔은 비즈니스맨들이 접촉할 수 있는 만남의 장소로 이용되고 있다. 고 정주영 명예회장이 극동지역 자원개발을 위한 요충지로 블라디보스톡에 관심을 가지면서 투자한 결과였다. 현대중공업은 1997년 현대호텔을 건설한 이후 식량자원 개발을 비롯한 다양한 영역으로 사업을 확장하면서 경제 영토를 넓혀나가기 시작했다.

현대중공업은 2009년 연해주 하롤스키 라이온(Khorolsky Rion) 지역에 있는 뉴질랜드인 소유의 하롤 제르노(Khorol Zerno) 영농 법인의 지분 67.6%를 인수하면서 <현대 하롤 농장>[1만ha(약3000만평)]을 설립했다. 상기 농장은 블라디보스톡에서 북쪽으로 170㎞, 우수리스크에서는 70㎞ 떨어진 곳에 위치해 있다. 1만ha 규모로 2010년부터 다량의 콩·옥수수 등을 재배 및 수확하고 있다. 그리고 2011년 제2농장을 설립했다. 연해주 미하일로프카(Mikahailovka) 지역의 아시노프카(Asinovka) 농장을 인수해 영농 법인 <현대 미하일로프카 농장> (Hyundai Mikahailovka Agro)을 설립했다. 블라디보스톡에서 북쪽으로 150㎞ 떨어진 곳으로 6,700ha(약2000만평) 규모이다. 옥수수·콩·밀·귀리 등과 같은 곡물을 생산하고 있다. 향후 3년간 1,300만 $를 투자해 2014년에는 매출 375만 $를 올릴 전망이다. 여기에 더해, 제3농장 후보지까지 확보한 상태이다.16)

현대중공업이 운영하고 있는 하롤 농장의 콩 재배 모습.

---

16) http://news.mk.co.kr/newsRead.php?year=2013&no=14577(검색일: 2013년 3월 27일)

현대중공업이 연해주에서 전력관련 사업체 운영을 준비해 왔고, 2011년 8월에 고압차단기17) 생산 공장이 건립되기 시작했다. 총5000만 달러가 투자되는 사업이다. 공장은 110~500kV급 고압차단기를 연간 350대 생산해 연매출 2억 달러를 올릴 수 있는 규모이다. 이와 함께, 현대중공업은 2011년 블라디보스톡 기술전문대학에 전력학과를 개설해 건물, 교재, 실습 기자재를 제공

▲ 준공식이 열린 고압차단기 공장 내에서 이재성 현대중공업 대표이사 사장(우측 다섯 번째), 슈발로프 러시아 수석 부총리(우측 네 번째), 부다르긴 러시아 연방송전공사 회장(우측 두 번째) 등이 관계자로부터 고압차단기에 대한 설명을 듣고 있다. http://www.seoulfn.com/

하는 등 러시아 측과 전력망 현대화를 위한 긴밀한 협력관계를 유지해 왔다. 2013년 1월 25일 연해주의 아르좀(Артем)시에서 고압차단기(GIS) 생산 공장인 현대일렉트로시스템(Hyundai Electrosystems) 준공식이 있었다. 2015년까지 증설을 통해 연간 수백 대의 고압차단기를 생산할 계획이다. 설비를 점차 늘려, 이르면 2015년까지 생산규모를 연간 500대로 확대할 예정이다. 시장규모가 해마다 10%씩 성장해 2017년에는 약7억 $에 이를 것으로 전망되고 있다.18) 강종호 현대중공업 블라디보스톡 대표이사(법인 장)의 지적에 의하면, 상기 공장에서 생산되는 제품은 러시아연방 전력청과의 협의에 따라 대부분 러시아 전역 전력망에 공급하게 된다.19)

2013년 2월 28일 강종호 «현대일렉트로시스템»의 대표이사(генеральный директор)와 연해주 주지사인 미클루셉스키(В.В.Миклушевский)가 면담을 가졌다. 강종호 대표이사는 연해주 주지사에게 한국과 일본, 그리고 중국의 투자자들이 과세관련 특혜 조건에 관심이 있음을 지적하고, 생산물을 연해주 지역에서 분배할 수 있는 준비된 공간의 필요성을 강조했다. 이에 대해 주지사는 연해주의 우수리스크(Уссурийск), 나제딘스크(Надеждинск), 시코토프스크(Шкотовск) 지역에 산업용 지대(전력망, 교통망 연계 등 하부구조를 갖는 공간)를 조성할 계획이라고 했다. 그리고 세금에

---

17) 고압차단기(GIS, Gas Insulated Switchgear)는 초고압의 송전 전류를 연결·차단하는 장치이다.
18) http://www.hdenergo.ru/about/projects/00002/(검색일: 2013년 3월 17일).
19) http://news.mk.co.kr/newsRead.php?year=2013&no=14577(검색일: 2013년 3월 27일)

관련해서는 최초 5년간 이윤에 따르는 지방세와 재산세가 면제(0%)되지만, 연방세는 푸틴 대통령의 결정에 달려 있다고 했다.[20] 결국, 현대중공업은 러시아 극동지역에서 호텔·자원개발·전력 등 분야로 이어지는 사업 다각화에 속도를 내고 있다.

넷째, 대우조선해양(DSME; Daewoo Shipbuilding & Marine Engineering co., Ltd.)[21]의 조선소 건설 사업이다. 대우조선해양이 러시아 국영기업과 러시아 극동지역에 합작 조선소를 설립한다. DSME은 2010년 6월 3일 러시아 정부 청사에서 러시아 국영 조선 총괄 그룹인 USC(United Shipbuilding Corporation)[22]의 사장 로만 트로첸코(Roman Trotsenko)와 함께 블라디보스톡 인근 즈베즈다(Zvezda) 지역에 건설될 합작조선소 설립 합의서에 서명했다. 지난해 11월 <즈베즈다 조선소>[23]의 현대화 사업에 합의한 바 있는 양사는 이번 계약식을 시작으로 <Zvesda-DSME>라는 합작 법인을 설립하기로 했다. 이번 계약을 통해 대우조선해양은 상선 및 해양 플랜트를 건조할 수 있는 최신식 조선소를 신설하게 된다. 이를 통해 즈베즈다 조선소는 러시아 내 최대 규모인 160만㎡ 부지 위에 상선·해양·특수선 분야를 모두 갖춘 초대형 조선소로 재탄생하게 된다. 러시아는 자국이 필요로 하는 대부분의 중대형 선박 및 석유가스 생산 설비들을 즈베즈다 조선소에서 생산한다는 계획이다. 이번 계약으로 대우조선해양은 러시아 내 천연자원 개발에 필요한 LNG선·원유운반선·쇄빙공급선·부유식 생산설비(FPU) 등의 신조 프로젝트 수주에서도 한 발 앞섰다는 평가를 받고 있다.[24]

러시아 극동지역으로 진출한 대우조선해양은 새롭게 건설될 조선소를 통해 러시아에서 진행 중인 슈토크만(Shtokman), 야말(Yamal), 사할린(Sakhalin) 등지의 가스 매장지 및 유전개발에 필요한 LNG선, 부유식 생산 플랜트, 시추선 등의 제작에 공동으로 참여할 예정이다. 2007년 푸틴이 <조선 산업 육성을 위한 대통령령>을 발표하

---

20) http://www.primorsky.ru/news/common/28847/(검색일: 2013년 3월 10일).
21) (주)대우조선해양(Daewoo Shipbuilding & Marine Engineering co., Ltd. : DSME)은 LNG선, 유조선, 컨테이너선, LPG선, 자동차 운반선 등 각종 선박과 FPSO(부유식 원유생산저장하역설비), RIG선, 고정식 플랫폼 등 해양 제품, 그밖에 잠수함, 구축함, 잠수함 구난함, 경비함 등 특수선의 건조 등을 주요 사업으로 하고 있다. 그리고 2000년 이후 DSME은 선박건조 사업 이외에 에너지사업(광구개발 등), SPS(Sandwich Plate System) 공법 개발, 라이센싱 사업, 풍력발전 사업, 이산화탄소 포집 관련 신재생에너지 분야를 중점 사업으로 육성하고 있다.
22) USC(United Shipbuilding Corporation)은 푸틴 대통령의 <조선 산업 육성을 위한 대통령령>에 따라 자국 조선소 22곳과 연구소 9곳을 통합하여 2008년 4월 설립한 국영조선종합그룹이다. http://www.cyworld.com/28xx_BRG/3392757(검색일: 2013년 3월 27일)
23) <즈베즈다 조선소>는 60만㎡의 부지 위에 군함을 건조·수리하는 군사조선소 역할 만 수행하고 있다.
24) http://greendaily.etnews.com/(검색일: 2013년 3월 27일)

여 해양 석유 및 가스 탐사와 운반에 필요한 생산 설비와 선박을 자국 조선소에서 건조하겠다는 방침을 밝힌 바 있기 때문에, 현지 합작 조선소 건립에 참여하고 있는 대우조선해양이 러시아 시장을 선점할 수 있는 기반을 마련했다는 평가를 받기도 한다.25) 그리고 <즈베즈다-DSME> 합작 조선소는 석유 및 가스 생산 설비 분야에 특화해서 러시아의 해양 에너지 프로젝트에 대한 가치를 한 단계 높여주게 될 것으로 기대된다.

다섯째, 한국서부발전(KOESPO)의 자원개발 관련 사업이다. 글로벌 에너지 기업체인 한국서부발전(KOESPO)의 김문덕 사장이 2013년 2월 25일 힐튼 호텔에서 이샤예프 부총리 겸 극동개발부 장관과 콘드라토프 차관을 면났다. 이 자리에서 극동지역 석탄광산개발과 항만건설, 그리고 발전소 건설사업 등 지역개발과 협력에 관한 의견교환이 있었다. 한국서부발전의 현지 파트너사인 로스엔지니어링«Росинжиниринг»社의 노비코프 회장도 배석했다. 로스엔지니어링社는 한국서부발전과 함께 블라디보스톡 인근에 연간 2,000만 톤의 석탄을 선적할 수 있는 석탄전용 터미널을 건설할 예정이다.

한국서부발전은 2011년부터 러시아 석탄 확보 사업에 진출했으며,26) 연해주의 석탄광산 개발에 주력하고 있다. 연해주 지역 석탄광산은 향후 국내에 건설되는 석탄발전소에 적합한 열량의 석탄이 생산되며 한국서부발전이 추진 중인 극동 석탄터미널 건설 이후 국내 도입이 본격화될 것이다. 특히 동해안 삼척지역에 다수의 석탄발전소 건설이 예정되어 있기 때문에, 이들 발전소에 필요한 석탄 공급의 안정성과 신속성에 기여할 것이다. 이러한 사업은 국내 전력시장 안정뿐만 아니라 한·러 경제협력에 밑거름이 될 것이다. 아울러 국내 건설사 및 관련사가 동반 진출할 수 있는 초석이 될 것이다.

여섯째, 기타 영농관련 생산 법인 이다. 연해주 면적은 한국의 1.6배 크기인 16만 k㎡로 이중 농지로 활용할 수 있는 토지는 300여만ha에 달하고 곡물을 재배하는 순수 농지면적은 러시아 공식 통계로 66만ha이다. 구소련 붕괴 이후 집단농장이 폐쇄되면서 농지의 절반 가량이 황무지로 방치되고 있는 상황이기 때문에, 연해주 당국은 농경지를 장기간 방치할 경우 회복 불능 상태가 올 것을 우려하면서 외국인에게 저렴한

---

25) http://www.newswire.co.kr/newsRead.php?no=441977(2013년 3월 27일)
26) 한국서부발전(주)는 글로벌 에너지 기업이다. 해외 개발 사업을 활발히 추진하고 있는 한국서부발전은 2014년에 소치올림픽이 개최되는 북카프카즈 지역의 <러시아 열병합발전사업>에도 참여하고 있다.

가격에 토지를 임대 또는 매매하고 있다. 연해주는 한국과 지리적으로 가깝다는 점 외에도 광활한 토지를 저렴한 가격에 장기간 안정적으로 제공해 줄 수 있기 때문에 한국의 영농 법인이 상당수 진출해 있다.

 2010년 11월 10일 농림수산식품부가 집계한 국내 민간기업 해외농업투자 현황에 따르면 52개 업체가 18개국에서 29만7천여ha의 농경지를 확보했으며, 이 중 57%인 17만여ha가 러시아 연해주에 집중되어 있다. 러시아 연해주에는 현대중공업(현대아그로), 인탑스(알로프리모리에), 대순진리회(아그로상생), 이지바이오(에코호즈), 유니베라(유니젠) 등 8개 기업·단체가 진출해 있다. 경상남도 역시 연해주 중부 미하일로프카에 50ha 규모의 농지를 확보하면서 2010년 옥수수를 시험 재배했으며, 그 이후 농지 면적을 3천ha까지 확대해 콩, 옥수수, 사료작물 등을 재배할 계획을 수립해 왔다.

 연해주의 토지는 주로 군청 또는 주정부 소유이며, 농장 임대 후 최초 10년간 별다른 사유가 없을 경우 계속해서 소유 또는 경작이 가능하다. 특히 연해주의 유휴 농지는 구소련시대 집단농장으로 활용되던 것으로 전기, 마을, 농수로 등 농업에 필요한 기본 인프라가 구축되어 있어 당장 농사를 지을 수 있다. 연해주를 비롯한 러시아 극동지역에서 영농 활동을 위한 농지 확보는 별 어려움이 없어 보인다. 그러나 현지의 기후 조건과 토지 환경, 그리고 영농기계 및 농업 노동자 확보 등을 비롯한 다양한 부분에서 현지 조사를 우선시 하는 준비 작업이 선행되어야 할 것이다.


## 5. 한국 기업체의 러시아 극동진출 활성화 전략: 결론에 대신해서

 러시아의 아시아 중시 외교 및 극동·시베리아 개발 프로젝트 추진 등으로 인해 블라디보스톡, 하바롭스크, 연해주 등 극동지역의 주요 도시에서 도로·철도·항만 등 사회 인프라 건설 및 지하자원 개발 사업이 보다 활발히 추진될 것으로 보인다. 한국과 러시아는 에너지·자원 협력, 건설·물류, 유통·서비스, 관광·금융 협력 등에 보다 많은 관심을 가져 왔다. 그리고 무역·투자환경 개선 방안, 한국 기업체의 극동 및 시베리아 지역 개발 참여 등에 대해 관심을 가져 왔다. 한국의 일부 대기업이 극동지역 개발 프로젝트에 참여하고 있으며, 국내 중소기업들도 많은 관심을 보이고 있다. 한국의 보다 적극적인 對러시아 진출 전략을 모색해야 될 것이다.

첫째, 현지 개발과정에서 기대되는 이윤 확보를 위해 산학연이 함께하는 공동 작업이 필요해 보인다. 정부·기업체·연구기관이 협력하는 과정 속에서, 러시아의 중앙 및 지방 정부에서 발표하는 프로젝트 정보의 지속적인 모니터링과 함께 보다 구체적인 진출 전략이 모색되어야 할 것이다. 향후 극동·시베리아 개발관련 프로젝트 발주 및 관련 기자재 조달사업 등에 적극적으로 참여할 수 있는 전략 모색이 필요해 보인다. 정부·기업체·연구기관이 함께하면서, 현지 환경 및 시장 분석, 투자 및 진출 영역 모색, 리스크 제거의 구체화 등이 긴밀히 연계되어야 할 것이다.

둘째, 한국정부는 러시아와의 FTA 체결에 보다 적극적인 관심을 보여야할 것이다. 러시아의 WTO 가입으로 FTA 체결을 위한 환경이 조성되었다. 한국 정부가 러시아 측에 FTA 체결 협상을 제안해 왔지만, 러시아 측이 미온적인 태도를 보이는 것으로 알려지고 있다. 한국정부는 보다 적극적이고 도전적인 자세로 러시아와의 FTA 협상을 진행해야할 것이다. 한-러 FTA 체결 시 양국간 상호보완적 경제구조로 인한 경제적 효과 확대를 비롯하여, 한국 기업들이 현지에 진출하고 있는 외국 기업들에 비해 비교 우위를 선점할 수 있는 기회로 활용될 것이다.

셋째, 한국정부는 국내기업체가 러시아 극동진출을 안정적으로 추진할 수 있는 법적 및 제도적 장치 마련에 보다 적극적으로 나서야 할 것이다. 2012년 러시아 극동지역의 주요 수출품은 원유·천연가스, 수산물, 목재 등이고, 주요 수입품은 자동차, 신발·의류, 식료품 등이다. 이러한 현실에 기초해서, 한국 기업체의 러시아 극동 진출 전략이 모색되어야 할 것이다. 전력 등 에너지 분야 진출이 가시화되고 있으며, 중소 기업체 차원에서 다양하게 극동 시장을 탐색하고 있다. 한국 기업체의 러시아 극동진출에 대한 관심은 높지만, 실질적인 투자 및 진출이 활발하지 못하다. 이는 법적 및 제도적 장치의 미흡에서 찾아질 것이다. 법적 및 제도적 장치 마련은 한국정부가 보다 적극적으로 개입하면서 달성되어야 할 것이다. 한국 기업체의 극동 진출을 자극하기 위해서는 투자 안정성을 보장할 수 있는 법적 장치 마련이 급선무이기 때문이다. 특히, 양국간 외환 송금이 안정적이고 자유롭게 이루어질 수 있는 제도적 장치 마련이 중요해 보인다.

넷째, 한국 기업체의 현지 진출 시장을 다변화할 필요가 있다. 한국이 러시아 극동지역의 최대 교역국이지만, 극동지역 교역의 70%가 사할린州에 집중되어 있다. 그 다음으로 연해주로 진출하고 있다. 기타 지역에 대한 진출은 미미한 수준에 그친다. 한국이 북방시장을 개척하기 위해서는 시장의 다변화 전략이 필요해 보인다. 사할린 및 연해주 지역 이외에, 사하공화국과 아무르주 등 극동지역의 다양한 지역으로 진출하면서 북방시장을 보다 안정적으로 개척해야 할 것이다.

다섯째, 대기업과 중소기업이 동반 성장할 수 있는 사업을 개발해야 할 것이다. 북방시장 개척은 정부, 대기업, 중소기업이 상호 win-win할 수 있는 전략개발과 함께 추진되어야 할 것이다. 한국 기업체의 극동진출 영역이 전력 및 에너지 관련 사업에 치중되는 경향이 강하다. 이들 사업을 밑거름으로 하여 국내 건설사 및 관련사가 동반 진출할 수 있는 제도적 장치 마련이 필요해 보인다. 산림, 농업, 수산업 등의 영역에 있어서도 대기업과 중소기업이 함께 진출할 수 있는 패키지형 사업개발 및 진출이 필요해 보인다.

## 참고 문헌

박기원, "러시아의 WTO가입과 극동러시아 진출 전략," KIEP 주최 2013년 극동러시아 이슈별 집중과정 세미나 자료(2013.3.7.).

박종호, 한국기업들의 러시아 극동진출 사례 및 전략 연구, KIEP 주최 2013년 극동러시아 이슈별 집중과정 세미나 자료(2013.3.7).

Kwang Ha Shin, Myung Chan Park, "The Management Performances affected from the Foreign Direct Investment Determinants of Korean Corporations in Russia: Focusing on the Location Advantages,"『국제지역연구』, 제16권 제4호(2012.12).

윤성학, "한국의 러시아 극동 투자 추진 방안: 상호교차투자와 금융협력을 중심으로," 한양대학교 아태지역연구센터 주최 극동포럼 발표 논문집(2013.2).

코트라 모스크바 한국투자기업지원센터,『뉴스레터』제69호(2012.12.28).

한국무역협회 국제무역연구원, *Monthly Report BRICs INSIDE* (2013년 2월호).

한국수출입은행 해외경제연구소, "한·러 경제교류 활성화 대책,"『개도국 지역이슈 리포트』(지역이슈분석 2012-23).

한국수출입은행 해외경제연구소, "러시아 외국인투자 유입동향과 우리 기업의 투자전략,"『개도국 지역이슈 리포트』(지역이슈분석 2012-9).

한국수출입은행, "러시아 정부, 극동지역 개발 본격화,"『수은해외경제』(2012.6).

블라디보스토크 무역관.

코트라 모스크바,

한국수출입은행 해외경제연구소.

한국무역협회(www.kita.net).

http://cafe.daum.net/okgodhl/(검색일: 2013년 3월 20일).

http://dfo.gov.ru/index.php?id=80(검색일: 2013년 2월 18일).

http://greendaily.etnews.com/.

http://news20.busan.com/.

http://news.mk.co.kr/newsRead.php?year=2013&no=14577(검색일: 2013년 3월 27일).

http://rus-moscow.mofat.go.kr/(검색일: 2013년 3월 20일).

http://rus-vladivostok.mofat.go.kr/(검색일: 2013년 3월 10일).

http://www.cyworld.com/28xx_BRG/3392757(검색일: 2013년 3월 27일).

http://greendaily.etnews.com/(검색일: 2013년 3월 27일).

http://www.globalwindow.org/(검색일: 2013년 7월 9일).

http://www.hdenergo.ru/about/projects/00002/(검색일: 2013년 3월 17일).

http://www.lgicorp.com/(검색일: 2013년 8월 5일).

http://www.newswire.co.kr/.

http://www.primorsky.ru/news/common/28847/(검색일: 2013년 3월 10일).

http://www.president.go.kr/.
http://www.seoulfn.com/.
http://www2.enewstoday.co.kr/.

## 시베리아 지역연구: 공간에 대한 인식과 가치

**발행일** | 2013년 9월 31일

**저자** | 이영형
**발행** | 도서출판 엠-애드
**편집** | 편집부

**발행인** | 이승한
**출판등록** | 제2-2554
**주소** | 100-282 서울시 중구 마른내로6길 26
**전화** | 02-2278-8064
**팩스** | 02-2275-8064
E-mail | madd1@hanmail.net

**표지** | 임선실

정가 : 25,000원

ISBN 978-89-6575-049-9 93300

※불법 복사는 지적재산을 훔치는 범죄행위입니다.
※잘못 만들어진 책은 바꾸어 드립니다.